通识教育文献选辑

第一卷

起源与制度

主　审　甘　晖　党怀兴
主　编　尤西林
副主编　张　俊
参　编　李河成　曲经纬　王　琼
　　　　张翠玲　刘　静

本书由陕西师范大学本科教材建设基金资助出版

科学出版社
北　京

内 容 简 介

通识教育文献选辑共三卷，分别是起源与制度、海外通识教育、当代通识教育的理论与改革探索。本书为通识教育文献选辑第一卷起源与制度，全书共四部分内容，分别是大学与自由教育的起源、现代通识教育的兴起、通识教育的理念与模式、通识教育课程。

本书可以作为高等院校推行通识教育的教师用书，也可以作为通识教育选修课的教材，还可以作为推动通识教育的教育管理人员与研究人员的科研资料。

图书在版编目(CIP)数据

通识教育文献选辑．第一卷，起源与制度/尤西林主编．—北京：科学出版社，2019．4

ISBN 978-7-03-058642-1

Ⅰ．①通…　Ⅱ．①尤…　Ⅲ．①通识教育-文集　Ⅳ．①G40-012

中国版本图书馆 CIP 数据核字(2018)第 199178 号

责任编辑：任俊红　程　凤 / 责任校对：郭瑞芝

责任印制：霍　兵 / 封面设计：华路天然工作室

科学出版社出版

北京东黄城根北街 16 号

邮政编码：100717

http://www.sciencep.com

北京九州迅驰传媒文化有限公司 印刷

科学出版社发行　各地新华书店经销

*

2019 年 4 月第 一 版　开本：787×1092　1/16

2020 年 11 月第二次印刷　印张：22

字数：522 000

定价：68.00 元

(如有印装质量问题，我社负责调换)

目　　录

第一部分　大学与自由教育的起源

第二部分　现代通识教育的兴起

第三部分　通识教育的理念与模式

第四部分　通识课程

第一部分

大学与自由教育的起源

最早的大学[①]

选文简介、点评

查尔斯·霍默·哈斯金斯[②]

大学与大教堂和议会一样，都是中世纪的产物。按照过去七八个世纪以来对大学这个概念的理解，在希腊和罗马时期并没有大学——这一点尽管听起来似乎比较奇怪。希腊人和罗马人有高等教育，但其与大学是两个并不相同的概念。他们在法律、修辞和哲学等方面的教学成就迄今都很难超越，但这些教育都未组织成长期性的教育机构。像苏格拉底这样伟大的导师，他是不发毕业证书的。而在现代，一个学生假如在他那里学习了三个月，他肯定会要一个证书，也就是可以证明这段学习经历的某种有形的、外在的东西——顺便说一句，这也是适合苏格拉底对话的一个绝好的题目。只是到12世纪和13世纪，世界上才出现了那些具有我们非常熟悉特征的有组织的教育，即包括由全体教员、学院、课程、考试、毕业典礼和学位组成的教育体系。所有这些，我们所继承的遗产不是来自雅典和亚历山大，而是巴黎和博洛尼亚。

这些最早的大学和今天的大学相比，两者之间当然有诸多不同，且差距很大。在整个启蒙时期，中世纪的大学都没有图书馆、实验室或博物馆，没有捐赠，没有自己的建筑物。按现在的标准，它很有可能不符合卡内基金会的要求！正如美国一所最年轻的大学的历史教科书中所说的那样——虽然带有某种地域的狭隘性，这种大学“没有任何我们认为是显而易见的物质存在的属性”。用帕斯奎的一句耳熟能详的老话说，中世纪的大学是“由人建成的”——bâtie en hommes。这种大学没有董事会，不出版任何学校情况介绍；它也没有任何学生的社团组织——除非说大学自身本质上就是一个学生的社团，没有校园新闻，没有戏剧表演，没有体育。没有任何在现今美国大学中一切作为校内无活动的替代品的那些“校外活动”。

然而，它们之间的差距虽然非常之大，20世纪的大学是中世纪巴黎和博洛尼亚大学的直系后代却是不争的事实。它们是我们现今大学的源头和赖以发展的基础。二者基本组织结构相同，且历史的连贯性从未间断。它们创造了现代世界的大学传统。无论是最

---

① 陈洪捷，施晓光，蒋凯. 国外高等教育学基本文献讲读. 北京：北京大学出版社，2014. 转引自查尔斯·霍默·哈斯金斯. 大学的兴起. 梅义征，译. 上海：上海三联书店，2007：1-16.

② 查尔斯·霍默·哈斯金斯（Charles Homer Haskins，1870—1937），美国著名历史学家，享有“美国复兴中世纪研究的灵魂人物”的美誉。出生在美国宾州的麦卡德维尔（Mecadville），16岁就从约翰·霍普金斯大学毕业，后求学于巴黎和柏林，不到20岁就获得了博士学位，并开始在约翰·霍普金斯大学任教。之后不久又被威斯康星大学聘为全职教授。1902年开始担任哈佛大学教授，直到1931年因身体状况不佳退休。曾任威尔逊总统顾问、国家委员会西欧部主任（1919）、美国历史学会主席（1922）、美国学术社团理事会第一任主席（1920—1926）。代表著作有《大学的兴起》（The Rise of Universities，1923）、《12世纪的文艺复兴与革新》（Renaissance and Renewal in the Twelfth Century）、《13世纪布道中的巴黎大学》（The University of Paris in the Sermons of the Thirteenth Century，1904）、《欧洲历史上的诺曼人》（The Normans in European History，1925）、《中世纪文化研究》（Studies in Mediaeval Culture，1927）等。

年轻的还是历史最悠久的高等教育机构都是这个共同传统的继承者，所有在高等院校学习、生活的人都应当了解这个传统，珍视这个传统。以下三次讲座的主题就是这些最早的大学的起源和性质。第一讲探讨这些大学的组织构成，第二讲探讨这些大学的教学，第三讲探讨在这些大学就读的大学生的生活。

近年来，有关大学的历史已开始引起历史学者的密切关注，有关中世纪教育机构的情况也最终摆脱了神话与传说的影响，逐渐为人们所了解。我们现在知道，牛津大学的创立，不是千年盛世大典时阿尔弗烈德王(King Alfred)所做的诸多善事之一，博洛尼亚的历史不需要追溯到狄奥多西大帝(Emperor Theodosius)时期，巴黎大学在查理曼(Charlemagne)大帝时期，或在其以后的将近四个世纪中都根本不存在。即使对于现代世界的人们来说，都很难认识到这样一个事实：很多事物并没有创始者，也没有确定的开始的日期，只是"就那么成长"，缓慢地、不为人所知地成长着，没有确切的成长记录。这也可以用来解释这样一个问题：虽然德国的丹尼弗教父(Father Denifle)、英国的哈斯廷斯 · 拉西达尔(Hastings Rashdall)和一些地方研究古典时期的人做了大量的研究，最早大学开始的时间仍是模糊不清，难以确定。因此，我们只能常常满足于非常粗略的阐述。

大学兴起之时，正处于一场伟大的学术复兴期。这个复兴期不是我们通常所指的14和15世纪，而是更早一些时期。尽管它在一定程度上与前者具有同样重要的意义，但相比而言所知的人不是很多。现今，历史学者称之为12世纪的文艺复兴。只要知识仅仅局限于中世纪早期的博雅七艺，大学就不可能产生。因为除了语法、修辞、逻辑的一些空洞的原理和算术、天文学、几何学和音乐的一些更为空洞的概念外，没有其他任何东西可教，它们就是所有课堂教学的内容。然而，在1100年和1200年之间，新的知识开始大量传入欧洲，这些知识部分是由意大利和西西里传入，但主要是通过西班牙的阿拉伯学者。这些知识包括亚里士多德、欧几里得、托勒密以及希腊医生的著作，新算术，以及在"黑暗时代"(Dark Ages)一直处于湮没无闻状态的罗马法文本。除了有关三角形和圆周的基本命题以外，平面和立体几何方面的书籍，开始成为欧洲学校和高等院校的教学内容。从那时开始，人们也不需要痛苦地纠缠于罗马数字——只要试用这些罗马数字做一道简单的乘除法就很容易发现这该是多么痛苦的事，可以用阿拉伯数字便捷地工作。波伊提乌(Boethius)风光不再，"所有名人的导师"取代他的位置成为欧洲逻辑学、形而上学和伦理学的导师。在法律和医学方面，人们那时已完全掌握了古代的学问。这些新的知识冲破了教会学校的束缚，创造了专门的学术职业。它吸引着那些求知欲旺盛的青年，他们像后来乔叟(Chaucer)在牛津时的文书那样，"好学不倦，好为人师"，他们不怕重山和狭窄海洋的阻隔，来到巴黎和博洛尼亚，组成了那些学术行会组织。这些行会为我们提供了对大学最早的也是最好的诠释，即师生协会。

……

如果说，萨勒诺大学在时间上要久远一些，那么，博洛尼亚在高等教育发展史上占有更为重要的地位。萨勒诺大学只是以医学而闻名，而博洛尼亚大学是一个多学科的教育机构，尽管其主要是作为罗马法复兴的中心而闻名遐迩，声名卓著。与一般的印象相反，在中世纪早期，罗马法并未从西方消失，但其影响力由于日耳曼人的入侵而大为减弱。随着日耳曼法典的逐步实施，罗马法也作为罗马帝国遗民的习惯法而生存下来。人们无法通过查士丁尼一世编辑的大法典来了解罗马法，而只能通过一些简易的小册子和记录本。

随着时间的推移,它们也变得越来越薄,越来越空洞。在603年到1076年之间,人们完全看不到《学说汇纂》(*the Digest*)一书,仅有两部手稿留存下来。用梅特兰的话说,它"勉强逃生"。假如说还有法律研究的话,它仅仅作为人们练习文书起草的工具、一种应用性的修辞学而存在下来。后来到11世纪中期,与贸易和城市生活的复兴相应,法律开始复兴,并成为其后一个世纪的文艺复兴的序幕。在意大利出现这种复兴迹象的可能不止一处,或许博洛尼亚也不是最早的地方。但这里由于地理的原因很快成为这场复兴运动的中心。当时,博洛尼亚和现今一样,正好处于意大利北部几条重要交通要道的交汇处。我们听说过早在1100年以前的某个时候就有一个名叫培珀(Pepo)的教授是"博洛尼亚熠熠闪耀的明星"。到1119年,博洛尼亚就有"有教养的博洛尼亚人"(Bononia docta)这样的片语出观。博洛尼亚和巴黎一样,大学创立之初都有一位伟大的教师。为博洛尼亚大学带来声誉的那位教师是一位名叫爱尔纳留斯(Irnerius)的人,他或许是整个中世纪诸多法学教授中最为有名的一个。尽管他所写所教的内容至今仍是学者们争论的话题,但他似乎确立了基于完整的《民法大全》(*Corpus Juris*)对法律文本进行"注释"的办法,而在前一个世纪,《民法大全》还只有不完整的摘录。这样,他最终将罗马法从修辞学中完全分离出来,使之牢固地确立为一个专业研究的课题。后来,大致在1140年,一位名叫格拉底安(Gratian)的圣·菲利斯会(San FeLice)修士撰写的《教令》(*Decretum*)一书,成为理解教会法律的规范文本,从而明确地将之作为一项更高级的研究课题与神学区别开来。到这个时候,博洛尼亚作为法律学院的突出地位得以完全确定下来。

一种学生阶层那时也已经出现,这从当时的通信和诗歌中都反映出来。到1158年,在意大利,无论是城镇或是大学,都很有必要从弗雷德里克·巴巴罗沙皇帝那里取得一份正式的权利或特权许可状,尽管资料上没有提到某个特定的镇或大学。那时,博洛尼亚已经成为好几百个学生的寄居地,他们中间不仅有来自意大利的,还有来自阿尔卑斯山那边的。在远离家园、无人保护他们的情况下,为了相互保护、相互帮助,他们组织起来。这种由外国学生,或者说是跨越阿尔卑斯山的学生形成的组织就是大学的开始。在这个联盟里面,他们似乎是按照当时在意大利各个城市已经十分普遍的行会形式组织的。确实,"大学"这个词最初的一般含义就是这样的组织或社团,只是到后来它才被限定为教师和学生的联合会(universitas societas magistrorum discipulorumque)。历史上,"大学"一词从来没有与学生的范围或学习的多样性发生过联系。它仅仅意味着一个组织的完整性,其是一个理发师的组织、木匠的组织抑或是一个学生的组织无关宏旨。博洛尼亚的学生建立这样的一个组织,一开始是为了对抗那里的城镇居民。因为随着新的承租者和消费者的大量涌入,那里的住房和生活必需品价格飞涨。对这种牟取暴利的行为,单个的学生显然无力应对。联合起来以后,学生可以以集体出走、离开相威胁迫使当地居民让步。因为当时的大学没有建筑物,可以自由搬迁,历史上也确实有好多这样迁移的例子。房子租价少一点总比租不出去好,这样,学生组织通过他们的代表获得了确定房屋租金和书本价格的权利。

在取得对当地城镇居民的胜利后,学生们转而将矛头对准他们的"另外的敌人:教授们"。在这里,学生们所使用的武器是以联合抵制相威胁。在早期,学生的学费是教师们全部的生活来源,这种威胁自然也很见效。教授不得不接受约束,按照一整套明细的规则行事,以保障每一个学生所支付的学费都有所得。在一些最早的条例中,我们都可以发现这样的规定:教授没有请假不得擅自离开,即使是一天也不行;假如他想离开的话,必须交付押金,以作为回来的保证;假如在一个常规的讲座中,听讲的学生少于五个,他会像不上课那样被开除——确实,听讲者达不到五个人的讲座绝对是很差的讲座!上课铃声响了他就必须开始,在下一次铃响后的一分钟内他就必须离开;他在阐释课文时不能遗漏任何一个章节,也不能将任何一个难点延迟到课时结束时才讲。他还有义务在一个学年的每个特定学期有系统地讲述一个课题。当然,没有人会愿意在课题介绍和参考书目上花去整年时间的。这类强制性要求是以存在一个有效的学生团体组织为前提的。我们也听说过有那么两个甚或四个学生的联合组织,它们每一个按"民族"组成,由一位院长领导。很明显,博洛尼亚大学是一个学生的联合,而意大利的学生到现在仍然倾向于要求在学校事务中有发言权。当我第一次访问巴勒莫大学时,我发现学校刚刚从一场骚乱中恢复过来。在那场骚乱中,学生砸烂了校园前面的窗子,仅仅是要求考试频繁一点,范围小一点。在1922年5月帕多瓦大学七百周年庆典时,学生实际上接管了这个学校。他们草拟了自己的游行和庆典计划,所制造的噪音和骚乱几乎将这么一个庄严的场合全部破坏,他们还砸了这个城市最大的礼堂的窗户。

排除在学生"联合会"之外的教授们也组织了一个行业协会或称"教师会"(college),进入这个组织必须具备某些资格条件,并且要通过考试来评定。这样,除非得到教师协会的同意,任何学生都不得进入这个组织。而且,由于能够教授一门课程是通晓该门课程的最好的佐证,不论学生未来选择什么职业,他都要从教授那里寻求证明已经习得某种知识的结业证书。于是,这种结业证书,或准许教书的证明(liccntia docendi),就成了最早种类的学位证书。我们现今的高等学位在硕士(magister)和博士两个词中还保留着这个传统,这两个词原本是同义词,而法语里甚至还有学士学位(licence)一词。一个文学硕士就是一个具备教授人文学科资格的人;而一个法学博士就是获得合格证书的法律教师。雄心万丈的学生即使公开表明不愿继续从事教书的职业,都要申请这个学位,并举办首次讲座。我们看到,在博洛尼亚大学已经有了大学的组织,有正规的学位,以及像院长那样的地位很高的官员。

随着时间的推移,其他学习的课程不断出现,比如文科、医学和神学,但博洛尼亚大学的主要特色是民法。正因为如此,它成为意大利、西班牙和法兰西南部大学组织的楷模,在那些国家和地区,法律的研究总是既具有学术的意义,同时也带有政治和社会的意义,这些大学中,有些成为博洛尼亚的竞争者,比如蒙彼利埃和奥尔良以及博洛尼亚附近的一些意大利的学校。……

在欧洲北部,大学的根源要在巴黎圣母院中的大教堂学校中找寻。到12世纪初,在法国和低地国家,学校教育已不再局限于寺院,但活跃的学习中心都是那些依附于大教堂的学校,其中最有名的包括列日、兰斯、里昂、巴黎、奥尔良和夏尔特尔。这些人文学校中,最有名的当属夏尔特尔。其因拥有像圣·艾夫斯(St. Ives)这样的教会法学家以及像贝尔纳和梯利这样著名的古典语言和哲学教师而声名卓著。……

巴黎的优势部分得益于地理条件,部分是政治因素,因为当时它是法兰西王朝的首都。然而阿伯拉尔这位伟大教师的个人影响也有重要的作用。这位才华横溢的年轻的激进派，以其怀疑一切的精神和对有头衔的权威轻慢的态度，无论在什么地方教书，在巴黎也好，在乡下也好，都吸引了大批的学生。在巴黎，他与蒙特-圣-日内维厄(Mont-Sainte-Genevieve)教堂联系时间要比教堂学校长，但常去巴黎对他那个时候已经成为一种习惯。正因如此，他对大学的兴起产生了深远的影响。从体制性意义上，可以说大学是巴黎圣母院学校的直接产物，它的校长一个人就有权颁发在本教区内教学的许可证书，并从而控制了大学学位的授予。而早先这里也和博洛尼亚一样，学位的授予只是教师的证明而已。早期的学校在西岱岛，处于教堂的地界范围之内，这块维克多·雨果笔下的巴黎圣母院附近的混乱街区早就不复存在了。后来，教师和学者居住在连接这个小岛和塞纳河左岸的小桥上——一个哲学流派就以这座小桥为名，叫做小桥学派(Parvipontani)——但到13世纪，他们就占据了整个塞纳河左岸，后来形成了巴黎的拉丁区。

没有人能准确地说出，在什么时候巴黎不再是一所教会学校而已变为一所大学，但可以肯定，这种转变在12世纪末以前就已经完成。然而，所有大学都喜欢选一个准确的时间作为成立纪念日，巴黎大学将这个日期选在1200年，也就是其获得首个王室特许状的年头。……

尽管大学一词在这些文件中还没有出现，它已经被视为理所当然的事物了。如果从出现有组织的教师团体这个意义上来理解大学的话，大学早在12世纪就已经存在了。到1231年，这个团体已经发展为一个社团，因为巴黎大学与博洛尼亚大学不同，是一个教师的联合体。那时，巴黎大学有四个学院，每个学院都有一个院长，它们分别是：艺学院、教会法学院(1219年后巴黎大学禁止教授民法)、医学院和神学院。人文学院的教师人数要远远多于其他学院，他们组成了四个“民族”：法兰西人——包括拉丁各民族的人；诺曼人；辟卡迪人——包括低地国家的人；英格兰人——包括英格兰人、德意志人以及欧洲北部和东部地区的人。这四个民族的教师选举学校的首领——校长(rector)。在欧洲大陆到现在一般还是称呼校长为rector。只是校长的任期很短，后来只有三个月。

……

在中世纪，巴黎大学以作为一个神学高等学府而闻名遐迩，并且由于神学在中世纪是最为重要的研究课题，神学院在大学中的地位也是最高的，法语中说“Madame la haute science”就是这个意思。有一句老话“意大利人有教皇，德意志人有帝国，法兰西人有学问”。而上帝选中的做学问之地就是巴黎。自然，巴黎也就成了欧洲北部大学的源泉和楷模。牛津大学是12世纪后期从巴黎大学分出去的，同样也没有确切的创立时间。剑桥大学成立要稍微晚一些。德国所有大学的成立时间没有一个早于14世纪，公认都是仿照巴黎建立的。因此，帕拉丁选帝侯鲁普莱西特(Ruprecht)于1386年创办海德堡大学——这些后来的大学都是在某个特定的日期创立的——时规定，它“将依据在巴黎大学惯常遵循的做法和事理来规范、管理和制约，作为巴黎大学的侍仆——我们希望作一个有价值的侍仆——它将在一切方面尽可能仿效巴黎的做法。因此，将成立四个学院”，有四个“民族”的教师和一个院长，学生及其仆人免受世俗的司法审判，几个学院甚至“像巴黎大学一直遵循的一样”准备了方帽和礼服。

到中世纪末期，在欧洲各个地区至少建立了80所大学。这些学校，有的很快就关闭了，很多只是一些地方性的学校，其余像萨勒诺这样的学校繁荣过，但最后还是衰落了。

然而，也有一些学校，比如巴黎、蒙彼利埃、博洛尼亚、帕多瓦、牛津、剑桥、维也纳、布拉格、莱比锡、歌印布拉、撒拉门卡、克拉科夫、卢维等大学在许多世纪内都一直声名卓著。晚近成立的一些欧洲知名学府，如柏林、斯特拉斯堡、爱丁堡、曼彻斯特和伦敦等大学在其组织结构上都是以它们的前辈为榜样的。在美国，最早的高等教育机构是同时期英国学院模式的复制品。这个时期，在英国，大学内设学院的重要性已超越了大学本身。但到 19 世纪后期创立大学时，美国转而以欧洲大陆的大学为榜样，从而再一次回到了古代的传统。即使在殖民地时期，一般大学传统的观念也存在。比如，1764 年罗德岛学院的特许状中授予"美国学院享受和欧洲大学同等的特权、地位和豁免权"。

那么，我们到底从那些最古老的大学中汲取了哪些遗产呢？首先，它不是建筑物或者某种建筑模式。……

这种传承也不体现在教学的形式和仪式，这方面当然也有一些偶然间留存下来的东西，比如在授予学位时佩戴指环或行接吻礼，或用沙漏计算考试的时间，就像我在葡萄牙的歌印布拉大学所看到的那样。在那些将校服作为日常装束的学校，比如牛津、剑桥和歌印布拉，在校服上还体现了一些传统的色彩；但在美国，这个传统就为我们的祖先所打破，现今美国大学流行的标准帽子和制服是现代的奥尔巴尼的产品而非中世纪的巴黎和博洛尼亚的遗传。即使在其发源地，服装的样式也在改变，拉希达尔(Rashdall)就说过："牛津大学现今所穿的校服很有可能与其中世纪的前辈所穿的没有任何相同之处。"……

那么，只有在制度方面，大学的传统才是最直接的。首先是作为一种教师和过着共同求学生活的学生的联系组织的大学这个名称。这个联合组织带有明显的中世纪的特点，个人主义盛行的现代世界没有任何东西可以取代它的位置。其次是一种学习课程的观念。学习的时间和主题都予以明确规定：学习结果通过某种考试进行检查，通过考试可获得学位，并由此学位再达到其他多种学位——学士，是作为获得人文、法律、医学和神学等学科教师资格，也就是硕士、博士的一个阶段，还有就是系，四个或者更多，有系主任，还有像大学名誉校长和校长这样更高级别的官员。学院就更不用提了，只要哪里有寄宿制的大学，哪里就有学院。大学的基本要素最明确无误，且毫无间断地流传下来。它们已经存续了 700 多年——有哪种政府形式能持续这么长的时间？很有可能所有这些都不是最终的——在这个不断变化的世界，没有什么定型的东西——但它却是特别坚固和持久的。……大学时常因其或对政治的漠不关心或专注于职业教育，或门槛太低或过分严格而受到批评，改革大学体制的努力也从未放弃过，比如，废除入学条件或消除那些不能直接通向生计之道的学科。但大学的主业从来就没有改变过，即：培训学生和保持学习和探究的传统。拉希达尔是这样说的，中世纪大学值得荣耀之处在于"学问的神圣化"，且这种荣耀和幻想还没有从这个星球上消失。有人这样说："中世纪的大学是现代精神的摇篮。"早期的大学如何履行这职责，将是下一讲的主题。

大学的起源和发展[①]

查尔斯·霍默·哈斯金斯

大学基本组织和传统的起始时间模糊不清,但它肯定形成于12世纪。最初没有教学楼或教育基金或超出课堂之外的教学活动。它们仅仅是教师和学生们自发的联合体。

大学这个词汇源于拉丁文"universitas",并指代所有的社区或人们联合体。学生们不是去大学,而是去"研究班(studia)"或"普通研究班(studium generale)",后者意思是教育中心。一个"研究班"有三个特征:

(1) 学校吸引或至少是广邀各地的学生,不仅仅是一个特殊国家或地区的学生。

(2) 它是一个高等教育的地方;也就是说,至少学院的科目——神学、法学、医学——在那里被教授。

(3) 这些科目由大量——至少很多——教师来教授。[②]

13世纪初,有三个研究班,这个词汇绝对适合并且享有独特而卓越的声望;它们是教授神学和人文学科的巴黎、教授法律的博洛尼亚(Bologna)和教授医学的萨莱诺(Salerno)。[③] 后来,当其他城镇的学校希望与巴黎或博洛尼亚平起平坐时,它们便申请罗马教皇训令或帝国敕令,以创建一个"普通研究班(studia generalia)"。没有从教皇、皇帝或国王那里获得许可,任何"普通研究班"都没有权力授予学位。最初,学位仅仅意味着教学许可证,没有其他意义。只有几个学校因它们极好的教学活动而为人知晓,并获得了超越地方的重要性。

一、早期历史

正如我们今天所知道的,希腊人和罗马人没有大学,但他们的确有一些伟大的教师。大多数教育内容是哲学、修辞和法律方面的,但它并未正规地组织起来。像苏格拉底或亚里士多德这样的伟大教师没有颁发任何证书。然而,在查里曼(Charlemagne,768—814)时期开始的并随着博洛尼亚和巴黎大学的建立而达到顶峰的知识复兴运动中,古代的古典作品是最重要的。[④]

蛮族入侵摧毁了罗马帝国的学校,紧接下来那段时期在欧洲文化史上是最黑暗的。这产生了满足教会需要的修道院学校和大教堂学校。"本尼狄克寺院制度几乎创造了惟

---

① 查尔斯·霍默·哈斯金斯.大学的兴起.梅义征,译.上海:上海三联书店,2007.

② Hastings Rashdall. The Universities of Europe in the Middle Ages. London:Oxford Press,1936:I,7.

③ Hastings Rashdall. The Universities of Europe in the Middle Ages. London:Oxford Press,1936:I,8.

④ Encyclopedia Britannica(Vol XXVII). 11th Ed.. New York:Encyclopedia Britannica,Inc.,1911:749.

一的知识和教育的家园，并且创建了欧洲最有权力的教育机构，直到大学发展到取代了它而作为教育手段为止”。①

11世纪是从“黑暗时”代进入历史上一个最进步的时代的转折点。宗教的恐怖统治被一种积极的宗教热情取代了，后者产生了诸如教皇西威斯特利（Silvester）二世时期人们熟知的吉尔伯特（Gerbert）、阿伯拉尔（Abelard）、彼得·朗巴德（Peter Lombard）和其他人物，他们改变了整个文化世界的面貌。而且，十字军东征使欧洲各地区之间和欧洲各地与东方密切地联系起来。一种研究热情开始盛行，结果基督教世界的学校很快挤满了来自整个欧洲的学生。

神学教义是传统的，但在理解圣书方面一定数量的世俗知识被认为是必要的。世俗知识被称为“人文七学科”，后者又分为两部分：三学科（Trivium）和四个高级学科（Quadrivium）。三学科由语法、修辞和逻辑学法构成。其中逻辑学是“黑暗时代”的主要世俗教学内容，并且在大学形成时期的教学中是最重要的。四个高级学科由音乐、算术、几何和天文构成。算术和天文被教授是因为它们在寻找东方世界中发挥了重要作用。②

12世纪时，大量知识经由意大利和西西里，但主要通过西班牙的阿拉伯学者流入西欧。欧洲现在拥有一些运用阿拉伯记法写成的平面几何和立体几何著作，这些著作早就在大学和学院里使用了。法律和医学也是古代人所掌握的知识。到12世纪中期为止，许多人在从事把希腊语和阿拉伯语的著作翻译成自己语言的工作，而在另一百年的时间之内，所有重要的和不太重要的著作都可以被西方人使用了。③

12世纪早期最著名的学者是彼得·阿伯拉尔（Peter Abelard），出生于1079年，是一个封建贵族的儿子。他早年迷恋于知识，并把自己的遗产给了弟弟，然后加入到去往法国并最终到达巴黎的大教堂学校的学生群。阿伯拉尔最重要的贡献在于他对他那个时代思维习惯的挑战。阿伯拉尔领导下的学术运动达到了一定的高度，尽管它可能被称为大学运动，但它至少是大学形成之前的另一个时代。然而，阿伯拉尔的确开启了文化运动，大学便是从这种文化运动中诞生的。④

二、早期大学

尽管萨莱诺从未变成真正的大学，但它是值得一提的，因为根据马林格（Mullinger）所说，它是欧洲“第一所大学”，早在9世纪就被看作是医学校了，而且它闻名于全欧洲。⑤拉西达尔（Rashdall）和马林格都是权威人物。拉什达尔完全不同意马林格关于萨莱诺学校起源的观点，但得出了这样的结论：⑥

> 不管怎样，萨莱诺作为医学校的独特声望早在以巴黎为中心的逻辑学运动或以博洛尼亚为中心的法律运动之前就充分建立起来了。

① Hastings Rashdall. The Universities of Europe in the Middle Ages. London: Oxford Press, 1936: I, 27, 28.

② Hastings Rashdall. The Universities of Europe in the Middle Ages. London: Oxford Press, 1936: I, 34, 35.

③ Carl Stephenson. Medieval History. New York: Harper and Brothers, 1935: 415.

④ Hastings Rashdall. The Universities of Europe in the Middle Ages. London: Oxford Press, 1936: I, 89-92.

⑤ Encyclopedia Britannica(Vol XXVII). 11th Ed.. New York: Encyclopedia Britannica, Inc., 1911: 749.

⑥ Hastings Rashdall. The Universities of Europe in the Middle Ages. London: Oxford Press, 1936: I, 76.

伊尔内留斯(Irnerius)的名字与以博洛尼亚为中心的中世纪法律和教育史上的一个时期息息相关,这个时期绝不可以被忽视。伊尔内留斯时期标志着系统研究作为法律教育一个正规部分的整个"法律汇编(Corpus Juris Civilis)"的开始,而且这种法律科学的复兴把法律研究从修辞和人文学科分离开来了。①

北意大利的文化运动有其宗教的因素,也有其世俗的因素。在帝国和教皇统治之间有一场战斗,一场观念战斗;然而正在发生的事件将有助于解决这场争端。② 商业越来越发达,这要求狄奥多西(Theodosius)和查士丁尼(Justinian)传下来的法典中的条款得到更为确定的实施。《格拉提安敕令》(Gratian's *Decretom*)是对查士丁尼法典的系统研究,前者于1115年问世,它激发一个修道士创作了一部教会法典,后者是完整的,是与国家法典一样科学的,这样把罗马法融合进了教会法规之中。③ 格拉提安敕令在12和13世纪是如此成功,以至于在修道院之外的人们研究它也是必要的,而且博洛尼亚被认可为世俗和宗教法的主要学校。④

三、巴黎大学

我们已经提到,彼得·阿伯拉尔来到巴黎并变成了一位教师,他吸引了"大群的学生,他们的出现使得大量教师不可或缺,大学正是靠后者形成的"。⑤ 他是一位伟大的逻辑学法教师,并且当他写作著名的论文《是与否》(*Sic et Non*)时,他把辩证法运用到了神学教义当中。后来,阿伯拉尔的一位学生——巴黎的主教(1159—1164年)彼德·朗巴德(Peter the Lombard)——写作了《教父名言录》(*The Sentences*),后者是大学里面神学院的最重要的教科书。⑥ 朗巴德的著作激发了名言录的大量写作,其中最著名的是圣托马斯·阿奎纳(Saint Thomas Aquinas)(约1225—1274)写作的《神谱》(*Summa Theologiae*)。随着从阿伯拉尔到阿奎纳时代发生的伟大文化进步,巴黎大学在这一时期建立起来便是理所当然的事情。

巴黎大教堂学校什么时候变成了大学,还不为人所知,但它选择1200年作为其开始的时间,在这一年它获得第一枚王室勋章。⑦ 巴黎大学于1208年有了自己的第一个文字章程,并于1211年被认可为一个法人团体,那年它被授权派遣一位代表去罗马教廷。或许到13世纪末,巴黎大学得到了充分发展,它被分成四个学院:地位较高的学院包括神学、教会法和医学三个学院;地位较低的学院包括人文学科学院,后者根据学生的籍贯被分成四个同乡班。每个学院有一个教务长,每一个同乡班由一个学监领导,而整个大学首

① Hastings Rashdall. The Universities of Europe in the Middle Ages. London:Oxford Press,1936:120-124.

② Hastings Rashdall. The Universities of Europe in the Middle Ages. London:Oxford Press,1936:98.

③ Hastings Rashdall. The Universities of Europe in the Middle Ages. London:Oxford Press,1936:133,134.

④ Encyclopedia Britannica(Vol XXVII). 11th Ed.. New York:Encyclopedia Britannica,Inc.,1911:750.

⑤ Hastings Rashdall. The Universities of Europe in the Middle Ages. London:Oxford Press,1936:I,278.

⑥ S. J. Curtis, M. E. A. Boultwood. A Short History of Education Ideas. London: University Tutorial Press, 1953,102.

⑦ Charles H. Haskins. The Rise of the Universities. Ithaca,New York:Great Seal Books,1923:15.

领是校长。大学事务由大多数学院决定,而且只有那些从事教学的人们才有投票权。到16和17世纪,这种民主制度被一个小型官员寡头组织取代了。① 这两种模式都可在今天我们美国不同的大学中发现。

为了理解中世纪的大学,首先要关注学生。巴黎大学章程要求开始攻读学士学位的时间是十四岁(有些人更年轻),学士身份仅仅是攻读硕士学位的训练期。人文学科方面的所有课程持续七年,二十岁是硕士学位的最低年龄。当然很多学生的年龄更大。与今日不同,中世纪的大学新生享有无拘无束的自由。他可以自由地选择他要在哪个教师门下学习,可以自由地选择他将居住的学生宿舍。无论多么年轻,在一个教师的监督下生活都不是必要的甚或必需的。这种自由一直持续到15世纪,此时巴黎大学和牛津大学都采取措施迫使所有的学生或者呆在一个学院或者呆在一个由教师管理的学生宿舍里。② 甚至最普通的观察者都会意识到,受校监监督和法规规范的美国宿舍制度起源于巴黎大学和牛津大学。这也是持续到现代的学院制度的开端。

有两个级别的学生,他们居住在一个由教师管理的宿舍内,这是可接受的实践:富裕学生与一个私人助教住在他们自己的宿舍内,而贫穷的学生不能提供学生宿舍的费用,他们居住在破烂的阁楼里。学院最初仅仅是一个被捐助的木板房,而且在巴黎被捐助的学生宿舍由一位教师管理,人们认为他教授的内容比公共学院的教师教授的内容少一些。后来,较年轻的成员被任命为助教便成为一种惯例了,更高年级的本科生享受这种教育。学院间接地保护了有才能的教师,否则他们便不能进入较高级学院的研究班。

无疑,巴黎大学最著名的学院是索邦(Sorbonne)学院。它是索邦(Robert de Sorbon)大约于1257年为穷学者建立的,这些穷学者渴望长时间学习,以获得神学博士学位。最初它是神学家们的学院,但到16世纪和17世纪时,索邦学院变成了巴黎神学院流行的名字。③ 今天,它仅仅是一个文理学院所在的教学楼,但很多美国人错误地把它看作巴黎大学。

随着12世纪教育的迅速发展,有越来越多的教师渴望被允许教授那些付得起费用的学生。对于院长来说,许可教师们在教堂附近开办他们自己的学校变成通常的事情了,然而1138年出卖许可权的实践被禁止了。到1179年为止,教会学校的负责教师被要求无偿地为每一个合格的申请者颁发许可证。一旦许可权被建立起来,教师数量便开始增加,而且很快职业惯例和非成文法便形成了。最早的学位是"授课准许证(licentia docendi)",意思是教学许可证。教师和先生这些词汇最初是同义的;一个文学硕士是一个适合教授人文学科的人,而一个法学博士是有资格教授法律的人。对学位的承认是校长允许其"开始",后者意思是教师正式进入其职业,并作为一名被许可和被其他人认可的教师开始其职业生涯。④ 因此,传统被执行下来,而且博士学位的取得在我们今日大学里的确是教学资格的许可。

---

① Encyclopedia Britannica(Vol XXVII). 11th Ed. . New York:Encyclopedia Britannica,Inc. ,1911:752.

② Hastings Rashdall. The Universities of Europe in the Middle Ages. Vol III. London:Oxford University Press,1936:352-357.

③ Hastings Rashdall. The Universities of Europe in the Middle Ages. London:Oxford Press,1936:507-509.

④ Hastings Rashdall. The Universities of Europe in the Middle Ages. London:Oxford Press,1936:280-285.

巴黎大学变成了尾随而来的很多名牌大学的模型。其他很多大学在中世纪的法国涌现出来，但巴黎大学一直屹立于世界名牌大学之林。

四、英国的大学

牛津大学的起源与巴黎大学的起源形成了明显的对比。牛津具有相当大的学术声誉，在大约 1167 年就吸引了很多学生，然而没有任何证据证明一个普通研究班(studium general)在 1167 年或 1168 年之前就存在于牛津了。① "一件事情可以被看作是绝对肯定的，即大学发展与之有关的学校无论何时决不会依赖于牛津的任何牧师会团体或修道士团体"。② 权威人物的假设是，牛津起源于学术迁移，而且它最初的教师和学生一定来源于巴黎。这是托马斯·贝克特(Thomas Becket)和亨利二世斗争的结果，斗争导致了一系列法令，1167 年，亨利二世颁发了一份敕令以反对贝克特的党徒，敕令规定："任何教士都不可以从大陆去英国或者从英国去大陆，不能离开国王或英国的首席政法官。"③所有的教士都在 3 个月内被召回了英国。无疑，一大批教师和学者遵从国王的命令返回了英国。④ 这些学者将去哪里？至少他们中的一部分必定聚合在了他们过去的老师们那里，并且转移到他们过去在英国的研究班和组织中。除了牛津，其他任何地方都没有这种聚合的记录。⑤

1209 年，在牛津，一个学生杀了一位妇女，这是一件相当重大的事件。它导致了一场激烈的"城镇居民和大学里的人"的暴乱，这在中世纪的大学里并不是什么不寻常的事情。然而，这是国王约翰和教上集团斗争的时期，作为上述事件的结果，两个或三个学生在国王的授意下被绞死了。⑥ 据说，那时三千名学生离开牛津，去了其他地方。拉希达尔认为剑桥的普通研究班(Studium generale)的存在应归诸这次牛津学生的大批出走。⑦ 门罗(Monre)认为"城镇居民直到 1213 年都缺乏学者，1213 年约翰对教皇的臣服迫使城镇居民在教士的权威人物面前降低自己的身份"⑥。

在所有这些浮光掠影的记录中，有一个法令陈述道："城镇居民每年要支付总共五十二先令，并分两次在一年内分配给贫穷的学生。"⑧这笔钱用于创建为了学生的利益而建立的机构。这笔钱被放在一个金库里，当学生希望借款时，他被要求一篇比贷款更有价值的论文，但如果贷款没有在一年之内返还，那么抵押物便被公开拍卖掉。在中世纪，有二十个这样的金库建立在牛津。⑨ 这是第一个特别为了学者的利益而建立起来的学生贷款基金的记录。

---

① Hastings Rashdall. The Universities of Europe in the Middle Ages. London: Oxford Press, 1936: 15-19.

② Hastings Rashdall. The Universities of Europe in the Middle Ages. London: Oxford Press, 1936: 9, 10.

③ Hastings Rashdall. The Universities of Europe in the Middle Ages. London: Oxford Press, 1936: 13.

④ Hastings Rashdall. The Universities of Europe in the Middle Ages. London: Oxford Press, 1936: 12-14.

⑤ Hastings Rashdall. The Universities of Europe in the Middle Ages. London: Oxford Press, 1936: 23.

⑥ Paul Monroe. Acyclopedia of Education. Vol III. New York: Macmillan Co., 1914: 578.

⑦ Hastings Rashdall. The Universities of Europe in the Middle Ages. London: Oxford Press, 1936: 34.

⑧ Hastings Rashdall. The Universities of Europe in the Middle Ages. London: Oxford Press, 1936: 35.

⑨ Hastings Rashdall. The Universities of Europe in the Middle Ages. London: Oxford Press, 1936: 35, 36.

值得怀疑的是，1214 年之前，一个校长存在于牛津，因为主教不能任命校长。职务是巴黎大学校长身份的模仿，但大教堂的缺乏使他与大学的关系很不同。“在巴黎，校长是敌对社团的一个成员；他的统治遭到学生的强烈抵制；作为摆脱他的权威的手段，他们的协会或大学形成了很大规模的社团”。① 在牛津，校长的存在归诸大学，学生没有理由用嫉妒和反叛对待他，因为校长是从教师群体中选出来的。在这些条件下，校长变成了公认的大学首脑。

> 在 13 世纪，巴黎和牛津之间的交往如此密切，以至于巴黎教师社团活动的每一个新发展都会或多或少地被牛津如实模仿或再造，尽管发展过程的每一步都会因校长地位的不同而被修改。②

牛津大学作为一个社团对英国的政治和教会史几乎没什么影响，但它的学术声誉却仅次于巴黎。它是思辨思潮的中心。13 世纪，牛津最著名的三位教师是埃蒙德·里奇(Edmund Rick)，罗伯特·格罗斯泰斯特(Robert Grosseteste)和罗杰·培根(Roger Bacon)。培根的作品一直很重要。在 14 世纪牛津的文化运动中，约翰·威克里夫(John Wycliff)是不应该被忽视的。在牛津，这些人开始了一场导致较大文化自由的运动。③

我们在前面已经提到，剑桥大学或许产生于 1209 年牛津事件时期，尽管在那个时间之前剑桥一定有了语法学校。学生们在 1214 年返回牛津，而且直到 1229 年剑桥才作为一个研究班(Studium)而被人知晓，当时亨利三世许诺在某些英国城镇建立避难所，以分散巴黎学者。剑桥或许是这些城镇之一。④

剑桥所享有的特权很密切地跟随着在牛津发展起来的那个特权，然而它却发展得很慢。在剑桥和牛津，最早的大学生活模式都是由托钵修会(Mendicants)提供的。皮特豪斯(Peterhouse)是剑桥的第一个世俗学院，并且是模仿牛津大学默顿(Merton)学院的章程建立起来的。⑤ 这些实例表明了剑桥与牛津的相对地位，并解释了为什么“直到 14 世纪末期——也就是说直到经院哲学的没落——剑桥仍是一个三流大学”。⑥

到 14 世纪中期，在剑桥，学院的数量迅速增加，这表明其发展是在那个时期实现的。这是这样一个时期，即在当时威克里夫的学术运动在牛津已经根深蒂固，并可能是为什么剑桥被选作王室资助对象的原因之一。“人们认为在剑桥一个新教会学校被建立起来，以竞争或代替‘那个二流的教会学校’，后者已经悲惨地从它的一流位置衰落了下来。”⑦这件事或许有影响，因为 1441 年亨利四世把国王学院建在了剑桥而非牛津。剑桥第一次达

① Paul Monroe. A cyclopedia of Education. Vol IV. New York：Macmillan Co. ，1914：579.

② Hastings Rashdall. The Universities of Europe in the Middle Ages. London：Oxford Press，1936：49.

③ Hastings Rashdall. The Universities of Europe in the Middle Ages. London：Oxford Press，1936：236-248，269-271.

④ Hastings Rashdall. The Universities of Europe in the Middle Ages. London：Oxford Press，1936：276-278.

⑤ Hastings Rashdall. The Universities of Europe in the Middle Ages. London：Oxford Press，1936：279，280，293-298.

⑥ Hastings Rashdall. The Universities of Europe in the Middle Ages. London：Oxford Press，1936：284.

⑦ Hastings Rashdall. The Universities of Europe in the Middle Ages. London：Oxford Press，1936：316.

到了与牛津相当的水平。

注意发生在牛津和剑桥产生之前的事件与巴黎大学产生之前的那些事件之间的不同,是有趣的。巴黎大学是作为知识复兴的结果而建立起来的。牛津和剑桥大学直接或间接地产生于导致大规模学生迁移时代的政治和宗教斗争。不管怎样,很多世纪以后的巴黎、牛津和剑桥仍处于世界名牌大学之林,并为我们的文化遗产做出了重大贡献。

五、德国的大学

直到14世纪中期,德国才有了大学。当最早的大学出现时,德国在文化上已经远远落在了后面,而且政治形势并不支持大学的建立。除了因为它的学生们去国外学习而外,德国几乎两个世纪未受大学运动的影响。学生或许是年轻的贵族和出身高贵的人。[①]

罗马神圣罗马帝国皇帝和波希尼亚(Bohenia)国王查理四世是一位德国学者,他生活在法国,并受到法国思想的影响。依靠他的努力,建立大学的教皇训令被签发了,随后是1347年的帝国宪章,布拉格(Prague)大学随之形成。因为查理的影响,巴黎大学变成了第一所大学,即后来德国大学的模板。新大学从一开始便很成功,并使教育可以被商人和手工艺人的儿子们享用。

> 马丁·路德(Martin Luther)几乎不可能享有大学教育,如果他不去巴黎求学;如果没有为路德提供大学教育,如果没有路德,那么德国的改革便不可能进行。[②]

1347年到1419年之间在布拉格、维也纳(Vienna)、海德堡(Heidelberg)、科隆(Cologne)、埃尔富特(Erfurt)、莱比锡(Leipzig)和罗斯托克(Rostoch)建立起来的大学,部分是新文化运动——文艺复兴——的自然结果。把这些学校作为加强统治的手段,并确保自己辖区内的教士和文化生活的需求是地方侯爵们的发明。

德国历史上的一个事件是值得注意的,因为它在接下来我们自己的大学发展中起到了重要作用。作为拿破仑征服的结果,普鲁士(Prussia)开始获得文化力量,后者将代替物质上丢失的东西。1810年建立起来的柏林大学,是以较大学术自由的政策为基础建立的。纯理想主义将是寻求真理的主导原则。柏林大学是一个自由的文化社区,拥有作为教师的教授和作为助教的学生,他们都负担着解决同一个问题的任务。人们发现这个原则很快渗透到了德国的大学中,而且这奠定了德国在国际文化中的地位。[③]

德国大学制度在19世纪产生了文化领导权,并促进了教育技术的发展,后者反映了

---

① Hastings Rashdall. The Universities of Europe in the Middle Ages. Vol. II. London:Oxford University Press, 1936:213-216.

② Hastings Rashdall. The Universities of Europe in the Middle Ages. Vol. II. London:Oxford University Press, 1936:216.

③ Paul Monroe. A cyclopedia of Education. Vol III. New York:Macmillan Co.,1914:94.

它对推动知识新领域的发展很感兴趣。它发展了学术研讨班和科学实验室，教师和他们的学生们在这里面研究各自领域的问题。到19世纪中期，出现了美国学生流向德国的潮流。在德国接受教育的学者带回美国的是帮助建立各种科学理念的关键因素，这些理念变成了美国高等教育的指路明灯。[①]

结论：美国大学已经发展了一套独特的制度，然而它的传统依赖于过去的大学。美国大学是一个混血儿，本科结构从英国大学制度中获得其形式，而文科和理科研究生学校从德国大学的学院中获得其模式。尽管英国和德国的大学发展了稍显各异的教育模式，但它们都源于母亲大学——巴黎大学。11世纪和12世纪巴黎的文化复兴是大学制度的真正开端，现在这种大学制度在全世界都可发现，并且是我们后代的希望的摇篮。

① John S. Brubacker，Willis Rudy. Higher Education in Transition. New York：Harpers and Brothers，1958：184.

自由七艺与古典学问[①]

戴维·L. 瓦格纳

自由七艺(the seven liberal arts)包括语词技艺(三艺,*trivium*)——语法、修辞和逻辑(或辩证法),以及数学技艺(四艺,*quadrivium*)——算术、音乐、几何学和天文学。从严格的意义上讲,自由七艺专指公元五六世纪的拉丁百科全书家们(Latin encyclopedists)编纂成文的那些技艺,他们的著作为数个世纪的学术生活提供了基本的内容和形式。

也许可以把自由技艺的出现和演进看成教育史的一个方面。然而,放在整个思想史的语境下来考察可以更好地理解这个过程。在本文中,我将联系古代和中世纪的主流文化传统来分析自由技艺的发展。

古典学问在这一发展过程中扮演着极为重要的角色。一方面,古典传统是拉丁百科全书家的最终来源,而拉丁百科全书家的著作则是从希腊化时期开始的一个简化过程的顶点。另一方面,12、13世纪的古典学术复兴使几乎所有技艺发生了决定性的改变。

古典传统确立了各种技艺的内容和形式特征。本文将讨论整个技艺的结构。在拉丁百科全书家的时代,三艺和四艺的概念(尽管不是名称)已经出现,一套关于标准自由技艺的观念已经很常见,尽管"七"这个数是通过他们的著作才成为传统的。

一、希腊时代

希腊时代的历史(从公元前8世纪到公元前323年亚历山大大帝逝世)本质上是希腊城邦(*polis*)的历史,自由技艺的起源最好通过其文化传统来理解。虽然体育和音乐——这是早期希腊教育的核心——是这些传统中最盛行的,但修辞和理性主义对于自由技艺的发展是最重要的。

修辞对自由技艺传统的影响直到公元5世纪才显现出来,而理性主义的影响几乎从希腊历史之初就很明显。理性主义常常被称为希腊文明的突出贡献,可以将它抽象地定义为一种(至少是)强调体系统一性和一般性的态度。为了使这个抽象的定义变得具体,我们可以考察理性主义在每一种自由技艺的起源中发挥的作用。

---

① 瓦格纳. 中世纪的自由七艺. 张卜天,译. 长沙:湖南科学技术出版社,2016.

1. 四艺

当希腊人开始用理性方式解释宇宙时，哲学就起源了。① 希腊人的宇宙论也许源于青铜时代赫西俄德《神谱》中的创世神话，《神谱》系统而详细地记载了诸神的谱系，标志着两种思维模式之间的过渡。② 新的理性精神的本质可见于希腊人对"自然"概念的确认。③ 他们将自然领域与神的领域区分开来，并把自然领域看成一个"宇宙"(cosmos)，即源于一种本原(或起点)、根据一种法则发展而来的统一整体。其中的每一个要素(统一整体、本原、法则)都反映了希腊哲学区别于青铜时代神话的新的理性精神。

这种发展开始于公元前 7 世纪小亚细亚海岸上繁荣的贸易中心米利都，当时泰勒斯断言水是万物的本原。后人继续寻找本原，给出了一系列不同于水的回答。亚里士多德认为，这些哲学家是在寻找一种包含现象世界的物质本原。然而，最好把米利都学派看成在寻找宇宙的生成原则，从而强调他们的哲学源于创世神话。此外，在泰勒斯后继者们的宇宙论中，先前的谱系进路被一种发展法则所替代。

希腊数学同样体现了这种新的理性主义精神。④ 埃及和美索不达米亚的青铜时代文化已经发展出了复杂的数学(和天文学)方法，但它们是通过试错法由经验加以完善的经验方法。而希腊人则把数学确立为一门公理-演绎科学，即一个有序的系统，其要素是经过明确阐述的前提的必然推论。它的基本特征——有序的系统、明确的前提、必然关联——类似于宇宙概念中的基本要素，和它们一样反映了理性主义精神。

根据传统说法，泰勒斯还最早证明了一条数学定理。不过，他的数学贡献自古以来就有人怀疑，所以在讲述希腊数学时，通常都从毕达哥拉斯或早期毕达哥拉斯主义者(因为很难区分毕达哥拉斯的贡献和他的追随者的贡献)开始。在讨论自由技艺时，从早期毕达哥拉斯主义者开始讲起特别合适，因为他们最先把四艺联系在一起。⑤

早期毕达哥拉斯主义者的核心原则是万物皆数。他们把数当成一种产生性的本原，并通过数论秩序来解释法则，从而改变了米利都学派的宇宙论。于是，他们通过数来理解自然。

---

① 权威的英文希腊哲学史是 W. K. C. Guthrie, A History of Greek Philosophy. 3 vols. (Cambridge, 1962-1969)。关于前苏格拉底哲学家，见 G. S. Kirk, J. E. Raven, The Presocratic Philosophers(Cambridge, 1957)。

对于四艺的发展来说更有用的是希腊科学史：Marshall Clagett, Greek Science in Antiquity(New York, 1955); Morris R. Cohen and I. E. Drabkin, A Source Book in Greek Science(Cambridge, Mass., 1948); Giorgio de Santillana, The Origins of Scientific Thought: From Anaximander to Proclus, 600 B. C. to 300A. D. (London, 1961); G. E. R. Lloyd, Early Greek Science: Thales to Aristotle(London, 1961); O. Neugebauer, The Exact Sciences in Antiquity, 2nd ed. (1957; repr. New York, 1969); S. Sambursky, The Physical World of the Greeks, trans. Merton Dagut(New York, 1956); George Sarton, A History of Science, 2 vols. (Cambridge, Mass., 1952-1959); B. L. van der Waerden, Science Awakening, trans. Arnold Dresden(New York, 1961)。

② 参见 Norman O. Brown 撰写的导读，trans., Theogony, Hesiod(Indianapolis, 1953)，他用理性主义方式解释了赫西俄德的神话。

③ 关于这一点的讨论，见 Lloyd, Early Greek Science, pp. 8-10.

④ 见 Sir Thomas Heath, A History of Greek Mathematics, 2vols. (Oxford, 1921)。E. T. Bell 的 The Development of Mathematics(New York, 1945)则是一部杰出的数学通史著作。

⑤ Walter Burkert. Lore and Science in Ancient Pythagoreanism(Cambridge, Mass., 1972); J. A. Philip. Pythagoras and Early Pythagoreanism(Toronto, 1966).

早期毕达哥拉斯主义者之所以强调数还有另一个原因。毕达哥拉斯既是哲学家，又是宗教领袖，他似乎相信俄耳甫斯教的灵魂转世学说。作为大宇宙中的小宇宙，灵魂通过数学上的和谐而得到理解，据信研究数可以净化灵魂。社会也通过数而得到分析；因此，数被视为自然以及道德和正义的基础。

鉴于数在毕达哥拉斯主义哲学中起着最重要的作用，早期毕达哥拉斯主义者强调研究算术和几何学也就不足为奇了。也许令人惊讶的是，他们通过数来分析音乐，尽管有一种传统说法认为，正是毕达哥拉斯对音乐和音（四度、五度和八度）的数学基础的发现造就了他的数学哲学。毕达哥拉斯主义者还认为数与天文学中的实在之间存在着关联，主张宇宙的秩序反映了音乐或数学的和谐。

就这样，早期毕达哥拉斯主义者把后来组成四艺的四门学科联系了起来，尽管关于这四门学科，现存最早的记述是在公元前 4 世纪，那时数学已经进入了第二个阶段。其作者阿基塔斯（Archytas）以音乐理论而闻名，是柏拉图的同时代人，很可能促使柏拉图把数学技艺当作其课程的核心。数学技艺的清单因柏拉图对话录中的不同章节的不同描述而异，有时包括立体几何——关于不动球体的研究（与天文学研究运动球体相反），我们称之为球面几何——有时遗漏了音乐。但随着柏拉图-毕达哥拉斯传统在希腊化思想中得以确立，被我们称为四艺的四门学科已经成为正统。

数学可以揭示宇宙秩序这一中世纪信念虽然植根于毕达哥拉斯主义，但柏拉图为其提供了一种形而上学的辩护。柏拉图认为，存在就是可以理解，实在是通过理性来把握的。他把“真正实在的东西”（可理解的存在这一永恒不变的领域）等同于理念，并把这个存在（Being）领域与通过感官来认识的生成（Becoming）领域区分开来。他认为，人只有经过漫长的研究程序之后才能把握理念世界，并主张要想实现这种逐步的领会，就需要研究数学，对此最著名的表述见于《理想国》。因此，算术和几何学在柏拉图的课程中成为至关重要的学科。

通常认为，柏拉图的理念论形而上学完全阻碍了科学的进步。诚然，柏拉图对数学的兴趣更多是源于他的存在哲学，而不是渴望对经验世界进行分析，但他的确相信，可感世界在某种意义上分有了存在，尽管这种分有的确切本质也许是柏拉图哲学之阐释的主要问题。由于这两个领域的关联在音乐和天文学中表现得最清楚，所以这些学科在柏拉图的课程中也是至关重要的。

事实上，与毕达哥拉斯主义者的音乐理论相比，柏拉图的音乐理论同实际音乐体验的联系更为紧密；柏拉图为毕达哥拉斯主义者的数学分析补充了对实际希腊音乐调式的解释（主要以伦理方式进行解释）。[①] 在天文学中，他确立了古典天文学的基本经验问题（解释行星运动）及其基本假设（天界运动是完美的匀速圆周运动）。虽然他的哲学中经验和理性要素并存，但其观点（科学研究理性在宇宙中的运作）的总体影响是强调了对数学法

---

① 关于希腊音乐的权威参考资料是 Isobel Henderson, Ancient Greek Music, in New Oxford History of Music, vol. 1, Ancient and Oriental Music(London, 1957)。亦可参见 Warren D. Anderson, Ethos and Education in Greek Music(Cambridge, Mass. , 1964)，以及 Edward A. Lippman, Musical Thought in Ancient Greece(New York, 1964)。我本人对音乐作为一门自由技艺的理解得益于 Curt Sachs, Our Musical Hertage: A Short History of Music, 2nd ed. (New York, 1955)以及 The Practice musicae of Franchinus Gafurius, (Madison, 1969)。

则的探寻。

柏拉图-毕达哥拉斯的思辨传统要到两个世纪之后才会全面影响自由技艺,这两个世纪是古代理论数学和纯粹科学最富创造性的时期。基于柏拉图的问题和假设,理论天文学有了显著的进步,这始于柏拉图的同时代人欧多克斯(Eudoxus),他最早用圆的数学来描述行星(包括太阳和月亮)轨道。作为最早的数理天文学,该理论含糊不清地结合了数学概念和物理概念,它们之间的张力在古典和中世纪科学中从未得到解决。

我们不妨通过无理数的发现来理解其他数学技艺的历史。① 早期毕达哥拉斯主义者的算术和音乐理论明确假定,所有数都是有理数——在几何学中,这一假定意味着所有长度都是可公度的。这个数学阶段在公元前 5 世纪末达到顶点,当时希俄斯的希波克拉底(Hippocrates of Chios,相传他最早编纂了一部《几何原本》)将平面几何系统化,为欧几里得后来的综合提供了要点。但他(或某位同时代人)还发现,等腰直角三角形的斜边不可能表示为有理整数,即斜边与直角边不可公度,从而为下一个阶段做好了准备。

无理数的发现以不同方式影响了各种数学技艺。在算术中,希腊人显然无法放弃有理数的概念;于是,毕达哥拉斯主义进路继续主导着算术,并且被拉丁百科全书家们传到中世纪。希腊人在音乐的数学分析中也无法接受无理数,从而导致音乐理论越来越远离对实际听到的音乐进行分析。

通过把数看成量(magnitudes)而不是整数,即通过更大的一般性,欧多克斯解决了无理数的问题。但这样一来,几何学不能再被看成与算术同度量(commensurate)。不仅如此,这一解决方案还确保了可以通过几何方式来处理代数,这种倾向甚至在早期毕达哥拉斯主义者那里就已经很明显。因此,今天用代数符号提出的问题,在整个古代都是以几何方式来描绘和解决的,这种方法在中世纪和文艺复兴时期一直持续着,甚至是牛顿,尽管发明了微积分,也在《自然哲学的数学原理》中使用这种方法。最后,虽然像欧多克斯的数理天文学所表明的,数学仍然可以被用来描述自然,但是曾经作为早期毕达哥拉斯主义之基础的数与自然之间的明确关联已不再能够维持。

我们可以用对无理数的这一简要分析来结束关于四艺的讨论。亚里士多德的确为希腊科学和数学做出了重要贡献,但是从本文的观点来看,只需注意其哲学的两个特征。首先,他为不同科学的不同处理提供了哲学辩护,强调每一门科学都有自己独特的原则和方法。其次,他认为数学是哲学研究的准备,而不是哲学的一部分。然而,在三艺的早期发展中,亚里士多德起了主要作用。

2. 三艺

语词技艺起源于公元前 5 世纪初,它的发展反映了城邦文化传统的某些重大转变。② 体育在希腊生活中依然保持着其核心角色,但是随着公元前 5 世纪末雅典在伯罗奔尼撒战争中战败,音乐成了专属于职业演奏家的领域。随着音乐不再是课程的中心,修

---

① Francois Lasserre, The Birth of Mathematics in the Age of Plato (New York, 1966); Wilbur Richard Knorr, The Evolution of the Euclidean Elements: A Study of the Theory of Incommensurable Magnitudes and Its Significance for Early Greek Astronomy (Dordrecht, Holland, 1975).

② 除了 Guthrie, History of Greek Philosophy, vol. 3,另见 Werner Jaeger, Paideia: The Ideals of Greek Culture, trans. Gilbert Highet, 3 vols.; vol. 1, 2nd ed. (New York, 1943-1945)。

辞作为中级教育的基础而出现，并与哲学竞争高等教育的中心地位。

虽然修辞在教育中的突出地位是全新的，但它在希腊文化中有着深刻的根基。事实上，演说的重要性要先于古典城邦，《伊利亚特》中随处可见的演说证明了它在荷马所描述的社会中的重要性。在荷马之后的数个世纪，演说在荷马式颂歌、戏剧家和史学家的著作中继续扮演着重要的文化角色。①

随着民主在公元前5世纪的发展，演说在集会和法庭上变得愈发重要，从而催生了一个新的职业阶层——"智者"。虽然智者也讲授包括数学技艺在内的其他科目，但他们最出名的是声称可以传授在新的政治环境下为成功所必需的演说技巧。我们可以把对演说的系统处理称为修辞。

随着伊索克拉底(Isocrates)于公元前4世纪初建立了一所修辞学校，这一发展达到了顶峰。(柏拉图视伊索克拉底为"智者"，并且为了反对他的学校而建立了学园，但伊索克拉底拒绝接受这一称号。)虽然伊索克拉底的学校源于城邦的实际需要，但他的影响使得修辞学在接下来的数个世纪里成为希腊罗马的教育基石，此时希腊城邦在政治上早已衰落。

随着哲学的重点从宇宙转向人，理性主义传统也在公元前5世纪进入了一个新阶段。西塞罗(Cicero)在一段名言中指出，苏格拉底"第一次把哲学从天上召唤下来"。② 事实上，柏拉图对数学的兴趣源于他对认识论的关切，而对认识论的关切又反映出他(或苏格拉底)一反智者的道德相对主义，决心建立客观永恒的道德真理的存在性。

由于演说和哲学中的这些变化，修辞被确立为一门技艺。虽然智者的教导一般基于经验(柏拉图称智者仅仅是经验的)，但他们发展出若干种修辞手册：教学手册，论题(*topoi*，即可被编织成一篇演说的修辞技巧的例子)集，讨论修辞规则的论著，实际演说集。系统处理演说的这种努力可以被看作将修辞技艺理性化的第一步。

接下来，柏拉图系统处理修辞的尝试使辩证法(dialectic)发展起来——柏拉图第一次在专业意义上使用"辩证法"一词。该词原本仅仅意指"讨论"。这门技艺的确切来源还不清楚，但最有可能的解释是，它源于智者对相反论证的分析。③ 智者们愿意同时从一个问题的两个立场进行论证，这其中暗含着道德相对主义，侧重于说服而不是真理，这激起了柏拉图的反对——对诡辩术的根深蒂固的反对是柏拉图思想的典型特征，这是这种反对的又一个例子。

在早期作品《高尔吉亚篇》中，柏拉图把修辞称为与哲学相对的伪技艺。而在《斐德若篇》中，柏拉图似乎更为同情地对待修辞。在这篇对话以及后来的某些对话中，柏拉图试

① 关于希腊修辞的权威英文参考资料是 George Kennedy, The Art of Persuasion in Greece(Princeton, N. J., 1963)，亦可参见 Charles Sears Baldwin, Ancient Rhetoric and Poetic: Interpreted from Representative Works(New York, 1924)，以及 Donald Lemen Clark, Rhetoric in Greco-Roman Education(Morningside Heights, N. Y., 1957)。《伊利亚特》(442—443)明确承认了演说的重要性，菲尼克斯(Phoenix)告诉阿喀琉斯，阿喀琉斯的父亲派他来，希望阿喀琉斯成为一名演说家和实干家。

② "苏格拉底第一次把哲学从天上召唤下来，把它安置在城市中，引入家家户户，使它成为探究生活与道德、善与恶所必需的学问。"Cicero, Tusculan Disputations(Cambridge, Mass., 1927), 5, 10.

③ 参见 G. E. R, Lloyd, Magic, Reason, and Experience: Studies in the Origins and Development of Greek Science (Cambridge, 1979), pp. 79-102.

图确立一种真修辞或哲学修辞的原则——他将这种修辞等同于辩证法,并与智者的假修辞相对立。虽然柏拉图没能提出一种系统的辩证法理论,但苏格拉底的对话例证了柏拉图关于这门技艺的构想,并为亚里士多德在《论题篇》中的系统处理提供了范例。然而,柏拉图只把辩证法等同于"真"修辞,因而本质上仍然维持着这两门技艺的区分。

而亚里士多德则把修辞看成与辩证法相对应,并以完全系统的方式讨论了每一种技艺。于是,在亚里士多德那里,理性主义传统与演说传统明显融合了。他的修辞有一种新的理性主义导向:虽然继续用传统的方式把修辞定义为说服的技艺,但他把焦点转向了证明,强调论证的发现或发明。此外,他对发明的分析基于他在《论题篇》中提出的新的"论题"(*topoi*)概念。在这里,亚里士多德的进路同样是理性主义的,因为他把论题当作发现论证的策略,而不是当作修辞上的例子。①

但理性主义传统最重要的影响在于亚里士多德对完备性和一般性的关切:修辞试图就一切论证发现说服手段,辩证法则寻求在任何论辩中都管用的策略。最重要的是,亚里士多德把这两种技艺都归入了一种一般的论证理论,他后来将其拓宽,把证明(demonstration,它本身是一种对思维法则的一般处理)以及最终把诡辩论证(sophistical arguments)也包括进来。② 证明基于不可证明的真前提,得出确定的真结论;辩证法是一种使用问答的论辩论证,它基于非常可信的前提,往往被用来建立证明的不可证明的前提。修辞也基于可信的或可能的前提,试图就任何论证发现说服手段。

亚里士多德的证明理论之所以反映了理性主义冲动,不仅在于它追求一般性,更重要的是它意在自觉地为公理-演绎系统做辩护。亚里士多德自称第一次这样做,这是可以接受的,但他的理论基于一个悠久的传统,该传统既包括分析和捍卫这一方法的初步尝试,也包括演绎推理的例子。③

数学中公理-演绎方法的成功也许是对亚里士多德证明理论发展的最大激励,但柏拉图的贡献几乎同样重要。对于本文而言,最重要的是柏拉图形而上学的含意。柏拉图认为,存在就是可理解,这一观点为人们相信实在之中存在着必然联系提供了根据,这种必然联系的存在使有效推理成为可能;与此相关的看法,即实在可以通过理性来把握,则有助于解释他的语言哲学。对于柏拉图而言,语词表达了事物的本质,这些本质在思想中作为概念得到把握,这一信念促使他强调本质性的定义。语词结合成句子(或命题),语词(或概念)之间的关系反映了实在之中的必然联系。④

柏拉图的语言理论正是在那组讨论辩证法理论的对话中被提出来的。柏拉图拒绝接受智者的看法,即语言仅仅是约定,而是相信词与物是内在关联的;但他从未令人满意地

---

① 参见"Dialectic and Aristotle's Topics,"by Eleonore Stump(即本书第五章作者),trans.,Boethius's De topicis differentiis(Ithaca,N. Y.,1978),pp. 159-178.

② 由于亚里士多德把证明理论包括进来,有人也许会说这是逻辑而非辩证法。然而,在一种中世纪传统中,辩证法被用在广义的逻辑中。权威的英文逻辑史是 William Kneale 和 Martha Kneale,The Development of Logic(Oxford,1962)。

③ Lloyd,Magic,Reason,and Experience,pp. 102-125.

④ 我在本段和下一段参考了 Edward A. Maziarz and Thomas Greenwood,Greek Mathematical Philosophy(New York,1968),ch. 21。

解释这种关联——这个问题就像理念与生成领域之间的关系一样困难。亚里士多德总体上承认语言与世界之间存在着关联。因此，希腊化时期的学者把亚里士多德的逻辑学描述为一种词项逻辑，也就不足为奇了。

从理性主义传统与演说传统的合流中出现的修辞和逻辑反映了对语言的一般兴趣。虽然自然与数之间的联系在理论数学中遭到了拒斥，但却出现了一种强调自然与语词之间联系的语言理论。在这一点上，它类似于毕达哥拉斯-柏拉图传统中的思辨数学，后者依然把自然等同于数。这一事实也许有助于解释三艺与四艺的最终联合。

这种对语言的关切也引出了最早的语法讨论。许多基本的语法论题都在希腊时期得到了最早的分析，但总是在修辞或逻辑的语境之下。① 直到希腊化时期，语法才作为一种迥然不同的技艺得到系统讨论。

二、希腊化时代

亚历山大大帝逝世后，在其继任者们所统治的整个土地上，优越的城邦文化开始让位于一种世界主义或宇宙城邦(cosmopolitan)文化。从思想史的角度来看，可以说希腊化时代延续到了罗马帝国的前两个世纪，即罗马和平(*Pax Romana*)时期。

这个世界主义社会的文化传统要比希腊时期的文化传统更为异质。对于自由技艺的发展来说，最重要的事实是创造性的学问与普及性作品之间的对比(这在科学中最为明显)。一位当代学者强调了这个时代的或可称为精神分裂的性质：

> 可以说希腊化时代(公元前 323 年～公元前 30 年)产生了希腊人最重要的成就，但同样是在这个时代，普及运动也充分发展起来，它比其他任何因素都更要为后来古代科学的衰落负责。这是一种奇特的现象，对其他时代和地方也许有暗示。②

这一判断虽然对希腊学问而言是有效的，但如果把罗马思想包括在希腊化时代中，那么它忽视了普及运动的一项重要贡献。鉴于罗马文化传统的实用性，理论科学似乎不可能在罗马繁荣起来。普及运动把希腊科学传给了罗马人，并通过罗马人(虽然是以更初等的形式)传到了中世纪。

通过知识传播来谈科学普及著作很有启发性。希腊留给罗马的遗产并不限于科学，学问与普及的对立可以作更宽广的理解。事实上，对于自由技艺的发展而言，希腊学问有三个方面是至关重要的。与希腊时代不同，哲学与科学在希腊化时代是分别发展的。雅典始终是主要的哲学中心，而亚历山大里亚则成为科学中心。正当科学在亚历山大里亚的缪斯宫(Museum)繁荣之时，在亚历山大里亚图书馆产生了一种新的文学学问。这三股潮流的创造时期相当短暂。哲学陷入了折中主义和怀疑论的时代，亚历山大里亚的科

---

① Rudolf Pfeiffer, History of Classical Scholarship: From the Beginnings to the End of the Hellenistic Age (Oxford, 1968)，第一部分。

② William H. Stahl, Roman Science: Origins, Development, and Influence to the Later Middle Ages (Madison, 1962), p. 30.

学和学问则让位于一个手册和百科全书式概要的时代。

于是，普及运动是这一时代的一个一般特征。它部分源于脱离理论数学和纯粹科学而发展起来的思辨性的柏拉图-毕达哥拉斯传统，部分源于初等教育和中等教育的需要。在希腊化时代，课程变得多少有些标准化了，“教育课程”(*enkuklios paideia*)的概念也变得常见起来。①

1. 希腊学问

在斯多亚派和伊壁鸠鲁派于公元前 3 世纪开始与柏拉图和亚里士多德最初创立的学派相竞争之后，希腊化时代有四大哲学学派在雅典兴盛起来。这些学派(尤其是两个新学派)的哲学提出了因城邦的政治衰落和一个新的国际主义社会兴起而引发的问题。而对自由技艺的发展影响最为直接的是斯多亚派对逻辑的新解释。②

与亚里士多德把逻辑(和数学)看成哲学的准备不同，斯多亚派把逻辑(连同物理学和伦理学)看成哲学的一个分支。他们把逻辑宽泛地解释为语词技艺，这种观点继承于苏格拉底的一个弟子麦加拉的欧几里得(Euclid of Megara)所创建的麦加拉学派。斯多亚派把逻辑分成辩证法、语法和修辞，因此他们最先把三艺的三门学科看成一个统一体。

斯多亚派的逻辑是一种命题逻辑，类似于现代的命题演算，可能于克吕西普(Chrysippus，公元前 3 世纪末的学园领袖)的时代初步形成。它虽然显著不同于亚里士多德的词项逻辑，但仍被归入了亚里士多德逻辑中假言三段论的标题之下。

斯多亚派的命题逻辑是一种更一般的指代理论的一部分。他们区分了符号或“能指”(thing signifying)，意谓(significate)或“所指”(thing meant)，以及物质对象(material object)——大致对应于今天关于句子、句子的内涵和句子的外延之间的区分。所指(significate，*lekta*)又可以进一步分解为不完整所指(主词和谓词)和完整所指(最重要的是命题)。(完整所指还包括像疑问和命令这样的子论题。)对“能指”的分析包括一种对演说成分的讨论，它导向了对语法的哲学研究。因此，虽然语法议题在希腊的修辞和逻辑论著中即已出现，但直到公元前 1 世纪，才由斯多亚主义者克拉提斯(Crates of Mallos)写了第一部系统语法著作。克拉提斯曾是驻罗马的使节，后来受了伤，留在罗马教书，遂把该语法引入了罗马。

在亚里士多德之后的两个世纪，数学和科学的辉煌成就对于自由技艺的发展只有间

---

① 关于“教育课程”概念，见 H. I. Marrou，Saint Augustin et la fin de la culture antique(Paris，1937)，pp. 211-235；M. L. Clarke，Higher Education in the Ancient World(Albuquerque. 1971)，pp. 2-7；Aubrey Gwynn，Roman Education：From Cicero to Quintilian(Oxford，1926)，pp. 82-92。Gwynn 讨论了“教育课程”在术语和内容上的变化。

权威的古典教育史是 H. I. Marrou，A Hisiory of Education in Antiquity，trans. George Lamb(New York，1956)。Kenneth J. Freeman，Schools of Hellas(London，1907)仍是讨论希腊教育的最佳著作。John W. H. Walden，The Universities of Ancient Greece(New York，1910)则是讨论希腊化教育的最佳著作。

② 关于斯多亚派的逻辑，见 Benson Mates，Stoic Logic(Berkeley，1953)。关于斯多亚派更一般的论述，见 J. M. Rist，Stoic Philospophy(Cambridge，1969)。在 Guthrie，History of Greek Philosophy 中开始的哲学史在 The Cambridge History of Later Greek and Early Medieval Philosophy，ed. A. H. Armstrong(Cambridge，1970)中延续到了 12 世纪。

接影响。[①] 古典天文学的核心问题，即对行星的运动进行数学分析，超出了拉丁百科全书家的把握能力，在中世纪的大多数时间里都不为人知。甚至在希腊化时期，最流行的天文学著作，即索利的阿拉托斯(Aratus of Soli)于公元前3世纪初写的一首希腊文诗，也仅仅是对星座的描述。这首诗的一个拉丁文译本将成为拉丁百科全书家的重要资料来源。自由技艺传统中的天文学基本是描述性的，但它的确包含了希腊化天文学的某些发现，其中最重要的是太阳和月亮的尺寸及其与地球的距离。地理学中的一个类似问题，即地球的尺寸问题，也成了自由技艺传统的一部分。地理学经常被拉丁百科全书家单独处理，但偶尔也会被纳入几何学讨论——这也许是为了弥补欧几里得专业讨论的遗漏。[②]

在公元前3世纪(事实上是整个古代)的三位最重要的数学家中，只有欧几里得在自由技艺传统中起了重要而独特的作用。欧几里得与其说是原创性思想家，不如说是既定传统的集大成者。但作为一种综合，他的《几何原本》是一部天才之作，也许是欧洲思想史上最重要的手册，直到19世纪末一直是学习几何学的基本教材。对于拉丁百科全书家来说，虽然欧几里得的几何学就像数理天文学一样复杂难懂，但他们往往会做一些模糊的引用。在整个中世纪，无论在手册中还是在对自由技艺的艺术描绘中，几何学都被等同于欧几里得。

欧几里得与自由技艺在中世纪的持久联系也许可以通过欧几里得与柏拉图-毕达哥拉斯传统之间的联系来解释。他在雅典的柏拉图学园中受了教育，《几何原本》作为对该传统的综合，包括了算术和几何学。此外，几何学部分基于柏拉图的原则，即只能用直尺和圆规作几何图形。因此，《几何原本》并未考虑不能用这些方法来解决的三个相互关联的问题，即三等分角、化圆为方和倍立方。公元前3世纪的另外两位大数学家阿基米德(Archimedes)和阿波罗尼(Apollonius)对这些问题的研究(希腊人从公元前4世纪就开始对这些问题进行研究)引出了圆锥曲线几何学。随着希腊学问在12、13世纪被重新获得，对《几何原本》的研究成为数学的核心关切，而阿基米得的影响直到文艺复兴时期才充分显现出来，这也许是因为欧几里得的名字在整个中世纪早期一直与自由技艺联系在一起。

欧几里得的音乐论著进一步证明了他与柏拉图-毕达哥拉斯传统(及其对数学技艺的宽泛理解)的关系。也许是基于阿基塔斯的学说，《比例分割》(*Section of the Canon*)"包含了关于毕达哥拉斯派和音学(harmonics)完整体系的最早论述"。[③] 又过了几个世纪，波埃修(Boethius 约 480—524)在其《论音乐》(*De musica*)中讨论了欧几里得的这部著作，《论音乐》是中世纪技艺传统中音乐理论的核心文本。而在现代音乐学家看来，公元前3世纪最重要的音乐理论家是阿里斯托克塞诺斯(Aristoxenus)。虽然他也以数学方式分析音乐，但他的理论却以实际听到的音乐为基础。不过，他的理论对后世影响甚微。无论如何，音乐理论与音乐实践日渐分离，并且由毕达哥拉斯派的数学进路所主导。这种数学

---

① 另见 G. E. R. Lloyd, Greek Science after Aristotle(New York, 1973); S. Sambursky, The Physical World of Late Antiquity(New York, 1962); George Sarton, Ancient Science and Modern Civilization(New York, 1954)。

② J. Oliver Thomson, History of Ancient Geography(New York, 1965).

③ Lippman, Musical Thought, p. 156.

进路与基督教对神的秩序的强调相符合，继续盛行于中世纪的音乐理论。

亚历山大里亚的学术工作对语法采取了一种经验进路，它比斯多亚派的哲学语法更深刻地影响了罗马和中世纪的语法理论。创建亚历山大里亚图书馆的是一些诗人，他们相信，研究过去的诗作（尤其是荷马史诗）会有利于他们的技艺。他们认识到，希腊时代的语言与当时的惯用法已经有所不同，并且有可能变得读不懂，这促使他们既要当诗人又要当学者。①

他们的学术工作包括编辑文本、文学批评、研究语词的含义以及古文物研究，所有这些都植根于过去的希腊。也许正是由于这种复杂性，到了公元前 2 世纪中叶，学术工作渐渐脱离了创造性写作。在这种背景下产生了对语法的兴趣，但直到公元前 1 世纪，色雷斯的狄奥尼索斯（Dionysius of Thrax，在某种程度上受到了斯多亚派更为哲学的进路的影响）才提出了一套系统语法方案。

托勒密四世在公元前 1 世纪的暴政结束了亚历山大里亚学问的创造性阶段。狄奥尼索斯逃到了罗德岛，在那里，罗马学者们了解了这第二个语法传统。也有可能是狄奥尼索斯的一些追随者带着他的理论直接逃到了罗马。

随着托勒密四世对学问的压制，学者们四散奔逃，亚历山大里亚科学和学问的伟大时代落下了帷幕；思想生活越来越由编纂者和普及者所主导。然而到了希腊化时代晚期的公元 2 世纪，亚历山大里亚曾经有过一段短暂的学术复兴。其最杰出的代表托勒密在光学、地理学和音乐领域都做出了重要贡献，但他最有影响力的作品是《天文学大成》（*Almagest*），这部著作标志着古代数理天文学的顶峰。托勒密在自由技艺历史上的作用类似于欧几里得：虽然托勒密的数理天文学过于复杂，在中世纪早期无人能够理解，但他的名字一直与天文学联系在一起；结果，12、13 世纪希腊学问被重新获得之后，天文学家们很快就把注意力转向了《天文学大成》。

如果说托勒密因此类似于欧几里得，那么这一短暂的亚历山大里亚复兴时期最重要的数学家们也类似于阿基米德，因为他们思想的影响直到文艺复兴时期才显示出来。丢番图（Diophantus）是第一个以算术方式处理代数的希腊人。虽然关于代数问题的语词陈述在阿基米得时代已经为人所知，但丢番图第一次以预示了现代代数的符号形式来表达它们。② 公元 3 世纪的帕普斯（Pappus）在研究那三个高等几何学问题时，将圆锥曲线理论系统化。

2. 希腊学问的传播

创造性学问的希腊传统将会通过普及者的手册和概要为中世纪技艺的形成做出贡献。详尽讨论这些著作显然超出了本文的篇幅，因此我的讨论将仅限于对自由技艺的发

---

① 我采用了 Pfeiffer, Classical Scholarship 中的分析。关于古典学问，亦参见 Henry Nettleship, Lectures and Essays on Subjects Connected with Latin Literature and Scholarship(Oxford, 1885)以及 John E. Sandys, A History of Classical Scholarship, vol. 1(Cambridge, 1903)。关于古代和中世纪的语法，见 Henry Robbins, Ancient and Medieval Grammatical Theory in Europe with Particular Reference to Modern Linguistic Doctrine(1951; repr. Port Washington, N. Y., 1971)。

② Jacob Klein, Greek Mathematical Thought and the Origin of Algebra, trans. Eva Brann(Cambridge, Mass., 1968).

展影响最大的那些传统和学者。[①]

在希腊化科学的普及者中，希腊百科全书家波西多尼奥斯(Posidonius，前135—前51)非常重要。他是那个时代最有影响的斯多亚派，也是最典型的斯多亚派学者之一。希腊思想能在罗马有越来越大的影响，波西多尼奥斯居功至伟。他在罗德岛的学派深受罗马人的欢迎，罗马人(在公元前2世纪遇到希腊文化之后)通常会把自己的孩子送到希腊学习。波西多尼奥斯的思想印证了希腊哲学衰落的命运；到了公元前2世纪，斯多亚派的学说变得兼收并蓄，吸收了柏拉图主义和亚里士多德主义的要素。此外，波西多尼奥斯秉承了博学者(polymath)或通才学者的悠久传统。“博学者”一词一般用作贬义——赫拉克利特以此形容毕达哥拉斯，柏拉图以此形容智者希庇阿斯(Hippias)——但这一传统也包括亚里士多德，波西多尼奥斯在影响力上可与之匹敌。“这种比较足以证明波西多尼奥斯对后世编纂者的影响。”[②]

事实上，正是通过这些编纂者的著作，波西多尼奥斯的科学思想才为人所知。他最有影响的著作也许是对柏拉图《蒂迈欧篇》的评注。这部著作是后世若干评注的直接来源，包括波菲利(Porphyry)和卡尔西迪乌斯(Chalcidius)的评注；卡尔西迪乌斯的评注是中世纪了解柏拉图的主要来源。

波西多尼奥斯也促进了毕达哥拉斯主义在公元前1世纪的复兴。这场持续了两个多世纪的新毕达哥拉斯主义运动为自由技艺的历史做出的最重要贡献是尼科马库斯(Nicomachus)的《算术导论》(*Introduction to Arithmetic*)。[③] 这部著作基本上是对早期毕达哥拉斯主义者开创的算术传统的系统化，并无多少原创性，但可能是同类著作的翘楚。中世纪算术的核心文本，即波埃修的《论算术》(*De Arithmetica*)，几乎是对尼科马库斯这部著作的翻译。

我已经讨论了克拉提斯和色雷斯的狄奥尼索斯在语法传到罗马过程中的作用。西塞罗提醒人们注意，罗马也类似地依赖于希腊修辞：

> 当我们涵盖各个种族的帝国业已建立，持久的和平使闲暇得以可能之时，有抱负的年轻人几乎都认为应当极力追求言说的能力。起初，他们并没有意识到这门技艺有课程、练习和规则，因而对整个学问一无所知，他们以自己天生的能力和反思做了能做的事情。后来，他们听到了希腊演说家的演讲，熟悉了希腊文献，跟随有学识的希腊人学习，我们的国人就对言说产生了难以置信的热情。[④]

一般认为，泰姆诺斯的赫马哥拉斯(Hermagoras of Temnos)塑造了罗马修辞传统。他写于公元前2世纪的著作将这门技艺发展为一个完整的体系，确立了修辞传统漫长历

---

① Stahl，Roman Science，part 1.

② Stalil，Roman Science，p. 45.

③ Nicomachus of Gerasa，Introduction to Arithmetic，trans. Martin Luther D'Ooge连同Frank Egleston Robbins和Louis Charles Karpinski所写的希腊算术研究(New York，1926)。尼科马库斯还写过一部论述数字命理学或数秘主义的文章。拉丁百科全书家普遍简要提到了数字命理学。关于数秘主义，亦参见Vincent Foster Hopper，Medieval Number Symbolism：Its Sources，Meaning，and Influence on Thought and Expression(New York，1939)。

④ Cicero，De oratore，1. 14，trans. Kennedy，Art of Persuasion in Greece，p. 310.

史中的标准论题。①

3. 罗马思想

罗马文化传统通常被称为“实用的”或“实践的”，其主要贡献据说是法律和建筑（如果对文化概念作宽泛的理解，那么还有工程、军事科学和政治）。在理论科学或数学的发展方面，罗马人贡献甚微；与他们一般的实用进路相一致，他们强调实践数学。但由于他们的课程基于希腊人的“教育课程”他们可能研究了希腊普及者的概要和手册（或许还有一些更高阶的文本，比如欧几里得的《几何原本》）。在使希腊语语法与拉丁语相适应的过程中，罗马人的确改进了继承下来的理论，但他们为自由技艺做出的最重要贡献是在修辞领域。因此，在讨论罗马的文化传统时，应当给予修辞以突出地位。②

瓦罗（Varro，前 116—前 27）是公元前 1 世纪两位最重要的思想家之一，他将波西多尼奥斯的百科全书传统引入了罗马。据说他写过 70 多本著作，只有两部保存了下来。他的百科全书《学科九卷》（*Nine books of Disciplines*）在自由技艺的历史上尤为重要。一方面，它首次确立了标准的自由技艺，对瓦罗来说，医学和建筑也属于自由技艺；另一方面，它是最有影响的拉丁百科全书家之一马提亚努斯 · 卡佩拉（Martianus Capella，约 410—439）的基本资料来源。

瓦罗为语法的发展做出了重要贡献，他为拉丁语建立了变格和动词变位理论，而希腊语尚未充分完成这项任务。然而，他在罗马科学中所起的作用更为人所知，其著作为罗马科学定了调；他“成了诸多缺乏灵感的拉丁学者的原型，这些人广泛阅读，领悟或摘录先前学者的著作……以期得到学术声誉”。③ 在这些学者当中，对中世纪思想史来说最重要的人也许是老普林尼（Pliny the Elder），他有意模仿瓦罗的博学。他的工作远比瓦罗缺乏理论性，反映了一种广博的孩子般的好奇心。普林尼 37 卷的《自然志》（*Natural History*）在中世纪成为了解罗马科学的重要来源。得到保存的是他的著作而不是瓦罗的，这反映了中世纪的品味。普林尼最为人所知的是后来的一个单卷节本。

西塞罗（Cicero，前 106—前 43）是公元前 1 世纪的另一位重要学者，他为自由技艺所做的主要贡献在修辞学。他的修辞学源于亚里士多德和斯多亚派的哲学传统，但他采用了赫马哥拉斯的论题，这将成为罗马和中世纪修辞学的标准。他的早期论著《论构思》（*De inventione*）和无名氏所作的《修辞学》（*Rhetorica ad Herennium*，中世纪学者认为是西塞罗写的）在中世纪成为研究修辞学的基本资料。塞西罗更成熟的修辞学作品《论演说家》（*De oratore*）直到意大利文艺复兴时期才被重新发现。④

---

① Kennedy, Art of Persuasion in Greece 和 Baldwin, Ancient Rhetoric 包括了对希腊化时期修辞学的讨论。

② 关于罗马科学，参见 Stahl, Roman Science, chs. 5—8；Lynn Thorndike, A History of Magic and Experimental Science during the First Thirteen Centuries of Our Era, 2 vols. (New York, 1923), bk. 1；Charles Singer, From Magic to Science: Essays on the Scientific Twilight(1928; repr. New York, 1958), ch. 1。关于罗马教育，参见 Stanley F. Bonner, Education in Ancient Rome: From the Elder Cato to the Younger Pliny(Berkeley, 1977)。

③ Stahl, Roman Science, 74.

④ 权威的英文参考资料是 George Kennedy, The Art of Rhetoric in the Roman World: 300 B. C. —A. D. 300。亦参见 Clark, Rhetoric in Greco-Roman Education。关于罗马修辞学在中世纪的影响以及中世纪修辞学的一般历史，参见 James J. Murphy, Rhetoric in the Middle Ages: A History of Rhetorical Theory from St. Augustine to the Renaissance(Berkeley, 1974)。

最完备的修辞学论着是昆体良(Quintilian,35? —96?)的《演说术原理》(*Institutes*),写于公元1世纪,当时帝国的政治发展已经在削弱修辞技艺在实践上的重要性。这部著作和西塞罗的《论演说家》一样在中世纪不为人知,直到文艺复兴时期才被人文主义者重新发现。然而,它在中世纪技艺的发展中起着关键的(如果是间接的)作用。《演说术原理》综合了现有的理论和实践,旨在成为一部教育手册。尽管变得越来越不合时宜,但它为中世纪和文艺复兴时期树立了榜样。

《演说术原理》包括了关于语法的长篇大论,无论在罗马教育中还是在希腊教育中,语法都要优先于修辞。昆体良讨论了系统语法和文本阐释,这反映了当时的做法。然而,拉丁百科全书家,比如多纳图斯(Donatus)和普里西安(Priscian),则只讨论系统语法,他们的论著在整个中世纪都是研究语法的主要资料来源。但这些作者属于下一个时代。

三、过 渡 时 代

公元3世纪的军事混乱和经济危机开启了一个过渡期,这一时期见证了罗马帝国的解体和中世纪世界的兴起。从政治史、社会史和经济史的角度来看,这一过渡是渐进的,延续了数个世纪。然而从思想上看,这一改变很突然。古典文化所特有的理性和尘世态度几乎在一夜之间完全反了过来。思想生活开始被超脱尘世的哲学和宗教所主导,其典型特征是对信仰和启示的依赖,是神秘主义和魔法。但古典传统继续影响着大众文化特别是教育,为中世纪技艺在公元5、6世纪的确立提供了母体。①

1. 手册时代

这种超脱尘世的新态度的力量显见于公元3、4世纪,当时在哲学上,新柏拉图主义发展迅速,在宗教上,基督教取得了胜利。然而,教育论著仍然能够反映出前一时代的思想氛围。这些手册几乎全无原创性,以至于吉本(Gibbon,1737—1794)说"一大帮批评者、编纂者和评注者给学问抹了黑"。② 平庸的手册一方面反映了一个事实,即这个时代创造性的思想能量都被用于追求来世,另一方面也反映了罗马帝国在政治上的衰落。修辞虽然仍是教育的基石,仍然基于昆体良的《演说术原理》,但已经与实际事务没了干系。人们常说,这个时代的修辞强调慷慨激昂的演说(已经变得与修辞训练无异),或可称它为第二个"智者"派,注重文体上的修饰。

虽然这些手册为拉丁百科全书家提供了基本材料,但它们本身鲜有自己的价值。然而,少数手册的确为中世纪思想做出了重要贡献。其中最重要的是公元4世纪多纳图斯的两部手册,它们后来成为学习语法的标准教科书。第一本是《论演说的部分或小技艺》(*De partibus orationis*, *Ars minor*),它非常简洁地讨论了演说的八个部分,后来成为基本

---

① 关于古典学问对中世纪(及之后)的影响有两部重要研究:R. R. Bolgar, The Classical Heritage and Its Beneficiaries(Cambridge, 1958)以及 Ernst Robert Curtius, European Literature and the Latin Middle Ages, trans. Willard R. Trask(New York, 1953)。

② Edward Gibbon, The History of the Decline and Fall of the Roman Empire, ed. J. B. Bury, 7 vols. (London, 1909), vol. 1, p. 63. 吉本描述的是安东尼统治时期,但这一描述更适合于接下来的两个世纪。关于这两个世纪,参见 Stahl, Roman Science, ch. 9。

的入门教材；第二本是《语法技艺或大技艺》(*Ars grammatica*, *Ars maior*)，它更为广泛和先进地讨论了这门技艺。

这一时期的另外两部手册在整个中世纪一直很有影响。它们反映了这一时期的思想衰落，因为它们简化了先前的著作，其自身仅仅是资料汇编。索里努斯(Solinus)准确把握了时代的要求，将普林尼多卷本的《自然志》简化为一卷，强调了《自然志》最为奇特的特征。卡尔西迪乌斯对《蒂迈欧篇》的翻译和评注几乎完全源于波西多尼奥斯传统，但却是中世纪了解柏拉图的主要来源。

2. 拉丁百科全书家

拉丁百科全书家的著作也许是公元 5 世纪至 7 世纪初最有特色的体裁。① 他们将流行的新柏拉图主义和基督教思想传统与大众文化的手册传统结合起来，使之前两个世纪分别发展起来的两股潮流汇合在一起。就这样，古典传统被传到了中世纪，标准的自由七艺也被确立为中世纪思想生活的中心。

由于日耳曼人的入侵导致了政治混乱以及罗马帝国分裂之后希腊学者之间缺乏交流，古典学问有在西方消失的危险。有意识地努力维护这份思想遗产至少在部分程度上激励了拉丁百科全书家。维护的任务似乎需要某种解释原则或组织原则；为此，拉丁百科全书家们采用了自由七艺的概念——这一原则将会确立基本的知识系统，直至希腊学问被重新获得。然而，百科全书家在使用这一组织原则时，结合了主流的知识体系和信仰体系——新柏拉图主义和基督教。

新柏拉图主义本身是一个无所不包的知识体系。新柏拉图主义者往往特意把现有的一切学问纳入其哲学，这也许是为了给基督教提供一种他样的选择。公元 5、6 世纪，有几位拉丁新柏拉图主义者为自由技艺概念的发展做出了重要贡献。虽然卡尔西迪乌斯有时被列入这些学者，但我宁愿把他看成公元 4 世纪手册传统的一部分。普里西安也被列入这些百科全书家，他于 6 世纪初写了几部语法和修辞论著。他最著名的著作《语法导论》(*Institutiones grammaticae*)和多纳图斯的《语法技艺》一样都是中世纪的高级语法教材。然而，对自由技艺的发展影响最大的新柏拉图主义百科全书家是马克罗比乌斯(Macrobius)和马提亚努斯 · 卡佩拉。

---

① Pierre Courcelle, Late Latin Writers and Their Greek Sources, trans. Harry E. Wedeck (Cambridge, Mass., 1969); M. L. W. Laistner, Thought and Letters in Western Europe: A. D. 500 to 900 (London, 1931). Pierre Riché, Education and Culture in the Barbarian West: Sixth through Eighth Centuries, trans. John J. Contreni from 3rd French ed. (Columbia, S. C., 1976)考察了这一时期的教育史，依据我这篇文章的说法，可以认为他这本书考察了古典、基督教和日耳曼文化教育传统之间的关系。

与自由技艺历史相关的拉丁百科全书家著作已被译为英文，并附有非常有用的导言：Macrobius, The Saturnalia, trans. Percival Vaughan Davies (New York, 1969); Macrobius, Commentary on the Dream of Scipio, trans. William Harris Stahl (New York, 1952); Martianus Capella, The Marriage of Philology and Mercury, trans. William Harris Stahl, Richard Johnson, and E. L. Burge (New York, 1977), vol. 2 of Martianus Capella and the Seven Liberal Arts, by William Harris Stahl; Boethius's De topicis differentiis, trans. Eleonore Stump (Ithaca, N. Y., 1978); Boethian Number Theory: A Translation of the De arithmetica, trans. Michael Masi (Amsterdam, Holland, forthcoming); Boethius: The Principles of Music, trans. Calvin M. Bower (New Haven, Conn.); Cassiodorus Senator, An Introduction to Divine and Human Readings. trans. Leslie Webber Jones (New York, 1946)。An Encyclopedist of the Dark Ages, trans. Ernest Brehaut (New York, 1912)则包含了塞维利亚的主教伊西多尔的《词源》摘录。

马克罗比乌斯的《农神节》(*Saturnalia*)和《〈西庇阿之梦〉评注》(*Commentary on the Dream of Scipio*)在整个中世纪都很知名。虽然马克罗比乌斯并未把自由七艺当作明确的组织原则,但这两部著作几乎涉及了所有技艺。《农神节》似乎主要是为了显示马克罗比乌斯的广博学识,其基本主题是评价维吉尔,从而有机会讨论维吉尔的天文学和哲学知识以及语法和修辞。根据现代翻译者的说法,《〈西庇阿之梦〉评注》“与其说是评注,不如说是一部关于一般信息的百科全书和对新柏拉图主义基本学说的阐释”。它的近一半内容是讨论天文学的,其余内容则包括了对算术和音乐的讨论。

马提亚努斯·卡佩拉的《菲劳罗嘉与墨丘利的婚姻》(*The Marriage of Philology and Mercury*)明确以自由七艺来组织。这部著作以瓦罗的《学科九卷》为基础,首次以我们熟知的方式阐述了自由七艺,为中世纪的学问建立了标准。它是一部精心构思的讽喻著作。至少根据卡洛林王朝时期评注者们的说法,这里的婚姻象征着学问(菲劳罗嘉)与语词技艺(墨丘利)的结合,它们分别对应于四艺和三艺。前两卷做了铺陈,随后各卷由七位伴娘分别发言,她们是自由技艺的化身。在后面这些卷中,讽喻扮演了次要角色,那些发言只不过是手册传统的概要。

《菲劳罗嘉与墨丘利的婚姻》将在公元9、10世纪产生极大影响。然而,要不是某些基督教百科全书家也借用了自由技艺概念,它不会变得这么重要。这一发展也许显得令人惊讶。自由技艺毕竟源于异教传统,一些颇有影响的基督徒认为,所有异教学问都会威胁信仰。[①] 不过,由于基督教是一种“书”的宗教,而且倾向于整合对立的宗教和哲学,所以接受古典教育的课程也许是不可避免的。

在教父中,圣奥古斯丁(St. Augustine)在这一吸收过程中扮演了最重要的角色。虽然圣奥古斯丁对自由技艺的态度比较暧昧,但他早年对新柏拉图主义学说的信奉以及作为修辞学家的训练和经验清晰地反映在他的著作中。因此,他的著作显示了那个时代最基本的文化传统的影响。在讨论拉丁百科全书家时把圣奥古斯丁包括进来是恰当的,因为他同样把自由技艺当作组织原则,主张就每一种技艺(包括建筑,但不包括天文学)分别著述。他只完成了语法论著,音乐论著则几近完成(这是一部明显受到新柏拉图主义影响的早期作品)。此外,他晚年写成《论基督教教义》(*On Christian Doctrine*)第四卷从基督教的角度讨论了修辞。[②]

波埃修是一个在狄奥多里克(Theodoric)宫廷中任职的罗马人。和圣奥古斯丁一样,他也受到了新柏拉图主义和基督教的影响。波埃修最有名的著作《哲学的慰藉》(*Consolation of Philosophy*)是在监狱中完成的,当时他正因叛国罪而等待处死。事实上,这部著作的柏拉图主义味道比基督教味道更浓。他早先建议翻译柏拉图和亚里士多德的著作全集,明显是为了保存古典学问。他的入狱阻碍了这一计划的实现,但在12、13世纪希腊学问被重新获得之前,他的翻译和原创性著作一直是中世纪学者所能获得的最有学问的

---

① Riché, Education and Culture, chs. 3-4 讨论了一条拒斥古典文化的基督教教育发展线索。

② 英文文献中关于奥古斯丁哲学的最佳研究是 Etienne Gilson, The Christian Philosophy of Saint Augustine, trans. L. E. M. Lynch(New York, 1960)。有两部著作对于理解奥古斯丁与自由技艺传统的关系尤具价值:Marcia L. Colish, The Mirror of Language: A Study in the Medieval Theory of Knowledge(New Haven, Conn., 1968), ch. 1 和 Marrou, Saint Augustin。

著作。本书读者会看得越来越清楚，波埃修是最重要的百科全书家，几乎在本书各章，他都发挥着核心作用。

波埃修将在中世纪盛期即希腊学问被重新获得之前的思想恢复期产生最大影响。在紧随百科全书家时代之后的时期，更有影响的是卡西奥多鲁斯(Cassiodorus)。与波埃修不同，他在狄奥多里克的宫廷中幸存了下来。他之所以受欢迎，可能是因为他的一部相对简单的著作，这部著作篇幅不大，包括了对每一种技艺的简明扼要的总结——对于一个相对落后的时代而言，这种形式特别适合(在公元9、10世纪最为流行的马提亚努斯·卡佩拉也在《菲劳罗嘉与墨丘利的婚姻》中采用了类似的组织形式)。

《圣俗学识指导》(*An Introduction to Divine and Human Readings*)分为两卷：第一卷讨论神圣知识，第二卷讨论自由七艺。卡西奥多鲁斯主张把自由技艺当作基督教教育的必要组成部分，这对于基督教文化吸收自由技艺至关重要。从狄奥多里克宫廷卸任后，他在维瓦里姆(Vivarium)建了一座修道院，其图书馆和学术规范也表明他意识到有必要追求古典学问。此外，他把许多文本组织成一个册子本(codex)，也就是把关于某一种技艺的各种著作收集在一个抄本中，"旨在促进和方便自由技艺的研究"。[①]

皮埃尔·里歇(Pierre Riché)指出，古代教育体系经过几乎整个过渡时代而幸存下来。蛮族入侵之后，在意大利、高卢、非洲和西班牙，语法学家和修辞学家的传统学校仍然开放。而当这些学校最终关闭时，古典传统在大贵族家族的地盘上依然保持着活力。与此同时，古典教育继续对基督教施加着强大的影响。古典文化与基督教文化的这种合流的最后一幕发生在公元7世纪初的西班牙。这次"西班牙文艺复兴"的核心人物是塞维利亚的主教伊西多尔(Isidore of Seville)，其著作《词源》(*Etymologies*)的前三卷讨论了自由技艺。作为古代学问的最后一位继承者，他结束了拉丁百科全书家的时期。[②]《词源》连同马提亚努斯·卡佩拉和卡西奥多鲁斯的著作都成了中世纪标准的教育手册。在紧接下来的时代，伊西多尔与马提亚努斯和卡西奥多鲁斯一样都是极有影响力的人物。

四、卡洛林文艺复兴

如果有一个时期适合被称为"黑暗时代"，那么就是从公元7世纪初到查理大帝之间的这段时间。始于公元3世纪的经济和政治分裂导致了一种自足的领地经济和分权的政治体制。由于贸易和城市文化的消失，思想生活的衰落是不足为奇的。[③]

到了公元7世纪，基督教在西方文化传统中占据了主导地位，随后几个世纪的作品主要是神学争论、解经和圣徒传记。在一个几乎没有哲学的时代，其主要关切是吸收和保存一个现已陌生的学术传统，自由技艺的作用变得显著起来。由于学术语言拉丁语不再是

---

① Leslie Webber Jones, trans., Divine and Human Readings, by Cassiodorus, p. 41.

② Riché, Education and Culture, ch. 7.

③ 与卡洛林文艺复兴有关的两部文献：Laistner, Thought and Letters 和里歇(Riché), Education and Culture。亦参见 Wilbur Samuel Howell, The Rhetoric of Alcuin and Charlemagne: A Translation, with an Introduction, the Latin Text, and Notes(Princeton, N. J., 1941)。

活语言，语法就成了核心技艺。[①] 如果我们仔细阅读莱斯特纳(Laistner)《公元 6—9 世纪西欧的思想与学问》(*Thought and Letters in Western Europe: A. D. 500-900*)中的相关章节，就会发现这个时代的几乎所有学者都以语法研究而闻名。这一时期的学术活动几乎仅限于语法，这本身就是对当时学问状态的说明。然而，爱尔兰和不列颠是例外。与欧洲大陆相反，这些地方在 7 世纪经历了思想繁荣；事实上，这个时代最伟大的学者是一个英格兰人，即可敬的比德(the Venerable Bede)。比德有时被归入百科全书家传统，但他更属于这一时代。他对《旧约》和《新约》的评注在这一时期非常引人注目，而他的《英吉利教会史》(*Ecclesiastical History of the English People*)已经成为一部中世纪史学经典。然而，他关于语词技艺的著作是那个时代的典型产物——基于标准资料的编纂。即便如此，对于查理大帝所开创的文化复兴而言，它们都是至关重要的构件。[②] 他的一部讨论教会年代学的著作源于他对确定复活节日期的关注(见本书第九章)，在中世纪天文学史上有更大的意义。

公元 8 世纪末，查理大帝暂时控制了欧洲的政治分裂，建立了有限的集权统治。查理大帝让诺森布里亚人(Northumbrian)阿尔昆(Alcuin)主导积极推动修道院和宫廷的教育，这一政治复苏产生了一种学术上的“文艺复兴”。

查理大帝死后，其政治集权迅速瓦解，此时内战不断，入侵还很频繁。然而，思想的复兴在公元 9 世纪达到顶峰。自由技艺继续在思想生活中居于支配地位，因为对学问的长期忽视使所有学者都必须专心致志于教育的基础。包括文献研究和语言研究在内的语法依然是最重要的技艺。学者们通常会基于标准资料为自己的学生准备教科书。修辞和辩证法的教育要更为初步，它基本依赖于阿尔昆于这次教育复兴之初所写的极为初级的对话体论著。四艺几乎完全被忽视，当时的学者仅仅依赖于前一时期的百科全书。这一时代最典型的工作是评注，马提亚努斯·卡佩拉的《菲劳罗嘉与墨丘利的婚姻》大概是最受欢迎的评注对象。公元 9 世纪，有三部这样的评注成为自由技艺史上的核心文献。[③] 其中一部评注的作者约翰·司各脱·爱留根纳(John Scotus Erigena，810—877)一般被视为这一时代唯一有创造性的哲学家，但即使是他也首先是一位语法学家。

五、中世纪盛期

第二个千年的前三个世纪是中世纪的鼎盛期，也是欧洲历史上的一个独特时期。卡洛林文艺复兴时期之后的混乱状态在公元 10 世纪结束了，欧洲进入了一段恢复期，影响了生活的各个方面，一直持续到 13 世纪末。接下来的时代，不论被称为中世纪晚期还是

---

① Charles Sears Baldwin, Medieval Rhetoric and Poetic(to 1400): Interpreted from Representative Works(New York, 1928), pp. 90-91 指出，三艺中的主导技艺在古代为修辞，在中世纪早期转向语法，到中世纪盛期又转向逻辑。参见 Colish, The Mirror of Language, pp. 92-102。

关于三艺中各门技艺及其相互间关系的不同观点，见 Richard McKeon 的三篇文章：“Rhetoric in the Middle Ages,”Speculum, 17(1942): 1-32;“Poetry and Philosophy in the Twelfth Century: The Renaissance of Rhetoric,”Modern Philology, 43(1946): 217-234;“Dialectic and Political Thought and Action,”Ethics, 65(1954): 1-33.

② R. W. Southern,“Bede,”in Medieval Humanism and Other Studies(Oxford, 1970), pp. 1-8.

③ 尽管这些评注尚未译出，但 Cora E. Lutz 已将其编纂成册，并附有非常有用的导言。

文艺复兴时期，都明显标志着一个新的阶段。

萨瑟恩(R. W. Southern)认为西欧的恢复期始于两个事件：公元 955 年的莱希(Leche)之战，即将建立神圣罗马帝国的奥托大帝击退了马扎尔人(Magyar)对欧洲的入侵；公元 972 年热尔贝(Gerbert of Reims)受到逻辑研究感召之后的兰斯之旅。对于本文来说，后一事件尤为重要，因为三艺的主导技艺从语法转向逻辑是自由技艺历史中的一个核心特征。①

在后来的一篇文章中，萨瑟恩用一个无所不包的"中世纪人文主义"概念来意指 1100 年至 1320 年这段时间。在萨瑟恩看来，"人文主义"既强调相信自然的秩序和可理解性，也强调人的尊严和理性。② 这一概念的确让人注意到了这一时代的某些主要特征，但它轻视了这些特征所从出的基督教世界观。若要使用"人文主义"一词，我倾向于把它看成一个修饰"基督教"的形容词。"人文主义基督教"一词既强调了基督教持续占据主导地位，亦强调了与中世纪早期苦行主义的对立——这种对立反映了基督教的一种内在张力，基督的二性最能说明这一点。③

我也倾向于把热尔贝的兰斯之旅当作这一时期的起点(即 972 年而非 1100 年)，不仅是因为它与逻辑的联系，而且也是因为热尔贝(他是当时最著名的学者，也是未来的教皇西尔维斯特二世)在 12 世纪文艺复兴以及重新获得希腊学问的过程中发挥了重要作用。虽然最好能把这两场运动理解成中世纪盛期思想恢复的相继阶段，但也可以把它们看成这次文艺复兴的两个一般方面，其基础都可以追溯到 10 世纪末的热尔贝。

1. 12 世纪文艺复兴

12 世纪文艺复兴的一大特征就是重新恢复了对自由技艺(包括了在中世纪早期受到忽视的数学技艺)的兴趣，并且对其有了更深入的理解。④ 热尔贝重新开始关心逻辑，也许象征着它的开端。对自由技艺的研究继续依赖于拉丁百科全书家，波埃修在其中扮演着日益重要的角色。除了关于天文学的讨论，马提亚努斯的影响减小了，其天文学部分是

---

① R. W. Southern, The Making of the Middle Ages(New Haven, Conn., 1953), pp. 11-12. Colish, The Mirror of Language 认同 Baldwin 的总体观点，但认为转变时间是 12 世纪而非 11 世纪。Henri Focillon, "The Pope in the Year 1000," ch. 3 in The Year 1000(New York, 1969)对热尔贝的早期职业生涯作了简要讨论，强调了他在三艺和四艺方面的教学。

② Southern, "Medieval Humanism," in Medieval Humanism, pp. 29-60.

③ 关于这种二性之分，见 Gerd Tellenbach, Church, State and Christian Socieyt at the Time of the Investiture Contest, trans. R. F. Bennett(Oxford, 1966)，他将教会的苦行概念与等级-圣事概念区分开来。Jeffrey Burton Russell, A History of Medieval Christianity: Prophecy and Order(New York, 1968)，把这两条在整个基督教历史上共存但有张力的线索区分开来。

"人文主义基督教"一词还有一个优点，它与"基督教人文主义"形成对比，后者通常被用来指文艺复兴时期的学者，如伊拉斯谟。

④ 关于"12 世纪文艺复兴"和沙特尔学校，参见 Charles Homer Haskins, The Renaissance of the Twelfth Century(Cambridge, Mass., 1927); G. Paré, A. Brunet, P. Tremblay, La renaissance du XIIe siècle: Les écoles et l'enseignement(Paris, 1933); Raymond Klibansky, The Continuity of the Platonic Tradition during the Middle Ages: Outlines of a Corpus Platonicum Medii Aevi(London, 1939); Marshall Clagett, Gaines Post, 和 Robert Reynolds, eds., Twelfth-Century Europe and the Foundations of Modern Society(Madison, 1966), part 1。

关于自由技艺的历史有两份最重要的原始文献已被译成英文：The Didascalicon of Hugh of St. Victor: A Medieval Guide to the Arts, trans. Jerome Taylor(New York, 1961); John of Salisbury, The Metalogicon: A Twelfth-Century Defense of the Verbal and Logical Arts of the Trivium, trans. Daniel D. McGarry(Berkeley, 1962)。

《菲劳罗嘉与墨丘利的婚姻》中有见地的内容，在希腊学问被重新获得之前，这是人们所能看到的最令人满意的天文学讨论。在这一时期，卡西奥多鲁斯和塞维利亚的伊西多尔所起的作用也没有以前重要了，一个证据是，他们作品的抄本在公元 10 世纪后明显减少。

热尔贝对这场复兴最直接的贡献是他的教学，其课程改革使波埃修的逻辑著作变得日益重要。更重要的是热尔贝对学生们的影响，学生们通过自己的教学把老师的思想传播开来。其中许多学生都创建了大教堂学校或担任其校长，大教堂学校是 11、12 世纪的主要学术中心。

一般认为，沙特尔(Chartres)学校是 12 世纪最著名的大教堂学校。① 沙特尔学校因其对语词技艺和数学技艺的贡献而闻名，正是在这里，自由技艺获得了中世纪的最高声望；同样在这里，柏拉图的思想产生了最大的影响。这两个事实可能是相关的，因为自由技艺传统，尤其是数学学科，一直与柏拉图主义密切相关。

虽然自由技艺被视为预备性的研究，但这方面的学问与神学方面的学问同样重要；的确，像安瑟尔谟(Anselm)和阿贝拉尔(Abelard)这样的学者的哲学和神学学说只有在自由技艺的背景下才能理解。事实上，自由技艺并不只是预备性的：

> 整个自由七艺赋予了人们神圣的知识和表达这种知识的能力。但是在此过程中，它们也实现了另一个目的。……它们服务于人性的培养(*ad cultum humanitatis*)，也就是说，它们促进了人的价值，向人揭示出他在宇宙中的位置，教人欣赏受造世界之美。②

2. 希腊学问的重新获得

12 世纪的自发生长和创新之后是巩固和日趋僵化的 13 世纪，无论是对于教会还是对于思想生活，13 世纪都是中世纪基督教的顶峰。本文主要关注的是自由技艺，我经常强调希腊学问的重新获得。虽然这种重新获得在热尔贝的时代已有预兆，但 12 世纪文艺复兴激起了一种求知欲，它超越了基于有限的原始资料所达到的相当初级的层次。实际上，希腊学问的重新获得仅仅是一连串相互关联的事件的一个方面：正如经院哲学所表明的，思想变得越来越系统；亚里士多德的影响明显超过了柏拉图的影响；大学取代大教堂学校成为学问的中心。这种复杂的发展是自拉丁百科全书家时期以来自由技艺发生的最重大的变化。③

---

① Southern, "Humanism and the School of Chartres," in Medieval Humanism, pp. 61-85 质疑了对沙特尔学校优势的传统解释。

② Raymond Klibansky. The School of Chartres//Clagett, Post, Reynolds, eds. , Twelfth-Century Europe, 9-10.

③ 关于 13 世纪哲学，参见 The Cambridge History of Later Medieval Philosophy, ed. N. Kretzman, A. Kenny, and J. Pinborg; E. Stump, assoc. ed. (Cambridge, 1982)。在众多中世纪哲学通史中，力荐 Etienne Gilson, History of Christian Philosophy in the Middle Ages(New York, 1955)。关于大学兴起的经典研究是 Hastings Rashdall, The Universities of Europe in the Middle Ages, ed. F. M. Powicke 和 A. B. Emden, 3 vols. (1895; repr. Oxford, 1936)。

关于一般的中世纪科学，参见 A. C. Crombie, Augustine to Galileo, 2ne. ed. , 2 vols. (Cambridge, Mass. , 1961); Edward Grant, ed. , A Source Book in Medieval Science(Cambridge, Mass. , 1974); Edward Grant, Physical Science in the Middle Ages(New York, 1971); Charles Homer Haskins, Studies in the History of Mediaeval Science(1924; repr. New York, 1960); David C. Lindberg, ed. , Science in the Middle Ages(Chicago, 1978); Thorndike, Magic and Experimental Science, bks. 2-5。

在中世纪早期，西方还接触不到希腊学问，此时穆斯林学者已经把许多希腊哲学和科学译成了阿拉伯文。公元10世纪初，这些阿拉伯文著作中有少数被译成了拉丁文，欧洲的军事崛起加速了这一过程。托莱多在1085年重回西方之后成为主要的翻译中心；这里的翻译一般基于阿拉伯文献，有时是通过西班牙文或叙利亚文译本转译。西西里与拜占庭帝国一直保持着联系，1091年战胜阿拉伯人以后，西西里成为直接从希腊文著作进行翻译的主要中心。①

随着大学的兴起，自由技艺明显变得从属于哲学和神学研究。② 然而，希腊学问的重新获得使各种技艺发生了重大变化。课程本身得以扩展——这很可能是因为中世纪的技艺保留了希腊学问的形式结构，并且一直记得像欧几里得和托勒密这样的学者的名字，尽管他们的作品仍然不为人知。事实上，自由技艺与古典世界所特有的纯粹学问之间不再有截然区分；现在，欧几里得的《几何原本》、托勒密的《天文学大成》和亚里士多德的整个逻辑都被明确列入了自由技艺课程。对于自由技艺来说，13世纪与其说是一个创造性的时代，不如说是一个重新学习和掌握古典学问的时代。不过，重新引入希腊学问也导致了一些问题，接下来的时代将会致力于解决这些问题，并进而导致现代世界的出现。

---

① 关于中世纪的阿拉伯学问，参见 F. E. Peters, Aristotle and the Arabs: The Aristotelian Tradition in Islam (New York, 1968)。关于希腊学问被重新发现，参见 David C. Lindberg, "The Transmission of Greek and Arabic Learning to the West," 见 Lindberg. Science in the Middle Ages, pp. 52-90.

② Louis John Paetow, The Arts Course at Medieval Universities with Special Reference to Grammar and Rhetoric(Champaign, 111., 1910)描述了中世纪大学对语法和修辞(除听写技艺之外)的忽视。

内容提要

大学人文精神的信仰渊源①

尤西林

一

近现代意义的大学，自12世纪初诞生至今，甩开诸多外在形态改变，就其最为根本的精神宗旨所规定的大势而言，可以区分为两大演变阶段：以19世纪德国柏林大学建立为标志，此前的大学基本以基督教神学修道院为原型而向世俗化方向演变，此后的大学则愈渐定位于民族国家精神文化与科技所需求的教育并科研。

这一转变更具体的情况是：中古大学不仅脱胎于基督教会，而且不管如何趋于世俗化，一个国际性的基督教团体，特别是一个普世的基督教精神世界，始终是大学的实质性依托。文艺复兴发展起来的世俗化迄至18世纪也未能提供一种取代基督教世界的依托体。这一情况随着法国大革命所产生的近现代民族国家及其民族主义观念而根本转变。民族国家及其民族主义观念终于成为迄今现代人类社会最为坚硬的统一体单位。正是承续赫尔德(J. Gvon Herder)的"文化民族主义"(Cultural Nationalism)，在普法战争惨败时刻，德国的现代民族国家自我意识被有力激发，它不仅体现为费希特(J. G. Fichte)著名的《告日耳曼国民书》(1806)，而且推动了洪堡(W. von Humboldt)上书申请创办柏林大学(1809)。

柏林大学的成立，与汲取战败教训、强盛德意志民族国家的背景密切相关。柏林大学为此后的大学开创了一个深远的转变方向，那就是，将科学研究视为与大学传统教学并重的职能。这一方向固然可激活教学传统而成为现代大学重要的特性，但以研究为方向却成为大学服务于民族国家建设、特别是转化为商业经济的纽带。这一纽带对于大学具有双重意义：它既是大学回应社会以激发活力的途径，又包含有使大学隶属于现代化技术进程，从而丧失大学本已的现代性批判位置的危险。海德格尔(M. Heidegger)后来从后一角度反思了它更为深远的危害：

> 一种以研究所方式活动的历史学或考古学的研究，本质上比它自己的还处于单纯博学中的人文科学院系里的学科，更接近于相应地建立起来的物理学研究。所以，科学的现代的企业活动特性的决定性展开也造就了另一类人。学者消失了。他被不断从事研究活动的研究者取而代之了。是研究活动，而不是培养广博学识，给他的工作以新鲜空气。……

---

① 本文在2000年香港浸会大学举办的"基督宗教与大学"国际学术会议上首次发表，后刊于2002年02期的《高等教育研究》上。

研究者必然自发地涌向根本意义上的技术人员的本质形态的范围中。……除此之外，还有某些时间和某些地方，能够保持着变得越来越淡薄和空洞的学究和大学的罗曼蒂克。但是，大学的有效的统一特性，以及大学的现实性，却不在于科学的原始统一过程所具有的某种精神力量，这种精神力量发源于大学，因为它得到大学的培育，并且在大学中得到了保存。①

海德格尔在此反思中把作为现代化及现代性思维典范的科学归源于大学。但是，大学这种涵摄并超越现代性的本源地位又起源于何处呢？

这是有关大学本质的根本问题。与现代关于大学（高等教育）经费来源、毕业生就业去向等亟迫重大而具体应对性的现实问题相比，关于大学本质的超迈反思形成了另一类型的“高等教育研究”。值得注意的是，此类思考兴起于人文科学现代建构的 19 世纪，这同时是从思想观念到社会运动（以社会主义为代表）空前激烈地批判现代化—现代性的时期。关于大学本性的思考成为现代性批判与人文科学现代建构重要的组成部分。

这一关于大学本性的现代性反思不断强调的关键词有：渊源于柏拉图的“理念”（idea）及其近现代演化概念“理想”（idea）、“精神”（德文“Geist”）、“人文学科”与“人文精神”（人文主义）。围绕这些关键词产生了“大学”思想的一系列著作：英国纽曼（J. H. C. Newman）大主教《大学理念》（*The Idea of a University*，1852）美国佛雷克斯纳（A. Flexner）《大学》（*Universities*，1930）、德国雅斯陌斯（K. Jaspers）《大学理念》（*The Idea of the University*，1946）、美国克尔（C. Kerr）《大学功能》（*The Uses of the University*，1963）、德国哈贝马斯（J. Habermas）《大学理念》（1986）、美国彼里坎（J. Pelikan）《大学理念：一个回顾》（*The Idea of the University：A Reexamination*，1992）……。在中国，蔡元培在《中国现代大学观念及教育趋向》（1925）、《大学教育》（1930）中所阐发的“大学理念”及其北京大学范型，即使历经近一个世纪的沧桑巨变，依然在当代中国思想界的大学思考中享有经典原型地位。② 而以解构主义名世的法国著名当代哲学家德里达（J. Derrida）关于大学理念的执著思考（从 1983 年在美国的“大学在今天是否有‘存在之理’？”专题讲演，到 2001 年在中国复旦大学接受名誉博士时的讲演“关于‘无条件’的大学”则表明，大学理念已成为抗衡现代拜金主义与技术主义的重要基石，这是一个即使在后现代消解主义时代也无法消解的理念。

“理念”（idea），这个希腊理性哲学所信仰坚执的真善美的故乡观念，在启蒙之后已转化为人文精神的“理想”观念，关于大学的思考，为什么总要与其相连，并透出一种神圣的信仰意味呢？

① 海德格尔. 世界图像的时代. 孙周兴，译//海德格尔选集（下卷）. 上海：上海三联书店，1996：894。引文将原中译文中“精神科学”（Geisteswissenschaften）一词按照其学术思想史含义改译（意译）为更为通行的“人文科学”；原中译文中“学院”一词其文化雅用涵义（学院、经院）颇传神韵，但汉语“学院”一词流行指称是指低于“大学”的建制，鉴于本文恢复“大学”本义题旨，故改译为“大学”。

② 蔡元培依据柏林大学洪堡的人文精神而承接现代大学理念，但从中央党务学校（1927）到中央政治学校（1929）开始，国民党训政化进入大学，三民主义被列为必修课，即标志着现代大学在中国的夭折。新中国建立后不久，大学又纳入苏联技术专业大学体制。因而，迄至 20 世纪九十年代，继人文精神讨论（1994）后，大学理念才作为一个启蒙性课题提出。这在某种意义上是继续蔡元培话题与事业。

二

有必要从区别于历史编纂学与实证社会学的人文信仰发生学角度重新审视大学的诞生。大学12世纪初诞生于欧洲。[①] 与此相关的背景因素有以下几项。

1. 十字军运动与东西方文化交流

十字军东征带回的东方文化、特别是阿拉伯文献所保存的古希腊罗马文化,不仅为后来的文艺复兴提供了条件,而且推动与提高了专业学术(特别是亚里士多德研究、罗马法学、医学)研究。这是中古神学转变为近代学术与科学的一大契机。

2. 近代城市的形成

这里尤其需要注意的是,城市,如文化人类学研究所发现的,不能仅仅外在地归因于人类直接觅食藏身与工商贸易的聚合结果,而同时还是起源于祭祀地点的固定化,以及"精神世界"(innerness)保存寄托的需要。[②] 城市特有的向心力,不只是由于它意味着财富、生存机遇与享受,而且更深刻的是因其所象征与代表的文明、文化的精神中心。奥古斯丁《上帝之城》(*De Civitate Dei*)对罗马所代表的世俗城市的否弃,可视为对城市精神灵魂的极端强调。但即使上帝之城"不属这世界"(《新约·约翰福音》18:36),人类向上帝之城迈进之途,却也不仅处于历史性时间中,也得落脚在空间中。

因此,一个在世间又超世间的精神(文化)空间不仅成为追寻意义的世人个体减除孤独与抚慰的需要,而且成为人类提升世俗生存走向至善世界的共同体基础。这一精神空间实体曾经是教会。但大学诞生之前的10世纪,基督教会已严重地蜕化为最有权势的世俗团体。对于基督教及其教会而言,政教合一使其代表精神世界并引领世俗社会的能力受到严重伤害;对于世俗社会而言,王权及新兴资产主义工商业却不只需要从一个世俗权势化的政教合一信仰体压迫中获得挣脱解放(由此而指向后来的文艺复兴世俗化),而且也需要一种新的有意义的精神信仰空间(由此而指向后来的新教改革)。

近代城市在工场制作与商贸市场将人群聚集之后已经形成,但城市及其开始现代化的社会,需要为自己寻找一种适合于近现代专业技术与商贸社会的新的精神信仰空间,它同时也是以城市为中心的现代社会的灵魂。

3. 修道院与经院哲学

修道院始终是基督教信仰的纯洁基地。如基佐(F. P. G. Guizot)所强调的,修道院即使在基督教会声名狼藉的时代也在社会心目中享有神圣的地位:"在蛮族人的想象中,世俗教士、主教或一般的教士都是十分普通的人,因为他们常常看到他们、虐待他们,甚至抢劫他们。"可是袭击一座修道院则是一件严重得多的事,那边有那么多的圣徒集结在一处

---

① 此指与近现代大学一脉相承的波隆那(Bologna)大学(公元1100)、巴黎大学(公元1150)、牛津大学(公元1168)等。此前阿拉伯的赫克曼大学、仪勒姆大学以及拜占庭帝国的君士坦丁堡大学,乃至中国古代的大学("辟雍")等,则不属此范围。

② 参阅弗雷泽的《金枝》;芒福德. 城市发展史——起源、演变和前景. 倪文彦,宋峻岭,译. 北京:中国建筑工业出版社,1989.

圣地上。在野蛮时代修道院是教会的避难所，正像教堂是俗人的避难所一样。[①] 从 5 世纪到 12 世纪，一方面基督教会愈渐世俗中心化，另一方面自 6 世纪圣·本尼狄克特(Benedikt von Aniane)建立其修道会开始，基督教信仰通过远离世俗幸福的修道院生活磨炼，维护着自己的历史使命。修道院成为基督教信仰真正的精神空间。

从 6 世纪开始，修道院开始办学校，到了 9 世纪，修道院办学已蔚然成风。修道院学校不仅招收院内学生(Oblati)，而且招收俗界走读生(externi)。就其直接目标而言，修道院办学校是为着培养修士。但从基督教整体在中世纪的状况来看，修道院作为维护基督教信仰的团体聚集，此种扩张性的办学教育，正属于基督教信仰在政教合一困境下的精神空间开拓或突围。这一开拓与突围后果深远地使基督教信仰将重心移向教育。

修道院学校以古典人文学科的"七艺"为内容，由此而指向后来的文艺复兴。"七艺"(特别是辩证法)用于基督教神学，而发展起经院哲学。经院哲学使信仰与理性结合，神学的学术性获得深化与精致化，由此而作为学术规范传统与学术观念态度风气塑造了大学的灵魂。

经院哲学传递给后来大学的学术观念，其中最为珍贵的一个核心乃是对学术的信仰态度。与现代基于个人立场的论争不同，经院哲学特有的基督教信仰大前提，使之更鲜明地体现着学术传统的一个基本态度：学术论辩不是个人之争，而是互以对方的对立所构成的认识论差异为条件，在相互诘难中共同趋近真理的活动。因而，真理不是现代人辩论文化观念所以为的胜者占有的对象，而是论辩双方共同努力接近的信仰目标。真理在经院哲学中所享有的基督教信仰地位，使学术成为超出任何特定个人意志的信仰性对象。这就是后来大学中学术享有至高无上尊严的渊源。

4. 行会与近代社会功能分化

社会功能的分化及其在社会功能分化意义上相应的社会阶层的分化，是现代性(modernity)基本特性之一。社会功能范畴因此属于近现代，它表征着社会作为有机体系统的现代化方向。它在两个基本点上不同于非现代社会：①它基于社会有机体功能分化(分工)，而非基于世袭与战争暴力所形成的权力财富多寡来确定社会阶层。在此意义下的商人、工人、知识分子与官僚不同于前现代社会的奴隶与奴隶主。同时，这一着眼于社会系统正当分工的社会职能性阶层也不同于现代社会基于经济政治利益格局的阶级(如无产阶级与资产阶级)，后者拥有自己的意识形态观念。②它是分化性而非未分化性的。古代的君主统治与中世纪的政教合一则是未分化性的。

注意到上述区分，我们就会对中世纪的行业公会(Universitas)有更多角度的认识。拉丁文 Universitas 指由一些有知识和技艺的人组成的传授知识技艺的联合体。行会的社团涵义后来由中古英语的 gild 和古斯堪的那维亚语的 gildi 混合成的英语 guild(基尔特)主要来承担。古代行会发展至中世纪 Universitas，有这样一些特性：①其职业团体性质与近代开端的社会职能分化具有重要的吻合对应性；②职业行会构成近代城市社会结构的基础[②]；③尽管组成行会的动机与直接的生存利益密切相关，但行会所凝聚强化的近

① 基佐. 欧洲文明史——自罗马帝国败落起到法国革命. 程洪逵，沅芷中，译. 北京：商务印书馆，1998：111.

② 参阅芒福德《城市发展史——起源、演变和前景》第 9 章第 6 节。

代社会职业意识及其职业文化，却超越了特定阶层的利益格局。其中特别侧重的是本行职业的传授与教育。

技术行会的根本性限定在于：①所传授的技术是实用经验性的，而不具有普遍必然性原理根据；②各行会被本行业技术所限定，而不能通识；③实用行会技术缺少超出实用技术的普遍知识，这在当时是神学、法学与医学（医学在中古与灵魂相关）；④行业之间利益冲突要求超越利益之上的公义仲裁，这在当时就是依靠教会：⑤最后，行会社会众生仍然处在宗教传统中，因而需要信仰机构。但这已指向行将到来的近代文明社会中有别于教会的信仰机构。

能满足上述要求的特殊教育机构在当时就是修道院。这使 Universitas 转化为 Universitates（大行会），这就是今日英语的 University（大学）。"Universitates"最初称为"Studium generale"，意即"来自各方的人一起参与学习"，其基本含义就是后来 19 世纪兴起的通识教育（general education）。直到第二次世界大战后欧洲建设通识教育，德国甚至直接以这一拉丁文而非德文 Allgemeine Bildung 指称"通识教育"一词。

Universitates 表明一个超行会的社会公共教育机构的产生。这恰是前述近现代社会职能分化中的定位，由于 Universitas 的信仰团契本义（由 unum"向一个东西"versito"定方向"两词合成），它特别满足了以城市为中心的现代社会对精神信仰空间的重建需要。

因此，大学一方面同渔贩、商行等行会一样是一种特定的行会团体：一群教育职业者的行会。这一大学行会由教师与学生共同组成，他们有着自己本行的条件要求与协作利益，例如游学四方的学生在各地大学可获得的食宿与听课权利，教师职衔待遇的保障协定等。就这些利益内容而言，大学与渔贩商业行会并无特别不同之处。

但是，大学这一职业行会的职业内容及其性质却超越了包括大学师生在内的社会各个职业行会的特定利益格局与立场。大学承担了文化贮存、文化传播和交流，以及文化创造和发展的专门功能。其中，尤其是作为各行业经营活动的涵义（meaning）所具有的终极价值与意义（Significance），①它不能够依据各行业直接的涵义（meanig）自身来确定，而相反地只有在起源于巫师巫术到文明时代的宗教与哲学中才获得专题对待。② 如前所述，中世纪政教合一使基督教教会沦陷于世俗涵义（meaning）中已无力研究意义（significance）境界，于是经由修道院中介，这一承担社会终极价值意义（significance）保存与教化的功能便历史性地传递给了大学。一个重要的演变是：教化与知识相结合而成为教育。

如同巫师身兼神使与人类代言人双重身份而不能拥有私人身份及利益一样，③大学行业也具有了社会最高代表的特殊意义。所谓社会最高代表，在此并非指行政实体的首长，而是指大学行业人士更应超越自身特定利益立场，甚至超越特定阶级、政党与王国、民族利益，从更高的人类社会整体与终极价值意义角度思考行事。处于这一位置上的人，远古时即巫师，至中古时仍是教士，但在近代社会开始的 11 世纪，它被一批大学人士所取

① 参阅尤西林《有别于涵义（meaning）的意义（significance）》（《学术月刊》，上海：1996/10）与《阐释并守护世界意义的人：人文知识分子的起源与使命》第 2 章，河南人民出版社 1996 年版。

② 参阅尤西林《阐释并守护世界意义的人：人文知识分子的起源与使命》第 3 章。

③ 参阅尤西林《阐释并守护世界意义的人：人文知识分子的起源与使命》第 3 章。另参阅弗雷泽《金枝》第 17 章、第 59 章。

代，这一社会职能的承担者被称作“知识分子”。①

Universitates及其知识分子因而在各行业公会中享有了特殊的地位。拉丁文“un-ns”从此指称着卓越崇高者。

只有从上述深层精神结构与社会职能角度，我们才会更深刻地理解大学在中世纪社会中的特殊地位：

(1) 大学脱胎于基督教（修道院、教会）团体并长期作为宗教性教育与研究机构存在。大学除直接脱胎于修道院外，还来自接受捐赠基金的济贫院，而“在以捐款为一种虔敬行为的时代，它赋予有关机构以一种宗教的性质。在这种情况下，它引导建立的不是像现代为师生们建立的世俗的寄宿宿舍，而实际上是建立仅仅和其他大学教堂（Collegiate church）不同的大学教堂，是建立兼顾祈祷的研修，而非兼顾研修的祈祷。”②因此，初期的大学实际是适应即将来临的人文世俗时代的修道院衍变体。牛津大学默登学院（Morton College）著名的默登法规作为此后欧洲大学基金会的经典文本，浓郁的修道院气息宛然可见：“在这个称为默登学者之家中，将永远有一些学者潜心于学问，并且必须把全部学习时间用于学习人文学科、哲学、教会法或神学，直到照院长和同事们的意志转而学习神学。但其中四五个人将按照上级的规定允许学习教会法；如有方便，还可听听民法课。”③

因而，大学首先是个宗教组织。虽然它的成员很久以来就不全都属于一个教团，虽然它的队伍里纯世俗教徒的数目越来越多，大学的成员仍全部被当作教士看待，接受教会的管辖，并且更要受罗马教廷领导。它们是在宗教世俗化的运动中出现的，从属于教会，尽管它试图在组织上脱离教会。④ 大学创办人即该城市的主教，校长由大教堂司法官兼任，教师即牧师，学生是教士或在一定程度上被定向为未来的教士。⑤ 更准确地讲，大学是宗教世俗化运动中的一种迁移衍变体，它乃是世俗化时代的世俗大教堂或一种“知识教会”。

(2) 大学的国际性。尽管中世纪行会组织追求的一个方向是跨地域的普遍联系与认同，但只有大学才真正达到了最为普遍的国际性联系。大学教师的讲授与大学学生的听课是跨国界的。大学的国际性直接依托基督教世界的教会组织。但大学普遍性的一体关联与高度认同，更深层依托的是基督教信仰亦即精神世界的普世性。这深刻标志着大学行会的精神共契性质。

(3) 大学高度自治的独立性。大学高度自治的独立性是大学引人注目的一个特性。大学的这种自治独立地位，起初是依凭基督教会在中世纪的特殊地位而来。大学与市民、与各种行会、与王权的冲突摩擦，均以享有修道院式的种种豁免权而未受制裁。大学这种自治独立性的更高发展，则是在与教会组织（包括修士会）的摩擦矛盾中逐步摆脱教会控制，而终于成为王权、教会与各种世俗势力不得侵犯的神圣领土。质而言之，大学是世俗

---

① 参阅雅克.勒戈夫.中世纪的知识分子.张弘，译.北京：商务印书馆，1996.

② 威廉.博伊德，埃德蒙·金.西方教育史.任宝祥，吴元训，等，译.北京：人民教育出版社，1985：150，中译本未将“an studendum et orandum”与“an orandum et studendum”译出。

③ 威廉.博伊德，埃德蒙·金.西方教育史.任宝祥，吴元训，等，译.北京：人民教育出版社，1985：151.

④ 雅克.勒戈夫：《中世纪的知识分子》，第65页。

⑤ 参阅威廉.博伊德，埃德蒙·金《西方教育史》第148-156页。

化时代一个神圣的独立王国。大学这种自治独立地位，不能仅仅外在地视为大学自身争取的历史性结果——恰恰相反，透过大学与世俗社会各种冲突的解决方案，不难看出，大学这种自治独立地位，毋宁说是整个社会出于对大学某种近乎一致的尊敬态度而照顾让步的产物。教会、王室、世俗行会与市民，对大学潜意识地怀着某种新时代精神信仰的期待与信靠。由此可以得出的结论是：基督教创办大学，不能仅仅看作一桩历史事实，而同时是一个精神信仰演进的逻辑环节：在文艺复兴与现代历史行将来临的前夕，基督教将精神信仰教化从宗教形态转化为大学人文精神，这是一个意义深远的现代性(modernity)开端。大学从此不仅在基督教与政权分离的近代意义上，而且在独立于政治、经济与大众媒体的现代意义上成为政教分离的现代文明的一个致动因。诞生于基督教世俗化的近现代开端的大学，不仅从基督教那里承接了至高无上的意义阐释权利与教化资格，而且也从新兴的世俗人文意义那里获得了同样的委托。巴黎大学重要的先驱活动人物阿伯拉尔(Abalard)，作为修道院经院哲学家、教士兼文艺复兴人物先驱形象的人文主义者，其复杂综合的活动，正是大学的个人缩影。

如果我们接受韦伯关于现代信仰私人化与小圈子化的判断，那我们便可以这样说：大学就正是现代社会信仰域的“小圈子”，或者说，大学是世俗化时代的信仰团契。这一结论使我们再度回到了作为大学母体的修道院定位。由此是否可以引申出一个更加骇世的结论——大学是知识分子的“教会”?

三

确如韦伯(M. Weber)著名的概括：现代社会已不再是神性信仰的时代，世界除魅(disenchantment of the world)化了。与此相应的是以科技与工商为代表的理性化。这样便又返回到本文开始的话题：启蒙运动以降，科技工商主义及其引发的现代化(外在的客观世界)与现代性(内在的心性精神世界)危机，均在深层需要上要求重建规范与引导科技理性的终极信仰。这信仰在19世纪以迥然别异于文艺复兴世俗化人文主义的新人文主义——人文精神形态出现。它一方面同经过启蒙理性批判洗礼的宗教精神联系，一方面又以现代理性的人文科学与现代复兴的古典人文学科为学术教育基地。这两方面都与大学相关。以柏林大学为代表的现代大学自此将中古大学的基督教神学信仰转变为人文精神信仰。人文精神与人文教育成为现代大学引人注目的话语。这也就是“大学理念”的基本涵义。这人文精神所针对的不再是文艺复兴时代的宗教神学，而是现代科技工商主义。宗教神学恰如同启蒙理性大师康德第四批判(《单纯理性限度内的宗教》)所象征定位的，它已转化为现代性伦理价值本体的功能性资源。在这个意义上，现代大学与中古大学是一脉相承的。

这就是北京大学百年校庆(1998)时，哈佛大学校长尼尔·陆登庭(Neil L. Rudenstine)首先以人文学科教育在大学基础理论研究与基础教育中的核心地位展开讲题的时代背景。[①] 来自世界各地的数十位大学校长几乎一致地在“21 世纪的大学”主题下强调了人文精神与人文学科教育，这一“大学理念”与以财政为中心的现实问题论域形成了现代大学校长们的两大问题共识。

只有从人文精神的高度，才能更深刻地理解与把握现代大学的功能与精神。

1. 大学知识及其研修的特性

(1) 大学所研修的知识，其主干并非实用的技术规则，而是技术的原理，即“知识的知识”。原理性知识为各类职业技术所依凭遵循，但并非其认知与传授的对象“百姓日用而不知”，唯有大学将各行业技术所根据的原理作为知识研讨并传授为学术传统。这是大学与职业学校、乃至专才学院根本区别之一。知识体系本身的重要性超过了所研究的特定对象及其应用价值。大学精神之理念在此体现为“为知识而知识”、即“爱智”。此即古希腊最高科学的“哲学”(Philosophia)本性，它在近代以后的科学领域中体现为区别于特定具体科学技术的科学精神。科学精神是科学及技术的原动力。科学精神构成大学精神之一。

(2) 大学知识超越实用技术的精神同时体现为对技术分工专业知识的综合整合。“meta”(超、元)“physics”(物理科学)之“metaphysics”汉译名“形而上学”，表明此“学”乃道体(本体)之大学问；而“爱智”之“智”，亦并非仅指近代科学意义的规律认知，而是真善美统一的人生最高智慧。因而，大学知识的整合性不仅指各科分支知识的系统化，而且更是指知识意志情感及相应各类学问与价值的有机统一。这种有机统一系于人格的全面发展与完善，由此而指向大学人文教化的最高目的。

正是这种有机整合性与完整人性的教化目标，使大学的系科与古典人文学科密切关联。以培养优秀自由民为目标的古希腊罗马的“七艺”与塑造士君子的中国先秦“六艺”，在现代大学人文精神背景下转化为大学人文(素质)教育的重要资源。

大学人文精神的人文价值整合统一性是大学完整统一性的内在保证。大学文理工商诸专业相隔系科之所以聚于一校而不落于外在空间聚合，端赖此大学精神纽带维系。大学精神因而是超专业的。一个北京大学的学生以隐含自豪的口气道出自己的校名(“北大!”)时，已表明了他对于自己所在大学整体人文精神的归属认同，这一认同超越了他所在专业系科。

承载大学人文精神的不仅是大学的专业知识，而且有那代代相传的学术传统风气(重实证或重思想、“兼容并包”的自由学术，等等)与社会个人观念(如“五四”以来北大突出的以天下为己任的责任使命感)，还有大学社团活动、卓越教授的个人魅力、同学的聚合，乃至那古老的校园建筑与林木古藤……大学是一个活的生命体，而且是个性化的生命体(北大之别于天津大学、耶鲁之别于麻省理工，宛如一批卓而特立的优秀人士)。“大学校园”成为上述因素的统一体。因而将大学简化为知识传授，就抽去了大学的人文精神而不复为大学。电脑时代的信息网络教育或诸种远程教育的“大学校”(Multiversity)之所以不可能取代大学，根本限定之一亦在于此。

① 参阅《21 世纪的大学——北京大学百年校庆召开的高等教育论坛论文集》，北京大学出版社 1999 年版，第 20-21 页。

2. 大学知识分子涵义

大学所培养的本源意义的知识分子，如别尔嘉耶夫(H. A. бердяеВ)所强调，应是以人文关怀为理念的人文知识分子。① 这一意义的知识分子特别应注意与技术专家角色区别开来。

(1) 就其系统的专业知识与深厚的超专业知识基础而言，大学所培养的知识分子作为博学之士不等于专家，但又是专家与职业技师的母体源泉。这不仅指知识分子优秀的专业素质，而且指在专业技能与知识结构更新日趋加速的知识经济时代，大学知识分子深广的基础知识亦即原理性知识结构更新专业技术的"迁移"(transfer)能力与自我教育能力。激光照排技术的问世可令印刷行业铅字排版技术工人一夕失业，但拥有高等数学与电子学原理知识结构的知识分子却可以很快掌握新技术、而且开拓更新技术。此即原理创生("迁移")知识与技术。

(2) 大学原理性思维培养了知识分子追根究源的精神品格。但如前所述，原理性思维与追根究源的"本体论"思维习性乃植根于终极性信仰。因而，大学知识分子理性究问的深层气质乃是对真善美终极价值的执著向往。这一境界也是大学教育最深层亦即最高的培养目标。领略此一境界的大学知识分子从而可能超越一己利益与各类特定利益的狭隘限定，而得以以区别于民族国家的"社会"最高最长远的公共性视野思想行事。例如生态保护，这一超出了民族国家直接眼前利益的新人文立场，即是人文知识分子最先提出并艰苦推行才逐渐为各国政府所接受的。大学知识分子从而成为真正以天下为己任的大公无私者。大学则不仅作为科学原理创新的基地，也成为社会道义的策源地。

上述大学知识分子的特性，若用 Michael Confino 关于现代知识分子的著名概括来表述，即：深切关怀一切有关公共利益之事；将公共利益视为自身之事；将政治、社会问题视为道德问题；有一种义务感，不顾一切代价地追求终极结论；深信现状事物须作改变。② 能够如此立身行事者，即为知识分子：这当然不限于大学，但培养这样的知识分子却是大学的天职。

四

中国近代启蒙思想家黄宗羲已指出："学校，所以养士也。然古之圣王，其意不仅此也，必使治天下之具皆出于学校，而后设学校之意始备。"这不仅指有形之规章制度礼仪以学校为原型，而且"使朝廷之上，闾阎之细，渐摩濡染，莫不有诗书宽大之气。天子之所是未必是，天子之所非未必非，天子亦遂不敢自为非是，而公其非是于学校。"③现代民主法制社会的最终根据不仅是理性的，而且是价值意义(Significance)的，它们以教育机制为依托统一于大学。大学作为知识科学、理性与自由、公共精神的教化—策源中心，成为现

① 参阅 H. A. бердяеВ, Истоки и смысл русскоо коммуниЗма, Москва, 1990, СТР. 17-18。另参阅尤西林《阐释并守护世界意义的人——人文知识分子的起源与涵义》，第 24-27 页。

② 转引自余英时. 士与中国文化. 上海：上海人民出版社，1987：3.

③ 参见黄宗羲的《明夷待访录·学校》。

代社会统一性的终极保证。因而,“大学教育乃是一个社会的心脏”。(耶鲁大学“Giamatti座椅”铭言)

然而,现代化压力却一直在迫使大学片面地服务于市场经济与全球化形势下民族国家的竞争。从纽曼时代开始,大学人文精神即被视作一种需要守恃维护的理想信念(理念)。追溯大学的基督教起源背景及其信仰渊源,有助于获得一种历史视野,以使人们更深刻地领悟历史赋予大学包容并超出经济技术之上的信仰教化使命。一个成熟的社会与民族,应当理解那近乎精神隐修的大学人文精神支撑现代社会—不只是科学技术,而且是终极价值——的信仰意义。艾伦·布鲁姆(Allon Bloom)如此描写他的母校芝加哥大学:“组成芝加哥大学的是一群仿哥特式的建筑物,……它们指向一条路,这条路通向伟人会面的地方。……这是一个最沉溺于实际生活的民族向沉思生活表达的敬意。……由于这些殿堂被赋予了先知与圣人的精神,因而有别于其他的处所。如果不计其精神的话,这些殿堂具有与普通房舍相同的许多功能,然而由于信仰之故,它们至今还是圣殿。一旦信仰消逝,先哲与圣人传播的经典成为无稽之谈时,即使房舍中活动不断,圣殿也不再成其为殿堂了。它会因此而走向死亡,至多成为一种纪念碑,悠闲的游客将永远不会领略它的内在生命。也许这个比较并非恰当,但是大学的讲坛的确也受到一种类同的精神的熏陶,这就是已故的先哲的精神,只有为数不多的人分享着这种体验。先哲的精神几乎可以包容一切人,然而只有人们尊敬并且认识到它的尊严之时,才可能如此。”①

但愿21世纪的人们还能够对那些葆存着中古神圣气质的老楼旧屋怀着敬仰与想象,大学从而还会是一种理念,社会从而还会有一处理想源泉。

---

① A.布鲁姆.走向封闭的美国精神.缪青中,译.北京:中国社会科学出版社,1994:291.

第二部分
现代通识教育的兴起

大学理念的持续与变迁①

丹尼尔·法伦②

托马斯·杰斐逊(Thomas Jefferson,1743—1826)在1820年时,仍活力旺盛地进行他从40年前开始的长征。他想要在弗吉尼亚州建立公立大学。州政府最后指派一董事会来执行设立大学的计划,杰斐逊先生这才开始计划课程、建筑物与土地等。在这年圣诞节后的12月27日,他花一晚上的时间写信给一名英国通信者——威廉·罗斯寇(William Roscoe)。他在信中描述现在占用他日常生活的事业。他写道:"无论真理导引我们到何处,我们都不用害怕追随它;只要理性能自由地与错误战斗,我们也不必忍受任何错误。"这是一个不凡的陈述,在独立的人类理智中浸入自由与承诺。在这里,我们要探索一些观念,是关于这种思想如何引导杰斐逊在后来的弗吉尼亚大学取得胜利。它主要是关于通识教育的问题,通识教育发展成一种煽动的思想,依靠于文明,却独立于文明之外而产生。

我们应该从词语与定义的讨论开始。有三个紧密相关的概念应该弄清楚,它们是通识教育(general education)、通才教育(liberal education)与通识科目(liberal arts)。通识教育的目的在于提供国民关于大范围重要科目的可靠资讯;通才教育则是提供国民智慧,用以评价资讯以及认识资讯的目的与价值;通识科目是借以获得通识教育与通才教育的工具,它们是审查、探询、解决、诠释与评价的科目。在谨慎的分析中,我们应该弄清楚通识教育、通才教育与通识科目这三个概念之间专业上的差异。今天我们可以将它们的紧密关联视为可相互替代的。合起来,它们构成建立大学理念不可缺少的基础。所以,当我用"通识教育"一词时,通常是指包含这三个概念的单一观念。

文明在通识教育惊人地登场之前,已存在数千年之久。追溯这些观念在西方与东方的起源,是令人着迷的,因为它们大约在相同的时间,以大致相同的方式,独立地在两个世界中发展。用今天一般的历法,我们发现西方在公元前9世纪到公元前8世纪,有一位具有启发性的神秘人物,他的存在无法证明,他留下来的作品,实际上可能是许多佚名作者的合集。这个人是希腊盲诗人荷马,他留给了我们《奥德赛》与《伊里亚特》。在公元前6世纪的东方,也有一位相似的人物叫老子,他给我们"道"。公元前5世纪到公元前3世纪之间,在西方,我们发现通识教育的原理被苏格拉底(前470—前399)、柏拉图(前427—前347)与亚里士多德(前384—前322)等人发展出来。在东方,则是由孔子(前551—前479)、墨子(前468—前376)与孟子(前372—前289)等人所完成。

通识教育自从被发现以来,便惊人地发展。它从帝国的衰败中存活下来,并超越宗教信仰。它激发西方的文艺复兴,以及东方的宋代复兴,它提供燃料给知识与(遵循这些发展的)成就的显著扩充。通识教育紧密地关联到人类自由的条件,它在自由之中繁荣,而

---

① 本文原系英文稿,由林景铭先生译为中文。黄俊杰.大学校长遴选:理念与实务.北京:北京大学出版社,2006.

② 丹尼尔·法伦(Daniel Fallon),美国马里兰大学前任副校长。

且滋养建设性的想象力。

一个有助于了解通识教育的方法，是去探索它如何开始，以及如何影响文明的发展。有两个似乎是必须的条件：第一个条件是经济繁荣到足以允许大部分国民享受休闲时间；第二个条件是政治上的强烈利益，权力被人们所分享，由此建立强有力的社会。在西方与东方，这两个条件——繁荣与政治，都造成哲学的兴起，它成为更高的学问之基础。首先让我们考虑在西方的发展。

在古代的希腊社会，统治者经由寻求人民的分享与同意，试图用来强化政府。接着，人民尝试影响城邦依循他们的经济利益去做决定。公民了解到要影响政府，他们必须能够清楚地思考，收集可靠的资讯，以及在公共集会所中进行有说服力的表达。最明显的说服技巧是好的公共演讲。希腊雅典城邦的公民认识到有效的论证最终建基于知识或智慧。知识或智慧的希腊字根是"soph"，于是出现一些技术家满足公共演讲训练的要求，被称为诡智者，他们教导智慧与雄辩的技术被称为诡辩术（智慧的精通）。苏格拉底是雅典的公民，他进一步察觉到自由公民的更高理想。

很多证据显示苏格拉底是一位有争议性的人物，也是个难缠而且常常不受欢迎的人，他与每个人辩论的习惯令人从根本上感到不安。他的基本洞见是光凭技术不可能提供真正的智慧，而且对一个好的政府也是不够的。与其用诡辩术，他宁可用"哲学"（爱智）一字，这个字是在希腊字根"soph"之前加上代表爱、强烈的实行或献身的"philo"。哲学的目的是通过持续的探究，用以扩充我们的理性，由此帮助我们寻找真正的智慧。他设计的方法称作辩证法，其内容是对平常持有的命题建构一个不得不接受的对反论证。苏格拉底的敏感问题激怒了雅典市民，从好的方面来说，他的问题是对城邦激励的评论，从坏的方面来看，则是彻底的颠覆，因此他遭到叛国的指控。他被审判、定罪，并判以自尽的刑责，他尽责地执行了这个判决。

柏拉图是来自一个有权力的贵族家庭，他是苏格拉底的一个聪明学生，深受其师之死的影响。后来他接受苏格拉底所发展起来的哲学观念，开始有系统地教导学生。在雅典郊外有一公园，园内有步道穿梭于橄榄树林之间，四周被围墙保护着。这个地方据说一度曾属于一位英雄，叫阿卡得默斯（Akademous），园内有一庙宇与圣殿用来纪念这位英雄。柏拉图发现这处闲置的公园既可以用来指导课程，又可以与其他市民对一些观念与问题进行讨论。他在这里举行每日的聚会，于是雅典人称此地为"学院"，用来纪念使这公园得名的英雄。柏拉图的"学院"通常被视为现代大学的诞生地。在学院中发展出来的研究训练，后来演变成通识科目。

柏拉图最著名的学生是亚里士多德，由于他不知满足的理智欲求，柏拉图称他为"读者"。亚里士多德的父亲是著名的自然学家，从他那里，亚里士多德学到自然科学的分析方法，并以他的生物学知识而闻名。亚里士多德是一位伟大的体系创造者，他所建立的学校位于另一个公园里，是一座用来供奉阿波罗·莱修斯（Apollo Lyceus）神的公园，所以他的学校被称为"学园"（Lyceum）。在那里，亚里士多德形成他的教育原理，被称为"通才的"（liberal），意谓其适合于自由市民。"自由"在希腊文里的意思，意谓不是奴隶、劳工或工匠。因此，通识教育被定义为非有用的，是理性的理智能力之发展，具备这种能力的有闲市民能够负责任的行为。

可见，在西方，通识教育经过"学院"与"学园"之后，在公民道德上有其根源。它的目的在于培养能够治理一个自由国家之重任的自由公民。通识教育的有些知识内容与通识教育相关联,但是它们自身不能决定通识教育这个概念。例如在雅典,公开演讲对参与民主社会是重要的,所以它是许多通识科目的一种。与其说某种基于修辞学构成知识的简单原理是有价值的,不如说演讲的技术,或沟通的训练是有价值的。通识教育最主要是教导认知的方法,而不是知识的内容。它发展理性的技术:审查、探询、解决、诠释、评价与沟通。

虽然东西方的社会与政府是不同的,然而它们的通识教育概念却惊人地相似。孔子的观念与后来在他所不知道的希腊世界中的同类(人类)的主张非常相像。在希腊的观念中,通识教育是理智的,而不是功利主义的;而在中国,孔子则训诫:“君子不器。”希腊公民道德的概念是通识教育的核心,也是大学理念的基石。在中国,孔子提倡一个相似的概念,那就是他所称的“仁”。在描述“仁”时,孔子说,志于道,据于德,依于仁,游于艺。这个忠告被柏拉图与亚里士多德理解为哲学与修辞学学科有责任去促进公民道德。在西方,可见到几个世代的哲学家与演说家,他们所依据的基本概念曾经是通识教育已经主张的。在东方同样为真。墨子提出“兼爱”概念优于自利之爱,孟子提出“义”的观念。这些中国哲学家累积的结果,使通识教育发展为一种公民道德,然而也是人类政治的最佳基础。

亚里士多德通才教育的概念是非功利主义的,并未导致他逃避实际应用。在希腊社会的脉络中,亚里士多德的攻击是集中在头部,而不是在手上。但是他是在没有幻觉的情形下,认为理智的活动可以单独完成结构的改变。他真正的原话是说,推理并不推动任何事物。通识教育与实际事物之间的关系,被亚里士多德最著名的学生——亚历山大大帝(前356—前323)完全地理解。

亚里士多德的父亲曾经是马其顿国王艾明塔斯二世(Amyntas Ⅱ)的私人自然学家,亚里士多德的童年是在马其顿王宫中度过的。他与艾明塔斯的儿子菲利浦二世同年,王子成为他的童年玩伴。过了许多年,在亚里士多德离开学院之后,他回到马其顿,并且成为菲利浦的儿子亚历山大的老师,他鼓励亚历山大扩展权力。在亚历山大继承菲利浦王位并且征服希腊之后,亚里士多德在雅典建立“学园”,成为“学院”的竞争对手。亚历山大随后继续征服一切马其顿人所知道的文明世界,他在整个帝国都建立了“希腊式的”学校,并且遵循亚里士多德的教导。他还筹设图书馆建筑,用来收藏这些学校累积的文本。大概是亚历山大将学问散布开来,经由增加它可以被发现的地方,来保存西方的通识教育,因此使后代更易于接近它。

当希腊没落而罗马兴起时,罗马采用雅典所发现的体系。在奥古斯都大帝时期的大政治家与演说家西塞罗(Cicero,前106—前43),明显地写到他所称的“通识科目”。在这个时候,某些学科训练似乎与通识教育形成规律的结合,虽然没有固定的一组学科训练被清楚地建立为一课程表。从柏拉图时代到亚里上多德,就已经出现两个主要流派。它们是我们在现代学院试验中的老朋友——语辞的与量限的。举例来说,一个是研读修辞学与文法,明显地与通识教育的语辞面向结合在一起;另一个是几何学与算术,则明显地与通识教育的量限面向结合起来。

西方在罗马帝国崩溃之后,基督徒采用并发展通识科目。在早期基督教时代,七个特殊学科的课程与通识教育相结合。举例来看,我们知道圣奥古斯丁(St. Augustine,354—430)建立了以教会为基础的通识教育课程,该课程要求研习当时学者所同意的七种通识科目。这七科可分为两群:一群是三个语辞类科目,其他是四个量限类科目。音乐被视为是量限的,因为它主要的成分是节奏与拍子的研究,那是时间单位的复杂分析。

一位来自基督教帝国北部的学者,比欧修斯(Boethius,480—524)着迷于四种量限科目:算术、几何、天文学与音乐。他称呼它们为四路所聚之处,或四学科(quadrivium)。许久之后,英国神父艾尔昆(Alcuin,735—804)强调三个语辞类学科:逻辑、文法与修辞学,称它们为三学科(trivium)。因此,在西方所谓的中世纪,通识教育与七特殊学科结合在一起,由三学科与四学科所构成,合起来称为七通识科目,有时或称为人文科学(三学科)与自然科学(四学科)。

亚历山大在东地中海区保存通识科目所扮演的角色,在欧洲再一次被伟大的法国将军查里曼国王(Charlemagne,742—814)所扮演。当查理曼帝国统一之后,他请艾尔昆从英国来为他的王宫建立学校,并指派艾尔昆在他整个帝国中建立教会学校。在这些学校中,艾尔昆的通识教育课程是由七个通识科目的研习所构成的。

在12世纪,由于在西北方的基督教与在东南方的伊斯兰教之间的接触增加,许多在欧洲所不知道的亚里士多德作品被发现。这些作品从亚历山大时代,就被保存在中东与非洲的图书馆中。这些所谓的亚里士多德"新"作品,对欧洲的学者产生深远的冲击。例如,托马斯·阿奎那(St. Thomas Aquinas,1225—1274)就深受其影响。

在教会学校,通识教育的教导开始快速增殖。阿奎那强烈地主张传统七学科必须再加上许多其他领域的探究。学生与教师的公会,称作大学,开始在教会学校周围形成。证明学历的方式是学生首先必须认识三学科与四学科的原理,然后会获得"文学士"的资格。为了教授通识科目,他们的精通程度必须接受进一步测验,然后才可称为"文学硕士"。在大学的教师则被称为博士,这个字简单地来自拉丁动词"docere"(教导)的过去分词。

在东方,通识教育也有重大的相似发展。如我们所见到的,西方在通识教育被发现的古希腊时代与文艺复兴之间的中世纪时期,通识教育被教会学校所保护与滋养。在东方,于相同的时间里,中国哲学家的观念被保存在佛教的寺庙与学校里。在西方的发展过程中,被称为文艺复兴的时代,是发生在与宋代(960—1279)相同的时间。在宋代,通识教育从寺庙学校中浮现出来,理智活动的中心从宗教转移到学者身上。例如,胡瑗(993—1059)开始借由公民道德来讨论通识教育;他关心政治与日常生活的伦理学。程颢(1032—1085)追寻通识教育的普遍性含意,他见到集中于心灵的生活,可以使人更了解如何安排人类社会。这些观念被朱熹(1130—1200)更往前推进,他提倡对世界一切现象的考查,作为促进人类幸福的手段,就像在西方的情形一样,这些学者开启对世界的经验考查与大胆探索,证明通识教育的力量可以改进人类条件。他们引导我们进入现代世界,在其中,东西方会相遇,并且分享共同的理智命运。

在文艺复兴时期,通识教育扩展超越了中世纪时期的七个特殊通识科目,创造许多新的学科。教导这些学科的学者合起来称为哲学教师(群)。中世纪晚期与文艺复兴时期的学习专业有神学、医学与法律。公民要研读这些专业,首先得证明他们精熟通识教育。然后他们可以跟着杰出的开业者进行研究。哲学教师们经由正式授予开业者"博士"(意谓教师)的头衔,来证明他们是最佳的专业开业者。

探索精神的解放,是经由通识教育的广泛研究所导致的新知识爆炸而达成。文艺复兴时期的大学,从事着将过去遗留下来的知识加以同化的工作,然而通常是被新的文学与科学所压倒,而无法将其调和。从十六七世纪开始,大学逐渐被轻蔑地描述为中世纪的堡垒之一。在当时的一些言论中，大学被视为“萎缩成职业公会的心智”。出色的独立学者如莱布尼茨与笛卡儿，他们对大学理念渐渐感到不快，并寻求建立与拥护一个对抗的机构，即皇家学院或国家学院。如果这个运动完全成功，则教导的功能会和研究的功能分开来，一个不幸的分离。这个危机被某位天才的意外行为所避免，他是一位有高尚教养的古典主义者——威廉·冯·洪堡(Wilhelm von Humboldt，1767—1835)。

就今天所知道的大学基础，是在1810年柏林大学创建时所奠定的。通识教育的古代精神注入这个著名的新机构的每一要素中，是经由它的创建者的心灵，他就是洪堡。洪堡是一位古代风俗的学者与语言学家，他精通古典希腊文，可用它来了解世界，就像柏拉图与亚里士多德所知道的那样，他们是他最赞赏的知识分子。虽然他的大学梦想是由古典原则所指导，但是他为他所知道的世界创造了现代的大学。

因为研读神学、医学或法律必须先研读通识教育，所以哲学教师们变成比专业学校的教师低等的教师。洪堡据理指出，在通识教育中，学者的工作本质上与专业的实习是相同的，给予传授专业的教师特别证书，是一值得支持的传统。然后，他获得国王颁布的法令，从此将可发出哲学博士(Ph. D)的特别证书。随后他将通识教育的基本教导降低为第二级学校，创造了德国大学预科(German Gymnasium)，那是一种精英高中。

从部会那里，洪堡得以进一步筹备新法令，那就是：每个大学预科的教师必须通过考试检定，考试由大学中人文科学与自然科学的主题专家所准备。这个法案可以淘汰训练不足的第二级学校教师，他们的位置会由大学毕业生补上。最后，他将通识教育的毕业综合考试，即高中生毕业考试(Abitur)，委托给大学人文科学与自然科学的教师来筹备，以此作为学生完成大学预科的唯一方法。任何通过高中生毕业考试的学生，都可无条件获得大学入学许可。这个法案保证大学能有受良好教育的新生之稳定来源。

洪堡在大学中，遵循苏格拉底与柏拉图的路线，主张自由与批判地寻求新知。他主张教师可由他们的权力导出这样的结论，即他们可以只用曾经训练他们心灵发现新真理的实例来教学。他称这个原理为教学与研究的统一，并且遵循它而废除普鲁士科学院，任命科学院中最好的学者与研究员为新大学的教授。其次，他为学生废去固定课程，告诉他们可以自由的与任何教授从事研究工作。最后，他提供自由给教师，让他们从事自己的研究，而不论研究会导向何方，以及教导他们所发现的，而不必害怕被干扰。他指派德国最杰出的学者为24个职位的教授，提供充分的资源来经营他们的研究。这个由洪堡建立的出色的新机构，成为现代所有重要大学的模本，包括北大、清华与复旦等大学。

洪堡的改革所发生的年代，被称为启蒙时代，并不是个意外。此时，权威社会被初期民主推翻与改革。虽然在洪堡的时代，普鲁士并没有民主，但是它也没有严厉的君主制度。的确，洪堡拥有不寻常的权力，可以改造教育政策，只因为普鲁士被拿破仑打败，并被他掌控。普鲁士王国会变成什么样的社会尚未确定。洪堡将其命运赌在民主政治的原则上，并建立一所与他所理解的民主一致的大学。从洪堡的柏林大学中，我们获得学术自由的概念，他坚持将学术自由作为新机构的中心观念。其中有两个原则是相关联的：教学自由，教授有自由去教导任何由研究所找到的结果；学习自由，学生有自由去研究任何值得研究的事物。

正当洪堡在创立柏林大学的时候，斯·杰斐逊也正在计划建立弗吉尼亚大学。虽然现代大学的先驱在殖民的北美荒野中有些不同，杰斐逊与洪堡仍有很相似的观念。剑桥与牛津的英国学院体系输入美国，它们倾向于主张长期维持中世纪大学的基本结构。就像早期欧洲的大学，美国殖民地大学是学生与教师的公会，一个学院，在其中可以研读并精通通识科目。因此，这些机构被称为通识科目学院，坚固地建立在通识教育的概念上。

在19世纪中叶，当美国革命只有50年之久时，通识科目学院必然地成为美国唯一可采用的高等教育形式。虽然大学一词常被用到，但是19世纪60年代的美国高等教育机构，本质上都是通识教育学院。在哈佛、耶鲁与密歇根大学，以及安姆赫斯特、威廉斯与包多因等之间并无真正的差异。由于研究的鼓舞，所以引进洪堡式的德国大学，与美国社会服务的革命理想相结合，在19世纪后半叶，现代美国大学出现，通识科目学院逐渐变得孤立起来。科学与民主成为大学的力量，学院受到威胁，日渐式微与过时。

大学在美国的发展，迫使历史性的通识科目学院必须将其自身与角色界定得更清楚。学院能存活下来并繁荣的理由，是因为它们明白地寻求促进通识教育——审查、探询、解决、诠释、评价与沟通的科目——并使通识教育成为它们的中心任务。因为建立公民道德的通识教育对于民主社会的公民是有价值的，他们可由此获益，通识科目学院的毕业生能成为成功的公民，因此，在美国社会，学院的地位很稳固。

新的解放(通识教育)被某种前进的民主革命所鼓舞，它内在于建立美国研究性大学的动力中。它最清楚的形式是洪堡在建立柏林大学时，用来使其更出色的两个概念的杰作:学习自由与教学自由。第一种自由提供给学生，清除美国学院中完全决定的课程，代之以自由选课。第二种自由提供给教授，让他们可以教导任何从研究中所学到的东西。因为没有约束，这个解放导致课程的大量膨胀，引进许多新的学科，如心理学、政治科学、地质学与语言学，也导致实践与理论的相依共存。

在美国大学中，功利主义的目的恐怕是不可避免的，公共服务、社会责任与经济发展等价值很早就被鼓励为在新世界存活的必需品。“功利主义”的事业在现代大学中出现，并不意味着在大学中的学习变成职业的。相反的，真正发生的现象是，审查与探询的通识教育精神倾向于扩充新领域，并且有极大的收获。最清楚的大概就是在19世纪，物理科学的努力在由人文科学所支配的现有课程中，获得可接受性。

物理科学被人文学者批评为太过功利主义，于是物理学家开始在自己的游戏中打败人文学者，强调在他们工作中理论的与理智的特性。因此，他们将“纯粹科学”的方法转向自然是什么的大问题上，并且首先抽象地发展出原子的构造理论。他们在英国卡文狄什实验室(Cavendish Laboratory)举行世纪之交的年度宴会，宴会期间，由几个大学聚集起来的物理学家，一起印证并庆祝他们所学。在那里出现一个干杯贺词“电子万岁！愿它对任何人都永远无用!”只由认识自然的这种目的指引，纯粹研究的学科揭露了电子的秘密，所以在当时，无用才可以被设想。在相似的趋势下，今天一些最具影响力的发现是出现在农学院，细胞与分子生物学的快速发展领域。简短而非严格地说，与其说是主题引起反省通识教育的活动，不如说是由进路引起的。

在19世纪后半叶，在美国发生了通识科目学院的转变，以及研究大学的出现。这是个政治的现代民主形式被建立与精心制作的时代。通识教育的明确实行，形成美国学院的核心价值。因此，造成同时代所有美国高等教育机构的团结，加盟者扩充到所有的路径上。我们今天可以从美国大学课程中坚持某种通识教育的形式或核心课程看见这些。美国在大学通识教育的角色实行上的气度与向心力，在现代国家中无可比拟。

今天，在20世纪就要画上句点时，有两个主要强有力的发展贡献于大学理念上，第一个是努力于再次统一大学中的教学与研究的功能，寻求克服权威支配的遗留物。第二个是在进步的经济条件下，不同形态的大学广泛的分化，成就大量的高等教育。

因为许多理由，权威政府通常会强迫教学与研究分离。这对于东欧国家特别明显，在这些国家里，通过将研究机构与工业化计划结合的方式，研究被置于生产工具的控制之下。教学同样也在政府官员的监视下，以确保政府所喜欢的政治目标是唯一被提倡的观念。这也造成在当局控制下的通识教育，与服务于工业发展的技术教育的分离。虽然这种体系可以快速导致技术利益，但是只能在现有的知识限制下进行。新知识的创造，对人类的进步是必要的，当教学与研究分离时，它会被强烈地抑制。然而，在东欧的新兴共和国，与今天的中国，有一种一致的努力去重建研究机构，因此，科学家与学者的结合可以是大学之间的结合，以及与教学功能的结合。

在进步的经济情况下，高等教育已经如此成功，现在社会上有一种分享的要求。在美国，现在 30 岁以下有超过 50%的人受过某种高等教育。在西欧则有 30%。在一个每个人都必须接受高等教育的社会中，在高等教育部门里，必然会有许多不同形态的机构，在其中大约有 1400 所两年制社区学院，而只有 125 所研究大学。许多大学与学院的角色与任务分工明确，它们相同的地方是都实行通识教育。通识教育被视为在现代民主社会中有效分享之柱石。

虽然大学会随时间的推移而大幅改变，但是有一特征被证明是持久的，那就是实行通识教育，把它作为智慧之路。在现代大学中，通识教育的角色继续了雅典的学院与学园所特有的人类考查的相同精神。通识教育被发明来帮助公民在民主社会中，负责地行使权利。因此，通识教育深深地根植于公民道德的理想中。一经发明之后，提倡理性学科的通识教育就成为解放人类理智的有力工具。敏锐的探索是有益于人类幸福的最佳保证。

赖尔夫 · 沃尔多 · 爱默生(Ralph Waldo Emerson，1803—1882)是一位美国哲学中艰苦独立的重要拓荒者。他明白表示，通识教育将会在新世界中培育民主。在 1837 年 8 月 31 日，他应邀去哈佛学院的淮贝塔-凯帕($\varphi\beta\kappa$)社团致辞。他提出这样的演讲题目：《美国学者》。在这篇无论何时何地都是伟大文献的演讲里，他告诉他的同胞：

> ……你自身是一切自然的法则……
>
> ……你自身整个理性都在沉睡；为你自己的缘故去认识一切，为你自己的缘故勇于尝试一切……
>
> 文字的研究不再是怜悯、怀疑与放纵感官的称呼。
>
> 我们要用自己的脚走，我们要用自己的手工作，我们要用自己的心说话。

这些话为现代世界说明了通识教育的作用。它们反映一位发现通识教育者的预言，孔子说：

> 三年学，不至于谷，不易得也。

孔子非常清楚地描述了通识教育的价值。让我用他的话来结束我们的讨论：

> 智者不惑；
> 仁者不忧；
> 勇者不惧。

德国古典大学观的核心概念①

陈洪捷

如前所述，所谓德国古典大学观，是德国一些学者们于18世纪末19世纪初所提出的关于大学的意见和理想。论者从不同的角度提出其观点，相互有一致的地方，也多有牴牾之处。在此，我们面临如何定义德国古典大学观这一概念的问题。已有的研究虽也进行了一些爬梳工作，大致划定了关于德国古典大学观的范围，但不同的研究均是从不同的需要出发阐述德国古典大学观的内容，不足以构成我们研究的出发点。面对当时众多的有关文献，我们不禁要问，究竟哪些内容应当被纳入德国古典大学观这一概念之中？进行取舍的标准又是怎样的？这里将参照马克斯·韦伯所提出的"理想类型"的方法来刻画德国古典大学观的特征。所谓理想类型，是韦伯所总结和标举的社会学方法论，它一方面颇具影响，另一方面又多有含混之处。这里不对其做整体的讨论，仅尝试将其基本思想用于对德国古典大学观的分析。

在韦伯看来，社会科学所面临的是纵横交错、变化多端的人类活动过程，即使只是孤立地考察其中一个单一的行为，其构成及过程也是无穷无尽的，无法对其所有环节进行一一描述，更不用说对其前因后果进行解释。为了把握不同社会现象的独特性质及其文化意义，有必要为纷纭的现象假设性地建立一种理想。或者说，为其构想出一种秩序，一种理想性的形态，并以此为尺度来衡量、比照实际的社会过程。② 理想类型便是这种分析的工具，旨在为经验现实构造一种纯粹的形态，以此对现实过程进行比较和分析。它不涉及道德评价，也不是指平均状态，它是

---

① 陈洪捷.德国古典大学观及其对中国的影响(修订版).北京:北京大学出版社,2006.

② 根据韦伯的观点，社会现实并不拥有一种不变的本质。所谓社会现实，只是人为的构造，是与人的认识工具相联系的。社会科学研究的对象本身就包含着价值因素。他说："所有关于文化现实的知识……永远是一种特定认识角度的知识。……没有研究者的价值观念，便缺少选择材料的原则，无从获取关于具体现实的有意义的知识。"[M. Weber，Gesammelte Aufsätze zur Wissenschaftslehre(《科学理论论文集》，1922)，Tübingen 1988，pp. 181-182；另参见韦伯著：《社会科学方法论》，朱红文等译，中国人民大学出版社1992年版，第77页]。韦伯的观点反映了德国社会科学中的一个基本倾向，即所谓理解的(verstehend)方法，或者说现象学的方法(参见哈拉兰博斯著：《社会学》，孟还等译，上海社会科学出版社1986年版，第24-28页)，与实证主义的观点相对立。由法国社会学家孔德(Comte)倡导的实证主义社会学认为，人类社会与自然社会同样受因果原则支配，人类社会中也存在有不变的规律；人类的行为与物质的变化一样，能够客观地计量，完全可以用自然科学的方法来研究、认识人类社会，因此特别强调能够直接观察到的行为，而排斥不能直接观察到的因素，如意义、感觉等。而韦伯人为，人同物质是不同的，他有思想、感情、目的及对自身存在的认识，不是简单地对外界的刺激作出反应，而是对自己的行为赋予意义。社会学家要理解人们的行为，就必须去发现这些意义；这种意义是无法用自然科学的方法去观察和计量的，只能运用解释、理解的方法，发现人们行为的内在逻辑。需要指出的是，从哲学的认识论层次看，韦伯的观点是以当时在德国流行的新康德主义为基础的(韦伯本人也曾援引康德的观点来说明自己的理想类型说)，见韦伯(M. Weber，Gesammelte Aufsätze zur Wissenschaftslehre(《科学理论论文集》，1922)，Tübingen 1988，p. 208)。其观点与马克思主义相左，由于此处仅涉及韦伯具体的社会学方法，因此不对其认识论与马克思主义的区别进行论述。

通过侧重突出一个或数个方面,并将从属于这些方面的大量混乱、孤立、分布极不均匀的个别现象综合为统一的想象图像而取得的;这种纯概念性的图像不存在于任何经验的现实当中,只是一种乌托邦。①

看来,理想类型的方法就是一种对现实进行简化和纯化的方法。这也是理想类型最主要的特征。法国社会学家布东(R. Boudon)指出,理想类型的概念

是通过突出被考察对象的某些性质并抛开其他性质而取得的。例如,人们从现代资本主义中获得资本积累、合理运算、钱财流通的观念。由此得到的形象是经过有意简化的,但这种简化有这么个好处,就是把工业资本主义有别于高利贷或军火商的资本主义的特性显示出来了;后一类资本主义是所有社会都曾经历过的。②

对于韦伯,理想类型的作用不仅在于简化和纯化研究对象,更在于展示对象的内在逻辑。韦伯说,理想类型的概念是"生成性概念"(genetischer Begriff),所选取的特征是与研究对象的"文化意义"相联系的,有助于推究特定文化意义的成因③。韦伯对新教伦理的分析,便是运用理想类型分析其内在逻辑的范例,他是从新教特有的职业伦理自身的发展逻辑及其导致的社会结果,来分析其与现代西方资本主义的关系的。就是说,理想类型的概念有助于考察具体文化现象的联系、前因后果及其意义。

以下将运用理想类型的方法,组织关于德国古典大学观的理想类型,以展示其独特之处及其内在的逻辑理路。从前一章的叙述以及其他相关的历史文献我们可以发现,当时对于新大学的理想虽然主张纷呈,但却有若干基本思想为论者所普遍关注。如修养的观念,它涉及大学的培养目标,或者说关于人的发展和人的理想;如科学的观念,亦即大学所应从事活动的内容,或大学的根本使命;如自由的观念,或曰学术自由,它所讨论的是大学内部组织以及与政府关系的原则;如寂寞的观念,关系到大学从事科学的态度以及大学与社会的关系。这些观念散见于不同的论述之中,个人所强调的也不尽相同。正如韦伯所说:

支配某一时代人们、亦即隐约影响其行为的"观念",如果它是一种复杂的思维产物的话,只能用理想类型的形式来加以精确的把握;因为这些观念实际上存在于数量不定、且变动不居的人们的头脑之中,这些观念又在内容和形式、清晰程度和含义方面,因人而异,千变万化。④

为了便于分析和展示其独特之处,只有运用理想类型的观念,将有关的观念提取出来,组成相对清晰、理想型的概念,而修养、科学、自由和寂寞这四项观念便是理想化提取的结果,它们集中地展示了德国新人文主义、理想主义大学观念的内容。以下对这四个方面进行理想型的阐述,即抛开一些具体的差异,突出其核心的内容,以突出德国古典大学

① M. Weber, Gesammelte Aufsätae zur Wissenschaftslehre(《科学理论论文集》,1922), Tübingen 1988, p. 91;另参见韦伯著:《社会科学方法论》,朱红文等译,中国人民大学出版社 1992 年版,第 85 页。

② 布东著:《社会学方法》,黄建华译,上海人民出版社 1987 年版,第 85 页。

③ M. Weber, Gesammelte Aufsätze zur Wissenschaftslehr(《科学理论论文集》,1922), Tübingen 1988, p. 194.

④ M. Weber, Gesammelte Aufsätze zur Wissenschaftslehr(《科学理论论文集》,1922), Tübingen 1988, p. 197.

观的整体特点及内在的逻辑。①

一、修　养

德语中修养②一词内涵极为丰富，从 18 世纪起便被视为德国文化中所独有的概念。在德国古典大学观中，修养观念占有核心地位，可以说是古典大学观的基本出发点和最终的归宿(图 1)。

图 1　1850 年时的柏林大学(版画，作者：G. Würbs)

修养的概念最初是启蒙运动的产物，形成于 18 世纪下半叶。在理性精神的推动下，特别是在莱布尼茨、沙夫茨伯里③及卢梭等人思想的影响下，人的自觉意识和个人的价值在德国受到特殊的关注，修养、教育(Erziehung)、启蒙等作为相近的概念成为哲学、文学及教育领域中的时髦的概念。思想家赫尔德④通常被看作是修养这一德国特有概念的首创者，他赋予修养以一种广泛和独特的含义，用以表示整个的历史进程，表示自然、社会和人的有机发展进程。在他看来，修养意味着个性的养成和个人的发展，是人作为人的发展目标所在，也是人类在历史进程中至为重要的目标。赫尔德博大、深奥的修养观念兼有

① 理想类型概念的建立多少包含有独断的因素，与研究者个人的价值取向是分不开的，这是这一方法的题中应有之意，正如布东所说："理想类型的概念强调了社会学所用概念的独特逻辑性。"(《社会学方法》，第 85 页)。韦伯并没有提供建立理想类型概念的具体方法，他所使用的理想类型概念也不统一，至少有三种、甚至四种之多。参见阿隆(R. Aron)着：《社会学主要思潮》，葛智强等译，上海译文出版社 1988 年版，第 551-552 页；D. Käsler, Einführung in das Studium Max Webers(《马克斯 · 韦伯导读》)，München 1979, p. 182.

② Bildung 一词在德语以外的语言中几乎找不到对应的词，在汉语中大致可译为教育、陶冶、教养等，在本文中姑且译作修养。

③ Anthony Ashley Cooper Shaftesbury(1671—1713)，英国政治家和哲学家，著有《人的特征、风习、见解的时代》(1711)等，其自然神论思想对德国启蒙运动颇具影响。

④ Johann Gottfried Herder(1744—1803)，历史哲学家和宗教哲学家，德国狂飙突进运动和古典主义文学的重要理论家。

"精神""文化""人道"等概念的含义，对 18、19 世纪之交德国思想界的各种流派影响极大。特别是赫尔德关于人的修养的思想，诸如人的修养即意味着发展个人的天赋，使之成为和谐的整体；修养为一自我修养的过程；修养的目标在于品质(Charakter)的养成等，奠定了德国修养观的基本内容，影响深远。

18 世纪末期德国文化的各种潮流如浪漫主义、理想主义、新人文主义无不接受修养的观念，强调人的修养，强调人本身的价值。特别是新人文主义将修养观念与对古希腊文化的崇拜结合起来，对当时修养观念的基本取向产生了决定性的影响。

根据修养的观念，第一，人应当从其自身、并为了自身而自由发展、全面发展。洪堡说，修养就是个人天赋完全的发展，各种潜能(Kräfte)最圆满、最协调的发展，最终融合为一个整体①。这里强调的是人的独立价值和人的自由发展，这种理想的人是与当时君主专制制度下作为臣民的人相对立的，因此修养观念表现了一种社会批判意识，反映了崛起中的市民阶层的觉醒意识。

第二，为了自身而自由全面发展的观念，还意味着不追求任何外在的目标，或者说摆脱政府及社会对人的限制和束缚；具体地说，修养是与为启蒙思想所看重的功利观念相对立的，强调人的发展的目标首先是人本身，而不是与国家和社会有实际效用的公民和从事某种职业的专门人员。因此，一切与政治经济和社会相关的实际事务和知识，均受到修养观念的排斥。正如洪堡所说，修养是人"内在的成长"，不应服从"外在的目标"②，因而修养必须是全面的和普遍的，而非专门的或职业的；人的价值就在人本身，而不在于他对国家社会的有用性。尼特哈默③在 1808 年对启蒙时代盛行的泛爱主义④和新人文主义作了区分，他认为前者的目的在于使人在社会中有所作为，而后者则有其独立的目的，即"人的全面修养"⑤，新人文主义强调精神本身的培养，反对把人培养成适合特定行业行家。认为修养是个性化和自觉的过程，只能在自由和远离实际生活的条件下进行。就是说，修养是精神的、内在的和非功利的，而非物质的、外在的和实用的，一切以特定职业和行业为目标的教育，一切实用和专门的教育都有悖于修养的原则。

第三，修养观念的论者都相信，个人的最佳发展于社会、国家和人类都是最大的益处，因为人的全面自由发展也就是人的道德化，修养所提供的是一种"生活规范"⑥；有修养的

---

① W. V. Humboldt, Idee zu einem Versuch, die Grenzen der Wirksamkeit des Staats zu bestimmen(《试论国家职能的界限》,1792),Stuttgart 1967,p. 22。

② 引自 R. Vierhaus, Bildlung (《修养》) in: O. Brunner et al. (ed.); Geschichtliche Grundbegriffe. Historisches Lexikon zur politisch-sozialen Sprache in Deutschland(《历史上的基本概念。德国政治社会语言历史百科》),Stuttgart 1974,p. 520。

③ F. I. Niethammer(1766—1848),先后在耶拿和维尔茨堡大学任哲学和新教神学教授,后任巴伐利亚学校教育主管人;著有《当代教育理论中泛爱主义与人文主义的争论》(1808)。

④ Philanthropinismus,18 世纪德国盛行的教育改革思潮,主张通过教育使人达到完善和道德化,并由此而取得社会的进步;注重人的平等、实用的教育内容等,其代表人物为巴塞多(J. B. Basedow)、坎普(J. H. Campe)、特拉普(E. Ch. Trapp)和萨尔茨曼(Ch. G. Salzmann)。

⑤ R. Vierhaus, Bildlung(《修养》)in: O. Brunner et al. (ed.); Geschichtliche Grundbegriffe. Historisches Lexikon zur politisch-sozialen Sprache in Deutschland(《历史上的基本概念。德国政治社会语言历史百科》),Stuttgart 1974,p. 529.

⑥ H. Schelsky, Einsamkeit und Freiheit. Idee und Gestalt der deutschen Universität und ihrer Reformen(《寂寞与自由》),Reinbek bei Hamburg 1963,p. 79.

国民是国家和民族兴旺发达的前提，就是说，修养虽然建立在个人主义原则之上，但从根本上是符合国家和民族的利益的。

第四，古希腊人被认为是修养或者说人的发展的典范和最高理想，因此学习古希腊人的语言和文化成为达至修养的重要途径。自著名学者温克尔曼[①]首倡古希腊文化后，古希腊人在德国文人学士中普遍被看作效仿的典范。歌德盛赞古典的完美，认为古希腊的哲学家们“给我们揭示出全部生活与行动的本原和准则”，研习古典，效仿古典，“我们就会感到……我们才真正成为了人”。[②] 黑格尔也称古希腊罗马为“一切文化的基础”[③]。总之，根据新人文主义的观点，古希腊人是人的发展、人的修养的典范。

从修养观念的社会影响方面来看，它具有以下特点：

(1) 修养的观念具有明显的宗教色彩。从起源上看，修养具有宗教的渊源。德国的启蒙思想家们虽然反对教会，但不否定宗教；相反，宗教是他们热衷讨论的重要问题。他们与其说是宗教的批判者，不如说是宗教的革新者。他们所追求的是重新树立基督教的精神和道德价值。在修养观念的始作俑者赫尔德身上，便可看到新教—虔敬主义的传统；他的修养观念被看作是新教的世俗化的继续[④]，其历史哲学被看成为“神学的世俗子嗣”[⑤]。谢尔斯基也指出，修养的观念根植于基督教的观念传统。

修养的目标在于人的自我发展和自我完善，达到道德的境界，它体现出一种对永恒的、超越时空的人的理想的追求，具有强烈的宗教意味。由内而外完善自身的理想本身就是来源于基督教，是世俗化的宗教信念[⑥]。历史学家霍尔邦(Hajo Holborn)指出，在当时

> 德国的重要思想家中，无人怀疑一个人格化上帝的存在，他至慧至善，是完美世界的创造者，他赋予人的不朽灵魂以力量，使人凭藉道德达至宇宙的极终目标。[⑦]

修养观念与这种人格化的上帝是密不可分的。著名历史学家尼珀戴(Thomas Nipperdey)更明确指出：“修养具有了信仰和世俗宗教的性质”，并称之为“修养宗教”(Bildungsreligion)。[⑧]

---

① Johann Joachim Winckelmann(1717—1768)，德国艺术史家，对古希腊艺术开创性研究在当时极富影响；其代表作为《古代艺术史》。

② 歌德. 歌德的格言和感想集. 程代熙，等，译. 北京：中国社会科学出版社，1982：82.

③ 引自 R. Vierhaus, Bildlung(《修养》) in: O. Brunner et al. (ed.); Geschichtliche Grundbegriffe. Historisches Lexikon zur politisch-sozialen Sprache in Deutschland(《历史上的基本概念。德国政治社会语言历史百科》), Stuttgart 1974, p. 519。

④ H. Weil, Die Entstehung des deutschen Bildungsprinzips(《德国教养原则的产生》, 1930), Bonn 1967, p. 82.

⑤ G. Bollenbeck, Bildung und Kultur. Glanz und Elend eines deutschen Deutungsmusters(《修养与文化》), Frankfurt/M. 1996, p. 126.

⑥ H. Schelsky, Einsamheit und Freiheit. Idee und Gestalt der deutschen Universität und ihrer Reformen(《寂寞与自由》), Reinbek bei Hamburg 1963, p. 112.

⑦ H. Holborn, Deutsche Geschichte in der Neuzeit (《德国近代史》, 1959), Frankfurt/M. 1981, Vol. 2, p. 8.

⑧ Th. Nipperdey, Deutsche Geschichte 1800—1866(《德国史，1800—1866》), München 1983, p. 59.

谢林、费希特等就明确地将修养看作一种宗教的过程[①]，洪堡在灵魂深处仍深受新教观念的影响。在洪堡身上也保留着新教观念的传统，他与路德在信念的模式上有许多相通之处，两人都相信，信念是最重要的，纯正的信念必然会体现于行动；在路德，具备敬爱上帝之心的人，自然会有善举；在洪堡，服膺修养、科学观念的人，也自然会在国家和职业生活中有所建树。[②]

修养的宗教性质使其具有一种普遍性，但又是诉诸个人的，各种不同的人都可从自己的立场来理解它，用自己的经验充实它，因而能引起较为广泛的共鸣和反响，所以具有极大的感召力量。

(2) 注重内心世界。修养观与启蒙思想不同，不甚关心社会的物质一面和人的实际生活，唯重人的精神和道德世界。根据修养的观点，人的价值就在于人的修养和精神的境界，而不能用功利和实用尺度来衡量。这一点首先是新教—虔敬主义的传统；虔敬主义强调心与物的对立，并注重心灵世界，注重个人内心的宗教体悟[③]；同时，唯心主义哲学由于推崇人的主观的能动性而特别重视人的精神世界。

在古典大学观中，事务生活和精神、或观念的生活的对立常常被提到。事务生活意味着物质、功用、服从和狭隘、庸俗，而精神生活则与自由、高尚、全面相联系，受到特别的推崇。这里表现出一种精神贵族的意识。虽然费希特、洪堡等人反对等级性的教育，把修养看作是每一个人的事情，但修养对文化、科学和艺术的依赖，与精神和内心的关联，使得修养变为精英式的修养。论者们通常也以“精神贵族”自居。

从社会背景看，这是由于承载修养观念的社会阶层，即新兴的市民阶层，在德国特有的社会条件下无法在政治和经济领域建立其业绩，因而只有靠思想文化上的成就来提高自己的地位；他们强调精神和内心世界，实质上在表达自身的社会利益。这一点正是 18 世纪末 19 世纪初包括文学艺术、哲学等整个德国市民文化的社会前提。

二、科　学

与修养密切相关的另一概念是科学[④]，科学被视为藉以达到修养目标的媒介，是德国的大学观念中仅次于修养的另一核心概念。但大学观的阐述者们所使用的科学概念与今天通常所说的科学不同，有其独特的背景和含义。

唯心主义哲学和新人文主义有其独特的科学观念。①科学为一种未完成的事物，用洪堡的话说，是“未被穷尽、而且永远无法穷尽”的；从事科学即意味着探寻和发现新的知

---

① H. Schelsky, Einsamkeit und Freiheit. Idee und Gestalt der deutschen Universität und ihrer Reformen(《寂寞与自由》), Reinbek bei Hamburg 1963, p. 81.

② O. Vossler, Humboldts Idee der Universität(《洪堡的大学观念》), in: Historische Zeitschrift, Vol. 178, 1954, p. 267.

③ H. Weil, Die Entstehung des deutschen Bildungsprinzips(《德国教养原则的产生》, 1930), Bonn 1967, p. 5.

④ 德语中科学一词 Wissenschaft 从 18 世纪末开始用于表示各种有系统的知识，与汉语中的学术一词接近。与英语中的 science 不同，历史、哲学毫无疑问都是 Wissenschaft，但却不是 science。德国哲学家文德尔班认为，德语中科学一词等同与古希腊语的哲学一词(Philosophia)，参见 F. Ringer, Die Gelehrten. Der Niedergang der deutschen Mandarine 1890—1933(《学者们》, 1969), Stuttgart 1983, p. 97。

识，意味着研究。②科学为一整体，任何专业的学习都必须建立在对世界和生命的基本原则及意义的认识基础之上，脱离整体，任何知识只是匠人的知识，片面和低级的。③科学首先自为目的，其实际功用只是次要的，不以实用为目标的科学无论对个人还是对社会都最有价值。④科学与大学不可分离，即研究与教学不可分离，以研究的态度和整体的眼光研讨科学也正是通向修养的不二法门。

科学作为修养的媒介也同样具有宗教和神圣的性质。按谢林的说法，哲学作为科学的科学是原知(Urwissen)或绝对(das Absolute)的体现，而原知则意味着一切矛盾的消除，意味着自然、上帝、科学、宗教等融合。①

真正的科学是心智的活动，是思辨的产物，而不是建立在经验世界基础之上。德国的唯心主义哲学均以绝对概念或超然于感性经验之上的理性为基本出发点的，认为一般的科学从知解力出发，建立在经验之上，只能研究个别领域中的特殊对象，而真正的科学，或者说哲学则从理性出发，研究统摄宇宙的法则和概念，所以它高于经验科学，是真正的、绝对的知识。这种科学不为特定的目的所限定，也就是说自为目的。而一切以实用为目的以及专门化的知识既无助于培养科学的观念，又有损于真正的修养，因而不见容于唯心主义和新人文主义的思想家们。

科学不仅是心智的活动，而且是一种能动(selbsttätig)的活动，即创造和探索性活动。洪堡说，科学为一个“有待解答的问题”，“未被穷尽、而且永远无法穷尽”的事物，②所以，科学就意味着不断地进取探索。而且大学的学习也被看作是创造性和再创造的过程，而不是学习和接受知识的过程。

科学本身具有涵养品质和促进修养的作用。实际上，科学被看作是修养的必由之途，正如德国古典大学的一条核心原则所说，由科学而达至修养。洪堡说：“唯出乎其心、入乎其内的科学，能改变人的品质。”②科学由于不是一种客观的、经验的存在，而是真理、道德乃至神性的统一，是一种价值的存在，所以从事科学不仅是致知，同时也意味着体验，让科学“出乎其心、入乎其内”。正是在这种意义上，科学才具有修养身心、变化行为甚至示范生活方式的作用。③

三、自　由

自由，准确地说，学术的自由是德国古典大学观的一条核心原则，它得到所有大学观论者的一致肯定。

---

① F. Schelling, Vorlesung über die Methode des akademischen Studiums. In: M. Schröder(ed.), Schellings Werke(《关于大学学习方法的讲义》,1802), München 1977, Dritter Hautband, pp. 301-302.

② W. V. Humboldt, Über die innere und äußere Organisation der höheren wissenschaftlichen Anstalten(《论柏林高等学术机构的内在和外在组织》,1810), in: A. Flitner(ed.), W. V. Humboldt—Schriften zur Anthropologie und Bildung(《洪堡论人类学和修养》), Frankfurt/M. 1984, pp. 82, 84.

③ 对科学与道德和价值这种关系的理解与中国的学术传统有相通之处。对于中国的哲学家，如金岳霖所说：“知识和德行在他身上统一不可分，他的哲学需要他生活其中；他自己以身载道……对于他，哲学从来就不是为人类摆设的观念模式，而是内在于他的行动的箴言体系”。见冯友兰著：《中国哲学简史》，涂又光译，北京大学出版社 1985 年版，第 14-15 页。

学术自由作为一项学术活动的伦理原则最早可溯源于荷兰哲学家斯宾诺莎，他在1670年便提出了“哲学思想自由”(libertas philosophandi)的思想，认为人“根据最高的自然法则为其思想的主人”[①]这一思想在启蒙运动中得到广泛的接受。如上所述，哈勒大学、格廷根大学已开始将思想自由的原则付诸实践。

从康德开始，理想主义思想家们不遗余力地倡导学术自由的观念，将其视为大学不可或缺的生存条件。他们主要从两个方面来论证自由的必要性：一是从人的修养角度出发，认为修养是人的自我能动的过程，不追求任何外在的目标，不能为外在因素所制约。换句话说，修养必须以自由为条件。洪堡在1792年就写道：

> 人的真正目的……在于最圆满、最协调地陶养其各种潜能，使之融为一个整体。而自由是这一修养的首要、必备的条件。[②]

施莱尔马赫也说，大学的目的并不在于教给学生一些知识，而在于为其养成科学的精神，而这种科学精神是无法靠强制产生的，只能在自由中产生。[③] 二是从科学的角度出发，认为科学是理性的活动，是无止境的探索过程，是自为目的的，任何来自国家、社会或个人职业方面的限定和影响均会损害科学。二者论证的角度虽不同，但由于修养和科学密不可分，所以要求是一致的，即自由是大学最基本的生存条件。洪堡在建立柏林大学的过程中，一再重申自由对大学的意义，把自由看成为大学组织最基本的原则之一。

学术自由的要求在当时主要是针对国家而言的。大学观的论者普遍认为国家与科学性质迥异，任何国家的介入都会给科学带来负面作用。如施莱尔马赫主张完全排除国家对大学的介入，以保证大学的自由。其实这也是洪堡的基本态度，只是他从现实出发，看到大学在某些方面尚有赖于国家的支持，因而容忍了国家对大学的有限介入，如为大学提供必要的物质基础，聘任大学教师的最终决定权等。另一方面，大学内部也存在着危害学术自由的因素，即学术和思想上的门户、宗派观念。洪堡认为，在这一点上，国家的介入是有益的，所以他为国家保留了聘任教师的权利，作为使学术自由不受宗派利益侵害的制约措施。

学术自由的含义具体说包括两个方面，即教学自由和学习自由，如著名法学家达尔曼[④]在其《政治学》(1835)中所定义：

> 学术自由对教师，意味着在其职业范围内有权讲授他所认为正确和好的内容，因为科学的真理非法律所裁决的对象；对大学生，意味着根据自己或得自他人的观点选择课程和选择教师的权利。[⑤]

---

① W. A. C. Schmidt, Die Freiheit der Wissenschaft. Ein Beitrag zur Geschichte und Auslegung des Art. 142 der Reichsverfassung(《科学自由》), Berlin 1929, pp. 31-32.

② W. V. Humboldt, Idee zu einem Versuch, die Grenzen der Wirksamkeit des Staats zu bestimmen(《试论国家职能的界限》, 1792), Stuttgart 1967, p. 22.

③ F. E. D. Schleiermacher, Gelegentliche Gedanken über Universitäten in deutschem Sinn, Nebst einem AΛhang über eine neue zu erichtende(《德国特色之大学断想录》), Berlin 1808, p. 218.

④ Friedrich Christoph Dahlmann(1785—1860)，历史学家、政治家，曾在基尔、格廷根和波恩大学任教授；是格廷根大学1837反对国王废除宪法的七君子(教授)之一。

⑤ W. A. C. Schmidt, Die Freiheit der Wissenschaft. Ein Beitrag zur Geschichte und Auslegung des Art. 142 der Reichsverfassung(《科学自由》), Berlin 1929, p. 52.

但这只是学术自由后来落实到制度中、可见的内容，在观念上，学术自由还包含着更为广泛的内容。按照洪堡的设想，大学纯为科学的场所，教师和学生在此均以科学为活动中心，全身心地生活于科学之中；教师或相互论学，或为学生授课，或独自埋头研究，听课对学生不过是偶尔为之的事情①。洪堡所说的自由正是建立在这样一种大学生活之上的。施莱尔马赫也提到，学术自由包括两个方面：一方面是学生研讨学问的自由，在此方面他们不接受任何人的管束、监督、指令，他们可根据学业最终的要求自行安排其学习的进度、方式等；另一方面是学生在生活方式上的自由，他们可以不受社会习俗的限制，自由尝试各种不同的生活方式。②

这些学术自由的观念虽过于理想化，难以全部付诸实际，但作为观念，它们仍是学术自由的内容，并随着制度化的学术自由一起成为德国大学观的组成部分。

四、寂　　寞

洪堡明确地提出，寂寞是大学的最根本的两大组织原则之一，乍听起来，似乎有些费解。这里可能有基于文化传统的语义差别因素。德语中寂寞（Einsamkeit）一词较为特殊，汉语中与之对应的词汇为寂寞、孤独、孤寂等，均偏于消极。在英语中它通常被译为loneliness，但根据心理学家霍夫施泰特（Peter R. Hofstaetter）的研究，美国人的 loneliness 与德语中的 Einsamkeit 的实际含义多有出入，如前者在美国较之后者在德国有更多的消极意味。而寂寞在德国却使人联想到创造及内在的坚强和力量等，而具有较多的积极色彩③。因此，在中国或在美国，可能不会有人将寂寞与大学联系起来。抛开语义差异，还有历史因素。在洪堡生活的时代，寂寞从其积极意义上看，比在今天有着更为重要的社会意义。以下从历史、时代及社会结构诸方面阐释德国古典大学观中寂寞观念的根源及其含义。

从西方历史上看，寂寞与学术从来就被认为具有密切的联系。自古希腊以降，有大量的有关寂寞与治学的关系的论述。从古希腊的亚里士多德到古罗马的西塞罗、塞内卡，再到近世的彼特拉克、蒙田等都一致认为寂寞有利于学术，有利于人格的修养。

亚里士多德在其《政治学》中多次提到“悠闲”④这一概念，他认为人的活动有高尚和粗俗之分，粗俗的活动基于实用的考虑，不得已而为之，其目的在活动之外；而高尚的活动则源于对活动对象本身的兴趣，或出于德行的理由，它不追求活动之外的目的。相应地有

---

① W. V. Humboldt, Über die innere und aüβere Organisation der höheren wissenschaftlichen Anstalten(《论柏林高等学术机构的内在和外在组织》, 1810), in: A. Flitner(ed.), W. v. Humboldt—Schriften zur Anthropologie und Bildung(《洪堡论人类学和修养》), Frankfurt/M. 1984, pp. 82—83; W. v. Humboldt, Der Königsberger Schulplan(《柯尼斯堡学校计划》, 1809a), in: A. Flitner(ed.), W. v. Humboldt—Schriften zur Anthropologie und Blidung(《洪堡论人类学和修养》), Frankfurt/M. 1984, p. 71.

② F. E. D. Schleiermacher, Gelegentliche Gedanken über Universitäten in deutschem Sinn, Nebst einem Anhang über eine neue zu erichtende(《德国特色之大学断想录》), Berlin 1808, pp. 217, 222.

③ P. R. Hofstaetter, Gruppendynamik. Kritik der Massenpsychologie(《团体动力学》), Hamburg 1971, p. 75。还可参见 H. P. Dreitzel, Die Einsamkeit als soziologisches Problem(《寂寞作为社会学问题》), Zürich, 1970, p. 8.

④ 悠闲一词由德文 Muβe 译出，见 O. Gigong(ed.), Aristoteles, Politik(《政治学》), München, 1996, p. 251。在苗田力主编的《亚里士多德全集》(中国人民大学出版社 1994 年版)第 9 卷中，该词作闲暇，见第 272 页。

两种生活方式，即劳作的和悠闲的生活。[①] 亚氏推崇悠闲的生活，视之为理想的生活，但悠闲并非一事不做，而在于做事不求外在的目的，从事学问及哲学即是悠闲生活的重要内容。[②] 劳作的生活基于“行动的理性”而悠闲的生活则服从“静观的理性”[③]。亚氏在《尼可马可伦理学》中也说到，政治、军事等实际活动与悠闲无关，唯有“理性的沉思活动”，即哲学的思考才与悠闲相伴随，是“人的最圆满的幸福”。[④] 显然，悠闲的生活意味着摆脱功名利禄，潜心于不求事功的理性及学术活动，意味着一种寂寞的生活。换句话说，学术性活动是以寂寞为前提和条件的。

古罗马哲学家塞内卡[⑤]在其《论悠闲》中也把生活分为行动的和悠闲的两种类型。前者以外在的事功为目标，后者以静观世界为追求，并强调致知活动与悠闲的生活相关联，认为只有在悠闲之中才能致力于真理和学术的探求[⑥]。在塞内卡看来，悠闲的生活意味着独处，远离公共生活，远离人群，也就是寂寞的生存状态。

在欧洲近世，意大利的人文主义者彼特拉克[⑦]和法国思想家蒙田[⑧]均著文赞颂寂寞对人生的意义，对后世影响甚大。彼特拉克沿袭古罗马哲学家柏罗丁[⑨]的说法，将人类德行神性主要分为政治德行和纯净德行两种。前者亦称事务德行，纯净德行的层次高于政治德行，为“远离城市，有志于悠闲和哲学的人”所拥有[⑩]。蒙田更是鄙视荣誉和金钱，推崇恬淡和寂寞的生活，说寂寞与浮世的荣耀水火不容，智者应当从社会引退，回到自我和寂寞，而寂寞有益于治学和著述。[⑪] 总之，寂寞或悠闲一直被视为一种有利于哲学思考、求学致知及修养身心的生存方式，受到文人学士的肯定。[⑫]

到18世纪时，在德国社会深刻变动的背景下，寂寞或对寂寞的追求具有了较广泛的社会意义，成为当时普遍关注的问题。

---

① O. Gigong(ed.). Aristoteles Politik(《政治学》). München,1996:251. 参见苗田力. 亚里士多德全集(第9卷). 北京:中国人民大学出版社,1994:272,273。

② O. Gigong(ed.). Aristoteles Politik(《政治学》). München,1996:242-251. 参见苗田力. 亚里士多德全集(第9卷). 北京:中国人民大学出版社,1994:262,272。

③ O. Gigong(ed.). Aristoteles Politik(《政治学》). München,1996:241. 参见苗田力. 亚里士多德全集(第9卷). 北京:中国人民大学出版社,1994:260。

④ 张法琨. 古希腊教育论著选. 北京:人民教育出版社,1994:324.

⑤ L. Annaeus Seneca(公元前4—公元65年)，雄辩家、政治家和哲学家，曾任皇储尼禄的教师，传世的论著有《论天命》、《论悠闲》、《论生命之短促》等。

⑥ L. A. Seneca, De otio/Über die Muße, De providentia/Über die Vorsehung(《论悠闲》), Stuttgart, 1996, p. 11.

⑦ Petrarch(1304—1374)，学者、诗人，被认为是欧洲人文主义运动的创始人和杰出代表。

⑧ Michel de Morntaigne(1533—1592)，以其《随笔集》而着称。

⑨ Plotinus(205—270)具有宗教倾向的哲学家，新柏拉图主义的创立者，在欧洲影响深远。

⑩ Plotinus, Vom einsamen Leben(《论寂寞的生活》)//H, Brall(ed.), Versuche über die Einsamkeit(《试论寂寞》), Frankfurt/M., 1990, pp. 83-84。柏罗丁分德行为四种，即政治德行、纯净德行、纯净灵魂和神性德行，彼特拉克认为纯净灵魂极少存在几近于无，而神性德行则惟与上帝同在。如此看来，世上仅有政治和纯净两种德行。

⑪ M. d. Morntaigne, Über die Einsamkeit(《论寂寞》)//A. Franz(ed.), Die Essais(《随笔集》), Stuttgart 1996. 另参见梁宗岱、黄建华编译:《蒙田随笔》，湖南人民出版社 1987 年版。梁宗岱译此篇为《论隐逸》。

⑫ 在中国的传统中，士人通常有积极入世的倾向，但也有天下无道而隐的观念，所谓“贤者辟世”(《论语·宪问》)。但寂寞或隐逸似乎较少与学术相联系，更多的被看成道德修养的条件，如“隐居以求其志《论语·季氏》，“闲居静斯则通”(《荀子·解蔽》)或“闲居可以养志”(《后汉书·梁统传》)或如诸葛亮的名言所说:“夫君子之行，静以修身，俭以养德，非淡泊无以明志，非宁静无以致远。”这里似反映出中国与西方在学术及学术行为观念上的差别。

社会学家莱本尼斯(Wolf Lepenies)指出,寂寞是 18 世纪的世纪话题,寂寞成为一时的追求乃至癖好[1]。虽然当时是市民社会形成、社会交往兴盛的时代,大量大大小小的学术、文化、道德及政治社会团体,如科学研究会、共济会、读书俱乐部、文学沙龙等便反映了人们对社会交往,对公共生活的热情。[2] 但另一方面,启蒙时代又是一个个性和个人生活、内心世界受到高度重视的时代。这与 17 世纪以来在德国盛行的虔敬主义思潮有关。虔敬派强调感情和内心的宗教体验,将寂寞看成是这种体验的重要途径。另一方面,寂寞的时尚也是知识阶层对现实政治不满和失望的表现。从当时流行文学艺术的题材,到大众道德周刊的内容以及通俗哲学家的著述中,到处都透露出 18 世纪德国社会对寂寞问题的兴趣。若干重要的大众道德周刊的刊名即是明显的例子,如柯尼斯堡的《隐者》(Der Einsiedler)、莱比锡的《隐士》(Eremit)或爱尔兰根的《寂寞夜思》(Einsame Nachtgedanken)[3]。专门讨论寂寞的利弊的著作有伍泽[4]的《学者的寂寞》、齐默曼[5]的《寂寞之我观》和《论寂寞》,以及伽渥[6]的《论社会与寂寞》等。

在此背景下再来看洪堡等人的大学观,其中寂寞的概念便不再显得突兀。他们的关于寂寞的主张与当时流行的观点有着显然的联系。根据当时的看法,寂寞首先与精神的自由相联系,纷扰的社会生活会使人失去其精神的独立性。如齐默曼说:

> 寂寞使人达到完全的独立……在寂寞中能找到精神的自由。[7]

伽渥也认为只有在寂寞和悠闲中才会有"精神的内在自由"[8]。其次,寂寞与学者及学术相联系,学术活动的最佳条件是寂寞。齐默曼认为,"精神和心灵在寂寞中会变得宽广、活跃、颖慧和强健",因此哲学家和诗人等"总是寻求和倾心于寂寞"[9]。伽渥也说悠闲与学术是密切相联系的,学术是最需要悠闲的活动[10]。当时普遍认为,大学应避开通都大邑,设在小城市[11],这也体现了寂寞与学术相关联的看法。最后,寂寞有益于人的道德修

---

① W. Lepenies, Melancholie und Gesellschaft(《怀旧与社会》), Frankfurt/M. , 1972, pp. 85-86.

② 参见 R. V. Dülmen, Die Gellschaft der Aufklärer. Zur bürgerlichen Emanzipation und aufklärischen Kultur in Deutschland(《启蒙者们的社会》), Frankfurt/M. 1986。

③ L. Maduschka, Das Problem der Einsamkeit im 18. Jahrhundert im besonderen bei J. G. Zimmermann(《从齐默曼看 18 世纪的寂寞问题》), Weimar 1933, p. 17.

④ Erdmann Uhse(1677—1730),历史和修辞通俗作家、辞书编纂者和出版人,著述极丰。

⑤ Johann Georg Zimmermann(1728—1795),医生和通俗哲学家,担任英国国王的私人医生,并曾为普鲁士国王弗里德里希大帝诊治疾病;有影响的著作包括《论民族自豪》(1758)和《论寂寞》(1784—1785)等。

⑥ Christian Garve(1742—1798),德国启蒙主义哲学家;1770—1772 年在莱比锡大学任教授;发表有大量通俗哲学散文和著述,且颇具影响。

⑦ J. D. Zimmermann, Über die Einsamkeit(《论寂寞》), Frankfurt/M. 1785, vol. 3, pp. 199, 232.

⑧ Ch. Garve, Über die Muβe(《论悠闲》), in: K. Wölfel(ed.), Christian Garue, Poluparphilosophische Schriften über literarische, ästhetische und gesellschaftliche Gegenstände(《伽渥关于文学、美学和社会论文集》, 1796), Fksimiledruck, Stuttgart 1974, vol. 2, p. 265.

⑨ J. D. Zimmermann, Über die Einsamkeit(《论寂寞》), Frankfurt/M. 1785, vol. 1. p. 91.

⑩ Ch. Garve, Über die Muβe(《论悠闲》), in; K. Wölfel(ed.), Christian Garve, Poluparphilosophische Schriften über literarische, ästhetische und gesellschaftliche Gegenstände(《伽渥关于文学、美学和社会论文集》, 1796), Fksimiledruck, Stuttgart 1974, vol. 2, p. 269.

⑪ H. Schelsky, Einsamkeit und Freiheit. Idee und Gestalt der deutschen Universität und ihrer Reformen(《寂寞与自由》), Reinbek bei Hamburg 1963, pp. 102-103.

养。伽渥说，对道德的反思宜于在寂寞中进行，而不是在喧嚣中，“良知的声音是轻微的声音，它在尘嚣之中难以被听到。”[①]当时施行的泛爱主义教育思潮也极为重视寂寞在教育中的作用，将寂寞、独处看成一种自我教育、修养身心及培养个性的途径。

显然，在当时的一般观念中，对于学术，对于学者，寂寞是不可或缺的生存条件，是一个积极的、有利于学术的因素。除了这一普遍的时代背景，对寂寞的强调，显然也是新兴德国市民阶层的利益所在，他们赖以坚强其社会地位的不是政治或经济成就，而是文化和学术，他们因此被称为“以修养立身的市民阶层”(Bildungsbürgertum)，他们普遍轻视实际的社会政治经济生活，将精神、学术和艺术生活视为高尚、理想的生活。关于寂寞的主张正反映了他们利益和社会追求。

以上从修养、科学、自由和寂寞四个方面考察了德国古典大学观的渊源、内涵及内在的价值取向，但这四者实际上是相互关联的整体。因此有必要对这四者的相互关系略作补充。

修养观念主要来源于新人文主义，是关于人的发展的一种理想；它构成古典大学观的基础和根本目标，它规定了大学教育的基本价值取向和培养的目标。科学作为新人文主义和理想主义哲学的概念，它构成大学的中心活动内容。科学活动一方面具有独立的价值，旨在探索未知，另一方面它作为一种能动的、思辨的活动也是通向修养的途径，正是在这种意义上，洪堡认为通过科学这一媒介便可达到修养的目标。洪堡还说，如果在真正的意义上从事科学，科学便是用于“精神和道德修养”“非有意的、但却天然适合的”材料。[②]所以，修养与科学是不可分割的，失去修养便没有真正的科学，舍去科学修养便无从进行。

如果说修养和科学涉及大学活动的内容，那么寂寞和自由则关系到大学活动的形式，即教学、研究和学习活动赖以进行的组织制度因素。自由与寂寞其实也是不可分割的，没有寂寞，就是说不与社会、政治的实际保持一定的距离，大学便难以有自由。自由就意味着不为来自外界的种种利益和要求所左右，意味着大学中的修养和科学活动，能够在较大的程度上按照其自身的要求和追求进行。

五、德国古典大学观的特点

德国古典大学观虽是一套关于大学的理想，但其内容却远远不限于大学，它虽然也讨论诸如教学与研究、大学与科学的发展、大学与国家、社会的关系等问题，但同时也包含有关于人的发展理想和人的生存的理想形态，以及理想的社会形态。洪堡的修养观念本来就是一种普遍的人类发展理想，并不局限于大学阶段。费希特更是把大学看作是社会改良的一个部分。这种对人类和社会普遍目标的追求是德国古典大学观的重要特点。这一

---

① Ch. Garve. Über Gesellschaft und Einsamkeit(《论社会与寂寞》)，Breslau 1797/1800，vol. 1，p. 237.

② W. v. Humboldt，Über die innere und äußere Organisation der höheren wissenschaftlichen Anstalten(《论柏林高等学术机构的内在和外在组织》，1810)，in：A. Flitner(ed.)，W. v. Humboldt—Schriften zur Anthropologie und Bildung(《洪堡论人类学和修养》)，Frankfurt/M. 1984，p. 82.

层面是通常的大学观，如著名的牛曼[①]或弗莱克斯纳(Abraham Flexner)[②]的大学观，所没有的。

其实前面已经提到，德国古典大学观的理论家们最初所设想的不是改革现有的大学，而是抛开它们，另建一种全新的高等教育机构，所以洪堡和费希特等没有使用大学的概念，而是要建立一所高等教育机构。在柏林建成的最终之所以是一所大学，只是洪堡出于策略考虑而采取妥协的产物。所以，柏林大学作为大学是不期而至的结果(图 2)。

图 2　柏林大学哲学教授黑格尔(1770—1831)在上课(铜版画，作者：F. Kugler)

社会学家谢尔斯基指出，人类推动社会变革的基本行为模式有三种：一是革命，二是改革，三是创新(Gründung)。革命就是破旧立新，破坏旧的事物，代之于新的事物；改革意味着局部修正旧事物，为其灌注新的精神，使其适合于新的历史环境；而"创新"则是为新的目标建立新型的机构，为时代社会的新要求创造相应的机构形式，而不去破坏旧有的机构或使其承受难以承受的新任务，柏林大学的建立即是这种意义上的创新行为[③]。关于这种另创机构的创新，在历史上不乏其例。宗教史上不断出现的新教团或启蒙运动时期的科学院均是为新的需求而另行创立的机构。新型机构的建立，通常以一种迫切的社会需要为基础，而且伴随着此种需要形成新的价值观念和规范，同时存在有信奉并力行这些价值观念的社会群体。谢尔斯基进一步强调，在这种创新过程中，通常会有一种关于新机构的"观念"，或"总的观念"，它是一套要求人们去实现的价值体系；它会提供关于新机构的蓝图，同时具有超越新机构社会存在的理想或超验的成分。[④] 就是说，新的机构需要

① John Henry Newman，英国红衣主教，著有 The Idea of a University(《大学的理想》，1852)阐述其大学理想，在英美等国家影响甚大。

② Abraham Flexner，著有 Univeristies: American English German(《美国、英国和德国的大学》)，New York 1930.

③ H. Schelsky, Einsamkeit und Freiheit. Idee und Gestalt der deutschen Universität und ihrer Reformen(《寂寞与自由》)，Reinbek bei Hamburg 1963，p. 58.

④ H. Schelsky, Einsamkeit und Freiheit. Idee und Gestalt der deutschen Universität und ihrer Reformen(《寂寞与自由》)，Reinbek bei Hamburg 1963，p. 59.

有一个赖以安身立命的根本的观念基础，一种高远的规范体系和理想。

德国古典大学观的理论家们当年所致力的，正是要构造出一种符合人文主义的修养理想和理想主义科学概念需要的新型高等教育机构，并为这种机构制定出一种谢尔斯基所说的观念，或者说这种机构赖以立身的价值体系。所以，古典大学观的论者们较少关心新机构的具体组织和操作原则，而更着力于突出新机构的整体精神和根本的观念，如科学、自由等。建构一种前所未有的观念，当然需要创造性和想象力，它自然会具有乌托邦的成分。德国古典大学观因此具有强烈的理想主义和空想成分。

那些认为洪堡的大学改革不成功的学者，如门策[①]恰恰忽视了德国古典大学观的这一特征。他们仅看到洪堡的大学主张在柏林大学未能完全兑现，而没有看到这种观念是一种基本价值体系，是有待于用具体的行动去落实的观念；具体的落实过程，即制度化的过程很可能永远达不到所高悬的观念的高度，但这也是这种观念的魅力所在；它为大学及其成员提供了极富吸引力、值得争取逼近的目标，并提供了通向这一目标的行为规范体系，因而产生了强大的社会动力。社会学家克尼希(Rene König)在论及德国古典大学观时说，

> 理想的本质就是在于时刻召唤人们脱离盲目平淡的日常现实，上升到圆满的观念世界。[②]

就是说，理想或观念的意义就在于为不完美的现实提供一个完美的参照，促使人们不断地去努力追求完美，追求理想。他认为，德国古典大学观所给予大学的就是“对其观念的追求”。[②]

---

① C. Menze，Die Bildungsreform Wilhelm von Humboldts(《威廉·封·洪堡的教育改革》)，Hannover 1975.

② R. König，Vom Wesen der deutschen Universität(《德国大学的真髓》)，Berlin 1935：125.

世俗人文主义[①]

安东尼·克龙曼

美国有六千多所高等教育机构。[②]“机构”是一个中性词，因此我采用这个词。由于今天的美国学院和大学具有如此丰富的多样性，以至只有一个几乎没有什么内涵的词才有可能涵盖它们全部。

庞大的研究型大学，设置研究生课程、专业学院、进行前瞻性研究的专业设施；住宿制的文理学院，从事本科生教育；两年制的州立学院或社区学院，为本地的大多数居民服务，提供职业训练和为他们到其他学校继续深造做准备；现在的“电子”大学，提供远程教育，方便那些愿意在家学习的人。所有这些学校都迎合了现实的需要。但是它们之间在功能、品质和目的方面的差异非常大，而“学院”和“大学”只不过是它们共同使用的一个名词而已。[③]

我们的学院和大学的许多功能大部分无须扩张或捍卫。我们的巨型大学力主提升研究的前瞻性，声名显赫。研究所产生的新知识价值巨大并带来无限的实际利益。但在某种程度上美国人可能并未充分意识到，他们今天的物质享受首先是在我国的研究型大学的图书馆和实验室中作出的发明的结果。

各级职业训练毫无疑问也是十分出色的。人们不管是想当建筑师还是电工，医生还是洗牙师，律师还是法庭书记员，今天都必须先经过技术训练。几乎大部分非熟练的劳动工种，也都越来越以今天只能在学校中获得的那类知识为基础；为了供应这类知识，美国的学院和大学为那些来学校学习经营和职业的人提供惊人的服务，并对我国的经济作出巨大的(即使不能完全看到的)贡献。[④]

我们的学院和大学还为它们的共同体和整个国家的福祉作出非经济方面的贡献。从广义上说，可把此类贡献称为政治贡献。我指的是彬彬有礼的素养和宽容精神的培养，这是处于一个多样性民主制度中的负责任的公民必须具有的。学院和大学这样做不是过多地通过宣扬这些素养的美德(虽然它们也宣扬)，而是通过创造一种环境，这样的环境要求

---

① 克龙曼.教育的终结：大学何以放弃了对人生意义的追求.诸惠芳，译.北京：北京大学出版社，2013.

② 2006年4月，高等教育委员会承认由它鉴定的或由美国联邦教育部批准的组织认证的6814所高等学校。Council for Higher Education Accreditation，“Fact ＃1：Profile of Accreditation”，http://www.chea.org/pdf/fact_sheet_1_profile.pdf(accessed June 9，2006).

③ American Universities and College，16th ed.，ed. James J. Murray Ⅲ(New York：Walter de Gruyer，2001)，1：3—26；Arthur M. Cohen，The Shaping of American Higher Education：Emergence and Growth of the Contemporary System(San Francisco：Jossey-Bass，1998)，300—319；The Chronicle of Higher Education，“The Almanac of Higher Education，2005—2006”，http://chronicle.com/free/almanac/2005/(accessed June 2，2006).

④ 就“创造的量化和知识的市场化”的困难所进行的讨论，见 Michael Mandel，“Why the Economy Is a Lot Stronger Than You Think”，Business Week，February 13，2006，63.

学生以完全不同于他们以前的风貌与别人相处，陶冶虚心和宽容的态度。学院和大学当然并不是唯一的此类环境(现代职场也是一种环境)，但它们是最重要的，它们为增强民主公民的精神所作出的贡献，是它们最有价值的功能。①

这是一份令人印象深刻的关于学院和大学优秀功能的目录。但还必须增加一项。这一项很难界定，但恰恰是现实的。这就是帮助学生领会人为什么而活的问题——正如阿姆赫斯特学院校长亚历山大·米克尔约翰(Alexander Meiklejohn)在一个世纪以前所言，这项优秀的功能就是帮助年轻人根据他们的愿望、机会和天赋过“一种值得过的生活”。②

学院往往是为年轻人的职业生涯做准备。事实上这是他们的职业生涯的第一阶段，是初级学术训练时期，然后继续进行其他形式的训练和工作。对于以此为目的而进入学院的人而言，他们的学院教育具有明确的和可测量的价值。它直接帮助实现已确定的目标。但是它的价值取决于其为之奋斗的目的的坚定性。另一些人尚未确定自己想做些什么，或尚未确定想成为什么样的人，对于该如何度过自己的一生的问题也不明确，对于他们而言，学院教育由于以下各种原因而对他们也是有价值的：学院教育能帮助他们应对各种挑战，其中包括更深刻地洞察自己的使命，为自己完善有目标和有价值的生活的图景，过一种值得过的且不局限于狭隘的职业生涯成就的生活。

对于以好奇或困惑的心态进入学校的本科生而言，学院教育可以帮助他们找到自己的方向，帮助他们面对生活本身是为了什么的问题，这个问题在所有的职业训练之前就会出现并超出这些训练所能提供的任何答案的范围。如果学院教育能够做到这一点，哪怕是勉强地、不完美地，那么，这样的教育对于他们的价值就完全不同于对于那些进学院时已有明确期望的那些人所具有的价值。它确实具有完全相反的一类价值，因为它恰恰缺乏那些使所有的职业训练具有功效的确定的目的，这就使人为什么而活的问题变得十分重要。

在成年初期自由地探究这个问题是非常奢华的一件事，许多人都承受不起。生活的压力过分迫切地要求他们恰如其分地对待这个问题。某些有时间的人选择不把自由用于研究这个问题。他们心不在焉或漫不经心。但是也有相当一部分人既有自由也有爱好，

---

① 关于教育对民主的重要性的经典论述，见 John Dewey, Democracy and Education(New York: Macmillan, 1916, 115)：“倘有一个社会，它的全体成员都能以同等条件，共同享受社会的利益，并通过各种形式的联合生活的相互影响，使社会各种制度得到灵活机动的重新调整，在这个范围内，这个社会就是民主主义的社会。这种社会必须有一种教育，使每个人都有对于社会关系和社会控制的个人兴趣，都有能促进社会的变化而不致引起社会混乱的心理习惯。”在杜威之前和之后，有关高等教育与共和政体的健康关系的论述，常见于报刊。例如，见“The Yale Report of 1828”, in American Higher Education: A Documentary History, ed. Richard Hofstadter and Wilson Smith(Ghicago: University of Chicago Press, 1961), 1: 275—291, 289：“我们政府的共和政体形式认为特别重要的是让许多人享受全面教育的好处。”Gail Kennedy, ed., Education for Democracy: The Debate Over the Report of the President's Commission on Higher Education(Boston: D. C. Heath, 1952), V：“现代民主教育有一个独特的功能。不必打上一致性的标记，但要创造鼓励独立性的氛围。民主教育必须培养年轻人去实施民主和承担责任。”Alexander W. Astin, “Liberal Education and Democracy: The Case for Pragmatism”, in Education and Democracy: Re-imagining Liberal Learning in America, ed. Robert Orrill(New York: College Entrance Examination Board, 1977), 207—223, 219：“简言之，在高等教育共同体中我们不仅帮助制造了困扰美国民主的问题，我们还站在适当的立场上开始为解决这些问题做些什么。”Amy Gutmann, Democratic Education(Princeton University Press, 1999), 174：“无论是由大多数人还是少部分人去控制的思想创造，都会在民主教育和民主政治的心脏腐蚀自觉地社会再生产思想。大学作为自由学术探究的圣殿，应该帮助防止这种腐蚀。”

② Meiklejohn, “College Education and the Moral Ideal”, Education 28(1908), 554.

对他们来说在学院的光阴就是公开地探究生命意义的时光，但一旦着手处理千头万绪的成年人的职责时就很难继续保持这种自由。学院期间也是做其他事情的时期，但也是心胸坦荡地考察激动人心的、神秘的冒险的境界的时期，在这种考察过程中一个有心计的年轻人在18岁或20岁时会像任何人一样开始理解终身从事的事业。有些人看到了这种考察的价值并有时间去进行考察，对他们而言学院教育为他们提供了不可复得的机会。尽管他们在数量上很少或者在学生总数中仅占很小的比例，我们似乎自然也该重视这种机会，把它看做一种我们希望与其他人分享的至高无上的善，如果某人因为缺钱或没有时间而得不到这种机会，我们会引以为憾。

每门本科生的博雅教育课程的目的都是为其学生提供此类机会。设置这种课程的每所学院和大学基本上使用同样的词汇来描述它，都把它说成是一种手段，用来使学生熟悉范围广泛的人文研究，让他们掌握这方面的一般知识和关于世界的常识，并使他们做好迎接生活所提出的在个人、伦理和社会方面的挑战，而不管他们最终选择什么样的职业生涯。所有的博雅教育都被有意识地界定为非职业性的。它不是为某种工作或职业生涯做准备。它是为生活的"工作"做准备，这当然根本就不是一种工作。不同的学校用不同的方式去进行博雅教育。博雅教育课程是极其丰富多彩的。但所有的课程都是建立在下面这个假设的基础之上的，即本科生教育的一个最重要的目的，就是为作为它的受益人的青年男女提供一种机会，使他们在生活的奇妙的、鼓舞人心的冒险中走得太远并失去时间且可能失去勇气进行反省之前对这种冒险进行反省。①

奇怪的是在强调超出狭隘的职业范畴的意义和目标问题的重要性时，今天的博雅课程几乎都没有空间去进行持久的、有组织的探索。它们几乎都不提供曾经与诸如"大书课程"或"西方传统"或"艺术和文学"之类的词汇(现在负有政治使命)相联系的那类有组织的课程，在那种课程中学生和教师通过训练有素地研究一系列相互联系的著作孜孜不倦地探究人类生存的永恒之谜，在这些著作中关于一个人应该如何度过自己的一生的问题为这种探究提出了一个有联系的主题和有组织的重点。当然这类课程中的某些课程，包括诸如哥伦比亚大学在第一次世界大战时开设的当代文明课程之类的那样的一些非常有名的课程，至今还存在。审慎地讨论这些问题的各门课程可以在每个博雅课程的教学大纲中找到。但以一种视野开阔的、结构化的和可以分享的方式向按这些大纲学习的学生介绍由于其捍卫人生意义而被视为很重要的关于人生目标和价值的其他观点，这种努力在今天的美国高等教育中已越来越罕见了。试图这样做的学校现在越来越少，而认为值

① See, e. g., Harvard University, "Handbook for Students 2006—2007", http://webdocs. registrar. fas. harvard. edu/ugrad_handbook/current/ugrad_handbook. pdf(accessed August 5, 2006), 2; Bates College, "Mission Statement and By-Laws", http://www. bates. edu. /mission-statement. xml(accessed June 14, 2006). 威廉姆斯学院在描述自己的使命时引用了它过去的和现在的领导人的就职演说，其中包括索耶(John E. Sawyer)校长1961年的就职演说。他说："现在能为学生提供的最通用的、最经得起时间考验的、在终极的意义上最实用的知识和智慧资源，是那些不实用的文理科，通识教育早就是以它们为中心的：观察和感受的能力，对范围广阔的经验予以领悟，作出反应和行动的能力；思考、质疑和利用知识去解决更广阔的现实中的问题的素质和能力；成长、更深广地领悟和创造的灵活性；决定立场的知性和行动的意志和坚韧性；机智、聪慧，人性和幽默，他们以开阔的视野看自己，看社会，看世界，他们过着有益的生活，用他们的方式促成自己所信奉的事情。""Williams College Mission", http://www. williams. edu. /home/mission. php(accessed June 14, 2006).

得这样做，认为这是一个值得追求的有价值的、建设性的目标的思想，现在遭到了许多教师和学生的否定。

今天，许多博雅课程教师甚至人文学科教师，在维护自己在引导学生对此类主题进行有组织的探究方面的能力和权威性时都感到不自在。他们声称自己并不拥有任何特别的睿智，从而能以训练有素的方式与学生交流人生的意义。他们坚持认为自己在引导学生探索人为什么而活的问题的答案方面并不称职。话题当然可以来自教室之外，在那里教师和学生都感到能较为亲密地、轻松自如地交谈。但是今天的学院和大学教师几乎都不相信他们有权力或者有义务就人生的价值和目标问题对自己的学生提供经过精心组织的教导。这种认识也被他们的学生认同，他们大部分人都不希望或不期待在教室中接受这样的教导。

当然这并不是说学生对这类问题不感兴趣，或认为他们的学术研究与这类问题无关。大多数学生尤其是那些注册博雅课程的学生，对于如何使生活变得有意义和充实的问题，有着浓厚的(哪怕是间歇性的)兴趣。大多数人把自己的学术工作(全都还是潜在的学术工作)看做是深思这一问题的有用的信息源和受到启示的根源。但是他们与自己的教师一样，把这个问题看成是一个个人问题，不宜以公开的、存有组织的方式予以研究。

物质世界是由什么组成的以及为什么这是很重要的？生命有机体是如何发挥功能作用的以及是如何进化的？市场何时会发生竞争？民主是否是政权的最好形式？圆周率 π 是否有模式？我们如何知道我们知道了些什么？诸如此类的无数问题都是课堂教学的合适的主题，可以以结构化的、严密的方式研究它们。在大多数学院和大学中，有专门考察这些问题的课程和系科，还有训练有素的教师去指导学生研究它们。但是，人为什么而活、我们生活中终极重要的是什么以及为什么的问题，是难得采用与教授其他主题相同的明确的、毫不隐讳的方式予以教授的主题。学校中有地理系、社会学系和西班牙语系，但没有关于人生意义的任何系科。这个想法看起来确实很可笑。谁能想象一位人生意义副教授？在教室中得到深入研究的无数主题都处于一门精心组织的课程中，并在资深教师的督导之下，然而人为什么而活的问题与它们不一样，即使那些被此问题吸引住的学生至今也似乎把它看成是个人的事情，认为探讨它的最合适的场所是在学校之外，在家人和朋友中间。他们的教师大部分似乎持赞同意见。

持这种观点的学生可能会说出下面这样的话。他可能说："我可以决定我生活中最重要的东西。这必须是我独立做的某件事。我在校内外为这件事而习得的每一样东西，都与我探索对此问题的答案有关。我的全部经历，无论是学术经历还是其他经历，都是值得考虑的。但是能够引导我探索关于人生意义问题答案的学术性学科却没有。没有我可以依靠的方法或技术以及有组织的知识体系和训练有素的研究课程。没有以架构这一问题或引导我探究这个问题为己任的教师。没有教师有权力和有能力去做这一工作。可能没有这样的教师，但我的家人和朋友们了解我这个人并爱我。如果我向随便什么人提出这个问题，我倒是真应该向家人和朋友们提出这个问题。在学校中不能研究人为什么而活的问题。"

这段话说明了今天我们的学院和大学中许多学生的态度，即使那些学习博雅课程的学生，他们致力于培养自己从事非职业性工作，即过米克尔约翰所说的那种"值得过的生活”,也持这种态度。这也说明了他们的教师的态度,他们许多人也认为人生意义问题是不适合在学校中研究的一个主题。他们关于这个主题的意见成为 21 世纪初的高等教育的重要前提。

但是情况并非一直如此。即使在半个世纪以前,人生意义问题在高等教育中的地位也比今天重要和尊贵。[①] 它并不总是有自己的名分。但是,如何度过人生、关心什么和为什么的问题,什么样的义务、关系、规划和快乐能够赋予人生目标和价值的问题——不管其名分如何,或者往往根本就没有名分,在 20 世纪中期我们的学院和大学对它的重视还是胜过今天。高等教育机构感到这是一个它们有权利也有义务以毫不隐讳的和训练有素的方式予以研究的问题。尤其是人文学科感到自己有责任这样去做。半个世纪以前,人文学科领域中的许多教师依然相信有组织地研究生活的奥秘的可能性和价值。但是今天他们面临着压力。这个压力首先来自现代研究理念,这种理念的权威已渗透学问的所有各个分支,控制着人文学科;其次则来自政治正确性的文化,在过去四十年中这种文化对人文学科的影响甚大,关于人生价值和目标问题,关于有着各种抱负的凡夫俗子走向完善的根源的问题,被推到了责任的边缘,即使在人文学科中也是如此。在压力之下,这个问题被剥夺了作为正式教学计划中的主题的合法性,它曾经是人文学科教师感到自己有能力游刃有余地指导自己学生研究的主题。今天它被逐出了教室并被踢出学校,乃至只能在教师和学生个人生活和课外生活中悄悄地苟延残喘,即使在其独特的意义在于预先假定这个问题本身是极端重要的那些博雅课程中:历史发展的令人沮丧的结局,在现代研究理念和政治正确性文化把对此问题的研究置于窘迫境地之前,使人文学科曾经在公共场合和以有组织的方式探究的主题私人化了。

如果人们问人生的目标和价值是否是一个可以有益地在学校中研究的主题,并且在头脑中审视美国高等教育对待这个问题的历史,那么,这部历史可分为三个阶段。第一阶段最长,从 17 世纪初哈佛大学建立开始直至南北战争。这一阶段可称为“虔诚期”。学院教育(当时当然还没有大学)所依据的前提是,人类生活的目的不单纯是一个合适的教学主题,它首先是年轻人必须研究和学习的一个主题。对人生意义的教授是在教条式的、被当做理所当然的假设的基础上进行的。

第二阶段始于南北战争后数十年间第一批大学的建立,止于 20 世纪中期。这一时期可称为“世俗人文主义时期”,下文我将更精确地界定这个词。人生意义问题依然是本科生教学中的一个得到精心组织的主题。但此时人文学科赋予此类教学以特殊的职责,因此再也不能依据曾经被毫不怀疑地接受的陈旧的教条主义的假设进行教学。作为南北战争前的学院的教条式纲领的后继者,出现了对此主题的一种较为多元的研究视角,它建立在批判性地研究西方文学、哲学、艺术的伟大著作的基础上。

第三阶段就是我们现在身处的时期,始于 20 世纪 60 年代末。这一阶段将持续多久,现在还不能确定。在这个第三阶段上,人生意义问题已不是精心组织的和有价值的教学主题,即使在人文学科中也是这样。在来自研究理念和政治正确性要求的压力之下,它已被逐出了我们的学院和大学。

---

① 有名的 1946 年哈佛报告《自由社会中的通识教育》(General Education in a Free Society)说得很清楚。

美国的学院在最初都是宗教机构。它们教给学生的有关人生目标和价值的东西，本身就是宗教教育的一部分。后来，在世俗人文主义时期，教会和学校分离了。美国的学院和大学与宗教保持距离，并声称自己有能力以与教会的教学不同的方式、不同的手段去教授人生的意义。在美国高等教育的这个第二阶段上，探讨人为什么而活问题的职权分别归属教会和学校。在第三阶段，即我们所处的阶段，我们的学院和大学放弃了对此职权的任何诉求，以致它完全落入了教会的掌控之中，教会现在几乎垄断了制度形式的、有组织地提供的人生意义教育。当初美国学院在提供这类教育时所表现出的自信，今天却只有我们的教会才拥有。

美国高等教育的历史起始于1636年哈佛学院的建立。哈佛的第一批学生生活在与我们截然不同的世界中。他们的全部物质世界就是由几栋胡乱地建在一片广袤的、未开垦的荒野的边缘上的粗糙的建筑物构成的，为数不多的几个虔诚的人跨越大西洋来到这片荒原上建起了这些房子，在这里过着典型的基督徒的虔心的生活，成为后人的榜样，这就是"山丘上的一座城市"。[①] 来到这里建造了这座城市的人们从平地上构筑了一个世界，他们首先干的事情就是建立一所学院来教育他们中间的年轻人，后人对他们此举的惊叹从未停息过。"在上帝把我们安全地带到了新英格兰之后，我们建起了自己的房屋，准备了生活必需品，建造了合适的馆所为上帝做礼拜，市民政府也就职了：接下来我们渴望做的一件事情就是提升我们的学问，并把学问世世代代传下去。"[②]如果清教徒推测，创办哈佛学院的人是创建北美此类机构的先驱者，那么他们也是悠久的学习传统的继承者，他们就是根据这个传统来设计自己的新学院。几乎哈佛的所有创办者都在剑桥或牛津学习过，他们自己受到的教育自然成为他们所建立的学院的样板。

17世纪初剑桥和牛津的教育计划的制订，部分地吸收了中世纪的经院哲学传统，部分地是受一个世纪前的人文主义者的复兴精神的影响。从广义上说，它把拉丁语和希腊语的练习以及密集阅读用这些文字写成的著作与严密的神学研究结合在一起，这就意味着要用他们自己所特有的基督教观点去解释古代异教徒的伟大著作。[③] 17世纪初的牛津、剑桥学生听关于荷马(Homer)、希罗多德(Herodotus)、索福克勒斯(Sophocles)和西塞罗(Cicero)的讲座。他们读亚里士多德的伦理学著作，还研究古代的历史和法律。他们读希腊文的圣经，听他们的教师讨论宗教教旨的博大精深。他们也进行高度结构化的辩论，讨论古典的和神学的一些主题。他们也学习依然还能用亚里士多德的话语表达的自然科学的基本要素。无论学习什么，采用的方法都是抄写、背诵和吟诵指定课文的段

① Perry Miller, Errand into the Wilderness (Cambridge, Mass.: Belknap Press of Harvard University Press, 1956).

② Quoted in Samuel Eliot Morison, The Founding of Harvard College (Cambridge, Mass.: Harvard University Press, 1995), 3.

③ 有关16—17世纪牛津、剑桥课程的更多信息，见 Laurence Brockliss, "Curricula", in Universities in Early Modern Europe (1500—1800), ed. Hilde de Ridder-Symmons, vol. 2 of A History of the University in Europe, ed. Walter Rüegg (Cambridge: Cambridge University Press, 1996), 563—620; Kenneth Charlton, Education in Renaissance England (London: Routledge and Kegan Paul, 1965), 131—168; Mark H. Curtis, Oxford and Cambridge in Transition, 1558—1642: An Essay on Changing Relations Between the English Universities and English Society (London: Oxford University Press, 1959), 837—125.

落。创办哈佛学院的清教徒们是这种教学计划的产物并把此作为样板带到了美国。[①]

他们还带来了其他一些东西。他们带来了深深地嵌入其思维中的观念，自然而然地体现在他们作为原则来陈述的学院培养目标中，即塑造其学生的灵魂。在他们的思想中，一所学院首先应该是养成品性的场所，是培育智慧和道德习惯的场所，所有这些习惯共同形成使人能过对自己而言是最好的生活的基础——这是一种有辨别力的和虔诚的生活，它以历史上的伟大人物为榜样，对上帝的强烈的、无懈可击的爱使这种生活充满活力。可以把这样的生活说成是一个基督徒绅士的生活，如果问哈佛学院的创始人他们的目标是否是提倡这种生活方式，答案看来对他们是不言而喻的。他们并不认为哈佛的任务仅仅是传授其学生随后可以自由选用的某种有用的知识。哈佛的工作是要使自己的学生成为某种类型的人，这样的人具有与众不同的态度和气质，有特殊的关心和挂念。学院的创始人从未想到过，应该让他们的学生自己去回答人生意义的问题。

他们充其量可能承认一个基督徒绅士可以从事几种不同职业中的一种——他可以成为牧师、律师、教师或从事其他什么职业的人。但是他们会否定把他们的学院建成为其学生毕业后的就业做准备的职业学校的思想。他们会说创办这所学院是为了某个更本质的目的，即打下品性的共同基础，这种基础是所有的努力取得成功和荣耀所必须依赖的。他们坚持认为建立哈佛的首要的和最重要的目的，是为了其学生灵魂的善。

他们也确信他们选择了最好的手段去达到这个目的。这就是记忆和吟诵的方法。记忆永远是获取知识的一种有用的方法。但哈佛的创始人却似乎认为它还是达到品性养成这一最高目标的一种天赋的技术。记住某个文本就是要求一个人把注意力集中于作者和他对论题所作的描绘和范例。记忆是灵魂的仓库。我们从记忆中汲取鼓励和指导。很好的记忆力就是能接受生活的挑战，就要在记忆中储备大量的故事、演说，以及当我们面临选择时或对我们面前的其他方案进行评价时，可从记忆中提取出诸如此类的东西。在这个意义上记忆(以及背诵，这是记忆在公众场合的展示)不同于品性。它们是培养品性的温床，是开启和鼓舞心灵的不竭的源泉。我们甚至可以说记忆就是品性；人就是他记住的东西并在其公众发言中展示他自己是这样的一个人。

在任何时候，美国高等教育中的最初的实验所依据的思想，就是那个隐藏在记忆和背诵实践背后的思想。这个思想可以追溯至古代的鼻祖，即可追溯到罗马的雄辩术甚至更早的源头。[②] 今天我们已不再把这些方法看做是有魅力的传统。尤其是在卢梭(Rousseau)和杜威(Dewey)著作的影响下我们不但不再认为它们有助于心灵的成长和丰富，反而视它们为自发性的障碍。[③] 但是对于创办了我们的第一所学院的、受过剑桥和牛津教育的清教徒们而言，这些技术看来是达到使基督徒成为绅士目的的最完美的手段，这是他们最主要的目的，确实也是他们的唯一的目的。

哈佛学院的创始人似乎并没有把该校的教育计划说成是一种人生意义的教育。人生

---

① Morison, Founding of Harvard College, 40.

② Quentin Skinner, Reason and Rhetoric in the Philosophy of Hobbes(New York: Cambridge University Press, 1996), 45-46.

③ Jean-Jacques Rousseau, Emile: Or, On Education, trans. Allan Bloom(New York: Basic Books, 1979), 168; John Dewey and Evelyn Dewey, Schools of Tomorrow(New York: Dutton, 1962), 102-104.

意义是现代的一种说法，他们可能不会选用，或者甚至可能不懂得它。但是他们关心生命的终极价值，认为他们对此已拥有了一种稳定的、有权威性的智慧，并把他们的学院的主要职责理解成设计一些方法来把这些价值移植进学生的灵魂中去：所有这些方法都是无可置疑的。

哈佛在自己所处的物质环境中，即在高深学习机构所面临的挑战之中谋求生存。理性在欧洲的发展，对哈佛在其开始自己的“进入荒原的差事”时就奉行的教育理念所施加的压力越来越大。[①] 但是哈佛创建人在内心深处坚定地相信，学院教育的目的是回答人为什么而活（传授生活中什么是最重要的知识）和为什么的问题，以心理强迫的方式传递对意义的宇宙结构的一种理解，我们人类的生活就锚定在这个结构之中并反过来保证着自己的意义；这种坚定的信念使他们的事业欣欣向荣。美国高等教育始于这种信念，即学院的首要义务是提供关于人生意义的教育，这种信念在以后保持了很长一段时间，并且这种理念在各个方面的压力之下仍然基本上保持不变。

在哈佛建立后的两百年内，成立了许多学院来满足当地的教育需要。到 1840 年，高深学习机构已星罗棋布地出现在美国的大地上。大部分学校招收当地的学生，虽然也有少数学校成为全国的佼佼者并吸引了远处的学生。几乎所有的学校都隶属于一个教会，但对学院生活的影响因依附程度的不同而不同。尽管有些学校在财政方面比另一些学校安全一些，但在 1840 年前几乎没有一所学校不处于破产的威胁之下，最终许多学校被迫关门。

哈佛成立 200 年后的美国学院的境况，表现出生命力和多样性。在漫长的形成时期，美国人民把他们的财产和雄心倾注于创建进行高深学习的机构，其热情达到了任何国家都史无前例的程度。在欧洲，高等教育一直是为社会和知识精英保留的特权。而在美国出现的是独一无二的民主，当然这种民主还不完善，但民主程度比人类历史上任何时期、任何地方都高。[②] 18 世纪和 19 世纪初在美国各地如雨后春笋般地涌现出的学院，一直用不变的措辞表达独特的美国式信念，即相信每个人都是可以教育的，乃至把智慧提升到最高水平的雄心也是可以实现的。有人说，学院“冲破了专制政府为了进行随心所欲的统治而积聚起来的垄断和精神力量，在人民中间传播知识，为这个国家最贫寒家庭的儿童”进行高深研究“带来充分的和公平的机会”。这种信念以一种独特的美国方式把民主思想与贵族思想结合起来。[③] 南北战争前的学院是美国文明的里程碑。

美国在 19 世纪初开办的学院在许多方面是不一样的。但是几乎所有的学院都具有可以追溯到哈佛所建立的教育传统中的某些特点并继续坚持这些特点，只不过采用了改头换面的方式。有两个特点尤其能表征学院的组织文化和知识文化。第一个特点是各个不同的研究分支之间没有截然的区分，每一个分支都是独立的一组教师和学生的领地。第二个特点是在学院的系科与其行政部门之间没有任何有意义的区别。

---

① Miller, Errand into the Wilderness.

② Frederick Rudolph, The American College and University: A History, 2nd ed. (Athens: University of Georgia Press, 1990), 62-63; Cohen, Shaping of American Higher Education, 64-65; Lawrence A. Cremin, Traditions of American Education (New York: Basic Books, 1976), 86, 101.

③ Quoted in Rudolph, The American College and University, 63.

在19世纪初的学院中，整个课程是固定的。要求学生按一套顺序学习特定的教程，而每门教程的阅读文献一般是为全体学生规定的。19世纪上半叶，耶鲁在建立和捍卫课程标准方面发挥了带头作用。耶鲁的一年级学生要阅读李维(Livy)、贺拉斯(Horace)、荷马和希罗多德的著作；二年级学生要阅读西塞罗和色诺芬(Xenophon)的著作；三年级学生要阅读埃斯库罗斯(Aeschylus)、欧里庇得斯(Euripides)、柏拉图(Plato)、修昔底德(Thucydides)和狄摩西尼(Demosthenes)的著作。耶鲁的四年级学生要阅读逻辑学书籍以及杜格尔德·斯图尔特(Dugald Stewart)和托马斯·里德(Thomas Reid)等苏格兰启蒙运动哲学家的代表性著作。一年级学生开始学习数学，先学欧几里得(Euclid)的《原本》(*Elements*)，第二年接着学习达顿(Dutton)论圆锥截面的论文。天文学、地质学和化学也都采用规定的教科书来教，地理学和政治经济学也是这样，法国经济学家让·巴蒂斯特·萨伊(Jean-Baptiste Say)有关这个主题的著作，以及后来的弗朗西斯·韦兰(Francis Wayland)的著作都是主要的课本。在每门学问的各个分支中，南北战争前耶鲁的课程是以固定不变的方式安排的，所以在一个授予学位班级中的每个学生学习的书目几乎是一样的，每年的变化是微小的。① 其他学校中学习的教程在细节方面略有不同，但基本轮廓作为许多学校的样板的耶鲁的教程相似。②

如果学生以相同的顺序学习相同的东西并期待他们掌握共同的课程，那么也就期望他们的教师能够教他们所有的人。南北战争前的学院的教授是万金油式的(jacks-of-all-trades)，他们能胜任在任何年级教从拉丁语到自然科学的任何学科。③ 即使在耶鲁这样的劳动分工比其他大部分学校都要细一点的学校中，也希望教师在其学生"整个最初的三年中"能教他们"所有的学科"。④ 因此，学院要求其教师和学生的工作具有共通性。如果学生做同样的工作，他们的教师就可以布置共同的作业。学生从不选择自己所要学习的教程。他们执行规定的课程计划。他们的教师在学科方面没有专业化，因此其教学也就没有限制。他们能从头至尾地教授整个课程。当时没有我们现在认为是理所当然的学科区分，没有"部门"，没有"系"，也没有"主修课程"。每个人都是通才，做着多多少少相同的事情。

学院的行政人员也是这样，他们也是教学团队中的成员。教学人员与行政人员之间的区别，我们现在认为是理所当然的，但当时并不存在。在南北战争前，大部分学院实际上只有一位专职的行政管理人员——校长，他不仅要进行教学，而且往往是教授会中最有影响的教师，负责教授作为学生学院经历顶峰的四年级课程。⑤ 甚至在19世纪末在许多学校中还保持着这样的情况，其中包括一些像普林斯顿和布朗这样的规模较大的学校。在蒂莫西·德怀特(Timothy Dwight)担任耶鲁校长期间(1866—1899)，他每天要为毕业

① 更多的信息见"The Yale Curriculum, 1701-1901", Educational Review 22(June 1901): 1-17.

② "Yale Report of 1828", in Hofstadter and Smith, eds., American Higher Education.

③ Laurence R. Veysey, The Emergence of the American University (Chicago: University of Chicago Press, 1974), 142-143.

④ Brooks M. Kelley, Yale: A History (New Haven: Yale University Press, 1974), 178.

⑤ George P. Schmidt, The Old Time College President (New York: Columbia University Press, 1930), 110.

班讲一次课。[①] 南北战争前的学院校长，不像我们现在的许多学院和大学校长那样纯粹是一位官员或经费筹措者。他是他的领地中的领导人，教授会中的其他人期待他清楚地阐明他们所从事的共同事业的目标——对其学生进行道德教育。

这个事业基于两个假设。第一，对于他们和他们的学生正在经历的教育过程的道德和精神目标，教师的领悟高人一筹，因此他们拥有无懈可击的权威性。一位教师可以是不受欢迎的，甚至是招人恨的，但他依然是道德权威。教师通常与他们的学生一起住在校舍内并监督他们的一举一动，学生哪怕是小小的违规也要遭到教师的严厉惩罚，而规章制度是用来整顿学生的"整个生活方式"的。[②] 这必然造成师生之间关系的紧张，偶尔导致暴力反抗。在佐治亚大学，愤怒的学生向他们的校长和一位教授投掷石块。[③] 但是，学院生活的权力主义的前提在很大的程度上依然没有改变。学生单纯地假设他们的教师最清楚要成为一个道德成熟的人而必须掌握的习惯和信念，也最清楚必须入迷地阅读哪些书籍才更可能产生这样的结果。如果认为，道德成熟是一个模糊的思想，对它的解释是相互矛盾的；教师在界定这一思想方面的地位并不优于他们的学生；学生应该根据他们对学院教育目标和价值的不同认识去自由地选择教程；以上诸如此类的想法被学生和教师们认为是荒唐的。

第二，学问的每个分支，都在一个独立的、整合的教学计划中占有一席之地并服务于共同的目标。1840 年，古典著作的学习在大部分学院中仍有特殊的分量，它们继续占据课程的核心地位。但到了 19 世纪初，果真开始越来越多地注意被伽利略(Galileo)、开普勒(Kepler)和牛顿的工作予以彻底改造了的自然科学。牛顿的革命对千百年来成功地使亚里士多德的物理学和宇宙论顺应了基督教的天启真理的世界观施加了巨大的压力。[④] 当然有些人的结论是：科学和宗教今后必须分道扬镳。但是南北战争前的美国学院，大部分具有强烈的教派渊源，依然高度相信科学和宗教是可以和解的，并花费了很大的精力去调和自己的主张。新自然科学中的教程很典型地被一门神学教程所仿效，这门教程证明，牛顿运动定律可以适应并且确实只能被全知的和仁慈的上帝的思想所解释，上帝的工作像机械一样精确，它构成一种道德的和机械的顺序，人的精神需要和责任在这种顺序中各得其所。在威廉姆斯学院，为更好地研究星星而建造了一座天文台，但这也可以提升学生的思想，使他们去认识"深不可测的源泉和造物主，造物主建构了物质世界和作为非物质王国的生动标志的物质世界的所有灾难"。[⑤] 以这种方式世界的无缝性得以保持。它依然还是一个目标和价值的道德世界。

甚至影响越来越大的政治经济学学科(后来分布在经济学、政治科学和社会学等独立领域内的各种主题的合成)，依然是由道德假设形成的，然而要求以更有序的方法去研究

① George P. Schmidt, The Old Time College President(New York: Columbia University Press, 1930), 94.

② Schmidt, The Old Time College President, 79.

③ Rudolph, The American College and University, 97.

④ E. J. Dijksterhuis, The Mechanization of the World Picture(London: Oxford University Press, 1961), 490-491; Koyré, Infinite Universe, 273-276; Edwin Arthur Burtt, The Metaphysical Foundations of Modern Physical Science (Garden City, N. Y.: Doubleday, 1954), 297-298.

⑤ Quoted in Rudolph, The American College and University, 226.

人类科学。南北战争前学院的课程屈从了对更大严格性的诉求。新的社会科学与新的自然科学一起，在美国学院中的声望逐渐增长。[①] 但是新的社会科学也在一套道德信念中驻足不前，而这些道德信念又固守一套神学假设，这种假设就是：当教学生去领悟新的社会科学时就能保证世界的精神完整性。布朗学院校长弗朗西斯·韦兰，是当时最有影响的教育家之一，他在教授政治经济学和道德科学教程时把这两门教程处理成一门学科的不同方面。[②] 在这一方面他是他的时代的代表。因为当时各地的教师还在继续认为，学问的每个分支——古典学、数学、自然科学、政治经济学和神学——在一个一体化的教学计划中能各得其所，这个教学计划的目的就是塑造学生的灵魂，其途径是向学生证明自然世界和社会世界的共同的道德体系，以及培养为履行他们在这个世界中的位置所赋予他们的义务而必须具有的习惯。

哈佛的创始人几乎不可能想到两个世纪后的美国高等教育的景观。学院的绝对数量、其教派的众多、学生身份的多样性——所有这一切都会令他们吃惊。如果知道自然科学和人文科学的研究发生了怎样的变化，以及这些变化对美国学院的课程产生了什么样的巨大影响，他们一定会感到震惊。

但是不管所有这一切，他们也会发现某些非常熟悉的东西。他们能够理解，1840 年时的大部分学院的教育计划所指向的目标，与他们那时的目标并非完全不一样。在这两个世纪以来，美国学院生活所仰仗的基础依然还是这样一个信念，即学院的首要职责是为学生探索人为什么而活的问题的答案提供有组织的帮助。这个信念依据的假设依然是：学院的教师和行政人员要在这场共同的、精心计划的战役中联合起来提供这种帮助。

人生意义的问题变得更复杂了。向宗教信仰的挑战越来越深入。新的自然科学和社会科学几近迫使科学与道德分离。[③] 关于奴隶制问题的越来越激烈的全国性辩论造成了美国学院和其他方面的不安定。[④] 但是在 1840 年，旧秩序基本上尚未被触动。学院的教

---

① 有关南北战争前课程扩张和改革方面的更多信息，见 Cohen，Shaping of American Higher Education，73—83；John S. Brubacher and Willis Rudy，Higher Education in Transition：A History of American Colleges and Universities，1636—1976，3rd，ed.（New York：Harper and Row，1976），100—111；Stanley M. Guralnick，Science and the Ante-bellum American College(Philadelphia：American Philosophical Society，1975)；Rudolph，The American College and University，110—135；Elbert Vaughan Wills，The Growth of American Higher Education(Philadelphia：Dorrance，1936)，166— 185。

② Schmidt，The Old Time College President，140.

③ Rudolph，The American College and University，274—275："建在巴尔的摩的新大学以对科学真理的探究替代对天启宗教真理的接受。它以探索对这个世界的理解来替代为在这个世界中的生活做准备……当时普遍渗透着约翰·霍普金斯大学的精神。"Allan Nevins，The Emergence of Modern America，1865—1878，vol. Ⅷ of A History of American Life，Arthur M. Schlesinger and Dixon Ryan Fox，eds.（New York：Macmillan，1935)，286："有着科学头脑的年轻人与有着神学头脑的年长者之间的冲突迅速发展成白热化……不出所料，重大的斗争主要集中在学院内。"这种冲突与红衣主教纽曼（Cardinal Newman）1859 年提出的和谐观点相去甚远。See Henry Newman，The Office and Work of Universities(London：Longman，Green，Longman，and Roberts，1859)，24.

④ See"A Southerner Argues for a'Southern Education'in the Hedrick Case，1856"，in Hofstadter and Smith，eds. ，American Higher Education，Ⅰ：466—469："南方的父亲们开始感到教育其梅森和狄克逊家系的儿子们的必要性。"Charles F. Thwing，A History of Higher Education in America(New York：D. Appleton，1906)，252—253："废奴运动的进取精神被看成是对南方的侮辱……其结果就是送南方家庭的儿子们去北方学院受教育这样一个良策，受到质疑。"

师们仍然自负地认为他们拥有有关人生意义的权威性智慧。他们仍然认为向学生传授这种智慧是他们共同的义务。所有这种情况要在以后的50年内才发生变化。但在当时,两个世纪前创建哈佛时的精气神和信心还生气勃勃地洋溢在美国的学院中。

在南北战争后的数十年内,美国的高等教育界出现了改革。发生在1860—1910年的改革,最终导致与自17世纪30年代清教徒移民至此地到南北战争以来一直占据优势地位的旧教育秩序的几近彻底的决裂,把美国的高等教育带到了另一条完全不同的道路上,至今我们还在走着这条路。

改革的核心以及改革所带来的新制度的核心,是一种全新的机构:美国大学。① 称作大学的机构在欧洲已存在了几百年。美国早期的学院就是以它们为样板的。但是在19世纪初,欧洲出现了一种新型的大学,它的名称也是大学,但在目标方面存在重要的不同。其中最有影响的是最早出现在德国的大学。

新型的德国大学是按高等教育史上没有先例的一种新颖的假设组织起来的。这就是这样一个理念:大学的存在主要是为了发起研究,大学的首要职责是为学者提供从事生产新知识的工作所需要的空间、书籍和其他资源。在德国以及在其他地方也总是有少量的民间学者以生产新知识作为自己的目的。但是从前从来没有把原创性的学术工作看成是具有压倒一切的重要性的活动,或把它作为予以如此审慎的和训练有素的支持的对象。从前对研究工作的支持也从来没有这样地有组织、集中和持续。19世纪初的德国大学把研究理念制度化,有史以来第一次赋予研究以持续至今的权威和威望。

在最初,只有极少量的教师在极个别的领域内体现了这一理念。但这一理念的影响稳定地增长,到19世纪下半叶,许多德国大学教授认为自己主要是致力于为无限地扩张本领域中的知识而作出巨大贡献的学者。② 新的学问理念与旧思想是尖锐对立的,旧思想认为,学院教师的首要职责是向学生介绍构成其智慧遗产的多少有点儿固定的知识体系和规范,从而在道德和精神方面引领学生。自中世纪以来这个旧观念塑造了欧洲的高等教育,并在17世纪输入美国,助长了一种较为稳妥的和整体论的知识观,这种观点强调人类知识在代际的连续性以及受过良好教育的人理解作为一个整体的知识的能力。它强调的是教师作为传统的保持者所起的作用。与此相反,新的学问理念强调人类知识的发展性,强调人类知识是随着时间变化和增长的;强调这样的知识是无限的,任何人都不可能掌握全部知识,因此需要进行专业化;强调作为学者的美德的发明和原创性的重要性以及颠覆而不是固守传统的能力。

在所有这些方面,学者的观念代表了在智慧方面与过去的意义深远的决裂,这一观念的被接受在建立体现这一观念的机构方面带来了同样意义深远的变革。研讨班、研究生课程、科学实验室,其设备达到最新技术水平:这些创新以及其他的创新都是18世纪末在德国大学开始的高等教育革命成果的延续,并最终蔓延到世界的各个角落。

---

① See Veysey, Emergence of the American University.

② Daniel Fallon, The German University: A Heroic Ideal in Conflict with the Modern World (Boulder: Colorado Associate University Press, 1980), 51; Charles E. McClelland, State, Society, and University in Germany, 1700-1914 (Cambridge: Cambridge University Press, 1980), 171-174.

19世纪上半叶，有数千美国人到德国大学学习。他们在那里遇到了新的学术思想，他们中的有些人试图把这一思想移植到美国的土壤上，虽然最初鲜有成功。[①] 到了南北战争之后，即在19世纪六七十年代，研究理念才开始在美国扎根，当时有几所老学院接受了这一理念，为了推进学术研究工作而建立了几所杰出的新大学。在查尔斯·埃利奥特(Charles Eliot)领导下的哈佛，康奈尔和约翰·霍普金斯(分别成立于1869和1876年)，密歇根和加利福尼亚大学：这些学校和其他为数不多的学校首先接受了德国的学术研究理念并在美国的高等教会中予以制度化。

对研究的强调当然不是区别这些新型的美国大学的唯一的标志。从兽医到商务管理等实践和职业学科的教学也大大突破了传统，而在南北战争前的古典课程中是没有它们的地位的。在得克萨斯大学，教授教棉花种植的先进技术，在华盛顿大学研究培育大马哈鱼的最好方法。[②] 大学的存在是为了具体地、有益地为人民服务，大学不仅应专心致力于精英的教育和提高理论知识，还要致力于改善本州(或全国)人民的物质生活，以上这一思想在1862年的莫雷尔赠地法的刺激下，对这一时期的美国高等教育产生了巨大的影响；莫雷尔法要求联邦向各州赠送土地供其开办学院之用，条件是这些学院除了教授较传统的学科外还必须教"农业和机械工艺"。[③]

并非所有的大学都以同样的热情对教授更具实践性的学科的号召作出响应，而且有的学校还积极地站在它的对立面(尤其是哈佛和其他精英私立大学)。但是每个渴望成为大学或渴望被称为大学的机构，感到自己必须接受学术研究的伦理观。在南北战争结束后的50年内，对研究理念的接受成为所有美国大学(不管是大型的还是小型的、公立的还是私立的、东部的还是西部的)的共同特点，尽管这些学校在其他方面是很不相同的。

对研究理念的接受在制度方面的重大意义经久不衰。除了笔者上面提到的之外，还有关于学术休假的规定；创办专业刊物，用来发表研究成果；采用基于学术成就的聘用和晋升标准。这些新事物出现速度的快慢在各所学校中是不一样的，各校对它们的热情程度以及其完美程度也是不一样的。但是研究理念的被接受产生了两个主要的成果，对整个美国高等教育产生了极其重要的影响。第一个成果是所谓的"必修"课程的寿终正寝，第二个成果是学术专业化的兴起。

南北战争前的学院的学生以相同的顺序学习相同的教程。他们的课程完全是必修的。它假设，按这一课程计划学习四年的学生最后能够知道一个受过良好教育的绅士必须知道的一切，能够知道为准备好应对生活的智力和道德的挑战而必须知道的一切。有一种思想认为知识是生长的：它不断地扩张并变得越来越精致，知识的分支变得越精致，一个人就越需要具有专门知识去理解它；这一思想对这个旧观念施加了巨大的压力。因此认为任何学生，即使是最聪明和最训练有素的学生能在四年时间内掌握人类知识的最浅近的要点的想法：越来越被认为是难以置信的。

---

① Carl Diehl, American and German Scholarship, 1770-1870(New Haven: Yale University Press, 1978).

② Rudolph, The American College and University, 261.

③ Quoted in Rudolph, The American College and University, 252. See also Earl D. Ross, Democracy's College: The land-Grant Movement in the Formative Stage(Ames: Iowa State College Press, 1942), 47; Edward Danforth Eddy, Jr., College for Our Land and Time: The land-Grant Idea in American Education(New York: Harper, 1957), 27-30.

如果不能，就要对知识的种类作出选择。选择研究某些东西并对某门学科予以特殊关注。其他东西就必须忽略掉。如果选择是不可避免的，那么，有谁能比学生本人更好地去作出选择呢？[①] 有谁能比学生本人更好地知道哪个学习领域更适合于他的兴趣和天赋并可能对他为掌握这一领域而付出的辛劳给予回报？哈佛校长埃利奥特是这一观点的最伟大的斗士。[②] 19 世纪末，有一种浪漫主义的信念认为应该表现一个人的个性的美德而不受习俗的强制，还有一种非常务实的思想认为学院教育应该适合学生的职业计划，这些思想支持了允许学生选择（至少作出某些选择）他们自己的教程的主张。[③] 自此以后这就始终是美国高等教育的一个原则。这个浪潮时起时伏，必修原则不时地夺回它丢失给选择原则的某些领域。关于"核心课程"的智慧的经久不息的辩论，就是这两种重大原则之间的持续竞争的一种表现。[④] 但是，每个学生都应以同等的条件接受单一的、综合的教学大纲的思想，从未夺回在研究理念驱动下知识爆炸性扩张之前它所享有的正统地位。

研究理念被普遍接受，这是第二个成果。除了推广学生选择原则外它还加速了一些不同寻常的学科的出现，它们有独立的主题、分立的知识体系，脱离了旧时学院的大杂烩式的院（faculty）。随着研究理念的生根，院分化为系，然后又进一步细分为更专业化的教学和学问单位。19 世纪 80 年代哲学作为"一个重要的、定义完善的系"出现"在美国的一些主要大学中"。[⑤] 英语系紧随其后。在大多数学校中，英语之外的其他现代欧洲语言，也成为一门独特的学科，并进一步分化成法语系和德语系。1893 年，芝加哥大学的生物学系改组成动物学、植物学、解剖学、神经病学和生理学五个独立的系。[⑥]

那些接受研究理念的人首先谋求为延伸学术知识的本体作出原创性的贡献。对他们而言这就成了衡量职业成就的新标杆。为了取得这种成就，他就必须专业化，就必须成为学问的某个特定分支中的专家。那些坚持旧观念并继续热衷于泛泛理解人类知识的教师，注定成为专业化研究的新世界中的浅薄的涉猎者。他们缺乏专业知识，因此没有能力对任何一个领域作出原创性的贡献。只有放弃其他所有的学科而专心致志于一门学科的那些人，才有希望以有意义的方式为其领域中的学问宝库的不断扩张添砖加瓦。

到 19 世纪的最后几十年，南北战争前的学院连同它的必修课程和单一的院，看来已越来越不合时宜了。越来越期待学院和大学教师（即使那些不直接从事研究的教师）拥有某门学科的专业知识，随着时间的推移这种期待越来越可以与研究生培养，最后与哲学博

---

① See Rudolph, The American College and University, 291-293.

② R. Freeman Butts, The College charts Its Course. New York: McGraw-Hill, 1939: 210-211.

③ Ralph Waldo Emerson, "Intellect", in Emerson's Essays. New York: Harper and Row, 1926: 229-245, 233; Henry David Thoreau, "Walking", in Walden and Other Writtings of Henry David Thoreau, ed. Brooks Atkinson. New York: Modern Library, 1950: 597-632, 626.

④ See generally W. B. Carnochan, The Battleground of the Curriculum. Stanford: Stanford University Press, 1993.

⑤ Veysey, Emergence of the American University, 183.

⑥ 详见 Rudolph, The American College and University, 399-402。

士学位的拥有相提并论。[①] 也希望学生专业化，即希望他们“主修”或“专注”某个特定的领域，这样他们至少能获得对一门学科的理解，摆脱了绅士式业余爱好者的浅薄的业余知识。以学科内容为线索重新安排课程，在每门学科中都引进了内容更先进的教程。院分化成独立的系每个系各自负责一门学科的教学，并在其教职工的聘用和晋升方面获得越来越大的自主权。1840 年，美国的学院几乎毫无例外地都不具备这些特点。60 年之后，美国的主要大学和越来越多的文理学院展现出了所有这些特点，至少这些特点已处于萌芽状态。

南北战争前的学院中的院主要关心其学生的道德和精神教育。研究理念酿成的期望和抱负，促使它转向关心全神贯注于特定的学术领域中的高级知识。一种旧思想认为高等教育的课程计划的组织应该（或者甚至可以）围绕着人生目的问题，围绕着如何生活和为了什么生活的问题，而新思想则认为，学院或大学在对作为职业的学术所承担的义务的鼓舞下，首先应该是积累学术专业的场所。在这两种思想的交锋中旧思想日益失去其魅力。

只要任何一门学科希望自己在新大学体系中的地位得到保证，它就不能回避研究理念的规则。在某些学科中仍然能较强烈地感受到旧时的对人生目标和意义的关心，比在其他研究领域中保持了更大的确实性。这样的学科我们称之为人文学科——文学、哲学、历史、古典著作和美术[②]，这些领域把学术科目的三大谱系之一组合成在 19 世纪后半叶可以细分大学或学院的院的学科。只有在人文学科中，人生意义问题仍在现已被学者的专业化兴趣和需要所控制的教育制度中保持其显著地位。在自然和社会科学领域中它很快就成为一个根本不被承认的问题。

在旧制度下，甚至自然科学也与人文关怀紧密相连。在“自然哲学”的标题下物理学与伦理学结合成一个连续体，学生沿着它可以不间断地前进，先学习上帝创造的力学，然后研究上帝自身的特质，包括上帝与人类的道德关系。19 世纪末，对自然的研究是彻底清醒的，这部分也是因为对研究的要求更强烈了，只有对物质世界的探究肃清了所有的道德和神学臆断，才能满足这一要求。道德和神学臆断的清除留下了一个物质的宇宙，现在能够以令人震惊的精确性描绘其结构，但这个结构本身是毫无意义和目标的。其结果就是物理科学不再关心对人生意义问题答案的探索，或者不再对此问题的解答作出太多的贡献。人类现在也出现在这些学科中，但仅仅是作为物理的和生物的个体，他们服从与无生命体运动相同的规律，这些规律也控制人类之外的其他生物体的行为。[③]

新的社会科学作为独特的、不同凡响的学科出现在 19 世纪下半叶，它也相似地割断了与人生意义问题的联系。当然在一个很重要的方面社会科学与人文学科有着密切的关

① 详见 Rudolph, The American College and University, 396. See also Donald W. Light, “The Development of Professional Schools in America”, in The Transformation of Higher Learning, 1860—1930: Expansion, Diversification, Social Opening and Professionalization in England, Germany, Russia and the United States, ed. Konrad H. Jarausch (Stuttgart: Klett-Cotta, 1982), 345—365, 353; John S. Brubacher and Willis Rudy, Higher Education in Transition: A History of American Colleges and Universities, 1636—1976, 3rd, ed. (New York: Harper and Row, 1976), 195—196.

② 这里的美术包括绘画、雕塑、建筑、文学、音乐、戏剧等。

③ 关于这一现象的历史根源，详见 Koyré, Infinite Universe; Burtt, The Metaphysical Foundations。

系，因为它们研究的主题(政府以及人类社会的一般性质和运作)，数百年来一直是人文主义传统中观察和分析的主题。从事社会科学的人声称自己具有他们的人文主义者先辈所缺乏的东西，即他们拥有一套方法使他们有可能开创以严谨的、系统的方式去研究这个老掉牙的主题。就人类社会性质问题著书立说的伟大的人文主义者们，研究这个问题的根据是自己对世界的不系统的经验和个人的判断。他们的发现必然是不完整的，是轶事性的。新的社会科学始于研究社会各个方面(社会的政治、文化和经济的维度)的抱负，以一种更加非个人的、有组织的方式，借助于新颖的定量方法，无论是对人类社会的经验式描述还是对其指导规律的分析，其研究的精确性和客观性都达到了前所未有的程度。①

这就驱使它向着更严密、更客观的方向发展，出现了政治科学、经济学和社会学等新的学科，它们与哲学、历史和修辞学等旧的人文学科分道扬镳。与人文主义者一样，社会科学家第一次自觉地认为自己是希望领悟人类的社会生活的人。但是人文主义者依靠的东西只有自己的经验、兴趣和判断；与他们相反，拾起了人文主义者的问题的社会科学家，拥有了全套的方法，从而使他们能够探索对更加非个人的、在道德上中性的问题的答案。这种新的方法产生了显著的结果，但同时它又割断了社会科学与人为什么而活这一问题的联系，人为什么而活的问题是一个个人的、具有价值意义的问题。因为新的社会科学方法必然引导注意离开个人灵魂的斗争，而转向社会的一般结构——注意聚合起来的人。采用这些方法的人搁置了，或者完全取消了这些斗争所围绕的终极价值的问题并用对客观知识的热情取代了精神关怀。②

出现这样的换位并非偶然，但要审慎地调整对社会科学成就而言是至关重要的见解。因为只有从他们的学术工作中取消所有个人的价值观问题，新的社会科学工作者才能使自己与他们的从事自然科学的同事联合起来(尽管这种联合是松散的)，自然科学工作者的成就，就像他们今天做的那样，设置了衡量所有知识的客观性的标准。社会科学正是以这种方式才能在研究理念的掩护下积聚起它们现在所享有的巨大的威望和声誉。见解和方法的这种调整，更密切了社会科学和自然科学的关系并引人注目地提高了社会科学在知识方面的权威性，但是正是这种调整使这些学科失去了个性和崇高的精神，使它们再也不能为探索关于人生意义问题的答案提供有组织的帮助。

一旦学院分解成独立的系，每个系都致力于提高一个特定领域中的知识，那么，可从哪里找到这样的帮助也就不得而知了。无论是自然科学还是社会科学都不能提供这种帮助。它们甚至不要求或不希望这样去做。提供此类帮助的责任在默认的情况下落到了人文学科身上，而且人文学科看来更适合于这一任务。因为自然科学和社会科学要求教师

① Peter T. Manicas, A History and Philosophy of the Social Sciences(Oxford: Basil Blackwell, 1987); Theodore M. Porter, The Rise of Statistical Thinking, 1820—1900 (Princeton: Princeton University Press, 1986); Thomas L. Haskell, The Emergence of Professional Social Science: The American Social Science Association and the Nineteenth-Century Crisis of Authority(Urbana: University of Illinois Press, 1977); Robin M. Williams, Jr., "Sociology in America: The Experience of Two Centuries", in Social Science in America, ed. Charles M. Bonjean et al. (Austin: University of Texas Press, 1976), 77—111.

② Max Weber, "The Meaning of 'Ethical Neutrality' in Sociology and Economics" in The Methodology of the Social Science, ed. and trans. Edward A. Shils and Henry A. Finch(New York: Free Press, 1947).

和学生为了客观性而把个人的价值观弃置一旁，与此相反，人文学科并不提出这样的要求。人文学科不渴望价值中立的知识。恰恰相反，人文学科直接致力于价值问题。人文学科研究在某个环境中表现出来的人的价值观，并要求学生通过询问自己这些价值是否合理和有吸引力来研究价值观问题。对一个哲学系学生而言，只知道柏拉图的公正观和约翰·斯图尔特·穆勒(John Stuart Mill)所持的另一个公正观是不够的。他必须考虑哪个观点能支持他本人的观点。他必须参与对话，参加辩论并拥护某一方。他不能为了保持自己的客观性和不偏不倚而不考虑价值问题。但自然科学和社会科学要求这样的不偏不倚。哲学、文学、艺术和其他人文学科却禁止不偏不倚。它们研究人类的价值世界，但不是从外部。它们是从内部进行研究并且迫使那些追随它们的路线的人去决定，在这个世界中他们处于何处和为什么。结果就是，人文学科的研究不可避免地具有个人维度。这就必须研究具有私密性质的意义问题并涉及身份和终极关怀的本质。自然科学和社会科学避开人为什么而活的问题，人文学科与它们不一样，它不可抗拒地引向这一问题。

研究理念引起了人文学科本身的意义深远的改造。到 19 世纪末，越来越多的美国学院和大学中的人文学科教师，认为自己主要是学者，认为自己的研究成果是令人难忘的。① 但是还有一些人依然认为人文学科是探索人生意义的论坛，而不仅仅是由一代专家传递给下一代专家的知识体系。他们认为，在他们的从事自然科学和社会科学的同事放弃了引导这种探索的责任之后，这种责任现在落到了他们身上。他们是旧传统的残存的遗产承受人，而美国所有的学院教师曾经都属于这个传统。

但是即使依然相信这个传统的重要性的那些人文学科教师，也不可能纹丝不动地保持这个传统。对它进行大的变革是有可能的。古典学已失去了它们在课程中的核心地位。神学不再提供共享的道德的和精神的视角。科学与信仰是一致的这种令人愉快的假设已被推翻。有人坚信，人生的道路只有唯一的一条是正确的，学院教育就是要使自己的学生为过这种正确的生活做准备；然而这个观点已向多元论者的概念让步，多元论承认完美的、体面的生活的多样性，这样的生活在动机和关怀方面存在截然的不同。②

所有这些发展都有益于在 19 世纪的最后几十年非常流行的实验和怀疑文化、怀疑主义和冒险文化。③ 这种文化的发展与日益增长的影响是与现代大学的出现相一致的，在许多方面现代大学是这种文化的制度化表现。到 1880 年，南北战争前的学院的世界已经消失。有些人文学科教师对旧制度的传统还保持着几分忠诚，他们依然认为自己的责任是引导学生探索人生终极本质是什么和为什么的问题的答案；对于这样的教师而言，进行这种引导的新方式是在对旧制度的摧毁中，是在怀疑主义多元论文化中找到的，这在美国

---

① Veysey, Emergence of the American University, 128, 132—135, 173—174. See also Laurence Veysey, "The Plural Organized Worlds of the Humanities", in The Organization of Knowledge in Modern America, 1860—1920, ed. Alexandra Oleson and John Voss(Baltimore: Johns Hopkins University Press, 1979), 51—106, 54.

② See Cohen, Shaping of American Higher Education, 74:"提高课程多样性的组织原则可以追溯到哲学与宗教的分离、科学方法的兴起和特权观的破灭……一种思维方式不能被另一种思维方式所替代；一切都是附加的……在学院内部或者一般而言在一个社区内，人们在学习允许宗教与不同的思维方式共存。"

③ Louis Menand. The Metaphysical Club: A Story of Ideas in America. New York: Farrar, Straus and Giroux, 2002.

高等教育中是没有先例的。

接受挑战的那些人有两个基本的共同点。第一个共同点即必须制止专业化趋势。他们说,学院教育的目的不仅仅是,或者不主要是通过向学生传授它们将来的工作所需要的专业知识来为学生未来的职业生涯做准备。更重要的是,学院必须训练学生应对生活的全面挑战,其途径是授予学生亚历山大·米克尔约翰所说的一般的"生活艺术"的训练。[①]他说,学院的首要职责是帮助它的学生掌握这门艺术——不是为了与特定的工作相联系的较为局部的职责而训练自己的学生。

第二个共同点就是普遍赞同人文学科是最适宜于做这件事的学科。他们认为在这一方面文学研究是最重要的。按我们现在的理解,文学研究在1900年尚是新生事物。1850年前,现代文学和民间文学在学院课程中是没有地位的。当时只阅读古典著作,它们较少地作为文学读本,而更多地作为文法读本和伦理参考手册。到1900年,英国文学已被认可为一个研究领域。学生在阅读荷马和维吉尔(Virgil)时还要读华兹华斯(Wordsworth)和丁尼生(Tennyson),他们以更多的文学精神去阅读古典著作,认为这些著作的主要价值在于其"激励对人生的思考的力量",在于其"鼓动情感"和"激发想象"的力量。[②] 古典和现代文学的研究成为训练学生掌握米克尔约翰的生活艺术的重要媒介。

哲学的情况也是这样。在南北战争前的学院中,哲学是神学的附属品。它的主要功能是灌输——为宗教信仰提供颇有争议的支持。到19世纪末,哲学宣布从宗教中独立出来(当时美国社会要求纯理论思维也应该有实用价值,这部分地是对这种要求作出的响应),发展成一门较少教条的学科,在这门学科中可以比较和评价威廉·詹姆士(William James)称为"全部生活游戏"的各种各样的博弈方式。[③] 它成为考察生活的哲学与支持这一哲学的各种论据相互竞争的试验场。米克尔约翰把教育定义为"为生活艺术所做的一种准备"[④],赞同这一定义的人,在这个新的、风格更自由的哲学中看到了另一个能提供这种准备的有价值的工具。历史研究能为考察人类的文化成就提供一个有组织的框架并帮助这些文化成就有序地指向有关人生的一些核心问题,看来也与米克尔约翰的目的有关。[⑤] 在如今已在大学体系中占有一席之地的许多专业化研究领域中,人文学科(文学、哲学、历史和艺术)对如何更好地生活这个古老的、非专业化的问题似乎最为敏感。

上述两个基本点获得了赞同,但也有许多人对此持有异议。赞同学院教育应该是为生活做准备的观点的一些人,从审美的意义上理解这个目的,把它理解成培养能对美丽的事物作出愉悦反应的敏感性。[⑥] 其他人更多地从知识方面去理解这个目的,认为是为了

---

① Louis Menand. The Metaphysical Club: A Story of Ideas in America. New York: Farrar, Straus and Giroux, 2002:554.

② Samuel P. Cowardin, Paul Elmer More. The Study of English Literature. New York: Henry Holt, 1939:10.

③ William James. The Sentiment of Rationality. Essays in Pragmatism. New York: Hafner, 1948:25.

④ Meiklejohn. College Education and the Moral Ideal. 557.

⑤ Roland G. Usher. The Fundamentals of an Education. North American Review 210, 1919:782-784.

⑥ 维齐作出这样的说明:"审美影响必然在人的行为中反映出来,拉斐特学院的一位教授在1892年时就是这样宣称的。审美影响必然推动学生'去考虑美丽的思想,去说漂亮的词语,去做漂亮的事情,去成为一个美丽的人,去为自己建构一个美丽的环境'。"Veysey, Emergence of the American, University, 187.

掌握一套思想。某些人认为这些思想和谐地相互适宜。保罗·埃尔默·莫尔(Paul Elmer More)坚持认为,“从柏拉图到圣克里索斯托(St. Chrystostom)①,甚至远至451年的迦克顿会议(Council of Chalcedon)②”的整个思想传统“基本上是一个单元,在其核心部分走的是一条直线”。③ 威廉·詹姆士等人则认为,在某些基本观念之间的冲突是永恒的,这样的基本观念被概括为“唯心主义”和“唯物主义”,我们赞成其中的哪一种最终取决于对“个人气质”的思考。④ 某些人强调为生活做准备的人文主义目的的品质和全面性的重要性。⑤ 还有些人发现了某些观点中关于目的和达到目的的手段的分类概念过于狭隘,因此对这样的观点表示怀疑。⑥

因此,寻找保持能就生活意义问题提供教学的旧传统的方式,不可能导致一场有着共同的口号和唯一的议事日程的团结一致的运动。伍德罗·威尔逊(Woodrow Wilson)在谈到我们的学院应该谋求传授什么时对目的作了如下的表述:“不是要学得很多,而是要传授学习的精神。”⑦欧文·白璧德(Irving Babbitt),哈佛最有才华的、最好斗的文学教授,提出了不同的看法,他宣称最重要的事情是“人道的选择,换言之,一种对学习的选择,就那些对其基本性质永远重要的事情而言,它将稍稍反映种族的全部经验”。⑧ 这些话表达的不是一种运动,而是一种趋势,甚至在这种趋势已占优势的地方,结果也总是由其当地的拥护者和该学校的历史和传统所决定的。哥伦比亚的当代文明教程(1919)、里德学院的人文学科教程(1924)、哈佛的通识教育计划(1946)、耶鲁的指导性研究计划(1947)以及其他许多课程改革,都是一种普遍愿望的产物,即希望看到一个人应该如何生活的问题处于本科生教育的核心,并以有组织的方式予以研究。但是没有任何两门课程计划采用同样的词汇来描述它们的抱负或规定同样的学习进程,每个教学计划都是独一无二的,都沿着自己的路线执行。

尽管这些课程计划是五光十色的,但大部分都依据若干重要的(今天是有争议的)假设,这些假设都超越了一个基本思想——学生的教育应该是生活的准备,人文学科是最适合提供这种准备的学科。所有这些假设都界定了人文主义教育的哲学。它们规定了它的目的和达到此目的的最好的手段。这种哲学的表达方式从来没有采用过笔者在本书中所采用的描述方式。笔者从不同的来源收集了它们的要素并以理想化的方式排列它们。但这个理想有助于解释,在南北战争前的学院的传统已经隐退后,许多人文学科教师为什么还可能继续相信自己在引导学生探索人生目标和价值方面的权威性。

---

① 圣克里索斯托,安提阿裔希腊教父,曾被任命为君士坦丁堡主教(398年)。他巧妙地讽刺财富和权利,博得了克里索斯托“金口”之名。

② 迦克顿会议,教会史上的一次会议。

③ Quoted in Brian C. Lambert, ed. ,The Essential Paul Elmer More(New Rochelle:Arlington House,1972),19.

④ James,“Sentiment of Rationality”,25.

⑤ See Veysey,Emergence of the American University,28-29,114,161,186-187.

⑥ See Veysey,Emergence of the American University,113-118,188-191.

⑦ “The Spirit of Learning”,in College and State:Educational,Literary and Political Papers(1875—1913),eds. Ray Stannard Baker and William E. Dodd. New York:Harper and Brothers,1925,2:110.

⑧ Irving Babbitt,Literature and the American College. Washington,D. C. :National Humanities Institute,1986:116.

我应该把这个理想称为“世俗人文主义”。其他人也采用这个名称，但赋予其不同的含义。[①] 其中的某些推论我并不赞成。但毕竟这是一个好名字，因为它强调的是笔者头脑中的这个观点的唯一最重要的特点。即它表达了一种信念，坚信以审慎的、有组织的方式探索人生意义，即使在其宗教基础被质疑之后也是有可能的。有些人文学科教师还是愿意相信自己仍有能力引导自己的学生对人的状态进行训练有素的研究，仍然有能力帮助学生设计他们自己的对意义问题的探索，在深重的怀疑主义文化中，世俗人文主义使这些教师的希望有了适度而现实的根据。在大半个世纪中世俗人文主义一直是鼓舞某些教师的源泉（有时很显着，但常常是不为人觉察的），这些教师想这样做，他们认识到他们的努力必须建立在不同于人们通常理解的与上帝的关系的基础之上。

世俗人文主义对南北战争前的学院教师从未遇到过的两个问题作出了响应。第一个问题的产生是发生在南北战争后数十年内（部分是因为南北战争）从关于人的完美的单一的、固定的概念向更为多元化的观点转变的结果。[②] 一旦我们不再认为人生的道路只有一条是唯一正确的，并赞同人类可以对人为什么而活的问题找到不同的然而却是臻于完美的答案的观点，一个新的挑战就出现了。现在我们必须决定这个答案的范围有多宽，它包含了哪些生活方式。更重要的是我们必须决定，如何在人类全体的利益和所有的男人和女人共同关心的事情，与围绕着只有某些人能在其中得到满足的一组特定的价值组织的某种生活方式所特有的那些东西之间画一条线。

第二个问题的产生是对上帝在对完美的探索中所起作用的怀疑与日俱增的结果。对美国学院的一代又一代教师而言，人必须忠诚于上帝，必须热爱并虔诚地接受上帝的旨意，唯有如此一个人的生活才能是有意义的，这一点似乎是不言而喻的。在 19 世纪末的日益增强的怀疑文化中，这个以神为中心的前提看来不再那么理所当然、直截了当，而是说得婉转一些了。对宗教教学以及对宗教本身的怀疑，增强并获得了半个世纪前还是很难想象的确实性。这些怀疑酿成一些新的、令人不安的问题。没有上帝的生活可能有意义吗？我们是否可能为自己提供我们希望自己的生活所具有的那种意义？或者，除了我们的物质和社会需要之外我们是否还有精神需要，这种精神需要只有来自我们自身之外的、靠我们自己绝不能提供的意义才能予以满足？如果上帝不再能发挥这种作用，那么还有谁或什么能发挥这种作用？意义还可能来自哪里？

那些试图在研究型大学时代继续进行人生意义教学传统的人文学科教师，必然要回

---

① Paul Kurtz, In Defense of Secular Humanism(Buffalo: Prometheus Books, 1983); Vito R. Guistiniani, “Homo, Humanus, and the Meanings of ‘Humanism’”, Journal of History of Ideas 46(April-June, 1985): 167-195.

② 艾伦·特拉顿伯格应用 19 世纪随笔作者 E. L. 戈德金的悲哀的故事，文章中说：“一种精神和道德的混乱，在这种混乱之中由数千年来人类的痛苦经历所艰难地制定出来的生活的许多基本法则，看来今天就要消失的危险迫在眉睫。”Alan Trachtenberg, The Incorporation of America: Culture and Society in the Gilded Age(New York: Hill and Hang, 1982), 157. See also Geoffrey Blodgett, “ Reform Thought and the Genteel Tradition”, In The Gilded Age, 2nd ed. H. Wayne Morgan(Syracuse: Syracuse University Press, 1970), 55—76, 55: 说明在 19 世纪 90 年代“谨慎的社会相对主义取代了不可改变的道德权威性的势不可挡的控制”。Robert H. Eiebe, The Search for Order, 1877—1920(New York: Hill and Hang, 1967), 42—43: “正如影响人的生活的关系网络每年变得更缠结、更扩张一样，基本上美国人已不再知道他们是谁和他们在哪里。环境改变得已超出了他们的理解能力，在一个异己的背景中他们丧失了自身。”

答这些问题。他们作为回应而提出的教育哲学,即世俗人文主义哲学,依据以下三个假设。

第一个假设是:多元论与存在共同人性的推测确实是兼容的。事实上,我们所有的人都要面对生活,除了接受外我们别无选择。我们有分享的需要并且必须用某种方式去满足需要。我们所有的人都会死,而且知道我们必须使自己适应笼罩我们一生的死亡预知的阴影。我们追逐爱,追逐被他人承认和与其他人的令人满意的联系。这些需求和某些其他基本的、不可改变的事实,即我们是物质的生物,具有复现的身体的需要;我们拥有进行抽象和利用抽象的能力;我们是有局限性的,而且能力也是相对同等的,所以我们之间的合作既是可能的也是必要的;我们制定了法律并生活在一个政治共同体中;知识给我们带来快乐;所有这一切决定了人的生活的参数。它们决定着人的状况。它们随时随地限制着我们的机会和选择。它们还为不同的生活方式提供一个共同的基础,人们从各自的生活方式中找到对人为什么而活的问题的满意的答案。没有超越人类所建立的边界之外的人的生活。所有这些要素结合起来使我们成为我们自己所创造的那一类人。

其他生物死去了,而只有我们受到我们所拥有的知识的拷问和鼓舞。其他生物结成配偶并表现出相互的吸引,而只有我们期盼爱情。一些动物彼此交往,但任何动物都没有语言和法律。某些动物似乎能够学习并能把学到的东西用于有利的实践,但只有人乐于为学习而学习。我们的居住条件是独一无二的。这是所有的人,而且是仅仅只有人才能分享的。对我们每个人而言,人生意义问题仅仅出现在这个条件范围内,也是对这个条件所限定的局限和卓越的独特的结合所作出的响应。

世俗人文主义肯定这种共享条件的存在。这就是它的三个核心假设中的第一个。如果人文学科有助于我们以训练有素的方式致力于人生意义问题,那么它的首要任务就必须是鉴别我们的共同人性的要素并帮助我们理解随之而来的结果。它的首要任务必须是使我们熟悉我们作为人类而共享的和决定性的命运。

第二个假设是对多元论本身的承认而产生的第二项任务。如果人的本性专注于我们的最基本的需要并确定了这些需要必须服从的限制条件,这也就为以各种不同方式满足这些需求留出了空间,甚至允许这些需要本身呈现各种不同的形式。人性的开放性和可塑性与它的局限性一样是给人深刻印象的。我们每个人确实可以使,也希望使自己的生活具有独特的风采——这种生活在已过去的岁月中没有完全一模一样的先例,在今后也不可能一丝不差地重复。生活仅仅是看上去相似。如果我们更多地了解生活,我们就会知道没有两种人生是完全相同的。每一个生命的诞生就是世界的一个新的开始。① 当我们询问人为什么而活时,我们就是在向自己挑战,想象着我们的生活可能依循的绝对独特的轨道,在全部生命期间它都是没有先例的,也是不可重复的。

虽然人的生活的多样性是无限的,但是它们也并非是没有范式或形式的。有一些确

① Hannah Arendt, The Origins of Totalitarianism, 2nd ed. (New York: Harcourt, Brace, and World, 1966), 478—479:"但还有一个真理,即历史上的每个终点都必然包含着一个新的起点;这个起点就是希望,是终点所能产生的唯一的'遗传密码单位'。在起点变成历史活动之前开始就是人的最重要的能力;在政治上它可与人的自由相提并论。奥古斯丁说:'Initium ut esset bomo creatus est'(一个开端是人创造的)。这个开端的保证就是每个新的诞生;每个人确实就是这样。"

定的生活范式对生活在极其形形色色的历史条件中的人具有永恒的吸引力。每种条件都可被看成是生活的模板，它服从个人的多样性，但提供一种独特的核心价值观、核心利益和态度，而日臻完美的生活就是围绕着它们安排的。[①] 例如，有军人的生活、思想家的生活、美术家的生活、情人的生活、科学家的生活、政治家的生活、神父的生活。每种生活在任何时期、任何地方都有自己的追随者。他们的个人生活当然是由当代的习惯和信仰以独特的方式形成的。亚西比德(Alcibiades)[②]不是拿破仑(Napoleon)，柏拉图不是斯宾诺莎。但他们的生活跨越漫漫时空和浩瀚的文化分野，与追随相同范式或路径的那些人的生活清晰可辨地联系在一起。如果剔除了特定时间和地点的特定生活方式表现所特有的任何东西，一个持久的核心就保留了下来。任何时代的思想家都与军人、政治家和神父分享某些共同的价值观。他们分享一套能确定具有连贯性的生活方式的信念和关心，把它的形形色色的历史表现联系起来。

尚不清楚这样的生活方式有多少种，也不清楚它们仅仅是各不相同的还是互不相容的。关于人类经历的记录说明其数量并不多(绝对不是无限多的)，人类经历的记录还说明它们的有组织的价值观至少在某些情况下是相互排斥的，并有可能甚至是敌对的，某些基本职责(军人的生活)要求否定另一些人的职责(诗人和情人的职责)。从广义而言，世俗人文主义接受多元论的信仰，相信求善求美有各种不同的路径；假设生活的路径数量不多，但究竟有多少却是不可知的；承认某些生活方式可能是其他生活方式所不可比肩的。

因此，如果说人文学科的第一项任务是帮助我们懂得人类的共同条件，即大展人的宏图的环境，那么，它的第二项任务就是鉴别出实现宏图的极其多样的个人经历往往被引导进的主干道并赋予其勃勃生气，组织我们的多样性的动人景观。人文学科让我们了解以最耐久的形式呈现的人的斗争的不同生活范式的核心义务，探索这些义务之间的来自过去的各种各样先例宝库中的张力，每种张力都表现出其最强势的形式。有阿喀琉斯(Achilles)的人生，这是为战场上的荣誉和战斗友谊而度过的光辉的、短暂的人生；有苏格拉底的人生，他是最早献身并忠于哲学的人；又具有务实美德的稳健的、慎重的人的人生，亚里士多德在《尼各马可伦理学》(*Nicomachean Ethics*)中描绘了这样的人的肖像；有奥古斯丁(Augustine)和保罗(Paul)的人生，他们是皈依者，在世界的喧闹声中听到了上帝的声音；有米开朗琪罗(Michelangelo)的人生，对他而言创造美的东西就是一种救助；有伽利略的人生，这位科学家追随发现的逻辑，不管这种逻辑将引向何处；有简·奥斯汀(Jane Austen)的爱玛(Emma)的人生，她在一团乱麻似的家庭生活中寻找幸福。

所有这些人的人生都在孜孜追求一组独特的终极关怀。每种人生都阐明一种范式或模式，当我们努力使我们自己的最深层次的义务变得更清晰时我们可能倾向于其中的某一种。每种生活方式都代表着生活的一种永恒的可能性，所有各个时代的男人和女人们在对自己的要求作出响应时臻于完美。理解这些范式并不排斥我们对自己的生活所提出

---

① Max Weber, "Science as a Vocation", in From Max Weber; ed. H. Gerth and C. W. Mills (New York: Oxford University Press, 1946); Isaiah Berlin, "The Pursuit of the Ideal", in The Crooked Timber of Humanity: Chapters in the History of Ideas, ed. Henry Hardy (New York: Knopf, 1991).

② 亚西比德(约前450—前404)，雅典政治家。

的要求,这种生活要求承认、尊重并表现我们自己的与众不同。它本身并不能回答人为什么而活的问题。任何东西都不能把这个个人问题转变为一个知识问题。但是人文学科可以引导我们去组织自己对这个问题的思考。人文学科可以为我们提供生活景观的界标,并帮助作为个体的我们一个一个地去架构对此问题答案的探索。它们不能提供答案本身,但它们可以使对这个问题的探索变得容易一些,这种帮助的价值是不小的。

以上是世俗人文主义的第二个重要前提。它的第三个假设是由于作为高等教育起点的宗教信仰的削弱而提出的挑战。

南北战争前的学院教师拥有对人生意义问题的答案。他们对此答案的深信不疑凝固在其分享的宗教信仰中。到1880年,这种信仰不再被看成是理所当然的。当然还有许多人依然相信上帝,就像有许多人现在怀疑上帝的存在并怀疑地或蔑视地审视宗教一样。但是在这两个阵营之间,即在信仰者和怀疑者之间,几乎没有共同的意见。他们之间的分歧是公开的,而且分歧越来越大。① 现在两个阵营唯一能分享的东西是在一个不敬神的世界中人们是否还有可能过有意义的生活的问题。人们是否有可能自己去建立生活的意义,而这种生活的意义曾经被认为是因为处于神性主宰的世界中才拥有的?信徒们说不可能,并坚持认为这是绝不可能做到的。怀疑者说可以,并证明人类是能够为自己提供被迷信的、愚昧的人深信只有上帝才能提供的东西。

世俗人文主义既不重申旧秩序的宗教教条,也不接受新观点的最激进的怀疑。它不赞成只有在上帝创造的世界中人的生活以及为了上帝旨意的生活才有意义的思想。但它同样也不赞同我们能为作为个体的我们自己创造为了过有目标和有价值的生活所需要的任何意义结构的观点。它强调对比任何个体所能创造的价值结构更大、更持久的价值结构的依赖性。它强调个人需要把自己置于这些结构中,这些结构是他们过有目标的生活的条件。在这一点上世俗人文主义与旧时学院的宗教观有许多相似之处。但是世俗人文主义不坚持这些结构像上帝的思想那样是永恒的。它接受它们的必死的性质和衰退的趋势,只不过要求这些结构存在的时间要比一个接一个地诞生于其中并死后脱离它的个人的生命要长一些。

世俗人文主义也不认为这些更为持久的意义结构能超越人类进行改变或者创造和破坏的能力。世俗人文主义确实把意义结构看做人的活动的产物,服从人类所进行的审慎改变,要求它们从根本上稳定地关注生存——而不像上帝对世界的安排那样,上帝在没有我们的帮助的情况下创造并维护着这个世界。但是世俗人文主义也强调,创造性和关心是许多人长时期的工作,它还强调许多人为建立并维持比某个个人靠一己之力所能做的事大得多的某个东西而共同工作所取得的成就。②

这样的结构不以上帝凌驾世界的方式去凌驾人类。它们是人的发现的产物,是由人

① Rudolph, The American College and University, 245.

② Edmund Burke. Reflections on the Revolution in France, ed. Conor Cruise O'Brien. New York: Penguin, 1970: 281—282. 也见汉娜·阿伦特关于"过程的现代概念"的讨论。Hannah Arendt. Between Past and Future. Cleveland: Meridian Books, 1963: 63—68:"对我们的现代思维方式而言,没有什么东西本身是有意义的,甚至自然史也是如此,物质状态中的或特殊的历史事件中出现的特定现象必定也是没有意义的。在事务的这种状态中存在着一种预言性的罪恶。无形的过程吞噬了我们看得见的每个有形的东西、每个个体的全部,把它们降为一个全面过程的功能。"

创造的，也是由人予以改造的，而且只能通过人的关注和辛劳才能予以保存。但是它们确实高于个人的生活，个人的生活处于它们的更为广阔的意义框架内，作为个体的个人永远只能是希望过有意义的一类生活。上帝不再支持我们去探究关于人为什么而活的问题的答案。但是如果没有价值和意义框架我们也不能去探索这个问题，作为个人我们没有能力独自去创造它。如果我们认为我们能够这样做，那就是僭越，盗用了上帝的权力，僭取了上帝的傲慢。世俗人文主义不需要一个上帝去赋予世界意义。但是它坚持认为，即便我们对上帝的信仰已丧失威力，关于我们生活的意义问题我们还是要依靠凌驾于我们个人的创造能力之上的意义结构，因此对于我们的生存而言最恰如其分的态度就是感恩。

能满足这个一般要求的结构当然不止一个。对许多人而言他们的家庭和国家能满足这一要求。政治生活和家庭生活的结构是人的本原结构并正在衰微。但是其生命要比其每个成员的生命长久。对于无数的人而言，无论在什么时代，如果他们的生活有任何意义的话，则是因为他们的家庭和国家提供了必然以某种形式呈现的更持久的意义框架。

世俗人文主义并不藐视任何此类框架的重要性。但是它坚持其中某一种特定框架的重要性，作为一种教育哲学的世俗人文主义的独特性主要是一种功能，即它把重点放在这个特定的意义框架上。笔者指的是悠久的写作和反省传统，以及艺术家创作的传统，有时候这指的还是欧洲的艺术和文学传统。世俗人文主义恰恰就把持久的、现世的价值和目标结构置于这里，这种结构是个人层次上的价值和目标的条件。

艺术和文学传统萌芽于主导南北战争前的美国学院教育的早期的古典学科计划中，但在内容和目的上与它不同。对古典学的研究仅限于希腊和罗马作家的作品。古典时期是一个有界限的历史时期，不再包含新的经典著作（虽然偶尔可能发现新的作品）。艺术和文学传统包含对古典文本的研究。但是它也包含对中世纪和现代的欧洲哲学和文学方面的伟大作品的研究，例如，但丁（Dante）、乔叟（Chaucer）、彼特拉克（Petrarch）、塞万提斯（Cervantes）、笛卡儿（Descartes）、蒙田（Montaigne）、莎士比亚（Shakespeare）、密尔顿（Milton）、康德（Kant）、黑格尔（Hegel）和歌德（Goethe）等的著作。其中大部分著作是用现在依然有生命力的欧洲语言撰写的，属于至今仍畅通无阻的写作传统。新的著作继续使用这些语言撰写，并时时达到能与上述著作相比肩的地位。乔伊斯（Joyce）的《尤利西斯》（*Ulysses*）与维特根斯坦的《哲学研究》（*Philosophical Investigations*）是 20 世纪的范本。于是艺术和文学的传统具有了古典学科所缺乏的开放性，提出了古典学科所不能提出的一类问题，其中最重要的问题是如何理解在幸存下来的著作中所反映的古代希腊—罗马世界与截然不同的现代欧洲文明世界的关系。艺术和文学的发展乃至包含了现代的民间著作，必然使其研究具有了古典著作绝不可能拥有的生动的历史意义。

南北战争前的学院中对古典著作的研究基本上是“因循守旧的”。研究古典著作的目的是为了熟悉某些持久的思维和行为模式并养成把这些模式应用于生活所必需的习惯：使自己适应这些模式。因此，记忆和背诵似乎是恰当的教学方法。当艺术和文学领域扩大乃至包括现代数学时，无论是这些方法还是因循守旧者的目标都不可能是持久的，因为向学习艺术和文学的学生提出的不是一个单一的模式，而是两个。一方面有古代的美德和秩序模式，另一方面还出现了现代的个性和创造自由的思想。[①] 这些理念是不可能轻易调和的，一个学生如遭遇这些理念，他必然会深感人的价值和经验的多样性。这个学生就不太可能相信存在单一的、僵化的生活模式，也不相信他必须使自己的习惯和行为与这种模式相一致，而更可能认识到自己是有多种选择的。他更可能从历史的角度(处于长期的、进化沿革中的一个人的立场)去认识他自己的处境，其中有曲折，也有转折和新的发展，而且是没有止境的。他不太可能把自己看做是某种定型的生活方式的勉强顺从的模仿者，而更可能把自己看做是积极的、正在进行中的、尚未结束的过程的参与者，某一天他本人有可能为这一过程作出某种贡献。

艺术和文学传统要求每个学生把自己看做是迈克尔·奥克肖特(Michael Oakeshott)称谓的“伟大会话”(great conversation)[②]的参与者。[③] 鼓励学生去思考先前的参与者——诗人、哲学家、小说家、历史学家和艺术家，把他们放在关于人生最重要事情的冗长的、不中断的会话中，这个会话既有连续性，又有变异性，是真正的会话过程。教这个学生把自己想成是这场会话的一个有礼貌的但不是卑躬屈膝的后来者，他有许多东西要学，但也能增添些什么。教导学生必须关注地、倾心地学习过去的伟大著作，但不是(像艺术和文学传统的捍卫者那样)盲从地死记硬背，盲从是与这一传统本身的开放性相矛盾的，也是与后来者发扬它并把它变成自己的东西的需要相抵触的。

虽然这是开放的，但艺术和文学传统是最显赫的一种传统。它有重要的文本和经久不衰的主题。它有历史和自己内在的生活。可以用一种有组织的方式教授它。它要求学生有一套共同的参照系，有共享的特殊词汇，有已有一定规模的知识储备，用来形成他们个人的判断并向其他人表达自己的判断。它以任何活生生的传统可能有的方式引起了对它的过去的贡献者的崇敬感、对保护他们的成就的责任感，并且也能使他有一种自由的经历，能够建立与这些继承下来的东西显然不同的自己的东西。

艺术和文学传统为忠诚于它的那些人提供了更持久的参照框架，他们在这个框架内研究人生意义问题而不必假设这个框架是永恒的和神圣的。它对这个问题的设计是把对峙置于一场会话中，这场会话比任何个人自己所可能制造的要长得多、持久得多。在这一

---

① Ernst Cassirer, The Individual and the Cosmos in Renaissance Philosophy, trans. Mario Domandi(Oxford: Basil Blackwell, 1963), 56:“我们已经看到与中世纪的语言和术语的联系限制了[尼古拉斯]库萨努斯的创造性思想的自由展开……但是现在，接受并发展了他的思想的意大利人摆脱了这种限制。他们(数学家、技师和艺术家们)不仅否定了传统知识的内容，而且还拒绝了它的形式。他们想成为发现者，而不是注释者。”Ernst Cassirer, The Philosophy of the Enlightenment, trans. Fritz C. A. Koelln and James P. Pettegrove(Boston: Beacon Press, 1951), 49: 阐明启蒙“结束了……文艺复兴所开始的东西；它为理性知识划分了确定的领域，在那里不再有压制和命令式的胁迫，而有的是向所有各个方向的自由运动”。

② 伟大会话是西方正典(Western Canon)的作者们描述其前辈著作的特征的用语。根据赫钦斯的说法西方的传统体现在开始于历史的开端并持续到今天的伟大会话中。(伟大会话，大英百科全书公司，1952 年)艾德勒说：“将这些作者一起捆绑在一个智力共同体内，是因为他们都卷进了伟大会话。在不同年代陆续问世的这些著作中，我们发现作者们倾听他们的前辈关于这些或那些思想、这个或那个主题已经说了什么。他们不仅倾听他们前辈的思想，他们也用多种多样方式的评论加以回应。”(艾德勒：“重游伟大会话”，《伟大会话：西方世界伟大名著读者指南》，大英百科全书公司，芝加哥，1990 年，第 28 页。)

③ Michael Oakeshott, “The Voice of Poetry in the Conversation of Mankind”, in Rationalism in Politics and Other Essays(Indianapolis: Liberty Fund, 1991).

方面，艺术和文学传统对它的追随者所起的作用，与政治生活和家庭生活的结构对许多其他人所起的作用是相同的。它为他们提供了必然会以某种形式呈现的意义背景，如果个人能持续地探究他（她）自己的人生意义而不依靠对神的信仰，神学的真理就不再被接受。

在19世纪末出现的新的大学系统内，人文学科教师越来越孤独地相信自己有责任和能力去引导自己的学生探究生命的价值和目标。只有他们仍然感到与学院教学的旧传统的联系，在这个旧传统中人文学科处于核心地位。但是这个传统的宗教基础已被彻底摧毁，古典著作不再享有其曾经的无可置疑的优先地位。某种更大的意义框架是个人探索完美的条件，人文学科教师接受了对这一框架的需要，否定只有永恒的上帝才能提供这种完美，他们把古典著作的学习与处在一个复杂的、逐渐形成的传统中的更现代的文学、哲学和艺术著作结合起来，从而形成相当丰富的、相当有力量的会话，架构学生对人为什么而活问题的答案的探究。这就是世俗人文主义肯定其精神活力的艺术和文学的传统。这种活力的形成是由于相信人性思想的正当性，坚信数量有限的人生完美的榜样的永恒的意义，多年来对这一传统的研究成为教育计划的核心，使人文学科教师能够作为提供人生意义教学的旧传统的残存的遗产受让人，在现在被专业化所限定的学院和大学中，以及在一种以多元论和怀疑为标志的文化中履行自己的义务。

从查尔斯·埃利奥特于1869年（这个日期标志了美国新大学系统的诞生）被任命为哈佛校长之时起到作为分水岭的1968年的约一个世纪内，世俗人文主义继续相信人生意义问题是可以教授的思想。世俗人文主义改变了教授人生意义问题的方式，提供这种教学的旧传统风雨飘摇地，偶尔回光返照地苟延残喘了一百年，直至最终出局。

今天，人文学科教师几乎没人认为他们有能力或有义务向他们的学生提供关于人生意义的教育。即使在私下表达了这种观点的教师一般也不愿在公众场合这样说。他们更可能说：人文学科在为探索人生意义提供有组织的帮助方面并不比其他学科强多少；在这方面提供帮助并非是人文学科教师的专职；学院和大学的学生与我们其他人一样必须依靠自己的力量、在学校之外自己去探究这个问题，不要幻想有哪门学术性学科能教他们如何思考这个问题或思考些什么。在美国高等教育萌芽之时曾经是一个绝对的教学主题后来又成为人文科的专职的一门学科，今天甚至已不再在这些领域中教授它。

从20世纪60年代开始并在以后的几十年内，世俗人文主义的主要原则遭受了迅雷不及掩耳的攻击。[①] 关于存在像人性这样的东西的思想，对许多人而言似乎越来越难以置信。旧观点认为，人的生存的持久特点构成人的经验和抱负的不变的框架，而取而代之的赢得了支持的新思想则认为，关于人性的任何主张都是伪装的力量的一种表现，是某些人想把自己的意志强加给他人的一种企图，与打人耳光并无二致。旧思想确信，人的生活的主要范式数量不多而且是长期稳定的，而新思想坚信，这样的范式是无数的，而且是地区性的和时间性的，使历史连续性迹象成为一种幻觉。与艺术和文学传统成为鲜明对照的是，一种新的看法流行起来了，这种观点敌视伟大会话的思想；对它的对古典著作的规范性选择提出了挑战；强调被它排斥的声音；坚持那些总是受到人文学科特别关注的西方

---

① Alvin Kernan. In Plato's Cave. New Haven：Yale University Press，1999；Carnochan，Battleground of the Curriculum.

的知识和艺术成就，仅仅是许多文化中的一种文化的产物，并不比人类创造的其他成就更好一些，或更有益一些，仅仅是人类经验和表现的多元文化的一团乱麻中的一缕细丝。

这些新思想使许多人文学科教师奋起谴责他们认为是世俗人文主义所虔敬的东西。到 20 世纪末，世俗人文主义的威望丝毫不高于被它所取代的基督教古典主义。与它的前辈们一样，它最终似乎仅仅归结为一个信条。

某些人把这种变化归因于 20 世纪 60 年代的骚动及其所造成的美国学校生活的政治化。[①] 当时，教师、教程和学校的政策都遭到了空前的政治审查。当时的现实被攻击为是有偏见的、不公正的，而为它们所进行的传统的辩护被谴责为"意识形态的"。一些思想被看成是宣传对关于真理的怀疑主义和关于价值的相对主义的力量的虚假表现。20 世纪 60 年代颠覆了权力的真实性并使相对主义合法化，此后人文学科一蹶不振并以此方式败坏了世俗人文主义的威望。

在这段轶事中有某些真理。但有一个更深刻的真理未被传递。如果 20 世纪 60 年代人文学科依然是一门很强大的和踌躇满志的学科，那么它们就绝不会如此迅速、如此彻底地屈服于这些起破坏作用的思想。20 世纪 60 年代学校的政治化没有摧毁人文学科。人文学科为了迎合研究理念而放弃了世俗人文主义从而摧毁了自己。一个半世纪以来研究理念已赢得了作为美国高等教育的权威性和优越性的主要仲裁者的地位。

人文学科对研究理念的接受切断了目标和自尊与人为什么而活的问题的联系，从而损害了自己对目标和自尊的思考。这削弱了世俗人文主义传统的基础，正是这种传统在怀疑的多元论时代赋予这个问题以确实性。这使人文学科漂泊无依，失去方向，并且在对新的目标和新的方向的求索中，人文学科中的许多东西欣然接受 20 世纪 60 年代的一些有政治色彩的思想和政治正确性文化，而这一切使这些学科从此麻烦不断。人文学科接受这些思想以图恢复人文学科的专有地位并修复世俗人文主义的衰退所造成的威望的损失。但在这一过程中人文学科面临更大的危害，因为自 20 世纪 60 年代以来主宰人文学科的政治正确性文化，不但没有恢复它们的威望，反而更深地贬损了它们的威望。

但损害不是外部攻击的结果。这不是由野蛮人破门而入造成的。这是对权威危机的自毁性反应，这种危机是当人文学科教师接受了研究理念以及与此相联系的价值观时不费吹灰之力造成的。这种价值观是世俗人文主义的真正的敌人，是造成它出局的真正原因。它们是人文学科的权威危机的真正源头。因为现代的研究理念，不管其有多大的价值，不管其取得了多么伟大的成就，都降低了人为什么而活的问题的价值，而世俗人文主义和人文学科的权威性，一般来说独一无二、永久地与这个问题捆绑在一起。

---

① Roger Kimball. Tenured Radicals: How Politics Has Corrupted Our Higher Education. New York: Harper and Row, 1990.

通识教育的历史——源流追溯[①]

李继兵

二十世纪八九十年代以来，通识教育作为一种既崭新且传统的高等教育理念逐渐进入我国，并广泛为教育界所接受和认同，成为我国当下高等教育改革的一个重要组成部分。然而，通识教育作为一个内涵丰富的教育理念，不同的时代背景、不同的社会环境，都要求不同的通识教育模式来与之相对应。于是，准确把握通识教育的历史嬗变脉络，正确解读通识教育的时代内涵，是不断深化通识教育工作、全面创新通识教育模式的前提。

自由教育的历史发展是通识教育的先驱，从公元 4 世纪古希腊的亚里士多德最先提出的自由教育思想，到 19 世纪初美国的教育家提倡通识教育，在长达 15 个世纪的历史源流中，自由教育的概念内涵随着社会政治、经济、文化的不断发展变化，也潜移默化地发生着演变。历史发展的客观规律要求高等教育的理念不断发展创新，从 19 世纪初的美国开始，自由教育逐渐向通识教育演变。但这并不是对自由教育的全盘否定，自由教育是通识教育的思想基础，也是通识教育的灵魂所在。

一、自 由 教 育

自由教育(Liberal Education)，又可以翻译成博雅教育、文雅教育。有关自由教育的思想和初步的课程设置最早可以追溯到古希腊时期。其起源是古希腊的雅典教育，推崇完全摆脱功利和实用、注重陶冶情操和培养道德品质以达到身心和谐。此后，自由教育的内涵处于不断变化之中。从“自由教育”概念的出现到开始使用“通识教育”一词，大约经历了以下几个发展阶段。

(一) 自由教育的起源

传统的自由教育，是指“对自由人的教育”，或“适合于自由人的教育”。

古希腊时期，雅典的手工业和海外贸易比较发达，文化、科学、哲学、艺术相对繁荣，文明之火开始燃烧。“人类开始关注自己和自然的关系并开始了这种关系的重构。于是人的作用被放到了重要的位置，人类企图依靠自身的力量摆脱‘听天由命’的消极传统，同时也强调了人与天地自然相互依存的关系，认为人与天地自然并非是对立的，人与自然的相处应该是和谐的；并承认人的社会性，提倡用道德性主导感性理欲。由此，教育便突出了道德理性的教化作用，表现出了较强的人文化倾向。”[②]

公元前 8 世纪，古希腊的雅典过渡到奴隶制社会。当时的理解认为，自由是由“地位、

---

① 李继兵.通识教育论.北京：高等教育出版社，2012.

② 杨章宏.素质教育研究.北京：知识出版社，1999：63.

个人的不可侵犯、经济活动的自由以及不受限制的行动权利”组成的，而奴隶制“就是这四项属性的缺失。”①

在这一过程中，古希腊逐步形成了两种不同的教育。一种是以斯巴达为代表的教育，其特点是培养忠贞爱国的战士，非常重视军事和体育教育；另一种是以雅典为代表的教育，它是既能发展人的身体又能发展人的心灵的教育。雅典教育所追求的是身体美和心灵美的结合，是身心都能得到和谐发展的教育。雅典理想的教育是培养集道德、智慧、健康、美诸品质于一身的公民教育。② 这种教育理念直接影响了自由教育思想的形成。

古希腊的教育是建立在奴隶制基础之上的，所以自然而然地带有严格的阶级性和等级性。在那个时代，无论是斯巴达、雅典还是其他城邦，只有非奴隶身份的“自由人”才能接受正规化的教育。他们主要是掌握政权的工商奴隶主以及中下层自由民。由此可知，自由教育最初就是指专门面向自由民、只有自由人才能享有的教育。

在亚里士多德看来，使真正的自由人区别于奴隶以及一般自由人的不仅仅是他们的出身和身份，更是他们所接受的教育，以及他们所拥有的德性，如聪慧、慷慨、大方、正义、节制、审慎、勇敢，等等。拥有上述德性的自由人不是一般的自由人，而是真正的自由人，即绅士。真正的自由人应该是一个“受过教育的人”。在《政治学》中，亚里士多德将“自由的人”和“受过教育的人”归为一类，而将“工匠、佣工和其他鄙俗的人”归为另一类。

在古希腊，柏拉图、色诺芬、亚里士多德、修昔底德等对平民政体感到不满的思想家，根据贵族的标准，首先将人及其品格区分为“符合真正自由人身份的”和“鄙俗”的，进而将教育、技术、职业、知识划分为“符合真正自由人身份的”和“鄙俗”的，由此开创了自由人的教育-鄙俗的教育、自由人的职业-鄙俗的职业、自由人的知识-鄙俗的知识等二元划分形式。这种划分在西方思想史上影响至为深远。直至今天，在自由教育和职业教育的划分当中，我们依然可以看到这种二元对立思维模式的痕迹。

这个时期的自由教育，从其承担机构来看，最早出现在古希腊的阿卡德米学园(Academy)。学园由柏拉图创立，是西方文明中最早的有完整组织的高等学府之一，也是中世纪时西方古典大学的雏形。从其教育理念来看，以雅典为代表的古希腊教育实际上就是对西方大学教育理念产生重大影响的“自由教育”的来源，从本质上区别于以斯巴达为代表的军事体育教育。雅典教育的理念是完全摆脱功利和实用，注重陶冶情操和培养道德品质，达到身心和谐发展的教育。从其课程内容上来看，当时雅典教育的主要内容包括“三艺”和“四艺”。“三艺”指文法、修辞学和辩证法。“四艺”是指算术、天文、几何和音乐。智者系统总结和传授的主要教育内容是以文法、修辞学、辩证法为代表的三艺，苏格拉底也将其作为修辞学校(苏格拉底于公元前390年创立了第一个修辞学校，以培养演说家、雄辩家为主要目的，在教育内容上，修辞学校以演讲术，辩论术以及为此服务的文法学、修辞学、逻辑学为主。在西欧文化教育史上，奠定“三艺”基础)的核心课程看待。柏拉图在其《理想国》中提出的教育内容则主要关注算术、天文、几何和音乐这四艺，它们是培

---

① 汉娜·阿伦特.人的条件.竺乾威，等，译.上海：上海人民出版社，1999：13-14.

② 戴本博.外国教育史(上).北京：人民教育出版社，1989：66.

养统治国家“哲学王”的基础科目。[①] 值得提出的是，当时传授“四艺”的目的并不是为了教授学生掌握具体实用的知识，而是为了发挥思维训练的功能，为将来学习更高深的哲学打下基础。

自由教育思想的哲学基础是理性主义。在古希腊，安那克萨哥拉、苏格拉底、柏拉图、亚里士多德等最初的理性主义者认为人的独特价值就在于他的智慧、他的思维能力，即理性。理性是人的灵魂的高级部分；在人的生活中，理性生活是最高级的生活。亚里士多德在《尼各马可伦理学》里充分表达了他的这种偏好，他说：“每一种东西所特有的，对于那种东西就自然是最好的和最愉快的。因此，对于人，符合理性的生活就是最好的和最愉快的生活，因为理性比其他任何东西更加使人是人。因此这种生活也是最幸福的。”[②]人只有充分运用、发展其理性才能真正实现自我，教育的主要目的即在于保护和发展人的理性。除保护和发展人的理性之外，教育并无其他功利性的目的。这样的自由教育是以人的理性追求或渴望心灵的自由为宗旨，对学科内容的选择重在其对人的理性发展是否具有终极价值而不是功利价值。[③]

古希腊对于自由人和奴隶的划分是自由教育产生的社会制度基础。亚里士多德认为，自由教育的实施需要具备两个条件：闲暇和自由。拥有不为衣食住行等方面而忧的闲暇，人们就可以为求知而进行学术活动，全无任何实用目的。亚里士多德认为这种全无实用目的的学术活动，才是一个自由人的活动；能够从事这种纯粹的学术活动，乃是一个人自由本质的确证。[④]

在这段时期，自由教育的代表人物有以下几位。

1. 亚里士多德(Aristotélēs)

亚里士多德在自由教育思想史上的重要性在于，他系统地阐述了自由教育关于教育的“理想人格”以及“自由人知识”的观念。

首先，他在《政治学》和《形而上学》等著作中提出了“自由人科学”的概念，对后世影响至深。托马斯·阿奎那以及文艺复兴时期的教育家皮尔·弗杰里奥都将此概念追溯至亚里士多德。弗杰里奥指出：“亚里士多德在关注积极的公民生活时指出，一个人不能过分沉迷于自由的科学，也不能过于追求熟练。”[⑤]其次，在《尼各马可伦理学》等著作中，亚里士多德对“真正自由人”的绅士品性做了极其出色的描绘和分析。他所描绘的“慷慨的人”“大度的人”等“理想人格”在16至19世纪的绅士教育理论中得到了延续。开绅士教育理论风气之先的巴尔德萨·卡斯蒂利奥内的名著《论廷臣》中认为理想品格，“其构架是从亚里士多德的《伦理学》借鉴来的。”[⑥]

亚里士多德在他的《政治学》中论述了他关于高等教育部分的思想，其中一个重要的观点就是自由教育。他在书中指出，应该有一种教育，这种教育既不是实用的，也不是必

① 黄福涛. 从自由教育到通识教育——历史与比较的视角. 复旦教育论坛，2006(4)：20.

② 张法琨. 古希腊教育论著选. 北京：人民教育出版社，1994：325.

③ 吕向虹. 论自由教育向通识教育的演变. 闽江学院学报，2008(3)：106.

④ 李立国. 亚里士多德的自由教育思想简析. 焦作大学学报，1999(1)：38-39.

⑤ Kallendorf, Craig. Humanist educational treatises. 2002：59.

⑥ 列奥·施特劳斯. 霍布斯的政治哲学. 申彤，译. 南京：译林出版社，2001：55.

需的，而是自由的和高尚的。他主张一种“既非必需亦无实用而毋宁是性属自由、本身内含美善的教育”。他在解释这种教育的时候说，凡妨碍自由人的身体、灵魂或心理的教育都属卑陋的教育；又说，人的学习应当凭其功用而论其高卑，如果所学是为了自身需要，或者是为了朋友，或是为了助成善德的培养，这就是自由教育。如果是依从他人的要求而学习，那就是奴性教育了。[①] 另外，他特别提出了“闲暇教育”，认为教育负有使人们能够创造性的利用闲暇时间的责任，教育的最终目的是为个人积极享用闲暇时间做准备。按照他的观点，所有活动中的最高境地是能动地运用一个人的理智官能，而无私地追求真理，即不是出于实用或者经济目的而纯粹是为了这一活动本身去追求真理，才是正确地运用了理智官能。这种活动是最适合于闲暇时间的。教育就应该围绕这种活动进行。他认为这适用于“儿童和需要教育的一切年龄的人们”。[②] 从某种意义上来说，自由教育可视为闲暇教育。

亚里士多德在《政治学》中指出，城邦是“由自由人组成的共同体”，但城邦同时又是一个“多面体”，使这一多面体转变为共同体的手段是教育，尤其是习俗、哲学和律法的教育。使真正自由人区别于奴隶的是自由人的理性和德性，作为自由人之共同体的城邦，也必须以善好生活为目的并追求高贵的德性。因此，自由人教育不仅是一种在理性中的教育，也是一种在德性中的教育。真正的自由人不仅区别于奴隶，而且区别于工匠、佣工等普通平民。他们是理想城邦中的理想公民，拥有充分的闲暇从事政治、研究哲学。在这个意义上，亚里士多德的自由人教育是一种政治教育和公民教育，而且是对“理想公民”即政治家的教育。由于公民是一项特权而非权利，所以这种教育不是对所有人的教育，而是对那些具有闲暇的自由人的教育。

根据以上论述，在亚里士多德看来，所谓“自由教育”主要具有以下几层含义：

首先，就其最基本的含义而言，是指“符合自由人身份的”。在这个意义上，“自由教育”指的是公民的科学或公民的技艺，与奴隶或工匠等非公民阶层的技艺相对。“自由教育”与其对立面之间的区分主要是一种“政治性”的区分。在亚里士多德看来，适合于自由人身份的活动是政治与哲学，自由人学习这些科学的目的是为了参与政治或从事哲学活动，而非为了谋生或生产必需品。工匠的技艺是鄙俗的技艺，因为它们使人的灵魂不适合于从事政治和追求高尚的生活。换言之，在亚里士多德这里，区分自由人技艺与奴性技艺之间的标准主要是“政治性”。亚里士多德基于“社会秩序”的基础，将知识分为理论知识、实践性知识和生产性知识三大类，恰恰对应了古希腊关于三种生活的划分，即哲学家生活（理论生活）、政治家生活（实践生活）与享乐的生活。亚里士多德的知识分类典型地反映了“知识秩序”与“社会秩序”之间的对应关系。

其次，所谓“自由的”是与必需、实用相对的，因此是高尚的、自足的。自由教育不同于奴隶性或技术性技艺的地方在于，它们是自足的，不是实现某种目的的手段，它们并不为一个外在的目标服务。“自由”的标准是“适合德性的运用和实行”。依据德性的原则，那些劳瘁身体、贬抑灵魂的技艺或科学都是“鄙俗的”“不自由的”。所行或所学如果是“为自

---

① 许步曾. 西方思想家论教育. 北京：人民教育出版社，1985：9.

② 博伊德，金. 西方教育史. 任宝祥，吴元训，等，译. 北京：人民教育出版社，1985：40.

己，为朋友，或出于德性"，就是"符合自由人身份的"。如果目的出于"为自己"，那么所行所学就是自足的，自足的行为符合自由人的身份；"出于德性"的行为是高尚的，自然也符合自由人的身份；"为朋友"的行为或知识也是符合自由人身份的，因为朋友是自身力量的延伸，用亚里士多德的话来说，"朋友是另一个自身"①。为朋友，也就是为自己，其中没有奴性的成分。

第三，"自由教育"是非专业性的、带有业余性质的科学。因为，即便是那些"自由教育"，如果学习时"过于尽力，刻意求精"，也会有危害。即便是绘画、音乐、文学等"自由的技艺"，也不能过于求精，而应该以业余者的态度对待之。

2. 西塞罗(Cicero)

"自由教育"一词的词源来自于古罗马著名的政治家、雄辩家和哲学家西塞罗提出的 cultura animi(灵魂的耕作)，原意为耕作土地、养育万物，后演变为心灵或灵魂的耕作，意为精神的教化。②

如前所述，自由教育是符合自由人或绅士身份的、以文法和修辞为中心的教育。在西塞罗那里，教育的理想人格是"雄辩家"，即"一个善于演说的好人"。对西塞罗而言，所谓的自由教育，指的是对生来自由的青年的教育。这种教育的唯一目的是培养他们成为参与公共事务的雄辩家。

古罗马才出现制度形态的教育制度。直到公元前 230 年的时候，古罗马才成立文法中学，一直到公元 75 年，国家才开始支持公共教育。而公元前 161 年和公元前 92 年，元老院两度禁止哲学家和雄辩家的教学活动。这表明，制度化形态的教育非但不受重视，反而屡受打压。因此，西塞罗在《国家篇》中说："我们的人民从来未想通过任何教育体制——由法律明确规定，由官方建立，或者各种情况下都统一的教育体制——来教育那些生来自由的青年，尽管希腊人为这些问题白白花费了大量劳作；而这是我们的客人波利比乌斯在我们的制度中发现的唯一被忽视的事情。"③

古罗马建立了一个庞大的帝国，军力强盛、商业发达，道路四通八达，建筑美轮美奂，文采风流极一时之盛。然而，它所取得的所有这些成就，并不依赖于制度化的教育机构。同样，学校亦非社会流动的工具，接受正规中等教育和高等教育的人口寥寥可数，其核心的功能是培养雄辩家。雄辩术(或演讲修辞学)在古罗马的地位非常之高。

因此，一切知识的合法性来自它与雄辩家培养的关系。相应地，所有的知识围绕"雄辩术"组成一个"知识圈"，雄辩术位于中央。作为雄辩家(律师或国务活动家)，罗马人对纯粹抽象的几何学了无兴趣，对音乐、舞蹈、绘画也燃不起热情，舞蹈甚至被认为是不体面的。与古希腊雅典的教育相比，古罗马的教育已经呈现出狭隘化的特征。它主要是一种"文学性"的教育，文学经典构筑了一个庞大的记忆系统。这一系统负载着文化的意义和内涵。古罗马的教养阶层通过书写、交流、论辩在传递、共享这种意义和内涵，并由此增加

① 亚里士多德. 尼各马可伦理学. 廖申白，译. 北京：商务印书馆，2003：268.

② 黄福涛. 从自由教育到通识教育——历史与比较的视角. 复旦教育论坛，2006.(4)：20.

③ 西塞罗. 国家篇——法律篇. 沈叔平，苏力，译. 北京：商务印书馆，1999：114.

整个上层社会的文化凝聚力,提升贵族统治阶层的“士气”。①

在这样的背景下,西塞罗宣扬的对生来自由人或出身名门的教育,其最主要的目的是培养从事政治活动的雄辩家。从某种意义上说,对西塞罗而言,所谓的自由教育就是雄辩术教育。和传统的古罗马修辞学教师不同,西塞罗认为雄辩家不能仅仅掌握一些抽象的、教条化的规则,而应该对他所讨论的话题具有真正的知识。完美的雄辩家应该博学多识,一个人除非掌握“所有适合于自由人的技艺”,否则便无法成为一个优秀的雄辩家。又说,“一个人除非掌握所有重要的知识和技艺,否则无法成为十全十美的雄辩家”。

西塞罗心目中的雄辩家并不是普通的罗马雄辩术教师所培养出来的狭隘化的、专业化的雄辩家,而是受到全面的文化训练并将哲学与修辞学结合起来的“哲学家—雄辩家”。西塞罗在自由教育思想史上的意义,一方面在于他强调雄辩家应该具有全面的知识,另一方面则在于他强调雄辩家应该将智慧与雄辩结合起来。哲学与修辞的结合,或者说,智慧与雄辩的结合是西塞罗的修辞学教育理论的最重要标志。

西塞罗对后世的影响可以归结为以下几个方面:

首先,从西塞罗开始,自由教育的概念就与西方思想对人性的看法(人文学)、对高贵的追求、对于知识与善的联系的看法、对文雅和文明的渴望紧紧联系在一起。这种复杂性与多义性不仅为文艺复兴的人文主义者所继承,而且直到纽曼的时代还很有影响。

其次,从概念史的视角来看,西塞罗在西方教育思想史上第一次系统地在著作中使用自由教育思想史中的一系列词汇(如:artes liberales、artes honestae、bonae artes、studia humanitatis)。两千年来,这些概念一直为西方世界所沿用,成为后世思想家表达教育理念的有力媒介。就自由教育的概念史而言,西塞罗的重要性不仅仅在于他较早阐述了博雅教育的核心原则、理念,更在于他为后来者提供了一系列表达思想的核心语汇。

最后,也许是最重要的是,在柏拉图的教育方案中,核心的科目是辩证法。在亚里士多德的公民教育方案中,核心的科目是音乐和哲学(伦理学、政治哲学等);而在西塞罗这里,教育的核心科目是雄辩术。正如布鲁斯·金博尔所论,西塞罗所代表的是雄辩家的自由教育方案。②

3. 塞涅卡(Seneca)

塞涅卡在自由教育思想史上的地位主要源自他所写的一封回答友人关于“自由学习”(Studia Liberalia)问题的书信,即著名的第88封书信。这封书信是写给一位名叫鲁西里乌斯(Lucilius)的人的。在这封书信中,鲁西里乌斯问及塞涅卡对于古罗马“自由人技艺”(Artes Liberales)的看法。塞涅卡在回信中非常耐心地阐述了他对“自由人技艺”的见解:“你想知道我对自由人学科的态度。我对任何以赚钱为目的的学问毫无敬意。对我来说,这些知识一文不值。这些学问涉嫌自我推销、待价而沽,其唯一价值仅在于也许有助于开发心智,但前提是仅作为一时的目标而不会使人全然忘记其他。唯有当我们的心智能力不足以处理更高级的事物时,才应将时间花在这些学科上面。它们只是基本训练,并非学问之堂奥。自由人学科之所以被称为是自由的,道理很明显:因为它们被认为是值得

① 迈克尔·曼.社会权力的来源(卷一).刘北成,李少军,译.上海:上海人民出版社,2002:89.

② 沈文钦.近代英国博雅教育及其古典渊源.北京大学博士论文,2008:75-76.

自由人去学习的。不过,事实上,唯有一门自由学科是名副其实的自由学科,因为它使人自由——这门学问就是对智慧的追求。对智慧的追求是高尚的理想,它坚定无畏,精义入神,所有其他的学问和它相比都平庸不堪、微不足道。”①

与西塞罗相比,塞涅卡的自由人教育学说已经开始偏离正统路线。首先,塞涅卡对奴隶制度的看法和以亚里士多德为代表的传统不同。塞涅卡承认奴隶是人,奴隶和自由人“来自同一祖先”,主张缓和自由人和奴隶之间的对立,以友善的态度对待奴隶;并认为奴隶起码可以在精神上成为一个自由的人,奴隶“可以有自由人的精神”,“奴隶制只有一种,但不受奴隶思想影响的人都是自由人。”相反,那些具有自由身份的自由人,事实上也是“奴隶”:“请你给我指出一个不是奴隶的人来看,你指出来的人,将不是性欲的奴隶,就是金钱的奴隶,或者是野心的奴隶。他们又都是希望或恐惧的奴隶。”②

如果说,西塞罗的教育理想人格是雄辩家的话,塞涅卡的教育理想人格则是一位无忧无喜、淡然面对一切暴风雨、能够掌握命运之舵、能够慨然赴死的“智者”(vir sapiens)。对这样一位智者来说,只有哲学才是真正自由的,才是“自由的技艺”,才能使一个人成为真正“自由人”。

大体而言,塞涅卡的影响可以归结为以下几个方面:

首先,尽管“自由人技艺”这个术语在塞涅卡之前已经广为流行,但瓦罗、西塞罗等人并没有对这个术语本身进行明确的定义和解释。塞涅卡是古典时期唯一一位对“自由人技艺”这个概念本身进行详细阐述的作家,他的第 88 封书信深刻地影响了后世学者对“自由人技艺”的理解。

其次,塞涅卡影响了后世教育家对教育理想人格——自由人和绅士——的定义。塞涅卡著作中所倡导的人道主义关怀意识、仁慈、自我节制等思想深刻影响了 17 世纪的理想绅士形象。

第三,塞涅卡的这封书信明确地将自由人教育和精神自由、内在自由联系起来。这种理解后来又为中世纪、文艺复兴和 18 世纪的思想家所继承。由塞涅卡开始,自由人教育与精神自由之间的关联成为自由人教育思想史的主线索之一。

第四,第 88 封书信的主要目的是将“哲学与善”和“一般的知识及学问”区分开来,即将真正自由的技艺(即哲学,对智慧的追求)和一般的自由人通科(几何、文法、天文、音乐等)区分开来。塞涅卡认为自由人通科(文法、几何、天文、音乐等)并非德性本身,它们只能为德性铺平道路,只有哲学才是唯一真正“自由”的技艺。这种理解对后世影响颇为深刻。

最后,而且也是最重要的,塞涅卡提出了一种不同于传统的自由人教育理论。在塞涅卡的时代,存在着两种不同的对于自由教育的理解。传统的自由人教育理念认为,“自由”指“符合生来自由人身份的”,自由教育是针对特权阶级(生来自由人,上流社会)的教育。这种教育鼓励被教育者遵从传统、信奉习俗,压制批判性的反思。由塞涅卡所代表的新理念则认为,“自由”主要是一种“理智的自由”,真正使人自由的主要不是一个人的出身,而

---

① Lucius Annaeus Seneca. Letters from a Stoic. Harm on dsworth:Penguin,1969:151.

② 塞涅卡. 面包里的幸福人生. 赵又春,张建军,译. 西安:陕西师范大学出版社,2003:96.

是心灵的自主。人是思想的主人，应当冲破传统和习俗的束缚，自由地探询生活的真理。塞涅卡秉承苏格拉底的传统，主张“未经省思的生活”毫无意义。人应该拥有自由思想和道德选择的能力。塞涅卡观察到，公共政治生活经常被愤怒、嫉妒、恐惧等非理性的感情所左右。这些感情并非纯粹的生理冲动，它们与思想息息相关，因为它们都建立在某些“信念”之上。为此，人必须进行批判性的思考，冲破习俗之见，挣脱习惯之束缚，以获得“理智的力量和自由”。①

这个时期的自由教育冲破了当时希腊社会的基本信条，即仅仅把教育限于公民教育，认为只有少数统治阶级可以超越公民职责的观点。自由教育标志着从纯粹的公民教育向更广泛的教育的转变。

（二）中世纪基督教神化的自由教育

中世纪以来，社会环境发生了急剧的变化，各种力量不断进行博弈与斗争，社会发展主要体现在专业化和社会分工方面。教育在从社会体系中分化独立出来的同时，内部开始分流别派，出现偏向性和侧重性的趋势。自由教育的内涵在这个时期发生了变化。

当时，神学和基督教在中世纪处于统治地位。教会利用亚里士多德的哲学来解释神学，改组了古代希腊、罗马学校中的一般文化学科。古希腊的著作成为中世纪教育的主要内容。当时的自由教育思想突出体现在以“七艺”为主要学科的构建，而在教会的眼中，“七艺”是为进一步学习神学以达于神明的基础学科。

首次提出“自由科目”概念的是罗马时代的学者瓦罗。在《自由学科Ⅸ》（*Disciplinarum Libri Ⅸ*）中，瓦罗将自由艺术课程划分为三类。第一类包括文法、修辞和辩证法，第二类包括几何、算术、天文和音乐，第三类包括医学和建筑学。公元5世纪前半叶，在卡佩拉（Martianus Capella）主编的百科全书中，有关“自由科目”的论述仅收入上述第一类和第二类中的七种科目，属于第三类的医学和建筑学并没有包括在内。自卡佩拉的百科全书问世后，文法、修辞、辩证法、算术、数学、几何和天文正式被称为“自由科目”或“七种自由艺术”（Seven Liberal Arts），简称“七艺”。② 在卡佩拉之后，基督教学者卡西奥多鲁斯在《论神圣文献与世俗文献》一书的第二部分逐次介绍了文法、修辞、辩证法、代数、音乐、几何、天文等七门学科的内容，将“七艺”与《圣经》中“智慧建造房屋，凿成七根柱子”的经文联系起来，从而使这七门学科在基督教的语境中合法化。

为使属于异教文化的自由技艺合法化，基督教必须将古罗马教育的知识基础“自由技艺”进行“基督教化”。所谓自由技艺的基督教化，最根本的含义是指，在基督教的视域和知识体系中，自由技艺成为附属于神学的知识，成为服务于上帝的知识。与基督教的神学知识相比，自由技艺成为了“世俗的学问”“异教的知识”。与古罗马时期自由技艺所拥有的崇高地位相比，在基督教的知识等级和秩序中，自由技艺的地位降低了。

在基督教会看来，所有的世俗文献（知识）都是为了理解神圣文献而服务的。自由技艺是基督徒获取思辨知识的七个步骤，未来的传教士应当在青少年时期学习自由技艺，在

---

① 沈文钦.近代英国博雅教育及其古典渊源.北京大学博士论文，2008:86-87.

② 黄福涛.外国高等教育史.上海:上海教育出版社，2003:44-45。

成年时期学习圣经。有这两种武器在身,他将在与异教徒的辩论和斗争中变得“不可战胜”。自由技艺是获取神圣智慧的必经台阶,但只有包含在圣经中的知识才是“真正的哲学”。“真正的哲学”使人抽离世俗的欲望和需求,过一种宁静、圣洁的精神生活。①

自由技艺的“基督教化”尤其体现在中世纪对几何、算术、天文和音乐等数学四科的理解上。在中世纪早期的一些自由技艺手册中,有关数学四科的介绍相对于“三艺”来说篇幅更短。其原因主要有两个:首先,当时人们的数学知识非常贫乏,与文法、修辞、逻辑学相比,数学学科的发展很不成熟;其次,对理解圣经来说,“三艺”比数学四科的作用更大。但即便如此,数学四科仍然通过“基督教化”获得了合法性,成为“七艺”典律所不可或缺的组成部分。中世纪的人们普遍相信,上帝是根据数量与尺度的原则来创造世界的。卡西奥多鲁斯在影响深远的《论世俗文献与神圣文献》一书中指出,上帝在创造世界时运用了几何学原则。他更进一步指出,数学是科学的典范,是永恒不变的、永远为真的知识,因此它有助于认识上帝。

一直到中世纪中后期,在大学中,数学科学的合法性仍然建立在宗教之上。数学可以给基督徒提供有用的关于经度和纬度的知识,从而有利于传教。此外,数学知识还可以帮助基督教徒找到失踪的十个支派和敌基督者,它还能应用到宗教历法中。

在中世纪,“七艺”成为一种固有制度,其超群绝伦的影响力一直延续到后世。“七艺”不仅在学校中传授,而且被具像化,雕刻成形供奉于基督教堂,受人礼拜。在画像、小说、诗歌等艺术形式中,“七艺”都是一个活跃的题材。在但丁的巨著《神曲》中出现了为圣火所包围“七艺”形象。此外,中世纪还流传着无数关于“七艺”的传说、寓言,将“七艺”和上帝创世、洪水传说等联系起来。“七艺”作为智慧与知识的化身,被涂上了神圣的光环。在文艺复兴之前,古希腊的大量典籍根本不为人所知,西欧所能获取的古代文明非常有限,“七艺”也因此被视为所有人类世俗知识的汇总。②

“七艺”的建立使得自由技艺成了一个专有名词。在中世纪很长的时间内,所谓的自由技艺专指文法、修辞、逻辑、算术、几何、天文、音乐七门学科。一些在古希腊罗马时期属于自由技艺范围的知识门类,诸如绘画、建筑、诗歌,或者不再属于自由技艺的范畴,或者成为“七艺”之下的附属性技艺。直到中世纪晚期,“七艺”的格局才逐渐被打破。

13世纪初期,以巴黎大学和博洛尼亚大学为典型代表的欧洲中世纪大学出现,“七艺”构成了巴黎大学文学部的主要科目。在古罗马时代,培养演说家的核心科目是修辞学,文法和逻辑是辅助科目,数学四科则被排斥在学习内容之外。因此,中世纪基督教世界从古罗马继承的主要是“三艺”的内容。此外,由于巴黎大学是直接由教会控制下的教堂学校发展而来,初期巴黎大学的课程主要强调“三艺”的学习,直到16世纪末才脱离神学的控制。

在巴黎大学,文学部的课程属于预科阶段,是为学生将来学习法律、医学、特别是神学做准备。预科阶段的学习不仅是为学生提供基本知识,为今后高级阶段的专业学习奠定

① Mary Alberi. “The Better Paths of Wisdom”:Alcuin’s Monastic“True Philosophy” and the Worldly Court. Speculum,2001,76(4):896-910.

② 沈文钦.近代英国博雅教育及其古典渊源.北京大学博士论文,2008:97.

知识基础，更重要的是通过繁琐的哲学论证或辩论训练，发展学生的理性思考、判断和推理能力。[①]

虽然作为现代大学开端的中世纪大学是以自由教育的“七艺”作为基础学科的，但实质上来说，中世纪大学主要还是培养专业人才的职业教育学校。以“七艺”为代表的自由科目虽然一直是文学院的主要科目，但总体来说并没有因此改变中世纪大学的性质。如哈罗德·珀金所言：“如果有人认为，文学部与专业学部相比，较少具有功利性和职业性，那就大错特错了。因为绝大多数学生可能不再继续就学，文学部为他们在读写、辩论、思维、计算、测量和自然科学基础知识方面提供的有用训练，使他们适于承担教会和世俗政府中的种种职业。以辩论为主的教学方法使学生个个变得能言善辩。学生们正是依靠这种本事在布道、法庭听证和政府讨论中崭露头角的。”[②]

中世纪的“七艺”学科集中性地体现了中世纪的自由教育思想，但它的主要内容充斥着神学思想。这一特征表明，此阶段的自由教育，其“自由”已经不是指充分发展人的理性，而是服务于使人摆脱尘世欲望、最终皈依基督神性。它是作为学习《圣经》的基础和了解上帝的补充手段而引进基督教神学教育的。理性和人的价值都置于上帝的影响之下，具有极强的功利性和职业性。神学是“七艺”的王冠，哲学及其他学科是神学的婢女。敬畏成为学习“七艺”的基本态度，自由教育俨然是一种虔敬教育、神化教育。这背离了传统自由教育为理性发展、为人的价值提升而存在的宗旨。[③]

这一时期的代表人物主要有以下几位。

1. 奥古斯丁(Augustine)

奥古斯丁是自由教育在中世纪早期最重要的人物。他曾在罗马等地担任修辞学教师。皈依基督教后，他并没有和其他基督教信徒一样完全抛弃世俗的自由技艺，而是在宗教的基础上论证了自由技艺的合法性。在《独语录》《论基督教教义》等著作中，奥古斯丁指出，自由学科对于了解上帝的真理、解读圣经的箴言都是必不可少的。在《论基督教教义》这本号称“基督教文化宪章”的著作中，奥古斯丁明确指出“自由技艺”蕴含了一些“非常有用的道德规则”以及一些“有关一神论崇拜的真理”。因此，基督徒为了理解圣经、传达福音，可以正当地利用自由学科。[④]

但另一方面，奥古斯丁对自由技艺充满怀疑。在他看来，一旦自由学科被用于世俗的目的，就是对上帝的悖逆。在《忏悔录》一书中，奥古斯丁暗示说，自由技艺(世俗学问)可能妨碍人接近上帝。在《论基督教教义》一书中，奥古斯丁事实上认为以圣经为中心的基督教教育是自足的，以圣经为手段即可培养杰出的基督徒。因此，在《论基督教教义》一书中，他甚至避免使用传统的文法、修辞、辩证法等名称，而代之以“语言的知识”“辩论的规则”等名称。

---

① 黄福涛. 从自由教育到通识教育——历史与比较的视角. 复旦教育论坛，2006(4)：20.

② 伯顿·克拉克. 高等教育新论——多学科的研究. 王承绪，徐辉，郑继伟，等，译. 杭州：浙江教育出版社，2001：31.

③ 王迎兰. 论亚里士多德自由教育思想的历史演变. 中共山西省委党校学报，2006(2)：77-79.

④ Frederick Van Fleteren. St. Augustine, Neoplatonism, and the Liberal Arts. Arnold, Duane W. H. Dedoctrina Christiana: a classic of western culture, 1995: 14-24.

当然，尽管立场有所变化，奥古斯丁仍然给世俗的“自由学科”留下了一定的位置。在他看来，自由技艺之所以不可缺少，乃是它们是神学的有用工具。文法、修辞等语言技艺可以帮助基督徒解读圣经；数学科学则使人抽离感性的物质世界，将人的灵魂从有形转向无形，最终进入神学的思辨世界，永恒的幸福天国。数学和逻辑一样，是不容怀疑的、最基本的真理。奥古斯丁对自由技艺的合法化论证(尽管他晚年的立场有所改变)对此后的西方教育史产生了极其深远的影响。在奥古斯丁等人的手中，自由技艺被“基督教化”(Christianization)了。一直到文艺复兴时期，信仰基督教的人文主义者依然以奥古斯丁为例，论证学习异教的自由人学科的合法性。

2. *爱留根纳*(Eriugena)

9世纪的神学家爱留根纳非常推崇七门自由技艺。他将七门自由技艺理解为圣灵赐予人类的七件礼物，而且认为自由技艺和基督是一体的。

和前人不同，爱留根纳较少关注自由技艺的顺序、教学方法、数目，而是更多地关注自由技艺的认识论和形而上学的地位。在爱留根纳看来，自由技艺并不是外在的教育分类系统，它们是内在于人类心智结构之中的官能。自由技艺是不变的知识，是知识的典范，它们内在于人的心灵，但人类需要通过回忆来重新找回这些内在的知识。这些心智的官能自然地存在于每个人的心灵之中，但只有一些人利用并培植这些技艺，另外一些人则忽略了这些技艺。自由技艺与心灵密不可分，它们是心灵的官能或习惯。人可以分为肉体和心灵两大部分，其中肉体为人和动物所共有，心灵和理智则为动物所不备。一方面，自由技艺内在于心灵；另一方面，只有通过自由技艺，心灵才能实现其自身的超验本质。①

自由技艺之所以能够使灵魂走向不朽，是因为自由技艺本身是不生不灭的，是永恒的。在古希腊罗马的思想当中，不朽不是人与生俱来的本性；相反，人类可以通过教育实现不朽。爱留根纳的理解继承了这个传统。由于自由技艺内在于每个人的心灵，因此自由技艺同时也是“自然”的技艺。相反，其他类型的技艺则是“非自然”的。

(三) 文艺复兴时期人文化的自由教育

欧洲的文艺复兴运动是一种人文主义运动，是资产阶级反对神性和呼唤人性的新文化运动。它的兴起使欧洲人重新发现了古希腊古罗马的文化，提倡通过古代经典来焕发现在的人性，特别是追求古希腊古罗马时期的教育理想，成为欧洲文艺复兴时期教育改革的重要内容。“文艺复兴时期，人文主义教育者从个性解放出发，主张实行广博的非专业性的学术教育，对受教育者进行心智的训练和性格的陶冶，以增强受教育者对社会上层生活的广泛适应性，他们认为专业教育有损于人的精神世界的整体性，有损于人格尊严。”②

文艺复兴运动的核心是以人性对抗神性，自由对抗禁锢，人权对抗教权。在这样的背景下，自由教育演变为一种人文主义教育。人文主义者要求冲破教会的束缚，倡导解放人性，把谋求个人的自由视为教育的要务。人文主义者在研究古希腊罗马的语言、历史、文化科学的基础上，建立了一些新的学科。这些学科以自然和人作为研究对象，被称为人文

---

① Dermot Moran. The Philosophy of John Scottus Eriugena, 2004: 192.

② 谢安邦. 高等教育学(修订版). 北京：高等教育出版社，1999：61-62.

学科。中世纪的“七艺”成为传授人文之学的学科，并新增了历史和道德哲学的内容。文法分化为文法、文学和历史；几何学分化为几何和地理学；天文学分化为天文学和力学，加上原有的修辞学、辩证法、算术和音乐，“七艺”演变为十一门学科。此外，自然科学也被纳入教学内容之中，尽管还不占主要地位。①

随着文艺复兴人文主义和古典文学的重新发现，完全意义上的亚里士多德的自由教育被临时性地重新确认。人文主义者强调“人文学科”，对古希腊罗马的文学作品的学习取代了神学的支配地位，把古希腊时代的古典课程作为学校课程的基础乃至全部。这些导致自由教育的概念慢慢地发生了重大改变：古典文学研究本身就等同于自由教育。②

文艺复兴的人文主义是近代教育的开端。文艺复兴时期，由于近代科学和哲学的不断发展，特别是社会生产的发展，使得人们对教育问题的认识更加深入。教育逐渐被认为是人类探索未知世界的一个专门的知识领域——教育学。在文艺复兴时期，教育的内涵发生了变化，它不再是专门针对某一特殊社会阶层的教育，而是指那种能够遵循儿童自然发展规律的教育，如卢梭、裴斯泰洛齐等著名思想家、教育家都十分强调遵循“自然”原则进行教育活动。

古希腊教育思想虽然建立在以提高人的政治智慧的基础上考虑人的发展问题，但当时对人本身的认识还停留在比较原始的阶段，把人的发展简单地等同于自然界万物的自然秩序。教育就是唤醒沉睡在心灵中的能力，教育的过程也是一个自然的过程。然而，中世纪的经院哲学思想改变了这一教育理念。“基督教思想之父”奥古斯丁认为，人出生就带有“原罪”，人的一生就是不断弃恶从善的一生，其实现的途径就是向上帝赎罪。而人的罪恶源于人的欲望，因此人应该放弃一切欲望，过禁欲式的生活。为此，中世纪一直沿用了“修道”的教育方式。这实际上是对人的精神的折磨，是反人类的教育观念。

文艺复兴时代的教育改变了中世纪经院教育模式，而走向人文主义教育。人文主义教育者维多里诺(Vergerius)、拉伯雷(Rabelais)、伊拉斯谟(Erasmus)、蒙田(Montaigne)等都强烈抨击对儿童的体罚、鞭打和恫吓等方式，提倡积极的、快乐的教育方法。伊拉斯谟主张对儿童“首先要爱”，决不能使他们感到畏惧，即便是使用批评、惩罚等消极手段，也要以一个自由人可以接受的方式进行。维多里诺是人文主义教育家中的实践家，他创办了一所名为“快乐之家”的学校，寓意学校是接近自然、充满快乐的地方。他尊重每个学生的兴趣和特长，经常根据学生的实际需要调整学习科目和教学方法，较好地遵循了“做你想做的事情”这样的准则。蒙田也告诉人们，“决不要揽起你的孩子的天性的责任，让他们凭运气按自然和人类的规律发展吧。”③人文主义教育学家都强调对儿童天性的尊重，顺应儿童的天性，实施自然的人性化的教育。

人文主义的教育反对宗教和神学的教育思想，推崇人文学科的教育。“人文主义这个词就来自人文学者和人文学科这两个词……人文学者就是教授人文学科的人，而人文学科这个词代表一组学科，它由语法、修辞学、诗学、历史和道德哲学组成。从这一定义中可

① 滕大春.外国教育通史(第2卷).济南:山东教育出版社,1989:160-161.

② 吕向虹.论自由教育向通识教育的演变.闽江学院学报,2008(3):106.

③ 蒙田.我知道什么呢——蒙田随笔集.上海:上海三联书店,1988:142.

以明显地看到，文艺复兴时期的人文主义就是上述意义的人文学科的伟大兴起与发展。”①人文主义教育针对中世纪扭曲的人性教育，从人的天性出发，提出将人的身心或个性的全面发展作为教育的目标。人文主义教育对人的和谐发展的追求，既源于古希腊和谐发展的思想，又有文艺复兴时代新的内涵。柏拉图提出的哲学王、军人、劳动者，他们分别具有“智慧、勇敢、节制”的品格。他认为每一个人都要做他本分的事情，对此，教育就是发展每个人自身的内在品质。然而，这种品质不是个性的自由展示，而是适应建立民主政体社会的需要，是一种有节制的和谐发展。而人文主义教育的和谐发展是从人的自然天性出发的，把和谐描绘成身心自然而然的活动状态，是适合个人自由意志的、快乐的、自由的和谐发展，具有个人主义、自然主义、享乐主义的特征。②

为了准确了解和掌握古代希腊罗马文明精髓，恢复古代希腊罗马文化的教育传统，学习古代希腊语和古典拉丁语成为当时教育的重要内容之一。此外，在古典语言学习中，有关古代西方的历史、诗歌和哲学等，也成为文艺复兴时期大学教育的基本学习内容。

15世纪末开始，在人文主义思潮、宗教改革运动和科学革命冲击下，在欧洲某些国家和地区，中世纪大学的文学部开始脱离大学成为中等教育层次的文法学校（Grammar School），主要教授希腊语、拉丁语和古代西方的历史、诗歌以及部分“自由教育”科目，为学生进入大学开设预备科目。大学则完全由医学、法学和神学等专业学部构成，主要实施专业教育，培养医师、律师、教师、教会人员和国家官员等专业人才。由于人文主义思想的影响，僵化的经院哲学逐渐为学者们所抛弃，它在大学课程中所占比例也日益减少。古代的诗歌、修辞学以及希腊语、希伯来语和古典拉丁语成为大学中主要的教学内容。此外，数学和音乐也比以往更受重视，并构成德国近代大学哲学系课程的基本内容之一。原先在大学中传授的“七艺”等古典学习内容下移到中等教育阶段进行。高等教育机构主要由围绕一两门主要学科或专业设立的专门院校组成。③

为了提升人的价值，把人从神的统治下解放出来，人文主义者对“七艺”进行改造，片面强调恢复古典人文学科，人文学科成为教育的全部，从而使自由教育沦为古典人文教育的同义语。这在实质上是对传统自由教育的又一次背离。在当时来说，推崇人文主义教育是具有进步意义和显著成效的，然后在社会生产力的不断发展以及科技进步的社会环境下，偏向性提倡古典人文学科逐渐凸显其格格不入的保守性，并且容易导致对科学技术发展的盲目排斥。

这个时期自由教育的的主要代表人物如下。

1. 维多里诺（Vittorino da Feltre）

意大利人文主义教育家维多里诺是早期人文主义教育家中贡献较大，声誉较高的一位。他在当时的社会环境下，顺应了时代的潮流，将传统教育思想和当时的教育理念综合起来，为人文主义教育奉献了一生，在教育史上留下了自己的不朽之名。

维多里诺在巴土亚设立了自己的学校，以“文行并重”为宗旨，吸引了众多的学生。后

① 克利斯特勒. 意大利文艺复兴时期八个哲学家. 姚鹏，陶建平，译. 上海：上海译文出版社，1987：3-4.

② 赵立波. 人文发展与通识教育问题初探. 复旦大学博士论文，2008：51-52.

③ 黄福涛. 从自由教育到通识教育——历史与比较的视角. 复旦教育论坛，2006(4)：21.

来，入学者日益增多，也允许孟都亚家庭重要成员的子弟入学，于是发展成为一所宫廷学校。校名为 La Cosa Giocosa，意思是“快乐之家”。维多里诺施展平日所学，把人文主义的教育理想付诸实施。维多里诺的学校修业年限 15 年，学生水平不一，实行个别教学，有初学识字的，也有的学习高级的科目。当时还没有大、中、小学的名称，也没有按年龄或程度划分的阶段或班级。

维多里诺的学校内充满人文主义的精神。教师是经过严格选聘而来的。他自己俨然以“父师”自命，他同学生朝夕相处，督促学生的课业，注意学生的饮食，关心学生的衣着卫生，同学生一起参加游戏和各种娱乐活动。学校继承了古希腊的“完全教育”的传统，期望学生得到身心的和谐发展。其教育目的是使学生的身体、智力和道德得到和谐发展。

维多里诺的学校开设了人文主义的课程，目的是给每个学生提供他最适于接受的知识。古典语文成为教学的中心内容。他认为最有益的科目是与希腊罗马古典作品有关的科目。学生先学习拉丁语，阅读拉丁文著作；然后读希腊文著作，主要是希腊诗文、演说词和历史著作；最后，还要研究罗马作品和基督教的作品，同时也学习“七艺”。“七艺”的范围比中世纪早期教会学校的“七艺”大大扩充了：文法包括文学和历史的内容，算术涉及图画、度量及测绘等，几何学包括地理学的知识，天文学包括力学的知识。维多里诺的学校中仍保存宗教教育的内容。他认为道德和宗教是人文主义教育中不可缺少的部分，没有宗教教育，不能成为真正的教育。因此，他把奥古斯丁的著作也列为必读书目。维多里诺本人又是著名的数学家，他亲自教授代数学、天文学和各门自然科学。教学方法多种多样，富有情趣：使用活动字母教授读写；用游戏方法教授算术初步知识；学生初学拉丁语时，有种种信札往来的游戏，把繁难的拉丁文教学变得简便易行。他又注重训练学生的正确的发音和适当的重音、语势等。儿童在十岁前，只背诵经典作品中比较容易的部分，课程的分量和难度随学生的年龄而逐渐增长。各科教学多用口授，先口授课文，然后讲解段落大意、评论文体。讲解后，进行作文练习，也进行将拉丁文译成希腊文的练习。在传授知识的过程中，还选择包含道德意义的段落，着重讲解，对学生进行道德教育。

维多里诺的学校体育、德育和智育并重。他特别重视骑马、剑术、角力、跳舞、游泳、踢球、赛跑、跳高、游戏等项目，认为这些项目有助于促进人的精神和体魄的发展。维多里诺本人是一位体育行家，擅长多种体育技艺。他衣着单薄，饮食平淡，常年坚持体育锻炼，身体健壮。维多里诺强调尊重儿童的天性和个性差异，主张实行学生自治，减少惩戒，禁止体罚。维多里诺给予学生的最重的处分是让学生面对同学跪在或躺在地上。

维多里诺的学校在他任职期间，还进行了两大改革，一是使用带有注释的教科书，二是采用活版印刷术。这些改革的影响到 15 世纪末才逐渐显露出来。①

维多里诺创建新型学校，通过“完全教育”培养“全人”，这种教育注意儿童的身心特性和个性差异；重视智、德、体并重的教育；传授广泛的教学内容；要求学校具有自然优美的环境；强调师生之间和睦融洽的气氛；注重学习方法的新鲜活跃；崇尚启发诱导，讲求兴趣，反对压制、体罚，等等。以上种种同早期中世纪相比，自然是前进了一大步。但是，维多里诺同其他人文主义教育家一样，过于强调复兴古代的文化，相对地忽视创新；过分强

① 姜文闵. 维多里诺教育实践和教育思想述评. 教育科学研究，1988(1)：55-57

调文体、修辞，而往往削足适履，使内容服从形式。他所崇尚的个性又刻着新兴资产阶级的烙印。不消说，能享受人文主义教育优惠待遇的，主要还是少数资产阶级和新贵族的子弟。像维多里诺吸收少数贫苦子弟作学生的，在人文主义教育家中不是绝无仅有，也是稀少的例外。

2. P. P. 韦杰里乌斯(Vergerrius. P. P)

意大利人文主义思想家 P. P. 韦杰里乌斯在论述“自由教育”的理想时，提出自由教育是一种符合自由人的价值的教育，是一种能唤起训练与发展那些使人趋于高贵的身心的最高才能的教育。① 他认为，自由教育不能只限于某一特定的社会阶层，它是从人的自然本性出发的，自由教育应该促使人自发地实现天性、遵循客观规律，其教育目的应该是实现个人身心的全面自由发展。

韦杰里乌斯曾在帕多瓦大学教授逻辑学，并撰写专著，注释昆体良的著作《雄辩家的教育》。这部著作引起了人们研究罗马教育家昆体良的极大兴趣。文艺复兴时代的教育家都潜心研究昆体良的教科书，这对文艺复兴时代的影响远远超过昆体良在世的时代。韦杰里乌斯还根据古代文献撰写专题论文《论绅士的风度和自由教育》，全面概括了人文主义教育的目的和方法。要求实施符合自由人的价值的教育，使受教育者得到身心的良好发展。这篇论文不仅对当时帕多瓦贵族子弟的教育有指导作用，对后世也产生了极大影响。

韦杰里乌斯采纳昆体良的思想，积极倡导通才教育或全面教育，以便培养事业家。他认为所学科目应适应学生的个人爱好和年龄特征，而不要求学生精通所有科目。他说：“所谓全面教育，并非指把所有课目都揣摩得烂熟，人只要能熟练掌握其中之一，便足够一生事业的享用了。”②韦杰里乌斯重视道德品质的培养，把学识和品行结合起来作为教育的共同目标，认为德行重于学问，把知识置于从属于道德的地位。他说，自由教育“是一种符合自由人的价值的教育；是一种能唤起、训练与发展那些使人趋于高贵的身心的最高才能的教育”。这种自由教育乃是人文主义教育的主要特征。人文主义教育的各项措施都是围绕自由教育来安排的。长期以来，被中世纪教育所否认的体育，也受到韦杰里乌斯的重视。他认为健全的身体是将来从事任何事业的良好基础。

韦杰里乌斯对“七艺”作了较大的修改，历史、伦理学和雄辩术成为基础科目，诗歌则属于消遣性科目。另外，他还特别重视古代的“四艺”。韦杰里乌斯除增加学科外，还使原有学科增添了新意。他强调文学，认为文学作品必须有思想价值，而且又有优美的表现形式，这样才能成为传世之作。韦杰里乌斯还重视自然的知识，这是对希腊、罗马时代教育内容的重大超越。他认为，自然知识，天地万物的法则和性质，以及它们的起因、变化和结果，是最令青年人高兴，同时又是有益于青年的学科。

（四）工业革命时期的自由教育

理性主义的高等教育哲学理念，从中世纪大学的产生开始就一直支配着大学的发展。

① 滕大春. 外国教育通史(第 2 卷). 济南：山东教育出版社，1989：176.

② 格莱夫斯. 中世教育史. 吴康，译. 上海：华东师范大学出版社，2005：200.

最初,大学是以探索真理、完善人格为宗旨的,与社会保持着一定的距离,是远离社会生活的象牙塔。当时的欧洲传统文化背景和社会环境决定了在高等教育体系中,自由教育必然占据主导地位。因为生产力发展水平较为低下,生产过程与科学技术相分离,大学才得以远离社会经济生活而提供纯粹的人的理性教育。17 世纪的欧洲科学革命虽没有对传统大学产生根本性的影响,却在一定程度上促使欧洲产生了各类新型的高等教育机构。专门学院、技术学院不断涌现,同时有关近代科学的部分内容也开始纳入传统大学的课程。[①] 随着欧洲第二次工业革命浪潮的到来,科学教育逐渐与古典人文教育并驾齐驱,而后迅速超越古典人文教育居主导地位。

十八、十九世纪以来,工业革命使得自然科学兴起,自由教育理念作为一种传统的人文主义教育思想,遭到了来自现代科学的严重挑战。由于工业革命的广泛开展,自然科学和实用主义学科得到社会的重视。为了满足社会对科学的普遍兴趣,自然科学开始跻身于自由教育课程体系,大学课程开始世俗化。培根(Bacon)提出的口号“知识就是力量”昭示科学脱离哲学取得了独立地位。而英国教育家斯宾塞(Spencer)也对“什么知识最有价值”做出了另外的回答。“最重要的知识是科学”“有最大价值的知识是科学”“为了智慧、道德、宗教训练的目的,最有效的学习还是科学。”[②]科学与技术进入大学,自由教育的根基开始动摇。

事实上,直到 19 世纪下半叶,古希腊语和古拉丁语在美国高等教育系统中都占有举足轻重的地位。在英语国家的高等教育机构中,第一所不再将古希腊语和古拉丁语作为必修课程的学院是美国的霍巴特学院(Hobart College)。该学院于 1824 年废除了古希腊文和古拉丁文的必修要求。[③] 到 19 世纪初期的时候,拉丁语和希腊语在美国已经是“死语言”。至此,曾是自由教育课程灵魂的希腊语与拉丁语,不仅其核心地位已经失去,甚至其处境都岌岌可危。到 20 世纪 40 年代的时候,几乎所有的美国大学院校都不再将希腊文或拉丁文作为学士学位的必修课程。

19 世纪下半叶,是否应当将近代自然科学纳入通识教育的争论成为数十年间教育大争论的焦点。在这场遍及大西洋两岸的教育大争论中,以民主政体立国的美国人认为,美国以共和国为政体,因此不容许古典语言垄断大学本科教育,高等教育应当建立在公平、开放的原则之上,并且为全体国民谋取福利。因此,在 19 世纪下半叶的美国教育学文献中,能看到绝大多数的教育家主张将自然科学纳入通识教育的范畴。

在这种情况下,以纽曼为代表的一部分学者坚守自由教育传统,提倡回归到与科学教育、专业教育相对立的自由教育中。另外一部分以赫胥黎为代表的学者则展开了对自由教育的批判,认为其已经脱离了社会实际,并对自由教育的理念加以改造。这一时期的代表主要介绍如下。

1. 纽曼(Newman)

英国高等教育思想家纽曼,在他发表《大学的理念》的系列演讲时,传统的英国大学面

---

① 黄福涛. 外国高等教育史. 上海:上海教育出版社,2003:85.

② 赫·斯宾塞. 斯宾塞教育论著选. 胡毅,王承绪,译. 北京:人民教育出版社,1997:91.

③ 罗伯特·M. 赫钦斯. 民主社会中教育上的冲突. 陆有铨,译. 台北:桂冠图书公司,1994:69.

临着两大危机：第一，古典学的崇高地位受到功利主义者的质疑；第二，神学教育在大学中的地位受到新兴的“无神”大学的挑战。纽曼提出博雅知识和普遍知识的概念，其目的是捍卫古典学和神学的地位。

他在《大学的理念》中全面阐述了他的自由教育思想，即大学应该传授所有的知识；大学的目的是自由教育，是心智扩增，是理性文化的培养；自由教育是最具“有用性”的教育。这无疑是对亚里士多德理性的、非职业的、满足闲暇的自由教育思想的继承和发展。另外，纽曼十分重视自由教育的理性内容。如其所言，“自由教育本身仅仅是发展理智，他的目标就是获得杰出的理智”。[①] 纽曼进一步指出，理智的行动等同于理论的思考。因为理论的思考扩大了人的想象中的行动范围。由此，理论教育应是自由教育的核心。在自由教育日益式微的背景下，纽曼还对自由教育进行了重新解释。他认为，自由教育不是漠视社会的现实需求，而是从培养人的理智的高度去回应社会的需求。

绅士、博雅知识、心智的培育、心灵的教育是纽曼自由教育理论中最重要的几个概念。对纽曼来说，博雅知识最核心的特征是“自成目的的”“非专业性的”“符合绅士身份的”。面对“实用知识运动”的挑战，纽曼希冀重申知识的内在价值，从而为日益陷入危机的古典学辩护。

“知识本身即为目的”的原则，是纽曼自由教育思想的立论基础。这种知识是非功利性、非职业性的，或具体地说是理论性知识。“知识本身即为目的”的原则在于进行“理智的培育”。所谓理智的培育即通过对知识的分析、概括、演绎等过程，建立一种普遍的哲学思想体系。“理智的培育”关键是一种会思考的能力的训练。一个理智得到良好培育的人能更好地履行社会责任，是一个良好的社会公民。虽然纽曼对自由教育的论述其目的之一是为了把神学纳入大学教育，抛开这一层面，我们看到纽曼是从“知识”“理智”“社会”三者之间的关系对自由教育的论述。三者相互依存，层层递进，共同构筑了纽曼自由教育思想的体系。不可忽略的是，纽曼对自由教育的论述始终是以牛津大学的学院教育为其背景的。由此可知，自由教育与学院教育密不可分。[②]

纽曼将普遍知识的概念追溯至百科全书教育传统和中世纪大学。和前人一样，纽曼强调知识的整体性和相互关联性。纽曼最为关切的问题是如何在日益世俗化的世界中捍卫神学的地位。普遍知识概念的提出，其最主要的意图在于捍卫神学教育在整个大学教育中的地位。尽管反复强调理智教育的局限性，但纽曼始终坚持理性和信仰可以调和的立场，坚持自由教育的本质是心智培育和理智教育，教育的根本目的是塑造人。

尽管对带有封建印记的绅士有所不满，但纽曼仍然坚持自由教育旨在养成绅士。他所理想的教育人格是一个“绅士”。为了塑造理想的绅士，纽曼根据各种各样的原则来进行“知识的挑选”。符合这些原则的知识，纽曼称之为博雅知识。18 世纪的绅士教育学说更倾向于从“文雅礼貌”的角度来定义绅士，因此注重用文雅知识来培养绅士。而在纽曼的定义中，绅士是一个具备“训练有素的心智”、拥有哲学式的心智习惯的谦谦君子，因此

---

① 约翰·S.布鲁贝克.高等教育哲学.王承绪，郑继伟，张维平，等，译.杭州：浙江教育出版社，2001：76.

② 于汝霜.自由教育向通识教育的演变.汕头大学硕士论文，2010：8.

纽曼把博雅知识定义为哲理性的知识。

综上所述，在纽曼看来，大学的本质、目的在于博雅教育，即“理智的培育”和“绅士之养成”。然而，理智和绅士都具有自身的局限性，必须用宗教和道德的力量来加以弥补，只有辅之以宗教和道德的力量，大学才能在其本质之外获得完整。

《大学的理念》一书最主要的写作意图在于捍卫古典学和神学的地位，几乎是与从19世纪50年代到20世纪初英国大学的发展这一历史进程相悖的。首先，以古典语言、古典文学为基础的古典教育逐渐让位于以现代语言、现代学科为基础的现代教育。除了传统的数学和古典学之外，现代语言、现代历史、近代自然科学也成了常规性的本科课程，到后期古典语言和古典文学在大学教育系统中普遍没落，沦落为从事古典学研究之学者的专业语言。另外，大学的世俗化日甚一日。从19世纪50年代开始，牛津和剑桥的大门逐渐向非教徒敞开。学院导师独身的要求也在19世纪70年代被废除了。20世纪初，这两所学校彻底废除了参加宗教礼拜的义务性要求。

尽管《大学的理念》一书的写作意图基本上未能在现代世界中落实，但纽曼关于大学理念，尤其是关于自由教育理论的论述已经成为世所公认的经典之谈。

2. 赫胥黎祖孙

自然科学的兴起使得自然科学开始跻身于自由教育课程体系。在这个时期，赫胥黎祖孙二人从理论上把自然科学纳入自由教育，并对自由教育进行了改造。祖父汤姆斯·赫胥黎(Thomas Huxley)在传统自由教育内容的基础上增加了自然科学和实践能力。因此，他的论述在自由教育文献中具有重要的地位。1868年，汤姆斯·赫胥黎在《科学与教育》中的一篇《在哪里能找到一种自由教育》的演讲中提到：“教育就是在自然规律方面的智力训练，这种训练不仅包括了各种事物以及它们的力量，而且包括了人类以及他们的各个方面，还包括了把感情和意志转化成与那些规律协调一致的真诚的愿望。在我看来，教育恰恰就是如此。任何自命为教育的东西都必须用这个标准来衡量；如果不合格的话，我将不称它为教育，而不管对方的权威或势力如何。”

他把自由教育解释为文、理兼备的普通教育，认为真正的自由教育是在自然规律方面的智力训练。这种训练不仅包括了各种事物以及它们的力量，而且包括了人类以及他们的各个方面，还包括例如把感情和意志转化成与那些规律协调一致的真诚的愿望。这种教育适宜于全体自由公民，他们可以选择任何一种职业，国家要求他们能够胜任各种职务。①

汤姆斯·赫胥黎对自由教育做了新的合乎时代的解释，把自然科学纳入自由教育中，同时恰当地处理了自然科学和人文学科在学校中的平衡关系。他把现代社会对人的要求融入自由教育的传统中，使它突破了原来的狭隘性、保守性，获得了新的生命力。汤姆斯·赫胥黎把教育作为一个整体，全面考虑各种教育因素及其相互联系与配属，以造就合乎现代社会和科学技术发展需要的全面发展的创新型人才。这也是汤姆斯·赫胥黎对自由教育论述的创新之处。②

① 托·亨·赫胥黎.科学与教育.单中惠，平波，译.北京：人民教育出版社，1990：59.

② 于汝霜.自由教育向通识教育的演变.汕头大学硕士论文，2010：11.

阿尔杜斯·赫胥黎(Aldous Huxley)是汤姆斯·赫胥黎的孙子。他在其祖父确立的自由教育框架内对自由教育进一步阐述。在《赫胥黎自由教育论》中,阿尔杜斯·赫胥黎认为自由教育应为受教育者做两件事:一是锻炼受教育者的心智和情趣,发掘出受教育者的各种才能;二是供给一个宽阔的机架,其中的杼轴经纬是历史的、逻辑的,包括由物理的、化学的、生物的现象交织形成的种种关系。有了这个机架,一个人生命里耳目所接触的一切事物、心里所经历的一切见解,就各有其附丽的地方,不致茫无头绪,泛滥无归。[①]这两件事前者是智力的培养,后者是一个综合与沟通的原则。这两件事是为了使受教育者为生活做好准备。其中第二件事提供的机架需立足于融会贯通的原则。从融会贯通的原则中所产生的参考用的机架是以人为主体,并观照到整个人生,是有关物质的、心理的、道德的。不仅关注人的理智,还关注人的情绪生活与意志生活。经过自由教育的人是不役于物或不凝滞于物的人。在情绪方面富有同情心,在理智上能洞见一切行为的前因后果,一切行为的含义与可能引起的影响。还能看到个人所处的自然环境与社会环境中的诸般关系。如此,个人才能在时间空间中发现自己所处的是怎样一个地位。赫胥黎还提到,生活必须自由地运用智慧,而政府、经济部门等为了某些目的总是利用各种暗示手段限制这种自由。教育就在于培养人们抵抗暗示的能力。

赫胥黎祖孙二人在自然科学和人文学科的总体框架内论述自由教育。此时的自由教育仍侧重于对人的理智的培育,只不过对人的理智的培育的内容扩展了。人需要在一个更大、更综合的框架内寻求发展,寻求理智的自由以成为理性人。[②]

3. 1828年的《耶鲁报告》

面对科学主义的嚣张,同一时期的北美在1828年出台了《耶鲁报告》(The Yale Report)。该报告又称《为古典学科辩护》(Defence for the Classics),对自由教育哲学和古典课程作了全面辩护。

该报告发表的历史背景在于,来到殖民地的定居者们时时处于危险中,比如发展中的离心力、相互间失去联系、忘记他们共同的社会目的、成为社会分裂的牺牲品等。文化是使人们之间交流成为可能的共同编码,传递文化是学校的责任。对殖民地领导者子女们的教育是加强社会凝聚力的一种有效方式。一种共同的教育使殖民地精英形成一种凝聚力,从而确保社会整体的生存。[③]

该报告指出,学院(college)不同于大学(university)、科学院、专门学院,学院本科生教育不是完成性教育,而是为了奠定所有专业的共同基础的奠基教育,目的在于"心灵的训练和心灵的装备"。学院课程的主导性目的不应该是专业训练,而应该在于用经常的、严格的训练来发展学生的官能,而古典学科本身就是一种对心智官能的最有效的训练。另外,该报告坚决主张保持学院的高雅特点,即保持尖子传统和象牙塔形象,扩大招生人数来增加学院收入只能是一种短期性利益。长此以往,教学质量必然降低,从而影响到学院声誉。

报告还指出,以古典文学为基础的自由教育将会促进美国人民的政治自由。"古典文

① 赫胥黎. 自由教育论//潘光旦. 潘光旦文集第13卷. 北京:北京大学出版社,2000:28.

② 于汝霜. 自由教育向通识教育的演变. 汕头大学硕士论文,2010:12.

③ 于汝霜. 自由教育向通识教育的演变. 汕头大学硕士论文,2010:8.

学的典范一旦交付青年学子之手，将不负使命，使其心灵欣然接受自由的原则”。古人代表了“自由的质朴典范”，如果不能通过古典文学来欣赏这些典范，美国人的智力水平和道德水准将大为下降，他们也不能很好地实践自治的权利和特权。

耶鲁学院教育立基于官能心理学理论，重视对学生进行理智的训练。理智的训练是使学生各方面的智力和才能都得到发展，为完全教育打下广泛、坚实和深厚的基础。在学院课程中，强调在文科和科学各个不同分支之间保持一个合理的比例以促进学生的均衡发展。学院教育是大家按同一进度学习，学习同样的课程。学院教育排除了专业学习，也不包括商业、机械或农业等涉及细节的知识教育。主要是理论知识的学习，同时将理论与事例相结合进行有效教学。面对学院教育古典研究和“死亡语言”的质疑，报告认为：“古典研究之所以非常有用，并不仅仅因为它奠定了正确品位的基础，它还培养了拥有基本观念的学生，并且古典研究本身也具有有效的训练意识形态的功能。”①

同样，古典训练成为专业学习的必要准备。语言的理解和运用对神学和法学专业的学生尤为重要。它也为其他专业的学习，如医学、物理学等奠定了基础。虽然报告被认为是保守的，但报告也为工业化时代学院课程的现代化留有余地。官能心理学、在文科和科学之间取得平衡的教育要求、在新领域开发课程，把这三者结合起来使学院教育不必屈于课程激增的无政府状态以保持学院教育的一致性。耶鲁报告不是要回到理想的过去，而是要保持传统的结构——古典课程，同时对这个结构做出改变以适应现在和将来不断扩大的企业社会。

在大半个世纪的争论之后，科学教育最终战胜自由教育成为了高等教育的主导部分。大学不再仅仅是知识传递的地方，同时更是知识创造的地方。19 世纪后期，科学主义教育开始进入美国，便与功利主义思想结合起来，很快地取得了主导地位，使得自然科学和实用主义的地位也水涨船高。而人文课程和古典学科则史无前例地被冷遇，导致了维布伦、弗莱克斯纳、赫钦斯等人的强烈不满。论争的主战场也从欧洲转移到了美国。

二、通识教育

自由教育是一个不断演变的概念，在这种变化的过程中不断留下具有时代特色的历史印记。随着社会和经济发展，以理智培育为目的的自由教育在 19 世纪后期开始遭遇专业教育的挑战。学科制度化和学术专业化的不断推进，动摇了当时自由教育的基础，理智培育在现代大学的地位逐渐式微。传统的自由教育理念和课程开始无法完全满足社会发展的要求，自由教育开始在社会环境和时代背景的压力下进行革新。而在这个时候，实用主义、科学主义、国家主义等教育价值观对社会价值观念的影响和专业教育不可抗拒的趋势，使人们逐渐意识到，教育的这种发展趋势将极易造成人们在理性和知识上的偏向性，并由此不断走向专业主义和科学主义的泥沼中。因此，从 19 世纪后期开始，欧洲传统的自由教育思想逐步在美国演变为通识教育（Genenal Education），以弥补专业教育所存在的褊狭。

① 耶鲁报告(二).蔡虹焰，陈凤娟，文静，等，译.国际高等教育研究，2008(2)：26.

美国早期学院实施的是以希腊文和拉丁文为中心的西方古典人文教育，但随着1870年后美国开始现代转型和经济快速发展，传统的人文教育被看成不适合社会经济发展，美国高等教育在19世纪末发生重大的转向。其一是通过了赠地法案。在美国除了按照英国古典大学模式建立的少数传统大学，如哈佛和耶鲁大学之外，在州政府支持下，美国许多州还创立了许多新型教育机构，如主要传授农工技术的公立"赠地学院"、受法国专门学院影响创立的军事和技术性学院以及受德国柏林大学影响产生的研究型大学等。赠地学院和州立大学迅速发展，"使得美国现代公立大学体系开始形成"。其二是以霍普金斯大学（1876年）和芝加哥大学（1892年）的建立为标志开始了美国现代大学的转型。这两所大学以"德国大学模式"取代了"英国大学模式"，不再强调传统的古典文化的人文教育，而是强调以自然科学研究方法为取向的"研究"为主的专业教育。美国以往的以古典语言和古典文化教育为中心的传统教育体制到19世纪末基本瓦解。①

高等教育的体系在工业化发展和社会生产力发展的驱使下逐步向多样化改变。欧洲传统的自由教育理念已经无法满足社会发展的需要。在这种情况下，美国高等教育界出现革新的呼声，提倡发展新的教育理念来取代已然不合时宜的从英国引入的自由教育理念。不少大学校长也开始在实践中进行此种改革。通识教育开始走上历史舞台，以自由教育的替代物身份来弥补专业教育与职业主义的偏窄。

如果说，17世纪到19世纪的自由教育指的是对绅士的教育的话，那么，从19世纪末至今，美国的通识教育指的则是对人民的教育。关于这一点，美国教育家威廉·阿特金森1865年在麻省理工学院的演说中就已经有非常清楚的论述。阿特金森在演讲中对英国的公学教育进行了毫不留情的批评。在他看来，英国人通过公学和大学体系对统治阶级（绅士）的教育是完全失败的，未来社会的支柱将是"中产阶级"。作为一个共和国，美国应该将希望寄托于对人民的教育："我会毫不犹豫地说，我们的共和政制的最后成功，取决于我们的共和教育的成功，这种教育比其他任何东西都更为重要。……对人民的教育。"②

阿特金森指出，美国是一个完全自由的共和国，教育的福祉应当惠及全部的民众，使之满足"自由的、自治的人民"的需要。在自由民主社会中，每个人都具有参政权。因此，所有人都需要接受与其公民身份相适应的教育，也就是传统上的自由人教育。正如赫钦斯所指出的，在当代美国，自由教育仍然是针对自由人的教育，但它已经从"少数人的教育"变成了"面向所有人的教育"。③ 哈佛红皮书也指出，当今美国社会，公民取代贵族成为政府的统治者。相应地，"绅士的教育"就成了"公民的教育"。

不同于自由教育，通识教育理论是一种新的教育理论范式。这种新的教育理论范式共享以下核心信念：第一，现代的通识教育理论抛弃了"自由人"与"奴隶"之间的二元划分，主张人人平等，通识教育是面向所有人的教育；第二，各种知识之间不存在由高到低的等级秩序，所有的知识都具有通识性的价值，如会计学和古典学具有同样的功能；第三，通识教育主要是一种知识教育，以训练心智为目的；第四，通识教育和职业教育之间的界线

① 吕向虹.论自由教育向通识教育的演变.闽江学院学报，2008(3)：107.

② William Parsons Atkinson. Classical and Scientific Studies, and the Great Schools of England, 1865: 74.

③ 罗伯特·M.赫钦斯.民主社会中教育上的冲突.陆有铨，译.台北：桂冠图书公司，1994：61.

不是绝对的。

当然，通识教育理论与自由教育理论也存在一些共通之处，这主要表现在两者均崇尚“博”与“通”。18 和 19 世纪的自由教育理论，均意指非专业性的通识教育，到 19 世纪中叶，通识教育已经独立于自由教育，成为崭新的教育学概念。

（一）通识教育的最初表述

19 世纪初期，当时的美国耶鲁大学在对教学情况调研的基础上，形成了著名的《耶鲁报告》。该报告主要论证了任何一个学科、任何一门课程都在学生心智发展中有独特的功用，进一步指出大学应该为学生提供全面且均衡的教育。

1828 年，美国博德学院的帕卡德教授为支持《耶鲁报告》，在北美评论上撰文为大学课程设置中的公共课部分（当时包括古典语文、文学和科学课）辩护，认为作为进行专业学习的前提，学生必须学习这些公共课以得到应有的培养，这部分教育是通识教育。他指出，通识教育预计给青年一种古典的、文学的和科学的、一种尽可能综合的教育，它是学生进行任何专业学习的准备，使学生在学习特定的专业知识之前，对知识的总体状况能有一个综合且全面的了解。[①] 这是通识教育概念的最早提出。

此后，哈佛大学的希腊文学教授约翰 · 波普金在 1836 年的《关于自由教育的三次演讲》中，开始将 liberal 和 general 连用，并使用了“liberal and general education”的说法。另外，他在演讲中还将 liberal 和 extensive、enlarged 连用，如 “liberal and enlarged education” “liberal and extensive study”。[②] 在他的演讲词中，自由教育的等级色彩已经非常淡薄，几乎与通识教育等同。

1858 年，美国学者托马斯 · 希尔在母校哈佛学院发表题为“自由教育”的演讲。托马斯 · 希尔精通数学，是近代自然科学的热心支持者、培根哲学的信奉者。他在演讲中指出，完整的自由教育应当包括五大门类：神学，心理学，历史学，自然史（包括化学和机械科学、生物学、植物学）和数学。这五类知识缺一不可，古典学并不能代替自然科学的学习。完全建立在古典学基础之上的教育肯定是有欠缺的，“不管我们把希腊经典和拉丁经典学得如何深入，它们都不能给我们提供任何有关自然史的知识”。自由教育应当是建立在自由文化之上的教育。而所谓自由教育，实际上指的是一种百科全书式的宽广的文化：“宽宏的文化包括对任何真理的学习，包括对任何美和善的东西的追求。”作为教育机构，大学和学院应该向所有人民提供“自由文化”（broad and liberal culture）。在这里，liberal 已经完全去掉了阶级的意涵，和文雅、高贵等观念已经完全失去了联系。事实上，托马斯 · 希尔所说的自由教育已经和今天所说的通识教育没有任何实质性的区别。自由教育已经转变成了通识教育，尽管旧的名称还保留着。四年后，也就是 1862 年，托马斯 · 希尔出任哈佛校长。在任期间，希尔积极推动选修课制度，鼓励近代自然科学研究，到埃利奥特就任以后，激烈推进选修课制度，将希腊文和拉丁文清除出必修课程的名目。传统的建立在古典语言和古典著作基础之上的自由教育终于土崩瓦解。

---

① 李曼丽. 通识教育——一种大学教育观. 北京：清华大学出版社，1999：8.

② John Snelling Popkin. Three Lectures on Liberal Education，1836：50.

（二）通识教育的改革发展

在通识教育概念出现后的相当长一段时间内，并未引起人们太多注意。当时的大学教育仍笼罩在“坚持心智训练”的自由教育哲学的氛围中，大学教育的焦点问题是选修制的改革。直到进入20世纪以后，科技促进了经济发展，并逐步占领了大学讲坛，专业教育体系日趋完善。随着人们对自然与社会的认识日新月异，各门科学及其分支学科层出不穷，并不断向纵深发展。与中世纪大学相比，20世纪的大学专业种类大大增加，人才培养也越来越专门化。在教育实践中，社会科学、近代自然科学也纷纷成为通识教育的内容。高等教育的任务不只是培养有修养的公民，而且面向社会，面向职业，培养促进社会经济的专业人才。但是，在专业划分过细的情况下，片面强调职业教育，出现了功利主义倾向及学生知识面狭窄并影响其后期发展等弊端。于是，20世纪30年代，一股通识教育回归的浪潮又在各国高等教育中涌现，有关通识教育的理论和实践问题成为社会思潮关注的对象。

随着工业生产的快速发展，科技知识的不断创新以及南北战争、越南战争等重大历史事件的影响，美国高等教育历史上先后出现了三次通识教育改革行动，逐步明确了通识教育的实施目标，发展并形成了符合现代工业社会中人的素质发展需求的教育课程方案。

1. 哥伦比亚大学改革

美国现代大学通识教育的起点，现在一般都被推前到认为是起源于1917—1919年的哥伦比亚大学。哥伦比亚大学分别于1897年、1916年取消了传统的希腊文、拉丁文入学考试规定，标志着传统古典教育模式的解体。正是在1916年取消拉丁文要求后，现代通识教育的尝试于1917—1919年在哥伦比亚大学开始出现。但这种尝试在最初主要是个别教师的教学实践，经过20多年时间的努力，到20世纪30年代末和40年代初，才逐渐开始成为哥伦比亚大学制度化的现代本科通识教育体制，而这也成为以后很多美国大学的样板。

为了对越来越多的知识门类进行分类和整合，从1930年起，很多美国的文理学院开始采取芝加哥大学的做法，将全部知识及其学科建制划分为人文科学、社会科学、生物科学、自然科学四大领域，并按照这四大领域设计通识教育学程。此时的通识教育概念在外延上已经包括上述四大知识领域。

2. 赫钦斯与芝加哥大学

1928年，赫钦斯(Hutchins)担任芝加哥大学校长后，对当时为进步主义教育哲学所支配的美国高等教育颇有微词，认为这种教育未能给学生提供富有成效的“心智训练”，学生从学校学到的只是一些“信息”而非知识。他对美国的高等教育状况和方向进行了全面的批判，批判美国高等教育已完全走入歧途，充满了功利主义、实用主义、唯科学主义、唯技术主义、唯市场取向的庸俗化方向。1936年他发表《高等教育在美国》，指出美国教育从中学到大学全都已经混乱不堪，完全失去了教育的自主方向，这样下去大学将根本丧失“大学的理念”，只能成为乱七八糟的大杂烩。于是，他强调大学之道首先在于所有不同系科、不同专业之间必须具有共同的精神文化基础，应该接受一种共同的教育，这就是他提出的“通识教育”的主张。如果现代大学没有这样一种共同教育，那么专业分工越来越细的各不相同的系科和专业根本没有任何共同性，也没有任何共同语言，完全没有必要都凑在一个大学之内。只有发展通识教育或共同教育才符合大学之道的思想，才能沟通现代与传统使文明不致断裂。现代大学通识教育的内容必须属于“永恒学习”(permanent studies)的范畴，也就是说这种通识教育的内容不是现代人在现代社会的特殊问题，而是人类之为人类永远需要探讨的永恒内容和永恒问题——“共同人性”(common human nature)和“本族群的属性”(the attributes of the race)。而对这些永恒性的研究，其精华首先体现在西方文明自古以来的历代经典著作中，这就需要让大学生在进入专业研究之前首先研究“西方经典”或“伟大著作”(great books)。①

作为永恒主义教育的代表，他对美国高等教育中的职业主义进行了严厉的批判。他认为职业主义给大学带来诸多不良后果。第一，职业主义导致大学课程的庞杂和混乱；第二，由于职业主义观念主导下的课程设置仅局限于那些与经验、传统或国家考试有关的学科，致使课程的智力含量降低，经验比重上升，这无助于大学知识的积累和创新；第三，职业主义剥夺了大学存在的合理性依据，职业主义通过功利或结果的压力剥夺了大学为自由追求真理提供场所的借口。②

他认为，通识教育的任务是培养人的理智德性，或者说，训练人的心智。他明确指出，通识教育的目的不是传统绅士教育所鼓吹的性格塑造，而是旨在发展人的理解力和判断力。通识教育是一种人人都应该接受的教育，是属于所有人的教育。这种教育对每一个人都有有用性。高等教育的首要目的是发展理智能力，其他的任何目的都是次要的，课程应建立在基本而且具有永恒价值的研究上。而名著是古今人类的智慧精髓及文化宝藏，是通识教育取之不尽的教材来源，经过去芜存精的筛选，即可作为通识教育的最佳内容。只有加强名著式的通识教育，才能培养“通才”。

赫钦斯在人性论上认为人性有不变的方面，即人的理性、美德和精神。坚持通识教育在于理智的培育。他在《美国高等教育》中重点对通识教育的内容进行了讨论。通识教育的目的是培育人的理智。理智指能正确地思维的习惯。通识教育的主要部分是永恒的学习，即多个世纪以来的经典名著。通过对经典名著的学习可以发掘出我们人性的共同点，将人与人、现在与过去联系起来，增进人类的思维。学院和大学的任务是训练学生的心智，把实践经验交给生活。所以通识教育不包括技术教育，除非它的作用只是使一定的原则得到更好的传达。为了能够阅读名著，需要把文法、修辞、逻辑纳入自由教育中，再加上数学。

直到 1942 年，赫钦斯的四年制本科生方案终于被通过。其改革实质是把哥伦比亚大学 2 年的通识教育扩大为 4 年本科的通识教育，这一模式于二十世纪三四十年代成型。芝加哥大学由此建立了美国现代研究型大学中最强化通识教育的本科教育制度。但由于该模式目标太高，之后又不得不改成本科前 2 年通识教育而后 2 年转向专业教育。

3. 哈佛大学的《哈佛报告》

1945 年，哈佛大学校长科南特(Conant)认为第二次世界大战后，大学生应该研习的内容以及大学的教育目的等重大问题，都需要进行重新讨论，因而请哈佛文理学院院长巴

① 吕向虹. 论自由教育向通识教育的演变. 闽江学院学报，2008(3)：108.

② 单中惠，杨汉麟. 西方教育学名著提要. 南昌：江西人民出版社，2000：432-433.

克(Paul Buck)组织一个委员会进行研究,历经一年半,于1945年形成《自由社会的通识教育》(*General Education in a Free Society*)。这也称《哈佛报告》或"红皮书",成为关于高等教育中通识教育的经典著作。

科南特认为如果公立教育制度的目的是发展一个自由民主国家的有效公民,那么通识教育的方向便是视书本教育是达成民主公民教育的途径之一,书本教育并非教育的全部。科南特还认为,教育功能一方面是基于教育机会均等的原则,充分发挥个人的潜能,以达到美国民主社会的理想。另一方面,教育是社会的历程,是达成民主理想的途径。

该报告指出,现代社会的最基本的特点是社会的高度分化。社会的离心力极大,不同阶层之间、不同职业之间、不同年龄群体之间,都日益缺乏共同语言,因此难以达成社会共识。如何使这些不同阶层、不同职业、不同年龄的人之间能够有共同的语言而能相互沟通而达成社会共识,这是现代社会面临的严峻挑战。解决之道在于要提供一种"共同教育",奠定不仅是一所大学的共同文化基础,而且是要奠定美国现代社会的共同文化基础,实际就是要打造美国文化共同体或"美国文化的熔炉"。它认为教育的目的在于培养完整的人,即能有效地进行思考、清晰地交流、明智地判断和正确地辨别普通性价值的人。①

报告在全面总结哥伦比亚大学和芝加哥大学经验的基础上指出,高等教育首先要克服过分专门化倾向,应通过人文学科、社会学科、自然学科三大领域的课程学习帮助人有效地思考、交流思想、做出适当的判断并区别不同的价值观念,从而实现赋予人们生活中必须具备的各科知识、能力、思考、信念、修养等的通识教育目标。该报告认为,高等教育不仅是让学生获得信息,或获得特殊技能和才能。作为一个公民,除了应有丰富的知识之外,还应具有感情和实践经验,特别重要的是应该具有价值判断的能力。作为高等教育,必须对学生进行通识教育,以便为社会成员提供共同的知识体系,使更多的未来公民理解责任和利益。②

另外,该报告还对通识教育的目的进行了详细的阐述。通识教育的目的在于培养"完整的人""健全的人"和"自由社会中的健全公民"。同时,又进一步明确,这样的人必须具备四种能力,有效思考能力,能清楚地沟通思想的能力,能做出合适明确判断的能力,能辨识普遍性价值的认知能力。能有效地思考——训练学生逻辑的思考能力,以敏锐的眼光对庞杂主题深入思考及了解,绝不将别人的"意见"作为自己的"常识",以理性态度学习各种学识及技能,培养生活情趣,调整并建立良好的人际关系,成为具有包容胸襟及尊重民主制度的公民。能清晰地沟通思想——培养学生能够清晰地表达意见,进而与他人相互沟通信息及学识来适应科技高度发展与工作变换迅速的社会,成为品德高雅、情绪稳定、乐观进取的公民。训练学生能够明确地判断是非的能力,将自己学习的人文科学、社会科学及科学思想适切应用到实务上,凭着个人灵明的判断,将理论应用到实际生活的实务上,确立自己的生活哲学、适切的生活方式、良好的生活嗜好。使得国家的文化传统得以传承,使得人类明辨是非。长此以往,这将成为生活的艺术、经验及习惯,有助于提升人类

① 于汝霜.自由教育向通识教育的演变.汕头大学硕士论文,2010:13.

② Committee on the Objectives of a General Education in a Free Society. General education in a free society: Report of the Harvard Committee. Cambridge, MA: Harvard University Press, 1945: 7.

的生活质量。能辨识普遍价值——熏陶学生辨识人类社会普遍存在的价值观念，就是以道德教育辨识“善”的仁慈、诚实、公平、勇气的价值观念，以知识教育辨识“真”的追求真理及研究学术的价值观念，以鉴赏能力辨识“美”的欣赏美术、音乐、戏剧的价值观念。按照这样的思路来理解，通识教育是以“学生”为本位的教育理念，使学生具有统整的知识与学识。其教育目的是以宏观、远大、有器识的基本认识为基础，使学生充分了解人类文化与历史、世界环境与人文素养。①

《哈佛报告》可以说是第二次世界大战结束后对哥伦比亚大学、芝加哥大学改革实践的社会学总结，把通识教育提到打造“美国文化熔炉”的高度，不仅是对当时的美国、对现在的高等教育影响也是巨大的。从《哈佛报告》可以看出，通识教育的重点已经从个人转而偏向了社会，也就是由书本教育转向了社会公民教育。它的目的在于培养自由民主社会的公民，给自由民主社会提供共同的文化基础。仍然与自由教育一脉相承的是，它重视培养完整的人，重视知识的整体。但是它为个人提供了选择的自由，为个人潜能的发展提供了机会，这样做，更有利于自由民主社会公民的培育。因此，该报告至今都是了解美国大学现代通识教育的基本文献。

二十世纪六七十年代，民权、反战和学生运动高涨，学生运动以自由为名反对任何公共必修课。校园的学生运动和骚乱使原先的大学通识教育课程全面瓦解。迫于形势，很多大学放任学生选课，通识教育一度衰落，产生本科生质量下降、学生知识结构、智能结构不合理的结果。至 20 世纪 70 年代中后期，社会、家长和大学呼吁重新恢复必修通识教育课程。顺应这一形势，1979 年哈佛大学首先进行通识教育课程改革，试行了与 1945 年报告完全不同的通识教育方案，也称为罗索夫斯基方案，用核心课程代替原有的通识教育课程，发表了《关于核心课程的报告》。核心课程是指“一个综合传统独立学科中的基本内容，以向所有学生提供共同知识背景为目的的课程设置”。② 该报告将核心课程分为五个领域，包括文艺领域、史学领域、社会领域与哲学分析、科学领域、外国文化领域。在以后的教学实践中又不断地进行完善，1985 年加入道德思考，使通识教育课程领域涵盖六大类。哈佛大学进行通识教育课程改革，用核心课程代替原有的通识教育课程，后来经过不断改革，到 2005 年形成的架构是，本科生四年所选的 32 门课中，必须包括 16 门专业课，8 门选修课，8 门核心课程。③ 哈佛核心课程作为美国大学本科教育课程的典型代表，给其他国家带来了很大的影响，成为了许多国家尤其是发展中国家通识教育改革的风向标。

在上述三次通识教育的改革之外，反响较大的还有斯坦福大学在 1987 年进行的通识教育改革。这次改革成为了全美大学的争论中心，甚至成为政治风暴中心。但实质上课程设置的改变并不大，并且也没有在大范围推广开来。之所以引起争议，是因为美国通识教育一直遵循着一项原则，即基本课程设置以巩固学生的“西方文明认同”为目的，而斯坦福大学通识教育改革引入了所谓的“杂多文化主义”(multiculturalism)，让学生读了一点点非西方文明，把最时髦的西方文化思潮例如性别、种族分析引入通识课程。这从而引发

① 赵立波. 人文发展与通识教育问题初探. 复旦大学博士论文，2008：32-33.

② 刘森，骆少明. 2008 中国大学通识教育报告. 广州：广东人民出版社，2009：212.

③ 李成明. 美国大学通识教育的历史发展. 东南大学学报(哲学社会科学版)，2001(2)：117-120.

了自 1980 年一直贯穿到 1990 年的通识教育要贯彻“西方文明中心”还是“杂多文化主义”的大辩论。①

从 20 世纪 60 年代开始的改革，打破了高等学校传统的各学科相互孤立的状况，开始出现了多学科交叉、融合的新取向，通识教育的“通”逐渐体现为“贯通”的“通”，推崇各个学科之间的联系性和一致性，从而杜绝了各个学科之间彼此孤立或脱节的隔离状态。接受通识教育的学生不但可以致力于某一专业的研究，而且还可以广泛涉猎多门学科知识，在遇到难题时可以从多领域、跨学科的角度进行思考。从这个时候起，通识教育基本具有了现代意义上的内涵。

（三）通识教育的传播与影响

通识教育作为西方高等教育的一项重要传统，在第二次世界大战后，随着美国在全球范围内政治、经济、军事和文化等方面影响的不断加强。包括通识教育课程在内的美国高等教育模式逐渐被引入到其他国家和地区的高等教育领域，并在一定程度上影响了这些国家和地区的高等教育改革。但不论是西方国家还是其他国家和地区，通识教育的发展都经历了一个从不熟悉甚至被忽视到被重视的过程。

1. 日本的通识教育发展

美国的通识教育在第二次世界大战后被介绍到日本。战后，根据美国教育使节团的建议，日本大学按照美国模式在大学本科教育中引入通识教育理念并设置相应的课程。

到 1991 年日本掀起新一轮全国范围的大学本科教育改革为止，除东京大学和少数私立大学外，日本大学本科教育课程由通识教育课程和专业教育课程两大部分构成。通识教育课程包括通识教育科目、外语和保健体育科目三大部分。其中，通识教育科目由人文、社会和自然科学三大类中的有关科目组成。人文类包括哲学、伦理学、历史、文学、音乐和美术，社会科学类包括法学、社会学、政治学和经济学，自然科学类则主要包括数学、物理、化学、生物学和地质学等科目。战后日本大学教育改革只是在第一、二学年按照美国模式开设一般教育课程，在第三和第四学年仍然保留了专业教育课程。②

从 1999 年开始，课程改革进入第二阶段。1998 年 10 月和 2000 年 11 月，日本大学审议会分别提出了《21 世纪的大学与今后的改革方案》和《全球化时代的高等教育》报告。这两份报告具体指出，大学课程改革不仅要改变通识教育与专业教育的关系，重视通识教育，而且在课程设置与教学组织等方面，以美国大学、特别是文理学院型课程模式为样板，在本科教育阶段主要进行教养教育，专业教育则集中在研究生阶段进行。③

2. 中国香港的通识教育发展

1951 年创办的香港崇基学院在美国通识教育理念的影响下，模仿美国的大学开设“人生哲学”。1963 年该学院改为香港中文大学后，“人生哲学”课程改为“通识教育”课程，并在其学生手册中明确规定“通识教育课程旨在推行均衡教育，以扩展学生的视野，训

---

① 甘阳，陈来，苏力. 中国大学的人文教育. 北京：三联书店，2006.

② 黄福涛. 90 年代日本大学课程改革的新动向. 高等工程教育研究，1997(4)：65-70.

③ 黄福涛. 面向 21 世纪中日本科课程改革的比较研究. 清华大学教育研究，2001(4)：126-133.

练其抽象与综合思考的能力”。20世纪90年代后，该校的通识教育课程被香港各大学普遍接受。①

根据有关资料，香港中文大学通识教育课程由两部分组成：大学通识教育和书院通识教育。大学通识教育科目由大学各学系共同开设，内容包括四大领域：文化传承、自然、科技和环境、社会与文化以及自我与人文。所有本科生必须在每个领域内至少选修一科。课程设置主要分为四个层次：第一层次，中国文明；第二层次，分科课程；第三层次，跨科课程；第四层次，学院科目。其中第一层次属于必修课程，第二、第三层次属于选修课程，而第四层次属于各学院开设科目。② 书院通识科目讲授有关大学、通识教育及普通社会问题的基本知识，目的在于加深学生对大学教育及现代社会的了解。除了传统的授课和讲座外，还采取专题讨论、书院周会及月会、海外学习团等多种形式。活动强调学生们的参与、分享及交流，一方面开拓他们的视野，另一方面促进学生们跨学系的沟通和合作。

到20世纪90年代后期，我国内地与香港在文化教育领域交流得到了更大程度的加强和深入，香港中文大学的通识教育概念与课程设置也随之对内地一些院校实施通识教育课程产生了较大的影响。

3. 中国台湾的通识教育发展

在美国教育改革的推动下，中国台湾通识教育自20世纪50年代就开始了尝试。1956年美国基督教会在中国台湾创办的东海大学申报开设“宏通教育”，后被批准于同年开办了“通才教育”，并聘请美国专家来台指导。东海大学由此形成通才与专才教育并重的办学特色，培育了不少人才，教育水平得到较大提升。20世纪70年代后，台湾地区通识教育又有了新的发展，台湾“清华大学”在积极推进通识教育方面成绩斐然，不仅编制了较为系统的课程体系，而且编写了《人文学概论》《社会科学概论》等重要教材，聘请著名学者讲授相关专题，组织活动，一时颇具影响。20世纪80年代，台湾教育事务主管部门要求在“文学与艺术”“历史与文化”“数学与逻辑”“物理科学”“生命科学”“应用科学与技术”等七大学术领域开设各种共同选修科目，规定每位学生必须修习4～6学分的通识教育课程，通识教育在台湾地区蓬勃兴起。

台湾地区通识教育在两大力量推动下得到发展。一是1987年7月台湾当局解除“戒严令”，教授治校带来新的学术发展、高新技术浪潮此起彼伏，推动了教育的改革；二是1984年4月台湾通识教育学会成立，《通识教育季刊》同时创刊，有力地推动了台湾地区通识教育的发展。1986年，台湾“清华大学”依据“大学通识教育选修科目实施要点”公布后的情况，举办首届“大学通识教育研讨会”，引起广泛的关注。1991年，在“第四次中国台湾科技会议”的提案中，通识教育问题被列入相关研讨条款，由此揭开了正式推进大学通识教育的新阶段。

继1998年普通院校通识教育评鉴对台湾地区通识教育起到重大推动作用之后，2001年台湾地区又组织了对技术与职业院校通识教育评鉴，通识教育由此成为台湾高校建设的重要内容。在课程设置方面，各高校都有自己的见解，但基本上都分为正式课程和非正

① 冯增俊. 香港高校通识教育初探. 比较教育研究，2004(8)：66-70.

② 刘森，骆少明. 2008中国大学通识教育报告. 广州：广东人民出版社，2009：51.

式课程两类。正式课程主要采取"人文"与"自然"交互选修的方式,而非正式课程即"潜在课程"作为正式课程的补充则种类繁多,包括校园文化建设,宿舍分配等。经过二十余年的发展,通识教育终于从当初少数学者的奔走呼号发展到今天受到人们普遍重视。

现在,台湾地区的通识教育发展到了一定的规模。首先,形成了比较鲜明的教育理念。虽然各高校的办学理念不同,相应的通识教育理念也有所差异,但各高校都有自己比较清晰地理念指引,并形成了"全人教育"的共识。其次,组织机构规范、有效。各高校基本都有系统的组织保障和运作机制。并且经过多年的探索已形成了较为完备的课程体系。同时,台湾地区大部分高校已建立了正式的通识教育评估制度,由台湾地区通识教育委员会专门聘请专家小组负责评鉴事宜。①

4. 中国内地的通识教育发展

中国现代意义上的大学是从西方引进的,通识教育与大学制度一起也被引进。但是,在中国特定的历史和社会条件之下,通识教育理念的内涵和外延都在发生变化。蔡元培先生提出要培养"硕学闳材",要"融通文理两科之界限",主张文理"兼习"。只是在当时救国图强、求才急切的环境中,这种主张不可能得到切实的推行。"经世致用"更为人们所接受,连当时以西方教育制度为楷模的教会大学,也不得不变通地大量开设实用科目。重视专业训练,传授一技之长,是当时中国大学普遍的现象。

到 20 世纪 30 年代,一些在西方大学受过良好教育的归国之士,看到了过于重视专业培养的弊端,大力呼吁通识教育。清华大学的梅贻琦先生接受了美国的通识教育思想,但他不是简单地照搬,而是根据中国的实际努力探索,发展了通识教育的理念。清华创办之初,他担任教务长,就提出大学本科四年的课程应当按"先通后专"来设置。第一年实施通识教育,第二年再进入专业领域。1931 年他担任校长以后,进一步主张"学问范围务广,不宜过狭,这样才可以使吾们对于所谓人生观,得到一种平衡不偏的观念。对于世界大势文化变迁,亦有一种相当了解。"抗日战争时期,他发表了《大学一解》,更加鲜明地提出"通识为本,而专识为末","通重于专"。他的这些理念付诸实践,使得清华大学的人才培养在当时独树一帜。1933 年清华大学曾经针对学生过于重视实用学科的情况,实行新生入学不分专业的制度。这种课程结构模式后来也被西南联合大学所继承。当年的清华大学、西南联合大学培养出了许多大师级的学者,跟通识教育是分不开的。正是在梅贻琦这样一批有识之士的积极倡导下,通识教育的理念开始在中国的大学当中生根。

中华人民共和国成立后,我国的高等教育开始有了全新的发展。在 20 世纪 90 年代之前,我国实行计划经济体制,高等院校的本科教育主要是以专业教育为主,通过院系调整、专业设置、统一教学计划、实行学年学时制等举措,确立了"专门化"这一高等教育发展的主流方向。大学本科教育除了全校公共课或基础课、专业基础课和专业课之外,还没有引入通识教育概念。这个阶段的高等教育,在人才培养模式和课程设置中存在着明显的缺陷,突出地表现在"一是对专业性的过分追求;二是对实用化取向的过分强调"。② 这种现象使得在改革开放之前,专业教育在我国的高等教育中占据了支配性地位,而在不同程

① 程洁如. 通识教育的理念和功能诠释. 暨南大学硕士论文,2010:12.

② 卢晓中. 素质教育——高等教育不容忽视的命题. 江苏高教,1998(6).

度上忽略了通识教育、道德教育以及身心教育等，从而导致大学生综合素质的普遍低下。

改革开放以后，我国的政治经济体制都有了前所未有的变化，高等教育也逐渐从精英化走向大众化。在这种情况下，专业教育已经无法解决大学生全面发展的问题，对大学生进行素质教育的呼声也从 20 世纪 80 年代起开始日益高涨起来。[①] 20 世纪 90 年代中期，中国教育界开始提倡“人文素质教育”或称“文化素质教育”，并逐渐深入到中小学以及大学教育中。

最先提出“人文素质教育”的是华中科技大学。从 1994 年起，针对高等教育出现“重理工轻人文、重专业技能轻综合素质”的弊端，华中科技大学（当时名为“华中理工大学”）率先在大学生中实施文化素质教育，从举办具有启迪思维、开阔视野、加强修养作用的人文讲座入手，营造人文素质教育的良好氛围，构建大学生文化素质教育体系。1997 年，华中科技大学第一个在全国高校中创办了大学生文化素质教育基地。与此同时，学校出台了多项教学改革措施，将素质教育纳入教学计划中，使得一批高素质优秀学生脱颖而出。

同一时期，国家也发布了一系列实施素质教育的文件与教育规划。1999 年春，教育部选定 32 所大学作为大学生文化素质教育基地，且由华中科技大学负责出版了《高等学校文化素质教育通讯》。同年 6 月，中共中央国务院关于《深化教育改革全面推进素质教育的决定》出台，文化素质教育在高校广泛推行。[②] 至 2006 年 3 月，教育部批准在 104 所高校增设 61 个国家大学生文化素质教育基地，使人文素质教育进入到全面推进的新阶段。

人文素质教育是指一种旨在培养受教育者人文精神、提高其人文素养的教育模式。它的目标是提高学生的文化水平、理论修养、道德情操，教会学生如何做人。人文素质教育是我国素质教育的重要组成部分。其内涵是通过人文学科的知识教育、环境陶冶和社会实践，促使学生通过自身的内化和发展逐步形成一种稳定的内在品质和价值取向，最终使学生形成高尚的道德情操、高品位的人格修养以及创造性思考能力和多维的知识视野。就高等教育而言，实施人文素质教育的目的旨在改变高等教育过分强调专业教育而忽视大学生综合素养培育的状况，促进人才素质的全面提升。尽管文化素质教育的内涵要比通识教育狭窄一些，但它可以看做是通识教育的重要构成部分，文化素质教育的推行可以看做是通识教育的全面展开。

进入 21 世纪以后，我国高校广泛开始进行通识教育改革，借鉴欧美国家的先进经验，结合我国古代的教育理念，加大实施通识教育的力度，不断充实文化素质课程的内容，增加其课时比重。通识教育已经成为各高校教学改革的重点之一，是教学计划的重要组成部分。其中，北京大学的元培学院、中山大学的博雅学院、复旦大学的复旦学院以及香港中文大学的书院制等都可以看作我国高校近年来通识教育改革的卓越成果。

---

① 王本法.简论通识教育的历史嬗变和时代内涵.济南大学学报（社会科学版），2005，(3)：75.

② 王珂.高校文化素质教育工作的回顾与思考.医学教育探索，2008，(7)：755-756.

通识教育的观念与模式在第二次世界大战后的全球扩散[①]

沈文钦[②]

内容提要

一、导　　论

在思想史或观念史研究中，一种思想、一个学说或一个概念是如何传播或被接受的，这是特别受到关注的议题，例如彼得·伯克研究了卡斯蒂利奥内(Castiglione)的《论廷臣》一书是如何在欧洲传播的，通过这个个案，他探讨了观念是如何扩散并被接受的这一理论性问题[③]。社会学家布迪厄则分析了思想在国际上流通、传播的社会条件[1]。特定的教育概念和实践是如何在不同的文化之间传播的，这是比较教育研究者特别关注的议题[④]。英国比较教育研究的领军人物大卫·菲利普斯(David Phillips)最近二十多年一直在关注教育中的政策借鉴现象。罗萨·布鲁诺—佐弗雷(Rosa Bruno-Jofré)和尤根·施瑞尔(Jürgen Schriewer)等人对杜威教育思想如何 在世界各地传播并被再解释的过程进行了分析[⑤]。

在高等教育研究领域，伯顿·克拉克1983年出版的《高等教育系统》一书特别指出高等教育形式与观念在国家之间的传播是高等教育变革的主要途径之一，应该引起研究者的特别关注，但他也遗憾地发现，学界对这一问题的研究非常不够[2]。可喜的是，这一议题在最近二三十年已经引起了越来越多的高等教育研究者的关注。例如，陈洪捷分析了西方专业教育观念在中国晚清的传播[3]。罗兰德·尤斯塔斯(Rowland Eustace)分析了英国大学拨款委员会(UGC)模式在非洲的传播[4]。德国学者斯文格斯(R. C. Schwinges)等人分析了洪堡大学模式起先在普鲁士各州，接着在北美、欧洲、亚洲等国家和地区传播的历史[⑥]。

在高等教育的观念与模式当中，通识教育具有非常重要的意义。通识教育的概念源自希腊文中的Eleutherion Epistemon和拉丁文中的Artes Liberales。17世纪，英国在古

---

① 第三届高等教育发展与评估学术论坛(海峡两岸)主题演讲文稿。

② 沈文钦(1981-)，男，广西北流人，北京大学教育学院副教授，教育学博士，研究方向为现代大学制度。

③ Burke, Peter. The fortunes of the Courtier: the European reception of Castiglione's Cortegiano. University Park: Pennsylvania State University Press, 1996.

④ Tanaka, M. The cross-cultural transfer of educational concepts and practices: A comparative study. pidcot: Symposium, 2005.

⑤ Rosa Bruno-Jofré and Jürgen Schriewer. The global reception of John Dewey's thought: multiple refractions through time. New York: Routledge, 2011.

⑥ R. C. Schwinges. Humboldt international: der Export, des deutschen Universit? tsmodells im 19. und 20. Jahrhundert. Basel: Schwabe & Co, 2001.

希腊罗马的基础上发明了英文词汇"博雅教育"(Liberal Education),到18世纪末19世纪初,英国人又发明了"通识教育"(General Education)一词,作为与"博雅教育"基本通用的同义词,一直到19世纪下半叶,这种以培养绅士为宗旨的通识性教育模式都在英国大学中占据主导地位。但也是从19世纪下半叶开始,博雅教育传统在英国逐渐式微①。和英国形成鲜明对比的是,20世纪的美国在大力发展研究型大学、研究生教育的同时,在本科教育中保留了强调通识教育的传统,并持续兴起了几次通识教育运动,发表了无数有关通识教育的论文和报告,以至于很多人都遗忘了博雅教育与通识教育的概念和实践均源自英国,例如美国著名学者玛莎·努斯鲍姆(Martha Nussbaum)就认为,"至少在实践上,通识教育主要是一个美国的理念",因为在大部分的欧洲和亚洲高等教育系统中,大学本科生在一个单一的学科中接受教育,这种教育的性质是职前教育(Pre-professional Education),而非美国的通识教育。她还注意到,通识教育的观念在全世界的影响正在变得越来越大[5]。

二、通识教育:英美与欧陆传统的分野

1. 显性通识教育与隐性通识教育

著名的高等教育研究专家、科学社会学研究者本·大维将通识教育分为显性(Explicit)通识教育与隐性(Implicit)通识教育两大传统,前者的典型代表是美国和英国,后者的典型代表是德国和法国:"尽管以职业的目标为主,高等教育系统仍然包含了通识性高等教育的概念,这种教育超越了为职业生涯做准备的工具性要求。在德国和法国——从19世纪早期开始,他们就已经不在大学中开设通识教育的课程——这些概念在大学教育实践中是隐性的。在英格兰尤其是在美国,这些概念是显性的。美国有独立的并且受到重视的通识课程项目以及文理课程项目,英国也有若干项目提供此类教育。"[6]71

隐性通识教育在法国体现为大学对学术性课程的重视,尤其是对一些基础知识技能——文法、修辞、逻辑、数学——的重视。即便在巴黎综合理工学院(Ecole Polytechnique),教育也是比较宽泛的,注重数学、理论物理等基本学术能力,甚至还开设 经济学、哲学和文学等相关课程。在法国高等教育系统当中,一直到相当晚近的时候,几种普通科目如语法、修辞、逻辑以及数学被认为是所有专业知识的基础。

在德国,隐性通识教育表现为对学生从事原创性研究的能力的重视,学生"由科学达致修养",他们在探索科学过程中所获取的"修养"(Bildung)被认为对学生从事各种职业都是有益的。在德国教育系统当中,普通教育与高等教育之间存在着"质的不同"。在德国,通识教育的任务主要是由文法中学(Gymnasien)来承担的,在这些学校中,学生学习语言学、文学、历史、数学、物理学、化学和生物学等基础性学科。高等教育所承担的任务与中学截然不同,学生必须掌握研究方法,突破知识的疆界,获得新的知识发现,在研究上做出原创性的贡献:"如果不通过研究来探索新问题,知性的鉴赏力和知识的广博就不能被视为高等教育的标志。"[6]72

① 沈文钦.西方博雅教育思想的起源、发展和现代转型:概念史的视角.广州:广东高等教育出版社,2011.

美国是显性通识教育(liberal education)模式的一个范本,它不但保留了通识教育的目标,而且保留了通识教育的内容。目前美国的高校,不管是研究型大学还是文理学院,其本科教育都含有通识教育的成分,本科生的学分当中大约有三分之一左右为通识教育课程的学分,有的高校甚至要求更多。

英国的情况比较特殊。本·大维将英国视为显性通识教育模式的一个代表,并列举了苏克塞斯大学的通识课程项目。但他自己也意识到,20 世纪上半叶后,英国高校几乎整体上放弃了之前的显性通识教育模式,因此英国事实上已经越来越转向隐性通识教育模式。众所周知,现代通识教育理念的直接源头是英国人 17、18 世纪以来所提出的"博雅教育"(liberal education)思想,纽曼在《大学的理念》(1852)一书中对这种思想进行了最极致的表达。尽管英国有深厚的通识教育传统,但进入 20 世纪之后,已经很少有高校在全校层面开设通识教育课程。在英国,学院一级的权力非常大,教授们在决定课程方面拥有很大的自主权。牛津大学、剑桥大学是大学教授自我管理的法人团体,学校一级难以设计出适用于全校本科生的统一性通识教育课程。学生进入大学之后,直接进入某一个学科和专业学习。英国著名的高等教育研究者彼得·司各特甚至不无偏激地指出:"从很多方面看,不列颠或者英国是最没有资格谈论通识教育的——因为它们没有任何通识教育。"[7]因此,在 19 世纪下半叶之后,英国的本科教育尽管保留了通识教育的目标,但和美国相比,其模式是隐性而非显性的。

2. 通识教育与公民教育

除了显性与隐性之分外,德国的"修养"教育传统与英美的博雅教育传统的另外一个显著区别是这一教育与公民教育、政治参与的联系。英美两国有着强烈的公民参与的政治传统,反映在教育上,他们重视公民的教育,注重培养其政治参与精神。由此,英美的博雅教育和德国的修养观念亦不相同。谢尔顿·罗斯布拉特(Sheldon Rothblatt)指出:尽管"修养"的观念强调人的精神成长和自我教育,但其精神旨趣与英国的博雅教育观念并不完全一致。在德国,"修养"是和"纯学术"的观念密不可分的。"由科学达至修养",这一名言表达了科学与修养之间的不可分割的关系。而"纯学术"的观念强调知识的发现以及研究方法,这两点均不为英国的学院所强调。在德国,"修养"的观念表现为教师在研讨班上对理论的阐发、对方法的剖析;在英国,博雅教育的观念表现为公园中的漫步、亲密的师生关系、苏格拉底式的引导。德国式的修养观念并不强调公共生活,学生一旦获取了科学的方法,甚至可以脱离世界去提升自我的修养。托马斯·曼的名作《魔山》以及黑塞的《玻璃珠游戏》都是德国"成长小说"(教育小说)的典范之作。在这两部小说中,主人公都是在脱离世俗喧嚣的场所孤独地进行精神修炼,他们在化外之地寻求自我知识[8]。相反,英国的博雅教育非常强调入世和政治参与。

从教育学概念上也可以反映出英美传统和欧陆传统的差异。德国人最热衷的教育学概念是"修养"(Bildung)和"科学"(Wissenschaft),法国人谈论得更多的是"公共教育"(Instruction Publique)。英美的通识教育或自由教育(Liberal education)概念对德国、法国等国家的影响一直不大。

下面,本文将分析以英美尤其是美国为代表的显性的、注重公民教育的通识教育观念与模式是如何在全球范围内扩散的。

三、显性通识教育模式的回归及其在德日两国的扩散

1. 通识教育功能的再认识

自洪堡 1810 年创办柏林大学以来，大学最重要的职能就是科学研究和专业教育。客观来说，从经费投入、师资投入等指标来看，除了美国之外，通识教育在整个现代高等教育系统中受重视的程度并不高。英国大学也逐渐远离了 19 世纪所珍视的博雅教育传统，专业主义以及它所支撑的专业教育模式似乎一路高歌猛进。

但是，这种基于专业主义和专业社会意识形态的、过度专业化的高等教育模式事实上存在很大的风险，对于这一风险，西班牙思想家奥特加早在 1930 年马德里大学的系列演讲（该系列演讲后以《大学的使命》为名结集出版）中做出了预言，他认为专业教育所塑造的专业人比前人更有学问，但也更加缺乏教养。

第二次世界大战的爆发以及大批接受高等教育者在第二次世界大战中的"不文明"行为似乎验证了奥特加的判断，人们逐渐开始反思极端专业化的弊端。有英美学者甚至指出，德国之所以走上纳粹的道路，和其极端专业化的教育不无关联。他们指出，德国大学对通识教育的忽视导致国民缺乏现代公民的素养。因此，英美占领国认为，应该对德国人进行"再教育"，在德国推行"为民主的教育"。[9]611

正是基于这一认识，学界在第二次世界大战后开始重新定位通识教育的角色，赋予其更加重要的地位。美国高等教育研究者考利（W. H. Cowley）甚至认为通识教育是美国大学最重要的一项功能："美国高等教育履行三项重要的社会功能：研究、专业教育和通识教育。其中最重大的一项功能是通识教育。"[10]

和过度专业教育的弊端相比，通识教育被认为是推动民主政治、教化公民的有力手段。通识教育应当为自由民主社会培养负责任的公民，这正是 1945 年哈佛红皮书《自由社会中的通识教育》(*General Education in a Free Society*)所试图传达的意义。在正文中，这份报告也明确指出通识教育对于公民教育中的意义："所谓旨在培养公民积极、有责任、明智的习惯和品质的教育，显然应该属于通识教育而非专业教育。这种教育当然不能只在正规教育中进行，因为未来公民的培养主要在家庭、教堂、大街或游乐场。但是，无论是中学还是大学，都不能不尝试改善公民素质，因为我们整个生活的福祉正是建立在此基础之上的。"[11]

这是仅就国内的公民教育而言的。在国家与国家的层面上，通识教育还被认为是促进相互理解、避免国际冲突的一剂良药。第二次世界大战期间立下赫赫战功、时任美国陆军参谋长的艾森豪威尔将军在 1946 年《军队中的通识教育》研讨会文章中指出，美国之所以能够赢得第二次世界大战的胜利，一个主要的原因是有一大批受过良好文理通识教育的公民。自然科学家发展了新的武器装备，这一点广为人知。但鲜为人知且同样重要的是，其他学科也做出了重要贡献。例如，语言教师设计了学习语言的新方法。文化与历史专家提供了边远国家的富有价值的信息。历史学家汇集了战争的记录，使得美国军队可以免于重蹈覆辙。经济学家预测了盟军和敌方的实力。政治学家和社会学家则给部队军官提供了良好的培训。在艾森豪威尔看来，这些都属于通识教育的直接功用。从长远来

看，通识教育的意义更为重大。各行各业的从业者都应该克服狭隘的专业倾向，了解自己所在专业的局限以及自身专业与社会的关联，他甚至认为："主要靠通过在各行各业的人群中传播负责任的思想，才可能避免另外一场战争灾难。"他同时指出，人类社会面临着被技术进步所吞噬的危险，"只有良好的通识教育能够提供最好地确保未来的判断力、理解能力和道德感。"[12]

2. 通识教育在德国扩散

第二次世界大战后，民主德国被苏联占领，联邦德国则被英国、美国、法国三国占领。德国大学因为未能阻止纳粹当政以及在第二次世界大战中充当的不光彩角色而备受各方指责。英属德国占领区管委会的教育顾问罗伯特·伯利(Robert Birley)这样批评德国的大学："德国大学尽管有着辉煌的学术传统，但却完全未能阻止一个邪恶的政党来统治德国。……大学并未感觉到自己有责任为国家的公共舆论创造一个良好的智识基础……它们的治理结构将权力狭隘地集中在少数的教授寡头手中。大学教师将自己视为政府公务员，事实上他们也是。他们表现出了一个卑躬屈膝的公务员最坏的缺点。大学完全与社会隔绝，并且被后者所鄙视、仇恨。"[13]32

英美占领方开始试图用民主的原则来改造德国大学，并且试图通过大学的改造来推动德国民主社会的发展。基于对通识教育功能的重新认识，英美两国认为通识教育可以推动民主社会的形成，弱化德国大学教育过于专业化的倾向，并增加政治教育和社会责任感教育的分量。美国战后通识教育最积极的推动者、《通识教育研究》(The Journal of General Education)的创始人厄尔·麦格拉斯(Earl J. McGrath)在 1946 年 8 月被邀请加入美国赴德教育代表团，在提交的代表团报告中，他建议德国"所有大学和中学的课程中均应包括通识教育的本质要素，以培养负责任的公民，并使他们理解当代的世界"。

将英美通识教育模式引入德国的一个关键人物是英国的林德赛勋爵(Alexander Dunlop Lindsay)。1947 年底，英属德国占领区管委会的教育顾问罗伯特·伯利组织了一个主要由几个德国专家、一位英国专家以及一位来自中立国专家组成的委员会，以对德国大学的状况进行调查，并提出改革建议。林德赛勋爵是委员会中唯一的英国专家[14]91。

在英美战胜国看来，第二次世界大战结束后德国最重要的任务是建立一个民主社会，因此调查委员会的核心任务是在调查的基础上，提出使德国大学推动德国民主发展的政策建议。大学要推动民主社会的发展，有两条路径可供选择：通过教学过程来传递民主的理念；对大学的行政和治理结构进行改革，使大学自身成为民主的典范机构。林德赛勋爵关注第一条路径，其他委员会成员则更关注第二条路径。林德赛勋爵出身牛津大学，并曾在 1935—1938 年担任牛津大学副校长，这一教育背景使得他非常推崇英美的通识教育传统。在委员会召开的几次会议中，林德赛反复强调通识教育的重要性，他指出，大学的任务不能仅仅是培养专家，它必须唤起社会的理解。他指出："只有当所有的男人和女人都成为积极的公民时，一个国家才可能是民主的。……只有当社会意识在整个人群中扩散时，他们才可能成为积极的公民。"

这就向大学提出了三个要求：①必须向所有的学生提供通识教育；②必须向学生提供"共同的社会生活"，因为民主的行为必须在民主的社团中才能获取；③大学必须提供成年人的教育，以更充分发挥大学作为民主工具之功能。

最终在 1948 年 11 月发布的委员会报告《德国的大学改革》(*Gutachten zur Hochschulreform*)兼顾了两条促进民主发展的路径。在大学治理改革方面，委员会报告提出最重要的建议是在大学中成立两个机构来治理大学。其一为大学咨询理事会，该机构将代表教育部、教会、商业组织、大学校友等各方的利益，审议大学的年度报告，并有权对大学的另一个主要的权力机构提出建议。其二为大学理事会(*University Council*，德文 *Hochschulra*)，由六人组成，分别由教育部、大学和咨询理事会选举。如果这一提议被采纳，大学将不再处于教育部的控制之下，而是成为社会各方利益的代表。同时，教师也将不再是国家的公务员。报告发布后，哥廷根大学校长在演讲中表示热烈的拥护[14]44。关于通识教育问题，委员会在最后出版的报告中采纳了林德赛的建议，指出大学的教育必须促进文化的统一，并通过提供通识教育来实现。当然，林德赛本人并不反对专业教育，他认识到："所有的公民都应当有某些技能，也就是说成为专家，但同样的，所有人都应当理解社群的宗旨和公共生活，都应当被教育成为公民。"[15]

调查委员会认识到，通识教育的理念必须通过制度化的规定来加以落实。为此，委员会提出高中的最后一年和大学的一年级应该致力于通识教育。在第三、第四学期，学生仍然需要加修自己所在院系之外的课程。这一建议得到了林德赛的赞同[14]105。换言之，调查委员会希望将英美的显性通识教育模式引入德国。

与此同时，德国大学的学者也开始对之前的教育模式进行反思。哥廷根大学植物学系的一位教师指出，在纳粹统治期间，大学沦为了专业学院，目的是培养"具有专门技能的标准化产品。"④德国人认为，同时存在两种危险，一种危险是过度专业化，另一种危险是浅薄的涉猎者(dilettante)。浅薄涉猎意味着学生仅仅接受了信息，不具备反思能力和批判意识，因此对纳粹的宣传失去了抵抗能力。为了使大学在复兴道德中履行恰当的使命，必须引入人文主义的原则，这意味着承认人作为个体的尊严和价值，因此必须抛弃之前的超人和类人的概念。

法兰克福市市长、法兰克福大学董事会主席科特 · 布劳恩(Kurt Blaum)也认同这一判断，即第二次世界大战前德国高等教育的一个弊端是过度专业化。他主张在大学一年级引入某些形式的通识教育，并且专门聘请一些教授通识教育课程的大学教师。但黑森文化部部长以及后来的法兰克福大学校长弗兰茨 · 波姆(Franz Bohm)反对这一建议，他认为通识教育应该在中学实行[9]614。

有意思的是，在翻译美国的 General Education 概念时，德国人没有用德语中很相近的概念 Allgemeinbildung，而是用了拉丁文中概念 Studium Generale。原因在于，在第一次世界大战之前，与 Allgemeinbildung 相联系的教育运动在德国已经失去了吸引力，在一般民众心目中，这个概念已经名誉扫地，无法重新成为一个有感召力的教育模式[16]。尽管德国学界关于大学是否要实行通识教育没有达成一致，但林德赛等人试图在德国大学引入通识教育的努力还是取得了部分的成功。1949 年，波恩大学正式引入通识教育课程。柏林工业大学(Technische Universitat Berlin)也在同一时期引入通识教育课程。同时，英国接管区内的州政府和所有大学召开会议，商讨引入通识教育课程的事宜。不过，由于在选择通识教育课程时缺乏统一标准，导致课程的选择过于随意化。在二十世纪七八十年代，通识教育在德国走向衰落。1999 年欧盟启动博洛尼亚进程后，通识教育才开始重新得到重视[17]。

3. 通识教育在日本的扩散

和在德国的政策一样，美国在日本占领方的一个主要目的也是推动该国的民主化进程。为实现这一目的，美国在政治、宗教等领域采取了一系列政策，如推行基督教、实行政教分离等。在教育领域，美国占领方也动作频频，如实现教育与宗教的分离、引入通识教育模式等。

在第二次世界大战前，日本的高等教育和德国非常类似，大学课程的宗旨是培养专家，通识教育被认为是中小学的任务或者被视为学生自身的职责。和德国一样，日本学界在第二次世界大战后也开始了对第二次世界大战前过分专业化的教育进行了反思。日本某知名学者在 1946 年的一篇文章中批评第二次世界大战前的日本大学不重视通识教育，并认为这是日本发动太平洋战争的根源之一："总的来说，我们大学教育的罪恶是我们教学但不传授文化，我们灌输知识但不培养智能。如果不是第二次世界大战前有一些东京帝国大学的毕业生簇拥在皇帝周围，不幸的太平洋战争也不会爆发。同样，如果政府和工商部门中有更多有文化、明智的自由派分子，第二次世界大战时的经济也不会如此腐败。"而作为占领方的美国，也试图通过教育的手段来重新教化日本国民。第二次世界大战后美方中主要负责教育事务的马克·奥尔(Mark T. Orr)在 1994 年的一次访问中解释了当初美方引入自由教育课程的初衷："我们认为日本需要自由教育。例如，我们希望通过广泛学习历史、政治学、经济学、文学、人类学和哲学的自由通识课程，使日本国民能具备批判性的思维，不再像第二次世界大战前那样盲从于政府的权威。"①而且，为了突出通识教育和自由之间的联系，美方同时使用了"通识教育"和"自由教育"(liberal education)两个概念。

这样，在美国占领方的推动下，通识教育的模式被介绍到日本。根据美国教育使节团的建议，日本大学按照美国模式，在大学本科教育中引入通识教育理念并设置相应的课程。在 1947 年 7 月 8 日公布的大学设置标准中，所有的大学都被要求在本科阶段提供通识性的教育。通识教育课程被划分为人文学科、社会科学和自然科学三大类别，其中人文组包括哲学、心理学、教育学、历史学、描述性地理学、文学和外语；社科组包括法学、政治学、经济学、社会学、统计学及家政学；自然科学组包括数学、物理学、化学、地理学、生理学、人类学和天文学。此科目还可以根据需要调整和增删。1947 年颁布的《学校教育法》第 LII 款规定："大学作为学问的中心，应当提供高深学问和技术的教学和学习，同时应提供广泛的通识文化，发展学生在知识、道德和实践方面的能力。"1951 年，日本大学认证协会出版了一份重要的报告《大学中的通识教育》，批评第二次世界大战前的日本本科教育过分强调专业化，极力推动大学中的通识教育实践[18]。

到 20 世纪 80 年代，日本大学本科课程结构基本没有发生实质性的变化，形成了基于美国模式、将本科课程划分为通识教育课程和专业教育课程的课程结构。到 1991 年日本掀起新一轮全国范围的大学本科教育改革为止，除东京大学和少数私立大学外，日本大学本科教育课程均由通识教育课程和专业教育课程两大部分构成[19]。

1991 年开始，日本政府放宽了大学设置基准，允许各大学和学部按照各自的办学理

① Gary H. Tsuchimochi. The Introduction of General Education. Postwar Japanese Universities. 2002.

念自主编制课程。这相当于暂时废除了通识教育的系统，不过，通识教育的实质并没有完全丧失。1998 年 10 月，日本教育部下属的大学审议会再次强调了通识教育的重要性。大学审议会于 1998 年公布的《关于 21 世纪的大学及今后的改革方案》和 2000 年公布的《适应全球化时代的高等教育》两个报告都提出要参照美国大学尤其是文理学院的模式，在本科阶段以实施“教养教育”(General Education 在日语中通常翻译为“一般教育”“自由教育”和“教养教育”等)为中心，将高度的专门化教育集中在研究生阶段进行。大学的本科教育改革再次出现了向美国模式转向的趋势[20]。

四、通识教育模式扩散的第二次浪潮:20 世纪 80 年代至今

中国自古就有重视通识教育的传统。在两千年的历史当中，中国的高等教育以儒家的经典为主要内容。在这种高等教育传统中，教育的目标是培养能够掌握整个儒家经典以及写作能力的“通人”。各种专门的、实用的知识通常被排除高等教育之外①。晚清时期，专业教育的思想传播至中国，影响越来越大。民国时期，大学教育整体上强调培养专门人才，但通识教育在梅贻琦、竺可桢等大学校长的推动下，得到了局部的推行。同时，也正是在这个时期，英美的通识教育(general education)和自由教育(liberal education)概念被介绍到中国，美国的共同必修通识教育模式也在浙江大学等高校中被推广。1945 年哈佛发布的红皮书《自由社会中的通识教育》也在中国传播，可见美国通识教育理念对当时中国的教育学界是有影响的。

新中国成立之后，中国与苏联结为盟友，在当时的高等教育改革中，苏联成为学习的模板。在 1950 年 6 月 8 日举行的第一次全国高等教育会议上，苏联专家 A · п · 阿尔辛节夫在大会上做了发言。他指出，“大学应负责培养的，不是大而无当的博学通才，而是具体的专才。大学应培养一般学科的专门人才，例如：化学、物理、生物、历史、语文等。它应具体地为工厂培养实验室的实验员，为各种学校和科学研究院培养初级的科学工作人员，为中等学校培养教员等。”[21]

A · п · 阿尔辛节夫是当时很受重视的苏联教育专家，他的意见很快就被吸收了，教育部 1950 年发布的《关于实施高等学校课程改革的决定》指出高等学校的宗旨是“培养有高度文化水平，掌握现代科学与技术的成就并全心全意为人民服务的高级建设人才”，并且“应以学系为培养专门人才的教学单位。”[22]培养专门人才的苏联模式正好迎合了当时现代化建设的需要，到 20 世纪 70 年代末，一直被奉为圭臬，成为大学本科教育的指导思想。

20 世纪 80 年代初，过度专门化的本科教育模式的弊端日益突显，以北京大学为首的中国高等教育界开始了通识教育模式的新一轮探索。1981 年 4 月，北京大学根据国际国内的形势要求，以及恢复高考后的三年教学实践，在培养学生和专业建设方面进行了总

---

① Chen Hongjie, Shen Wenqin. Toward General Education in the Global University: The Chinese Model// Nelson, Ian P. Wei. The Global University: Past, Present, and Future Perspectives, edited by Adam R. New York: Palgrave MacMillan, 2012.

结，作出了《关于改进教学工作提高教学质量的几点意见》的决定，要求学生学习一些选修课程和一些通选课。同时，它还要求人文社科类的学生和理工科的学生互选课程。20世纪90年代，通识教育的改革进入新的阶段，美国的通识教育模式开始产生比较大的影响。在启动这一轮的通识教育改革前，北京大学曾专门派教师赴美国考察，其最终确定的分步必修模式与哈佛的通识教育模式非常相似。

和中国内地（大陆）一样，香港地区和台湾地区也在20世纪80年代之后逐渐在大学中推行通识教育。香港中文大学自1963年创立起即相当重视通识教育。在1970年的第一份校长报告书中，创校校长李卓敏指出平衡专才教育与通才教育是大学的使命，同时他强调"通才教育不必然是外来的概念。它植根于中国文化，从来都是中国教育哲学的一部分。"但当时的通识教育由新亚、崇基和联合书院各自安排，并无全校统一性的通识课程安排。全校性通识教育课程之开设，是在1986年之后，而且这一改革参考了哈佛大学1978年的通识教育改革。改革后的香港中文大学通识课程占本科课程的15%（共18学分），通识课程分为逻辑思考与定量技巧、中国文明、其他文明、电子计算学、艺术与人文、自然科学与医学、社会科学与管理学七大领域[23]。台湾地区大学通识教育课程的制度化始于1958年台湾教育事务主管部门制订的"大学共同必修科目"，但真正被广为推行是在20世纪80年代之后，其中1984年制订的"大学通识教育选修科目实施要点"影响尤大。目前台湾的很多大学都学习了美国的显性通识教育模式，在大学层面规定通识教育的学分要求，并成立了众多的通识教育中心，在经费上予以支持。以台湾大学为例，目前通识教育包括校订共同必修课程及通识选修课程两大部分，合计30学分[24]。

在新加坡、马来西亚等东南亚国家，通识教育也得到更多的重视。耶鲁大学正在帮助新加坡成立一所文理学院（liberal arts college），美国的斯密斯学院则在帮助马来西亚筹建一所女子文理学院①。

自19世纪洪堡创办柏林大学以来，欧洲大学的整体重心便从教学转向了研究，通识教育的理念在洪堡"以科学达致修养"的格言中得到体现，但随着大学研究专业化程度越来越高，德国大学此后日渐背离了洪堡最初的设想。如前所述，第二次世界大战后英美两国曾试图在德国引入通识教育课程，但成效不大。法国的高等教育机构经过拿破仑的改革之后，主要注重专业教育，因此也没有专门的通识课程安排。其他欧洲大陆的高校也没有像美国高校那样发展出显性的通识课程设置。除了观念层面的因素之外，大学的制度结构也解释了为何欧洲大陆的大学不如美国那样重视通识课程。首先，德国的大学很长一段时间内并没有本科学位，大学也不可能重视通识教育，更不可能像美国一样设计专门的通识教育课程。其次，美国大学将法律教育和医学教育上移到了研究生教育层次，规定攻读医学学位和法学学位者必须先获得本科学位，这也在制度上鼓励了通识教育的发展。

欧洲博洛尼亚进程启动后，通识教育在欧洲各国又开始了复兴，人们要求实行更为宽基础和灵活的本科教育，以克服过早专业化和过分专业化的弊端。在荷兰，通识教育已经在高等教育系统中获得了合法的一席之地。阿姆斯特丹大学、蒂尔堡（Tilburg）大学和乌

① Peterson M P. Liberal-Arts Education: Has the Global Migration Stalled. Chronicle of Higher education. 2012.

德勒支大学都设置了专门的通识教育课程项目。开始同样改革的国家还有瑞典、捷克、英国、德国等国家。2006 年，捷克的查尔斯大学（Charles University）成立了文理学院。2010 年，英国温彻斯特大学开设了通识教育课程项目。2011 年，英国伦敦大学学院开设通识教育课程项目。同年，德国弗赖堡大学也开设了一些通识教育课程项目，并将其视为高等教育系统分化的一个手段[25]24。这些课程改革动议也表明，通识教育重新在欧洲受到重视是比较晚近的事情，而且目前规模还不是很大。

欧洲之所以重新重视通识教育，原因是多方面的。首先，原先的人才培养模式越来越不能适应劳动力市场对人才的需求。启动通识教育改革的伦敦大学副校长指出，他们之所以重新重视通识教育，是因为认识到之前的教育模式过早地使大学生走向了专业化的道路，不利于培养雇主所需要的人才，后者应当具备文学和数学方面的良好素养，具有宽广的知识基础。其次，在知识经济时代，创新越来越依赖于跨学科知识和通用性技能，而原来的过早专业化的模式不利于这两者的获得。最后，1999 年启动的博洛尼亚进程致力于建立学士硕士—博士的三级学位体系，这就厘清了本科教育和研究生教育之间的关系，解决了欧洲高等教育体系当中本科教育与研究生教育边界不清的问题，为本科教育融入通识课程扫清了制度障碍[25]233-253。

随着通识教育实践在欧洲重新受到重视，有关通识教育与自由教育的讨论也在欧洲重新活跃起来。2009 年，欧洲文理学科教育联合会（European Consortium of Liberal Arts and Sciences，ECLAS）组织了一场名为“欧洲文理通识教育：教养的回归”（Liberal Arts and Sciences in Europe：Bringing Bildung Back In）的研讨会。

五、结　　语

上文的分析表明，第二次世界大战后通识教育模式在不同国家的扩散形成了两波浪潮。第一波浪潮开始于 1945 年，亦即第二次世界大战刚刚结束之时。这一次通识教育的扩散起源于对战败国德国、日本过度专门化的大学教育模式的反思，在英美战胜国的学者看来，德日两国过度专门化的大学本科教育无法培养具有批判精神的政治公民，只能培养“具有专门技能的标准化产品”，这种教育模式甚至对德日两国在第二次世界大战期间犯下的罪行负有一定责任，而通识教育被认为是培养政治公民、提高公民批判性思维的途径。正是基于这一政治考虑，美英两国在德国、日本推行通识教育实践。显然，这次通识教育模式的扩散带有意识形态和政治上的考虑，而且主要受到了外部力量的推动。

20 世纪 80 年代之后，通识教育模式扩散进入了第二波浪潮，此次波及的国家主要是中国、瑞典、荷兰、英格兰、德国、新加坡等。不过，这一次扩散的动因和第一次扩散有所不同，如果说，第一次扩散主要是基于政治层面的考虑的话，第二次扩散（尤其在中国大陆地区）主要还是基于知识和技能层面的考虑，并主要是为了满足劳动力市场（包括学术劳动力市场）的需求，即培养能适应不同工作岗位的复合型人才，以及具有跨学科研究能力的学术人才。而且，和第一次扩散大为不同的是，20 世纪 80 年代之后不同国家对通识教育的重视并不是外部力量推动的结果，而是在对自身人才培养模式反思的基础上的一次自主改革。

尽管"通识教育"和"博雅教育"的概念均源自对英文概念的翻译,但中国传统教育中一直有重视通识教育与通才教育的传统,这也是通识教育之所以在中国受到广泛重视,而且推行阻力相对较小一个原因。而且,值得指出的是,在中国大陆地区,人们对通识教育功能的定位主要限于知识—文化的面向,即培养有教养的人以及培养跨学科、宽口径的人才,通识教育的政治面向即对公民的培养并没有得到特别的强调。但正如上文所述,通识教育自古以来即具有政治的面向和知识—文化的面向,它不仅应当肩负知识文化教育的使命,也应当在在公民教育中发挥重要作用。在全球化的时代,通识教育肩负着新的使命,即促进不同文明之间的对话,以塑造"全球公民"(Global Citizen)①。回到中国教育场域而言,在通识教育的课程设置及课程讲授当中,教育者考虑的不应当仅仅是传递知识、培养跨学科研究技能,而应当同时考虑这种教育形式本身的道德教育意蕴和政治教育内涵。

总的来看,20 世纪 80 年代以来,大学通识教育在美国之外的国家和地区都受到了更多的重视,但从全球的视角来看,通识教育在大学本科教育中的复兴仅是局部性的。那么,通识教育模式未来的前景如何?本文认为,随着研究生教育规模在世界范围内的扩张,随着高等教育入学率的进一步提高,本科教育的基础性、通识性将进一步凸显。同时,高等教育全球化趋势的加剧也很可能会推动这种模式的扩散速度和范围。全球化是 20 世纪下半叶以来一个非常显著的世界性趋势,其表现形式包括经济全球化、环境全球化、军事全球化、文化全球化和社会全球化,等等。文化和思想的流动是社会全球化的一种形式[26]。通识教育观念以及显性通识教育模式在第二次世界大战后的扩散历史即是社会全球化的一种表征。但是,全球化并不意味着彻底的同质化。美国的通识教育模式是建立在特定的高等教育制度框架(医学、法学不提供本科教育,并有数以百计专门从事通识教育的文理学院)和社会文化背景(多种族的移民国家)之上的,包括中国在内的其他国家不可能也不应该复制美国的模式,而是在有所借鉴的基础上发展出适应自身国情和文化传统的通识教育模式。

参考文献

[1] Bourdieu P. Les conditions sociales de la circulation internationale des idées. Actes de la recherche en sciences sociales,2002:3-8,145.

[2] 伯顿·R. 克拉克. 高等教育系统. 王承绪,译. 杭州:杭州大学出版社,1994:208.

[3] 陈洪捷. 观念、知识与高等教育. 合肥:安徽教育出版社,2012:105-117.

[4] Eustace R. The export of the UGC idea to Africa. Higher Education,1984:595-612.

[5] Nussbaum M. C. Liberal education & global community. Liberal Education,2004(1):42-47.

[6] Ben-David,Joseph. Centers of learning:Britain,France,Germany,United States. New York:McGraw-Hill,1977.

[7] Peter Scott. The future of general education in mass higher education systems. Higher Education Policy,2002(15),61-75.

① Chen Jiahong. Towards a Dialogic Humanist Education:A Cross-Cultural Inquiry of I—Thou Relationships. PhD dissertation. UCLA,2012.

[8] Sheldon Rothblatt. The Modern University and its Discontents: The Fate of Newman's Legacies in Britain and America. Cambridge: Cambridge University Press, 1997: 26.

[9] Pepin, Craig K. "Dilettantes and Over_specialization": Diagnosing and Treating Nazism at West German Universities after World War Ⅱ. History of Education Quarterly, 2005(45).

[10] Cowley W H. Professional Growth and Academic Freedom. Journal of Higher Education, 1950, 21(5): 225-236.

[11] 哈佛委员会. 哈佛通识教育红皮书. 李曼丽, 译. 北京: 北京大学出版社, 2010: 107.

[12] Dwight D Eisenhower. Liberal Education in the Military Forces(A SYMPOSIUM). The Journal of General Education, 1946(1): 34-38.

[13] Birley R. Education in the British Zone of Germany. International Affairs, 1950(1).

[14] Phillips D. Lindsay and the German universities: an Oxford contribution to the post-war reform debate. Oxford Review of Education, 1980(6).

[15] A D Lindsay. The Commission on German Universities. Universities Quarterly, 1949(1): 82-83.

[16] Rüegg W H. Humanism, and Studium Gencrale in German Higher Education. The Journal of General Education, 1955(1): 137-165.

[17] 路德维希·胡贝尔. 通识教育与跨专业学习. 北京大学教育评论, 2007(4): 92-100.

[18] 喜多村和之. 一般教育は をぜ问题とされるのか:『一般教育研究委员会报告』(1951)を为ぐる考察//大学论集(第 16 集). 1986: 25-40.

[19] 黄福涛. 从自由教育到通识教育. 复旦教育论坛, 2006(4): 19-24.

[20] 黄福涛. 中日本科课程改革与美国一般教育模式——一种比较的视角. 大学·研究与评价, 2007(10): 19-22.

[21] A·Π·阿尔辛节夫. 从苏联高等教育的经验略谈几个问题——苏联专家 A·п·阿尔辛节夫一九五〇年六月八日在第一次全国高等教育会议上的发言. 李敬永, 译. 人民教育, 1950(3): 25-27.

[22] 关于实施高等教育课程改革的决定. 人民教育, 1950(5): 67-68.

[23] 梁美仪. 香港中文大学的大学通识教育. 国家教育行政学院学报, 2005(10): 70-76.

[24] 黄俊杰. 台湾大学院校通识教育现况: 对于评鉴报告的初步观察. 高教发展与评估, 2006(7): 7-18.

[25] Marijk van der Wende. The Emergence of Liberal Arts and Sciences Education in Europe: A Comparative Perspcctivc. Higher Education Policy, 2011.

[26] 小约瑟夫·奈, 戴维·韦尔奇. 理解全球冲突与合作: 理论与历史. 张小明, 译. 上海: 上海人民出版社, 2012: 293.

通识教育简史

特里·奥班尼恩(Terry O'Banion)①

"在大多数美国高等教育中,通识教育是一个崇高的理想,但实际上却停滞不前。"②亚瑟·科恩(Arthur Cohen)和弗洛伦斯·布拉沃(Florence Brawer)毁灭性的评议倾向于把通识教育丢弃在历史的垃圾堆。然而,通识教育中出现的一种新景象却有可能导向这种崇高理想的复兴。

很早的时候,教育工作者就试图定义知识的核心领域,那些值得学习的重要组成部分。古典自由艺术的三艺和四艺首次出现在柏拉图的《理想国》(*Republic*)中。这是哈佛大学于1636年成立时关于知识和技能的共同核心课程。它为美国大学提供了几百年的课程基础,直到知识的专业化和教育的民主化,使自由教育成为许多学科和多门课程。共同核心课程的思想在20世纪初以通识教育的形式再次出现,为所有学生重新提供整合知识核心的尝试。社区大学是20世纪50年代和60年代的通识教育倡导者。通识教育与补习教育、职业与职业教育、大学转学分和社区教育并列为综合性社区学院的五个重点项目。在全盛时期,通识教育是一个崇高的理念和成功的事业。然后,从20世纪70年代开始,迅速发展的职业和技术教育要求程序和课程的专业化;为了自身的利益,一些独断的社区大学教师创建了专门的课程。"正如任何经验丰富的学术管理者都会解释的那样,很多课程都是学院股东和教师利益的反映,很少与学生所需要的有效的学习成果和能力有关。"③

在过去的几十年里,课程破裂并演变成了被社区大学研究中心的托马斯·贝利和他的同事们称为的"自助式模式"(a cafeteria-style self-service-model),学校提供了"一批缺乏系统性的课程,项目和支持服务,期望学生们能自主导航"。④ 在艺术和人文科学或社会科学方面,学校还要求学生至少用6或9小时的时间来学习,但学生要从多达40或50门课程中选择来满足要求。在今天的社区大学里,没有任何课程的完整性和连贯性,以及综合性课程,也没有知识的共同核心部分。

钟摆又摆动了。主要的学院,如波特兰社区学院(俄勒冈)、中央皮埃蒙特社区学院(北卡罗莱纳),和其他少数几个大学已经任命教师委员会重新审视通识教育,并重建这些

---

① 本文选自 Community College Journal of Research and Practice 2016,40(4):327-334.本文由陕西师范大学梁蓓译.

② A. M. Cohen, F. B. Brawer. The American Community College. San Francisco, CA: Jossey-Bass, 2008: 374.

③ P. LeBlanc. Higher Education 2.0 and the Next Few Hundred Years; or, How to Create a New Higher Education Ecosystem. Educause Review, 2015, 50(3).

④ T. Bailey, S. Jaggars, D. Jenkins. Redesigning America's Community Colleges: A Clearer Path to Student Success. Cambridge, MA: Harvard University Press, 2015: 3.

计划,使之更好的为当代学生的利益和需要服务。

大多数教育者不熟悉通识教育的历史变革和哲学探讨,所以是时候为即将创建和重整下一个阶段通识教育工作的教师提供基本的背景和观点。所有教师和管理人员都可以从这段历史的回顾中获益。尤其是研究生将发现这段历史非常有利于他们的学习。

一、通识教育:初期

19 世纪上半叶,通识教育的出现表现为对诸多社会情势的回应:

(1) 通识教育在某种程度上是对自由教育本身的一种回应,在历史上,自由教育是为那些有能力上卓越的学院和大学的贵族绅士设计的。

(2) 在某种程度上,通识教育是一场民主运动,使不符合传统的学生更容易接受教育,这些群体的人数在第一次世界大战和第二次世界大战后迅速增加,并开始参加通常被称为 20 世纪 60 年代“民主大学”的两年制教育。

(3) 通识教育是一场部分地响应了选修原则的运动,允许学生从一系列没有统一性的课程中创建自己的课程。

(4) 这在某种程度上是教育教学理论的转变,也是对构成学生完整知识体系核心的实验。

(5) 这也是在为避免学科或行业过分专业化而进行的尝试。

哥伦比亚大学是通识教育的先锋。哥伦比亚大学早在 1919 年就开设了一门叫做《当代文明》(Contemporary Civilization)的课程,这门课程为帮助学生去了解世界而提供必要的知识概览和资源。从那之后,无数的学院和大学都开设过这门课或与它类似的课,而且目前仍有许多学校在这么做。

在 20 世纪 30 年代,罗伯特·赫钦斯(Robert Hutchins)作为芝加哥大学的校长,是核心课程的早期创新者。1931 年赫钦斯抵达芝加哥,在大学推出了一个被称为“新计划”(The New Plan)的核心课程。它被认为是“在美国所有大学的通识教育中最彻底的实验”。[①] 赫钦斯不徐不疾地支持着这个计划,和莫蒂默·阿德勒(Mortimer Adler)一起工作了很多年,才完善了该计划,使它更符合自己的意图。在 1936 年,他任命了一个人文科学委员会“为 4 年制的高校制定一门基于古典七艺,经由对经典著作研习的课程”[②]。赫钦斯同意成为圣约翰学院董事会主席,在那里,他和同事们一起创造了他在芝加哥无法建立的理想的通识教育模式。该模式的建立围绕一百部伟大的经典书籍,把它们作为 4 年课程的核心,今天这个项目在圣约翰大学仍然实施着。名著计划相比通识教育更为自由,这是当时和现在概念混淆的一个例子。

---

① D Bell. The Reforming of General Education: The Columbia College Experience in Its National Setting. New York, NY: Columbia University Press, 1966: 26.

② R Holyer. Taste and See: A Commemorative History of the Wye Seminars. Liberal Education, 2014, 100(3): 49.

史蒂文斯（2001)分析赫钦斯对通识教育的影响，指出了其方法的一个关键问题。

由赫钦斯提供的学习课程在历史上属于贵族化的课程。古典教育的理念和知识本身的目的是19世纪绅士教育理想的一部分。这是一种为上层阶级提供文雅和文化的教育，而不是培养他们去从事某一职业。当这种教育被提供给工人阶级的学生时，它就成为了民主哲学的一部分。如果它只提供给一群精选的上层中产阶级学生，那么它就带有贵族出身的残余痕迹。①

到了20世纪40年代，美国高等教育界开始了一场通识教育运动，哥伦比亚大学继续发挥着关键作用。哥伦比亚大学的麦克格拉斯伯爵在创办了《通识教育期刊》(Journal of General Education)，在第一版称通识教育是统一的文化要素。“它包含了伟大的道德真理、科学概括、审美观念和种族的精神价值，而无知则使人无法理解自己以及他们生活的世界”。② 麦克格拉斯(McGrath)创建了“对普通人而言共同学习的核心”这样一个被引用最多的通识教育定义，麦克格拉斯还指出：教育者常用的术语中很少有被定义的比“通识教育”变化更大的了③。

一些教育家认为，对所有学生而言都需要有一种不同的教育方法，希望通识教育能成为这种教育方式。休·斯蒂克勒（Hugh Stickler)在他的开创性论文《通识教育何去何从》(Whence and whither general education)④中(1957)指出了通识教育基本上是一个新的教育方法，要求调整课程设置和教学的一种新方法。罗琳斯学院(Rollins College)身为法国人的西德尼院长(Sidney)(1954)曾发表了被斯蒂克勒(Stickler)引用的观点“在通识教育课程中，我们把主题与学生的需要相联系；在文科课程中，我们把学生的注意力转到主题的需要上。”⑤通识教育学是以进步教育的原则和约翰·杜威(John Dewey，1928-1942)的相关工作为基础的。杜威的一个博士生查特斯(Charters)，俄亥俄州立大学教育研究部的部长、教授(1928-1942)，创立了一种当时广为人知的研究方法——活动分析法(activity-analysis)。他分析了现实生活中的活动并作为确定计划目标的基础。在哥伦比亚的斯蒂芬斯学院(Stephens College)，密苏里州一私立二年制女子创新学院一现在是一个四年制的大学一邀请查特斯使用这种方法创建全国最早的通识教育项目之一。查特斯要求所有女学生每周坚持写详细的日记，记录每天都做了什么，以及对她们所做所为的想法，在一般情况下她们会如何看待这些问题，如何与她们周围的人互动等。对这些日记进行活动分析，查特斯创造了一个包含主要问题，想法和学生关注点的图表，并设计了一个成为当时典范的通识教育计划。由查特斯在斯蒂芬斯学院创造的通识教育原始计划，囊

① A. H. Stevens. The Philosophy of General Education and its Contradictions: The Influence of Hutchins. The Journal of General Education, 2001, 50(3): 165-191.

② E. J. McGrath. The General Education Movement (An editorial). The Journal of General Education, 1946, 1(1): 3-8, 15.

③ E. McGrath. General Education in The Postwar Period. The Annals of the American Academy of Political and Social Science, 1944: 74-80, 231.

④ H. W. Stickler. Whence and Whither General Education?. The Journal of Higher Education, 1957, 28(4): 195-236.

⑤ S J French (Ed.). Accent on Teaching. New York, NY: Harper and Brothers, 1954: 15.

括了人文学科、自然科学、社会科学和职业规划的导论课程①。查特斯的工作是关于“把主题交付给学生”的一个出色的例子。有趣的是，查特斯用来创造通识教育的活动分析方法，与今天职业和技术教育者使用的创造劳动力培训计划的方法是一致的。

1945 年哈佛大学委员会报告《自由社会中的通识教育》(General education in a free society)是普及通识教育运动鼎盛时期的又一个里程碑。这个计划建议所有本科生修六门共同课程，以反对过分专业化，并试图恢复一些博雅教育的基础。这些建议从未在哈佛大学全面实施过，但该报告影响了全国的许多通识教育项目。在这些富有成效的几十年里，大学和社区学院创造了许多通识教育模式，值得更详细地研究。对于社区大学，B. 约翰逊(B. Lamar Johnson’s)的《1952》这本关于通识教育实际操作的书是一部开创性的文本。

作为斯蒂芬斯学院(查特斯创立了通识教育模式的地方)教学和图书管理的领导，约翰逊(Johnson)在 20 世纪 50 年代初被要求研究加利福尼亚社区大学的通识教育项目。他的研究最可能为人所熟知的就是在受过通识教育的人身上应该反映出的 12 项能力的列表。这张清单，或其中的一部分，被逐字复制全国数百所社区大学的目录中，作为整个 20 世纪 50 年代至 60 年代通识教育的目标。

(1) 行使和履行民主公民的特权和责任。

(2) 发展一套健全的道德和精神价值观，引导个人的生活。

(3) 在口说和写作中清晰地表达自己的思想，在读和听中力求理解。

(4) 运用日常生活所必需的基本算数和手工操作的技能。

(5) 运用批判性的思维方法解决问题和价值判断。

(6) 了解自身所秉承的传统文化，在全世界 207 个国家地区中明确自己所处的时代和地域。

(7) 了解自身与生物圈和自然环境间的相互作用，以便更好地适应和改善所处环境。

(8) 为了自己、家庭和社区保持良好的身心健康状态。

(9) 平衡个人与社会的关系。

(10) 共创一个令人满意的家庭生活。

(11) 实现满意的职业调整。

(12) 参与某种能满足创造性活动和欣赏他人创造性活动的组织形式。②

除了性别的过时用法和缺乏与信息技术、多样性和全球化背景相关的目标外，这一清单作为建立通识教育统一核心的指导，仍然是有用的。这些来自过去的目标，许多都出现在 2007 年美国大学协会关于基本学习成果更富时代感的清单中③。

除非教育者本身曾经接受过通识教育课程的学习或者曾参与过通识教育课程的创

---

① W. E. Ankrum, The Implementation of Educational Philosophy and A Program of Educational Research in The Curricular Growth of Stephens College, Doctoral dissertation, University of Missouri—Columbia, 1951. Retrieved from http://www.worldcat.org/oclc/22213234.

② B L Johnson. General Education in Action. Washington DC: American Council on Education, 1952: 21-22.

③ Association of American Colleges and Universities, College Learning for The New Global Century. Washington DC: Author, 2007: 12.

建，否则他们往往很难构想出这些课程的设计方案或者运作模式。在佛罗里达州的盖恩斯维尔，圣达菲专科学校（现在圣达菲学院）(Santa Fe Junior College)开设的计划小结将说明总体设计和哲学理念以及运作结构。

1. 圣达菲专科学校的一体化核心

圣达菲通过在校长约瑟夫・福代斯(Joseph W. Fordyce)领导下的教职员工创建的一个通识教育项目，于 1966 年针对学生实施。6 个 3 学分学时课程，共 18 学时，构成每一名学生所需的综合课程（图 1）。这个课程的概述是以一个代表个别学生的小圆圈开始的。行为科学是以学生为中心的课程。100(BE-100)是指在不断变化的环境中的个人，一个个人发展课程，旨在帮助学生树立价值观，探索生活哲学，并正视偏见和观点。这门课主要是通过“交友小组”和“人类潜能研讨会”的方式教授。它是目前学生成功学课程的前身。然而，课堂上很少说教，更侧重于个人因素，而不像今天大学课堂上的一贯做法。麦克格拉斯伯爵称个人发展课程为通识教育运动的领头羊。20 世纪 50 年代至 70 年代的许多大学开设了个人发展课程或应用心理学课程，但很少有学生在自学的过程中做到像圣达菲 BE-100。

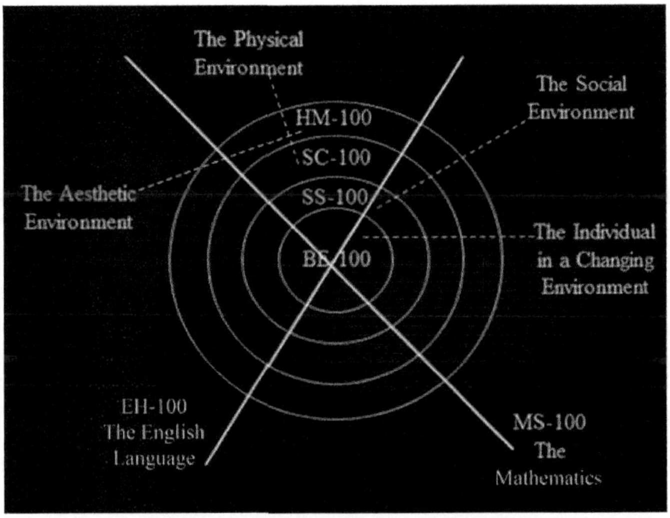

图 1　圣达菲专科学校的一体化核心

围绕个人发展的核心课程，设计者绘制了三个额外的圆圈来说明影响个人发展的三个环境。HM-100—人文—代表审美环境；SC-100—自然科学—代表自然环境；SS-100—社会科学—代表社会环境。越过圆圈的两条线表示，在所有环境中，学生需要精通两种语言：EH-100—英语 和 MS-100—数学。

该计划不仅仅是六门课程的核心。圣达菲发展了一种价值观和一种赋予核心意义的教学观。圣达菲承诺包括八项声明：

(1) 学生是学习过程的中心焦点。

(2) 教学只有在学生学习时才发生。

(3) 有效的教育经验会以积极的方式改变人类的行为。

(4) 所有人都有动机去实现他们认为是好的东西。

(5) 教育对于学生和老师来说应该是一种令人兴奋的、创造性的、有益的经历。

(6) 所有的人都有价值、尊严和潜力。

(7) 实验和创新是态度的反映，当转化为实践时，教育的进程可以大大提高。

(8) 传统的教育观念(讲座、30 个学生班、50 分钟课程、标准教科书、长方形教室、学生书桌等)是可疑的，需要经过仔细的试验和评估，至少与新的和创新的做法相一致，甚至可能超过。

圣达菲为学院的价值观提供了一个总体框架，它也被用来筛选每一位新员工。每一个在圣达菲任职的申请者都必须对这八个能不同程度地反映他或她的价值观的陈述作出回应。还需要申请人从他们的经验中提供证据，说明他们是如何作为讲师或管理员应用每一项原则的。罗伯特(Robert Shepack)①是得克萨斯州埃尔帕索社区大学(El Paso Community College)前校长，在其于佛罗里达大学完成的博士学位中，他对这一甄选过程的影响进行了研究，并认为这种影响在帮助圣达菲成为那个时代最具创新精神的大学中发挥了重要作用。1968 年，在很大程度上是基于它的通识教育计划和进步观，圣达菲被选为美国 12 所大学中唯一一所加入社区大学创新联盟的成员。圣达菲现在仍然是创新联盟的积极成员，并成为 2015 年阿斯彭社区大学优秀奖(Aspen Prize)得主，在美国社区大学中其成就与绩效获得了最高的国家认同。

除了整个大学的总体理念之外，六个核心课程是每一个新学生必修的，不管课程是在什么课程中进行的。每一门课程都有认知和情感两方面的行为目标；所有大学课程的评分系统使用 A、B 和 C——学生不能获得 D 和 F 这种不及格的成绩；每门课程的 A、B、C 都建立了一个关键的最低限度的能力；每门课程中每个学生都需要使用临界极小值学习合同；学习策略强调主动学习，以问题为基础的学习，基于问题的学习和协作学习。

一个健全的通识教育计划不仅仅是达成一致的核心课程或核心目标。为了体现通识教育创始人的观点，必须有价值观和策略的基础，使这个项目成为学生的变通经验。使学生体验变革的第二个策略。圣达菲的领导人除了创建一个综合的学习核心，还将其植入了创新文化和以学生为中心的学习理念的核心，使它对学生、教职员工和行政部门都产生了革命性的变化。

2. 当今的通识教育

如上所述，通识教育已不再是所有学生必修的课程核心。它已成为一个与核心学科松散连接的自助餐式的课程，学生必须从有时一百个或更多产品的自助餐中选择两份或三份辅菜。朱迪思·史葛克莱顿②(Judith Scott-Clayton)引用最近的《重新设计美国社区大学》(Redesigning America's community colleges)研究表明，学生们因有太多的计划和

---

① R. Shepack. Some Commonalities of Faculty Selection and In-Service Development Techniques as Related to Faculty Operating Behavior Which is Consonant with Community Junior College Philosophy (Unpublished doctoral dissertation). Gainesville, FL: University of Florida, 1969.

② J. Scott-Clayton. The Shapeless River: Does A Lack of Structure Inhibit Students' Progress at Community Colleges? CCRC Working Paper No. 25. New York, NY: Columbia University, Teachers College, Community College Research Center, 2011: 24-25.

课程选择而感到困惑。

社区大学的教师和学生扶助的专业人员开始认识到太多选择的意外后果。他们开始探索普通人的共同核心的通识教育理念，以此作为缓解问题的途径。许多大学已经认同开设一门教导学生如何成功的必修课程。这门课程既缓解了学生选择课程的压力，也创造了一个机会可以让所有学生建立联系，互相分享，和学习如何更充分地利用大学期间的经历，从而实现对每个学生都有价值的学习成果。理科认为需要为所有学生或多数学生开设成功学课程，这可以转化所有学生都认为重要的五到六门核心课程的理论基础。

同时也出现了一种新的共同核心经验，被称为基本教育（Essential Education）。这被定义为一个综合的学习核心，包括和连接了自由教育和职业与劳动力教育的关键组成部分，以确保学生有能力拥有一个好生活并过好生活。完成这一核心经验的学生应该更有能力追求职业和为获得成功而改变目标。将所有学生都有的核心经验作为大学的初始经验，学生选择专业、计划和课程的压力和不确定性将大大减少。共同课程将有助于统一教师工作、学生扶助服务、与中学和大学的课程衔接以及评估过程。自助餐课程的自助餐厅模式将不再主导课程供应。通识教育计划不再需要修订。这是因为过去的一维通识教育计划将被新的自由教育和劳动力教育所取代。这种最优的基础教育有助于学生拥有好的生活。①

对所有学生都需要的在自由教育和劳动力教育中最关键的因素，这有很多线索。在倡导者制定的各方的成果和目标清单中，在大多数这样的名单上，有四个要素引人注目：批判性思维、问题解决能力、团队协作精神和沟通能力。这些知识集合或技能跨越了自由教育和劳动力教育鸿沟，他们开始为每个学生树立一个集成学习的核心。这四个学习领域可以被教育者设计为所需的课程：批判性思维、问题解决能力、团队协作精神、沟通能力。

这四个领域可以作为独立课程来教授，每 3 学期学分或组合成一个 12 学分的课程。一些教育家将解决问题和批判性思维结合成一门课程；当然，其他教育工作者也想探索为核心增加额外课程。

无论如何，人们对通识教育有了新的兴趣，我们很可能会看到一些方式来重新定义 21 世纪的这一崇高理念。部分高校将创建新型的通识教育核心；有些高校会考虑限制学生在艺术、人文或社会科学领域所需的选择数量。希望一些大学将尝试建立一个基于基础教育的新课程，架起自由教育和劳动力教育之间沟通的桥梁。无论高校和教师选择何种方向来重新设计我们所处时代的通识教育，更好地了解通识教育的历史将大大有利于那些即将创造的设计者，以及那些创造成果的接受者——我们的学生。

---

① T O'Banion. Bread and roses: Helping Students Make A Good Living and Live A Good Life. Chandler, AZ: League for Innovation in the Community College, 2015.

第三部分

通识教育的理念与模式

通识教育理论[1]

哈佛委员会

一、遗产与变革

教育的迅猛发展，就像其他对美国人民的生活造成过重大影响的标志性事件一样，带来了从前的简单时代里无法想象的干扰和不适。马基雅维利的一篇名为“对话”的文章，在谈及罗马共和国为何在发展速度最快之时却显现出混乱的迹象时指出，在这样一个生机勃勃的国家里，混乱是不可避免的。他总结道：“如果罗马共和国想更加平稳地发展，那么这将同时导致它变得虚弱，因为这样做会关闭通往强大的那条道路。为了避免混乱，罗马就必须减慢它的发展速度。”如同现在的美国，被认为设计得最为理想的教育制度，也出现了与国家的成长与发展所引发的诸多未曾预见的力量的冲突。这种发展虽然是教育中存在着的最严重的问题的起源，但同时也是教育进一步发展的动力和完成未来使命的基础。

为了对教育的现实情况作出正确的估计，同时也为改革当前教育制度提出合理性建议，我们需要洞悉美国教育的理想目标，哪怕只是试探性地。相应地，本文将探讨或许可以稍微正式地称为美国教育哲学的东西，尤其是要探讨美国教育哲学的一部分——通识教育。

我们曾经指出美国教育最需要的是统一的目标和理念。一个世纪以前，毫无疑问地存在着这样一种教育目标：培养基督教公民；同样毫无疑问的是如何成功地实现这个培养目标。学生的逻辑能力由数学培养，品位靠古希腊语和拉丁语的经典著作来塑造，演讲能力有赖于修辞，理想通过基督教伦理养成。学院的概况手册一般都要首先强调这种培养对学生的心智和人格具有的影响。这种培养的目标和手段的确定性令人羡慕，不过这种确定性已经基本消失了，其消失的原因在之前探讨过。几十年来，扩充课程、增加新科目、新生入学、新方法的改革等激动人心之处耗费了中学和学院的大量精力，这似乎是情有可原的。现在，人们常常批评扩充时代的领军人物没能恢复，或没明白有必要恢复他们所破坏了的统一性。但是，仅仅批评这些领军人物是不合乎历史发展规律的。美国教育所面临的艰巨而重大的任务是教育的现代化和教育的拓宽，人们热切地期待着这一任务能够成功实现。然而，在这段时间里，统一性的问题变得更加引人注目了。我们面临着教育的多元化，当然它有许多优点，不过，它也破坏了社会赖以存在的教育培养及观念的共同基础。

我们的教育实践都立基于理念，而这些理念中有许多(尽管不是全部)似乎都基于对“遗产”的认知。“遗产”一词在这里不仅仅意味着历史回顾。所有的教育都是为了帮助学

---

① 哈佛委员会.哈佛通识教育红皮书.李曼丽，译.北京：北京大学出版社，2010.

生过上“好”的生活。诉诸“遗产”,部分地是诉诸权威,部分地是诉诸过去所理解的“当前什么很重要”。所有天主教学院和许多新教学院,倾向于把基督教中有关人和历史的观点当做人生的终极意义和直接标准。正如上文所提到的,近一个世纪以来,美国的教育实践总体上都是基于这种“遗产”的;并且,当然,这种按照过去所认可的模式来塑造学生的做法,以各种方式存在着,从来不会从教育中消失。如果不是这样,社会将无法延续。

如果从这一点上认识“遗产”,宗教教育与古典名著教育之间就存在着非常近的相似性。主张后者的人,把教育主要描述成为一个通过语词和数字的技艺——即所谓的“三科”(语法、逻辑、修辞)和“四艺”(数学、几何、天文、音乐)——进行学术训练的过程。但是,这种训练的内在理念是返回古典(antiquity),而其所依凭的著作事实上都是西方传统中的名著。因此,更公正的看法似乎是,在不否定这种课程的学术训练价值的前提下,把它主要看做是在学生面前开放那种形成了西方人心智的学术力量的过程。在某种意义上,名著教育可以被看做是新教精神的世俗延续。就像早期的新教主义抛弃了中世纪宗教的权威和哲学,而提倡每个人对圣经的不同理解一样,现在的这场运动反对圣经的独一无二的权威性,而注重阅读那些最充分地揭示了西方人心智的著作。但确切地讲,如同宗教教育一样,这种名著教育究其实质就是要把文化遗产介绍给青年学生。

尽管在现代民主生活中遗产的地位似乎已经不那么显著,但它作为教育的一个组成部分的重要性却丝毫没有减弱。从某种程度上讲,民主制度的隐含意义正在逐渐被揭示出来,而且它的含义还在扩展之中。因此,只有经过长期的教育努力,才能促使学生接受某种公认的理想。我们不妨细想一下美国历史的教学和现代民主生活的教学。无论这种教学表面上看是多么以事实为基础,但它通常总是包含着一个并没有科学证据的假定。这个假定就是:民主是有意义的而且是正确的。此外,既然现代生活本身是历史的产物,那么,学习它就是无意识地在圣贤曾经漫步过的古典赞美诗的语词中漫步。毫无疑问,要了解现代民主,至少要了解杰斐逊,尽管你没有阅读他的作品;要学会尊重演讲自由或个人良知的权利,就不能对《论出版自由》或者《安提戈涅》(*Antigone*)一无所知,尽管你可能毫不知晓这些著作。正如历史哲学家所辩称的,无论是限于目前的条件,我们通常不可避免地要用现在我们所知的东西判断过去,还是认为人类的动机和选择总是随着时代的变迁而变迁,事实都是,现在和过去是正在铺展开的同一风景中的两个部分。不管你进入的时间是早还是晚,你看到的通常只是同一问题在未竟的进程中的阶段性过程而已。

到目前为止,我们可以认为,我们的文化充分地反映在当前有关教育的理念中。就此而言,有一点十分清楚:教育的传承功能,尽管这不是教育的唯一功能,要部分地依赖于某个传承下来的有关人与社会的见解。所有的可能性都向我们中一个个的个体或所有人开放,这不是真的,也不可能是真的。我们每个人都是某个有机进程中的一部分——这个有机进程就是美国的进化,而更广泛地讲,则是整个西方的进化。我们的判断标准、生活方式、政府体制都体现着这个进化过程的特点。相应地,整个进化过程也影响着我们,尽管这种影响很混乱,而且甚至不能为人们所理解。原则上,这种影响应该得到不同程度的理解,并且这些理解是相互补充的,而非相互排斥的。研究美国的现在,最好是要明白,一个自由社会在克服其缺陷的过程中有何目的和意图。研究过去,在于极大地丰富现在的意义,同时要通过简化从历史中精选出来的作品和问题来澄清这种意义。无论研究现在还是过去，都在于以各种形式面对人类历史上哲学的、宗教的事实，以及承认基督教中的犹太、希腊思想的溪流对过去和现在都具有持久的巨大影响。毫无疑问，宗教教育、名著教育和现代民主教育在某种意义上是互相排斥的，但在更重要的意义上，它们都致力于同一目的，即，对于我们都在继承、适应和传递的有关人与社会的理念的信仰。

这种有关人与社会的理念被人们以多种形式描绘着，近来它最普遍的就是被描述为人的尊严。谈及对人的尊严的信仰，我们就必须承认个人对其他人所负有的责任。尊严并不会栖身于任何一个与他人相分离的人身上——这样的人在任何情况下都不会有——它应该是源于共同的人性，并且客观地存在于个体将公共福祉当做自我福祉之时。尊严基本上是西方的传统概念，它把人看做自由人而不是奴隶，看做是目的而不是手段。它或许含有许多人所认为的人本主义的局限性，即骄傲自大的局限性，而这种人本主义起因于把人当做万物之尺度。但是，由于它与宗教的人生观是相融合的，因此它的这些局限性又可以忽略不计。这有些像之前所描述的没有一致性的合作，在对人的善行的认识上达成一致，却不必要对终极目标达成一致。但是现在要补充两点：第一，正如上面所指出的，教育的目标并不与宗教教育、西方传统教育、现代民主教育的目标相冲突，而是大体上包含了它们的目标。反过来，由于它们已经成为我们共同传统中的必要因素，在很大程度上，每一种教育的含义在其他教育中都能够不同程度地被人理解。当然，对人的尊严与相互责任的信念的最有效的表述方式就是既继承过去又着眼于现在，并且不局限于事实而理解信仰。第二，有一点已经很清楚，各种观点的共同点，即引导学生接受一种公认的关于"善好"的观点，事实上对教育是很必要的。我们的社会和其他任何社会一样，依赖于共同的信念，而教育的主要任务就是使这些信念永存不朽。企图逃避这一认识是不可能的。

这种结论提出了一个关于教育的基本问题，实际上也是关于社会的基本问题：共同的信念和引领变革的自主性创见都是必需的，但如何协调二者呢？我们这里研究的，是前面提到过的但又不能囊括在"遗产"理念中的一个教育观念，换句话说，是与詹姆斯[①]和杜威相联系的观点，与科学、科学态度和实用主义相关的观点。这里不是一个总结这种思想的合适地方，甚至不适合详细地探讨杜威如何把这种思想应用于教育。要这样做，实际上得追溯到四十多年前的教育争论。但是，只有冒着对杜威的整体思想评判不公之险，才能提出几点看法。杜威的思想推崇科学方法，在他那里，科学方法指的是通过实验数据才能得出结论的方法，但是，由于数据或许被夸大，而结论本身也可能掺杂着其他结论，因此必须小心谨慎地对待这些结果。它强调真理不可能被完全探知，我们必须不断地以事实为基础修正我们的结论，使之与现实更接近。正如责任心和忠诚感标志着遗产意识，不屈不挠的精神、好奇心和勇于求变的品质则是典型的实用主义态度。

那么，这就形成了一种教育观——忠于事实，赞赏变革，甚至善待变革。初看起来，这种教育观似乎与重视遗产的思想相对立。这种对于传统的敌意，很恰当地反映了现代人心智的一个面向。在过去的几十年里，如果我们没有迫切地感到时代的发展需要人们具有新的心智和思想，就不可能对不断变化的新形势进行思考，也更不可能对自从文艺复兴

① 威廉·詹姆斯(William James，1842—1910)，美国本土第一位哲学家和心理学家，也是教育学家，实用主义的倡导者，美国机能主义心理学派创始人之一。

以来的变革以及主要舆论思潮进行思考。而且,很明显,实用主义哲学在美国最为登峰造极绝非偶然。然而,尽管看起来它与基于遗产的各种教育观有冲突,但是问题是:实用主义的质疑态度、创新和实验态度是否就一定是西方遗产之外的东西呢?或者从“实用主义”这个词的最广泛的意义上讲,这种思想是否就不是西方遗产的一部分呢?

这一主题过于宏大,本文倾其全部也难道尽始末。但至少在这里我们可以认识到,我们追溯古代不单纯是出于好奇心,还因为古代思想是与我们的观点相近的。古希腊的井然有序宇宙观、理性立法基础上的政治自由观、人的内在生命服从于理性统治的思想等,绝对是通过怀疑主义、观察或实验的检验获得的。古代原子论者和医学著作者,甚至在很大程度上包括苏格拉底自己在内,都严格地信守依据观察到的事实进行归纳这一原则。苏格拉底,雅典城的教师和“牛虻”,给他的学生和公众最深的印象是,人应有反思自己信仰和批判自己假设的责任。苏格拉底是一个个人主义者,他宣称人应该运用自己的推理能力形成自己的观点,而不是通过社会灌输来形成。然而,就是这同一个苏格拉底却在明知城邦对他的判决是错误时,仍然顺从地接受了死刑。再者,基督教在历史上一直非常关注现世生命的重要性。关于道成肉身的教义,也就是宣讲上帝以人的形态生活在地球上,正是体现了这种关注。也许古希腊思想认为只有无时间的世界有无比重要的意义,但在基督教思想中,历史的过程被赋予了绝对的重要性。如果可以说民主的理想交织在人的尊严(也就是说,他作为一个独立的道德实体的存在)以及他对他人的责任(即根据外在的表现来检验他)这两种思想之中,那么这两种思想显然受惠于以下两条相互交织的诫命:爱上帝,爱邻人。

始终如一地诉之于经验和推理的双重论证是西方文化的特色,它贯穿于整个西方历史中。承认这一点并不是要减少现代科学时代的原创性或掩盖现代科学与古代的决裂。在耳熟能详的怀特海①的著作《科学与现代世界》的开篇章节中,他探讨了现代科学的起源,把现代科学的起源归结为对抽象推理的反叛以及对独特的事实的尊重。如果这样讲是对的,那么也就是说现代科学的动因是反理性的,或者说得好听一点是反理论的,意味着它反对西方人所知的最高的学术体系,也就是经院哲学。然而即便科学的这种起源问题是真的,现代人无疑还是继承了实验主义的偏好、观察的热情和对抽象推理的不信任,这些科学自起源以来一直具有的特征。

但是,同样毫无疑问的是,现代科学的发展是西方传统内部的重点转移,或许在一定程度上是一种重点回归,而不是彻底的、本质上的变革。将更古老的西方文化等同于传统主义是一个错误。古典时代流传下来的追求真理的工作方式是倚重推理和经验。古典时代旨在为文明生活提供标准。通过与基督教融合,古典时代的重要性得到了提升和强化。但是,在中世纪晚期,当它被严格地系统化之后,它与经验和个人探究失去了联系,违反了它的本性,并激起了现代主义者的反叛。传统主义和现代主义之间的明显对立已经成了西方思想的悲剧。现代主义者恰当地肯定了探究和经验的重要性。但是,经院主义者的不足是以丧失活力为代价片面追求系统化,而现代主义者则以牺牲范式为代价追求活力。

---

① 阿弗烈·诺夫·怀特海(Alfred North Whitehead,1861—1947),英国数学家、哲学家。他出生于英国的肖特郡,在美国马萨诸塞坎布里奇逝世。

古典和现代作为西方文化中的两个对手，在存在着不一致性的同时，还有着某些一致性。例如，两者都认为科学观点并不是与人类价值相对立的事物。即使科学仅仅被看做是一种手段，但也不能推导出科学就一定会忽视人的内在价值。因为人类生活的价值观不能在物理真空中获得，价值观的实现需要一定的物质条件。古典文明在一定程度上没有减轻贫穷、疾病和污秽，没有提高大众的低水平的生活，因此也没有使人自由。相反，科学，尤其在其医学和技术应用上，已经成功地部分解决了这些问题，在此意义上，它为人类价值观的实现发挥了作用。因此我们认为，科学已经践行了古典主义和基督教所宣称的人道主义。

科学所做的远非只是给人类的美好生活提供物质基础，事实上它在精神层面上直接培育了人道主义的价值观。这是因为，科学既是在精确的论据之上形成客观、中立判断的结果，也是培育这种态度的源泉。在为民主社会培养公民的活动中，科学的态度和习惯尤其是有价值的。科学的习惯反对权威的武断性，其基本原则是直接和持续不断地追求事物的本来面目。因此，它培养了自由人的诸多品质。约翰·洛克[①]提出了在反对既定权威的前提下建立人的自然权利的政治信条，与此同时，他也是一个反对先天观念之权威性的思想家，这一点绝非偶然。

因此，研究古代和中世纪的学者们可以说，关于人的心灵本身、人与世界关系等的重要真理在那时就确定了；他们也应该同意，当这些真理通过严格的事实检验得到新应用时，它们的整个含义也随之被扩大了。现代文明已经看到了这种意义的扩大和可能性，然而它不是一种新文明，而是早期文明的有机发展。教育的真正任务是把来自于遗产的范式和方向与来自于科学的实验和革新协调起来，使得它们可以有效地共存和相互促进。在西方历史上，两者在不同程度上从未中止过这种共存的状态。

有关人的尊严和相互责任的信念是我们文化中这两种既对立又相互不可或缺的力量的共同基础。正如我们前面所指出的，这种信念是宗教、西方文化传统以及美国传统的共同果实。它同样激发了对人类理性的确信，而这种确信正是人们信任民主制度之未来的基础。严格地说，如果它没有暗含在科学方法的所有陈述之中，毫无疑问科学也已经变成其有力的工具。遗产和变革这两种相互对立的力量只有在对人的确信中才能取得平衡。而在这两者的张力中，存在着类似于善的知识(the knowledge of the good)这样的哲学命题。如果你懂得善，你为什么还要寻求它？如果你不懂得善，当你发现它的时候，又如何去识别它？很显然，你肯定既熟悉它又不了解它。正因为这样，留传给我们的关于人和美好社会本质的那种传统必定为我们提供了善的标准。然而，传统本身存在着这样一条公理，即确信：任何公认的理想的当前形式都不是最终的，每一代人，甚至每个个体都会发现它的新形式。因此，教育既不能完全信赖传统也不能完全变成实验，既不能认为理想本身就足够了，也不能认为远离理想的手段是有价值的。它必须同时支撑传统和试验、理想和手段，就像我们的文化本身那样守正出新。

---

① 约翰·洛克(John Locke，1632—1704)，英国哲学家、经验主义的开创人。洛克是第一位全面系统地阐述宪政民主基本思想的作家。

二、通识教育和专业教育

在前文中，我们试图概述蕴含在美国文化乃至教育中的共同因素。在这里，我们将进一步揭示，文化的丝线是以什么方式被编织到教育的织物里面的。广义地说，教育可以被分成两个部分：通识教育(general education)和专业教育(special education)。现在，我们就是要揭示这二者的区别和联系。“通识教育”这个术语有点模糊苍白。它并不是关于“一般”知识(如果有这样的知识的话)的空泛的教育；也不是普及教育意义上的针对所有人的教育。它指学生整个教育中的一部分，该部分旨在培养学生成为一个负责任的人和公民。而“专业教育”这个术语，指的是旨在培养学生将来从事某种职业所需的能力的教育。此二者同为人的生活的两个方面，是不能完全分离的。认为这两种教育具有非常明显的区分是错误的。我们现在就来更详细地讨论这一点。很清楚，通识教育具有自由教育的某些含义；除此之外，它实施于高中和学院，是为更大数量的学生设计的，这样就避免了有些人对自由教育的反感(无论这种反感是对还是错)。但是如果从自由教育的根本含义即“适于或有助于造就自由人”这一意义上讲，通识教育和自由教育的目标是相同的。自由教育可以看做是通识教育的早期阶段，它们本质相同但程度有所差别。

对自由教育的反对——既反对这个词语本身也反对相关的教育实践——大体上源于历史的因素。自由教育概念最初出现在奴隶社会，例如雅典。在奴隶社会里，人被分成两种：自由人和奴隶，或者说统治者和服从者。奴隶承担仆佣性质的专门化职业，自由人主要关注公民的权利和责任。对于前者的训练完全是职业性的，但是自由人不仅是统治阶级，而且是有闲阶层，他们的教育仅限于自由的技艺(liberal arts)，没有任何实用的色彩。自由人被培养成为思索与追求美好人生的人，他们的教育既是非专门化的(unspecialized)也是非职业化的(unvocational)，其目的是培养出一个对于自身、对于自身在社会和宇宙中的位置都有着全面理解的完整的人。

现代民主社会显然不会把体力劳动当做是令人厌恶的或可耻的事情。相反，至少在美国，一个人如果过于悠闲会让别人不理解，“绅士”们被期望参与某种工作。因此，我们对职业教育并无恶感。而且，只要我们明确反对这种思想，即自由人只有在他拥有奴隶或服从者的时候才是自由的，那么我们就极容易反对与贵族政治的理想结构相匹配的自由教育。在这里，我们的社会冒着犯下一个严重错误的风险。民主就是认为，不仅是少数人，而且是所有的人，都是自由的，因为每个人都掌管着自己的人生，并且分担着管理共同体的责任。如果这是事实，那么所有人都需要接受更宽广、更全面的教育。现代民主社会的任务是保存古代自由教育的理想，并且尽可能地将其扩展到共同体内部所有成员的身上。总之，在质疑古典理想的时候，我们容易把非本质的因素和本质的因素相混淆。确信人人平等，就是确信“好”的生活；而培养公民过上“好生活”的教育是所有人都应当平等享有的权利。衡量一个自由人的标准应该包括：第一，他自由吗？也就是说，他有能力为自己作出判断和规划以至于真正地掌管自己吗？为了能够做到以上这些，他必须具备自我批判的精神，他必须过一种自我审视的生活。根据苏格拉底的观点，这才是一个自由人所应该过的生活。第二，他的同情心和动机具有普遍性吗？因为文明人是整个世界的公民，他应该克服了"狭隘的乡土观念"(provincialism),他应该是客观的,并且是"任何时代和任何存在的旁观者"。以上两点,无疑也是民主的主要目的。

但是,对通识教育的反对意见,不是由纯粹历史性的原因造成的。我们生活在一个专业主义的时代,在这个时代,对于学生来说,成功之路往往在于选择一种专门化程度较高的职业,无论做一个化学家,还是成为工程师,或者医生,或者从事某种商业工作、某种体力或技术性工作的专业人员等。这些专业中的任何一种都是时代日益需要的,也吸引着更多学生的兴趣。在我们具有流动性的社会结构中,专业主义是实现阶层提升的手段。然而,我们必须认识到,一个完全由专家控制的社会不是一个明智而有序的社会。当然,我们不是排斥专业主义。问题是如何在一个专业主义必不可少的系统里挽救通识教育及其价值。

社会对专业训练需求的强劲势头,更需要通识教育提供一种协调、平衡的力量。专业主义加强了社会的离心力。为满足社会的需要,产生了许许多多的专门化职业——个领域内的专业人员不懂其他领域专业人员的语言。但是,为了使自己能履行作为公民的责任,每个人必须能以某种方式从整体上把握生活的复杂性。甚至从经济成功的角度看,专业主义也有其特定的局限性。职业中的专门化会使一个原本流动的世界变得僵化。各种事务都要求人们具有能够适应不同局势、管理各种复杂人类机构的智慧。随着经济进步速度的加快,技术的更新也在加速。学生在学校里接受的训练,在他准备工作之时或者工作一段时间以后就会变得不再有用。所以,我们的结论是:教育的目的应该是使学生成为既掌握某种特定的职业或技艺、同时又掌握作为自由人和公民的普遍技艺的专家。这样,曾经是两个社会阶层分别接受的两种不同的教育,现如今应该为所有人共同接受了。

当今时代,为了谋生,几乎所有人都成为某一领域的专业人员,通识教育因而具有特殊的重要性。既然没有一个人可以精通所有领域,每个人都必须信任绝大多数领域里造诣更深的其他人的意见。我必须相信我的医生、管道工、律师及无线电修理工等人的建议。因此,我特别需要具有一种智慧,借以判断:谁是专家,谁是冒牌货;谁是水平较高的专家,谁是水平较低的专家。从这一点来看,通识教育的目的在于提供广泛的批判意识以便能辨识出任何领域中的能力。威廉·詹姆斯曾经说过:一个有教养的人看到品质良好之人的时候,就能认定他是一个"好"人。每种活动——手工的、运动的、学术的或艺术的——都具有不同的水准和风格。一个受过良好教育的人,应该能够在自己专长以外的领域中辨别出优等品与劣等品。通识教育在民主国家里尤其必要,因为,在这样的国家里,领袖和官僚是选举产生的,普通的公民只有具有充分的辨别能力,才能不被表面现象所迷惑,从而选出英明的候选人。

两种教育——专业教育和通识教育——有助于实现我们文化中普遍存在的力量。这里,我们再回到本文开始我们所探讨的美国教育的目的上来。我们的文化根源中有两种相互补充的力量:一方面,是关于"人"和"社会"的理想,这种理想提纯自过去,但作为一种自身有效的判断标准,其意义又超出了过去;另一方面,是一种信念,即认为现在没有关于"人"和"社会"的理想的最终确定表达,因而认为这种理想要根据新知识进行不断的审查和变更。专业主义通常是第二种力量的工具和手段,它培养人的开放的心灵和对调查研究的热爱,而这种开放性和对调查研究的热爱恰恰是变革的源泉;专业主义致力于开发那些能引领变革的方法。当然，事实并不总是如此，现实中也存在所谓“贫乏的专业主义”，它固守现成的知识，并最终在最贫乏的保守主义中结束。现代生活也需要很多技能，尽管它们是专业化的，但也是重复性的，并且也不需要深入的探究。这些专门技能一直在为变革服务——但是是无意识地。专业主义主要关注与操作活动有关的知识，它增扩新的知识领域并推动技术的进一步应用。在这一意义上，前面所述的论断才是正确的。

专业教育包含着比职业主义更宽广的领域，相应地，通识教育也不仅仅只是关注与文学有关的事情。有一个例子可以使我们理解得更清楚。一个学者，比如说一个科学家(无论他是学生或者教师)，为了使自己免于狭隘，于是他去选学英国文学课程，阅读诗文和小说，聆听音乐，或者欣赏美术作品。所有这些，明显地是美好的，但同时也反映了一个误解。怀着一种不合理的谦逊，科学家错误地认为人文学科是“博雅”(liberal)的，科学是“褊狭”(illiberal)的。如果柏拉图和西塞罗听到几何学、天文学和自然科学被排除在人文学科之外，一定会很惊讶。再回到把自由教育等同于贵族理想的谬误上来，这里也蕴含着一种对博雅学科(liberal arts)的更严重的歧视，其隐含的意思是认为自由教育是上流社会的事情。一个存在于学生当中的类似错误是：他们把主修以外的必修课程视为“需要克服”的困难，认为唯有克服了这些困难，他们才可以从事严肃重大的教育事务，而这种教育事务在他心目中就是专业领域。

现在，无论在什么学科领域中，通识教育与专业教育的区别都不在教学内容上，而在方法和观点上。当人们用技术性的方法去学习文学时，就会产生语文学这种专门的科学，也存在运用高度专门化的历史学方法研究绘画的专业。专业主义具有可互换性，但不是与自然科学互换，而是与科学方法互换，即与那种把事实从其背景中分离出来并在完全孤立的状态下加以处理的方法互换。科学方法的好处是最大限度的精密性和准确性。但是，正如我们所看到的，专业主义作为一种教育的力量有其局限性，即它通常并不提供对总体关系的理解。

还有一个观点值得一提：专业主义的影响不但体现在需要和适合专业化的那些教育阶段，它也影响了高等教育甚至中等教育的整个结构。教师，作为具有高度技术性的那些学科的产物，倾向于在课堂上再生产他们的专业化知识。结果，专家所教授的科目，趋向于吸引潜在的专家。这种抱怨或许在追求学问的大学和学院中感觉更加强烈。学院(college)里的本科生从教授那里接受教育，教授是从研究生院(graduate school)训练出来的，而研究生院是以专业化为指导思想的机构。学习现在被多样化了，并且被分成很多个专门领域。相应地，学院和大学被分成很多系科，各系科内部又进一步地专门化。结果，想学习通识性课程的学生通常会感到沮丧。甚至初级课程都被设计成系科内部某门专业里的导论课，它只有在充当一系列高深复杂课程的入门部分时才会受到重视。总之，这些导论性的课程是为专家设计的，而不是为接受通识教育的学生设计的。年轻的化学家在文学课上以及年轻的作家在化学课上都会感到非常不舒服，只要这些课程的首要目的是训练那些将继续深造的专家，而不是提供对化学科学或文学技巧等的基本理解。

如果我们将通识教育看做某种无定形的东西，也就是说，认为通识教育就是选一门又一门的课程，如果我们将通识教育看做某种消极的东西，即认为通识教育就是对专修领域之外的课程的学习，那么，这将是最不幸的。正如我们把专修课程看做是互相之间有确定的关系一样，通识教育也应该被看做一个有机的整体，它的每一部分都在讲述同一个主导思想，并为同一个目的服务。这样做意味着摒弃一种观点，即认为所有领域和所有系科都是通识教育的同样有价值的手段和工具。它也意味着一些规定。至少，它意味着反对“分布必修课”(distribution)，即：学生在通识教育中可以不加限制地选修课程。人们会反对说，我们正试图以自由教育的名义限制学生的自由。这种反对仅仅显示了自由教育概念的模糊性。我们必须严格区分“教育中的自由主义”和“自由主义中的教育”。前者立基于个人主义的思想，认为学生在选课上必须是自由的。但是自由主义中的教育完全是另外一回事，它是一种具有自身特定模式的教育，换句话说，它是一种与自由观念相联系的教育。依此观点，如果一个人要具有使生命变得有用的博大智慧，他就不能随意地忽视一些真理——这些真理关系到美好生活的结构，关系到达成美好生活的实际条件，包含着自由社会的目标。

最后，通识教育的问题是如何把目的的稳定性与实施方式的多样性结合起来的问题。通识教育，并不是对全国所有中学、所有学院中相同的年级来说完全相同的教育，即使在我们权力分散的体制里能做到这一点，我们也不应该这样做。更确切地说，它是一种适合于不同群体的不同需要、不同意图的教育，并且要尽可能地将其通识的精神渗透到专业教育中去。通常情况下，有效的教学在很大程度上依赖于教育者是否愿意使教育中恒定不变的主要目的适应于变动的观点。这种适应对学得较快的学生和学得较慢的学生、对于喜欢读书的学生和不喜欢读书的学生都应是同等的，它是对每个学生(个体差异)的必要保护。那么，我们想要达到的就是，通识教育既能采取许多不同的形式，又能在这所有的形式中反映出自由社会赖以存在的共同的知识与价值观。

三、知识的领域

我们的探讨越来越具体了，现在，我们已经触及教育的结果这一主题。在这一部分，我们只准备探讨通识教育问题，而这个问题又可分为两个方面：在我们的社会中要过上一种完满的和负责任的生活，个人需要具备何种特质(心智品质和道德品质)？什么样的知识要素可以培养这些品质？这两个问题，或者说这两个方面，乃是相辅相成的。直到现在，人们在描述通识教育时，有时说它旨在培养人在社会中的美德，有时说它是由知识本身的性质决定的。这是同一个真理的两个方面，谈及其一必然会牵涉另一个。但为了清楚明了，有效的做法是暂时把它分成两个问题，先来讨论知识的要素，然后讨论人的特质。

传统上把学问分成自然科学、社会科学和人文学科三个部分。自然科学旨在对自然环境有所理解，这样我们可以与之保持适当的关系。社会科学旨在对我们的社会环境和人类的制度有个总体上的理解，这样学生也可以与社会保持适当的关系——这里的社会不但包括地区社会而且也包括整个人类社会，此外还指借助于历史所得来的社会的过去甚至未来。最后，人文学科的目的是促使人们理解人类与其自身的关系，也就是说，理解人类的内在期望与理想。

尽管上述这些都是显而易见的，甚至是老套的，但是并不充分。学科之间的分野并不是如此绝对。仅举一例，心理学，虽然被归为自然科学类(根据以上说法)，但心理学中肯定也有一些因素是与人类本性有关的。这种分类的一个更严重的缺陷是，它把教育当做是了解事物、获取信息的行为。但是，信息是沉滞的知识。尽管有这样的局限，但是，这样的分类方法也具有某些优点，因为它引导学生关注这样一个有用的真理：如果人类想过上舒适的生活——这是一个很现实的任务——那么他就必须熟悉自然赋予他的环境。

更合理的做法是根据获得知识的方法进行分类。让我们先从自然科学和人文学科的区别开始。前者侧重于描述、分析和解释，后者则侧重于评价、判断和批评。在自然科学中，陈述被判断为"正确的"或者"错误的"；在人文学科中，结论被判断为"优"或"劣"。自然科学并不对它们所描述的事物进行价值判断。化学家在陈述一种化合物的结构时，并不对这个事实进行表扬或谴责。自然科学研究那些能够被测量的东西，它借助形式逻辑和数学对研究对象进行研究。然而，这些东西本身并不是科学，甚至也不是科学的仲裁人。科学服务于一个更严酷的主人——自然界的冷峻的事实。逻辑和数学是抽象的巨大成就。它们是得出科学结论的媒介。但是当一个结果通过这种方式产生后，相应地必然会遇到一个问题："它真实吗？""它符合实际吗？"这样，根据事物的本质或表象判断，最终可以知道结论是否成立。

与数学和自然科学相反的是，人文学科探索并展示价值观的领域。例如，文学呈现给学生的是各种生活方式、悲剧的或英雄的观点，或者仅仅是悲悯的和可笑的观点。学生的想象力被激起，同时又生动地唤起与行动、激情和思想相关的理想，并且，他能够学会辨别行动、激情和思想。聪明的教师会研究经典的文学及艺术作品，以揭示人类一直困惑不解然而又顽强摸索的理想。当然，艺术的形式及内容同样重要，它们展示着不同的品味。

有关自然现象的研究已经发展了多种技术，但在价值观研究中却没有可与之相比的进步。我们可以测量一个物体，但是不能测量理想，我们也不能把一种重要的标准置于显微镜下去精确地测知它们的要素。科学的目标是精确无误，并能够达到这个目标。这部分地是因为科学不会费心去研究那些不适合精确观察的研究对象。它的范围限制在那些重复发生的事件和可以测量的事物中。而那些独特且只出现一次的现象不会成为科学的研究对象。例如，每个社会在一定程度上是独特的，因此研究社会现象的学生仍然在为寻求严格的一致性而苦恼。

科学方法和理解价值观的方法之间的确存在差异，但是如果据此认定价值观是完全武断的事物，则是完全不公正的。有人认为，由于"正""误"等词在用于伦理情境时，与用于数学命题中的意思并不一样，因此这里面没有合理的标准；而且人们可以或多或少自由地选择任何一套标准，并且把它们应用到实际工作所碰到的各种问题中。此外，还有人根据个人的反应走到对立面，通过绝对权威建立起固定的教条并推行之。但是标准既不是个人奇思异想的反映，也不是教条主义态度的反映。在价值观领域里，通过理性方法，根据其他人对此类事情的判断，对复杂情境进行批判分析是可能的。这里，我们再回到本文前面讨论过的问题：遗产和变革对人类信念的贡献。一旦从几个前提开始，例如从与我们对自由社会的义务相关的那些前提开始，人类的心智就能够进一步理解这些前提的内涵，而且也能够借助于经验修正它们的原初意义。尽管不存在关于理想的实验，但是关于价值观的体验存在于实际应用中，况且有大量这样的体验。尽管不可能有精确的测量，但是有对于规范和标准的极其理智的分析。尽管没有简单的一致性，但是文明人所赞同的道德原则还是有的。综上所述，我们的结论是：当价值判断是基于丰厚的经验并得到规范时，价值判断是或者至少可能是理性的；它们是可沟通的，而且可以成为理智讨论的内容和信念的内容。

最后，在此基础上，社会科学研究可以说是综合了自然科学和人文学科两种方法，既运用解释也运用评价。例如，历史学家显然关注事实和事件以及偶发事件之间的因果关系，但是历史学同样关心价值观。一个历史事件不仅仅是一个事件，它还意味着一个胜利或一个失败，预兆着进步或倒退，意味着不幸或幸运。我们的意思并不是说，历史学家对事件和民族进行道德判断。我们的意思是，历史学家是有选择的，他们从无限的事件中选择了那些与人类命运关系重大的事件进行研究。经济学中也存在相似的情况。通常并不被承认甚至并未被意识到的一点是，经济学是一个由客观对象研究和规范性判断高妙地组合在一起的学科。古典经济学家（如果不是当代经济学家的话）一方面描述和分析这种或那种经济制度，另一方面则根据某种健全的经济体的规范对其描述和分析的对象加以评价。从这点上讲，哲学的目的是把事实和价值联系在一起。哲学提出的问题是：人类的期望和理想在万事万物的整体格局中处于何种位置？

自然科学的方法在以下方面与社会科学和人文学科的研究方法是相对立的。在自然科学中，新发现得以产生的方式是，目前关于真理的认识是建立在以往科学发现的不断累积的基础之上的。科学知识是符合一定标准的、对真理的认识，因此，在所有事件中，都存在着对科学真理的共识。或者说，如果没有这个共识，就需要人们努力解决争议，然后就某些决定性的标准达成一致。但是，在其他两个领域，通常无法就任一特定时刻的充分根据达成共识。这两个领域中存在着各种各样的学派和学说，原因就是缺乏有关精确真理或正确性的标准。在科学中，思想总是在不断进步，后面的研究不断对早先的研究进行纠正，并把早先阶段所发现的真理内容包容在自己的研究中。如果伽利略能够复活，毫无疑问，他一定会认为后来的物理理论研究相对于他自己的研究来说是一种进步。总而言之，严格地讲，科学思想的发展历史与科学本身并不相关。但是，我们的哲学或者艺术尽管可能比穴居时代的哲学或艺术要好一些，但我们并不能以同样的确信下断言说它一定比古希腊时期和文艺复兴时期的好。任何天才的艺术和哲学、文学作品某种意义上都代表着一个完全的和绝对的洞见。歌德不会使索福克勒斯过时，笛卡尔也不会取代柏拉图。后来的天才如其说是对前人的见解进行更正，倒不如说是从新的视角出发提供更多替代性的、但是同样单纯而全面的洞见。正由于这种原因，历史知识在哲学中有着特殊的重要性，而且过去的成就对文学和艺术有着重要的意义，而这种重要的意义在科学中是找不到的。

在这一点上，缺乏耐心的读者会插话说，我们以上所做的区分事实上并不明显。我们说过，文学展示生活的或然状态。然而，文学不也描述生活的本然状态吗？我们说过，经济学家既关注规范也关注事实，然而，数理经济学却只是一个分析性的学科。反过来，读者可能还会补充说，科学家只限于使用测量技术这样的说法也是错的。科学的方法，即用来定义事实的方法和科学的主要假设，并不受制于科学证据。所有这些，我们都毫无保留地承认。以上所做的区分是粗糙的、不精确的。学问的全部领域更像一个由各种各样的思维方式以不同的程度组合而成的“光谱”，它只有被推至极端时才能接近纯粹。

然而,这些区分至少是由于实用的原因,即教育的原因而有其重要性。如果在政治学中,正与误、真与假等词语缺少它们在数学中的那种精确性的话,那么事实必定在政治学和历史学的教学中极其重要。显然,教育不仅仅只是传播信息。信息当然是任何知识的基础,但是,如果真理的本质和确认真理的方法因领域而各异,那么就必须清楚地呈现事实。正如怀特海先生所说的,不应该教给学生超过他心智能力的东西。教学内容的选择在教学中很重要,即便是最简单的调查,也是对现实的粗略选择。由于挑选教学内容的问题在任何时候都不能避免,因此对于教学来讲,问题不是教多少,而是教给学生什么,或者说通过使用信息来阐明什么原则和方法。同样的冲突,即掌握事实与理解事实的内在真理之间的冲突,以尖锐的形式出现在最注重事实的学科,即自然科学中。学习科学,需要一大堆信息,但只有信息是不够的。我们有选择性地传授给学生的,不仅是科学的某些原理,而且也包括,并且要首先包括科学的方法、具有代表性的科学成果以及科学的局限性。在一定程度上,一个学生如果对他正在使用的方法有所了解,对他的假设有批判性的认识,那么他就会超越他的专业领域并能自由地审视自我。

四、心智的品质

每学期到考试时,一名普通学生能记起的所学知识不足75%。然而,当他到高年级面临毕业时,能记起多少?5年之后又能记起多少?而当他再回来参加25周年同学聚会时,还能记起多少呢?想到这些问题,悲观主义者会得出结论说,教育完全是一个浪费时间的过程。这样下结论当然是错误的。一个简单的原因是,教育不是用各种事实塞满人的头脑的过程。然而,悲观主义者在某种程度上也可能是正确的,因为学生很快忘记的东西不但包括事实性信息,而且甚至包括普遍性的观念和原则。当然,这样讲可能夸大其词。其实,那些能把在中学、大学里所学的东西与后来的学习或工作结合起来的学生,确实保存了惊人的信息量。然而,对悲观主义者的真正回答是:教育不仅仅只是传授知识,而且也包括在年轻人的头脑中培育某些才能和态度。正如我们在前面说过的,教育既追求知识的本质也追求人在社会中的美好品性。而后一方面——尤其是教育应培养的心智的特质和品性——是我们现在要关注的。

这里所说的特质,正是通识教育的培养目标,它决定了通识教育应该如何实施,应该着重于培养人的哪些能力。依我们的意见,这些能力应为:有效的思考能力,交流思想的能力,作出恰当判断的能力,辨别价值的能力。在实践中,它们是不可分的,也不能独立地培养。每一种都是心智正常的人的头脑不可或缺的功能。要把它们讲述清楚还需要逐一加以讨论,下面就依次展开。

1. 有效的思考能力

有效的思考能力在我们这里首先意味着逻辑思考能力,即从前提中抽绎出正确结论的能力。然而,我们所说的逻辑思维能力并不是指专业人员的必备能力或者学生修习的形式逻辑课程。我们关注的是将来有可能成为工人、商人或者其他专业人士的学生,以及那些不一定期望从事学问或纯科学职业的学生。作为一个平凡的公民,在实际生活中会处处用到逻辑技能,例如:选择什么样的职业,在选举中投谁的票,购买什么样的住房,甚至选择什么样的妻子等。当然了，最后一个例子也许正是逻辑思维不能解决的，尽管欧洲的家长可能不会赞同这一点。

逻辑思维是从个案中抽取出一般规律的能力，反过来，也是从一般规律中推演出特殊的能力。更严格些讲，它是辨别各种关系所构成的模式的一种能力，也就是说，一方面分析一个问题的内部构成因素，另一方面对它们进行重新组合，并且通常是借助富于想象的见解，以便能得出结论。逻辑思维的原型是数学，而数学要从几个选择的条件出发而得出精确的推论。逻辑思维能力在对一幅画的结构分析和几何体系中都有一定程度的体现。一个受过良好训练的人对事物下结论，需要对相关的因素具有敏锐的洞察力，同时他也会积极地排除所有无关的因素，并根据各自的权重对相关因素进行排列。例如，在总统竞选的投票中，公民都会思考竞选人是否拥有正确的施政纲领，他是否有能力与国会相处，他是否对国际关系有较好的把握，在困难时期他是否具有对军事战略的理解能力。这些都是与这个问题相关的方面。但是竞选人的长相极可能就是无关因素，而其所从属的宗教派别就完全是无关因素了。偏见往往会使人将无关因素带进决策，而逻辑思维则会把无关因素排除在外。

有效的思考，是从逻辑思考开始的，但是进而还包括了某些更广泛的智力技能。因此，一个有效率的思考者能够娴熟地处理各种术语和概念，他不会搞混词与物，并且他完全是一个探求自然的经验主义者。他不能只满足于观察事实，而且还要致力于探究事实背后的意义。他明白他懂得什么，不懂什么；他不会把纷繁的意见错当做知识。而且，当逻辑的方法不够用时，有效的思考还包括对复杂的动态情境的理解。当然，思考不能违反逻辑的规律，但是它可以运用精确的数学推理之外的一些技巧。在社会科学和历史领域内，以及在日常生活的种种问题中，很多领域内的证据是不充分的，而且可能永远都不会充分。有时候，证据也可能是靠不住的，但在实际情况中必须作出决定。科学家习惯于处理能够从事物的整个背景中抽象出来的性质以及得到明确定义的少量变量。然而实际情况是，很多事实是独特的和不可预知的，变量是不计其数的，它们之间的关系复杂到无法进行精确的计算，因此这时候科学家往往不得不在绝望中罢手，并且或许最后演变为感伤主义者或神秘主义者。但是可以确定，这种做法是错误的，因为逻辑思维不能穷尽推理的源泉。在处理复杂的和动态的情境时，我们需要关联性的思维，那种可以跨越各领域的思维——“情境思维”(thinking in a context)。即便没有更简单的材料或重复发生的事件中的那种精确程度，借助于这种思维也可能达成对历史材料和社会材料以及人类关系的理解。正如亚里士多德所说：“在探究真理的过程中，安于事物所能提供的那种精确性而不过分奢求，这是一个受到良好教育的人的标志。”

构成有效思考的另一个因素是想象力。想象力是诗人思维中最显著的特征。逻辑思维是直线的，诗人的思维可以说是曲线思维。当科学家运用抽象的概念进行思考时，诗人运用的是感性的形象。想象力是根据具体的思想和形象而进行思维的能力。例如，人们一般不用阅读枯燥乏味的分析文字，就可以直接从马奈(Manet)的“吹笛的男孩”的肖像画中获得印象。我们可以在心理学家的抽象描述中学习和研究人类的本性，我们也可以从《奥赛罗》《浮华世界》《尤利西斯》和《安娜·卡列尼娜》等富有想象力的单个艺术品的生动描述中看到人性。读者或许会提出异议说，想象力与有效的思考没什么关系。然而，想象力对于理解与人有关的问题是最有价值的。统计数据是有用的，但是仅有统计数据不能令我们深入理解人类。我们需要想象力，它能细致地体察我们人类的希望、恐惧、优点和缺点，并能在最具体、最完整的意义上唤起整全的人格。在实际事务中，想象力提供了一种打破习惯和常规、帮助人们看到平淡无奇的事物之外的世界或构想出新方案的能力。它不只属于艺术家，它也是发明者和革新者的动力。

值得注意的是，有效思考的三个阶段：逻辑的、关联性的和想象的，大体与自然科学、社会科学和人文学科等三个学问领域分别对应。

2. 交流能力

交流能力是表达自己并被他人理解的能力。它显然与有效的思考是分不开的。在大多数思考状态中，人们是在与自己交谈；好的演讲或写作是良好思维的直观测试和标志，反之亦然，要想清晰地表述就必须具有清楚明晰的思想。一个人除非有东西要表达，否则便不能讲出任何东西。不过，为了正确地表达思想，人们也需要一些交流的技能。当然，交流还包括其他东西，例如希望你的思想为人所知的诚实的意愿，这种诚实的意愿是与欺骗他人或隐藏真实背道而驰的。交流不只是“讲”，而且也包含了“听”。除非其他人希望听懂并知道如何“听”，否则你不能成功地交流思想。世界上有两类语言，口头的和书面的，因此交流便分为听、说、读、写等四种相互关联的技能。

交流是政治实体内部不受限制的思想交换，由此会形成繁荣的智识生态。它具有分享意义的特点，并且正是这一特点使交流这种工具——生者与生者、生者与死者之间的交流——将人类锻造成了社会。在自由民主社会，交流有着特殊的重要性。集权制国家可以通过暴力获得认可，但是民主国家必须依靠说服，而说服需要通过口头演讲或其他的沟通形式。公民之间的交流失败，或政府和公众之间的交流失败，都意味着民主进程的停顿。然而，尽管人们由于交通工具的改进在距离上比过去更接近，但并不能说人与人之间的相互理解取得了相应的进步。技能、工艺、各种专门性职业以及学术性学科常常用由深奥的行话所组成的高墙将自我隔离起来。另外，把交流变成宣传的倾向——无论是政治宣传，还是类似于广告这样的经济宣传——也导致了交流中的其他障碍。因此，有效的交流不但依赖于清晰的思维、简洁有力的表达等技巧，而且还依赖于坦诚之类的道德品质。

过去，修辞课是课程的一个正式组成部分。修辞对我们来说意味着演讲术，而今天我们怀疑演讲术的作用，或者至少对演讲术抱以冷淡的态度。修辞的艺术意味着使个人的思想清晰而有说服力的简单技能，而并非一定是浮夸的言谈。交流中最简单的例子就是对话。不言而喻，对话是一种被遗忘的艺术。问题是，它被丢在了哪里？我们比我们的先辈越来越少地使用对话，而且使用得越来越不好，这难道是因为我们丧失了对话的艺术？或者是因为我们已经变成了技术人员而没有什么内容适宜于一般谈话？又或者是因为我们对做事情更感兴趣了——例如开车或玩桥牌？博学者往往认为谈话是琐屑的和累赘的，但是这样说是不公平的。如果你想在一个晚宴上发现重要的真理，当然你或许会失望，因为你这是在错误的场合寻找错误的目标。日常对话的贡献是对人格的揭示和影响。当日常对话不包含实质内容时，琐屑的语言就像被放飞到空中的最轻的气球一样没有分量。对话中，人格特征通过个性化的语调和加重语气，通过敏捷的反应，甚至通过不经意的羞涩感都可以得到传递。在对话中，思想与“个人”是不可分的。对话是有用的，因为它是最轻松、最自然地把人们带入社会的手段。在它的社会功能之外，对话本身是令人愉悦的。它是一种艺术，然而，如果它变得虚伪、矫饰，它就失去了价值。它的本质特点就在于自然而然、互动和彼此激发。对话的语言是瞬间发生、迅速消失的，而书面语言是正式的、严格的和固定的。对话从简单的事情，如天气、私人琐事等开始，慢慢地转向人与人之间情感与观念的交流，而情感与观念是活生生的，因而也是短暂、易变的。

或许，我们已太远地偏离了我们问题的严肃方面，或者说乏味的方面。然而，我们需要澄清的一点就是：交流语言既不需要高深的学问，也不必是高雅的文学。在我们心中要记住的是，商人使用语言来写作平实、简练的书信，科学家使用语言来写报告，公民使用语言来坦率发问，人类使用语言来一起探讨他们共同关心的话题。

3. 作出恰当判断的能力

它涉及的是学生将全部思想运用于经验领域的能力。现在，做判断不在于理解各种思想之间更多的关系，而是如何将这些思想应用到实际事务中。军事科学领域最好的教师未必是战场上最好的指挥官。完善的球类运动理论是存在的，但是一套抽象的理论知识并不能造就一个好的球员。同样，一门关于诗学的课程，无论多么好，也不能造就一个优秀的诗人。辨别或者陈述普遍规则如果只是孤立地思考，那么就不能提升人们的具体技能。教育的目标是提升那种将普遍规则运用到具体的、转瞬即逝的新环境中的能力。在柏拉图的神话中，洞察了“善”的哲学家必须回到“洞穴”①，并利用他的洞察在影子之间指引自己。最初他一定是迷惑的，只有在长时间的居住之后，他才能找到周围的路，并正确地运用到具体经验中。世上并不存在告诉学生如何把准则应用到具体个案中去的学习窍门。将理论转化为实践需要一种很独特的能力，需要我们称之为洞察力或判断力的技能。

在某种程度上，中学或学院都因看得见或看不见的高墙而与生活阻隔着，触及不到现实生活。在某种程度上，这也是必要的和正确的。的确，当下的状况是我们唯一需要面对的事实，然而只要我们沉浸于其中我们就难以窥其究竟，因为我们的观点应该经得起时空距离的考验。教育的目的之一，就是要打破当下强加于人的心智之上的束缚。另一方面，年轻人是直觉的、热情的，因而迫使他们服从于一系列抽象的原则是残忍的和违反自然的。而且，抽象的原则本身是无意义的，除非它们与经验具有某种联系。由于这一原因，所有的教育在某种意义上都不成熟。重读伟大作家之作品的成人会意识到，他在中学或大学时没能体会很多深奥的含义。现在，他的阅读得到了更多的回报，因为他的经验范围更大了。有的人可能梦想另一种生活框架，那就是先工作然后接受教育，比如从 45 岁开始接受教育。这个框架的优点是显而易见的。成年学生不仅具备了丰富的深度经验——这些经验对于理解伟大作家而言是必需的——而且也解决了经济问题，因为他从工作中积攒了足够的钱，或许他的子女也会给予一些资助。

但是这些乌托邦设想并不适合于我们，我们不得不面对严酷的现实。教育必须被设计为：使学习过程中的年轻人认识到理论与事实之间的差距，让他们学会把思想转化为行

① 在《理想国》第七卷的开篇，柏拉图做了一个著名的比喻，其直接目的就是要揭示受过教育的人与没有受过教育的人之间存在本质上的不同。

动。一个只是被各种抽象思想滋养过的年轻人容易滋生出智识上的自大感，认为自己即使不靠经验也能够解决任何问题。尔后当他碰到具体事情时，又会蹒跚不前，或者通过并不高明的小聪明来自我保护。正如我们所看到的，作出恰当判断的才能不是理论教学发展出来的。作为一种艺术，它来自于实例、实践和习惯。尽管如此，教师可以做很多事情。他可以见缝插针地将理论内容与学生的生活联系起来，他还可以有意识地在课堂上模仿现实生活情形。此外，他还能把现实生活中的具体个案拿出来与学生讨论。重要的是，教师应该始终注意把握好最终的目标，不要混淆了手段与目的，坚持将学生的注意力从表象符号引向它们所象征的事物。

4. 辨别价值的能力

这种能力不但指对不同种类的价值有清楚的意识，而且要对它们之间的关系有所理解，这其中就包括对目的和手段的相对重要性和相互依赖性的认识。价值辨别能力还包括许多类似思想方法的内容，例如，在真正理解过的价值与来自舆论的、因而与自我体验无关的价值之间作出区分的能力。价值有很多种。有关于品格的明显价值，如公平竞争、勇气、自我控制、慈善、人性；还有一些智识方面的价值，如对真理的热爱、对各种学术成就的尊重；还有审美的价值，如高雅的品位和对美的鉴赏力。就后者而言，人们往往习惯于从画廊和博物馆中寻找美，并且认为美只在那里。但是，在日常生活的寻常之物中寻求美至少与在画廊中寻找美同等重要，因为只有这样，美才能像空气一样弥漫在人的生活之中。

除了以上这些，还要补充一点：教育的目的不只是传授有关价值的知识，而且还要致力于价值本身，将理想内化于行为、感情和思想与从知识层面掌握理想同样重要。读者也许会提出异议，认为我们正在提出一个令人迷惑的问题，即我们正在试图把中学或学院变成一个道德教养所或教堂。教育机构的目的不就是培育心智吗？然而，把有效的思考与品格养成截然分开并不那么容易，事实上也不可能。知识演进中的一个重要因素是学术诚信（Intellectual Inegrity），即最严格地尊重证据以及抑制所有一厢情愿的想法。由受过教育的人组成的群体是充满理想和信念的一群人。企图把思想活动与思想中的道德感分开，就是把年轻人变成诡辩家并且鼓励他们为个人的胜利而不是真理而辩论。我们不能天真地认为，有关美德的理论教学会自动地使学生具有美德。但我们认定，使学生恪守学术诚信的最好方式是，把他放在一个无私地追求真理的老师身边。这样，从老师身上擦出的火花会在教室中的课桌间跳跃，从而点燃学生身上学术诚信的火焰，并长久不息。

道德价值和品格的问题是个更复杂的问题，在这里，大学与中学扮演着不同的角色。显然，我们有权希望中学承担道德教育的任务，但即便学院在这方面分担着责任，我们也不能期望它使用同样直接的方法。学院应该只提供正确地辨别价值的能力，并且相信苏格拉底的名言：关于善的知识将引人向善。然而，我们必须认识到学院和中学在训练学生的智力和养成学生的品格这两种责任上的差异。在某种意义上，前一个责任是教育机构所独有的。但是道德教育却是中学与其他数不清的机构共同分担的责任，而在这些机构中，家庭是最主要的力量。而且，在这个领域，学校的责任是少于家庭的。把学校当做塑造人的品格的唯一机构是危险的。因此，一个明智的社会不会把所有的鸡蛋放在一个篮子里。同样，中学也不能忽视道德教育的任务。正如自由教育，如果是严格意义上的“自由”,必须趋向职业主义,所以,一般说来,中学和学院必将注重道德教育。

价值辨别力由所有这三个学问领域的学习去培养。我们已经看到,人文学科不仅指向道德价值,而且也指向审美价值。正像我们前面所说的,伦理中立性或许真的是历史学家学术研究中的一个指导性原则。然而,无论是历史学家还是社会科学家,作为教师,他们或许应该进一步把人类过去的历史和人类的制度、习俗既作为一种事实,也作为不同阶段对美好生活的追求呈现给自己的学生。在自然科学中,被研究的事实与价值无涉。这种分离,虽然在实践中是有效的,但如果将其作为最终目标,则将是灾难性的。价值植根于事实,人类的理想无论如何都是自然的一部分。

五、“好”人和公民

我们再次重申,通识教育必须有意识地关注这些能力的培养:有效的思考能力、交流能力、作出恰当判断的能力、价值辨别能力。如前所述,专业主义最微妙和最普遍的影响就是,科目的设计和讲授着眼于它本身的内在逻辑而非对学生的最大有用性。例如,历史课甚少关心学生表达自我的能力,这种能力被认为是英语课应该解决的事情;而且它也甚少关心学生的逻辑思考能力,这种能力被认为是数学课的事情。确实,优秀的教师通常认为他们教授的科目应该有助于这些更高的教育目标,而且非常值得称道的是,他们中有许多人也在努力追求这些目标。但是,知识的组织形式变成了僵化的、几乎独立的单元,这与那些更高的教育目标是相悖的。关于科目之间的能力迁移问题,不断受到争论但又不甚明了。但其中一个较为清晰的事实是,如果不是自觉地计划好并朝那个目标去做,这种迁移通常是不会发生的。再者,每一门课程,无论是通识课程还是专业课程,都被期望能对培养这些能力有所贡献。毫无疑问,有一些课程对培养某些品质更有用,而有些课程对培养另外一些品质更有用,但这些能力终究具有非常普遍的重要性。交流是科学和文学的基础,有效的思考能力对于演讲和数学同样重要。当然了,这种有效的思考能力甚至无法通过数学来培养,除非那些在定理和公式中获得了最纯粹形式的逻辑活动明白无误地获得了更加广泛的用途。在价值中进行辨别的能力也有待于通过更广泛的应用来养成。最后,熟练掌握三个领域的知识中的任何一种对学生的作用都是微乎其微的,除非他能把他所掌握的知识和现实经验、实践关联起来。

然而,人的人格不能被分解成几个独立的部分或品质。教育的目标是培养整全的人(the whole man)。有人曾精辟地说,教育的目的在于培养“好”人、“好”的公民和有用的人。“好”人的意思是内在的完整、泰然自若、坚定的人,它归根到底源于某种完满的人生哲学。人性的完整不是除其他四种能力之外的第五种品质,而是与它们相一致的,并且也是它们的结果。自由教育的目的是培养完整的人,而人性包括直觉、情感和智力。这里必须提到两种危险:第一,把智力等同于所谓的脑力劳动的品质,即等同于书生气质和运用概念的技能。我们强调在有效的思考中作出恰当判断和价值辨别的品质,就是为了设法避免这种错误。第二,我们必须记住,智力即使在最广泛的意义上也不能穷尽人性的所有潜质。人不仅仅善于思考。那么,为什么事实上人性是如此复杂,教育却还总是首先被认为是与智力有关的事情呢?例如,人具有情感、动机和愿望,为什么教育单单只关注智力的训练呢？答案是，智力不是，或者不仅仅是一种特别的功能，而是所有人类能力发挥功用的方式。智力是意识和反应的酵母，这种酵母在人的天赋上发挥作用，把他们从动物层次提升为真正意义上的人。我们认为，理性不是单独的行动，而是对所有人类行动的理性指导。这样，教育的成果就是行动中的智慧。我们的目标是要成为生活的主人，并且，既然生活是一种艺术，那么智慧就是达到这一目的不可或缺的手段。

我们在这里质疑的所谓“教条”，有时被称做“古典的观点”，它认为，在教育中，理性是一种自足的目的。然而，就连柏拉图自己也强调，国家的护卫者应该既勇敢又明智，也就是说，他们既是血气方刚的人，同时又具备了经过良好训练的心智。我们同样反对另一极端的观点，这种观点认为不受理智控制的生命力和创造力是判断一个“好”人的充分标准。无论什么时候，只要这个目标的两个部分被分开，也就是说，无论是思想或行为被强调为唯一的目的，教师只注重学术能力，还是学生（或许还有公众）只注重做事的能力和“人格”（无论其含义如何），那么事实上，完整性已经丧失了。而且更糟糕的是，它们如果彼此被分开，这些素质本身将会枯萎或者至少不能实现它们的承诺。

我们并不是对宗教信仰在圆满而美好的人生中的重要性不关心。但是，鉴于美国人在信仰甚至无信仰方面的多元化情形，我们认为没有必要把宗教教学作为课程的一部分。对上帝的热爱可以从爱自己的邻人中得到检验，然而对上帝的爱完全超出了人类义务的限度。我们必须恪守纯粹的人文主义立场，将人类的义务界定为对个体自身以及对社会的义务。但是，我们一直很谨慎地界定人文主义，认为它并不排斥宗教理想。然而我们并不主张教育应该只以学生为中心。因为人是衡量抽象的价值的尺度，所以反过来，这些价值也可以衡量人。就像椭圆一样，教育机构有两个中心，而非一个。并且，尽管在几何学中椭圆不能有第三个中心，但真理要求我们再给教育加上第三个中心，即社会。

正如把人分成几个互相分裂的部分是错误的一样，把人同社会分离开来也是错误的。我们必须抵挡那种只根据个人潜能的实现来诠释美好人生的倾向或者诱惑。个人主义经常与关注一己私利的人生观相混淆。而我们这个委员会意在关注“自由社会中教育的目标”。我们很重要的一点是应意识到，自由社会的理想中包含着双重的价值，一是自由的价值，一是社会的价值。民主社会是由自由人组成的共同体。我们有时倾向于强调自由——个人选择的力量和为自身着想的权利，而对与我们的同胞进行合作的职责考虑得不充分。民主社会必须在自由的价值观与社会生活之间不断调适。

18 世纪的自由主义倾向于只根据自由来界定美好的人生，将人类看做如牛顿物理学中的物质那样的独立的粒子的集合。但是，每个人皆固守着自己的家园，不去打扰别人，这样的人生仅仅是消极意义上的共同体。粗糙的个人主义不足以形成民主社会，民主也是为了共同的美好而友爱和合作。约西亚·罗伊斯①将美好的人生界定为忠实于共同的价值观。当然，当我们过分强调联盟而排斥自由时，我们就陷入了极权主义；而当我们只强调自由时，则会陷入混乱之中。民主制是自由和忠诚的混合体，它们既互相牵制，又互相加强。

① 约西亚·罗伊斯(Josiah Royce，1855—1916)，美国著名的唯心主义哲学家。著作有 The Religious Aspect of Philosophy(1885)，The Philosophy of Loyalty(1908)等。

然而,用“好”人的理想明确地限定何为“好”公民是重要的。公民身份并不意味着毫不质疑公认的社会目标的那种忠诚。一个社会如果不容许成员批评其目标和方法,就没有机会纠正其失误和弊病、就没有机会更新和改善制度,最终必定非死即僵。警觉而积极进取的个人主义素质对一个好公民来说是重要的;一个好的社会应由那些具有独立的观念,既考虑自身利益,同时又愿意使个人利益服从共同利益的公民组成。

但是协调这两个目标是我们社会所面临的最艰巨的任务之一。自由探究的理想是西方文化中的一项宝贵财产,然而坚定的信仰又的确是美好人生的一部分。自由社会意味着宽容,一种来自于开放的心灵的宽容。但是自由也需要信念,自由的选择——除非它是完全武断的(那么它将不是自由的)——来自于信仰,而且完全依据原则。那么,一个自由的社会既珍视宽容又珍视信念。然而,这两者看起来似乎是不相容的。如果我坚信我的观点是真理,那么有什么理由让我宽容你的观点——我认为是错误的观点?答案部分地存在于我能理解我作为人的局限性。这种理解不仅仅表达了一种智性的谦卑(intellectual humility),而且也有效地参照了这样一个事实:明智的人也犯过很多错误。并且,不能迎接批评和不满挑战的信念很快会变得迟钝、积习难返,乃至消亡。如果没有异端(非正统观点),正统将创造出异端。如果一种信仰不能回答问题,它就不是一种信念,而只是一条干瘪的规则。

我们应该沿着开放心灵的方向走多远?特别是在第一次世界大战后,自由主义者有时候不愿相信任何东西,并且常常不愿在信仰上作出任何承诺,仿佛信仰是愚蠢的甚至是可耻的。然而,尤其是对于那些热情似火的青年来说,没有信仰的开放性会导致极致的狂想主义。或许我们能把我们认识的年轻人从极端怀疑主义和狂热的盲信中唤醒。人的天性似乎憎恨理智的真空。为了保持开放的心灵的质量,适度的信念是必要的。如果宽容不会变成虚无主义,如果信念不会变成教条主义,如果批评不会变成犬儒主义,那么,每一种心智品质对于其他心智品质来说都是有意义的。

伟大的对话——一种博雅教育的本质[①]

哈钦斯

一、西方的传统

“伟大的对话”体现了西方的传统，它始于历史之初并延续至今。无论其他文明在其他方面的价值如何，就“对话”而言，没有谁能与西方的价值媲美。其他文明都无法声称其专属品性是这种对话。在西方，参与对话的思想家，其伟大作品的数量，远非其他文明的对话所能媲美。西方社会逐步走向对话的文明(the Civilization of the Dialogue)；西方文明的精神就是探索精神，它的主导因素是逻各斯(Logos)。在这种文明中，凡事皆可讨论，每个人都在言说自己的所思所想，所有的命题都要接受检验，交流理念被视作实现人类可能性的方式。

考虑到西方总被盟友描绘为全世界都向往的科技发源地，又总被敌人指责为自私和贪婪的源头，值得一提的是，虽然这两种因素都存在于伟大的对话中，但西方的观念不是对话中的一方或另一方，而是对话本身。夸大地以为西方文明等同于这些作品，是出于对造型艺术(plastic arts)和音乐的忽视；而它们也是西方文明的一部分，其重要程度不亚于丛书中的伟大作品。不过，本文所呈现的西方文明的理念，在很大程度上就是这些作品所呈现的文明之理念。

这些作品是理解我们自身及所处社会的途径，其中有日用而不知的伟大理念。没有什么宝藏能与我们的传统相媲美。

不必焚书，只要几代人弃之不顾，就会终结西方特有的探索精神。另一方面，历史上对这些作品间或再生的兴趣，为西方提供了新的能动性和创造力。伟大作品在许多像当今这样的情形下，已经挽救、保存并传播了我们的传统。

这些作品所涵盖的不只是传统，还有伟大的传统阐释者。他们的作品是艺术和博雅技艺(fine and liberal arts)的典范。他们先于我们做到了怀特海(Whitehead)所说的“习惯于阅读伟大作品”(the habitual vision of greatness)。这些作品世代相传，因为每代人都通过模范的激励超越自己。利文斯顿(Richard Livingstone)说：“我们整日囿于平庸，而且愈加严重。但这正是接触伟大思想家的契机，伟大的作品(literature)也会对我们有所助益。虽然在它们的陪伴下，我们仍处在平凡的世界中，不过，这是一个经由慧眼洞穿并使之理想化了的平凡世界。而且我们还内化了他们的某些洞见。”

直至晚近，“伟大的作品”一直都是西方教育的核心。它们是博雅教育的主要工具。人们认为博雅教育的目的就是其本身，因为没有其他目的比它更能帮助人们成其为人、过

① 董成龙.大学与博雅教育.北京：华夏出版社，2015.

人性的生活、过一种用其他方法不能达到的优质生活。

博雅教育的目标是人类在私人领域和公共领域(人是政治动物)中的卓越,是人作为人的卓越和人作为公民的卓越。它把人视作目的而非手段,它关注人生目标而非实现这一目标的手段。因此它是自由人的教育(education of free men)。其他类型的教育或训练只把人当作某一目标的实现手段,充其量关注生存手段、生计而非人生目标。

看来,博雅教育的内容是:辨认出基本问题、了解论题的差异和相互关系,以及理解各种理念。

博雅教育试图澄清基本问题,并理解某一问题对另一问题的影响方式。它试图把握可能取得的解答方法,并将所给解答的检验标准公式化。例如,接受过博雅教育的人能理解灵魂不朽与优质政体之间的关联,他知道解决某一问题的方法不能用于另一问题,对所给解答的检验也因问题而异。

通过把握论题若干基本领域中的差异和相互关系,接受过博雅教育的人能理解诗歌与历史(poetry and history)、科学与哲学(science and philosophy)、理论科学与实践科学(theoretical and practical science)的区别与联系,他知道同一个方法不能用于全部这些领域,每个方法各有其适合的领域。

接受过博雅教育的人,能理解与基本问题相关的理念,还有若干基本论题领域中所运用的理念。他知道什么是灵魂、国家、上帝和美,以及讨论根本问题时的其他基本术语。他知道这些理念或独自或一并地提供了关于人类经验的洞见。

接受过博雅教育的人,在所有领域都能健全地思考。他可能是某一领域的专家,但他知道任何领域的任何重点,他会考虑并利用这些领域来诠释自己的领域。接受过博雅教育的人对理念世界和实务世界都如数家珍,因为他理解二者的关联。虽然从他对自己所找到的生活的喜爱上来看,他可能在实务世界中并不得心应手;但从他对这种生活的理解来看,他将会挥洒自如。善恶世界的区别以及二者相互转化的方式,这些都是他从博雅教育中习得的概念。

博雅教育的方式是博雅技艺,其结果是博雅技艺的训练。博雅之士(liberal artist)学习听说读写、理解和思考。为了预测、创作和交流,博雅之士还要学习猜想、计量、操纵物体、数量和运动。因为我们生活在传统中,无论我们是否了解它,我们都是博雅之士。我们每时每刻都在或好或坏地实践着博雅技艺。我们为了理解自身而尽力理解传统,因此,为了尽可能地成为全人(fully human),我们应当尽力成为好的博雅之士。

博雅技艺不仅必要而且必须。要不要做人是谁都无法决定的。人面对的唯一问题是:做一个无知、未开化的人,还是做一个试图到达力所能及的高峰的人。简言之:做低俗的博雅之士还是做优秀的博雅之士。

西方教育的传统就是博雅技艺的传统。直至晚近,才真正有人提出这一传统可能是其他观念。例如,洛克关注学生对迅速融入社会和经济环境(人从中界定自我)的准备,但这一教育理念对他生活的时代毫无影响。由此可知,直到大概五十年前,批判博雅教育的其他主张才开始受到重视。

西方对博雅技艺和博雅教育的热爱,在很大程度上造就了民主理念。民主理念就是获得全面发展的平等机会,因为博雅技艺是全面发展的基本方式,所以热爱博雅技艺就会热爱民主。另一方面，如果说接受博雅技艺是人类高贵的内在要素，那么，民主理念要求我们应该尽力意识到，所有人都有机会得到他能接受的最大限度的博雅技艺。

西方提供了一系列实用技术和生产技术（practical and productive art）的解决方案，而这招致了当今世界的危机。全世界的人都在行动，决心要参与到西方精通的科技中去。这是历史上最壮观的行动之一，而且，我们都十分赞同：我们不知道该如何应对这个危机。如果对于这个危机，我们无法将西方不得不提供的解决方案视作对世界有价值的事，甚至不能从中找到一条应对危机的路，这将会是悲哀的。西方提供的解决方案就是一系列博雅技艺和博雅教育。我们对最大限度的博雅技艺和博雅教育的分配决定，将衡量我们对自己所处社会中优质传统的忠诚，以及对世界未来的全部努力。

巨典是由最伟大的博雅之士撰写的，它们呈现了博雅技艺的范围。这些作者还是最伟大的导师。他们彼此教诲。直到若干年前，我们的先辈仍受教于他们。但问题是，他们是否能教导我们。我们将转入这个话题。

二、现　　代

直至晚近，“伟大的作品”一直是博雅教育的核心；但博雅教育只面向精英。因此，“伟大的作品”只面向精英，以及少数打破社会障碍而成功晋身精英的人。只要有人特意为这种排他性的主张辩护，就一定以下列观点为基础：拥有卓尔不群的理智和罕见闲暇的人，才能理解这些作品；拥有政治权力的人才需要理解这些作品。

既然大众获准参与政治活动，人们的看法是：虽然大众必须被教化，但无法以这种方式实现。他们必须学习读报、写商务函并做出改变；但怎么能期望他们去研究柏拉图、但丁和牛顿呢？对于伟大的作家而言，大众只需知道教科书为他们而做的解释，因为它避免了难懂或伟大所带来的难堪。

当下的人们就拥有政治权力和闲暇。如果人们不能经常明智地运用这些，可能是因为他们没有接受过传授这一能力的教育。

这并不是说，通过伟大作品和博雅技艺展开的教育，对精英而言无关紧要；人们认为，时更世易，这一教育对当代所有人而言都无关紧要，因为它过时了。它远离了现实生活和当代问题。有的作品撰写于有奴时代，有的撰写于前科学和前工业时代。而我们这些自由和民主的公民身处科学和工业时代，它们又能对我们说些什么呢？

这是一种社会决定论（sociological determinism）。如果说经济决定论（economic determinism）认为所有行为都受生产条件的支配和调节，那么社会决定论就认为：理性行为总是至少对应于某一个特定的社会。因此，如果这个社会出现了重大变更，这种行为就不再与之对应了。产生于一种社会状态的理念无法适用于另一种社会状态。即便看似能用，也不过似是而非。理念是对任何特定时间中既定社会条件的合理化（rationalization）。如果我们试图在自己的时代使用其他时代的理念，我们就是自欺，因为按照定义，这些理念只适用于产生它们的时代而非其他时代。

历史和常识推翻了社会决定论和经济决定论。地球上有一种物是人类，他们苦思难题，设法解决。有些难题因时而异，有些难题则一成不变。什么是善的生活？什么是好的国家？神存在吗？人的自然本性和命运是什么？因为人类的坚持是最长久的坚持，这些问题和大量的其他问题才得以延续。世世代代的伟人都就这些持久难题写下了自己的论述。我们难道应当以他们生活在遥远的原始时代为借口，轻视他们对我们的启发吗？有人就说过："希腊人不能播放埃斯库罗斯的肃剧(the Aeschylean tragedy)，但他们能誊抄。"

社会决定论认为，各个时代不可能发出同一个声音，我们的这套丛书驳斥了这一论点。所有社会都不能这样限定理性行为，以消弭理性分歧(intellectual disagreement)。在每个社会都可以找到保守者和激进者、实践家和理论家、理想主义者和现实主义者，他们中许多人的争论和现行的争论一样。尽管人类在很多方面取得了惊人的进步，我仍然以为必须要承认，人类在许多方面变得更糟，而更糟的方面比取得进步的方面更重要。我们不应拒绝古圣先贤的帮助，我们需要所有能得到的帮助。

时更世易，我们关于优质教育的概念也须随之改变，这一观点的主要倡导者是被所有教育哲学家误解的杜威(John Dewey)。命运讽刺的是，那些误解杜威的追随者在美国教育中大获全胜，而杜威提出的计划却从未在美国试行。美国最流行的观点可能是：教育的目标是让年轻人适应他们的环境，尤其是教导他们谋生。虽然它总是假杜威之名提出，但这正是杜威所严厉谴责的。

杜威首先是一位社会改革家。他不赞成去适应一种粗暴又不义的环境，这会令他反感。他笃信自己对全民博雅教育的构想；纯粹为谋生而学习一门技艺，这种指向的各种训练都被他视作狭隘而粗俗(narrowing and illiberal)。杜威尤其反对那些人，他们设法依据青年人的能力区别对待，进而声称只有某些人有能力接受博雅教育(无论是杜威定义的博雅教育，还是其他意义的博雅教育)。

在1916年出版的主要教育论著《民主与教育》(*Democracy and Education*)中，杜威阐述了他的核心观点："在实践上和哲学上，教育现状的关键都在于逐步重建教育质料与教育方法(materials and methods)，[①]从而得以运用代表社会使命(social callings)的各种职业形式(forms)，并呈现它们的理性和道德内涵。"应当涉及"学生时下需要并感兴趣的那些职业。只有这样，一些教育工作者和受教育者才能真正发现个人天资，从而指明日后合适的专业研究去向。而且，只要还在成长，就会不断发现才能和天资"。

在杜威的学习心理学中，我们可以看到他提出这个提议的主要原因。

> 职业是有目标的持续行为。因此，"从工作中学"(Education through occupations)内在包含了助长知识的因素，而不是其他的什么方法。"从工作中学"要求在行动中考虑本能和习惯，它还反对被动接受。它的目标可以企及，结果能够实现。因此，它诉诸思考；只要对某个目标的理念得以坚持，行动就必然是进步向上的，从一个阶段引入另一个阶段；每个阶段都需要观察和灵思来克服困难，发现并重新调整执行方式。总之，如果就业以实现行动本身而不是外部产品为目标，那就可以满足上文讨论目标、兴趣和思考时提出的要求了。

① 此处采用意译"教育质料"而非直译为"教材"，主要的考量是，其中"material"和下文"form"的对应是西方哲学中较为典型的"质料"与"形式"之对举。

该学说认为，职业作为谋生手段应当成为教学体系的关注对象。不过，这不是为了教育学生如何谋生。杜威反对纯粹的职业培训（pure vocational training），竭力主张“一个真正使人自由的自由教育（a truly liberal，and liberating，education），不会让职业培训在它的各个层次上与社会、道德和科学情境下的连贯教育脱钩，明智执行的使命与职业必然要在这些情境中发挥作用”。他认为“从工作中学”是激发兴趣的方法，而关于职业的学习、帮助学生择业的探讨和展示各种谋生手段重要性的研究，会激发兴趣。

本书对此不予详论。但或许可以说，对这一学说的误解与误用自然而然、不可避免地产生了。社会改革方案无法通过教育体系实现，除非这是社会乐见的方案。教育体系是社会使自身及其理念永存的尝试。如果社会要改良，它就会为此运用教育体系。即便如此，社会也不容许教育体系为它决定改良的内容，除非这个社会认为，独立自由地运用个人评判是实现改良的最佳方法。如果社会不想改变，那它就不会因教育体系而改变。事实是，杜威的社会改革（social reform）方案竟然在他的追随者那里成了社会适应（social adjustment）方案。

因此，“从工作中学”的方案事实上成了“为工作而学”的方案。杜威的确不曾说过“从工作中学”的方案会有其他内容。他也不曾谈及，抛开那些伟大作品和博雅技艺（杜威认为它们已被实验科学和工业化取代），将如何完成对职业的道德、社会、科学和理性背景的研究。

他也没有察觉到校内开展职业学习的操作难度。学校不能复制工业、商业、金融和学术界。至于机器和方法，老师们所掌握的从来都不是最新的。一般情况下，教育体系的条件与现代医学院通行的不同，后者无需创造真实感（the atmosphere of reality），因为它已经有这种气氛了：病人不舒服是真实的，教授要给他治疗，学生通过担任其助手来学习成为一名医生。

真实的运行条件，以激发兴趣和明确目标来开展教育，杜威的这个观点绝对没错。但他没有意识到，职业学习是通过学徒身份而非教育体系获得的。这就是医学院的情况。学徒专心于工作，并在真实的运行条件下学会工作。教育体系不能成功模仿真实的运行条件，学生也并非致力于就业。

有人主张，学生时下需要并感兴趣的职业，就是应该探讨的职业。因为学生并非致力于就业，所以这种主张就令人害怕了。从六岁到十四岁，我就心仪过很多职业：卖冰人（现已不复存在的职业）、马车夫（也已消失）、消防员、邮递员、警察、专业棒球运动员和传教士。有观点认为，面对学生空想的那些职业，教师应提供相关的探讨，这种观点令人震惊，它还可能使杜威的追随者免于以下诘难：没有真正了解杜威；满足于职业学校（trade-school）旨在谋生的教导。

研究孩子们一闪念的职业，即便这种课程真能成立（之前无法成立），其教育后果也并非如杜威所愿。对于有些事务，想要理解它们就得有经验，没有经验就无法理解它们。我认为这一教育主张是不言自明的。孩子们可以通过政治经济体系的导论理解该体系，却不能以理解代数、音乐和科学的方式理解它，即便能理解也不能达到同样的理解度。孩子也不能理解职业的道德和社会内容，因为他从未处在职业的实际运行条件中。

如上文所引，杜威想要关注职业学习，因为他认为这会激发真兴趣、导向真学问（real

learning)。但是,除非有压倒一切的特殊爱好,直到青年人必须下决心选择职业的那一刻,他们对职业的兴趣才会热烈而长久。即便那时,他们也得像学徒一样,在职业的实际运行条件下工作,才能领悟这些职业。如果没有工薪阶层和市民的经验,他们就无法理解这些职业,至少不能理解这些职业的社会、经济和政治背景。再次强调:课堂上的模拟体验不能替代生活中的真实经验。前者会产生错觉,让学生以为懂得了他们其实并不懂的事。

表面上看,当今美国某个年龄段的所有青年都想成为牛仔。我怀疑,对学校而言,专注于牧牛的道德、社会、政治、科学和理性背景是否有意义。除了让学生去做牛仔的学徒,我不知道学校还能如何做到这一点。我怀疑如果没有学徒会不会产出真学问。若果真能通过牛仔及其诸多背景激发兴趣、通过教育体系培养出一代娴熟的牛仔,我也不认为将教育体系用于这一目的并不符合公共利益。

除了我已指出的,还有其他原因:把职业研究当作教育核心,是把学生分配到他们没有资格的领域。工作是为了休闲。杜威如何看待休闲?他是否会不顾目的地专注于手段,以至于当手段达成目的,我们不知该如何是好呢?在他看来,比史上所有时代更复杂、更重要的市民责任又是什么?研究各种背景下的职业,能帮助我们获得民主政体的公民(democratic citizenship)所要求的理性自主(intel lectual independence)吗?我们有自己从事的职业,卷入到自己行业的特殊利益中,以至于我们处于维柯(Vico)所说的前暴君时代(pretyrannical stage),每个人都只关心自己的特殊利益,没人在乎公共的善(common good),这不是事实吗?对于以强调个性(individuality)而非普遍人性(common humanity)的方式延续的共同体,职业研究不会加速它的解体吗?

杜威写作《民主与教育》时,生产流水线还没有占据工业世界的主导地位,美国农业也还没有遭到机械化的排挤。不过,这些进程的标志已经到来了,杜威意识到有必要面对它们所产生的社会问题。劳动的人格化(humanization of work)就是其中之一。这本书慨然付出的努力,就是要通过教育体系解决包括这个问题在内的社会问题。遗憾的是,他提出的方法不能解决这些问题,这些方法只是破坏了教育体系。

劳动的人格化是我们这个时代最难处理的问题。我们不能幻想人类都不劳动。当我们要求增加休息时,我们还不能说自己已经做了足够多的工作。

任何劳动都应该有尽可能多的意义。只要有可能,工人就应当是艺术家;他们应该在工作中运用知识或科学,他们应当知道这一点,并这样去享受他们的工作。如果可能的话,他们应该知道自己在做什么,为什么会产生已有的结果,为什么在做这件事,是什么构成了产出物的精华。他们应该理解产出物发生了什么状况,为什么以那种方式出现,如何改善发生的状况。他们应该理解,自己在特定过程中与其他人的合作关系,这个过程与其他过程的关系,塑造国家经济的劳动方式,经济对国家和世界上社会、道德和政治生活的影响。如果他们理解了劳动本身和围绕劳动的所有问题,那么劳动就会人格化。

要获得这些理解,劳动者就必须有健全的心智。教育的目的就是开发健全的心智。这种旨在尽可能地开发健全心智的教育,所有人都应该平等地获得,只要它使我们获得的理智足够优秀到一次性校准我们的视力,持续不断地满足我们对理智更卓越的要求。

这就是通往劳动人格化的教育之路。借用杜威的话说,那些理智卓越并有意继续获得更多理智的人，将会“重建并重组他的经验”。我们不必担心他可能无法掌握谋生的手段。除了完成这个必要的任务，他还在精心考虑，自己在谋生的同时在走向何种生活方式。他还会试图理解，所有人的生活方式都受他和同胞的谋生方式的影响。他还会探索工作中所包含的意义，确保其中有更多、更好的意义。

这套丛书不仅可以作为人们在闲暇时的读物，还是经由理解通往劳动人格化的方式。

三、教育与经济

除了杜威和少数能理解他的追随者，多数谈论教育的作者都认为，通过伟大作品和博雅技艺而展开的教育，虽然对少数人而言一直是优质教育，但对多数人而言并非优质教育，因为多数人没有能力接受这种教育。

如果这种教育对最优秀的人最有利(the best for the best)，而所有人都能得到这种教育，那么，它对所有人而言就是优质教育。因此，问题就是：所有人都能获得博雅教育吗？这是教育中最重要的问题，可能也是世界上最重要的问题。

没有人知道这个问题的答案。历史上从未出现过所有人都能获得博雅教育的时代。但我们会检验另一种可能，并考虑这两种可能的结果。

如果说闲暇和政治权力是博雅教育的前提，那么，当今所有美国人都具备这一前提，并且在民主和工业化渗透的地方，那里的所有人都具备这一前提。如果说闲暇和政治权力需要博雅教育，那么，当下所有美国人都需要它，在民主和工业化渗透的地方，那里的所有人也都需要它。如果民众不能获得博雅教育，他们可能是被剥夺了政治权力或闲暇的机会。他们未开化的政治权力是危险的，他们未开化的闲暇是堕落的，也会是危险的。如果民众不能获得民主政体下有责任心的公民所需要的教育，那么，民主就会遭到亚里士多德公正的审判，他认为多数人是天生的奴隶(natural slavery)，因此，越早远离民主对世界就越好。

另一方面，所有人都应当有机会获得一种教育，它使人成为民主政体下有责任心的公民，将人的人格力量(human powers)发挥到完备。这个结论并非要求所有国家立刻采用普及博雅教育(universal liberal education)，它只是指出社会应当为之奋斗的理念。任何现实原因都可能使社会无法迅速走向这一理念。但这并不表明对这一理念的阐述或热忱毫无价值。相反，一国的教育政策，有赖于鲜明而热切地阐述和支持它的教育理念。

贫困可能阻止一个国家向它的教育理念迅速靠拢。以往，少数人的教育以多数人的劳动为前提。据说，只有多数人被排斥在教育之外，少数人才能接受教育。杰斐逊(Thomas Jefferson)主张三年的全民教育，它面临诘难的原因可能是：弗吉尼亚的经济不能支撑这样的教育。150 年前弗吉尼亚州面临的问题，可能正是当今欠发达国家面临的问题，不过现在已不会有人再说，从儿童到坟墓的全民博雅教育超出了美国的经济实力。

经济问题还以其他方式呈现。博雅教育并不适用于处在饥饿中的人，这个人的首要责任是谋生；学习谋生，然后谋生，这会占用青年或成人可能用于博雅教育的时间。

这种论证在有些国家是有说服力的，它们的民众确实在挨饿，经济体系正处于初级阶段，以至于人们一睁开眼就想着要从土地中榨取微薄的生计。无疑，使民众免于经济奴役,并有时间获得适宜于自由人的教育,把生活水平提高到这一点上,正是上述同家中政治家的首要任务。世界上有成千上万的人处在经济奴役中,他们过着亚人的生活(subhuman lives)。我们应该尽可能地解除他们的羁绊。即便如此,我们还应该谨记,经济独立并不是目的本身;它只是手段,通向人之为人的生活(human life)的绝对必要的手段。即便是在这样的地方,明晰先于社会而存在的教育理念,不屈不挠地追求这个理念,也可能决定着社会的命运。

今天,我们看待欠发达国家的方式,无疑正是一百年前看待遥远的、可爱弱小的封建日本的方式。在我们的帮助下,日本在四十年内就成为羽翼丰满的工业化世界强国。19世纪60年代,我们和日本都在想,如果能取得这样的成绩该多好。我们和日本都将心思放在日本的经济发展上,使走"美国道路"(American lines)的日本的教育体系促进经济发展。因此,富人更富,穷人更穷,当权者更好斗;日本成为对世界及自身的威胁。

没人会怀疑技术培训在欠发达国家的可取之处,也没人会同意把技术培训视作一种理念。理念就是博雅教育,技术培训之所以合理,只是因为它有助于提供经济基础,而后者使普及博雅教育成为可能。

技术培训在发达国家也是必要的,这只是因为就业在这些国家中是必要的。但西方已取得了某种生活标准,这使它不能以经济倒退为名,悬置让全民享有博雅教育的任务。至于美国,教育体系的重组会使该体系能致力于青年十八岁之前的博雅教育。

想想吧,从美国教育的浪费、水分和浮夸中,简简单单就可以挤出多少时间啊。美国方案是八年制小学、四年制中学和四年制大学,在这上面还有研究生与专业工作(graduate and professional work),这一方案举世独立,而我们不应为此庆幸。其他国家都不会提供美国学制中从一个单元到另一个单元的重复,也不会在每个单元都耗费过多的时间。美国学制中时间的大量浪费,必然导致没有多少时间可以继续浪费。六年制小学、三年制或四年制中学、三年制或四年制大学,会省掉无意义的两年至四年,从而为博雅教育留足时间。

如果美国的成人知道在哪里获得博雅教育,那么,全美民众所享有的闲暇度,足以向所有成人开放博雅教育了。产业工人现在每周有20个小时的自由时间,而这是他们祖父辈都不曾拥有的。无论是少年时代还是成年时代,人们都不需要为学会如何谋生而经常受训。简化产业运营的持久动力最终意味着(在今天的很多工厂里意味着),只需几个小时就能提供工人需要的所有培训。

如果我们假设,正如有些误解了杜威的追随者所以为的那样,学校专注于职业培训的目标是帮助青年人实现经济独立,那我们就必须承认,在美国目前的情况下,付出与收获并不成正比。

努力做不值得做的事,会把教育中的特有活力逐出教育。这种努力使我们不再留心这项艰巨的任务:发现教育应当是什么并将其引入校园。

甚至在机械化达到今天的程度之前,也有一个因素在阻止职业培训或其他形式的专业指导(ad hoc instruction)实现它们对机械化的期望,这个因素就是美国人口各种形式的流动——空间上的、职业上的和经济地位上的。某个地方提供的职业培训会被弃用,因为受训人几乎一定在另一处或另几处生活和工作。某种工作提供的培训也是如此,因为受训人总是做其他种类的工作而非受训的这种工作，专业指导显然是失败的。这造就了一个观点：教育或学校教育与人生中的许多重要活动无关，不过，它们是青年人的必经阶段——因为我们不知道还能为这些重要活动做些什么。实际上，专业指导的失败除了表明其失败以外，说明不了什么。它并不意味着教育不重要，抑或在流动的工业社会中，教育不能满足人们的需要。

如果说流水线生产是西方工业的典型特征，那么工业化充其量也只是好坏参半的事。这种千篇一律、没有心肝、无所创新的工作，为稳步减少劳动时间的趋势提供了有力辩护。但如果流水线生产节省的时间，被浪费在时下这种只是对亚人的追求中，该如何是好呢？如果流水线上的工人没有头脑，该如何是好？

因为谋生变得简易，所以也变得无聊又不重要，所有的个人问题都变得更加令人困惑。加之没有任何足以解决这个问题的教育，各种迷信就出现了：受挫的工人用迷信为生活寻找意义，并试图把最无意义的休闲扩大到空前的规模；他会迷信地幻想着忘掉他之所以为人的问题(human problem)尚未解决。

亚当·斯密(Adam Smith)早就指出了这种情况："如果可以的话，我想说，不能恰当运用智力的人，甚至比懦夫还卑劣，他还在人类自然本性(the character of human nature)中的更重要部分有残缺和畸形。"他指出，这是大多数人的境况，他们是劳动分工中从事"一些非常简单的操作"的人，"没有机会发挥他自己的理解，也没有机会实践为排除新问题而找寻应对之策时的发明"。如斯密所说，结果是"思维懒惰使他无法欣赏和承担理性对话的一部分；也无法想象丰富、高贵和细腻的情感，因此，甚至也无法合理判断私人生活中的一些普通义务"。

机器取代奴隶为我们提供了机会，去建立像希腊一样光荣而且比它更持久、更合理的文明。我不认为：思维懒惰是人类大众的自然常态(natural and normal condition)，他们必然无法欣赏并承担理性对话的一部分，也无法想象丰富、高贵和细腻的情感，无法形成对公私事务的合理判断。如果他们是这样子的，而且这是劳动分工的产物，那么工业化和民主就会遭到根本反对；因为，这种境况中的人没有资格支配自己。我认为，工业化和民主不是天生就招致反对的。不过二者在实践中却遭遇了反对，除非博雅教育连通了它们之间的裂痕。机械化趋于将人降格为机器人，但也提供经济基础和闲暇，使人能接受博雅教育并成其为人。

四、博雅教育的消失

西方国家致力于免费普及义务教育(free universal compulsory education)。美国率先做出了这个承诺，在这一点上也比其他国家走得更远。在美国，14 岁儿童和 14～17 岁儿童的入学率分别是 92.5%和 71.3%。我们不认为他们接受的就是民主理念诉诸的教育。西方尚未接受民主理念诉诸博雅教育的论断。至少美国的流行观点是：普及学校教育(universal schooling)而非普及博雅教育(universal liberal education)满足了民主理念的诉求。学校里发生什么不那么重要。它们的目的是使学生远离劳动力市场，把他们留在相对单纯的环境中，直至准备好把他们推向工作。

在美国，免费普及义务教育的结果只有一种理论能接受：学校的目的是教育之外的其他事。比如，使青年人保持屋内整洁，远离处在生死关口的工厂，抑或为了社会或娱乐目的而召集他们。

至于最后这个目的——社会和娱乐目的，美国教育体系已经在相当低的水平上实现了。它把青年人聚在一起。因为这不需要通过义务教育法和建房子所要求的那么费力，实现这一目的最初并不是一件可以吹嘘的事。虽然我们经常听说这值得骄傲，甚至说这提供了明智的教育政策的主要路线。我们经常听说：把青年人聚集起来，让他们一起工作、游戏，让他们"民主地"组织自己，是教育体系能为民主提供的巨大贡献。这是对我年轻时一种流行学说的延伸，即通过校际田径竞技(intercollegiate athletics)，每个人都能获得道德教育。这个学说改编自惠灵顿公爵(the Duke of Wellington)对滑铁卢战役与伊顿运动场关系的评价。①

正如谁也不能否认身体健康和体育道德的重要性一样，谁也不会否认这些价值：聚会、学习与他人相处、领会组织程序和组织中成员的责任。但如果课程实际上是多余的(the curriculum is extra)，而课外(extra-curriculum)才是问题的核心，还不辞辛苦地培训和聘用教师、建立实验室和图书馆、设计教学计划，这就有点荒谬了。

童子军(Boy Scoits)②、基督教青年会(Y. M. C. A.)③、当地乡村俱乐部，当然还有家庭和教会，都在追寻着各自所宣称的目标，我怀疑能不能在这些事物中发现教育体系的目的。教育体系的独特功能在于有些事要动脑筋。共同体中没有机构自称是训练思维的，抑或是被创建来训练思维的。教育体系在多大程度上关注其他目标，共同体的思维能力就在多大程度上被忽略了。

这并不是说教育体系不应该对共同体中从属于它的机构的物理成长、社会成长和道德成长发挥作用。但这一助益的方式不仅来自教育体系为课外活动提供的设施，还通过思维来实现。教育体系试图为好的身体、道德和社会行为树立理性的基石。这些理性基石便源于博雅教育。

教育应该与理智相关。因为这层关系，一直有人认为，如果有人要掌握政治权力，他就一定要接受教育。如果他们要明智地运用权力，就一定要接受教育。这正是西方承诺免费普及义务教育的依据。我已经指出，只有博雅教育才能为民主政体的公民提供必要的理智，它是经由伟大作品和博雅技艺的教育，它几乎绝迹于美国的中小学、学院和大学。

这种教育为何消失了呢？它可是国父们(the Founding Fathers)的教育，直到五十年前还在起着支配作用，现在却几乎绝迹了。我将之归因于内部衰退(internal decay)和外

---

① 惠灵顿公爵(Arthur Wellesley Duke of Wellington，1769—1851)在1815年的滑铁卢战役中击败拿破仑，成就了他在军事上的地位。他在击败拿破仑之后说，这场战争是在伊顿公学的运动场上打赢的，因为伊顿学生的体育活动占了课余时间中的很大一部分。

② 童子军，英国爵士贝登堡(Robert Baden-Powell)因有感于英国青年体质下降、精神衰败而创立，训练未成年人的野外生活能力。1907年白浪岛首次营地训练，是为童子军起源。

③ 基督教青年会，英国商人威廉(George Williams)于1844年创立。青年会据《马可福音》"非以役人，乃役于人"为会训。1851年传播到美国，逐渐从属灵活动转向社会活动。1866年总干事麦克伯尼(Robert R. Mcburney)将四育——"德育、智育、体育、群育"(spirit，mental，physical，social)——定为宗旨。1885年传入中国。

部诱惑(external confusion)。

一直到 1925 年,伟大作品和博雅技艺都被讲授它们的教师破坏了。这些作品成了学者的私人领地。“经典”一词仅限于那些用希腊语和拉丁语撰写的作品。怀特海引到了华兹华斯(Wordsworth)的评论,后者说科学中的人“杀人进行解剖”,他还恰当地指出:“过去的古典学者和他们相比是名副其实的暗杀者。”经典作品被认为只能用原作语言进行研究,学生有可能参加关于柏拉图或卢克莱修(Lucretius)的研究课程多年,却还不知晓他们的理念。教授们未必对这些理念感兴趣,他们感兴趣的是语言学细节。他们把博雅技艺降格为毫无意义的训练。

面对批评与驳斥,教授们的回应是,要忘掉教育中兴趣的必要性,忘记那些心仪的课。一直到 1925 年,人们研习希腊文、拉丁文经典作家,只是为了应付学院的入学考试或毕业要求。这些教授满心欢喜地为众多伟大作家和博雅技艺设定了“壁垒”,他们却忽略了这一事实:他们正在剥夺新生代了解文化遗产的重要内容和理解它的必要培训,他们正在剥夺他们本身的存在前提。

哲学、历史学、文学以及从哲学中分离出的政治科学、社会学和心理学,都遭遇了另一种衰退,它源自对科学方法的本性与域界的混淆,这点下文会谈到。这一混淆,使从哲学中分离出的各学科之间的鸿沟加深,使这些学科的教授们走入各种死胡同,使哲学研究发生重大转变。正是这股力量,挖走了历史学和文学研究的核心。

总之,人文学科与社会科学和历史学的教授们,痴迷于实验性(experimental)自然科学的奇妙结果,臣服于这种想法:通过运用同样的方法,在自己的研究领域制造类似的奇妙结果。他们好像还认为,在这些领域中,通过其他方法得到的结果都不值得追求。这自然就排除了先前认定为伟大作家的一些作家,他们不幸地生活在实证性(empirical)自然科学方法取得当今的主导地位之前,也从未想过要将这个方法运用到实证性自然科学范围以外的问题和主题。这些作家的见解马上就过时了;因为,他们理所当然地只表现出了偏见或猜测,而这正是科学方法在进步道路上的清扫对象。

因为哲学家、历史学家和文艺批评家,当然还有社会科学家的目标,都是在尽可能地“合乎科学”,他们不关心各种理念或西方“非科学的”传统。除了与数学相关的部分,他们也不承认博雅技艺的功用。

与此同时,美国已树立了牢固的全民教育理念。离开校园的年龄段还在稳步上升。空前的学生浪潮席卷了中小学、学院和大学,这一浪潮一直持续上涨至今。仅就校董会和教职员而言,教育事业会使任何国家的财富和理智之间存在张力。

工业化的胜利使教育的膨胀成为可能,它源于工业技术的胜利,而后者又以专业化推动的科学的胜利为基础。专业化、实验科学、工业技术和工业化都是新事物。民意以为伟大作品和博雅技艺是沉闷的语言,枯燥的惯例,陈旧的、前科学时代的往事。民众认为可以通过一些方式加快发展步伐:摆脱伟大作品和博雅技艺;为促进工业技术进步和治愈工业化所造成的社会失调的双重目标而使用科学方法和专业化。这个计划会有一些附带结果:恢复“兴趣”原来在教育中的地位,为青年人融入正在出现的、新鲜的、专业化的、科学的、技术的和工业的民主社会做准备,同时也为青年人参与提高生活水平和解决重大难题做准备,他们正在尝试提高生活水平。

驳斥经典的解析者和播种机是合理的，对实验科学有新兴趣也是合理的。驳斥博雅教育却是不合理的；以为实验科学的方法可以取代历史学、哲学和人文学科的方法，这种信念也是不合理的。民众在教育的讨论中经常出现名实混淆。解析者和播种机与博雅教育无关，当下的普通博雅学院（college of liberal arts）与博雅技艺（those arts）也无关。事实上，一个方法在一个领域会产生好结果，并不能确保它还会在其他领域取得成效。

科学、工业技术、工业化和专业化与“伟大的对话”无关吗？

我们已经看到，工业化使博雅教育变得空前必要，它提供的闲暇使全民博雅教育首次成为可能。

我们意识到，重新认识教育体系会使所有人都得到博雅教育的机会，与此同时，他们也能成为专家。

还要说明：专业化并不是与“伟大的对话”无关，反而与它更相关。专业化使开展任何一种对话都更困难，但这需要更大的努力，而不是尝试放弃对话。

未来的任务是创建一个共同体，关于这个主张几乎没有异议。共同体似乎要以交流为基础。运输、邮件、电报、电话或无线电服务的改进无法满足这一诉求。我们当今世界的这些技术进步是分裂性的而非整合性的，让人恐惧而不是让人心安。敌人的炸弹和宣传材料正是借此进入了我们的家园。

是否有理性可知的关于人的事可供交流，决定了现代交流方法在发展共同体方面的效果。它次第依赖于共同语言（common language）、共同的既有理念（common stock of ideas）和共同的人性标准（common human standards）。伟大的对话会提供这些内容。阅读巨典，会让读者感觉自己从属于产生这些巨典的人种与传统。他会辨认出将自己与这一人种和传统中成员绑在一起的纽带。他能以切身感受同他人进行交流。

共同体一定排斥专家吗？如果是这样的话，那么所排斥的就不止一个人；因为所有西方人都日益成为专家。不过，任务就是创建共同体，而且是挖掘各专业的使用方法来促成共同体。“伟大的对话”可以完成这一点。在对话中，专家可以发现伟大的公理（common principles），它们支撑着各个专业。在对话中，专家还可以让理念对实验发挥作用。依照“伟大的对话”，专家专业知识的烙印摆脱了特殊主义的缺陷（particularistic vices），成为理解“伟大的作品”的一种方式。例如，较之没有专业训练的读者，数学专家更容易理解伟大的数学家。专业知识借助“伟大的作品”，能使公共知识（common leaming）和共同生活（common life）真正地相互渗透。

设想新生代的人还在研读“伟大的作品”、领会博雅技艺。设想成年人仍是实力、灵感和交流的源泉。到那时，我们就可以互相交谈。我们要成为比今日更好的专家，因为，我们会理解本专业的历史及其与他人的关联。我们会成为更好的公民和更好的人。我们会成为世界共同体的中心。

五、实验科学

“伟大的对话”的出现早于实验科学，不过，它与科学是同时出现的。早先的前苏格拉底（pre-Socratics）学人研究并寻求理解自然现象，其中有人为此使用数学概念，甚至实验的方法也并不新奇，因为它已沿用了数百年之久。不过，坚信实验是唯一的方法却是现代现象。实验方法赢得了鲜明合理的胜利，以至于在一些团体看来，它不仅是确立科学知识的唯一方法，也是获取各种知识的唯一方法。

因此，我们常常被告知：无法用实证性的科学方法解答的问题，不可能被真正解答，或者至少无法以有效、可检验的陈词解答。例外的是，数学家或逻辑学家用数学或逻辑的方法所回答的那类问题。而其他所有问题都须交付实验研究或实证调查的方法。

如果这些问题无法用这种方法解答，那么它们就是那种永远不会被首先解答的问题。它们充其量只是通过猜测或推测解答的问题；最坏的情况下，它们就是常言道无意义的问题。相比之下，真正重大的问题可以通过科学的观察方式、实验和测量来解决，这些问题大多因此而重要；这些方法提供的解答优于猜测和意见。它们有事实支撑。它们已被检验，还要接受进一步的证实。

此外，我们还会被告知，我们从科学方法中获得的优质答案，绝对只是可能性。因此，我们要远离这种错觉：我们能在数学和逻辑之外，获得必然性、确定性的真理。非数学和非逻辑公式的表达貌似必然性、确定性的真理，但也只是貌似而已，它们无法真正成为必然和确定的。此外，如果它们尚未被实证方法证实，它们就不是必然性真理(necessarily true)，甚至都不是或然性真理(probable)。如果这些表达都能被接受，那么它们会作为有效的假定和前提而被暂时接受。如果环境迫使我们采取其他路线，而非接受这一表述，那就再好不过了。

比方说，想想关于上帝存在和灵魂不朽的表述。它们解答了无法用实验方法(非此即彼)解答的问题。如果实验方法是获得或然性或实证性知识的唯一方法，面对上帝存在或灵魂不朽的相关知识，我们就被排斥在外。如果现代人接受这一观点——只能了解被实验解释或实验研究所证实的事物——又仍希望相信这些事，他就必须意识到，自己借着宗教信仰或践行催生信仰的意志才能做到；他必须准备好被某些团体视作无望的迷信的。

有时要承认，智者的一些断言，诸如民主是最好的政体、世界和平端赖于世界政府，它们无法用实验科学的方法检验。但这只是因为这种方法还没有足够发达。当我们能成熟地使用这种方法时，我们应挖掘该如何将其用于解答每个真问题(genuine question)。

因为"伟大的对话"中的一些主张尚未被实验证实，也没交付实证方法去证实。我们经常听说，古文物家详细解释了实验科学产生前"思想家"所持有的古怪的迷信，虽然"伟大的对话"对他们而言可能是有趣的，但这与我们无关，因为在我们的时代，实验科学及其方法最终揭示了这些迷信的内涵。我们被催促着放弃这一反动概念：伟大对话的早期声音直至今日也值得一闻；我们被恳求，将实验方法视作各种问题有效或可证实的解答的唯一来源。

"伟大的对话"本身就有一种声音提出过这种现代论点。休谟在《人类理解研究》的结尾写道：

> 我们在巡行各个图书馆时，必将会引起怎样的破坏呢？我们如果拿起一部作品，例如神学或经院哲学的作品，我们就可以问："其中包含与量或数有关的任何抽象推理(abstract reasoning)吗？"没有。"其中包含与事实和存在有关的任何实验推理(experimental reasoning)吗？"没有。那就付之一炬吧，因为它所包含的只有诡辩和幻想，别无他物。

休谟及其追随者（当今的实证主义者）的作品，才应当付之一炬，或者从严肃的思考中排除出去。不过，这并不意味着对休谟原则的无知或忽视。他身前身后的若干作品都反对实证主义者的这种论断：除数学和实验科学之外的所有事都是诡辩和幻想。他们阐发了那些与休谟作品迥异的论点，并加以论证。

简言之，现代对“伟人的对话”本身有非常关键的影响，这一论点的双方都包含在“伟大的对话”之内。只有不知羞耻的教条者，才敢宣称问题最终已经解决了，并认可在逻辑或数学之外，现代科学的方法是唯一的求知方法。讲这些话的教条者不仅不知羞耻，还无视一个事实：他的论断恰恰不能被实验方法证实，数学推理的无可置疑的结论和纯粹的逻辑分析也不能被证实。

关涉科学方法的这一问题已成为今日的核心问题，就这一问题而言，反面观点并非为“伟大的对话”而作。宣称以相反的观点解决了这一问题同样是教条的。恰当的说法是，“伟大的作品”巧妙地呈现了问题的两面，我们也可以从中察觉这一问题在当代被教条而模糊处理的一些方面。

这些作品向我们发问：科学或科学方法意味着什么？如果说它们只意味着科学家是正直、细致和周密的，他先鉴别所有的迹象，然后再做判断；那么，我们要承认，科学方法是任何领域中实现和检验真理的唯一方法。但这一科学方法的概念太过宽泛，以至于它也包括历史产生后那些够格的历史学家、哲学家和神学家所使用的方法；而这一点无所助益，事实上，它在误导了对科学方法的命名之后，还严重误导了对所有领域中使用方法的命名。

科学方法有时意味着我们必须关注事实，它暗示我们，不相信实验科学方法的人，只适合于不关注事实的探索领域，他们也因此而远离真相。恰恰相反，即使那些时下被视作最反动的古代思想家——中世纪神学家，他们也像先人亚里士多德一样，坚信“伟大的作品”所展现的是，任何表述的真理都只是与真相或事实的契合，特例（particular matters of fact）检验关于事物自然本性的一般表述（general statements）的真实性，而发现这些特例需要感知经验（sense experience）。

亚里士多德写道，“在关于自然本性的知识中”，对原则的检验“是对每个事物的可靠感知”。他坚持认为：

> 由于我们缺乏经验，所以我们无力领悟这些公认的事实。因此，密切接触自然本性及其现象的那些人，就越来越能够制定他们各种理论和原则的基石了，比如承认一种广泛的连贯发展；而那些从众多抽象讨论出发而不顾事实的人，则容易基于少量观察做出判断。

亚里士多德坚信“只有当理论与观察到的事实相符时”，才应该颂扬它们。几个世纪之后，实验生理学家哈维（William Harvey）之论与其如出一辙：

> 要想检验事物是按照正确还是错误的方向发展，或者确定在一个建议的背后是否隐藏着错误，我们有必要用我们的理智去感知，也要用我们的理智去判断接受还是拒绝。

但是，声明观察事实而且是全部事实的必要性，并不意味着仅仅搜罗事实就能解决所有问题。事实是必不可少的,但它们也是不充分的。要解决问题,就必须思考。甚至于搜集哪些事实也是有必要思考的。即使实验科学家也不可避免地成为博雅之士,他们中最优秀的人,正如伟大作品所揭示的那样,是有想象力和理论的人,是耐心观察特殊事实的人。有人在谴责思想家主张理念重要的同时,通常还忽略了他们同样坚持要接受事实。这些评论家常常误解科学方法,还用无目的的数据堆砌混淆科学方法。

即便区分并澄清了科学和科学方法的各种含义,问题仍然存在:与发展于现代的实验科学相结合的科学方法,是不是寻求某种真理(这种真理涉及什么是真正的存在、人和社会应当做什么)的唯一途径。如前所述,在"伟大的对话"中,这一问题的两方面都得到了展现和论证。但"伟大的作品"远不止于此。它们为我们提供了人类用非实验科学方法努力寻求真理的最佳案例——无论是关于事物自然本性的真理,还是关于人类行为的真理;这个例子所呈现的内容,也呈现在另一个同样著名的例子(人类通过实验或实验科学方法努力学习)的语境中。所以,"伟大的作品"为我们提供了最佳质料,以判断实验方法是不是唯一可以接受的求索万物的方法。

最后,伟大作品的读者必须自己做出判断。一旦他根据运用不同方法做的各种最佳案例做出判断,解决不同主题的问题,他就无需像有些人那样向问题求饶——那些人并未阅读"伟大的作品"就依照一个教条做出判断。虽然在不同的主题中有明显各异的方法,但只有一种方法,除非应用这一方法,否则无法获得对任何主题的知识。

这在某种意义上似乎还不错。科学研究的当代实践和伟大作品所记录的科学成果显示,毫无疑问,人工条件下控制实验(Controlled experiment)的方法并非(自封或公认的)科学家所使用的唯一方法。它可能是实验调查的完美形式,也可能是科学调查中精确度略低的形式的模仿典范。但正如宇航员、生物学家和社会科学家的工作所揭示的那样,严格意义下的实验并非永远可能。

人工条件下控制实验的方法是有些科学的唯一方法,这部分科学的主题使实验方法成为可能。假设条件不变,非生物体的行为不变,我们可以通过实验合理推断:我们发现了某个非生物体在某些条件下的行为方式。生物可能在同一条件下做出同样的行为,假设考察了足够多的个体之后,我们就可以合理推断:如果我们发现条件不变(这只可能出现在实验室中),并且考察的个体数量也足够多,那么,我们察觉到的这种行为一致性将会在同一条件下再现。

预测赛马和总统选举结果的社会科学家,他们承受的悲伤和失败足以表明该主题的难度。没人会劝说社会科学家不再尝试。我们对社会的知识越精确完善,我们的处境就越好。但如果社会科学家能意识到如下这一点,就会对他们有所帮助:人类在实验中不会被视作豚鼠(guinea pigs)和原子,就理解人类而言,在事物的自然本性方面,采用实验科学方法所产生的结果,无法与某些自然科学的成果相比,因为它们处理的对象容易受到实验方法本身的影响。

著名的社会科学家雷德菲尔德(Robert Redfield)曾建议同事考虑他们与人文学科和自然科学的关系。他说:"对物理学和生物科学的模仿,阻碍了社会科学最充分的发展。"对自然科学的认同使社会科学家"远离哲学、艺术和文学的激励,而这正是社会科学所需要的……社会科学家可以从人文学科中获得的激励,也可以从艺术和文学中对这些问题的理解而获得，哲学家和对人类造物具有丰富想象力的学者都对这些问题感兴趣”。

据雷德菲尔德所言，“共同的主题”(common subject-matter)是社会科学家与人文学者的连接纽带。他说：

> 有些人认为，各种作品或艺术作品、各种制度和直接可见的行为都展现了人类，它们的共同主题就是人性。它同样是社会科学家和人文学者必要的核心关注点。

虽然社会科学家与人文学者的方法迥异，但他们“付出了共同的努力(common effort)，分享着共同的兴趣(common interest)”。雷德菲尔德还说：

> 有人认为，就关于人类自然本性的真理而言，社会科学家取得的成果要多一些，艺术家更个人化、更富想象力的方法所取得的成果要少一些，这种观点是令人生疑的。

有时我们被劝说去放弃一些曾经产生过重要见解的方法，转而去支持另一种方法，而且毫无疑问，这种方法很有用，但它不会告诉我们所需要的全部，我们应该铭记这个忠告。拒绝历史、哲学和艺术中因袭的智慧资源并不明智。这些学科不能为我们提供数学知识或在实验室里获得的知识，正因如此，它们提供的不是任何意义上的知识，它们不顾事实，还让可知世界受困于教条。

实验科学的兴起与“伟大的对话”并非无关，它是“伟大的对话”的一部分。吉尔松(Étienne Gilson)曾说，正像“伯利克勒斯(Pericles)时代的科学是古希腊人文主义的一部分”那样，“我们时代的科学是人文主义的一部分”。科学本身是“伟大的对话”的一部分。在对话中，我们看到科学提出关于知识和真相的问题。到底有多少有效的求知方法？借助“伟大的对话”，我们能对这个尚有争议的问题做出判断。

因为有实验科学，我们知晓先人并不知道的关于自然世界的大量信息。在丛书中，我们会讲述科学的诞生、赞美实验技术的发展、庆祝它所取得的成功。但我们也会记录这一方法的局限，并为误用这一方法造成的错误扼腕叹息。对一直存在的重大难题，我们会识别它们的要点，它们无法通过实验的自然科学方法解决，我们还会找寻其他学科和方法所提供的解决线索。

六、全民教育

我们已经知道，经由博雅技艺和伟大作品展开的教育，是对最优秀者的优质教育。我们也知道，民主理念要求试着帮助所有人都获得这种教育。我们还知道，实验科学的兴起、专业化和工业化这些巨变，都与这种尝试不无相关。恰恰相反，这些变化更必要、更紧迫地极力向所有人提供这种教育。

我们现在必须回到最重要的问题上：每个人都能得到这种教育吗？当一种教育理念被提出来，我们有权过问它的实现方式。若它根本就不能实现，那么它的倡导者很可能会被指责为没有责任心，也不真诚。

实际上，全民博雅教育理念的倡导者已经受到了这般指责。一帮虔诚的民主主义分子，认为倡导这种理念的人必定反民主。其中的一些批评沉浸于连坐说(doctrine of guilt by association)的教育版本。他们说："你们提出的这种理念是贵族为自己所提出的，而贵族不是民主主义者。因此，你们和你们的理念都是不民主的。"

已经有人回应这种批评了。如果说博雅教育是那些享有闲暇的当权者的教育，那么在这种意义上，它就是贵族式的。如果说博雅教育是那些拥有闲暇和政治权力的人的适宜教育，那么它就是当今所有人适宜的教育。

对于人类关于实然和应然的"伟大的对话"，我们所有人都应该十分熟悉，而且每一个人都应该按照自己的标准积极地持续参与其中，但不应该以带有反民主色彩的面貌出现。以民主之名确立一个全民理念，但不能实现"全民"，这就只能是反民主的。但如果全民教育理念正像它显露的那样，内在包含于民主理念中，那就不应该拒绝它，因为它与民主理念不被接受的过去有牵连。

一些博雅教育的坚定信徒攻击全民博雅教育理念，理由是，如果我们试图给每个人博雅教育，那我们将不能给任何人博雅教育。他们以博雅教育实际上业已消失的美国为例，说对教育机会平等的严重教条必然产生这个灾难。

我所提到的这两种批评一致认为：博雅教育太好，大众无福消受。第一种批评和第二种批评异口同声地说，这是对最优秀者的优质教育，只有少数人才能获得。这两种批评的不同之处在于对博雅教育缺失的严重性的评估。

第一种批评者认为，既然不是每个人都能获得(acquire)博雅教育，民主就不能要求(require)每个人都拥有它。第二种批评者认为，既然不是每个人都能获得博雅教育，那么，试图给每个人博雅教育，就必然导致给每个人得到的都是次等教育。补救的办法是，区分少数有才能(capable)的人与多数没有才能(incapable)的人，最起码确保这些少数能获得博雅教育。剩下的多数人可以交付职业培训，抑或他们感兴趣的各种学校活动。

第二种批评者中逻辑性更强又更加坚定的人承认，他们相信大多数人是现代版的天生奴隶，而且理应如此。因此，在他们身上浪费教育心血徒劳无功。他们应该得到生存必需的培训。既然其他方面的所有尝试都被现实生活挫败，那就不应该做这种尝试。

既然绝大多数人一直没有机会获得博雅教育，那就不能"证明"他们能得到它，也不能"证明"他们不能得到它。但是，申明该理念的价值在于指明教育的方向。例如，如果允许少数人通过博雅教育获益，那么我们至少应该保证他们有机会得到它。

在当代美国，这样的事几乎不可能。关于美国人有很多断言，但谁也不想去断言他们会读、写、算。只有极少数人认为他们能理解西方的传统——他们安身立命的传统。美国中学培养的是文盲，名牌学院或大学的学位也不能保证它们的毕业生会有多好。美国社会最显著的一个特征是："未开化的人"(the"uneducated")与"开化的人"(the"educated")之间的差别微乎其微。

当然，这种现象是由美国教育机构提供的教育太少造成的。但我们仍然必须要考虑何以至此。是不是美国教育体系的民主导致了它的教育太少？民主和教育是否相容？我们能否认为，如果每个人都能上学，就必然没有"开化的人"？

既然我们无法确认"不是每个人都能得到博雅教育"这一主张，看样子，如果这就是理想的教育，我们应该尽力帮助所有人都得到它。特别是相信"获取事实"和"实验方法"的那些人,他们会首先主张:如果不尝试我们就不能确定会失败。

尚未认真努力就说民众不能获得好的教育,这暗示了对扩大民主的强烈反对。这种反对的依据是,断言民众不能明智地运用他们所要求的权力。一个有历史意义的声明一直被认可:除非先解放奴隶,否则你不能期望他们展现出自由人的德性。奴隶一旦获得自由,随着时光流逝,他们就同天生的自由人别无二致。

人类有一种天然倾向,就是低估非我族类者的能力,认为那些跟我们没有共同背景的人就没有我们的能力。"本族"经济地位中的土著,认为处在其他经济地位中的外国人天生智力不发达,"本族"经济地位中的成人也是这样看待青年人的。

例如,在教育上,只要有人提议增加部分学生的智力劳动,教授就总说学生做不了。我观察的结论是:这通常意味着,教授无力应对变更意见的要求。据我的经验,尽管教授反对,变更还是会发生,学生也总会爽快地响应。

有人认为,中世纪爱尔兰的乡下男孩之所以成为牧师,美国种植园主和商人的儿子之所以成为国父,端赖于获得了经由博雅技艺和伟大作品的教育。因此,时下所有人都理应获得这种教育。我们不认可这个观点。因为,我们不知道中世纪牧师和国父们的智商,他们很可能是高智商。

当代所呈现的这些迹象,源于两三所学院的经验和大量成人讨论组的经验,前者把"伟大的对话"视作课程的基石,后者讨论伟大作品的足迹在过去八年中遍及全美。但这些迹象表明,将教育规划扩大到全民的难度或许变大了。

伟大的作品是伟大的导师,它们时时刻刻都在告诉普通人能做些什么。这些作品源于无知却上下求索的人性。它们通常在学问上首次宣告成功。其中的大多数作品为普通人而作,对普通人讲话。

如果博学和愚笨的人都觉得一些巨典不好读、难理解,那可能是因为,我们已经太长时间没有通过阅读这些作品来学习读书了。巨典不仅教人们如何阅读巨典本身,还教人们如何阅读其他作品。

这并不是说"伟大的作品"完全没有难度。正如亚里士多德所说,学习与痛苦相伴。在某种意义上,每部伟大作品都超出了读者的理解力,读者永远不能完全理解它。这正是丛书中作品可以无限重读的原因。这些作品也因此而成为伟大的导师,它们需要读者的专注和持续的智力拓展。

正如怀特海所说:

> 不管什么时候撰写的作品,只要有真正的教育价值,你大概就能确定,会有评论说用它教育人太难。用它来教育人当然会难。倘若简单,就应将它付之一炬;因为那样它就不可能有教育价值。教育和其他领域一样,宽阔的林荫道通向的是绝境。

但是,难道因为这些作品难于侦探小说、庸俗杂志和教科书,我们就让它们充当学者的私产吗?我们可以对作品、绘画、雕塑和音乐持有不同的规则吗?我们不会因民众不能理解美图名曲,就只让他们看劣质图画、听劣质音乐。我们敦促他们尽可能地多看美图、多听名曲,确信这是他们理解并欣赏艺术和音乐的方法。我们不推荐次等替代品,因为我们确信它们会降低公众品位，而非将其引向更好的事物。

如果因为没有“学问”就不能理解“伟大的作品”，就只授权专家接触它们，如果说没有“学问”却想着理解它们是一种无可救药的浅薄，那么我们会被迫将大多数人排除在人类思想的杰作之外。这是变本加厉的贵族制。

利文斯顿说：

> 毫无疑问，接受过训练的学生比街头路人更理解埃斯库罗斯、柏拉图、伊拉斯谟(Erasmus)和帕斯卡尔(Pascal)；但这并不意味着普通人不能从中受教。难道因为但丁满腹当时人的典故，而我对当时几乎一无所知，我就不能阅读他了吗？或者因为我要在牛津大学的英国文学荣誉学位课程(Oxford Honours School of English Literature)中写一篇关于莎士比亚的文章，我就该庆幸成为第四等级(a fourth class)吗？难道因为我的理解力与鉴赏力逊色于画家或艺术评论家，我就不能赏析委拉斯凯兹(Velasquez)和塞尚(Cézanne)的画了吗？充分开化是遥遥无期的，你难道想等到充分开化后再了解这些伟大的事物吗？不，绝不。明智的人对柏拉图、塞尚以及铸就其思想或艺术的因素，都知之甚少，却依然能赏析伟大的书画，他们充分意识到自己的无知，但这丝毫不影响他们从书画赏析中受教良多。

利文斯顿接着又提到了艾略特(T. S. Eliot)的评论：

> 根据我品诗的个人经验，我发现，读诗前对作者与诗的了解越少越好。对历史和生平的详尽知识准备，一直是我解诗的藩篱。就诗歌而言，同情之理解比理解之同情要好。

学术教条使人们远离伟大作品，比之更严重的是对个体差异的教条(dogma of individual differences)。这是美国教育中一个基本的教条。它主张：每个人都是不同的，因此，每个人需要的教育也都不同。所以，在任何方面主张相同的教育，都是在忽略人与人之间的差异；谁也不能建议大家共同阅读某些作品。这个教条造就了美国教育工作者的一个想法：你现在经常能看到院长以学院没有课程大纲为荣。为了满足每个学生的个人需要和兴趣，他们的学习课程都被框定了，或通俗地说“被裁剪了”。

学生满十八岁，是否可以自己决定受教育的实际内容。我们不应该再纠结于这个问题的讨论了。我们往往低估了青年的理智，又往往高估了他们的经验，以及表达利益和诉求对那些无经验者的意义。教育工作者应该比学生更了解同一的教育(an education)是什么。如果教育工作者连这一点都做不到，他们就是在浪费学生的光阴。教学艺术主要是激发学生对应当关注的事物的兴趣，但事实并非如此。教育工作者的任务是，发现这个同一的教育，然后发明各种激发学生兴趣的方法。

我没想要回避问题。问题的实质是：这个所谓的“同一的教育”是否存在？个人差异教条的信徒认为不存在；有多少个差异个体，就有多少种不同的教育；他们“独断地”说，每个人都有自己所需要甚至契合的教育。

所以，罗素(Bertrand Russell)就对我说，学生在学校里想学什么就学什么。我好奇这是不是会伤害学生。假设有个男生不喜欢莎士比亚，难道就可以允许他的成长失去对莎士比亚的了解吗？若果真如此，他蓦然回首时难道不会认为他的老师是骗子，夺走了他接触文化遗产的机会吗？罗素兄回应说，他会要求这个男生读一部莎剧；如果他不喜欢，就不应再强制他读下去了。

我认为，莎士比亚应当成为所有人接受教育的一部分。在课程中什么地方引入莎翁，激发对莎翁兴趣的方法，莎翁与当代问题的关联方式，这些都可以随意变化。但不能丢掉莎翁，因为没有他，就没有了理解力，也会变得精神贫瘠。任何人在智力经验和艺术经验中遗漏了莎翁，都会严重影响他对安身立命的传统的理解、与同一传统中其他人的沟通能力以及向局外人介绍自身传统的能力。

如果共同的规划办不到，又没有所有人都接受的同一的教育，那我们就得承认共同体无法实现。每个人都彼此不同，但他们又都有共同之处。我们都必须成为专家，也必须成为人。鉴于目前我们已经为培育专家做足了准备，但专业主义又造成了分歧和裂变的后果，而我们又迫切需要统一体和共同体，可以毫不夸张地说：时下的危机首先要求同一的教育，它强调人类的同一性而非差异性。西方需要同一的教育，它能展现共同的人性(common humanity)而非个性(individuality)。在运用教育方法时，个体差异可以被考虑；当日后专业化时代来临时，个体差异也可以被考虑。

这让我想到了卢梭的名言：

> 别人要我的学生做军人、教士抑或律师，都没关系。在他父母为他选择职业之前，他的自然本性是一个人……他出师后，既非文吏也非武士，亦非牧师；他只是一个人。

每个人都能获得的同一的教育是否存在，又如何获得？如果教育工作者不努力，就会对责任闪烁其词；我必须坦言我的观点：普遍流行的对“个体差异”的教条，表明教育工作者想回避一种棘手但必要的责任。“西方世界的伟大作品”丛书的编辑认为，这些伟大作品应当成为教育的核心。但如果有人提出一种规划，能更好地实现他们心中的目标，那他们一定欢迎之至。

七、成人教育

编者认为，所有成人一生都应该阅读这些作品。他们认为这一理念有新颖的方面。成人教育被统一设定，要么弥补其匮乏的学校教育，要么由职业培训构成。在前一种情况下，一旦弥补了成人学校教育的缺陷，成人教育就会告终；在后一种情况下，一旦获得了满足心仪职位的培训，成人教育也会告终。

本文所说的成人教育是一种永无止境的博雅教育。个人即使在青年时接受了可能的优质博雅教育，他也有责任接受经由伟大作品和博雅技艺展开的无止境的教育，他不应该期望儿提时代所接受的教育是一劳永逸的。人们在青年时代所能做的只是得到锻炼、养成习性，这会使他穷其一生都能自我教育。持续的成长对理性的生活至关重要，这正是我们认可杜威的地方。

有史以来，征服自然和征服单调工作的双重目标就激励着人类。现在似乎颇有方法实现它们了。同时,这个成就似乎注定了要以生活的平庸化(trivialization of life)告终。人类长期将多数时间用于各种娱乐并满足于此,这令人难以置信。毕竟他们是人。虽然人类是动物,但并非全是动物性。人类是理性的,他不能只活在动物性的满足中,还要减少动物所迷恋的娱乐。人类必须思考,还必须意识到:人类正在做的事情能增加他的统治权(highest powers),并有助于同类的发展,否则就不能称其为人。

当代公民所面临的考验超出了前人的了解范围。私人宣传和公共宣传夜以继日地冲击着公民。如果说独立判断是民主社会中事实公民的必要条件(sine qua non),那就必须承认,坚持独立判断的难度变得前所未有的大。难度太大,以至于不再期望在青少年时期就注入一剂教育猛药,使人经受住社会所表现或允许的对其独立判断的不停攻击。正因如此,精神的改变和成长才变得必要。

本文中成人博雅教育的概念对青少年教育的概念、目的及内容都有很大影响。如果我们期望所有成人都参与博雅教育,那就应当以心中的这个目的设计中学、学院和大学的课程。当下的课程设计基于一种理念,它不幸之处在于,放学后不再有人接受教育。这样我们就要面对可悲的事实:人类应当知晓的重要信息,多数并不能被青年理解。

我知道一些天文学家不到十六岁就向国际杂志投稿了,但我从未听说过各种年龄段的孩子有谁能有助于对人类社会组织和人生目标的讨论。伦理学、政治哲学、经济学、历史学和文学的伟大作品,不会向不成熟的人显露它们的秘密。在美国,如果说这些作品得到了阅读,那也是在中学和学院里,这还只是对作品粗浅的理解,而且再也不会有人重新拾起它们了。因此,美国人不可能充分理解这些作品,我们失去了这些作品对当代问题的启示。

教育必须满足紧迫的需求,这种理论被用以终结教育机构的混乱。如果教育的目的是满足受教育者的紧迫需求,而他从未在教育机构之外接受更多的教育,那么他在这些机构里就必须学习所有他可能需要的。因为无法得知研究生需要什么,唯一的出路便是每个领域的皮毛都涉猎一番,希望有些能对他有用。所以,美国的高中和学院充斥着从杂技到酿造所有能想到的各种科目的信息;因为,谁又能说这些学生中不会有"走钢丝达人"(high-wire artist)和啤酒商呢?美国中学、学院和大学课程大范围的疯狂繁殖,是很多作用的结果;但我们可以断言,如果我们在成人阶段还持续学习,那么促成疯狂繁殖的压力就会明显减少。

如果我们要实行全民博雅教育,那就必须关注全体成人的博雅教育;因为只有成人理解并重视博雅教育,它才能盛行于一国的中学、学院和大学。而理解并重视某物的最佳方式是本人拥有它。

时下,我们经常听说博雅学院被忽略,还有人文与社会研究的衰败。人们普遍认为,学院和学者所需要的只是资金。如果他们有更多的资金,他们的问题就能解决。我们被带入这种看法:他们得不到资金是因为学院院长、大学校长的反应愚钝和刚愎自用。这些官员大概是以牺牲博雅技艺和人文与社会研究为代价,来关心自然科学和应用科学的发展。

人们可能会质疑,博雅学院和人文与社会研究学者能否合理使用(比他们拥有的更多的)资金。这些机构和个人的缺陷并不在于资金的匮乏,而在于理念的缺失。当呼吁扶持学院，以学院娱乐设施像当地乡村俱乐部一样舒适为根据时；当人文与社会研究学者，被他们错误的科学方法和自然科学的威望引向歧路，投身于对次要事物无目的的数据堆砌时，问题不像是财务方面的。而不幸的是，资金能解决的只是财务问题。

民众以为机构和学科只要重要，就会得到发展。一旦明确了重要性，资金就会随之而来。实验科学的重要性对大家显而易见。科学制造了原子弹；医学院尽力延长生命的同时，物理系和化学系却在用同样大的力气缩短生命。许多博雅学院和人文与社会研究学者的研究，只对以此谋生的人有意义。

但重大问题依然存在。我们的命运是什么？什么是善的生活？如何才能实现优质社会？我们可以从历史学、哲学、文学和美学中得到哪些教诲，从而能引领我们走出关于未来的迷宫？

依照惯例，这些问题大多属于博雅技艺、人文学科和社会研究领域。如果外行们通过这套丛书或其他方法，认可这些问题的重要性，如果这些领域的学者能真正与这些问题角力，如果国内众多家庭能讨论这些问题，就会产生两个结果：拥有各种理念的明智青年投身于这些问题的研究中，他们会得到与当今科学家和工程师同等的尊重；博雅学院和人文学科与社会科学的学者会得到他们所需要的所有帮助。

成人教育培育了国家的风尚(what is honored)，这个教育命题是不证自明的。这套丛书的一个宗旨就是向西方的伟大传统致敬(do honor)，并相信这是提升其教养、发扬其精致、促成其发展，并使之名垂千古的方法。

八、下一个大转折

既然教育关注未来，我们不妨问问自己对未来有哪些确定性认知。

我们都知道，运输与交流的机械化方式使全世界正变得越来越紧密。我们也知道，这会持续下去。世界会以征服(conquest)或契约(consent)的方式统一。

我们都知道全世界正变得越来越紧密，这一事实本身并不意味着世界变得更团结、更安全。它也可能意味着我们会毁于一次大爆炸。

我们都知道，最具杀伤力的现代武器天下无敌。胜利者和失败者都将输掉下一场战争。先前保卫国家的所有因素(地缘隔绝、工业力量和军事实力)将不再有用。

我们都知道，主权国家之间竞争的无政府状态必然导致战争，这是迟早的事。因此，我们必须要有世界法(world law)，它由一个世界组织执行，而这绝对要通过世界合作和共享才能实现。

我们都知道，引导全人类在所有问题上都达成一致是不可能的。我们最多只能期望，引导全人类愿意把所有问题都诉诸讨论，而不是在有些问题上互相厮杀。人类不愿意生活在被迫认可的某种文明中。在这种情况下，一元世界(one world)比多元世界(many worlds)更可怕；因为，在多元世界中，人们至少有机会从一种文明逃到另一种文明。自由人只愿意生活在一种文明中，它把历史视作通往澄明(clarification)与理智(understanding)的漫长对话；它以交流为前提，它不需要一致。

我们都知道时间是关键。我们每天都在宣读改善运输和"改进"破坏的公告。以前从纽约到波士顿的时间，现在就可以环游世界；我们还有各种日报，它的各种议题都是更大更强的大规模杀伤性武器。与此同时，主权国家间的敌对状态每时每刻都在加深。

我们能为这样的未来做些什么呢？我们立刻就能发现，筹划应对这般未来的是教育规划的主要参与者而非附属人员，还必定是成人。他们统治着世界。如果统治世界的成人不能立刻找到人类共同生活的方法，新兴一代就来不及成长了。

面对经由伟大作品、博雅技艺或其他方式进行的成人教育，我不愿意夸大这种方法预防战争的可能性。如果美国所有的成人都能顿悟他们全部的人性潜能（这正是博雅教育的目的），而别国政府一成不变，那我们可能只是满足于我们夸大了的全部人性。考虑到针对灵魂不朽的怀疑论颇为流行，我只能期望美国读者仅仅将这一主张视作含糊的慰藉。

但是，总的来说，明理聪慧的人，即使遇到了好斗又不明理（或愚蠢）的人，也比本人亦不明理又愚蠢的情况更有可能实现目标——在这种情况下目标就是和平。他们甚至能通过自己的示范，帮助反对者们多些明智、少些愚蠢。这个命题基本没有什么争议。

美国是当今世界的超级大国。它成为世界大国只有很短的时间。美国被推到了这个位置，它没有数百年经验供其学习如何履行该地位所应承担的责任。过去五十年，美国没有一种教育有助于理解这一地位，并用平衡、高贵和慈爱来维系这一地位。旨在职业培训、社会适应或技术提升的教育体系无法促成这种成熟，而这正是时下危机对世界超级大国的要求。

一个没有经验又未开化的强国，会成为对世界和平的一大威胁。美国不会恶意危及和平。美国人并未显现出对外国人的敌意，也不想要外国人的东西。因为他们着眼于自己的社会和政府，他们不希望其他国家威胁到他们社会和政府的持续繁荣。美国发起的任何军事行动，都基于它对国防必要性的认定。

但这个认定可能会出错。它可能是歇斯底里的，也可能是愚昧的。我们很容易盲目地卷入战争。鉴于我们可能在写下这些话之前就这样盲目过，我必须重申，我并非要夸大这些作品或其他成人教育方式的重要性，从而视之为对这种盲目方法的预防。时间易逝，教育却要从长计议。我想说，因为教育非一朝一夕之事，而它又不可或缺，所以我们必须恰当地着手此事。

利奥泰元帅（Marshal Lyautey）在非洲时命园丁种植一种树，他很喜欢这种树的叶子。园丁说这种树两百年才能长成。元帅则说："既然如此，时不我待，即刻种下。"

"伟大的对话"象征了对话文明，自由人都愿意生活在这种文明中。"伟大的对话"在今时今地坐实了这种文明。这套丛书的编排原则是：通过持续的讨论，澄清和理解西方最伟大作家所谈论过的若干最重大的问题。这套丛书的目的就是把伟大的对话投向未来，并让所有人都参与其中。希望这些作品能够造就自由心灵的共同体（community of free minds）。

任何国家都只能从国民的品性和理智中得到保卫。这种保卫的前提是，坚信国家值得保卫。这一信念必须建立在对国家价值的理解之上。就美国而言，这些价值存在于西方的传统中，它就是"伟大的对话"。

我们以前重复了太多次“美国必定强大”的口号，以至于我们已忘记了什么才是强大。我们好像以为强大就是大量的人力与机器。我不否认他们是强大的一部分。但强大的实质要素无疑是：所有公民的思想与生活都包括训练有素的智力、爱国以及对国家理念的理解和热爱。

我们没办法期望，尚没有理解自身就能理解世界中的他者。若是那样的话，我们就在很大程度上呈现给其他民族一幅含糊不清的画面了，因为我们自己还混乱着呢。只举一例即可：西方伟大传统的精义是凡事皆可讨论，但是当多数公民代表一再要求为国家安全而压制言论自由时，我们凭什么自称是这个传统的一员呢？而今，军事力量已经过时，国家安全端赖我们对诸如言论自由等西方古典自由的理解和热爱。如果我们迫于外部压力而放弃我们的理念，这就是在战场上不战而降。我们也就放弃了强大的根源。

如果我们都不知道什么是西方的传统，凭什么说自己正在捍卫它呢？青年和成人的教育计划中已经缺失了这个传统，它当然也不能向本民族传播这个传统。它也不能使其他人相信我们正按照宣称的那样投身于此。面对美国教育体系，公正的观察者可以发现它的多数活动与我们对未来的知识无关。

职业教育论(vocationalism)、唯科学主义(scientism)和专业主义(specialism)能最大限度地帮助人们谋生，进而维系美国的经济。可是，训练有素的智力、对国家理念的理解与热爱才是更重要的国力要素，而它们对此无所帮助。它们也无助于国家中共同体的培育。它们是促成分裂而非整合的力量。职业培训、科学实验和专业化没必要为了做出经济贡献而排斥博雅教育。我们可以在接受全民博雅教育的同时，接受职业培训、科学实验和专业化。

现在，我们能听到很多关于国际谅解(international understanding)、世界共同体和世界组织的声音。这些都被认为是好的，但没有提出实现它们的实质行动。有一点可以确信：我们可以有把握地说，职业培训、科学实验和专业化无法产生这些事物。当今美国为青年和成人提供的教育，无法促成这些目标。我有一两种建议或许能促成这些目标。

有一个命题说，没有世界共同体，我们就无法拥有世界组织和一部世界法。我们应当处理这个命题。它显然忽略了法制(legal institutions)与文化的显性互动。如亚里士多德早已指出的，法律本身是一种教育力量。美国宪法每天都在教育民众要信仰并拥护美国宪法。

在全世界各民族之间都能充分理解的意义上，世界法的诞生并不以世界共同体为前提。前提仅仅是足以促成对世界法最低程度的理解。据此，世界法会促成世界共同体，世界共同体也会促成世界法。

例如，有人认为裁军是结果而非原因，所以反对讨论普遍裁军。他们说：除非世界的紧张状态得以解除，否则就不能裁军；讨论裁军而非应对紧张状态，只是我们在自欺欺人。

实际上，讨论裁军就是应对紧张状态的一种方式。旨在有效国际管控下裁军的公意(general willingness)，会比其他事物更有助于缓解世界的紧张状态。聚在一起考虑这样的计划能否成形，会缓解紧张状态。毫无疑问，讨论会有失望，也会有加重国际仇恨的危险；但是，以先缓和、后讨论为借口而拒绝讨论缓和的原则性方法，似乎并非缓和紧张状态的最佳方式。

世界法诞生所必需的最低程度的理解，其最佳获取方式是什么？如果共同体依赖于交流，我们就必须要问：广大民众最易得知又最易理解的是何种事物？相互交流的人谈的最多的是何种事物？理念和艺术制品显然是最鲜明易懂的。它们最容易理解，它们也最大程度地代表了产生并界定它们的民族。

我们从艺术和智力产品中对其他民族的了解，比搜罗统计资料和数据所能提供的要多。我们还能学习建立世界共同体所需要了解的更多事物。在这个意义上，我们能学到更多，也就是我们能理解更多。这套丛书就是英文阅读者理解西方的一种途径。西方人可以借此理解我们自身或西方的任何一部分，非西方人可以借此理解我们西方。

这催生了布坎南的一个理念——世界法律与正义共和国（world republic of law and justice）和世界知识共和国（world republic of learning）互相支撑。任何一个共和国都维护自己的正义、和平、自由和智力运行的秩序。被统治部分的每一个同意都是知识的产物。共和国就是行进中共同的教育生活（common educational life）。所以孟德斯鸠（Montesquieu）说，贵族制的原则是荣誉，暴君制的原则是恐惧，而民主制的原则是教育。杰斐逊很认可他。而现在，我们发现零星的知识是危险的。我们意识到，每个人都需要更多的知识，更多的真知。

知识共和国吸引了所有单单政治性的共和国（mere political republic），后者若想成其自身，就必须适宜于前者。以往没人注意到这一点，直至今日我们才有能力考虑以后该就此做些什么。这一洞见的直接推论是当下的乌托邦——面向任何年龄段男男女女的普及教育。假以时日，教育应当从学者和学校教师中释放出来；知识共和国的大门，也应该向能使之对人性负责的人敞开。

知识在理论和事实上都是至高的公共善（the highest common good），应该捍卫这种正当，并为之奋斗。所有人都能根据自己的能力求知。人生在世，除非他的学习能力因不用而荒废，求知就不该停止。倘若没有规定可以无限制地自由获取知识，政治自由就无法维系。如果不能学而时习之，那人类事物中的真理就无法长存。如果政治秩序不是理性的，那就是专横的。

如果我们致力于世界法律与正义共和国，我们就必须复兴人类自由思想的伟大传统，在它的光影下反思我们的知识，确立一种求知手段，让人类第一次成为世界公民。这里的那种理解力是构成世界共同体的那种理解力，它属于世界知识共和国。世界法律与正义共和国只是世界知识共和国及世界共同体的政治表达而已。

九、东方与西方

就东西方而言，有读者认为："世界共同体和世界法律与正义共和国，必须由全世界各民族构成。这些书只是西方的伟大作品。它们具体表现为对传统的理解，但这种理解何以促成对世界知识共和国的参与呢？鉴于东方的伟大作品不在其列，这种理解又何以促成世界共同体呢？"

编者的回应是：东西方之间确实有交往，这种交往仍然在令人相当不满意的情况下继续进行。就东西方交往而言，较之草草举办的诸多东方研究课程的参加者，对整个西方传统有些领悟的人更有可能理解东方；提议这些课程的教育工作者是这样的人，他们突然有感于理解东方的必要，而且以为获得关于一个事物的诸多信息就是对它的理解。

编者铭记东方思想家对西方的提醒：美国当下最鲜为人知、最不受重视的那部分西方传统，恰恰最有可能帮助我们理解东方思想的最深处。另一方面，编者相信：东方以为西方最可怕的那些方面（它的物质主义、贪婪和种族优越感），都得不到“伟大的作品”的支撑，“伟大的作品”才是西方求索智慧的主线。编者相信：扎根于西方一系列上下求索之中的教育，而不是目前提议或施行的任何方式的教育，更有可能促成对东方真诚开放和名副其实的理解。

西方可以直接调整一些用语，从而适应东方以何种方式“觉醒”所产生的问题，借此达成东西方的交往，从而“战胜”东方。无疑，在这些交往中，西方必然以众多社会工程师（social engineer）为代表，他们全然不知自己光荣地代表着西方文明连续两千五百年努力的产出。科学人文主义（scientific humanism）得到高度重视，被强烈地认定为新一元世界所需要的新宗教，它肯定会有所表现。有些代表性人物想必会提出神奇三重奏：科学方法、工业技术和美国式生活。

不过在东方，这些西方的代表性人物只能被那些已决意“西化”（westernization）的人理解。这个预言似乎是可靠的。那些东方人可能大大迷惑了这些西方人，可是，无论在一些领域的“觉醒”有多大，他们都决意保留东方文化的核心信念和思维习惯。

库马拉斯瓦米（Ananda Coomaraswamy）曾说：

> 一个被连根拔起、被迫现代化（modernized）的东方，会与西方对抗（compete）；但一息尚存的迷信的东方——甘地的东方，从未企图独自生存，只有这个东方才可能与西方合作（cooperate）。

西方的社会工程师认为，寻求与这个被连根拔起、被迫现代化的东方的合作，就像曾经与苏联统治者完全危险的对抗一样。这些统治者在东西交往时，颇为冷酷地谈及美国褪去光鲜后的影响力。他们更直接地调整用语，从而适应涉及东方“觉醒”的确切问题。俄国人好像准备通过对旧东方的某些关注，为新东方人提供一个简单安排。这些新东方人可能在俄国的指引下，催生新型的帝国主义——自食其果的帝国主义（reflexive imperialism），它将比此前的西方帝国主义者更残酷地对待“迷信的东方——甘地的东方”。

如果东方反对自己的深层传统完全被物质安乐所吸纳，那么我们要理解的便只是东方的一小部分了，因为我们已经熟知那种物质吸引了。我们从未设想东方也会有物质安乐。若东方果真也有，设想与实际的差异就会令我们震惊，但不会产生理解难题。

另一方面，如果正在觉醒的东方试图在趋向物质产品的新动力之下，保留各种形式的传统宗教、形而上学和伦理学，正在试图与东方合作的西方就需要理解一些事了。

在这些情境下，无论是谁、身在何处，是否身在大学，只要能提供西方人可理解的关于东方的读物，都应得到各种方式的支持，从而增加其能力，使其研究结果可行。但哪怕只是声称具有初步能力的人也非常少。因此，当今许多外行和学者的观点是荒谬的——他们认为，我们教育体系中课程的大部分应该用于“理解东方”。

那些教育工作者对世界的帮助都不及多数人，他们被课程调整的魔力冲昏了头脑，认为他们可以通过课程条令使心仪的学科变得可教(teaehability)并培养出这些学科的老师。现有的老师中没几个能恰当地承担“东方”课程的教学任务,所以,将“东方”视作所有人教育重心的主张是不负责任的。对东方的理解来自指导教师的这些授课,而他们只是草草“钻研”过东方,这最终会阻碍几代人之间的交流和理解。

哈佛的怀尔德(John D. Wild)教授最近评论了该校琼斯(Howard Mumford Jones)教授的教育提议。他说:“我推断,琼斯先生是在担心我们理解苏联、建立合作性世界共同体的能力。我也担心。但我并不同意他的假设:只要设立更多的机构、教授和秘书,更多号称‘俄国学’‘东方学’的领域与方面,这些重大目标就能实现。在何种整体观中研究这些事物,如何进行?琼斯是否提议混合西方、中国和俄国的文化?果真如此会怎样?抑或,他是否提出一种文化相对主义(cultural relativism),每个人都能尽力摆脱他的既有文化吗?我不认为他会认可上述任何一点。我推断,他在意的是矫正经济与社会的不义,它们扭曲了我们当下的文明,他渴望看到的是,现代科技赋予我们的巨大能力被合理地用于公共的善。一旦能够恰当地理解西方传统中最优秀的哲学和宗教思想,就会发现所有这些都与之一致。我进一步推断,琼斯认为:我们应谦逊地对待我们在起步阶段相当初级的文明,因为它很珍贵;我们应该愿意接受外界提出的建议。他的主张同我们传统中最优秀的主张完全一致。如果这是琼斯先生所指,那么我们最迫切的便是要唤回对西方文化基石的基本洞察和规范(宗教的和哲学的),并将它们应用到当今时代的核心问题上来。”

诺里斯(Louis W. Norris)教授也认为:

> 琼斯教授为教育及其与时代的关联,提供了一个强有力的合理说辞。但这也有重大危险,即教育的合乎时宜(timeliness)会掩盖它的永恒意义(timelessness)。他说,苏格拉底和柏拉图(甚至还有亚里士多德)在“与地方性政治问题做斗争”。但他们之所以能为社会、伦理和政治问题提出有益的批评,在于他们倾心于找出事物中永恒的“形式因”。如果苏格拉底没有“定义”、柏拉图没有“理念”、亚里士多德没有“形式因”,那么他们的“即时评论”(radio commentating)就像当今99%的评论一样,转瞬即逝。急切地专注于对俄国或东方的理解,不会有什么结果,除非学生将分析技巧、价值顺序、历史知识及社会经验(学生依据社会经验判别所发现的俄国和东方事宜)都纳入这些问题中。

西方决心保持并更新对自己特性与适应范围的理解,它不必为之愧疚。西方文明是既有文明中最伟大的文明之一。在与东方的交流中,西方不应该带着自大的精神,而应该以未来不再失去任何善的关切,对自己的成就保持一种圆满的、鲜活的认识。

西方传统的主线不会催生种族优越和文化地方主义(cultural provincialism)。如果西方自觉有这些罪,这并非出于对自己品性的忠诚,而是因为多种人性的弱点一直困扰着所有“成功的”社会。

此外,如果我们认可这个问题上的知名学者库马拉斯瓦米,也就会相信西方传统内在包含了一些因素,它们能与东方传统的深层因素沟通。如果能理解这一沟通之根基的本性,我们就有可能建立最好的沟通。

库马拉斯瓦米说:

> 我们一直都知道与西方的物理亲缘，如果能在东西方的鸿沟之上架起一座桥梁，那也只是原则性的同意……与柏拉图一致的哲学仍是东方的一种现存力量……要理解就要承认普世价值(common values)。因为，只要人们不能与其他民族一同思考，那他们就只是知道而非理解这些民族；这种情形很大程度上是对智力遗产的无知，它阻碍了理解，而且还以为不熟悉的思考方式就是“怪异的”。

反讽的是，最常说要调整课程以改进理解东方的那些人，就是大声疾呼西方传统中某些要素可能衰落的人——如柏拉图、普罗提诺、奥古斯丁及西方神秘主义和形而上学传统，而这些要素可以转化为的某种变形就是西方传统中的重要内容。虽然他们极力主张要理解东方，但这些人极力反对要求所有人都试着理解西方中的这些内容，而这些内容最有可能实现对东方的真正理解。

有些人认为西方传统大多已经过时，而科学人文主义是新的宗教，虽然这些人也使用言语，但他们越是固执己见，就越不可能把与东方关系的问题视作理解的问题。他们稍许回溯一下东方，就会发现东方的宗教仪式和神秘主义破坏了早期科技。仁爱的美国社会工程师认可了热忱又受人尊敬的东方学学者盖农(René Guénon)的话：“东方的所有事物都是一种学说的应用和延伸，它就是纯粹的理性和形而上学。”想想这是多么令人愤怒而惊诧的画面啊。

东西方之间理解的广泛成功，要等到接受过博雅教育的西方人提供充分的产品之后。这样，问题就简化为如何产出这种供应。有一种论调是：我们的教育体系内部已经做好充分的准备了，将理解东方纳入博雅课程(liberal curriculum)的一个主轴。这一论调非但不会有助于，反而不利于解决一个核心问题，即培育受博雅教育的一代。

毫无疑问，想要使出版的伟大作品生效，理应指向世界性的伟大作品，而不是世界中任何一部分民族的伟大作品。但此时，我们为即将到来的东西交流做准备而倾力理解自身。有些人想吸纳东方血统的伟大作品，他们是在自欺欺人。只有在我们充分理解自身传统之后，才可能理解其他传统。

我们应该认真考虑一下，其他文化在现代的伟大代言人对西方说了些什么。马利克(Charles Malik)曾说：“我们所做的一切，都是在弥补西方文化显露出的大危机。我们在想，西方文化重建自己的精神围墙之后，近东会好起来，而且不只是近东会好起来。我们在想，作为希腊—罗马—基督教—欧洲合体的继承人并不容易，而违背它的深意也不简单。人们可以在这个合体中抽取十种伟大的精神，用它们评判西方世界对近东的行为。因此，近东的深层问题就必须等待西方的精神复苏。此外，他们还以为西方传统中并没有能使之复原的方式与力量，所以说，他们并不了解真相。”

十、致读者的一封信

我料想，为了确定自己是否应该进一步阅读，读者会先读这封信。我假定，为获得博雅教育而阅读这些作品的必要性和可能性说服了读者。但读者们是怎么想的呢？编者不在意渴望阅读的一般说法，他们只想让这些作品得到阅读。他们推出这些作品，不是把它们当作公共图书馆或私人图书馆的摆设。

我们认为，这些作品里有博雅教育，所有人都应该努力从中捕捉一部作品。你可能会说你已经有了，你不够聪明所以没有，又或者你不需要。

你不能占有它。如果你是个还不到九十岁的美国人，那么你在教育体系中得到的只是博雅教育起点处的幽暗微光。反躬自问，在中学、学院或大学时，你完整地读过哪些伟大作品？反躬自问，你和你的老师为何都把这些作品视作西方历史上最杰出思想家之间的"伟大的对话"？你是否对自己所处的传统有所理解？反躬自问，你是否精通博雅技艺？我敢打赌：如果你读过"伟大的作品"，那么数量一定非常少；你在割裂的课程中读过一部而没有涉猎其他；你只是读了最重要部分的摘要。

我本人受教于两所非常"自由的"博雅学院(liberal colleges)。除了在教育中零散地读过莎士比亚，我还读过丛书中的一部书，那就是歌德的《浮士德》(*Faust*)，还读过一部分的其他作品、少许的柏拉图对话，这些就是我正规教育的一部分。我不记得曾在学院里听说过阿奎那和普罗提诺。我甚至都不确定是不是听说过马克思。我听说过许多伟大的科学作者，但不和他们交往，因为他们对我而言太难了——我以拥有"非数学的"思维为荣——我没必要阅读它们，因为我不想做科学家。

不过，设想你已经通过某种方式弄清了学院应该为自己提供何种教育。如果你这么做，你会是稀有的小物种，又稀有又弱小，却并非默默无闻。如果你已经通读过这些作品了，那就再读一遍。每次阅读你都会从中得到教诲，这就是与其他事物相比这些作品的伟大之处。常读常新，你可以理解未曾领会的；不管你的思维曾多么艰难地运转，它都会再次运转。

要点是：生命不息，思考不止；所有人的创造力，都应该尽可能多地触碰具有伟大创造力的作品；所有人都应该始终向智力的极限挺进。只有在正规、偶然和非物质的意义上，才可能拥有博雅教育。博雅教育至死方休。

我必须重申，青少年时期的教育无论有多好，你都有可能一无所获。那只是一个接受某种教育的准备期。我们充其量这样期许生命中那些无聊、混沌的日子：在这一时期，我们应走上正确的道路——在这条路上，可以通过智力劳动和审美来发现人类的各种可能性。现在的重大问题是文明的生死问题，它需要成熟的思维。

就此有个简单的测试。拿出任何一部你曾在中学或学院时读过、之后就没再读的"伟大的作品"，再重新读一遍，你立刻就会纠正自以为理解它的这种感觉。例如，对比一下十六岁时读《麦克白》(*Macbeth*)的意味和三十五岁时读的意味。只有当我们对婚姻与野心有某种经验、同感或其他感情时，我们才可能按莎士比亚希望的那样理解《麦克白》。如果我们在青少年时期就阅读了所有的"伟大的作品"，却不再重读，那么这种阅读绝对不能理解它们。

你可能理解这些作品吗？在某种意义上讲，没人可以。这正是"伟大的对话"生生不息的原因。科克托(Jean Cocteau)说，西方思想中的每一部"伟大的作品"，都以驳斥先前某部作品的面貌出现。这并非源自这些作家的反常和空虚，而是因为，谁也不能清晰、全面又精确地表述人类生命中的基本问题，从而终结关于它们的讨论。每个表述都需要解释(explanation)、更正(correction)、修订(modification)、扩充(expansion)和反驳(contradiction)。

“伟大的作品”还有无限的启发。它们将我们引入其他的作品、思想和问题。它们扩大了我们的理念存量,并和我们的既有理念产生关联。由于伟大作品的启发是无限的,所以我们无法穷尽它们。我们无法在这个意义上理解这些作品:我们穷尽了它们,而且完成了它们对我们的教诲。

对于读者而言,问题只是你对这些作品的理解是否足以使你参与到“伟大的对话”中去,而不是你对这些作品的理解是否足以穷尽它们。答案是,除非你尝试,否则你不会懂。我们已经在“经典”的周围树立了卖弄学问的氛围,我们把经典交付给学究气的研究者太久了,以至于我们认为普通人难以理解它们,但经典作品原本就是写给普通人的。同时,教育承受了严重的弱化过程,以至于即便名校毕业,我们都没有准备好处理层次高于漫画书的任何事。

西方教育的衰败以美国为最,这确实导致了对伟大作品的理解难度大于前人的感觉。事实上,我的观察产生了一种可怕的疑虑:讹传、缺乏哲理和懒散,这些习惯的结合就是美国最精细、最昂贵的制度化教育所带来的通常结果,与接受这一结果的人相比,未曾接受过正规教育的人更容易接受“伟大的作品”。

那些不曾接受过正规教育的人,不大可能带着对丛书中作者的偏见工作。他们不曾听说,至少不常听说,这些作者是过时的、不切实际的和难以理解的。他们像走进其他作品一样走进这些作品,与更老练、误入歧途更深的当代人相比,带着一种更开明的心态(open mind)。他们尚未被他们的教育吓倒。

如果你拿起这些作品中的任何一部,开始阅读,你会发现它远不及你想的那般可怕。在某种意义上,“伟大的作品”最难读;在另一种意义上,“伟大的作品”又最简单,它是任何人都能读的书。之所以最难读,是因为它们处理人类会面对的最大难题,而且是用最复杂的理念处理这些问题。不过,就处理人类思想最艰深的问题而言,“伟大的作品”是所能做到的最清晰简易表述的最佳思索。围绕人类的基本问题,这是可阅读的最简单的作品。如果你读完一部,然后拿起其他作品,你会发现理解第二部作品更容易,也能比先前更好地理解第一部作品。丛书中每部书的选择标准是:卓越的构造与创作(excellence of construction and composition),审美上一目了然(immediate intelligibility),进一步阅读和分析后能获得更多的理解(increasing intelligibility),运用多个层次的含义和事实指向最深处、最大范围的意义。

我们学院里的课程总是这样安排:一门课是开设另一门课的前提。这种安排中根深蒂固的教学习惯可能会引起一个问题:阅读“伟大的作品”之前应该预先阅读哪些作品呢?答案很简单,什么也不要读。就理解“伟大的作品”而言,没必要阅读关于它的背景材料和二手文献。不过,在一种意义下,阅读“伟大的作品”可能要预先阅读其他作品。除了荷马,“伟大的作品”的作者们——《伟大的对话》课程中的那些后来者的作品,它们本身就是阅读此前作者的结果。所以说,柏拉图是荷马史诗(Homeric poems)、肃剧(tragedies)和谐剧(commedies)的读者,亚里士多德则是所有这些以及柏拉图的读者。但丁和蒙田是古希腊罗马大多数作品的读者,不仅有诗歌和历史,还有科学和哲学。小密尔(John Stuart Mill)、马克思、詹姆斯(William James)、弗洛伊德则是丛书中几乎所有作品的读者。

这暗示我们:作为某部“伟大的作品”的读者,可以首先阅读作者在写作前所阅读的若干作品,通过这种方式在阅读这一作品时受益。丛书作品的时间顺序就是好的阅读顺序,因为在某种意义上,早期作品就是晚期作品的预备读物。

尽管早期作品是晚期作品的铺垫,但无论以何种顺序阅读,阅读任意一部“伟大的作品”都会使其他作品的阅读更容易。虽然晚期作者受教于早期作品,但他们所做的不只是对这种影响的反馈。他们也评论并解释早期作品的含义,他们转述前人的观点并提出异议。在时间链中,不管是向前看还是向后看,每一部“伟大的作品”都会理出另一部作品的头绪;而且,随着读者以某一顺序阅读更多的伟大作品,“伟大的对话”中的观点会日益以当代的方式说出,所有作者就像是同代人一样,可以直接回应彼此的思想。

阅读一部作品,需要想象力和智力,也需要通过练习而培养出的能力和成绩。这套丛书中的每部作品都是最脍炙人口的,这源于它们在传统中的地位。这些作品能了解并领会其他作品,既能领会前人的作品,也能领会后人的作品。这些“伟大的作品”涵盖了所有未能入选丛书的优秀作品,抑或能找到它们之间的关联。只要努力,任何人都能在这些作品的话语中找到自己的思想归属。对这些作品一定程度的理解,会让你相信:你能逐步阅读和理解任何优秀的作品,也能真诚而确信地批评付梓出版的作品。虽然可能会慢一些、有些难度,但这些作品最终会被真正地内化。

你需要博雅教育吗?我们认为,不阅读“伟大的作品”就不爱国。你或许会说,即便没有这些作品也足够爱国。我们认为,如果不阅读这些作品,你就大大限制了自己的多种人性可能。不过,你或许会说,你的烦恼已经够多了。

奥尔特加(Ortega)已经在《大众的反叛》(*The Revolt of the Masses*)中批驳了这种答复。假设我们可以把所有的智力活动和政治责任托付于他人,而自己充当受益于他人道德德性(moral virtue)和智力德性(intellectual virtue)的“植物一人”(vegetable beneficiaries)。这种假设的问题在于:对于大多数人而言,这一旦成为可能或必须,这种对其他人的纵容就会威胁到整个共同体。如奥尔特加所说,“在他所处的那个时代的巅峰”,每个人都必须努力生存。如果我们之中有人说,“我不必那么费力地考虑自己,或充分地展现自己,抑或成为世界知识共和国的公民”,那么民主事业就会陷入危机。民主不会死于伏击暗杀,而是在冷漠、不关心和营养不良中慢慢消亡。

柏克(Edmund Burke)认为,大多数人在不知不觉中支持了选举权扩大运动。柏克发展了“虚拟代议制”(virtual representation)学说,他声称少数人(土地贵族)掌握了所有的权力,他们有智力、闲暇、爱国主义和教育这些统治的资格。虽然共同体中的其他人没有选举这些土地贵族做代表,但他们“实质上”代表了这些人。柏克对启蒙民众不感兴趣,因为即使政府运作是为了民众的利益,也无法想象这些民众对自己的利益有判断力。他们没有讯息,没有智力,也没有时间自治。柏克还说:

> 我总试图对政治意义上的平民进行估算和分类……我估计,在英格兰和苏格兰,生活还没有衰败、尚有闲暇参与这种讨论、有一些讯息渠道、工作比家仆更体面(或者实际上就在做家仆)的成人,总计四十万左右。

那个时候,英属爱尔兰的人口在八百万到一千万之间。

面对普选诉求，的确只能做出这种回应。这是对民主核心原则的直接攻击。在柏克看来，民众的虚拟代表们无需对民众负责。他们只需要对得起自己的良心，或许还有上帝。但民众只能通过革命来确立虚拟代表——柏克会第一个反对这种前景。在他看来，只有当权者才有资格决定民众是否应该革命。若果真如此，所有的极权独裁者就都是合理的了。

美国对民主及相关教育的信仰，鲜明地驳斥了柏克的观点，就此，杰斐逊有个简单的表述：

> 如果社会而不是民众拥有不加限制的权力，那就没有安全保障可言；如果我们以为民众尚未开化到足以用有益的判断进行管理，那么，补救措施不是夺走他们的权力，而是通过教育授之以判断力。

所以，以虚拟代议制的方式表达我们对民主的信仰不能令我们满意，以虚拟教育(virtual education)的方式更不能让我们满意。我们不能选择自己是否应该做博雅之士，因为我们致力于“所有人都是自由的”这个命题。我们认为普通人也可以拥有良好的教育，因为我们不认为民主必然带来人类理想的堕落。努力帮助所有人获得必要的优质教育，并没有暗示有些人无法靠自己实现我们的人类理想。我们不认可：自然、劳苦和政治权力的征服，必然合成破碎的教育，还一并带来其他人生职业的破碎。我们认为：教育的目的是明智，是每个人都能尽其所能的明智。

从与专业技能的关系看待知识[①]

纽曼

一

在前面的两讲里，我一直坚持两点：首先，心智培养的必要性——心智由于其本身的缘故就可以作为合理追求的目标；其次，关于这种培养的本质，或者说这种培养的内涵是什么。任何一种真理都是心智所追求的恰当目标，因此心智的培养在于使其能够领会并思考真理。心智在其现在的状态下并没有直觉地认识真理，或者说没有把真理作为一个整体来认识。当然，肯定有一些例外，这里无须赘言。我们对事物的认识，不是依靠一种直接、简单的眼光，不是一目了然，相反，可以说，是依靠零星的积累，依靠一种思维过程，依靠对对象的观察，对其诸多局部概念的比较、交融、相互矫正和不断适应，依靠对头脑的许多官能的运用、集中以及共同运作。这样一种心智的结合与协调、扩大与发展，这样一种综合，必然是教育培训所面临的问题。同样，这种教育培训是规则的问题，而不仅仅是一种应用（不论应用的例证如何），即把思想引向真相，也不仅仅是博览群书、涉猎广泛、见证许多实验、聆听许多讲座。所有这些都是不够的。一个人可能已把这些都经历了一遍，但却依然停留在知识的面前：他可能滔滔不绝，却不知所云；肉眼已观，却心眼未见；他可能抓不住事物的本质；或者他至少不能百尺竿头更进一步，结果他不能辨别真伪、去伪存真，不能按照事物的真正价值去进行安排，换言之，不能建构思想。这种能力是科学头脑形成的结果，它是一种后天获取的判断力、清晰的目力、洞察力、智慧之力，是头脑的哲学延伸，是脑力的自我拥有和底蕴。当然，这些品质并非仅仅依靠后天获取。肉眼这个观察物质对象的器官是自然所赋予的，而把真理作为领悟对象的心眼却是训练和习惯的产物。

这一培养过程叫做博雅教育。通过这个过程，心智不是被塑造成或作为手段去达到某些特定的或偶然的目的、某些具体的行业或专业、研究或科学，相反，心智的培养是为着心智本身，是为了认识它自身的对象，是为了给它自身以最高的修养。我们找不到这样一个人，这种培养在他那里已经进行到了可以想象的程度，他的心智已可成为所有心智应该仿效的样板，而且，也很难找到这样一个人，他达到了这种真正的培养所应该达到的理念，或者至少似乎已经接近这种理念，并使他自己的卓越标准成了这种培养真正的范围和结果。尽管如此，我们还是可以找到许多人，他们会致力于这种培养，而且在很大程度上已经达到了这个目标。确立正确的标准，并据此进行培养，帮助所有的学生量力而行，从而接近那个目标，我认为这就是大学的事业。

二

然而，这是一些大人物不大赞成的，他们坚持教育应该限定于某些特定的、狭窄的目

---

① 纽曼. 大学的理念. 高师宁，等，译. 北京：北京大学出版社，2016.

标，应该以确定的、能够衡量的工作作为终结。他们的理由是，一如每一件东西、每一个人都有自己的价格，只要有巨额投入，他们就有权期望巨额回报。他们把这个称为使教育和课堂教学变得"有用"，而"有用"也就成了他们的"座右铭"。根据这种基本原则，他们自然接着要问大学花费的显效何在？假定博雅教育不能明确教会学生如何推进制造业、改良土壤、发展国民经济，或者说不能把这个人变成律师，把那个人变成工程师、外科医生，或者不能引导人们在化学、天文学、地质学、磁学及各种科学中得到新的发现，那么市场上被标上"博雅教育"的物品有何真正的价值？

不出所料，这个问题在当代引起了激烈争论，成为论战的一个主要话题。这一点我在本系列讲座的导言部分曾经提到过。在十九世纪的头十年里，这场争论持续不断，争论的一方是赫赫有名的一家北方杂志《爱丁堡评论》，另一方是牛津大学的辩护者。这所古老的学府殿堂的当局，在饱受长期的忽视之后，刚刚着手为托付给他们的青年制订教育计划，就受到被称为"北方雅典"①的科学及文学界代表的抗议。这些代表用最严谨的论证和最杰出的讽刺来反对此项改革的方向和框架。除了必须按照实用性的哲学纠正大学教育之外，什么也不能使他们满意。他们似乎认为，必须郑重其事地宣布这种哲学以便使其被人接受。诚然，他们并没有意识到学术当局据此进行改革的原则之深度及力度，因此，既然他们选择了这个领域来挑起论战，就不能期待他们在里面闲庭信步。所以他们要面对的是牛津大学的代表——两位当时声名卓著、影响深远的人。这两个人尽管思想迥异，却因学院这个纽带而团结到一起，并且以清晰的头脑和广阔的视野去看待整个博雅教育的问题。于是，对牛津大学学科的捍卫一直延续至今。

三

请允许我稍微说几句话回忆一下出类拔萃的人们，因为我曾一度生活在这些名字的阴影之下，而现在又从他们的学说里深受裨益。牛津的心脏地带有一小块地，它被通衢大道包围，在过去的 500 年里，它一直是一个社团②的财产及所在地。在卜尼法斯八世③及约翰二十二世④的旧时代，在司各特⑤、奥卡姆⑥和但丁⑦的年代，在威克利夫⑧和胡斯⑨煽

---

① 指爱丁堡。

② Society，此处指牛津大学的一个学院。

③ Boniface Ⅷ(1234—1303)，意大利籍教皇，1294—1303 年间在位，以捍卫教皇制度、对抗世俗国家权力而著名。

④ John XXⅡ(1249—1334)，罗马教廷被迫迁往法兰西南部阿维尼翁后的第二代教皇，1316—1334 年在位，曾对抗国家权威，捍卫教皇制度。

⑤ Duns Scotus(1264—1308)，苏格兰神学家，哲学家，哲学及神学中方济各派的代表人物。

⑥ William Occam(约 1300—1349)，英国经院哲学家、逻辑学家，中世纪唯名论主要代表，方济各会修士，反对教皇干预世俗政权，著有《逻辑大全》。

⑦ Alighieri Dante(1265—1321)，意大利诗人，中古到文艺复兴的过渡时期最有代表性的作家，主要著作有《神曲》。

⑧ John Wycliffe(约 1320—1384)，也拼成 Wiclif，英国神学家，欧洲宗教改革运动的先驱，批判天主教会的教义和腐败，曾把《圣经》译成英语。

⑨ John Huss(约 1373—1415)，捷克爱国者和宗教改革家，教士，反对天主教会的专制，抨击教士的奢侈堕落及教皇兜售"赎罪券"，被谴责为异端，被判火刑处死。

起那一系列企图摧毁人类最高利益且至今仍然在狂烧的惨烈大火之前，据说一位从班诺克伯恩的田野里飞出来的不幸的英格兰国王爱德华二世[①]曾对圣母立过誓言，如果他安全返回，定要以她的荣耀建立一所教堂。在其捐赠者的怂恿和帮助下，他决定把这所教堂建在阿尔弗雷德城。位于大门对面的圣母像至今仍是这个誓言及其履行的见证。国王与捐赠者早已化为尘土，他们的遗产也易手于陌生人，他们的谕令已被人遗忘，他们的神圣仪式也已不复存在。不过，日复一日，当年的一篇祈祷文至少还被一位天主教的神父诵读，这位昔日的学院成员在为多年来供养他的天主教徒中的乐善好施者分发圣餐时照例要诵读它，以安慰他们的灵魂。一位参观者，倘使好奇于此地在现在的名望，而去注目这里的建筑群，那他一定会兴起某种失望之感，因为这些建筑鲜有庄严与富豪的氛围。宽阔的方形庭院，高高的围墙和房室，有着装饰的回廊，气势宏伟的甬道，绿树成荫的花园，三五成群的学子，富足的收入，一部光荣的历史，等等，但所有这一切没有一个属于当年那个古老的天主教基础的组成部分。简言之，在60年前的凡夫俗子看来，这里的一切已丝毫不能让人想象它当年的象征意义。然而，当年这里却活跃着一种精神，这种精神鼓舞着里面的居民在看似微不足道的环境之中干着无可比拟的事业。没有深不可测的禀赋，也没有异乎寻常的自吹自擂，这里只有一种罕见的东西，那就是遵从良心指引的最佳方向，本着诚实的目的，去完成他们所受到的嘱托。牛津大学的学院虽然都是自我选拔的机构，学院的院士总是依靠自己来填补数量的空缺，但是，基金会的委员们决定把院士职位向所有外来者开放，通过竞争来进行选拔，在遴选院士成员时，摒除任何个人的动机和感情、家庭关系、友谊、恩惠、政治利益、地方要求、偏见、党团妒忌，完全根据公开与爱国的原则进行选拔。而在一个其他地方都只遵循不良惯例或墨守成规的时代，此举是闻所未闻的。本着非凡的思想独立之精神，他们下定决心，即便是荣誉证（即在学位考核新体系中因学问卓著而被牛津大学授予的荣誉），也不应该束缚他们作为选拔人的判断力。不论会引来何种批评，招致何种怨恨，他们决心不顾一切，选拔符合条件的人去充当创建者的传人，而并不问这些人是谁，只要良心告诉他们，根据候选人的心智水平和道德品质，这些人将最可能取悦于创建人（用他们的话来说，假设创建者还活在世上），最可能给他的学院带来荣誉，最可能推进他们心目中的目标。这种人不可能变成一种低级的功利主义的信徒。结果，由于学院的改革与学术团体的改革同时进行，而在学术团体的改革中他们又首当其冲，因此，再自然不过的是，当从北方刮起的风暴冲击着牛津大学的时候，他们所热爱的母校居然会在那所率先投入战斗的小小的学院的围墙之内发现她的捍卫者。

我曾说过，捍卫者有两个，其中一位名气更大的是已故的科普尔斯顿[②]博士，他当时是该学院的院士，后来做了院长，最后成了兰达夫的新教主教。他的名字在那个十分感激他的社团里依然活着，而且将永远活着。这是因为，他的才华使学院扬名，他提高了她在学术上的重要性，增添了她精神上的宽宏大量、情感上的自由品质以及内心的仁爱，而对于这些东西，即便是最不同情他思想和性格某些方面的人们也只能表示钦佩与热爱。人

---

① Edward Ⅱ(1284—1327)，英国国王，1307—1327年间在位。

② Edward Coperton(1776—1849)，牛津大学奥列尔学院院长，他曾为牛津大学辩护，反对19世纪早期《爱丁堡评论》的批评者们的指责，后来成为英国国教会主教。

们在生命的不同阶段达到自己的顶点。我听说，我所谈到的这位名人在生命中的最后年华投身于使他更受人爱戴的工作，不过这些工作并不能完全展现他当年的那种独特的活力和思想的敏锐。而当年也作为一个赤手空拳、从容不迫而又胆识过人的年轻人，凭借着独特的活力和思想的敏锐，直面并推翻了北方三巨头合力对他发起的冲击。请相信我这样说是对的：在那场论战中，三人组合之最科学、最尖锐、最机智的东西，连同这三个人以及他自己，如今已经退场，不复存在。当时，普莱费尔[①]教授、杰弗雷勋爵和西德尼·史密斯[②]牧师大人集三人之力在他们的评论上炮制了一篇文章，企图把那位跳出来捍卫自己机构的胆大妄为的争辩者碾个粉碎。敢与这种人争个高低，这本身已足以证明其能力，再去看看他写的小册子，我们便着实能领略他的明智、精神、学者之品味和文风之清纯，而他的小册子正以此而闻名。

他在这场论战中得到了我已经提到过的戴维逊[③]先生及另一位著名的作家的支持，这种支持基于相同的大原则，只是方法更为讲究，观点更为清晰，我还要补充说，在思想和语言两方面都更有力、更漂亮、更完美。戴维逊先生尽管在世时不那么有名，却比奥列尔学院的院长留下的东西更多，因而后人依然能记住他的名字。这位颇富创建的人是一个极其杰出的人士的亲密朋友，后者对他很是佩服。不管他愿不愿意，他作为后来的新教转向天主教教会运动的肇始者而深受爱戴。这位严肃而又富于哲学思想的作家，每当我读到他的作品，就不免叹惜这样的人，正像他之前的巴特勒博士，由于早期的偏见和自修所带来的一些缺陷，竟然失去了天主教。他在评论埃奇沃斯[④]先生论《专业教育》一书——当时极为引人注目——的文章中从容不迫地谈到了科普尔斯顿博士匆忙谈到的同一个问题。尽管他在评论中大谈埃奇沃斯的著作，但实际上却是在回应引起人们关注埃奇沃斯的著作的那些北方批评家，同时回应比前两者伟大得多的一位作者，因为这位作者在上一个时代就提出过同样的观点。

四

我所提到的这个作者不是别人，正是洛克。这位闻名遐迩的哲学家在爱丁堡的那些评论家之前就谴责过学校教授给孩子们的普通科目，理由是这些科目在今后的生活中并不需要。在引用他本世纪的信徒们的话之前，我将引用几段这位大师的话。“高素质和高天分的人们居然因为习惯与不明确的信仰的极端误导而遭受痛苦，”他在其论教育的著作中写道，“这真是令人惊诧的问题。倘使求教理性，它会忠告，孩子们的时间应该用来获取对他们成人时可能有用的东西，而不是往他们的脑子里塞进大量的垃圾，因为其中的大部分东西，只要他们活着，他们通常将不会(当然根本就不需要)想到；这么多垃圾留给他们，只会把他们弄得更糟。”

---

① John Playfair(1748—1819)，数学家兼地质学家，曾在《爱丁堡评论》上批评牛津大学。

② Sydney Smith(1771—1845)，苏格兰教士、散文家，曾在《爱丁堡评论》上批评牛津大学。

③ John Davison(1777—1834)，牛津大学奥列尔学院院士，宗教作家，他曾针对《爱丁堡评论》的批评者而为牛津大学辩护。

④ Richard Lovell Edgewort(1744—1817)，发明家，小说家玛利亚·埃奇沃斯之父。

同样，在谈到写韵文时，他说："我不知道一位父亲有何理由期望自己的儿子变成一个诗人，而他并不愿儿子蔑视所有其他的行当和专业。这还不算最糟糕的情形；因为，如果他被证明是成功的韵律专家，也一度因一点才气而扬名，那么，我期望考虑一下，他可能在哪一家公司或哪些地方，或进一步说在哪个庄园度日。何况，很少看见'诗中自有黄金屋'这种事情。诗歌诚然令人惬意，但土壤却很贫瘠。"①

在文章的另一段，他把教育中的实用性明确限制在它对学生未来的专业或行业所产生的影响上。换言之，他嘲笑任何心智教育的理念，如此而已。"还有什么比下面这种事情更可笑的呢？"他问道，"一个父亲一方面为儿子设计了一个根本用不上拉丁语的职业，一方面居然又花费自己的钱财和儿子的时间让儿子去学古罗马语，结果儿子不可能不忘掉学校里学的那一丁点儿，十有八九儿子会厌恶自己蹩脚的拉丁语。除非我们大家在每一个地方都可以找到例证，否则，强迫孩子去学习一种在给他设计的生活进程中永远用不上的语言的基础，同时却忽视在所有生活条件下都需要而且大部分职业都必不可少的书写和算账，这难道可信吗？"当然，在教育中没有什么比忽视对孩子未来职业所必要的内容更荒唐的了。不过，洛克的话音里所隐含的东西却远不止于此，他言外之意是在谴责任何倾向于对心智进行广泛培养的教学。

现在返回来谈谈洛克的现代门徒们。在我提到的改革中，牛津大学把古典学术确定为教育的基础，于是，爱丁堡的评论家们效仿洛克之风，抗议说不以实用性原则为基础的教育制度不会有任何益处。

"古典文学，"他们说，"是牛津的伟大目标。许多人为此挖空心思，古典文学系也产生了许多作品并因此名声大噪；不过，如果那里开设所有对人生有用的博雅文、理科课程(liberal arts and sciences)，如果有的人专心于化学，有的人专心于数学，有的人专心于实验哲学，如果每一门知识都按其难度与功用的混合比例来评判的话，这样一所大学的体制就有价值得多，而其声誉之辉煌倒是其次的了。"

实用性在两个方面可以成为教育的目标：一方面是受教育的个体；另一方面是一般的社会。这些作者从哪一方面来考虑这一点呢？是从社会这方面。至此，他们又不同于洛克，因为他们把科学进步作为一个大学的最高的及真正的目标。这就反映在下面这段话里：

"如果一所大学长期在做无用的事情，看来首先应该让其降格，以便使其有用。政治经济学系列讲座在牛津是不受鼓励的，也许是被轻视的，也许是不允许的。讨论圈地、细说进出口、触及普通人的生活，这些似乎都是不得体的、可鄙的。同样，在一所大学里，如果将那个时代的帕尔②或本特利③与一种中性盐的发现者相提并论，那一定会变成丑闻。然而，除了有用之外，还有什么别的标准可以衡量脑力劳动之高尚呢？大学这个词，除了表示一个教授各种自由的同时又对人类有用的科学的地方之外，还必须指别的什么吗？在我们欣赏一切人类知识的过程中，没有什么比始终不渝地坚持实用性原则更能把古典

---

① 此处"诗"的原文为Parnassus，是希腊中部的一座山峰，传说为太阳神阿波罗与诗神缪斯的灵地。

② Samuel Part(1747—1825)，科普尔斯顿的支持者。

③ Richard Bentley(1662—1742)，牛津大学著名的古典学术专家，其影响很大，但颇有争议。

文学摆到恰当的地位了……我们始终把真正的实用性作为我们的指导原则，我们应该同样高兴地看到，一个勤奋钻研的头脑正在排列自然的产物，调查身体的素质，或者掌握学习语言的难点。我们不应该在乎他是个化学家、博物学家还是学者，因为我们知道，为造福人类而去研究问题与满足嗜好、发挥想象力同样都是必要的。”

上面这段话就是对教育实用性理论的阐述。由于这个理论本身和倡导该理论的几位能人的原因，它引起了提出我这里所重复的原则的那些人的注意。诚然，除了有用的东西之外，什么也不值得追求，这个论点似乎有道理；人生苦短，不可能用来追求有趣的或者令人好奇的、奇妙的小事。不仅如此，从某种意义上说，我承认这似乎不仅有理，而且千真万确。不过，假定真是如此，那么我又如何去迎接反对意见的挑战呢？对啦，先生们，当我说心智的培养本身就是目的的时候，我已经迎上去了，因为本身有目的的东西也就具有了用处。我说，如果博雅教育的关键就在于对心智的培养，如果这种培养本身就是好事，那么，无须赘言，这就是对洛克所提问题的回答。因为，倘若一个健康的躯体本身就是一件好事，那么，健康的心智为什么就不是好事呢？如果医学院是一所有用的机构，因为它关注的是躯体的健康，那为什么学术机构就不是呢？两者的区别仅在于，学术机构唯一从事的事业是传授活力与美并着眼于人类的心智部分。我所引述的评论家们在他们的鼎盛时期对此似乎是容许的，就算不谈事实上的公正问题，下面这段话原则上讲是正确的、有道理的，而这些原则乃是他们所遵循的：

“古典教育的现状是，”他们说，“过多地培养了想象力，但对思想之其他习惯的培养却少得可怜，按照培养高雅蠢材的方式培训了许多年轻人，而这对于大自然赋予他们的才能却毫无价值……事实是，一个二十三四岁的古典学者大体上成天仅仅与虚构作品交谈。他情感敏锐，幻想丰富，品味高雅。但是他却根本没有思考及创新探索的才能，也没有养成把事物推向基本原则，或把干巴巴的枯燥事实作为推理材料收集起来的宝贵无比的习惯。他的理解力中所有实实在在的、充满活力的部分完全没有得到培养；他痛恨思考的痛苦，并且对所有怀着胆识与独创精神的人充满疑虑，因为后者要求他拿出证据来为自己的观点和主张进行辩护和证明。”

五

现在我暂且不去关心古典教育的具体问题。我可能要理性地对要求心智训练之公正性提出质疑，心智训练包括研究亚里士多德、修昔底德①、塔西佗②，涉及所谓想象的学术和古典学。迄今为止，我完全同意，培养一种具有“思考及创新探究的才能”以及“把事物推向基本原则”的“理解力”是良好教育或博雅教育的主要部分。如果那些评论家们把这种培养看做是有用的教育之特征（他们在上述段落里似乎就是这样要求的），那么，他们所指的“有用的”自然就是我所指的“良好”或“博雅”，于是，洛克的问题变成了措辞上的问

① Thucydides（公元前5世纪），古希腊最伟大的历史学家，主要著作有《伯罗奔尼撒战争史》。他对所有后来的西方历史学家具有不可估量的影响。

② Tacitus（1世纪），古罗马历史学家，主要著作有《历史》《编年史》。

题。是否应该教年轻人拉丁语或吟诗作赋将取决于这种学习是否有助于心智的培养。但是,不论这一点如何决定,现已清楚,心智的培养包括我称为博雅的或非专业的,而那些评论家们称为有用的教育。

这个明确的回答可以送给那些敦促我们把有用性放进教育计划的人们,但我还不打算就此打住:我想把视野放得广一些。让我们按照洛克那样看一看"有用性"之既准确又为大家广泛接受的意思,然后我们再进入一个更大的思想领域,而这一点单靠一个演讲是不能做到的,何况我只能利用今天的时间来谈这个问题。我认为,"有用性"的意思并非简单意指功用,而是指倾向于功用,或者指通向功用的途径;也是在这个意义上,先生们,我将向你们说明博雅教育完全是而且真的是有用的教育,尽管它不是一种专业教育。不错,"好"(good)指的是一码事,"有用"指的是另一码事。不过,我把它作为一个原则定下来,即有用的不一定都是好的,但好的一定是有用的,这样将省去我们许多麻烦。好的东西不仅仅是好的,而且还能够创造出好的东西,这是它的一个特征。没有什么东西是因其自身的缘故而成为优秀、美丽、完美和可取的,但它外溢,并把与自己相似的特质散布在它周围。好是多方面的:它不仅对眼睛来说是好的,而且就口味而言也好;它不仅吸引我们,而且表达自己;它首先激起我们的钦佩之感和热爱之情,然后撩拨起我们的愿望和感激,而其程度却相应于特定事例的强度与完整性。一种伟大的好,传递的将是伟大的好。因此,如果这种心智是我们身上如此优秀的部分,而这种心智的培养又如此高明,那么,这种心智本身不仅仅是美丽的、完善的、令人满意的、高尚的,而且在真正和高级的意义上,对它的拥有者及其周围的一切必然是有用的。并且不是在任何低级的、机械的、商业的意义上的有用,而是作为可以向周围扩展的好东西或一种恩惠、禀赋、力量、财富在其拥有者身上发挥作用,继而通过他对世界发挥作用。所以我认为,如果博雅教育是好的,那么它必然也是有用的。

六

你们将明白我用身体健康来做比拟的意思。健康本身是件好事,尽管健康并不产生什么,但它却特别值得追求和珍惜。然而,伴随健康而来的好处毕竟如此之大,而且又如此贴近于它、有助于它、包围着它,所以除了健康是好事、有用之外,我们绝不会想到它,不会为它的贡献去赞扬、奖励它,尽管与此同时我们又无法确切、清楚地指出,它实际上做了什么工作,发挥了什么效用。同样,谈到心智的培养,虽然我认为心智培养不仅仅是好事而且它本身就是目的,但我绝不否认它在很大的意义上可作为教育的目的。根据事物的本质,我并没有把心智培养所必须包含的内容从心智培养的理念中排除掉。我否认的只是一定要先把心智培养的真正的、唯一的目的确定为,为某些技艺或者生意、专业、行当和工作进行培训,然后才有权说这种心智培养是有用的。上述比拟是确切的。正如身体可能会为某些中等强度或高强度的体力劳动或别的辛劳做出牺牲,心智也可能贡献给某些具体的专业。我并不把这个称为对心智的培养。再说,既然身体的某些部分或器官可能会被过度使用或开发,记忆力、想象力、推理能力同样也可能被过度使用或过度开发,而这同样不是心智培养。另一方面,从总体健康的角度看,既然身体可以护理、珍惜和锻炼,心智也可以得到锻炼，以便使它处于完美的状态，而这才是心智培养。

必须先有健康，然后躯体才能劳动。一个躯体健康的人能完成一个不健康的人之所不能。健康的属性是强壮、精力充沛、敏捷、优美的身段和行动、手脚灵巧、耐疲劳。同样，心智的一般培养是对专业和科学研究的最佳帮助，受过教育的人能完成文盲之所不能。一个人一旦学习过如何思维、推理、比较、鉴别、分析，一个人一旦提高了品位，形成了独立的判断力，擦亮了心眼，那么，他诚然不会即刻变成一个律师或辩护人、雄辩家、政治家、医生、精明的地主、生意人、士兵、工程师、化学家、地质学家、文物收藏家，但是，他的心智状态会允许他从事我所提到的任何一种学科或专业，或者从事任何别的他所喜好的或要求他具备特殊才能的专业，而且一旦他干起来会干得很轻松、优雅、灵活、成功，而这一切对于另一个人而言却一窍不通。从这个意义上讲，心智培养是特别有用的。这也正是我用寥寥数语就这个大题目所勾勒出来的内容。

先生们，接下来，关于反对把专业知识或科学知识作为大学教育的全部目标这个问题，我将进行论证，但请不要认为我不尊敬特定的研究、技艺、职业，或是不尊敬从事这些工作的人。当我说法学或医学不应该成为大学事业的目标时，我的言外之意并不是说大学不能教授法学或医学。倘若大学不教授一些特定的东西，那么它究竟能教授什么呢？它应该通过教授知识的所有分支来传授一切知识，除此之外，别无他意。我只是说，若在一个大学内外，如果按照法学教授或者医学教授、地质学教授和政治经济学教授来区分，那么他就处于一种被自己的专业吸收和限制的危险，他就只能讲一个律师、医生、地质学家、政治经济学家所能讲的课，这同样是危险的。然而在大学里，他应该清楚自己及自己研究的领域处在什么地位，他从一个高度实事求是地接近它，他对所有知识已经有了一个概貌，由于其他学科的竞争，他才不会变得狂妄自大，他从别人的研究里获得一种特殊的启发、一种思想的高尚、一种自由和沉着，他用哲学和才华来对待自己的领域，但这并不属于研究本身，而属于博雅教育。

这就是我解决这个失误所采用的方法。我必须把它叫做失误，因为洛克及其门徒就是靠这个失误来吓唬我们的，他们打着“不能传授临时的手艺或操作技能、物理秘密的教育绝不是有用的教育”的旗号，目的是让我们无法培养心智。在我看来，因为受过培养的心智本身就好，所以给每一种工作或职业带来力量和优雅，使我们变得更有用，使更多的人变得更有用。我们对人类社会，对我们所属的国家，对我们活动的圈子，对我们与之有形形色色联系的个体，对我们在生活中相继遭遇的人等都负有一种责任。大学的正确职能就是提供被我称为“哲学教育”或“博雅教育”的教育，它拒绝把专业教育放在首位，它只是把专业教育放到公民形成之后，同时它有利于仁爱之更为宏大的利益，也为成功地达到单纯的个人目标做准备，尽管乍看之下，博雅教育似乎蔑视这种准备。

七

现在，先生们，希望你们能允许我通过引用我所提到的并深表感激的文章，来具体加强我的论点。

“政治经济学中一个毋庸争辩的基本原理是，”科普尔斯顿博士写道，“专业划分与劳动分工易于完善每一种技艺，增加国民的财富，促进全社会的普遍福祉。”迄今为止，在某些情况下，人们对这一分工原则的追求是为了激发创造奇迹的能力，而且，人们第一次指出应该关注这种能力。至于这种能力可能发挥到什么程度，却没有人提到：每个人越是把力量集中于一个工作，他在工作中所表现的技术自然就越娴熟，速度就越快。然而，尽管他因此对国民财富的积累所作的贡献更有效，但是，作为一个合理的存在物，他却变得越来越渺小。由于他的行动范围变得狭小，他的心智与思维习惯同样变得萎缩；他就像某个强大机械的一个组成部分，放到里面就有用，而一旦离开这个机械他便毫无意义，一文不值。毫无疑问，如果必要的话，社会肯定会一分再分，以便使它的几个职责能够得到很好的完成，但是，我们一定要当心，不能让自己完完全全地屈从于这种制度的引导。我们必须看清其祸害之所在，我们应该实行别的原则来改变它，限制它，而这些原则必须能够对这种主流进行监督和制衡。

毫无疑问，把教授局限于某一种技艺的研究，每一种技艺都会提高。然而，尽管这种心智的集中推进了技艺，但是被局限于该技艺的个体却因此退化了。社会的利益与个人的利益几乎是成反比的。

社会对个人的要求，除了个人专业的特定职责之外，还有别的贡献。倘若不能建立这种自由的交流，那么，沉醉于狭小的视野和利益，对一切漠不关心，不予重视，以点代面，简言之，就像许多互不联系的单位那样，互相拆台，互相排斥，这可是人性的共同失败。

“通过对文学素养的培养，我们就找到了一个共同的环节，它用一个共同的兴趣把相互争吵的派系和部分联结在生活的较高和中级领域之内，为他们提供一个共同的话题，激发起他们共同的情感，排除所有专业或多或少都受到传染的狭隘偏见。通过这种方式所获得的知识可以拓展和扩大心智，激发心智，让肢体和肌肉得到更自由的锻炼，而肢体和肌肉倘使不断用于单一的方向，便不可能获得自由的空气，而且容易失去它们天生的作用和能力。这种方式虽然没有直接为职业生计培养合格的人，但它却使所有的人变得丰富和高尚；虽然没有教给他某种职业中的特定业务，却使他能够在任何职业中更优雅、更高尚地发挥作用。如果计划得当，实施得力，文学素养的培养应该成为那种完整与高尚教育的主要内容，而这种教育‘使受教育者无论在和平年代还是战争时期，都能够公正、娴熟和高尚地承担一切个人的或公众的工作’。”①

八

戴维逊先生在我前面所提到的文章里扩展了上述引文中提倡的博雅教育。他更强调博雅教育的“有用性”，不过，他所讲的有用性，其含义却比他在这场论战中的先行者们所指的要广。他没有去论证知识对个人的用处与对公众的用处，相反，他把主要篇幅用来讨论科普尔斯顿博士最后一句话所包含的建议。他说明，首先，即便从功用的角度上看，博雅教育的层次也比一般称为“有用教育”的层次高；其次，即便要达到一般被冠以“有用教育”之名的专业教育的目的，博雅教育也是必要的和有用的。他在下列文选中论证了这两

① 参见约翰 · 弥尔顿：《论教育》。

个命题中的前者：

“对用怎样的教育方式使人们掌握其领域内的高超技术这个问题忧心忡忡，”他写道，“同时却相对忽视或排斥更为自由的和广泛的心智培养，这是一种非常矛盾的生活观。”在埃奇沃斯先生的体系里，衡量每一种知识是否有价值的标准就在于它是否有利于某一种职业。这样，在歌颂职业责任的同时，却牺牲了自由与独立的爱好和美德，而这种爱好与美德在维系普通的社会关系、张扬个性的过程中发挥着作用。简单地说，人应该被专业取代。他从头到脚都应该被专业制服包裹着。他的美德、科学和思想全都应该被制服包裹起来，这个人的塑造应该按照其技术特征的模型来进行，而且要求分毫不差，该压下去的地方要压下去，该挺起来的地方必须挺起来。任何不相干的才艺或不能使公众受益的才华一旦分了他的心，就必须用助人为乐、倍感荣幸的美德之外衣将它们隐藏起来。这种体系的精神和主要倾向就是要把我们领向这样一种完美的状态。

然而，从事某一专业者所必须具备的绝不仅仅是专业特征。他并非时刻都在上班。他还会做一些别的事，这些事既不涉及教区，又不涉及刑侦、军事，也不涉及公民守则术语所描述的那些项目，但绝不比那些被冠以权威头衔者所核准的事逊色；就其内在价值、道德含义和对社会产生的影响而言，他的嗜好并不逊色。作为一个朋友、伴侣和一个概念更笼统的公民，在家庭生活中，为提高和装点闲暇生活，他的行为可以超出专业范围，却并不与职业发生冲突。如果在这样一种生活中，他丝毫不能展现理解力的进步所带来的益处，那么，无论他的专业技术和水平如何高，他只不过是一个没有教养的人。

“大凡稍具文明的民族都具备一种能力。尽管大学的课程设置应该把它作为某种参照，但大学并没有单独开设课程来培养这种能力，公众对此也并不支持。每个人应为了自己的利益，通过自身的努力去锻炼这种能力，使它臻于娴熟。不过，其中的差别仅仅是方式上的。如果我们对专业教育的倡导者们说，我们所鼓励的这种能力就是在普通谈话中能够用英语顺畅地表达思想的能力，并不要求回报，那么他们肯定会发笑。如果我们对此加以强调，他们也肯定会发笑。但在现实中，这绝不是像他们所设想的那样鸡毛蒜皮的小事。到野蛮人的小屋去调查一下，那里除了愚蠢的死寂之外，什么也听不到。他们对战争和追杀的职业爱好已不复存在。既然无所事事，他们便无话可谈。就说好一点的生活吧，你会发现各种形式的谈话绝不仅仅是一种闲情逸致，还是一种媒介，一种传播和形成全体民众的观点、品味和感情的极其活跃的力量。因此，谈话已成为一桩大事。话题五花八门，会谈到许多不属于特定地方的事情。至于说到谈话的力量和影响，可以说，它将对一个人即将进入的社会产生同样的影响，它会影响一个人说话、行事的方式。仅仅在所学技艺上娴熟的人一旦加入理性的谈话，大家普遍都承认这种人是最差的。众所周知，这种人在社交场合既乏味又不能给人以启发。为了摆脱这种局面，他只能就他所精通的事情、问题滔滔不绝，但却不合时宜。我们可不愿他在这里开讲座、作报告，但他实在没有别的东西可谈。在法官中间他可能很有权威，但在社交场合他却判若两人。另一方面，我们可以断言，最佳的伴侣是这样一种人：除了专业的准确与研究之外，他随意涉猎各种学问，并从中获取普遍观察的精神。”

九

这样,他阐明了博雅教育的确有益于受教育者,这些益处表现在他们作为社会成员在各种职责、场合以及生活的各种阶段之中。接下来,在文章的另一处,他继续阐明,除了人们期望的这些直接服务之外,博雅教育实际上有利于执行这些特定的功能,有利于追求这些特定的利益,而这与专业教育的努力是相互联系的,也是专业教育所引导的方向。

"我们承认,"他写道,"一旦选定一种专业,就应该在其中出人头地。分散精力很少能使人样样精通,样样都出类拔萃。"但是,我们能表示赞同的仅仅是这一点。因为,他们认为,要把一个人培养成一种专业中的佼佼者(这是唯一有道理的地方),就只能让他学习这个专业所必要的知识,从而过早地限制了他对其他学问的学习,并且从一开始便束缚了他思想的发展,而这种理论与我们的理论格格不入。对于这种理论,我们认为不是能否接受的问题,而是应该破除的问题。用这种方法,人们也许可以学到一些抽象的、孤立的东西。很少有例外,因此无须再引证。但就获取专业能力及实际能力而言,这样的基本原则对于这种理论却是致命的。这种能力主要由两部分组成:必不可少的知识和经过培养的心智。而两者之中,后者是最主要的。一个在心智方面训练有素的人能够掌握另一门知识。一个缺乏心智训练的人就连自己那一行的知识也无法掌握。

心智之中,判断力又在生活中起主导作用。判断力应该包含一种习惯,这就是准确与活力,而如何使判断力养成这种习惯却是一个问题。如果认为仅靠例行的方法就能十拿九稳地将这种素质传授给理解力各不相同的学生,那不过是一种无知的假设。不过我们仍然可以有把握地说,靠"简单的收集"是不可能获得这种素质的,相反,只有通过把从各种书本和学科里抽取的不同事物的精华,与实际观察结合起来才能培养这种素质。如果一个人的头脑里只有一个单一的思考点,那么,他所接受的培养只能使他仅仅从他那个专业的角度去思考问题,而这样的人即便在他那个专业里也绝不会做出良好的判断。相反,拓宽领域却能够迅速增加他的知识,增强他的心智。思想的作用是通过集合与融合来发挥的,而不是通过孤立的单元来发挥的。原本分属大脑功能不同领域的一切东西应该相互交织、相互支持。判断存在的方式是比较和鉴别。那么,我们是否应该怀疑,他们在第一批论文里所运用的这种综合的范围和程度对他们的判断力是否有用呢?

下面我将稍作展开,以便界定什么是判断力,然后试图确定培养判断力需要哪些方面的学习。

判断力在这里并不代表一种平平常常的有用的心智品质,不是那种可以使一个人免于做出危及钱财和个人名誉的错事的品质,而是指那种事业、文学、才干方面的指导原则。这种原则给予他力量去从事自己决心拼搏的事业,使他能够抓住其中的要领。不论从形而上的角度看这个界定是否正确,它都完全抓住了我们所探究的问题的实质。它描述了每个人在某一专业内外行事时都渴望拥有的那种能力,并且与我们关于训练有素的心智之最佳理念相呼应。

其次,不可否认,为了有利于判断力的培养,个体应该修习那些有助于认知判断能力并能切实锻炼自己洞察力的课程。这里我们定下一个选择原则,据此可以将学问进行分组，以达到我们的目的。属于判断力领域的学问有宗教（在于其证据和解释）、伦理学、历史学、雄辩术、诗歌、一般思辨理论、美术以及富有机智的作品。照此对各种学问进行大规模分类可能太笼统，但它们都靠两个相关联的主要原则来统一。首先，人们出于自己的道德、社会和情感本能，都要研究所有这些大的学科或其中的一个。其次，它们都（多少）受到道德理性之同一力量的约束。

"如果用这些学问，"他接着写道，"去影响和锻炼判断力，那么它们将成为以积极和创新能力——且不论是用于专业还是别的目的——的培养为目标之教育的真正基础。历史学、雄辩术、诗歌、伦理学等这个组合看似五花八门，可一旦它们融合在一起，将整体地发挥作用。它们在解释、分析的方面相辅相成。从它们衍生出来的知识将融合为一，通过它们的熏陶和锻炼所养成的习惯，合力产生出一种丰富的思想脉络和更为广泛、实际的应用脉络，而这种脉络将比靠单一的学科所获得的脉络更加丰富、广泛和实际。这就好比把一些金属加入科林斯的青铜熔铸后，为艺术家提供了最具延展性和最完美的材料。如果允许我们冒昧地鹦鹉学舌，按照培根爵士①（把他当做权威比去抄袭他更妥当）在对不同学问之功用进行比较时所作的简要阐述，我们可以说，历史学使人充实，道德哲学使人强大，诗歌使人的内心丰富细微。这就是上述学问在现实中的自然力量与自然倾向。然而，没有几个人能够以敏锐的眼光从中获取任何一点符合培根高雅辞藻的美德。因此，我们必须满足于退而求其次，即在多样化的阅读中，一个人不可避免地要接受至少这几种品质的融合和感染。有一点是毋庸置疑的，那就是，仅仅修习任何一门学问，就不可能完全和真正地找到一般理性（general reason）的成分，凡期望了解一般理性特点的人，只有通过博览群书才能得到它。"

"如果说不同的学问可以相互启发，那么学习不同学问更有助于它们之间互相纠偏。这是因为，既然每一门学问都有自己独特的优点，自然也有其缺点，精钻一门学问只能形成这样的后果：要么产生华而不实或枯燥无味的心智，要么这种心智就带着因阅读受限制而固有的缺陷。比如说，历史学展现事物的本来面目，就是说，展现被激情、谬误和野心扭曲并支配的人们的道德和利益。哲学对历史的这幅画面进行了彻底的抽象，诗歌则对它过于美化。但将三者集中之后所形成的光芒却可以纠正各自特有的虚假的色彩，然后把真实展现在我们的面前。正确的思维方式要在它们融合之后才能获得。大家必须看到这种思想和情感的融合所产生的作用，而这一点我们不朽的政治家伯克②先生用雄伟的情感表现了出来。伯克先生的雄辩仅次于他令人敬佩的智慧。任何人如果心智能像他那样完美，就应该成为我们的导师。我们应该像他那样对事物追根溯源，我们应该学习的不是他的作品，而是他的方法。学习他的作品只能使我们变成软弱无力的鹦鹉学舌之辈，但学习他的方法却能使我们获得自己的能力。不过，他的全部生平使我们确信，他以及其他能力超群的思想家之所以会成功，靠的不是把学习狭隘地限制在一些特定的未来目标上（这正是埃奇沃斯先生的基本原则），而是在一个广阔和开放的范围内，对许多科目进行大量的思考。他们并不想要比这更好的目标，因为这种操练的唯一目标就在于使他们变成更

① 下文"历史……升华"一句系模仿培根《论学问》之文风。

② Edmund Burke(1729—1797)，爱尔兰出生的英国政治家，上议院议员，著有《对法国革命的思考》。

理性、更明智的人。”

十

不过我得停止引用文章了。今天我只谈心智的训练。心智的训练最有利于个体，最能使他对社会作出贡献。哲学家与芸芸众生在观念上是不同的，但他们各自形成观念的方法却大体相同。哲学家所拥有的思想方法与真正的公民和绅士处理生意和行事的方法是一样的。如果一定要给大学的课程确定一个实际的目标，那么，我认为，这个目标就是为社会培养良好的成员。它所培养的技艺应该是社会生活的技艺，它的最终目标应该是使受教育者适应这个世界。它既不把视野限定在特定的专业之内，又不创造英雄或鼓励天才。的确，天才的作品是不受任何技艺限制的，英雄的思想也不受任何规则的约束。大学不是诗人或不朽作家、学校创始人、殖民地领袖、国家征服者的诞生地。它并不承诺能够培养出新一代的亚里士多德、牛顿、拿破仑、华盛顿、拉斐尔[①]、莎士比亚，尽管过去它一直隐含着这样一些自然的奇迹。[②] 另一方面，它也不能满足于培养出批评家、实验师、经济学家、工程师，尽管造就这样的专业之才是其能力所及。但是，大学教育是一个通向伟大而平凡之目标的伟大而平凡之手段。它的目标是提高社会的心智水平，培养公众的心智，提高国民的品位，为大众的热情提供真正的原则，并为大众的愿望制定明确的目标，宣传和把握时代的理念，促进政治权力的运用，使个人的生活变得更高雅。这种教育使人能够有意识地看清自己的观点和判断，给人以发展自己观点和判断的真理、表达自己观点和判断的口才及强调自己观点和判断的力量。这种教育教会人实事求是地对待事物，直截了当地切中要害，干净利索地理清纷繁的思绪，明辨诡辩的成分，扬弃无关的东西。这种教育能为人胜任任何岗位、熟练地掌握任何学科做好准备。这种教育教会人如何向别人提供服务，如何进入别人的思想状态，如何向别人展现自己的思想状态，如何理解他人，如何与他人共同进退。他在任何社会都能驾轻就熟，他与每个阶级都有共同点；他知道什么时候该说话、什么时候该沉默；他既能交谈，又能倾听；他问必切题，也能在无以传授的时候恰当地吸取教训；他能时刻做好准备，但绝不会成为绊脚石；他是个愉快的伴侣、一个你可以信赖的同志；他有张有弛，他肯定具有风度翩翩地开玩笑的技巧，也绝对具有严肃认真、办事有效的能力。他的思想能够保持平静，因为他的思想尽管在处理世事，却能保持自我，而在无用武之地时亦能保持愉快。他具有一种禀赋，这种禀赋为他在公开场合提供服务，在他隐退之时又能支撑他。没有这种禀赋，万贯家财不过是庸俗的东西；有了这种禀赋，失败与失望反倒具有了魅力。就目标而言，这种倾向于把人塑造成全面的人之艺术（这正是它的目标）与追求财富或健康之技艺是同样有用的，尽管它在方法上还不那么灵敏，在结果上更难捉摸，更无把握，更不完整。

---

① Raphaels(1483—1520)，伟大的意大利画家。

② 应指上述一类天才人物。

对通识教育有关概念的辨析①

内容提要

陈向明②

通识教育一直是国际高教界探讨的一个重要课题。目前，发达国家已积累了一些经验，国内一些大学也进行了小规模的实验。虽然教育界大都赞同在大学（特别是综合性研究型大学）本科实施通识教育，但具体做法并不明晰。除了制度性制约，导致行动迟缓或做法各异的一个主要原因是，人们对通识教育及其相关概念的理解不仅不一致，而且很模糊。笔者在从事相关研究的过程中，时刻受到这些似是而非的概念的困扰，因此认为有必要对通识教育、专才教育、自由教育、人文教育、素质教育、专业教育、通选课、公共课等概念提出自己初浅的看法。

一、通识教育的定义

通识教育（general education，又译为普通教育、一般教育），既是大学的一种理念，也是一种人才培养模式。其目标是培养完整的人（又称全人），即具备远大眼光、通融识见、博雅精神和优美情感的人，而不仅仅是某一狭窄专业领域的专精型人才。在通识教育模式下，学生需要综合、全面地了解人类知识的总体状况（包括主要知识领域的基本观点、思维方式和历史发展趋势），在拥有基本知识和教育经验的基础上，理性地选择或形成自己的专业方向。学生通过融会贯通的学习方式，形成较宽厚、扎实的专业基础以及合理的知识和能力结构，同时认识和了解当代社会的重要课题，发展全面的人格素质与广阔的知识视野。

通识教育模式下培养出来的学生不仅学有专长，术有专攻，而且在智力、身心和品格各方面能协调而全面地发展；不仅具有高尚的道德情操、独立思考以及善于探究和解决问题的能力，而且能够主动、有效地参与社会公共事务，成为具有社会责任感的公民。总之，通识教育首先关注的是一个人的培养，其次才将学生作为一个职业的人来培养。

需要指出的是，通识中的“通”不是通才的“通”，即什么都知道；而是贯通的“通”，即不同学科的知识能够相互通融，遇到问题时能够从比较开阔的、跨学科的视角进行思考，收集资料，与人交流合作，达到不同文化和不同专业之间的沟通。[1]

---

① 本文系教育部“十五”规划重点课题“大学本科通识教育实践研究”成果之一，负责人陈向明，主要成员有王志明、金顶兵、杨丹、张学广、林小英、庞海芍、徐慧璇、李莹、张永平、罗云、魏秦歌、汪韬、沈文钦、廖来红、陈祎玮、耿迅、陈伟嘉、王硕等。本文参考了课题组部分研究报告的相关内容。

② 陈向明(1953—)，女，湖南华容人，北京大学教育学院基础教育与教师教育中心主任、教授，主要从事教师教育研究。

二、通识教育与专才教育的关系

通识教育与专才教育(specialized education,又称专门教育)都是大学本科的人才培养模式,它们是相对立的两种模式。前者的目标旨在培养既具有比较宽厚的专业知识和能力基础,又对人类主要知识领域有所了解的高素质人才;后者的目标是培养在某一专业领域具有精深知识和能力基础的高级专门人才。

中国目前的高等教育制度,是新中国成立后仿效苏联专才教育的模式建立起来的。中国古代的教育原本具有通识教育的精神和内容,但是并没有很好地被继承和发扬。从孔子主张培养"仁人"或"成人",到儒家追求广博通达、博古通今的博学鸿儒、硕学闳才;从变法维新的风云人物梁启超引入西方大学的理念,提出培养中西贯通、智仁勇并存之人才,到教育家蔡元培提出北京大学"思想自由、兼容并包"的办学理念,无一不闪烁着通识教育的思想光辉。但是,从 1949—1976 年,经过学习前苏联模式,大规模的院系调整,到"无产阶级文化大革命",通识教育作为一种办学模式遭到全盘否定,中国古代通识教育的思想传统基本完全断代。[2]

专才教育模式在解放初期曾经为我国经济、科技、文化事业的发展作出了巨大贡献,实施专才教育模式对迅速培养出我国经济建设所需要的高级专门人才非常必要。但改革开放后,其固有的弱点日益发展为严重的弊端,如重理轻文、急功近利、专业狭窄、比例失调等。正是针对这些弊端,我国的高等教育才在 20 世纪 80 年代后期重新拉开了通识教育的帷幕。面对社会经济的不断发展变化、知识体系交叉综合的趋势以及学生作为完整的人的需要,过分专门化的教育被证明不符合学生、社会和知识创造的要求。在改革开放之前,大学本科教育的指导思想是科技兴国,培养目标直接与工业对口。而现在大学生数量剧增,如果仍旧培养精熟的专业技能,不仅本科教育无法支撑,而且研究生教育也很难发展起来。专业分化过细和知识结构单一已严重影响到高等教育更高阶段创新人才的培养。

从人的发展角度看,如果教育仅仅为了培养学生从事某种狭窄的专业工作,很容易忽视学生作为一个完整的人的全面发展的需要,使培养出来的专门人才成为单向度的人。专业划分过细使学生对生活的认识变得支离破碎,但生活本身是一个整体,并非像专业划分那样界限分明。从学术发展的角度看,专业划分过细导致知识过分分割,使各系科学生所学内容的差异过于明显,学生难以走出各自专业的小圈子,认识不到知识之间的联系,缺乏从比较广阔的视角思考和处理问题的知识基础和能力。从就业的角度看,目前毕业生面临的是比传统社会更加复杂、多变的工作环境,需要开阔的视野,关注并利用其他相关领域的新进展,有效地解决工作中遇到的实际问题,同时需要应对职业经常变换的挑战。

因此,高等教育应当改变把学生限制在狭窄的专业领域的做法,以更加开放的姿态培养学生,使之适应未来社会发展的需要。大学应该打破知识之间壁垒分明的界限,给予学生更加全面的知识基础和基本能力的训练,使其获得一个更加合理的知识和能力结构。

三、通识教育与自由教育的区别

通识教育与西方历史上的自由教育(liberal education,又译为博雅教育)是两个不同的概念。虽然两者之间具有历史发展的连续性，在内涵上也有共通之处，但是它们所处的历史情境、培养目标以及各自所对应的教育类型很不相同。

自由教育首先由亚里士多德提出，核心概念是自由，即心智的解放。自由教育的目的是培养人发展自身的素质，如果通过学习某种技巧而达致实用的目的则是“非自由”的教育。自由教育肯定知识本身的价值，追寻生命中的真、善、美。由于要求受教育者的思想不偏于一见，因此自由教育的内容以广博为尚，无论中古的基督教学校中的“自由七艺”或文艺复兴时期的古典人文学科，均包含了今天的文科和理科。自由教育思想在西方教育发展史上一直有着重要的影响，虽然具体的学制与教学内容随着不同的社会历史条件而有所变化，但以个人身心自由的发展为理想却始终如一。[3]

自由教育是典型的精英教育，专为有闲阶级和统治阶级而设立，以培养绅士为目标。它与被统治阶级所接受的职业教育相对立，理智训练本身即是目的，不直接为学生的职业需要服务。自由教育培养的也是完整的人，即在身体、心灵及品格方面具备一定的禀赋，如健康与力量、理解与思考以及高尚的德性。自由教育的目的不是为了快乐、成功等外在事物，而是将人内在禀赋的卓绝作为可欲的目标，它们自身即是内在的善。①

通识教育产生于西方发达国家（特别是美国）高等教育大众化阶段，服务更多的是来自不同社会阶层的子弟，其目的是培养既具有较宽厚的专业基础又全面发展的人。通识教育也强调培养完整的人，认为人的灵性胜于物质性，人的内在特质（如头脑、情感、创造力、想象力、怜恤心、好奇心等）对于人的自我实现以及人与社会的和谐互动极其重要，然而，由于通识教育产生于不同的历史时期，其培养目标与自由教育有所不同。随着高等教育规模的迅速扩大，更精深的专业化教育被推迟到研究生阶段进行。学科发展不断走向交叉和综合的趋势，使专才教育模式下培养的专门人才的知识范围变得过于狭窄。此时人才市场需要更多的复合型人才，即使是专精的学术型人才也需要更加宽厚的知识基础。因此，作为一种人才培养模式，通识教育一开始就更多地考虑到教育对学生和社会的实用性。一方面，它能为学术型人才提供一个更加宽厚的专业基础；另一方面.它还充分考虑到学生今后在社会上谋生以及适合职业不断变化的需要。

从两者所针对的其他教育类型而言，自由教育所对应的是职业教育，通识教育所对应的是专才教育。虽然通识教育与自由教育一样都重视对完整的人的培养，但比较而言，自由教育的整合点更多的在“人”，通识教育的整合点更多的在“识”——更多、更“通”的“识”，前者更多地从人生观的角度培养人，后者更多地从知识论的角度培养人。

其实，中国传统文化（特别是在孔子以及后来儒家的心目中）所推崇的理想人格“君子”与西方的“绅士”有异曲同工之处。君子是一个全面发展、达到自我完善的人，一个通才。从大的方面讲，儒家心目中的有教养的人，是一个既仁又刚、既智又直的人。具体而言，机智的文字游戏、婉转的表达法、引经据典以及洗练而纯粹的文字修养，被认为是士绅君子会话的典范。对这样的理想人格进行培养必须将世界观、人生观、知识观与价值观有机地统一起来，而不是仅仅在本体论和知识论上做文章。当然，现在由于时代不同了，世袭的贵族已不再存在，君子和绅士也需要一技之长才能在社会上谋生，因此，现代的通识

① 见沈文钦与笔者个人 2005 年的通信。

教育必须培养超越"君子"和"绅士"的"新人"——既有通达渊博的知识、高尚的人格和社会责任感,又有在社会上谋生的智慧、能力和技艺。①

需要指出的是,通识教育与自由教育并不是相互排斥、相互对立的关系。前者是对后者的继承和超越,对后者有所舍弃和发展。通识教育继承了自由教育以个人身心自由发展为目标的理想,舍弃了只为少数有闲阶级服务的贵族教育色彩,成为为大多数公民提供的、密切联系当前社会问题、与专业教育有机结合的教育。虽然现代社会不再存在奴隶与自由人之别,但在通识教育中"自由"的精神并没有过时——人不能仅仅满足于成为一个谋生者,还应该尽情尽性,充分发挥所长,成为一个完整的人。因此,从这个意义上说,通识教育是对自由教育的现代化改造,是自由教育与民主化社会思潮相结合的产物。

四、通识教育与人文教育的区别

中华人民共和国成立后出于对社会主义经济建设的考虑,过分重视理工科的发展,对大学生的人文教育重视不够,造成很多学生过分重视对科学技术知识的掌握,忽略人文素养(特别是伦理、道德、价值观)的培养。因此,20 世纪 80 年代改革开放之后,教育行政部门、理论界与实践界都在呼吁加强大学生的人文教育。

人文教育指的是培养人文精神,提升人的道德、精神、价值观的教育,通过把人类积累的智慧精神、心性精粹与阅历经验传授给下一代,以期洞察人生、完善心智、净化灵魂,理解人生的意义与目的,找到正确的生活方式。人文教育的内容主要包括人文社会学科的内容,特别是文史哲方面的内容。

通识教育这一概念比人文教育要更加宽泛,它不仅包括人文社会科学内容,而且包括自然科学和技术方面的内容。对后者的探讨不仅涉及其历史发展脉络、基本定理和操作方法,而且涉及其背后的哲学思想、方法论问题以及科学探究的精神。

五、通识教育与素质教育的区别

素质教育是我国改革开放以后提出来的新名词,主要针对"应试教育"过分注重知识传授、学生学习死记硬背的弊端,以培养学生的创新精神和实践能力为重点,提倡学生在知识、能力、情感、态度、价值观各方面获得全面、协调而又有个性的发展。"素质教育"这一概念与中华人民共和国成立后我国提出的教育方针中人的"全面发展"比较类似,只是提出来的历史时期不同,具有不同的时代特征和针对性。

在大学本科教育中,素质教育有时特指旨在提高学生独立思考能力、实际动手能力、解决问题能力的教育(与"应试教育"相对应)。有时也特指人文教育,强调学生人文精神和人文素养的养成和提高,针对重理轻文、人文教育与自然科学教育相割裂等问题而提出(与科技教育相对应)。有的大学使用的术语是"文化素质教育",重点指人文素质教育,通过对大学生加强文学、历史、哲学、艺术等人文社会科学方面的教育,以提高大学生的文化

① 见沈文钦与笔者个人 2005 年的通信。

品位、审美情趣和人文素养。

通识教育的对应物不是“应试教育”或科技教育，而是专才教育。虽然它也非常重视大学生各方面素质的全面提高，但是它是位于素质教育之上的一个概念，是一种人才培养模式。素质教育强调得更多的是教育的具体内容和教育的实施形式，而通识教育是一种人才培养模式，它既包括对人类主要知识领域的把握，也包括对过于狭窄的专业教育的改造。提高学生的素质被认为是通识教育的一个目标，但不是它的全部。

六、通识教育与专业教育的关系

专业教育(specialty education)指的是根据国家教育行政部门规定的专业划分为大学生提供的专门教育，目的是让学生掌握本专业的基本知识和技能，成为该专业领域的高级专门人才。按专业实施教育是现代高等教育的显著特征，与学科知识体系的分化以及社会分工的细化有关。

通识教育与专业教育的关系，历来是大学本科教育改革中最为棘手的问题。目前存在三种不同的观点：①通识教育是专业教育的补充与纠正，即学生在自己所学专业之外再学一些本专业外的知识和技能。在这里，通识教育与专业教育是并列的概念。②通识教育是专业教育的延伸与深化，即专业教育通识化，将过分狭窄的专业教育拓宽。在这里，专业教育是通识教育的上位概念。③通识教育是专业教育的灵魂与统帅，专业教育是通识教育的下位概念。[4]

笔者认为，通识教育应该结合上述三种观点。作为一种人才培养模式，通识教育不仅要求学生学习本专业之外的知识和技能，而且应对过分狭窄的专业教育进行改造。此外，更为重要的是，还应统领学生在本科教育所有方面(包括学术基础、社会适应性、伦理道德价值观)的形成和发展。其教育手段不仅包括课堂内的学习，还包括招生方式、专业选择、课程设置、选课方式、课外活动、学生的学业和生活管理以及师生关系等环节。

基于这样的认识，笔者认为，通识教育与专业教育并非对立的关系。后者包容在前者之中，是前者的组成部分，而不应游离之外，或与之并列，甚至与之对立。之所以这么说，至少有三个理由：首先，通识教育模式下培养的人才也需要有过硬的专业本领。在现代社会，人必须有谋生之技，方能择业糊口——这实际上是价值合理性教育与工具合理性教育的统一。通识教育应该既有宽度也有深度，学生既广泛涉猎多门学科又致力于某一学科领域的深入研究。其次，在当前职业变换非常频繁的情况下，通识教育模式下培养的宽口径的专业人才更能灵活地适应工作转换。再次，在通识教育模式下，即使是学习专门技术，也关涉到学习者其他相关禀赋的发展以及学习者对人生意义和社会价值的感悟。

需要指出的是，专业教育不等同于专才教育。前者是按照一定的专业划分实施的教育，后者是一种培养模式，与通识教育相对应。无论是在专才教育模式下还是在通识教育模式下，都要实施专业教育。但在不同模式下，具体实施的内容和方式是不一样的——前者更“专”，后者更“通”。

七、通识教育与通选课、公共课的关系

通识教育是一种完整的人才培养模式,它包括教育理念、培养目标、专业设置、课程安排、教与学的方式、学业评估、学生管理等一系列重要内容。它不只是一系列课程,更不是具体的课程内容。北京大学从2001年开始举办的“元培计划”,就是具体实施通识教育的一种新模式。

但北京大学目前开设的通选课(全称为通识教育选修课,有的学校称为核心课程或文化素质课程),是为本科生开设的一类课程,包括数学与自然科学、社会科学、哲学与心理学、历史学、语言文学与艺术五个方面的内容,学生需要在每个领域选择一定比例的学分。通选课的主要目的有三:①培养学生对学术和文化长远发展的兴趣;②拓宽基础,沟通文理,让学生掌握主要学术领域最基本的思想体系和研究方法,形成合理的知识和能力结构;③进行科学、人文精神的素质教育,培养学生丰富高雅的情趣,最终成为具有全面素养的人。通选课只是实施通识教育的一种途径,是对通识教育的部分体现,而不是全部。通识教育目标的达成需要通过其他更多的途径,如专业课程、隐性课程(包括课外教育、社团活动、社会实践、校园文化活动等)。

公共课又分成公共必修课与公共选修课,是我国大学一贯开设的课程。公共必修课通常包括政治课(“两课”)、技能类课程(如外语、计算机、体育),以及一些文理互选的课程(如大学语文、科学入门)等。这类课程通常有固定的学分要求,而且内容很难变动。公共选修课包括人文社会科学和自然科学方面的内容,主要为学有余力的学生所提供,没有固定的学分要求。这些课程有的质量比较好,有的质量比较差。出于历史的原因,北京大学目前仍旧保留了公共课,但正在逐步对其进行筛选,将部分质量较高的课程改造为通选课,希望最终整合为一类课程,统领在通选课之下,作为通识教育的一种主要途径。

之所以将上述三个概念放在一起辨析,有两个原因:第一,目前北京大学“元培计划”有关“在低年级实行通识教育,在高年级实行宽口径的专业教育”的提法和做法值得商榷,将通识教育基本等同于通选课,将一种培养模式与一类课程混为一谈。此外,对所有学生都将通识教育(实际上主要是通选课)与专业教育完全分段而治,不仅给学生的学习和专业选择带来一些不利影响,而且促使学生的学习主要按专业教育的模式进行,进入专业之后不再获得导师的个别指导,课程不再有融会贯通的跨学科内容。第二,教师经常分不清楚通选课与公共课之间的区别,导致通选课开课标准达不到通识教育的要求。这个问题比较复杂,已经超出了本文讨论的范围,需要另文深入探讨。

参考文献

[1] 何秀煌.从通识教育的观点看——文明教育和人性教育的反思.香港:海啸出版事业有限公司,1998:74.

[2] 庞海芍.通识教育的中国本土化.海峡两岸暨香港通识教育研讨会论文,2005:3.

[3] 梁美仪.香港中文大学的大学通识教育.在国家高级教育行政学院国际研讨会上的发言,2005:10.

[4] 季诚钧.试论大学专业教育与通识教育的关系.中国高教研究,2002,(3):50.

通识教育的理想类型

内容提要

孙华①

通识教育的思想源远流长，影响深远。其渊源甚至可以追溯到古希腊时期的自由教育，20 世纪中叶后，通识教育理念迅速被各国所接受。历经不到一个世纪的发展，通识教育在不同的国家和地区形成了不同的理论和操作模式。

从宏观的角度，依据对通识教育认识的哲学基础、课程体系和历史沿革，借鉴马克斯·韦伯的“理想类型”分析方法，我们把世界各国的通识教育模式分为两种：美国模式和欧洲模式。世界性通识教育模式形成的背后是不同国家历史文化观的影响和高等教育历史与现实的折射。但是无论通识教育如何发展，其本质则是承袭和源自古希腊时代的传统和原点——精英教育与自由教育，虽历经千年，这一本质一直未变。这一点我们将在后文中再作分析。

需要指出的是，理想类型是社会学的分析方法之一。依据马克斯·韦伯的观点，社会现象纷繁复杂，因果关系错综复杂，为了理解社会现象而不导致某种单一形式的决定论，就有必要构建某些社会概念框架，这就是“理想类型”。韦伯指出：“一种理想类型是通过片面突出一个或更多的观点，通过综合许多弥漫的、无联系的、或多或少存在和偶尔又不存在的个别具体现象而形成的，这些现象根据那些被片面强调的观点而被整理到统一的分析结构中。”[1]所以“理想类型”是一种纯净的“概念体”，它不是“理想的”，却是“现实的高度抽象与概括”。“理想类型”的功能主要是启发与说明，它有助于学者通过模式的确定，达到理解和阐释事物本质的目的。[2]借助这一分析范式，我们将对世界通识教育体系作出一个粗略的归类，并抽取出两种理性类型模式的主要特征及其形成因素。

一、通识教育的美国模式

美国模式通识教育的特征是本科阶段即开始通识教育，其特征是本科前两年的课程模块设置突出自由教育的特征，强调课程设置的本科生学习自我建构，后两年则以专业规格设置课程体系。它起源于中世纪大学的另一源头——巴黎大学，兴旺于英国牛桥体制的博雅教育，光大并被改组于 20 世纪美国的通识教育运动。这一模式的代表是美国、澳大利亚、加拿大、新西兰等国家的大学，尤以哈佛大学为典型。

1. 美国模式通识教育的哲学基础

自由主义、功利主义与实用主义一直是美国的主流哲学，这可以追溯到殖民地时期的背景：早期拓荒时代的恶劣环境、清教徒的宗教价值以及科学技术在美国社会生活中的作

---

① 孙华，男，西安外国语大学英语教育学院院长，高教所所长，教授，博士生导师，从事高等教育基本理论研究。

用与地位。这些哲学观一度以各自的价值张力和辩护能力在不同的时代影响着美国的高等教育,并左右着美国通识教育的发展。

但是就整个美式通识教育的发展历程与走向看,理性主义、实用主义和保守主义则是美国模式通识教育的哲学基础。当然,这一模式的发展过程也受到自由主义、功利主义、精英主义、科学主义、消费主义和新人文主义等哲学思潮的影响。

殖民地时期,美国高等教育毫无疑问地受到古典自由主义的影响,随后,科学技术进步及其背后的科学实证主义的传播以及现实层面的需求——包括莫雷尔法案(Morrill Land-Crant Act)的推动,使美国高等教育选择了实用主义哲学,这其中最重要的表现就是专业教育的泛滥。19 世纪初,美国举国上下提出大学课程设置应着重实用学科,课程改革的浪潮冲击着美国的大学,弗莱克斯纳(Abraham Flexner)则以理性主义的哲学观点对其展开激烈的批判。接下来是赫钦斯(Robert Maynard hutchins)和杜威(John Dewey)。作为永恒主义教育的旗手,赫钦斯的哲学观是保守主义的,赫钦斯认为,教育的目的在于促进理性、道德、精神力量的最充分的发展,培养学生的社会意识和社会良知。人是理性的、道德的、精神的存在,要培养德才兼备的人才。[3]高等教育的目的是睿智(Wisdom)和至善(goodness),任何不能指引学生接近此目的的研习,皆不能在大学中立足。[4]为此,他提出最实用的教育乃是最重理论的教育,并要求大学以"永恒学科"作为通识教育的主要内容。

杜威是实用主义哲学大师,但是在杜威的实用主义体系中,或多或少有着达尔文主义和新科学的影响,所以,杜威坚持教育不是为职业做准备,而是为生活做准备的观点,坚持经验的完整性。他的进步主义教育观为推动 20 世纪的美国通识教育提供了理论动力。

20 世纪中叶,两次世界大战和科学技术的巨大功效毫无疑义地左右了美国高等教育的走向。在本质上,为抵制越发泛滥的职业主义、功利主义、反智主义和工具主义倾向,闪烁着自由主义和保守主义的《自由社会中的通识教育》出版。

进入 20 世纪末期,美国经济发展速度降低,全球恐怖主义与自然灾难频发,新保守主义开始影响美国社会,作为对保守主义和新自由主义的超越,新保守主义强调在文化教育领域应当"向传统回归、寻求稳定的价值观"、并"恢复道德约束和文化秩序"。[5]

21 世纪,新人文主义哲学在美国社会抬头。这是相对于"人文主义"的,它是以往为维护人类利益和人类尊严所取得的全部成就、所从事的不懈探索以及为发展人类能力所作努力的必然结果。[6]新人文主义产生背景正是后工业革命时代物质主义泛滥和技术至上主义猖獗的时代,人被异化,价值和德性成为奢侈品……事实上,整个人类社会正在急速滑向欲望主宰一切的深渊。

于是,我们看到,2007 年方案中,关于跨文化沟通的推动,关于不同宗教与文明的理解,关于伦理、信仰与艺术的诠释,关于生命、环境与社会的认识……所有的这些安排,都是新人文主义的题中之义。

新人文主义倡导基于"生活质量"而非个人无限财富聚敛的"可持续性文明",他们不是"通往自我"的人,单是这一点,就与属于"人文主义"的新教伦理格格不入;其次,它强调合作而不是单边主义的权力滥用;强调共同体中的互相依赖而不只是个体的绝对独立自主。新人文精神所追求的不是扩大权力范围而是扩大人类的互相理解,它努力纠正第一次启蒙所提倡的“物质主义”以及无节制的进步论(直线的、急速的、无限的求新)和绝对化了的个人主义,目标是自然与社会的可持续的循环发展以及将人性从物质主义的牢笼中解放出来,成就新的人性。如果说,启蒙运动以“解放自我”、追求世界普遍性为中心,那么,新人文主义精神所提倡的,则是尊重他者,尊重差别,提倡多元文化互补,特别是东西方文化互补。[7]

无论是殖民地时期还是工业化时期,或者后工业化时代,美式通识教育一直秉承其培养时代精英的理念,这一点我们在不同时代哈佛大学的课程设置与组织愿景中均可窥一斑。早期是培养绅士、神职与公职人员,后来是培养具有科学知识与人文精神的社会中坚,当代则指向全球意识与公民领袖的价值预设。这一目标的背后所彰显的是通识教育渊薮所指的理性主义,美国社会根深蒂固的实用主义和文明传递与上流社会所固有的保守主义。永恒主义和新人文主义逃脱不了理性主义和保守主义的划界,消费主义与功利主义也不过是实用主义的变种,而自由主义或精英主义,它本身就是自由教育的哲学阐释。

2. 美式通识教育的课程体系

课程体系是不同通识教育范型的重要表征。美国大学视通识教育为一门独立的学科,并且是主修科和副修科的补充课程,认为每个学生都有些共同的基本的知识必须学习。

以哈佛为例。哈佛大学的本科教育主要由“二个阶段”构成:第一阶段通常称之为通识教育或普通教育阶段,又称之为核心课程阶段;第二阶段为专修阶段。学生在一、二年级主要学习核心课程,接受通识教育,后两年为专业教育。

不论是哈佛还是耶鲁的课程设置,都明显强调本科生学习的自我建构,强调专才教育和通识教育相结合的课程设置体系。在美国,专业性较强的理工科院校同样注重通识教育与专业教育的结合,麻省理工学院和普林斯顿大学尽皆如此。除此之外,一批美国小型精英文理学院,比如威廉姆斯学院(Williams college)、阿姆赫斯特学院(Amherst College)等更是声名远播。[8]

以哈佛大学为代表的美国通识教育模式的课程体系历经五个阶段的发展,分别是自由选修阶段(1869—1909)、主修加分类选修阶段(1909—1945)、红皮书阶段(1945—1975)、核心课程阶段(1975—2008)、通识教育课程计划阶段(2009—今)。

2002年10月,哈佛大学启动了自1978年以来最全面、综合的本科生课程改革。2002年学期末,哈佛大学任命了4个工作小组和1个课程改革指导委员会,对现行课程展开全面分析和评审。其中的关键一环就是对已有的以实施通识教育为目标的核心课程制度进行改革。至2007年,通识教育改革共出台了四个报告:2003年12月,课程改革指导委员会提交的《关于课程审查进度的中期报告》;2004年4月,课程改革指导委员会提交的《哈佛学院课程改革报告》;2005年11月,通识教育委员会提交的《哈佛学院课程评审报告》;2007年2月7日,通识教育工作组提交了关于通识教育的最终报告——《通识教育工作组报告》(Report of the Task Force on General Education)。2007年5月15日,哈佛大学教师立法团(Faculty legislation)以投票的方式通过了通识教育最终法案(Final Legislation for the Program in Ceneral Education),正式决定以新的通识教育计划取代原有的核心课程。

这次改革最引人注目的一大举措就是以新的通识教育计划取代原有的核心课程。

为了适应时代变化，确保哈佛大学在世界高等教育领域能继续引领潮流，确保哈佛大学的毕业生能在未来竞争中立于不败之地，新的通识教育计划提出了四大目标，这些目标相互渗透，但又都具有共同点，就是使哈佛学生毕业时，有跟上时代步伐的技能。这一课程目标被细化为：要培养学生为承担公民职责做准备、要培养学生的文化认知和态度、要为学生对变革做出批判性和建设性反应做好准备、要让学生更好地理解他们所说和所做的伦理、道德的含义。

按照计划，这一方案已于2009年秋季开始实施。通识教育最终法案规定学生需要涉猎的分为八大范畴：艺术和诠释(Aesthetic and Interpretive Understanding)、文化和信仰(Culture and Belief)、经验推理(Empirical Reasoning)、伦理推理(Ethical Reasoning)、生命系统科学(Science of Living Systems)、物理世界科学(Science of the Physical Universe)、世界诸社会(Societies of the World)、世界中的美国(The United States in the World)。这八个领域可以归入四大类：人文、逻辑推理、自然科学和社会科学，每一类分别对应两个领域。

为保证通识教育计划的顺利推进，哈佛大学成立学校层面的通识教育常务委员会(Standing Committee on General Education)和若干二级委员会(subcommittees)，委员会负责监督管理通识教育计划的实施。委员由院长任命。常委会由通识教育计划负责人领导，该负责人应是学院高级职位者。常委会成员应由各院系教师代表和学生代表组成。

比较1978年和2007年的通识教育课程目标就可以看出，它们都强调学生要有广博的知识，要理解传统的艺术和价值观，要理解多元文化及其冲突，要有道德意识和道德素养。如果说哈佛大学1978年的通识教育课程理念还有着鲜明的自由教育特点，从中还看出"知识本身即是目的"的影子，那么，2007年的通识教育课程理念则具有更宽阔的视野，是站在全球化的角度对学生提出新要求，体现出新人文主义的理念。另一方面，2007年的通识教育计划既强调知识也强调知识的应用，有着学以致用的实用主义哲学的影子。为了促进知识的应用，哈佛大学通识教育课程改革对学生课外活动也给予高度重视，认为学生的课外活动能够促进通识教育课程的学习，应该建立一种"基于活动的学习"将学生的课外活动经验与课堂内的学习结合起来，将知识与经验连接起来，从而使学生在将来能够更好地应对生活、工作及变化，要将抽象的概念、原理与问题的解决联系起来，将学生在校内的学习与今后的生活联系起来，从而为未来的生活做准备。

回顾哈佛大学历次通识教育课程改革历程，其始终如一的理念就是："哈佛的教育就是一种自由教育"，[9]而通识教育则是自由教育的表现形式。[10]哈佛大学的通识教育历次改革力求把握时代脉搏，适时转移重点。尽管每次改革各有侧重，但继承和发展自由教育的理念始终没有改变。

3. 美式通识教育的发展沿革

美式通识教育发展历程按照课程可以分为上文所述之五个环节，在历史宏观背景上则可以分为三大阶段，即殖民地时期的通识教育、工业化时代的通识教育和后工业化时代的通识教育。在每一个发展阶段，通识教育并非均衡发展，而是在回应社会和引领社会的不同定位下曲折前行。

1776年，美国摆脱英国，独立建国。其时，为了适应经济发展和西部大开发之需求，学院不得不纷纷开设自然科学、工艺、法律、政治等实用性的职业课程，这动摇了传统的培养牧师和绅士的博雅学科设置的基础，价值的天平开始向实用主义和世俗世界倾斜。1828年，以坚持正统宗教权而著称的耶鲁大学发表了《耶鲁报告》(The Yale Report of 1828)，该报告坚持为古典主义辩护，批判实用的职业技术课程，坚持认为共同学科的深入广泛研习对学生形成良好的教养大有裨益。第二年，帕卡德(AS. Packard)在《北美评论》撰文捍卫耶鲁报告，文中首次明确使用现代意义上的通识教育一词。

但是《耶鲁报告》最终还是没能使专业教育过度的倾向得以矫正。社会分工的加快，社会经济发展对专业人才的需求不断增加，高等教育从社会的边缘逐渐走向社会的中心，所有这一切深深动摇了在此之前自由教育的政治经济基础。

南北战争结束后，选课制度在美国大学得以推行。哈佛大学第21任校长艾略特(Charles Elit)在1869年上任就职演说中旗帜鲜明地指出，文学与科学、古典文学与数学、自然科学与形而上学之间并不是势不两立的，主张将新知识列入课程计划。当时哈佛课程主要是古典课程，他上任伊始就建立了选修课制度，强调每一个学生应能自己选择课程，学生可以自由选修物理、化学及古典语文。但计划却遭到了几乎是所有人的反对，历经不懈努力，最终于1886年，选修制度才基本建立起来。哈佛大学选修课程使得哈佛大学的培养目标由培养贵族绅士逐渐向培养工业人才转变，其教学组织因而发生根本变化，学校规定，学生要学习一定数量的课程即可获得学分，当学分达到一定标准时就可得到学位。这样，选修制度推动了学分制度的建立，学生获得了自由和尊重，教师从选修课中更加获得益处，逐渐成为专门知识的拥有者。伴随教师专门化，大学的基础结构“系”也逐渐发展起来。[11]

接下来是劳威尔(Lowell)的主修加分类选修制。很明显，艾略特的自由选课制的后果之一就是学生趋易避难，而且知识系统化无法保障。1909年，劳威尔就任哈佛第22任校长，其上任伊始就力推“主修加分类选修制”。针对自由选修制的不足，劳威尔要求学生在整个16门课程中，必须有6门集中主修某一个学科或领域，4门则须在文学、自然科学、历史、数学四个分类必修之中选修一门；另外6门可以自由选修。[12]这就克服了许多学生在选课时避难趋易，知识碎片化的缺陷，更重要的是克服了学生过早专业化，毕业后难以适应复杂变化的社会的困惑。据此，学生在校期间既掌握了广博的知识，又成为某门学科学有专长者，解决了“专”与“博”的矛盾。

然后是赫钦斯，正如前文介绍，作为永恒主义者，他的贡献在于一改此前风靡全美的概论性质的选修课程，提倡回归名著和原著。他执掌芝加哥大学期间，美式通识教育如日中天。赫钦斯认为只有加强名著式的通识教育，才能培养“通才”，他企图将大学建设成为追求真理、进行研究及实施通识教育的机构以达到训练人的心智的目的。为此，他组织整理和编辑了54本名著，其内容涵盖文学、历史、哲学、经济、政治、数学、物理、音乐等领域。“芝加哥计划”一时成为彼时全美通识教育的经典范式。在通识教育的价值上，他说，“与专业训练相比，民主更需要广泛的通识教育，因为每个人都具有统治者的特征，应当接受某种程度的训练”，这就意味着每个人需要“正确而不是迂腐地理解什么是人文，熟知人类所创造的文明的结构”。[13]

1933年，柯南特(James Conant)接替劳威尔成为哈佛大学第23任校长，此时的美国正处于严重的经济危机之中，通识教育的价值再次遭到质疑，与此同时，罗斯福新政也把高等教育再次导向实用主义。但是，柯南特深知世俗社会的需求与理性主义的格格不入，也明白哈佛以及整个高等教育系统在美国社会中的责任，为此，一方面，他坚守通识教育的理念；另一方面，为了应对外部环境的变化，他着手改造当时的通识教育模式。1943年，科南特成立专门委员会，专门研究通识教育问题。历经两年研究，《自由社会中的通识教育》(General Educational Free Society)发表，成为轰动一时的高等教育经典文献。报告中首次定义了通识教育这一术语。按照哈佛大学委员会的定义，通识教育是指学生在整个教育过程中，首先作为人类的一个成员和一个公民所接受的那部分教育。“通识教育旨在培养以下能力：有效思考的能力，交流的能力，作出相关判断的能力，甄别各种价值的能力”。[14]该报告影响深远，成为战后直至70年代亨利·罗索夫斯基(Hery Rosovsky)改革期间通识教育的“圣经”。

报告指出，美国高等教育首先要克服过分专门化倾向，应该加强学生学习人文科学、自然科学和社会科学的遗产，通识教育目标是赋予人们生活中必须具备的各科知识、能力、思考、信念、修养等的教育，培养情感和智力全面发展的人，使个人需要同社会需要结合起来。报告沿袭劳威尔的16门课程要求，但是把自由选修课程由6门缩减为4门，这两门调整出来的课程则加入通识选修，这样，本科生课程体系就调整为6门主修学科，6门通识学科和4门自由选修学科。

1971年，德里克·博克(Derek Bok)成为哈佛大学第25任校长。此时的美国社会正处于“狂风暴雨”之下，越战和冷战以及其他社会思潮所带来的一系列反战、民权、女权以及种族运动等等使以哈佛为代表的通识教育失去了吸引力。在哈佛，西方名著选读制度被取消，很多学生在自由与个性解放的口号下任意选课。

1973年夏，博克任命极力主张对大学通识教育进行全面改革的亨利·罗索夫斯基为哈佛文理学院院长，责成其重新研究文理学院的目标。1975年，罗索夫斯基组成七个工作组负责研究哈佛学生学习情况，七个工作组分别负责对核心课程(又称基础课程)、主修课程、教学改进措施、学生辅导、学生生活、人力、物力及财力状况等进行研究。1979年5月，正式通过并发表了《哈佛大学关于核心课程的报告》，自1979年起，用四年时间实施实验方案，1982年开始全面实施，以核心课程取代原有通识教育课程。

进入21世纪后，哈佛大学开始了第五轮通识教育改革。2002年10月，哈佛文理学院宣布启动自1978年以来最大规模的本科生课程改革，改革的重点是核心课程。这次改革继承并发扬了哈佛大学悠久的通识教育理念，强调21世纪培养“世界公民”的种种责任以及为未来生活做准备的教育理念。历时五年，2007年5月，哈佛大学通过了新的本科生课程改革方案，该方案最大的举措是以新的通识教育计划取代在哈佛实行了30多年的核心课程。2009年秋，哈佛大学开始在本科生中正式实施新的通识教育计划。

纵观以哈佛为代表的美式通识教育，培养精英人才一直是其永恒目标。殖民时期的哈佛大学主要培养牧师、律师、医生和公职人员等，艾略特要培养的是工业领袖，劳威尔想要的是通专相济的人才，科南特想要的是负责任的社会公民，博克想要的是有教养的人，21世纪的哈佛大学要培养能够迎接时代挑战的世界公民，尽管这些人才培养目标在不同的时代具有不同的表征，但是他们都是各自时代所需要的精英。

显然，这种理念的背后是理性主义、保守主义和实用主义的哲学思想。

二、通识教育的欧洲模式

欧洲大学通识教育实行的是与美国大学不同的思路。欧洲大学否定北美模式这些所谓共同课程的有效性，认为通识教育的目标并不是仅仅透过几个特别设计的学科便能达成，而是必须通过正式或非正式的方法，将通识教育课程结合到整个大学的学术活动里。欧洲的高等教育家都认为，通识教育当然重要，但是单独开设的课程并不能达到提升学生素质的目标，而专业教育也并非只是发展专业素质，它同样可以提升学生的综合素质。所谓教学的教育性就是这个道理。怀特海(Alfred North Whitehead)更是一针见血地指出："并没有一门课程只给学生普通陶冶，而另一门课程只给专门知识。为了普通教育目的而学习的学科，也就是专门地去学习的专门学科……你不能把一件无缝的学问外套割裂开来。"[15]

所以，欧洲大学就是以专业教育的形式实现着通识教育的理念。

这种认识和实践，究其渊源，可以追溯到中世纪大学的另一源头——博洛尼亚大学，历经数千年发展最终形成自己的独特风格。通识教育的欧洲模式代表性国家有英国、德国和法国等国家的大学，尤以牛津大学为其典型。

1. 通识教育欧洲模式的哲学基础

英国的文化特点是崇尚传统，其文化传统的核心是绅士文化，绅士文化实际上是英国社会文化价值观念的集中体现。绅士文化的核心则可追溯到古希腊的自由教育和中世纪的骑士文化，这种理念历经文艺复兴运动的光大和工业革命的改良造就了以牛津为代表的欧洲大学通识教育的独特理念。

究其哲学基础，可一言蔽之：早期英国古典大学自由教育的哲学基础是人文主义，后来历经理性主义修正，最终则是综合了人文主义、理性主义和科学实证主义。

早期，牛津大学秉承的古希腊自由教育理念表现出来的是经典的人文主义传统，但是19世纪则受到以纽曼为代表的理性主义影响，第二次工业革命以及其后的两次世界大战奠定和促成了科学实证主义对英国大学通识教育的哲学改造。这其中还隐隐约约留下自由主义和功利主义的色彩。

牛津大学建校不久就成为一所包括文科、法科、医科、神科的大学，承担着培养教师、牧师、医生和政府官员以及律师的使命。由于最初文科是医科、法科和神科的基础，按照现在的标准看，中世纪的牛津大学在人才培养方面就具有通识教育和专业教育相结合的性质——只有完成了通识教育的必要课程——那些文科的"七艺"，才能继续其专业教育，而"七艺"则更为英国乃至欧洲上流社会所钟爱。所以，牛津浓厚的学术风格就像英国著名教育家埃里克·阿什比(Eric Ashby)所言，它主要"培养有教养的人，而不是知识分子，就大学毕业生而言，具有教养比具有高深学识更重要"。[16]

自成立以后的600多年间，牛津和剑桥垄断了英国的高等教育并影响着欧洲大陆的高等教育，为社会精英的孕育提供了肥沃的土壤。长期以来，牛津大学一直遵循精英教育传统，推行精英主义教育观，恪守绅士教育的人文主义哲学观，后来虽有纽曼的理性主义改进，但仍在古典人文教育道路上坚持。至19世纪，自然科学的飞速发展和巨大效用使传统的人文主义哲学观受到了严峻的挑战，一大批有影响的科学家和哲学家对牛津的教育提出了尖锐的批评。这其中，赫胥黎、斯宾塞以及后来的怀特海、罗素、彼得斯、赫斯特尤为突出。

首先是赫胥黎(Thomas Henry Huxley)。作为科学家和进化论的坚定捍卫者以及皇家学会会长与秘书，赫胥黎身上洋溢着强烈而鲜明的科学实证主义情结，他认为牛津的自由教育实际上等同于古典人文主义教育，它华而不实，很少考虑一个人的实际生活需要，因此毫无价值。他说："任何人只要认真钻研过所有医学知识的主要分支，对自然科学的基本知识就有所了解；由研究法医学而接触到法律；由研究精神错乱症而涉足心理学领域，我敢说，这样的人已经受到了一种自由教育。"[17]什么是自由教育？赫胥黎在1868年的演说《在哪里能找到一种自由教育》中明确指出："自由教育，就是在自然规律方面的智力训练，这种训练不仅包括了各种事物以及它们的力量，而且也包括了人类以及他们的各个方面，还包括了把感情和意志转化成与那些规律协调一致的真诚热爱的愿望。"[18]为此，他力主用自然科学的课程和方法改造传统的人文课程，至少使其达到相平的地位。而在此之前，斯宾塞(Herbert Spencer)则于1859年发表了那篇最负盛名的文章——《什么知识最有价值》，文章雄辩而深邃地强调科学知识的价值，推崇科学教育，因而极大动摇了牛津的古典人文教育传统。同赫胥黎一样，他也是科学实证主义的信徒。

此间，虽然有纽曼的精心辩护及呵护，但是随后的第二次工业革命，以及两次世界大战极大刺激了英国和整个欧洲社会，第二次世界大战以后的冷战则继续推高了科学技术在民族与国家安全中的地位。几乎是同时，怀特海、罗素(Bertrand Russell)相继向英国、向欧洲社会提出了各自的高等教育观。怀特海在题为《技术教育及其与科学和文学的关系》的演说中指出，技术教育与文科教育对立是错误的，不涉及文科的技术教育不可能完美，不涉及技术的文科教育同样不能令人满意，也就是说凡教育必传授技术和充满智慧的想象。他说："在一个国家的教育系统中须有三种主要的方式，即文科课程、科学课程和技术课程，但其中的每一种课程都应该包括其他两种课程的内容。我的意思是，每种形式的教育都应该向学生传授技术、科学、各种一般的知识概念以及审美鉴赏力；学生在每一方面所受的训练，都应该由其他两方面的训练补充而相得益彰。"[19]而罗素在肯定牛津传统的同时，则强调了科学的固有价值和内在目的，他认为教育可以形成某种思维习惯和人生观，而这种思维习惯和人生观必须有科学的贡献。

第二次世界大战以后，欧洲世界一方面是主体意识的觉醒与解放以及个体对自由和个性的追求与崇尚；另一方面是科技的巨大功效与社会的庞大需求，于是自由主义与功利主义甚嚣尘上，并以其各自哲学价值影响着欧洲(英国)的高等教育观。

随后，彼得斯(Richard Stanley Peters)、赫斯特(P. H. Hirst)等则以教育哲学家的身份展开了对传统的批评。

当然，早些时候，詹姆斯·密尔(James Mill)和边沁(Jeremy Bentham)等人以及更早的牛顿、笛卡尔(Rene Descartes)、莱布尼茨(Gottfried Wilhelm Leibniz)等人均以各自的科学与哲学贡献为牛津大学的自由教育(通识教育)改革提供了动力。

……

终于，源自人文主义传统的牛津自由教育，在纽曼的理性主义和随后越来越强势的科学实证主义修正下，结合了功利主义和自由主义理念，改造成为今天影响整个欧洲的"通识教育欧洲模式"。

2. 通识教育欧洲模式的课程范型

从某种意义上说，通识教育在欧洲更倾向于被认为是一种教育理念，而不是一项教育举措(如增加某些课程或改变某种方法等)。而在实践层面，可以说，欧洲大学虽然没有明确设置专门的通识课程，没有独立的、自成体系的通识教育环节，但同样在精神上继承了古希腊的自由教育传统并达到了通识教育的目的。

我们可以以牛津大学的课程体系为例展开考察。宏观上，牛津大学通过设立联合专业(Joint Courses)解决通识教育与专业教育的结合问题，主要形式包括双科专业、三科专业、主辅修专业等。例如，牛津大学共有 49 种专业，其中单科专业 24 个、联合专业 25 个(双科专业 21 个三科专业 4 个)，双科专业一般学制 3～4 年，授予学士学位。牛津大学开设的双科专业有：古典文学和现代语言、现代史和经济学、英语和现代语言、现代史和现代语言、古代史和现代史、欧洲和中东语言、经济学和哲学、经济学和管理、现代史和英语、数学和哲学、物理学和哲学、数学和统计学、考古学和人类学、数学和计算机科学、工程学和经济学、工程学和材料学、古典文学和东方学、考古学和古代史、哲学和神学、现代史和政治学等。组成双科专业的两个学科并无主次之分，每个学科的课程比重大致相同。以物理学和哲学双科专业为例，其课程设置如下：第一学年：数学 1，数学 2，1 门物理学选修课程，2 门哲学必修课程；第二、三学年：2 门物理学必修课程，2 门哲学必修课程，1 门哲学选修课程；第四学年：1 门必修课程，3 门选修课程。三科专业学制 3 年，授予学士学位。牛津大学开设的三科专业包括：哲学、政治学和经济学，工程学、经济学和管理，心理学、哲学和生理学，材料学、经济学和管理学。组成三科专业的三个学科课程比重有所不同，如工程学、经济学和管理学三科中工程学占 2/3 比重。再以哲学、政治学和经济学三科专业为例，其课程设置是：第一学年：哲学概论、政治学概论、经济学概论；第二、三学年：2 门哲学课程、2 门政治学课程、2 门经济学课程、2 门高级选修课程。[20]显然，牛津大学是在课程目标、课程结构、课程内容和课程实施等方面都贯穿了通识教育的精神。牛津的实践表明，通识教育必然包含专业教育，但又超越了专业教育。实际上，既没有纯粹的通识教育，也没有纯粹的专业教育，二者是有机融合的整体。[21]

这种实践模式为英国的学生提供了宽广的、综合化的知识基础，突破了各学科与专业之间的藩篱，建构了人类知识的完整体系，既解决了知识分化所带来的"专业"教育问题，也满足了自由教育所必需的知识和能力结构需求。正如英国学者戈登指出："通识教育既包括传统的自由教育，同时为满足工业化和教育制度扩展的需要，也包括一些更加'现代的'科目，如科学和技术等。"[22]

可见，英国大学教育的显著特色，就是在课程目标、课程结构、课程内容和课程实施等方面都贯穿了通识教育的精神，而不是像美国那样课程分割，板块分明，专业与通识各行其是。

微观层面，在继承重视古典知识永恒价值的传统基础上，牛津大学注重学术研究的普遍性。牛津大学在课程体系的设置中几乎涵盖了所有重要的学科和知识，并且注意促进不同学科间的相互交流和渗透，就如同纽曼在《大学的理念》一书中所说："为了真正拥有真理，我们必须掌握真理的全部。""如果把重要的学科排除在大学课程之外，致使真理的事业蒙受损失，那么学生所遭受的损失也断然不会少。因为，学生从大学里获得的主要是才智收获，并不主要来自他对所选具体知识的学习，而更多的是来自生活于洋溢着普遍知识的氛围——如果可以这么称的话。"[23]

此外，在英国其他的大学，与牛津相似的通识教育举措还有设置学科群(The schools of studies structure，即知识的跨学科融合与整合)以及设立基础年(The Foundation Year，即所有大学一年级学生学习同样课程，这有点类似于美国某些大学的通识教育，但是又不完全等同)等方式。

在德国大学——这是通识教育欧洲模式的另一个典型代表，那种现代美国式的通识教育同样也不存在。德国大学的课程设置通常集中于学生所选择的一个专门的科目，有时候也会要求辅修科目，例如要求主修经济的学生辅修法律课程，要求主修哲学的学生辅修历史课程。除此之外，学校通常不会强迫学生们接受更多的通识教育。在德国学者休伯(L. Huber)看来，通识教育不仅不应该脱离学习者的专业领域，而且应当从其所在领域开始：第一，在专业学科中应当探索一些可作为范例的基本原理与方法，它们不仅可以运用于专业领域，而且同样能够运用于相关领域；第二，可以把专业领域的主要方法理解为相关学科领域的研究方法的变式；第三，那些通常不是很明确的范式，即通常联系几门学科的基本假设和方法论，应该得到更多的确认。[24]应该说，德国大学里专业领域的学习更多地渗透了科研的要素和精神，充分体现了历史上的德国大学"教学与科研统一"的传统与精神。[25]

3. 通识教育欧洲模式的发展历程

肇始于古希腊的自由教育，历经人文教育、博雅教育，最终定型为欧洲模式的通识教育，这一过程的背后是西方社会发展与文明进化的印迹。

苏格拉底、亚里士多德与柏拉图的自由教育精神奠定了"自由人"教育的根基并影响了中世纪的西方高等教育，14 世纪以后的文艺复兴运动使人文主义大旗横卷整个欧洲，欧洲大学的课程从经院课程被迫转为古典课程，这一阶段，传统大学的自由教育(Liberal Education)转化为人文教育(Arts Education)。

中世纪以后，社会环境发生了急剧的变化，各种力量不断进行博弈与斗争，社会发展主要体现在专业化和社会分工方面。教育在从社会体系中分化独立出来的同时，内部开始分流别派，自由教育的内涵在这个时期发生了变化。

彼时，神学和基督教处于主宰和统治地位。教会利用亚里士多德的哲学来解释神学，改组了古代希腊、罗马学校中的一般文化学科，古希腊的著作成为中世纪教育的主要内容。当时的自由教育思想突出体现在以"七艺"为主要学科的构建，而在教会的眼中，"七艺"是为进一步学习神学以达于神明的基础学科。

中世纪的"七艺"学科集中性地体现了中世纪的自由教育思想，但它的主要内容却充斥着神学内容，这一特征表明，此阶段的自由教育，其"自由"已经不是指充分发展人的理性，而是服务于使人摆脱尘世欲望、最终皈依基督神性，它是作为学习《圣经》的基础和论证上帝的补充手段而被引进基督教神学教育的，理性和人的价值都被置于上帝的阴影之下，具有极强的功利性和职业性。神学是“七艺”的王冠，哲学及其他学科是神学的婢女。敬畏成为学习“七艺”的基本态度，自由教育俨然一种虔敬教育、神化教育，这背离了传统自由教育为理性发展、为人的价值提升而存在的宗旨。[26]

随后的文艺复兴运动用人文主义的教育反对宗教和神学的教育，推崇人文学科的教育。“人文主义”一词便是源于“人文学科”。“人文主义这个词就来自人文学者和人文学科这两个词……人文学者就是教授人文学科的人，而人文学科这个词代表一组学科，它由语法、修辞学、诗学、历史和道德哲学组成。从这一定义中可以明显地看到，文艺复兴时期的人文主义就是上述意义的人文学科的伟大兴起与发展”。[27]

17 世纪的欧洲科学革命虽没有对传统大学产生根本性的影响，却在一定程度上促使欧洲产生了各类新型的高等教育机构，专门学院、技术学院不断涌现，同时有关近代科学的部分内容也开始进入传统大学的课程。随着欧洲第二次工业革命浪潮的到来，科学教育逐渐与古典人文教育并驾齐驱，而后迅速超越古典人文教育居主导地位。另一方面，始于 18 世纪末的法国大革命和美国革命唤醒了欧洲包括英国社会各阶层的政治思考，传统的宗教一统天下的局面受到严峻挑战。

宗教的式微使整个社会对人的重新认识、对神权的批判与颠覆、对自然界的重新解读的需要空前扩大，而新兴资产阶级的政治欲望、生产力的发展需要等等因素又与此合流叠加，这样西方大学又一次面临理念的合法性危机。[28]

面对如此挑战，理性主义的代表人物之一，红衣主教亨利·纽曼在其《大学的理念》中全面阐述了他的自由教育思想，即大学应该传授所有的知识；大学的目的是自由教育，是心性扩增，是理性文化的培养；自由教育是最具“有用性”的教育。这无疑是对亚里士多德理性的、非职业的、满足闲暇的自由教育思想的继承和发展。纽曼十分重视自由教育的理性内容，如其所言，“自由教育本身仅仅是发展理智，他的目标就是获得杰出的理智”。[29]在自由教育日益式微的背景下，纽曼还对自由教育进行了重新解释，他认为，自由教育不是漠视社会的现实需求，而是从培养人的理智的高度去回应社会的需求。纽曼通过重申知识的内在价值，从而为日益陷入危机的古典学科辩护。

纽曼的理性主义改造使绅士教育一度在英国乃至整个欧洲社会成为自由教育的代名词，以追求知识的博学和贯通，符合绅士的身份和高雅为宗旨。而古典课程被认为是实现绅士教育的有效工具。于是，在工业革命的大潮中，为了巩固自身的利益和上层地位，追求“文雅绅士”的社会标识，获得绅士教育一时成为英国和欧洲上流社会所追逐的时尚。在他们看来，科学技术教育只是培养产业工人，是职业性的，“具有教养比具有高深学问更为重要”。[30]至 19 世纪中叶，源自古希腊的自由教育历经人文教育，发展为博雅教育(liberal arts)，并成为以牛津大学为代表的古典大学价值观的组成部分。

19 世纪中后期，来自新兴资产阶级的呼声和实业界的需求持续不断地对以牛津为代表的古典课程体系施加压力，新兴资产阶级的自由观念，大机器工业的需求使传统牛桥大学的高贵身份面临着巨大的压力。与此同时，传统的自由教育思想在英国乃至整个欧洲受到各种思潮诸如功利主义、理性主义、科学实证主义和国家主义的挑战与影响。然而以纽曼为代表的理性主义者依然坚持古希腊的自由教育传统，并试图通过发扬自由主义教育注重人格的价值，注重崇高理想的合理因素，以对抗日益盛行的功利主义倾向。进入

20 世纪后，特别是两次世界大战后，英国的传统自由主义教育受到了巨大的冲击。由于科学技术在两次世界大战中的巨大作用给英国国民留下了深刻影响，因此，人们普遍认为，大学应该积极适应社会和时代的发展，为国家的经济发展做出应有的贡献。

显而易见，专业教育在某种程度上适用并迎合了这种需求。

专业教育的兴起在某种程度上意味着源自古希腊时代自由教育的式微。关于自由教育，诚如亚里士多德所言，自由教育只适合那些“自由人”。因为“应当有一种教育，依此教育公民的子女，既不立足于实用，也不立足于必需，而是为了自由而高尚的情操”。[31]自由教育确实是个好东西，成为绅士是件好事；具备有教养的才智，有灵敏的鉴赏力，有率直、公正、冷静的头脑，待人接物有高贵、谦虚的风度是好事——这些都是广博知识天生具有的本质，但是如果它不能带来矿业、铁路、医学、农业等方面的发展，这种好事又有多少用处？最重要的是，这个好事不是每一个人都能享受到的，它毕竟是特权阶层和有闲阶级才能享用的，所以高等教育的存在合法性就自然被引到另一个层面——专业教育。

但是，欧洲文明还没有简单到全盘摒弃自由教育的地步。

本质上，从欧洲中世纪大学建立起，大学逐步完善的制度是以力求使自己成为一个不受外界干扰、不屈服于实用主义压力的自由探索知识的“知识城堡”为根本宗旨的。[32]

两次世界大战的惨痛教训、科学技术的负面影响、专业教育的过度化与片面化等等一度忽视了人文精神的养成，导致学生素质的缺陷和社会伦理文明的失范，随之而来的就是20 世纪 60 年代整个欧美社会的学潮动荡、环境污染、生态失衡、道德滑坡、心理畸形、精神空虚、人际关系冷漠，人甚至异化为所谓“经济动物”“科技奴隶”。人文精神的失落使他们在凝视大学专业教育“功效”的同时又一次想到了自由教育。而通识（自由）教育的意蕴恰恰矫正和弥补了专业教育的不足，因为通识（自由）教育首先关注的是一个人的培养，其次才将学生作为一个职业人来培养。[33]

所以，尽管专业教育风生水起，但是欧洲传统的自由教育思想也同样根深蒂固，在时代的变迁中，英国的高等教育改革迅速赶上了世界的步伐。他们在吸取美式通识教育经验的同时，没有抛弃欧洲的传统。于是，一种全新的“自由教育”思想被接受和认可。至此，自由教育思想，历经文艺复兴后的人文教育，到 18 世纪的博雅教育，转变为通识教育(Ceneral Education)。

正是由于英国人对通识教育的独特理解，即通识教育是一种广义上的自由教育，英国大学才没有明确规定通识教育课程，而是在整个课程体系和整个教育教学过程中渗透通识教育。

三、结　　语

通识教育是一个不断变化的概念，历经古希腊时期的自由教育以及后来的人文教育、博雅教育，到 20 世纪中叶最终发展为通识教育，当然，除了最基本的核心要素，每一次概念的变化都导致内涵与外延的变化。[34]

考察世界高等教育的发展史，我们不难发现，各国的高等教育模式无不带有鲜明的本国特色。这是因为不同的历史、文化、经济和政治结构都会以各种不同的方式和力量影响本国高等教育的发展。曾经担任哈佛大学校长达40年之久的艾略特(Charles W. Elliot)也说过:“在任何社会中,高等教育机构都往往是一面鲜明反映该国历史与民族性格的镜子。”[35]通识教育在欧洲和美洲的发展同样模式如此,而且,每一种模式都指向其合法性基础,即精英教育和自由教育的价值预设,并有效达成。欧美不同范型的通识教育说明,即便是相同的教育目标,也没有统一或不变的模式,每一种教育方式的背后都是历史文化与国家民族特色的印记。

教育似乎永远是只有合适的,没有最好的。

参考文献

[1] 马克斯·韦伯. 社会科学方法论. 杨富斌,译. 北京:华夏出版社,1999:186.

[2] 迪尔克·克斯勒. 马克斯·韦伯的生平、著述及影响. 郭锋,译. 北京:法律出版社,2000:221-222.

[3] Hutchins, R. M. The Conflict in Education in a Democratic Society. Westport, Comm: Greenwood Press, Publishers, 1953:69.

[4] Hutchins R M. Education for Freedom. Baton Rouge: Louisiana State University Press, 1943:26.

[5] 丹尼尔·贝尔. 资本主义文化矛盾. 赵一凡,等,译. 北京:三联书店,1989:5.

[6] H. 缪吉卡. 新人文主义. 国外社会科学,1989,(11):29-30.

[7] 乐黛云. 人文主义与新人文主义. 光明日报(理论版),2012-5-14.

[8] [25]孙华. 通识教育的中国境遇. 江苏高教,2013,(3):72-74.

[9] Harvard University Faculty of Arts and Sciences. Report of the Task Force on Ceneral Education. Cambridge, MA: Harvard University, 2007:1-21.

[10] Harvard University Faculty of Arts and Sciences. Final Legislation for the Program in Ceneral Education. Cambridge, MA: Harvard University, 2007:8.

[11] 王英杰. 大学校长与大学的改革和发展-哈佛大学的经验. 比较教育研究,1993,(5):1-10.

[12] Smith R N. The Harvard Century-The Making of A University To A Nation. New York: Simon and Schuster, 1996:71.

[13] Russell Thomas. The Search for a Common Learning: Ceneral Education, 1800-1960. Me Craw-Hill Book company, Inc. 1962:28.

[14] 朱国宏. 哈佛帝国. 上海:上海人民出版社,2002:250.

[15] 转引自. 现代西方资产阶级教育思想流派论著选——教育的目的. 北京:人民教育出版社,1996:121.

[16] [30]阿什比. 科技发达时代的大学教育. 腾大春,滕大生,译. 北京:人民教育出版社,1983:9.

[17] [18]托·亨·赫胥黎. 科学与教育. 单中惠,等,译,北京:人民教育出版社. 1990:164,59.

[19] 怀特海,教育的目的. 徐汝舟,译. 北京:生活·读书·新知三联书店,2002:85.

[20] 根据 http://www.ox.ac.uk/admissions/undergraduate_courses/courses/index.html 整理.

[21] 易红郡. 英国大学通识教育的理念及路径. 华东师范大学学报(教育科学版),2012,(12):89-95.

[22] Ann Hodgson, Ken Spours. Rethinking general Education in English upper secondary system. London: London Review of Education, 2011, 9(2):206.

[23] 何梅. 牛津大学人才培养的历史传统与现代走向. 重庆:西南师范大学教育学院硕士学位论文,2005:9.

[24] L. Huber. “From Ceneral Education to Interasciphinary Studies”, Higher Education Policy, 2002(15), p. 5-13.

[26] 王迎兰.论亚里士多德自由教育思想的历史演变.中共山西省委党校学报,2006,(02):77-79.
[27] 罗·奥斯卡·克利斯特勒.意大利文艺复兴时期八个哲学家.上海:上海译文出版社,1987:3-4.
[28] 孙华,西方大学理念的合法化历程.现代大学教育,2009,(3):58-62.
[29] 约翰·S.布鲁贝克.高等教育哲学.王承绪,等,译.浙江教育出版社,2002:76.
[31] 苗力田.亚里士多德全集卷8.北京:中国人民大学出版社,1992:228.
[32] 孙华.西方大学制度的合法化进程.教育学术月刊,2009,(5):38-42.
[33] 安萍.论高校通识教育的性质与实施.教育学术月刊,2008,(5):54-56.
[34] 孙华.西方大学专业教育与自由教育理念的1000年分野.现代大学教育,2012,(6),49-57.
[35] 劳伦斯·克雷明.美国教育史(第三卷).朱旭东,译.北京:北京师范大学出版社,2002,422.

国外的通识教育：典型比较①

北航高研院通识教育研究课题组

一、概述：历史与模式

（一）通识教育的历史

通识教育本身并不能作为一个自给的本体证实自身存在的合理性与正当性；而考察通识教育的历史，其功用就在于能够从一个历时的经验性层面出发，从一个宏阔的视野和宏阔的秩序入手，将通识教育作为一个片段纳入其中，借此关注通识教育现象背后的形成路径和道德关切。毕竟历史梳理本身不是目的，基于历史的描述以达成对那一宏大秩序的窥觇，以及对概念背后无限深远之意蕴的发掘，这才是历史考察的根本意义之所在。

1. 远古的坐标——亚里士多德的自由教育

在西方高等教育史上，自由教育与通识教育是一对颇为暧昧的概念——“自由教育是通识教育最频繁的同义词”（Levine 语）②。这一暧昧关系体现于两者在本体上纠葛不清的关系，而这种关系在很大程度上又归因于它们在形态上和价值取向上的竞合。如果说 Levine 只是大而化之地交代了两个概念的关系的话，那么 Dirden 则是从精神含蕴的入口明白地交代了两者之间的亲缘关系：“自由教育作为一种含有等级观念的教育思想好像是过时了，但实际上它的精神并没有死亡，现在它以一个中性词汇通识教育而流行。”③

一般认为，古代西方自由教育是通识教育的前身；而据有案可稽的史料来看，自由教育的最早倡导者应是古希腊大哲亚里士多德；而在自由教育的背后，还应蕴藏着亚里士多德伦理学意义上的体察。亚里士多德认为，人的生活可以分为两类：一类是高尚的，一类是粗鄙的。粗鄙的生活是以谋生为目的、进而以牟利为追求的生活，这种生活将知识作为换取生活资源的手段，而人也随之因求生的压迫而丧失了自由选择的机会与能力，因而这是不完善的、鄙俗的；而高尚的生活则恰恰相反，它是一种立足于自由意志之抉择、符合本己的生活，彰显了自由意志的高贵，因而是合理的、高尚的。与此相对应，人的教育也要分为两类：一类是配合自由生活的“自由教育”，一类是养成粗鄙生活的“非自由教育”。自由教育的目标和价值是人的理性的自由发展和德性的完善，非自由教育是着力于培养匠人

---

① 北航高研院通识教育研究课题组. 转型中国的大学通识教育：比较、评估与展望. 杭州：浙江大学出版社，2013.

② Arthur Levine. Handbook on Undergraduate Curriculum. San Francisco: Jossybass Publishers, 1978: 2. 转引自李曼丽. 通识教育——一种大学教育观. 北京：清华大学出版社，1999: 14.

③ Gary E. Miller. The Meaning of General Education, Teachers College Columbia University, 1988: 182, 183.

式的技艺、进行专门性狭隘的职业技能训练为手段的教育模式。两者相较，后者(匠人的技艺)“败坏公民的身体”“劳瘁公民并贬抑其思想”[①]，因此，亚里士多德对教育与知识的工具性价值的排斥达到了一种偏执的地步，以至于甚至认为人所学习的知识本身并不能完全决定教育的性质究竟是“自由的”还是“非自由的”，真正关涉其间的还有学习者的动机：“为自己为朋友或是出于德性的行为都不会丧失身份，然而一旦出于其他目的，同样的行为往往就会显出卑贱或奴性。”以绘画为例，“如果学习绘画的目的是为了增强对形体的审美能力，它就是自由教育；如果是为了鉴别各种艺术品，在私下交易中不至于出差错，那就是非自由的教育”[②]。

综上，亚里士多德的自由教育排斥对一时一地的手艺进行学习，他所关注的在于对人类知识的传承，这是一种颇具贵族气质的价值追求。其根本的着眼点更是“自由”与“至善”人格的养成，以及对神圣知识的敬仰。如果说亚里士多德的自由教育与后世的通识教育在精神上有所契合的话，那么这种契合的连接点就在于此了——它仿佛照在边福汝主教额头上的那一束光，给在艰难中摸索前行的人以神圣、希望和启迪。[③]

2. 通识教育的三次浪潮

学界公论，近代意义上的通识教育产生于美国。据考证，第一次使用“通识教育”这一语词的学者是帕卡德(Parkard)。此公曾在《北美评论》上发文支持著名的1828年《耶鲁报告》，但此处的“General Education”与后来的“通识教育”的内涵并不相同，前者所指大概仅仅相当于一种“狭义的博雅教育”[④]而已。

近代意义上的通识教育是伴随着资本主义时代生产力的大发展和知识的大爆炸而产生的。传统高等教育所形塑的知识生产与传承方式不足以回应新兴生产力的需求；在社会层面，个体的人格被深深地割裂了，伦理人格不再是人卓立于世间的唯一存在方式与价值。更广领域、更深层次的工具价值与目的价值的分裂使得知识的作用不再仅仅是树立一个完善的道德主体、道德人格，而在人的“工具价值”这一延长线上有了更进一步的需要。但此时，美国的高等教育界还沉醉于古老的自由教育传统，守护着启蒙运动的余波，执著之中已经孕育了偏执的种子——1828年的《耶鲁报告》在为传统的自由教育奋力一搏的同时，也引发了一场大讨论。在此背景下，现实的需求在高等教育领域中的投影终于得到了反馈——通识教育的浪潮开始涌动。

第一次浪潮：20世纪二三十年代的第一次通识教育运动。

撬动美国高校自由教育传统之第一块板结的是选修制。早在1869年，哈佛大学校长

① 亚里士多德.亚里士多德全集.苗力田，译.北京：中国人民大学出版社，1994；转引自李曼丽.通识教育——一种大学教育观.北京：清华大学出版社，1999：14.

② 参见李曼丽.通识教育——一种大学教育观.北京：清华大学出版社，1999：25.

③ 边福汝主教是法国作家雨果在其巨著《悲惨世界》中刻画的人物。他在这部著作中出场很少，但其虔敬的信仰、高尚的人格和博大的心胸，还有睡梦中洒在额头上那层淡淡的银色月光，却彻底感化并改变了主人公冉阿让的一生——从一个麻木不仁的苦役犯到一个乐善好施、为了自己的良心与承诺甘愿放弃一切的君子。在本文中，亚里士多德的自由教育教人以“成人”的关怀成为后世通识教育理想的先驱，它把人放在一个神祈的光环下去塑造、去表达，为通识教育开示了一种信念与道路，就好像边福汝主教给冉阿让的启迪一般。故而在此将自由教育对通识教育的先导作用比喻成主教额头上的那束光。

④ 参见宋尚桂，王希标.大学通识教育的理论与模式.北京：中国海洋大学出版社，2007：2.

Eliot 在就职演说中就宣布“本校要坚持不懈地努力建立、改善并推广选修制”[①]。在此精神的指引下。哈佛大学的课程改革一度狂飙突进，到 1895 年，哈佛大学一年级的必修课就减少到两门英语和一门现代外语，至此，选修制在哈佛全面确立。在哈佛的影响下，大批高校开始纷纷减少或废除必修课。到 19 世纪末，选修课在美国高校全面胜出。据 Eliot 的描述，以选修课取代必修课的考量有二：其一，大学教育应该是关注学生个性的教育方式，强使为一的理念有悖于学生个人发展和个体差异；其二，大学教育必须要为社会发展服务，质言之，传统的轻视自然科学的状况不仅不应成为高校科目设置的桎梏，而且还要成为高校力予改革的对象。同时，他极力反对把选修课按照一定的顺序和内容编排成组，认为这样会束缚学生的意志与自由。这样，这一时期的选修制就产生了一个根本性的隐患——这一整套高等教育理论的唯一合理性前提在于，它必须假设学生是一个理性的个体，这一理性个体非常清楚自己的各种特点和未来的发展方向，并且能够为着自己将来的发展而放弃眼前的微小利益。而现实证明这一假设在实践过程中根本无法满足。[②] 这样一来，选修课的理论基础就变成了毫无依据的自我陶醉，它所带来的一系列后果——诸如学生知识结构过早专门化、缺乏系统性的弊端——受到了严厉的批评，并最终导致了一些学院改弦更张，重新恢复课程设置的“综合性”，由此引发了旨在清除选修制弊端的通识教育课程（general curriculum）改革，是为第一次通识教育高潮。

在这一浪潮中，通识教育开始摆脱自由教育的思维定势，各个学院根据自身对选修课程弊端的感受与反思，制定了不同的改革方案，如印第安纳大学的“主修”制，哈佛大学的“集中与分配”制，以及斯坦福大学、哥伦比亚大学、芝加哥大学等的改革，通识教育的模式开始走向多元化的发展道路。

肇始于 20 世纪初的这场改革运动，虽然只有少数几所大学加入，且其实施方案还带有实验的性质，但毕竟崭露出了既反对过分专业化又反对过分学究气的气质，对后世通识教育的发展起到了“开路”与“拓新”的作用，其贡献不容忽视。

第二次浪潮：20 世纪 40 年代的第二次通识教育运动。

美国的第二次通识教育运动肇始于第一次世界大战末期至第二次世界大战结束初。第二次世界大战摧毁了三个帝国（英帝国、希特勒第三帝国、日本帝国），吞噬了旧大陆，重创了苏联。经过世界大战的重新洗牌，美国在世界范围内的霸主地位得以确立。在大国襟怀和世界范围内利益纠葛的映衬下，美国国内的知识体系和教育体系是否准备好了接纳这一人类文明史上最为耀眼的荣光？美国人给出的答案是否定的。当时，“美国高等教育界很多人对学生知识和能力结构的过分专业化深感忧虑”，而针对这一症结开出的药方即是“通识教育”。在这一共同的体认下，第二次通识教育的高潮开始拉开帷幕。

这一次高潮的主体是由两个报告构成的——1945 年由时任哈佛大学校长 Conant 牵头撰写的《自由社会中的通识教育》（*General Education in a Free Society*）和 1947 年由奉

① Eliot C. W.. Inaugural Address as President of Harvard College//Education Reform：Essays and Addresses. New York：Century Company，1898：1；转引自李曼丽. 通识教育——一种大学教育观. 北京：清华大学出版社，1999：58.

② 到 1898 年，哈佛有 55%的学生只选择初级水平课程，有 75%的学生在选课过程中根本就没有中心和重点。数据转引自李曼丽. 通识教育——一种大学教育观. 北京：清华大学出版社，1999：60.

杜鲁门总统令而成立的高等教育委员会发表的《民主社会中的高等教育》(*Higher Education for Democracy*)。相对于第一次通识教育运动而言,这一次运动在一开始即提出了明确的纲领,即 Conant 的《自由社会中的通识教育》报告,这篇报告不但有方向性的把握,还提出了具体的操作方法,同时指出了高等教育改革的对象与目标。这两篇报告在美国社会产生了强烈的反响,几乎所有学院都开始着手讨论学院通识教育的目的、课程内容和教学事宜。虽然这次高潮由于"适应性教育"[①]的冲击而并没有切实地加以实践,但总体上说,它对于高等教育中"专业主义制度"的批判、对美国教育界现行体制的反思,却产生了重大的助推作用;在实践层面,"通识教育课增加而选修课减少"成了高校课程发展的一个普遍的趋势,这也算是功莫大焉。

第三次浪潮:20 世纪 60 年代末至 80 年代中后期的第三次通识教育运动。

开始于 20 世纪 60 年代中期的越战,对美国而言不仅仅是一场战争,还是一次政治的、社会的,乃至哲学的重大变革,反战运动与学生运动、人权运动结盟,导致的直接后果就是大量具有叛逆思想的年轻人进入到大学。在这些激进而动荡的躁动下,绝对自由的选修课观点再次盛极一时。通识教育被视为"僵硬、狭隘、无用"的模式而被学生群体和某些教育改革家加以批判。在巨大的压力下,高校为迎合学生的要求开始改革自己的课程设置,这些改革的主要旨趣即在于减少通识教育的要求,放宽学生毕业的条件。进入 70 年代之后,随着美国经济社会滞涨期的到来,高等学校为了吸引生源、在日益紧张的财政状况下生存下来,开始将自己纳入到一个市场化的模式中加以运作,最重大的表现即是将自身的教育能力作为一种商品介入到交易流通领域——强调适应学生将来进入劳动力市场的需要来对学生加以培养。这种市场化的思维直接导致了专业主义的泛滥和通识教育的萎缩。

这一自甘堕落的恶果在 70 年代之后展现了出来。刚刚从滞涨期缓过神来的美国骤然发现,随着战后欧洲、日本的发展,美国在科技上的优势正逐步消失。这一状况促使美国高等教育界开始再次反思自身的教育体制。反思的成果就是政府和民间都涌现出了大量的报告,从而引发了通识教育的第三次浪潮。本次通识教育运动的主要精力放在了通识教育具体课程的设置上,使得通识教育的导向进一步明确,基础更加深厚。

3. 小结

"形而上者谓之道,形而下者谓之器",若将这句古训化入高等教育领域加以思考的话,那么,那种亚里士多德式的,崇尚德性、心性、人化(manhood)的教育理念可以被纳入到"道"的层面;职业化的、工具化的、专业性的教育,可以被划入到"器"的范畴,而通识教育恰恰就处在一个执其两端而守其中的地位。这一充满着东方色彩的角色安排就意味着,通识教育的使命是培养人、塑造人、教人以"成人"(to be a person);然而这样的一个人又必须是鲜活的、现实的、生活在工业化时代的人,一个作为社会秩序之一环、并通过交往流通以融入这一庞大体系中的人。简言之,它必须要在"道"与"器"之间维持一种张力与

① 所谓适应性教育是指,第二次世界大战以后因大量退伍军人入学就读,其入伍前的背景迥然相异,学校不得不根据学生群体的需要作出让步,开展适应其特定需求的教育,参见李曼丽. 通识教育——一种大学教育观. 北京:清华大学出版社,1999:65.

均衡,或许正是这一使命,使得通识教育在诞生之初便有了叛逆的气质,而后来的发展也确乎给它带来了一丝悲剧的气息:

“在美国早期历史上,当博雅教育瞧不起职业教育时,是通识教育支持维护了职业教育。但是,当职业教育羽毛已丰、翅膀已硬,成长为专门教育时,却反过来瞧不起当年呵护拉拔它的通识教育。通识教育在大学史上扮演着这样令人尊敬、令人叹息的角色。”①

(二)通识教育的模式

美国作为近代通识教育的重要发源地,从其国内通识教育的发展历程来看,它的进路是一以贯之、未被打断的。一般而言,这种时间上的延续性确保了其精神底蕴和思想脉络的一致性,同时也就保证了在这一结构中制度建构的完整性。事实也确乎如此,美国的通识教育模式在世界范围来看都是非常成熟、非常完备的,在世界范围内有着巨大的影响。有鉴于此,笔者将以美国为例,对通识教育的实践模式进行简要的介绍。②

美国的通识教育课程设置主要有四种类型:分布必修型、名著课程型、核心课程型、自由选修型。就这四种类型的含义、进路、动因分述如下。

1. 分布必修型

这是美国通识教育中最主要、最受欢迎的一种实践形式,它的具体含义是指“对学生必须修习的学科领域(一般为自然科学、社会科学和人文科学),以及在各领域内至少应修习的课程门数(或最低学分数)加以规定的通识教育课程计划”③。此种实践模式的指导思想就是力求学生的知识结构能够达到最大的覆盖面,最大限度地扩大学生的知识面,提倡“向学生最大限度地展示各个学科领域的知识内容”,借此打破学生的专业门阀观念,在见多识广的基础上对所学的知识进行观察与理解。在实际操作过程中,“分布必修型”常把通识教育的内容限定在几个具体的知识领域内,这往往是基于效率的考量,因为学生在短短几年内根本无法总揽人类知识的全貌。总体上看,这些领域包括人文科学、自然科学和社会科学几个领域。

2. 名著课程型

也称“巨作课程型”,是永恒主义教育哲学观下的产物。这一类型的产生是为应对19世纪末以来实用主义哲学泛滥造成高等学校教育质量下降的问题。该模式的创始人、芝加哥大学的哈钦斯等人认为,名著是人类历史上最伟大的人物对于世界最基本问题的思考与感悟,它们提出了、甚至于本身就构成了人类社会的最基本问题。故而这些伟大人物的不朽著作对于人类社会具有永恒的价值,能够给人以启迪。所以应当使学生直接从名著中汲取知识与营养。从某种意义上讲,这种教学方式是鼓励年轻人和自己种族进化史

---

① 参见宋尚桂,王希标.大学通识教育的理论与模式.北京:中国海洋大学出版社,2007:9.

② 由于后文将会对几种有广泛代表性的通识教育模式作出深彻的介绍和分析,故而为配合整篇文章结构的融洽性,本部分不致力于对实施模式的深度进行过深的挖掘,而将其任务限定为一种导论或简介,为后文的深入挖掘开出绪端,并对通识教育的各种模式本身有一个盖然性的介绍。

③ Levine A. Handbook on Undergraduate Curriculum. San Francisco:Jossy—bass Publishers,1978:11.转引自李曼丽.通识教育——一种大学教育观.北京:清华大学出版社,1999:77;另可参见宋尚桂,王希标.大学通识教育的理论与模式.北京:中国海洋大学出版社,2007:131.

上最优秀的人进行跨越时空的交谈，其对学生心灵的涤洗与震撼是不言而喻的。在教学的组织上，名著课程主要以讨论为主，大量的阅读与思考工作是留在课外进行的。课堂上仅仅根据需要设计一点基本技能的补充与辅导。然而，这些动辄流传百年千年的伟大著作，每一本书、每一个伟人本身都可以发展出一门独立的阐释学，对于快餐文化占据知识传承主流的今天，这种“低产出”的模式很难为学生所接受。正是这一点导致了采用这一模式的学校寥寥无几。

在美国高等教育行列中，采用这一模式较为成功的大学是圣约翰学院(St. John College)，学习人类历史上最伟大的作品已经成了该校最有代表性、最感自豪的事：“从1937年开始，它(指圣约翰学院——作者)开设了一种与众不同的课程，即基于对西方哲学、宗教、历史、数学、科学和文学作品的名著课程。正是因为这一特征，圣约翰学院才广为人知。”[①]当前该校在本科阶段只设立一个学士学位——大学文科(Liberal Arts)，以及两个硕士学位——文科(Liberal Arts)和东方经典(Eastern Classics)。

在其具体的教学举措中，圣约翰学院有以下几个特点：其一，学生四年的大学学习生活被近乎强制性地要求阅读历史上对西方文明贡献最为巨大的伟人作品，诸如亚里士多德、莎士比亚、爱因斯坦等一个个耀眼而令人生畏的名字和他们的不朽著作，都是圣约翰学院学生们的座上常客；其二，在教学材料的选用上，圣约翰学院尽量避免使用现代的教科书或讲义，并且不进行常规意义上的考试，而代之以从“A”到“F”数个评价级别，其依据是课堂的参与情况和提交的论文水平；其三，实施小班教学。以上三个特点不但支撑起了圣约翰学院的名著课程教学并使其永葆青春，而且还成为了圣约翰学院区别于美国高等教育主流的亮点。

3. 核心课程型

这是一个年轻的通识教育模式，于20世纪70年代末期才广泛出现于美国大学中。它所意指的是“选择对学习者而言有直接意义的学习内容，并且有给学习者足够的时间对所选内容进行充分学习”。前康奈尔大学校长Rhodes将其描述为：“核心课程不是以名著为基础的课程，而是一种把人文科学、社会科学、自然科学直接与人类休戚相关的事物联系起来的方式。”哈佛大学则倾向于把它认定为“一种综合传统独立学科中的基本内容、以向所有学生提供共同知识背景为目的的课程设置”[②]。核心课程模式实施的最大困难在于师资力量，因为这一模式要求任课教师既要有深厚的专业知识，又要有融会贯通的意识和能力。相对于其他模式，核心课程设置对于教师个人素质的要求相对稍高。

这一模式最具代表性的大学是美国的哈佛大学。在其文理学院的课程设置中，哈佛大学本着自己对核心课程的理解，将几种核心课程加以统一编排，形成模块，进而形成具有自身特点的、完整的核心课程体系，借此来达到通识教育的目的。在目前的实践中，哈

---

① 转引自维基百科 St. John's College(United States)词条：http://en. wikipedia. orgwikiSt. _John%27s_College% 2C_U. S. (最后访问2012年4月1日)，文章所引为笔者所译，原文如下：“Since 1937, it has followed a distinctive curriculum, the Great Books Program, based on discussion of works from the Western canon of philosophical, religious, historical, mathematical, scientific, and literary works; it is probably for this program that the school is best known.”

② 参见李曼丽. 通识教育——一种大学教育观. 北京：清华大学出版社，1999：92.

佛大学的核心课程共设置了七个模块,即外国文化(Foreign Cultures)、历史研究(Historical Study)、文学与艺术(Literature and Arts)、道德推理(Moral Reasoning)、定量推理(Quantitative Reasoning)、科学(Science)、社会分析(Social Analysis)。每个模块又下设若干不同面向与侧重的子课程,这些课程和模块共同构成了哈佛大学的通识课程体系。各模块的设置都有自身的目的考虑,比如,外国文化模块设置的目的是为了使学生"扩大对文化之于人生命的形塑之体察,并更新其对于自己文化负载与文化传统的看法"①,而定量推理模块的目的则在于锻炼学生"数学与量化的思维路径"。

哈佛模式对我国大学的通识教育观念产生了很大的影响,甚至可以说中国大学对通识教育理念与课程设置的影响就来源于哈佛大学。如复旦大学等采用的通识教育组织形式和核心课程设计在理念与技术上都和哈佛大学很相似。

4. 自由选修型

在此类型,学校不规定任何系统的通识教育计划,学生可以根据自己的兴趣自行选择确定一个适合自己的通识教育方案。自由选修制是一种风险很大的模式,因为它与一度盛行的选修制共用一个前提假设,这样的话很容易导致通识教育被学生个人的选择所规避,最终形同虚设。

对通识教育发展历程的考察,是一种时间的贯通;对通识教育操作模式的梳理,则是一个空间的横揽——一横一纵之际形成了一个时间与空间的交叠,于是通识教育本身的存在依据和存在方式在这种交叠中得以清晰地展露。历史与模式的概括性考察为我们进入通识教育的殿堂提供了基本的背景与路径,本文将在此基础上进一步深入西方通识教育的具体模式内部,解析其教育组织的特色理念与制度方案。

二、哈佛大学

哈佛大学的通识教育模式代表着一种影响非常大的模式,国内在理解美国的通识教育或者西方的通识教育的时候,很大程度上都是采取哈佛模式这样一个样本作为参照的。目前,国内多所大学对通识教育的实践,受哈佛大学影响的痕迹很重。因此,对哈佛大学通识教育的考察与了解,就成为本文的题中应有之义。

在了解哈佛大学的通识教育制度设计之前,我们有必要先了解一下这些制度设计背后的理念,以及一些基本概念的正确含义。《哈佛通识教育红皮书》上对"通识教育"曾有过较为明确的定义:"广义地说,教育可以被分成两个部分:通识教育和专业教育……它(指'通识教育'——作者)并不是关于'一般'的知识(如果有这样的知识的话)的空泛的教育;也不是普及教育意义上的针对所有人的教育。它指学生整个教育中的一部分,该部分旨在培养学生成为一个负责任的人和公民。而'专业教育'这个术语,指的是旨在培养学生将来从事某种职业所需的能力的教育。此二者同为人的生活的两个方面,是不能完全

① 原文为:"expand one's understanding of the importance of cultural factors in shaping people's lives, and to provide fresh perspectives on one's own cultural assumptions and traditions."

分离的。”①

自 20 世纪 70 年代哈佛大学实施核心课程计划以来，社会、政治、文化以及知识形态都在不断变化，学生的兴趣与能力需求也在不断更新，核心课程原有的课程领域、课程目标、教学方式等都面临新的挑战。为此，哈佛大学曾经对本科通识教育方案进行过不止一次的修正，其中 2005 年的修正影响较大。

哈佛大学于 2005 年逐步形成的通识教育核心课程体系（core courses）分为七个模块：外国文化（Foreign Cultures）、历史研究（Historical Study）、文学与艺术（Literatures and Arts）、道德推理（Moral Reasoning）、定量推理（Quantitative Reasoning）、科学（Science）以及社会分析（Social Analysis）。笼统地讲，前面三个是人文方面的，第四个道德推理和第七个社会分析是社会方面的，其他是数理的模式和自然科学。现在看到的七个模块的划分，其实在最开始的时候只有六个。外国文化这一模块是在全球化趋势越来越明显之后加进去的。后面这六个模块基本上是两门人文、两门社会科学和两门理科。下面笔者会对每一模块做一个简单的介绍。

第一模块“外国文化”是相对于英语文明而言的，指的是除了美国、英国、加拿大、澳大利亚、新西兰之外的那些文明。本来外国文化应该是集中于通常所说的亚非拉文明，欧美的都不算，但这些年已将欧洲的某些其他语言的文化纳入其中。

第二模块“历史研究”的基本目的是要发展学生对于历史学的方法和理论的理解。这部分课程又分成两部分：第一部分是历史研究 A，侧重于帮助学生理解当代世界中主要问题的背景和发展，涉及的是比较宽泛的历史问题，或者说，主要是集中于问题而不是集中于文化、国别或历史理论，而且这一部分比较偏重和当前一些问题、现实文化的关联、历史根源的探寻等方面的课程；第二部分历史研究 B 则集中于核心的历史事件，或者说在更久远的时代的一些重大的变迁，目的是要帮助学生形成对于人类世界的复杂性和经济、文化、宗教、政治各方面力量之间的互动等的认知。历史研究比较重要和有意思的课程是在第二部分，就是 B 组。这里面会有古代文明的一些课程，像希腊、罗马等就主要集中在这个部分。有一些对于一个时期或者对于某一个核心事件（比如罗马帝国、文艺复兴）的分析，亦即更偏重于历史本身的一些课程，也在 B 组里面。

第三模块是“文学与艺术”。这跟历史研究一样，是最重要的部分。该模块在主要大学的核心课程体系里都应该是最重要的部分，因为它不仅仅是对文学或艺术本身的研究，更是让学生通过对文学艺术的研究，深入理解文化的各个方面。这一模块又分成三个小部分，三类课程。第一类课程集中于对文本的阅读和分析，集中于对文学不同的批评方式或者分析方式的理解，集中于讨论文学是怎样起作用的，不同的文体和不同的文学传统是怎样形成与转换的，作者、读者、文本，以及语境之间的关系是如何形成的，等等。其实这一类课程不是侧重于文本本身，虽然它强调对文本的阅读，但主要偏重于文学理论，和前面提到的历史的第一类是比较对应的，是比较宽泛的文艺理论方面的课程。第二类课程会让学生进入非文本的表达，比如视觉艺术、听觉艺术、音乐、美术，这主要是在艺术（Arts）方面，会有看和听这方面的训练等。所以，这一部分主要是艺术类，或者说第一部

① 哈佛委员会. 哈佛通识教育红皮书. 李曼丽，译. 北京：北京大学出版社，2010：39，40.

分侧重于文学理论、文艺理论，第二部分则侧重于艺术。第三部分最为重要，是“文本阅读”，侧重于分析在历史上原创性的文化阶段，这些作品在社会中是怎样发生作用的，会集中于比较重要的时期、风格或者一些文学运动等，这部分在“文学与艺术”里面是最核心的课程。总之，在“文学艺术”模块里分成三个部分：第一部分是文艺理论；第二部分是艺术，就是视觉艺术和听觉艺术；第三部分是文学文本和对文学文本的具体分析。

第二和第三模块是最重要的两块，也即历史和文艺这两部分。

第四模块是“道德推理”，在整个核心课程体系里面，并不很受重视，这一模块里的课程也并不是很多，像以前政治哲学的课，或者社会理论的课会放在这里，像“人类平等与不平等”这类集中于比较重要的现实问题的课程会在这里。再比如罗尔斯的《正义论》，有时候也会放在这里面讲。最近几年，这类课程被削减得比较厉害，而且学生对这部分的兴趣也不是很大。

第五模块是“定量推理”，就是定量分析，侧重于量化的一些思考方式，一般来说这部分比较失败，很难吸引学生。对于科学(Science)来说，它和定量推理是比较类似的。

第六模块是“科学”。科学反而比定量推理稍微成功一些，因为它有科学的常识性课程，学生还是比较重视的。这一模块分成两部分：第一个主要是集中于物理科学或者自然现象，通过定量化的描述和综合分析来进行研究，主要是科学理论、科学常识等课程；第二类就是比较具体的课程，集中于像生物学、进化论、环境等这些比较具体的问题。

最后一个模块是“社会分析”，主要是社会学的课，侧重于社会科学的主要概念与方法。例如哈佛著名医学人类学教授阿瑟·克兰曼(Arthur Kleinman)开设的“社会苦难”(Social uffcring)就在这类里面。社会分析是对于社会现象的分析，包括社会理论和关于美国一些现实问题的研究等。

哈佛的通识教育核心课程体系分成这七块基本是原则上的要求。在实行过程中，它会有更加具体的规定，例如学生在前两年主要修这些课，基本每一个模块都要上若干门课，第三年、第四年再进入到专业学习。当然在前面会有一些侧重，比如本来就是文史专业的学生，前面两门就可以少选，会有替代性的课程。

2007年，由哈佛大学前任校长劳伦斯·萨默斯推动的新的课程计划在文理学院获得表决通过，这是哈佛对核心课程计划实施30多年来的一次彻底的修正。新的课程计划提出了四点新目标：

(1) 为学生成为合格公民做好准备；

(2) 教会学生理解自己既是传统艺术、观念和价值的产物，也是参与者；

(3) 让学生为批判性地和建设性地回应变革做好准备；

(4) 发展学生对自己的言行从道德层面上加以理解的能力。

为配合新的教育目标，新的课程体系分为以下八个类别：

(1) 美学的和阐释的理解(Aesthetic and Interpretive Understanding)；

(2) 文化和信仰(Culture and Belief)；

(3) 实证和数学推理(Empirical and Mathematical Reasoning)；

(4) 道德推理(Ethical Reasoning)；

(5) 生命系统科学(Science of Living Systems)；

(6) 宇宙物理科学(Science of the Physical Universe);

(7) 世界社会(Societies of the World);

(8) 世界中的美国(The United States in the World)。

纵观哈佛通识教育核心课程体系的历史,笔者认为其原初理念是非常正确的,但是在执行的过程中,尤其是在不断的修正中,却与原初理念不断偏离。让我们再回顾一下《哈佛通识教育红皮书》对“通识教育”的理解:“该部分旨在培养学生成为一个负责任的人和公民。”所以,所谓“通识教育”即在于在“人性教育”“人格养成”上,教育者之间,以及教育者与被教育者所达成的“通识”,而不是各种专业知识都知道一点的“通”!

不幸的是,《哈佛通识教育红皮书》提倡的教育理念固然正确,但是专业教育,以及实用主义教育思维定势,还是使得哈佛通识教育核心课程体系的实施效果,或者说被其国人曲解的主要目的变成:强调跨专业的知识培养,强调学生对于每一个领域都要有一定的知识。这恰恰是通识教育一直在努力克服的专业教育理念——“旨在培养学生将来从事某种职业所需能力的教育”——的变种!通识教育不是培养通才,不能把通识教育理解成让学生掌握更多的专业知识,好像这样通识教育就成功了。模块分得过碎,各个领域的老师都来讲一讲,其实际的教育结果并不理想。例如,从教师的角度来说,教师讲的是自己专业知识的通俗版本,或者说是低级版本,这会使得各个专业最好的老师不愿意上这种课。例如“社会苦难”那门课,本来在人类学系是一门专业课,也是本科生的专业课,把它变成通识课,就要降低难度,老师上得没有动力。而且,学生学的也并不是很扎实的专业知识,只是在各个专业之间都有一些尝试,都会涉猎一些知识,但是每一门都很不专业。无论对教师还是对学生来说,这样的教育都很不理想。其实际的教育结果就变成了使学生对每一个领域都不会有很深入的理解,更为重要的是,“通识教育”的目标——“培养学生成为一个负责任的人和公民”——仍然没有落实。这一点是需要国内的追随者好好思索的问题,而且是应该极力避免的问题。

当然,无论是哪种通识教育模式,它面临的基本问题都在于,在现在的市场模式下,学生有很大的自由度,学校很难给学生一个强制性的要求,让他读什么书,让他被灌输一种什么样的思维方式。所以,国内大学现在应该思考的问题在于,在这样一种情况下,学校如何还能够让学生掌握一些对于现代自由民主社会来说非常重要的理念?或者说,在这种市场模式之下,学校还“能否”,或“应当”传达一些基本的理念?

这就涉及与通识教育经常放在一起谈论的“自由教育”。《哈佛通识教育红皮书》认为,“自由教育的根本含义即‘适于或有助于造就自由人’”。而“自由人”则是“被培养成为思索与追求美好人生的人,他们的教育既非专门化的也非职业化的,其目的是培养出一个对于自身、对于自身在社会和宇宙中的位置都有着全面理解的完整的人”①。

非常不幸的是,就像国人对“自由”最肆意的理解一样,国内某些大学对于“自由教育”的理解就仅仅停留在“自由选课”,或者“自由选专业”的层面。而哈佛大学2007年的改革也不幸落入这一窠臼:“为学生提供更加灵活的选课制度。”这就造成了中国某所著名的综合性大学哲学系只招到1名学生,历史系只招到10名学生,而大批学生涌入经济、法律等

① 哈佛委员会.哈佛通识教育红皮书.李曼丽,译.北京:北京大学出版社,2010:40.

热门学科的现象。大学被流行意见所占领，甚至成为流行意见的贩卖场，而不是像人们所期望的那样，是这个社会坚守人类永恒真理与价值的中流砥柱。而且，“自由选课”的前理解是学校相信这些“被教育者”有教育自己的能力！他们会认为，要给学生选课的自由，因为这些“被教育者”“需要教育的人”会知道学习什么课程是真正对自己的成长有益的、有帮助的。这里面的悖谬是每一个人都可以清晰指出的！

高等教育当然并不只是培养高等的学者，但即使不培养精英的学者、人才，也应该有一些“对人与社会基本一致的和有约束力的理解”①是每一个受教育者必须要懂得的。而这种“对人与社会基本一致的和有约束力的理解”恰恰是民主社会最应依赖的力量，因为“民主所蕴含的分化力量太强大了”②。而目前这样的模块设计，无法保证每一名学生都会读到一些最基本的书，也即《哈佛通识教育红皮书》一直强调的通识教育所依赖的“巨作”(Great Books，最为丰富地蕴含着对人与社会基本一致的和有约束力的思考与理解)。不幸的是，2007 年的哈佛改革也背弃了这一优良传统：“为学生提供广博的知识，而不是深入地集中于单一主题或少量文本。”在如此珍贵的大学时光中，只是让学生对每一个学科分工有一个基本的了解，对每个学科的内容有一个基本的了解，让学生学习这些可以随时从 Google 上得来的知识，对学生的成长有什么样的实质意义呢？让不具备自我教育能力的人自我教育、自我选择学习什么课程与知识，又能有什么良好的结果呢？如果把这种模式引入中国，恐怕会带来相当大的问题。

以上主要是关于哈佛大学的核心课程体系的介绍和思考，所以有一些其他的方面没有涉及，比如说很重要的学院制度。无论是英国的主要大学，还是美国的大学，这方面做得最成功的其实是耶鲁。它们的每一个学院都会有自己的文化，几十年来本科生都是按照学院的模式来管理的，学院的管理者是研究生。至于学院的具体模式则又是需要另加讨论的问题。

对哈佛大学情况有了基本的了解，就可以对国内的大学通识教育的尝试进行一种反思。在美国的几种通识教育模式中，哈佛大学和芝加哥大学正好形成了比较鲜明的对照。但是现在对国内的教育界来说，对芝加哥大学的模式了解甚少，通常都是比较盲目地拷贝哈佛的模式，这里会存在很大的问题。对芝加哥大学通识教育模式的认知与比较也许可以为我们带来更多的思考。

三、芝加哥大学

芝加哥大学的通识教育探索，对美国通识教育的历史发展有重大的影响，目前是与哈佛模式并列的一种通识教育模式。目前，国内对哈佛大学的通识教育模式了解比较多，对芝加哥大学的通识教育模式了解相对较少。因此，这部分对芝加哥大学通识教育模式的介绍，内容相对多一些，具体分成三个部分：首先介绍一下芝加哥大学创校以来在通识教育方面所做的一些探索与改革；第二部分再介绍一下目前芝加哥大学的通识教育的整体

---

① 哈佛委员会.哈佛通识教育红皮书.李曼丽，译.北京：北京大学出版社，2010：5.

② 哈佛委员会.哈佛通识教育红皮书.李曼丽，译.北京：北京大学出版社，2010：8.

状况和内容分布；最后以其中的一两门通识教育课程为例，介绍芝加哥大学通识教育的具体实践经验。本章写作的资料，既包括国内学者的一些研究文献，也有芝加哥大学官方网站提供的课程介绍，同时也吸收了香港中文大学范广欣教授的一篇考察报告，以及作者本人就此问题向北京大学哲学系李猛教授求证和交流后得来的一些信息。

1. 渊源与历史

在美国的名校中，芝加哥大学是一所虽然年轻却显得有些特立独行的大学。芝加哥大学创立于 1890 年，1892 年才正式开课。成立之初，芝加哥大学便立志打破美国大学教育的既有模式，在综合英式的学院式大学和德式的研究型大学两种模式的基础上，走出一条大学教育的全新模式。由芝加哥大学第五任校长郝钦斯创立的芝加哥大学的通识教育模式，就是在这种教育实验精神的鼓舞下艰难探索的产物。

芝加哥大学首任校长哈珀在创立芝加哥大学时，就把芝加哥大学的教育分成两个阶段，其中第一个阶段是通识教育，第二个阶段则是专业教育。但是通识教育究竟该如何具体展开，哈珀并没有形成一套完整和行之有效的模式。哈珀的几位继任者，虽然在哈珀的教学改革实验的基础上有所推进，但成效并不明显。这个历史的重任最后落在了第五任校长郝钦斯的身上。郝钦斯并非等闲之辈，29 岁就担任耶鲁大学法学院的院长，30 岁就成为芝加哥大学的校长。① 从法学院院长转变成大学的校长，从耶鲁大学来到芝加哥，对郝钦斯来说，并不仅仅是一种职业位置的转换，随之转变的还有他工作的语境和面临的核心问题。20 世纪 30 年代，美国法律发展遭遇的问题是僵化的法律哲学无法适应急遽变化的社会现实，因此，作为法律人共同体的一员，郝钦斯对法律现实主义运动感同身受，是其积极的拥护者。然而，当郝钦斯的阵地从法律改革运动转变到大学教育时，他面临的问题则远比法律改革要根本得多。郝钦斯开始认识到，一个自由民主社会所遭遇的许多根本性的困境，是无法通过专业化的现代科学的方法来解决的。问题的关键仍然是人的问题，是人的教育问题。随着与哲学家艾德勒交往的深入并最终成为同事与战友，郝钦斯的这种想法也越来越强烈，并最终落实为芝加哥大学通识教育的长期实践和探索。

1930 年，郝钦斯将芝加哥大学分成四个学部，分别是人文科学部、社会科学部、生物科学部、自然科学部，① 并任命鲍彻(Chauncey S. Boucher)出任课程委员会主席，设计通识教育方案。1931 年该委员会设计的通识教育方案被通过。该方案包括五门为期一年的通识导论课程，每个学部负责一门，外加一门写作课，每门课程都要求综合考试。为了衔接专业教育与通识教育，在前两年的通识教育中，允许学生选修一定数量的专业课程，在后两年的专业学习中，又要求学生必须选修三分之一的非专业课程。②

相较于芝加哥大学之前的本科教育课程体系，鲍彻的通识教育方案是一个重大进步，但郝钦斯仍然觉得不满意，尤其是觉得这种方案对古典伟大著作的阅读重视远远不够。后来，在 1953 年出版的《乌托邦大学》中，郝钦斯回溯性地阐述了自己的大学通识教育思想："作为整体，教育系统的目的并非为工业提供熟练工，或者教给年轻人一些生存的技巧，而是让他们成为负责任的公民。"对郝钦斯来说，塑造了西方文明传统的那些伟大著

① 参见芝加哥大学官网对郝钦斯的介绍，http://president.uchicago.edu/history/hutchins.shtml。

② 沈文钦. 郝钦斯与芝加哥大学的通识教育改革. 比较教育研究，2006，(4).

作,恰恰是训练学生的智识能力并使他们成为具有独立思考和批判能力的合格公民的最好教材。而专业化的技能训练对此根本无能为力。因此,郝钦斯在19世纪30年代所推动和领导的一次又一次通识教育改革,都紧紧围绕着对经典名著的阅读和苏格拉底式的小班讨论这两个核心展开。

在美国当时的大学教育体系中,如此的教育理念既是超前的,也显得有些脱离工业时代的实际,食古不化。因此,郝钦斯的通识教育改革在推进的过程中,也遭遇到了强大的阻力。例如,郝钦斯在20世纪30年代大力推行的阅读西方古典名著计划,就多次失败,最后他麾下的一批人只好把阵地转移到圣约翰学院继续他们的教育实验。此外,郝钦斯为了增强通识教育的效果,力推将通识教育提前延伸至中学高年级教育阶段,形成中学高年级(2年)和大学初级(2年)连贯4年的完整通识教育的做法,在当时美国的大学教育体系中,更显得特立独行。最后由于涉及招生等一系列的技术问题,在郝钦斯辞去芝加哥大学校长后,就被他的继任者废除了。[①]

当然,郝钦斯的教育理念也说服了许多有才华的年轻人集聚在他的麾下。来自这些年轻教师的支持,是郝钦斯通识教育改革持续进行并且取得最大限度成功的重要基础。从1943年到1950年郝钦斯离任前,芝加哥大学逐渐形成了一套相对成熟的课程体系。这套课程体系"主要有14个序列课程,在14个序列课程中,包括三年人文课程、三年社会科学课程、三年自然科学课程、一年数学课程(还可以多选一年)、阅读与写作课程、外国语(选修)、O. I. I[观察(Observation)、阐释(Interpretation)与综合(Integration)]"。具体分布如下:[①]

一年级	社会科学1	人文1	自然科学1	英语
二年级	社会科学2	人文2	自然科学2	数学
三年级	社会科学3	人文3	自然科学3	外语
四年级	历史	O. I. I(观察、阐释与综合)		

这一套课程体系更好地贯彻了郝钦斯的阅读经典名著的思想,西方历史上几乎所有的哲学、文学和历史的名著,都容纳在这套课程体系的参考书目之中。尤其是,即使是自然科学的课程,也增加了对诸如阿基米德、伽利略等历史上伟大的科学家的经典著作的阅读内容。

2. 继承与调整

与郝钦斯任校长时期所形成的通识教育体系相比,目前芝加哥大学所推行的通识教育体系,在核心理念和整体思路上是一脉相承的,但又面对现实对郝钦斯的版本做了许多重要的修改和限制。其中,芝加哥大学现行的通识教育体系与郝钦斯版的通识教育体系最大的区别是:取消了贯穿中学与大学的连续四年的通识教育的模式,采取了哈佛大学的两年的核心课程体系,即在大学的一、二年级重点进行通识教育,而在三、四年级则重点进行专业教育。当然,这并不意味着三、四年级就没有通识教育课程了,而是意味着作为必修课的强制通识教育,主要集中在一、二年级。

① 沈文钦.郝钦斯与芝加哥大学的通识教育改革.比较教育研究,2006,(4).

二者一脉相承之处主要体现在如下两点，即以小班教育为前提的苏格拉底式的教学法与强调对西方历史上那些伟大的经典著作的阅读。苏格拉底式的教学法，最先流行于美国各大学的法学院的案例教学中，郝钦斯则将苏格拉底教学法创造性地运用到通识教育中，着重强调的是培养学生进行独立的批判性思考的能力和辩论能力。苏格拉底教学法要能够实现，一个前提条件是小班教学，芝加哥大学的通识教育课基本上是小班，其中每个班的人数一般不超过 25 人。强调对伟大经典原著的阅读，着重的是通过与历史上伟大人物的直接对话，培养学生发现与提出根本问题的原创性能力，以及直接面对人类社会根本问题的思考习惯。

就通识教育的这两个核心要素而言，其实三、四年级的专业教育并不构成对通识教育的否定，而是以另外一种方式对通识教育的延续和深化。如果说，一、二年级的通识教育旨在训练学生的一种形成和表达核心智识问题（key intellectual questions）的基本能力的话，则三、四年级的专业教育则强调在此基础上，训练学生在某个具体的知识领域更深入和系统地处理复杂问题的专业能力。三、四年级的专业教育虽然训练重点变化了，但是训练方式仍然延续一、二年级的许多核心特征，例如仍然强调小班研讨的方式，强调对各专业领域中那些经典文献的研读和讨论。

因此，通识教育与专业教育之间的区别，主要集中在学习内容方面，也即课程体系设置。下面笔者就重点介绍一下芝加哥大学的本科课程体系。① 首先，笔者将简要介绍一下芝加哥大学的整个课程体系的结构，这样我们就可以了解通识教育课程在整个芝加哥大学课程体系中的地位。其次，笔者将介绍通识教育课程体系的结构和内容，重点是其中的“人文、文明研究与艺术”（Humanities，Civilization Studies，and the Arts）部分，因为这部分是整个通识教育体系中最核心的内容，也是笔者相对比较熟悉和能够把握的内容。

就课程体系的整体结构而言，除了一、二年级的通识教育与三、四年级的专业教育区分之外，芝加哥的本科生教育体系还包括另外一个部分，即选修课程。选修课程主要是为了满足学生依据个人兴趣自由地探索知识的需要，提供一些学生个人特别感兴趣但通识教育课程与专业教育课程却都无法提供的课程。学生要顺利毕业、升入研究生的课程，总共必须修满 42 个学分。② 在这 42 个学分中，一、二年级的通识教育必须修满 15 个学分，并且原则上一、二年级的通识教育课程不能被任何其他课程所替代。因此，在芝加哥大学的整个本科生教育体系中，通识教育明显区分于其他三个课程体系，构成了整个本科生教育体系的基础部分。

一、二年级的通识教育课程总共又被设计成三个类别，分别是：人文、文明研究与艺术（Humanities，Civilization Studies，and the Arts）、自然科学与数学（Natural and Mathematical Sciences）、社会科学（Social Sciences）。其中，“人文、文明研究与艺术”与“自然科学与数学”这两个类别，学生必须各修满 6 个学分，社会科学类别则必须修满 3 个学分。

---

① 材料的来源主要是芝加哥大学官方网站（http://collegecatalog.uchicago.edu/thecollege/thecurriculum/，2012 年 8 月 15 日最后访问）所提供的关于课程体系的详细说明。

② 与一般大学每年分成两个学期的模式不同，芝加哥大学一年分成四个学季（其中夏学季的时间在暑假，课程较少，选修的学生也比较少，相对比较不重要），一门课程可能会分成三个学季上，其中每个学季一个学分。比如说《世界文学经典导读》这门课，就被放到三个学季上，则每个学季上完，考试合格后，学生就可以拿到一个学分。

下面就简单介绍一下各个类别的主要内容。

(1) 人文、文明研究与艺术类。人文、文明研究与艺术类课程设置的目标是帮助学生形成分析、欣赏、品味经典文本的能力,同时又能够历史性地研读文本(appreciate and analyze texts intellectually, historically, and aesthetically)。为了实现这个目标,这一类别又再细分为三个模块,分别是:

A. 对历史、文学与哲学文本的解释(Interpretation of Historical, Literary, and Philosophical Texts);

B. 戏剧、音乐与视觉艺术(Dramatic, Musical, and Visual Arts);

C. 文明研究(Civilization Studies)。

在这三个模块中,A 模块是最基础的部分。通过 A 模块内容的学习,学生应该掌握深度解释各种历史、哲学与文学原著的能力,并且能够通过这种解释辨识出这些文本所提出的那些根本性的问题,最后能够有说服力地和到位地将自己的理解表达出来。在此基础上,更进一步地训练学生理解和阐释戏剧、音乐和视觉艺术的能力,并且将对这些艺术与经典文本的理解与阐释和特定的文化传统联系起来。这就是 B 模块和 C 模块之所以被设计的原因。基于这三个模块之间的这种内在关联,这一类别 6 门课,又被设置成了三种组合方案,可以简单地将其说成是三个套餐:

套餐 1,三门人文课(A 模块)、两门文明课(C 模块)和一门艺术课(B 模块);

套餐 2,三门文明课(C 模块)、两门人文课(A 模块)与一门艺术课(B 模块);

套餐 3,两门人文课(A 模块)、两门文明课(C 模块)与两门艺术课(B 模块)。

A 模块总共有 8 门课程,分别是世界文学经典阅读(Ⅰ—Ⅱ—Ⅲ)、哲学性地阅读人文经典(Ⅰ—Ⅱ—Ⅲ)、古希腊思想与文学(Ⅰ—Ⅱ—Ⅲ)、公民与人(Ⅰ—Ⅱ—Ⅲ)、人文经典导论(Ⅰ—Ⅱ—Ⅲ)、阅读文化:收集、旅行与交换(Ⅰ—Ⅱ—Ⅲ)、媒体美学:影像、声音与文本(Ⅰ—Ⅱ—Ⅲ)、语言与人类(Ⅰ—Ⅱ—Ⅲ)。值得注意的是,这 8 门课程都是系列课程,每门课程都分成了三个系列,这意味着要完整修完一门课程的话,都必须花费三个学期。

B 模块则是艺术模块,着重对学生欣赏和领悟艺术作品能力的培养,授课的方式,除了名作赏析式的教学之外,有时候也会采取实践性更强的方式,例如组织学生重演经典戏剧。B 模块提供给学生选择课程的范围也比较广,总共有 16 门课程。B 模块的系列课程比较少,只有"戏剧的历史与理论"这门课程是阶梯式的系列课程,需要两个学季才能完成这个系列课程。其他课程用一个学季就可以上完。

C 模块是文明研究模块,着重学生对世界范围内主要文明之发生、历史与成就的理解和把握。方法是对这些文明中迄今仍然保存的文献和历史遗迹的研究。这个模块提供的选择余地也非常大,总共有 30 门课程左右。古希腊文明、古希伯来文明、古罗马文明、西欧的中世纪文明、伊斯兰文明、中国传统文化、地中海世界、拉美文明与历史、西方的音乐文明、西方近现代的科技文明等,都在可供选择之列。这些课程又分成了两类。第一类是全部在芝加哥大学学习的课程,总共有 20 门,另外一类是需要通过海外交换项目,到这些文明发生地的大学完成的项目,总共有 11 门。例如,第二类课程中的"罗马:从古代到巴洛克",就可以通过交换项目到罗马学习,进行实地考察。C 模块的多数课程也是系列课程，多数是需要三个学季才能够修完的，也有少数是需要两个学季才能修完。

通过对三个模块课程内容的了解，可以发现就课程内容设计而言，设计者鼓励多数学生选择套餐一和套餐二两个套餐，并且套餐一又优先于套餐二。例如，模块A中没有两个学季的系列课，但模块C就有两个学季的系列课。因此，如果学生选择套餐二的话，就无法完整地完成模块A的任何一门课程。权衡之下，学生就更容易选择套餐一的课程。根据香港中文大学的范广欣在芝加哥大学的实地访谈和调研，实际上多数学生选择的也都是套餐一。①

(2) 自然科学与数学类。作为通识教育的一部分，这一类别的课程与其他大学开设的普通自然科学课程，有着重要的区别。自然科学对现代世界与文明的塑造的参与，是实质性的，因此了解现代自然科学的问题意识、思维模式以及基本原理，也应该成为通识教育的基本组成部分。这部分通识教育课程，就是为了满足这部分的需求而设立的。这一类别的课程目的是激发学生对自然物理世界探索的兴趣，尤其着重于自然科学探索的激发过程(exciting process)。通过这一类别课程的学习，学生也可以了解自然科学的观察、推理的威力与局限性。其中数学课程着重训练学生形式逻辑推理的能力。学生必须选修自然科学与数学类别的课程至少六个学季的课程，在这六个学季的课程中，学生必须选修至少两个学季的物理学的课程，至少两个学季的生物学课程以及至少一个学季的数学课程。

自然科学与数学类别的课程，具体又可以分成物理学、生物学、自然科学、数学四个系列，其中比较有特色的是物理学和生物学系列，根据学生未来主修的方向不同，各自又再细致地区分成两个部分，即未来主修相关专业方向的学生要学的课程和未来不主修相关专业方向的学生要学的课程两大类别。例如，物理学类别就专门为将来准备主修生物学、医疗专业的学生提供了5到6门要求比较高的物理学和化学课程，而为未来主修其他专业的学生提供要求比较低的课程，满足其通识教育的要求。生物学系列的课程的划分则更细，更加考虑到不同专业方向的学生对课程难度的要求。此外，第三小类课程，即自然科学系列，又是专门为将来主修人文类的学生开设的自然科学的通识教育课程，难度又较前面两类要小一些，主要是针对大一学生和部分大二学生。

(3) 社会科学类。与前面两个类别的课程相比，社会科学类别的课程相对短小而精悍，所占的学分也比较少，但绝不表明这一类别的课程是相对不重要的。这一类别的课程的重点是社会科学理论中的核心概念、基本问题与基本的理论与方法。通过展示社会科学的基础理论如何提出基本问题，以及如何通过思想实验(imagination)和系统分析的方法来分析这些基本问题，帮助学生观察和理解当今世界所面临的一些基本问题。可供选择的社会科学类别的课程主要是如下几门课程："权力、认同与抵抗"(Power, Identity, and Resistance)、"自我、文化与社会"(Self, Culture, and Society)、"社会科学探索"(Social Science Inquiry)、"心灵"(Mind)、"社会与政治思想经典"(Classics of Social and Political Thought)。其中"社会与政治思想经典"曾经长期由施特劳斯主讲，在芝加哥一直被奉为

① 范广欣：芝加哥大学的西方文明核心课程：通识教育与大学理念，http://www.cuhk.edu.hk/ogercgeconference/070119/fanguangxin.pdf，2012年8月15日最后一次访问。

经典课程,极受欢迎,每年这门课程都同时开设十多个小班。

(4) 外语类。除了上述通识教育课程之外,芝加哥大学的通识教育体系还要求学生必须学习除英语之外的一门语言,并提出了相当具体的标准来考核学生的语言能力。在听说读写四种能力中,对读和写的能力要求较高,但对听和说的能力也有具体的要求。此外,通识教育还包括另外单独设置的三个学分的体育内容。

3. 授课的细节

通过对芝加哥大学通识教育的渊源和历史的回顾,以及该大学目前通识教育课程体系的解读,我们可以大致地领略到芝加哥大学通识教育的品质与特点。尽管如此,如果能够对其中的某些课程做重点的参与式观察,也许更加能够感受芝加哥大学通识教育的独特魅力。由于客观条件的限制,笔者无法亲赴芝加哥大学参与和学习其通识教育课程,是为遗憾。好在笔者担任北京大学哲学系李猛老师助教期间,有机会经常向李猛老师请教通识教育问题,也经常听李猛老师介绍他在芝加哥大学社会思想委员会求学期间参与和观察本科生通识教育课程的一些信息和感受。此外,香港中文大学的范广欣教授 2006 年曾经专门赴芝加哥大学考察通识教育课程,后写作《芝加哥大学的西方文明核心课程:通识教育与大学理念》①一文,将考察的观察、体会与收获写出来与我们分享。为了文章论述更为客观,有据可查,这部分的介绍更多的是依据香港中文大学范广欣教授的描述和介绍,并根据笔者与李猛教授的交流作为补充和印证。

范广欣教授重点考察的是两门课程,一为"西方文明史"、一为"社会与政治思想经典"。"西方文明史"课程在整个课程体系中属于第一类"人文、文明研究与艺术"的 C 模块,"社会与政治思想经典"则是第三类"社会科学类"。"西方文明史"主要由历史系开设,而"社会与政治思想经典"则如上文所述,授课教师是在全校范围内公开招募的,来自不同的学科背景。

尽管如此,这两门课程也有许多共同之处,体现了芝加哥大学通识教育的共识和底蕴。首先,这两门课程都以小班为单位,每个小班大约 20 人。小班教学使得课堂讨论成为可能。按照授课方式的不同,目前芝加哥大学的通识教育课又大致分成两种类别:一种是以讨论为主,例如"欧洲文明史";另一种是以授课为主,例如"东亚文明"。如果是以教师讲授为主,则班级的容量可以大一些,这样也有利于节省教育资源。采用大班讲授式为主,估计也是不得已,例如东亚文明的师资资源相对稀少,因此就采取"大班讲授,小组讨论"的模式。而"欧洲文明史"的课程,由于涉及西方历史,师资相对比较丰富,因此就采用小班讨论的方式。处于两者之间的是"西方文明史",由于芝加哥大学采用压缩"西方文明史",鼓励学生选修"欧洲文明史"的制度性激励措施,因此选修"西方文明史"的学生相对于选修"欧洲文明史"的学生要少,超过一个小班的规模,又构不成两个小班,所以讲授这门课程的凯特·温斯特劳布(Ketty Wcinstraub)就采用了苏格拉底式的问答教学法。即使是以教师讲授为主的课程,每个星期也会安排必要时间,将大班分成不同的小组,然后

① 范广欣:芝加哥大学的西方文明核心课程:通识教育与大学理念,http://www.cuhk.edu.hk/ogercgeconference/070119/fanguangxin.pdf,2012 年 8 月 15 日最后一次访问。以下的介绍基本上是以范广欣教授的这篇文章为基础进行转述的,但带有我个人理解的印迹。

以小组为单位组织讨论。由此可见讨论构成了芝加哥大学通识教育中很核心的内容,也可见其对于芝加哥大学通识教育的重要性。

对于小班讨论而言,教师事先的准备工作是关键。首先是阅读材料的选择。经过长期探索和实践,在教材的选用上,芝加哥大学已经形成了一套非常成熟的做法,并且已经将其中的一些成熟做法制定成教材,在芝加哥大学出版社公开出版。一般来讲,小班讨论所选择的教材,都是一些经典的材料,蕴含了丰富的内容和深刻的思想。经典作品往往具有非常丰富的阐释空间,对教师的心智和能力,也是一个巨大的挑战。

如果是同一门课被分成多个不同的小班,则材料又分成两个部分:一个部分是所有的小班都要阅读的文献,另外一部分则是各个小班的教师可以自由决定的文献。前者大约占所有材料的三分之一,后者则占所有材料的三分之二。这样既能保证课程内容的一致性,又给予不同班级授课老师充分的信任和自主性。尽管如此,所有的教师都必须做到一点,就是在上课过程中,要尽量提醒学生带着同情和理解的态度对待经典文本,而不能在没有搞清文本含义的情况下随意自由地阐释。

选定教材之后,教师另外要准备的就是如何处理这些经典的文本。一般课堂讨论前,教师都事先针对阅读材料设计好相关的题目,并在此基础上,设计和安排好课堂教学时间的分配。例如,准备在课堂上花多少时间回顾上一堂课的内容,并考核学生的掌握情况,花多少时间给需要讨论的文本做导读性的介绍,给学生的发言留出多少时间,讨论的时间有多长等。就此而言,教师有点像篮球比赛的教练,必须精密地计算时间,并且通过对课堂节奏的主导来管理课堂时间。这种能力既需要课堂前精密的设计和准备,同时也需要一定的教学经验的积累。

像这样一门通识教育课程,对学生的智力和能力的挑战,也是很巨大的。李猛老师就曾经和笔者说过,许多本科生的通识教育课程,也有博士生去旁听和选修。这表明这些课程的设计者和讲授者的一种共识——并不因为这是给大学低年级的本科生开设的课程,就降低课程的难度。一门课程的魅力,恰恰是建立在这门课程内容的深刻性与丰富性的基础上的。为了迁就本科生的能力而降低课程的丰富度与深刻性,不但教师讲起课来会觉得索然无味,学生所受到的心灵的震动和启发也必然会降低。当然,如何在课程内容自身的丰富性和内容的活泼性之间形成良好的平衡,这也是很值得所有从事通识教育的老师探索的。例如,北京大学吴增定老师讲授的柏拉图《理想国》课程,非常生动活泼,像笔者这样精细读过《理想国》多遍,甚至围绕这个文本写过研究论文的人,听起来仍然觉得津津有味。

上面是就难度而言,而就时间与精力而言,这些通识课程对学生的挑战也是非常巨大的,学生在学习时,必须全力以赴,才能够获得比较满意的成绩。以“社会与政治思想经典”为例,学生要在四个星期内读完柏拉图的《理想国》、两个星期读完亚里士多德的《政治学》、一个星期读阿尔法拉比的三篇文章,一个星期读阿奎那的《法律、道德与政治》的部分章节,最后两个星期读完马基雅维利的《君主论》及《论李维》的部分章节。在这么紧张的情况下,学生要把这些内容读完,已经是很难得了。但这还不算,上课时,每位学生都要做三分钟的发言,提出自己认为值得注意和讨论的问题,并且要积极参与讨论。因此,在课前,学生不但要在规定时间内读完这些文献,同时还要为上课的课堂讨论做好准备,并且事先准备好课堂大约三分钟的发言。课后，学生则要在一天内向这门课程的网络讨论版提交自己的课后总结，主要是回顾讨论中的重要议题和讨论情况，并就课堂讨论未充分的部分提供补充。

通过这种紧张的训练，学生虽然付出的时间和精力比较多，但是基本的写作能力、有效地把握讨论的关键议题并迅速作出反应和有效表达的能力都能得到良好的锻炼。而这些能力，无论是学生升入高年级，进入专业学习，还是将来毕业后从事各行各业的工作，都是非常重要和最基本的能力。

当然，一门通识课程如果仅仅是要求高，程度深，却无法有效地与学生所生活的这个世界形成密切的关联，恐怕起到的效果，也不过是挫败学生的智力自信和积极性的"灭绝师太"而已。芝加哥大学从事通识教育课程设计和教学的这些人，当然不会忽视这个问题。在他们看来，这恰恰是通识教育与专业的学术教育区别的关键之处。专业化的学术教育往往要求学生拥有必要的知识背景，具有必要的专业素养，体现在课程内容上，就是除了经典原著之外，学生还必须阅读一定量的研究文献，并且初步具备分析和处理这些专业文献的能力。但是通识教育强调学生是零基础的，不要求学生阅读任何二手的研究文献。对授课教师的要求则是，授课教师应该具备将经典文本的内容与学生所熟悉的周围世界进行关联的能力。这首先就要求，这些经典著作与授课教师自己的生命和生活必须发生某种实质性的关联。如此，教师才能够帮助学生走进经典名著的世界。因此，"社会与政治思想经典"的授课教师塔科夫(Tarcov)在讲授柏拉图《理想国》的政体演变时，才会问学生如何理解当下美国的政体，在讲授阿奎那的正义战争理论时，要联系当时正在进行的伊拉克战争的正义性问题。同时，塔科夫也会坦言对自己影响最大的两本名著就是大家这学期要读的《理想国》与《君主论》。

四、圣约翰学院

圣约翰学院在通识教育模式上采取的也是"名著课程型"模式，与上述芝加哥大学模式类似，但也具有自身的特色。

1. 圣约翰学院简介

美国圣约翰学院是一所自由文理学院(Liberal Arts College)，也是美国第三古老的高等教育学府。圣约翰学院在美国拥有两处校址：一处是在马里兰州的安纳波利斯，另一处在新墨西哥的圣塔菲。圣约翰学院的前身是建立于1696年的威廉国王学院，当时还是一所预科学校。1784年，学院正式获准成为本科学院。尽管圣约翰学院会从《圣经》中摘取相关的教学内容，也会招聘一些重要的基督神学家和哲学家加入教学系统，且学院的名称也跟宗教有关，但圣约翰学院本身实际上与基督教并无多少联系。

2. 圣约翰学院与通识教育

圣约翰学院自成立以来就致力于培养能追求纯粹智慧和真理的人才。为达到这一目标，学院努力维持并提高一种使学术研究、创新精神、全球意识和追求真理的热情能成为教学过程和终生学习发展的重要基础的氛围，以此来促进人类社会的和谐发展。本着这样的办学理念，圣约翰学院弱化了文科和理科的专业壁垒，为学生提供统一的本科教育，旨在丰富学生的学习生活和专业知识。

从1937年开始，圣约翰学院就一直采用一种独特的课程——“巨作”教学计划，这是对于西方在哲学、宗教、历史、数学、科学和文学方面的经典作品的讨论上得出的结果。这个计划规定，学校的教学必须建立在对西方伟大的哲学和文学著作的讨论之上。也许正是由于这个教学计划使得这所学校闻名内外。“巨作”教学计划的推行不仅为不同的学习者提供素质教育，开拓了学生的眼界和知识领域，而且还将各个专业学科有机联系起来，大大增强了各学科的不断推陈出新。学校通过教学计划的这一创新举措，以学生为中心，力图培养学生理性的、积极的、探究的文化素养，塑造能体现出真理、爱、尊重、机遇、卓越和服务的圣约翰核心价值观的优秀人才。

3. 圣约翰学院的培养计划

圣约翰学院的本科学制为四年，学校只承认一类本科学位，就是文科学位(Liberal Arts)。作为一所享誉海内外的文科类学府，圣约翰学院之所以能在人文社科领域内取得如此非凡的成就，主要得益于其独特而先进的培养计划和教学方式。

(1)“巨作”教学计划。

“巨作”教学计划(在圣约翰学院中经常被称为“教学计划”或“教学新计划”)是由特林费勒·巴尔(Tringfellow Barr)、斯科特·布坎南(Scott Buchanan)、罗伯特·郝钦斯(Robert Hutchins)和莫蒂默·阿德勒(Mortimer Adler)等人于20世纪30年代中期在芝加哥大学发展出来的，是作为当时迅速变革的本科生课程的一种备选制度。圣约翰学院从1937年开始推行“巨作”教学计划，当时学校正面临着财政和倒闭的危机。现今圣约翰学院实行的“巨作”教学计划也深深受到了其20世纪40年代到50年代的校长雅各布·克莱因(Jacob Klein)的影响。

“巨作”教学计划是一个四年制的学习过程。[①] 而它的特点就是几乎所有的学习都是强制性的，它要求学生阅读和探讨许多西方文明史上对哲学、神学、数学、科学、音乐、诗歌和文学有着杰出贡献的学者的原始著作，比如亚里士多德、莎士比亚、笛卡尔、爱因斯坦等。之所以会提出“巨作”教学计划，是因为当初这种教学计划的创始人们反感当时大学教育中充斥的“职业利益”导向的教学。跟这些创始者一样，如今圣约翰学院的学生们更愿意单纯地为追求真理而学习，他们常常出于自己的兴趣去探索知识，而不管它们是否实用。学校教学中所有的辅导课(Tutorial)，如数学、语言和音乐课，以及研讨课(Seminar)和实验课(Laboratory)都是以讨论为核心的。数学辅导课上，将由学生自己演示由各个时期的数学家们总结出的定理。语言辅导课上学生将实践语言翻译(前两年学习古希腊语，后两年学习法语)。辅导课、研讨课和实验课便组成了课程的全部。[②]

不同于其他美国主流大学，圣约翰学院并没有现代课本，没有老师授课，甚至没有考试。除了基本教材外，学校用一系列手册代替教科书。尽管传统的A到F的评分方式仍被沿用，但并不被学校重视，分数等级只有在学生们要求时才会公布，成绩的评定很大程度上是以学生的上课参与度和课后论文为依据的。而圣约翰学院的教授也并不是像大多

① 详尽的阅读书目体系参见《圣约翰学院“巨作”(Great Books)教学计划阅读书单》。

② 信息来源于圣约翰学院网站。

数大学的教授一样在课堂上扮演“演讲者”的身份，他们更多的是起到一种引导者的作用。

圣约翰学院班级的规模普遍都很小，一般情况下，每个班级学生和导师的比例是 8∶1。讨论班在圣约翰学院是规模最大的班级，有 20 多名学生，但有 2 个导师。而日常班则较小，通常是由 1 个导师带着 12 到 16 名学生进行学习和讨论。预备班是最小的班级，每班只有 3 到 9 名学生。[①]

(2) 文科硕士计划。

文科硕士计划是圣约翰学院圣塔菲校区在 1967 年推出的夏季计划，该计划实际上就是以圣约翰学院的本科生“巨作”教学计划为蓝本稍作修改后形成的一年制的硕士培养方案。此后，该计划的规模不断扩大并逐渐被圣约翰学院的另一个校区安纳波利斯校区所沿用。文科硕士计划要求学生通过研读西方传统经典作品来探究人类存在以来一直持续的问题。这个计划共包括五个部分的专题学习，分别为哲学和神学、政治和社会学、文学、数学和自然科学、历史学。学生只要修完这五部分中的任意四个部分就可以获得文科硕士学位。文科硕士计划最显著的特点是它为一个课程或专题提供了共同的基础知识，使不同专业和学科领域的学生都能参与学习和讨论。与“巨作”教学计划类似，在文科硕士计划中，学生与学生之间、学生与老师之间的讨论是一种课内外都适用的学习模式，学生在每个学期都会加入一个讨论班、一个指导班和一个预备班，所有这些班级的课程都是在导师的指导下以小组讨论的方式进行的，而这三种类型的班级也构成了圣约翰学院独有的教育经验的框架。

(3) 东方经典学习计划。

在圣塔菲校区，有一个专门的学习计划为学生提供东方经典文学硕士学位(M. A. E. C，即 Master of Arts in Eastern Classics)。这个计划长达三个学季，必须在 12 个月里修完。这个项目建立的原因是，学校意识到把东方三大主流传统文化(印度、中国和日本)的经典作品大量压缩并揉进一大群西方经典作品中来教授有违“巨作”教学计划的初衷。于是，在这个东方经典学习计划中，学生将被要求阅读印、中、日三个国家完整成套的哲学、宗教和文学著作。因此，学生学习中国文化不仅仅要阅读孔子、老子和庄子，还要阅读孟子、荀子、韩非子、墨子及程朱理学，以及《史记》《左传》，李白、杜甫和王维的诗歌以及古典小说如《西游记》《三国演义》等。然而这些仅仅是整个书单的三分之一，余下的还包括印度教的主要教义和分支教义，小乘、大乘佛教和禅宗佛教的发展，以及《摩诃婆罗多》《沙恭达罗》《源氏物语》《奥之细道》这样的东方文学名作。同时，学生还要从梵语和汉语文言文中选择一门语言进行学习。[①]

4. 圣约翰学院的课程设置

按照“巨作”教学计划的安排，学生在本科阶段的必修科目包括文学、哲学、数学及政治学以及与这些学科相关的研讨课，这些科目都是要与学生相伴四年的。另外一门需要学习四年的科目是语言，不同的是，其早期要求学生学习英语和法语，中后期则开设的是古希腊语、拉丁语等课程。除此之外，学生还需要修习三年的理科实验室课程，内容涵盖了物理、化学和生物等自然科学的基础学科。进入学院第一年的合唱团课程以及第二年

① 信息来源于圣约翰学院网站。

的音乐学习也是必修的科目。

以东西方经典原著为教材进行学习，是圣约翰学院课程的核心，也是圣约翰学院教学体系的一大突出特色。按照“巨作”计划所列出的书单，入校第一年，是致力于对古希腊时期哲学家和他们经典著作的阅读理解；第二年则包含了古罗马、中世纪、文艺复兴时期的古典书籍；第三年是 17 世纪和 18 世纪的经典书籍，其中大部分是现代语言类的书籍；第四年将进入对 19 世纪和 20 世纪经典文献的阅读。①

课程中唯一的选修课是第三、四年冬天简短的称作“带教类”(perceptorials)的课程。这种课程的内容每年都有变化，一般囊括了“巨作”计划中没有涉及的话题以及“巨作”计划书单中没有纳入的作者，如加布里尔·加西亚·马尔克斯(《百年孤独》的作者)以及诗人华莱士·斯蒂文斯。

5. 对圣约翰学院教育模式的评价与总结

总的来说，作为通识教育的先行者之一，圣约翰学院在教学改革上的独树一帜在当时着实体现出了倡导者敏锐的眼光，其大刀阔斧地推行“巨作”教学计划所带来的优越之处也是显而易见的。

(1) 提供了统一的本科培养方案，打破了专业间的森严壁垒。

圣约翰学院并没有像大多数高校那样成立各个专业学院，而是对学生在大学四年实行统一的培养方案，毕业后授予文学学士学位，旨在将学生从专业导向的禁锢中解放出来。圣约翰学院宣称，名著是人类知性传统的源泉，不仅启发人们理解长期困扰人类生存的问题，而且与当代社会问题有很大相关性，其价值既是永恒的，也是合乎时宜的。因此，学院极为推崇以古典学科为中心的课程观，非常重视挖掘名著的教育价值，体现出学院通过完全还原名著来强调学科间的相互关联性，以此弱化专业、系别对学生接受教育带来的影响。事实证明，圣约翰学院的毕业生并没有因为缺乏专业训练而影响进一步的深造和发展。该校 80%的毕业生进入研究生院继续学习，是美国输送博士生最多的学院之一。①

(2) 考核评分制度别具一格，坚决抵制教育功利主义。

圣约翰学院指出，功利性教育只是手段，以谋生为目标，使用普通评价工具就可以测量；自由教育才是目的，目标是让生活有价值，只有终身生活质量才能够评价。故在圣约翰学院，学生从来不为考试而读书，不为分数而学习，而是每天与同学、导师一起在人类历史上最伟大的学者的著作和思想中遨游，为获取恒久的真理和真正的知识、培养自身的精神和理智、塑造伟大的灵魂和心灵而努力学习。①圣约翰学院一直强调学院的责任在于为每个灵魂的兴趣服务，高薪的工作和公民素养知识教育只是副产品，而圣约翰学院的教育目的也并非就单纯地培养学术精英，它更多的是通过向学生传递对人类社会基础性问题的理解来让学生对公众生活和个人生活的最终目的和手段作出理性的选择。

(3)解除教师的诸多束缚，一切以育人为本。

圣约翰学院本着自由主义的理念，一切以培养人才为先导，这就避免了现代巨型大学“重科研、轻教学；重社会服务、轻人才培养”的办学思路。因此，在圣约翰学院，教师的工作很简单，就是全身心地投入到课堂教学和人才培养中来，引导和激励学生努力学习。他

① 张家勇，朱玉华. 美国圣约翰学院通识教育实践模型. 大学(学术版)，2010，(7).

们没有职称评审和发表论文的需求,也没有繁重科研项目的负担。他们不是什么大师,他们授课的过程实际上也是一个和学生共同探讨经典名著中的基础性问题并不断提升自我水平和修养的过程。有时候在课堂上教师们也要面对学生的质疑,也要敢于承认自己的无知,正是这种非权威的身份反而更有助于学生和教师的共同进步。

然而,圣约翰学院作为自由主义教育最坚决的实践者,就像其因推行"巨作"教学计划而闻名于世,这种教育模式的缺陷也同样明显,尤其是在当代市场化的教育体制之下,高等教育更多的是被用来为社会的进步和经济的发展服务,显然圣约翰学院这样的教育模式所培养出来的学生是很难适应这种市场化需求的,而它的学生在毕业之后也多是去攻读人文社会科学类的研究生则从一个侧面反映出这种教育模式的局限性。况且,圣约翰学院之所以能够在全校范围内全面推广这种教育模式很大程度上是基于学院体量很小,两个校区的师生人数总和不超过 3000 人,这就使得小班化教学、讨论课等形式多样的培养方式有了生存的土壤,即便在美国,也没有几所大学能够推广这种教育计划和模式。

五、麻省理工学院

上述考察主要集中于国外通识教育复兴过程中最具影响力的几所综合性大学或文理学院。事实上,作为一种普遍化的社会思潮,通识教育改革并不限于综合性大学或文科学院,在诸多的理工学院也有着广泛的影响。甚至可以说,在相对欠缺文科一般基础与氛围的理工学院可能更是专业教育的重灾区,学生对通识教育的需求也应当更为强烈,而教育领导者提供适当形式之通识教育的压力也会更大。美国麻省理工学院(MIT,即 Massachusetts Institute of Technology)可以作为理工科大学探索通识教育模式的一个典型。

1. 麻省理工学院简介

麻省理工学院于 1861 年由一位毕业于老牌名校威廉玛丽学院的著名自然科学家威廉·巴顿·罗杰斯创立。他希望能够创建一个自由的学院来适应正快速发展的美国。由于南北战争,直到 1865 年麻省理工学院才迎来了第一批学生。随后其在自然及工程领域迅速发展。在大萧条时期,麻省理工学院曾一度被认为会同哈佛大学合并,但在该校学生的抗议之下,这一计划被迫取消。1916 年麻省理工学院从波士顿迁往剑桥。

谈到麻省理工学院的创立,就不能不提到威廉·巴顿·罗杰斯的传奇,此人天赋异禀,在威廉玛丽学院还没有拿到毕业证就开始在威廉玛丽学院担任化学教授。受到其建校历史的影响,那时的威廉玛丽学院还是一所以文科为重点授课内容的大学,其校友先后创办了乔治·华盛顿大学以及弗吉尼亚大学。威廉·巴顿·罗杰斯受到这些前辈们的鼓舞和学校自由风气的影响,打算开设一所专门以自然科学技术为主的大学,在他的推动下,麻省理工学院便诞生了。麻省理工学院从模仿开始,吸收了威廉玛丽学院的英式风格、严格的教学模式和荣誉法则(honor code),成为了美国首屈一指的尖端科技大学。

如今,麻省理工学院不仅强调理工课程,也提高了人文课程的要求,强化通识教育在整体高等教育体系中的地位与分量,力求培养出全面的高素质人才。

2. 麻省理工学院的通识教育

尽管麻省理工学院是世界一流的理工院校，但其通识教育的理念还是非常先进的。从学院建制上看，麻省理工学院的人文及社会科学学院对于其通识教育之展开有着重要的支撑作用。在理念上，该学院明确声称：在麻省理工学院，许多从事人文社会科学的先驱们穿梭于教室、工作间、微机实验室以及各种练习场所，这种不断更新观念、注入活力的氛围，吸引着世界各地最优秀的教师、学生及研究者们；他们意识到当今面临的挑战是全球性的、跨学科的，他们懂得人文及社会科学学院将给予其知识和技能，使之走在日新月异的世界前列。[①] 麻省理工学院校方对于培养什么样的人有着非常清晰的认知，他们认为个体学生经过高等教育之后，必须同时作为合格的专业人员和成熟的社会成员，这样才能有效率而快乐地生活，而欲达此理想教育境界，必须具有"经典人文教育培养出来的敏感力和技巧"[②]。

麻省理工学院通识教育的基本目标确定为五个方面，其相互之间有着紧密的逻辑联系：①发展交往（口头和书面）技巧；②了解对人类文化的知识（包括过去和现在）以及各种文化相互作用的方式；③认识作为人类活动基础的各种概念、理念和思想体系；④理解不同社会的社会、政治和经济框架；⑤掌握文科中各种交流和表达自我的方式。显然，这些基本的教育目标很难在一个具体的专业框架内完成，因此，这必然成为通识教育的目标。只有通过适应于这些目标的具体课程及培养体系的训练，学生才可能成为一个成熟的社会成员，亦即理性、负责而有创造力的公民。

在课程计划方面，根据徐献军的考察，麻省理工学院规定理工科学生必须在人文、艺术和社会科学领域中选修 8 门课程。除了一些音乐和艺术科目，所有科目都要求学生提交大量的书面作业。8 门课程中的 3 门是指定必修课，并且在三年级前每个学生都要选择一个专攻领域。可选择的专攻方向包括人类学、考古学和考古科学、比较媒体研究、文化和社会研究、经济学、伦理学研究、历史、艺术和建筑史、语言学、文学、音乐、哲学、政治学、心理学、宗教研究等。麻省理工学院还规定，对其中某一专攻方向感兴趣的学生，应该与该领域的指定导师会谈，以得到一些有益的指导。在选定专攻方向后，学生要修习该方向上的具体科目，麻省理工学院称之为扩展科目，其目的是提高学生的智力结构和内聚力，让学生获得实质性的知识和分析技巧。扩展科目的定位是人文主义的教育，并且这些科目被设计得很小，以便学生能够参与讨论。[②]

正是通过这样的合理的通识教育理念与具体有效的课程体系安排，麻省理工学院的通识教育模式不仅向所有理工科学生普及了作为通识的高等教育内容，有效支撑了其理工科优秀学生的思维品质与创新能力，而且直接培养出了在人文社会科学领域具有卓越贡献与影响力的大家，例如经济学家萨缪尔森、语言学家乔姆斯基、哲学家德雷弗斯、文学家格林、音乐家李卜曼等。

---

① 转引自罗家祥：麻省理工学院人文学科的四个特点.

② 徐献军：麻省理工学院的人文教育及其启示.

六、牛津大学

导师制被认为是“津桥”(Oxbridge，即牛津与剑桥的合称)优质本科教育的“气门”所在，集中体现了英国高校“通识教育”的核心精神。牛津的导师制尤其被奉为“教学的瑰宝”“镶嵌在牛津皇冠上的那颗耀眼的宝石”，是牛津大学及其所属各学院的特有标志。对牛津大学在全球高等教育中所享有的卓绝声誉而言，其导师制功不可没。对牛津大学的学生而言，导师的辅导课所产生的效果几乎是任何其他教学方式难以取代的，它让人真正爱上学问和思考，而非纯粹的信息汲取，对青年人的心智成长居功至伟。在20世纪90年代，曾有一位学生说道：“最好的导师制辅导就如同‘新闻之夜’有帕克斯曼这样的主持人。”①

那么，牛津大学的导师制是如何执行的呢?

牛津高等教育政策研究中心主任大卫·帕尔菲曼曾撰文称，“导师制的教学方式对牛津大学所有的学位课程而言，都是完全必要的。导师制教学模式实施的整个过程，既应强调师生间的‘团队力量’，但又不应是一成不变的固定形式。在导师制教学模式的具体实践过程中，导师和学生可以按照实际情形去适应其性质以达到最佳效果”。由此可见，导师制是一种“不断革新、灵活变通、动态发展的广为接受的教学形式”②。

尽管如此，这种教学模式却有着内在一致的理念和精神。1966年，弗兰克斯委员会(Franks Commission)调查了牛津大学的运作状况，对导师制作出如下评价：“导师制的核心是一种教会青年学子独立思考的理论。导师放手让学生去独立探索……并且清晰地表达自己对某一论题的理解……在‘导师制的’讨论中，学生应该能够从其对自我立场的竭力辩护中受益匪浅。”②

1. 导师制的历史及实施方式

导师制初始于19世纪，在牛津大学随着学院功效的逐步发展而得到改进，并在巴力奥学院(Balliol College)逐渐完善。随后，导师制开始在牛津大学各学院普及开来，剑桥也紧随其后。

概而言之，导师制教学就是在学生和他所跟从的导师间进行的例行周会。但这并未取代其他的教学方式，如讲课或研讨课，也显然不能取代个人的自主学习。牛津大学圣约翰学院院士和导师威尔·G. 摩尔(Will G. Moore)在1966年出版了《导师制及其未来》，详细介绍了导师制的教学情景：“事实上，导师制教学肯定所有这些教学方式的存在，并且将它们的成效应用于每周导师制教学所要求的论文准备之中。该论文是由学生在与导师见面的周会上口头陈述，导师听完后就立即进行讨论。整个导师制教学的过程，包括了阅

① 帕克斯曼(Jerry Paxman)：(1950—)，英国记者、作家及电视演播员，1977年进入英国广播公司(BBC)工作，是“新闻之夜”的著名主持人。该表达转引自大卫·帕尔菲曼：“高等教育高在何处?”，载《高等教育何以为高：牛津大学导师制反思》，北京大学出版社2011年版，第28页。

② Franks Commission. 1966，pp. 101-102。

读论文、讨论问题、安排下周任务等，持续时间略多于一个小时。”①

“这种教学方式的一个常见特点就是其程序的非正式化……开始的时候，它通常会提几个问题，如询问学生的课题进展如何，并要求学生作单方面的简要陈述。学生可能比自己预想的更喜欢这个环节，这或许是因为他自己也清楚他既不能解决问题也不能准确找出议题中存在的真正问题。接下来是论文宣读，导师可以随意打断，学生也可以随时停下，随之而来的是敷衍的夸奖或感谢，然后导师再对论文进行详细的评论，学生是否要记录导师的意见也由他自己作决定。在这一环节中，有可能会出现要么是双方热切交流观点的场面，要么是由一方单独提供信息的令人头疼的情形。在导师制例行周会的最后几分钟里，导师会针对下周议题给出一些建议或提示。当下一个学生敲导师的门时，或前一个学生要上课去了，或导师要去开会，或者实际上就是某一方觉察到对方已然兴趣不再或注意力分散时，这一周例会也就告终了。”①

这种导师与学生之间每周面对面的例行会谈并不拘泥于固定的形式和时间。会谈一般约在导师的办公室，每次不过一到两个学生，以便于展开深入讨论、指导，以及督促。在这样的面谈中，任何学生都难以逃避导师的检测和问题，因此必须为每周的例会进行深入、细致的阅读，并撰写小论文（或报告）。讨论的内容以及热烈程度取决于老师的指导风格、学生的个性和努力程度，尤其取决于后者。

这些导师要么是某一学科的一流专家，要么是处于某一学科前沿的年轻活跃的研究人员，每周的例行会谈给学生提供了就某一问题的细节与导师进行全面讨论的机会。在他们的讨论中，每一方都可以拒绝对方提出的观点。导师制是学习的工具，在师生的相互辩难中，学生对相关领域的知识便有更加深入、全面的理解。不仅如此，导师制还是一种质疑的方法，一种探究、摸索及细察的方法。最好的情形是，它不是通过权威的独断，而是通过批判、理论、分析及比较的方式来进行的。在这样的模式中，导师相当于一面带有“辩证法”逻辑的镜子，在其协助下，学生能够自己建构起知识框架、心灵结构和理论视野。

“导师并不是通常意义上的教师，因为传递信息并不是他的工作，学生应该自己去获取所需的信息。导师应该以具有建构意识的评论者身份，帮助学生对信息进行分类，有时还要帮助他们检验信息的准确性，也就是说，探寻一种可能的方案，否决某种方法而倾向于另一种。这整个过程就转变了某些带有偏见的观念：看待问题的方式、评价论据的方式以及在事实之间建立联系的习惯性倾向等。通过这个过程，学生不久就会了解导师的思想，即某位导师会倾向于采用某种特定的标准或某种特定类型的依据。了解这一点后，有能力的学生就会开始尝试独立于导师，去摸索对问题的个人理解和独特诠释。优秀的导师则会帮助学生反驳或纠正自己，也就是说他将向学生传授解决问题的方法而不是固定不变的结论。”

牛津大学耶稣学院的法学院士彼得 · 墨菲尔德教授回忆了自己在本科一年级时被导师为难的经历。他被要求在导师辅导课上宣读自己的论文，当时的教学内容是《罗马法》中的奴隶制问题。尽管收集了大量的素材，做了细致的阅读、“很好的笔记”，以及周详的准备，但当他被叫起来宣读自己文章的时候，这种自得的踏实感很快消失了。“我刚费劲

① Will G. Moore. The Tutorial System and its Future, Pergamon Press. 1968, pp. 15-16.

地读出 4 句话就被我的对话者打断了，我清楚地记得他当时是这样说的：你到底想表达什么？实际情形是我的论文确实没有任何意义，因为这些观点都是别人的并且太过内行，远远超过我当时可能达到的水平。"①

许多年后，身为牛津导师的墨菲尔德颇怀感激地向那位老师致敬："事实上，即便两个学期以后我也没有学到多少有关《罗马法》方面的东西，那时我在法学士学位的第一次考试中只得了丙+的成绩。然而，我确实感觉自己理解了这门课，并且经过其他各位导师的当面辅导又特别加深了这种理解。导师没有虐待倾向，也不是冷漠无情，他只是希望我能够明白自己现在的处境——在此我必须学会管理自己的学业，为自己的学业负责，并且在这个地方，由那些比我当时表现得更专业的人来编写教材也是无关紧要的。简而言之，导师都希望我能够在学术上成长起来。"②

因此，导师制的目的在于鼓励学生积极主动地而非消极被动地发展其自主学习、独立工作的能力，以及分析批判的技能。曾有人不乏冷静地指出，"牛津和剑桥是英语世界中最闻名的大学……这两所大学被认为拥有一些能使才智之士大放异彩、满腹经纶、智慧倍增的特殊而独特的方法"。这种方法指的便是其导师制。

2. 导师制面临的困境

在牛津具有 200 年历史的导师制是一种精细的教学传统，能够成功地塑造学生的心智能力和学习德性，但这样的"精耕细作"要求高昂的人力成本和资金成本。随着英国高等教育"大众化"以及严重的科研挂帅的风气在一些高等教育机构正日益占据上风，牛津的"导师制"这一古老传统也遭受着冲击。

早在 1909 年，作为牛津大学名誉校长的寇松勋爵(Lord Curzon)便指出了导师制的高成本，"如果牛津确实有什么东西特别值得自豪，并标志着一代又一代牛津人的生活和品格，此外还刺激了其他国家难以掩饰地表示羡慕，那么这就是个人学费的奇妙增长——要知道，这种增长几乎是在我们不知不觉的过程中悄然喷发的"。

根据统计，牛津学生为教学支出的费用至少每年要比其他学校学生多 5000 英镑，而多花的这笔钱主要就是用于导师制教学，以及与其他大学相比更为优越的图书馆资源。然而，始于 1985 年的英国高等教育"大众化"浪潮使在校学生人数翻了一倍，相应的变化是学生人均年补助几乎减掉一半。在"大众化"结构下，牛津"导师制"所代表的精英传统颇感无奈和困窘，帕菲尔曼院士甚至声称："牛津导师制教学模式在某种意义上就似乎是一种出生在错误时代的制度。"③

虽然因为其灵活性，导师制在大众化的浪潮中得以继续下来，但是，"学院导师制教学模式在结构、过程和目的上都曾有所改变、正在改变，并将继续改变"。在科研、学生增多和资金短缺的多重压力下，牛津大学"皇冠上的宝石"很可能在 20 年后成为赝品，不再能

---

① 彼得·墨菲尔德. 传授规律，学习规律：在学术上成长. 高等教育何以为高：牛津大学导师制反思. 北京：北京大学出版社，2011：96.

② 彼得·墨菲尔德. 传授规律，学习规律：在学术上成长. 高等教育何以为高：牛津大学导师制反思. 北京：北京大学出版社，2011：97.

③ 大卫·帕尔菲曼. 高等教育高在何处？高等教育何以为高：牛津大学导师制反思. 北京：北京大学出版社，2011：54.

够担起一直具备的通识教育功能。

"很少有导师时常与自己的学生碰面，过多的工作量使得导师的辅导课已被削减到仅仅只是规定的最低时间。许多导师仍然保持着过去的那种无私忘我的献身精神，但谁又能责备其他那些一心扑在研究上而无暇顾及教学事务的导师呢？"①

在 1∶2 的师生结构中，"没有学生能成为漏网之鱼而不被注意到……各种借口和托词会很快将那些懒惰及溜号的学生暴露无遗，或将那些比较麻烦的学生揭露出来"。但是，当师生的比例变成 1∶4 甚至更大时，这种效果将会大大减弱，学生从老师那里得到的反馈也将大大减弱。而现实情况是，学生和教师之间的比例正在变得更大。

面对如许困境，如何让导师制继续发挥它应有的活力，大学又如何有效地承担起自己的使命呢？这既是牛津大学、英国高等教育所需考虑的问题，更是中国的大学所无法逃避的难题。

七、日本的通识教育

日本有很长的通识教育历史，通识教育在日本被称为"教养教育"或"一般教育"。最初的日本教养教育可以追溯到明治维新之前的幕府末期，很多开明藩主在领地内兴办藩校、私学、村塾，既讲授西洋知识和兵法，也传授汉文经典和兵书。其中就有长州藩著名的教养教育启蒙者吉田松荫对弟子们进行的经典阅读教育，既包括汉文经史子集以及日本历史著作，也包括针砭时弊的政论时文和经济评论，而儒学经典在数量上和分量上占绝对多数。有趣的是，他的弟子之中既有精通兵法的传奇英雄高杉晋作，也有大政治家、明治三杰之一的木户孝允，这充分体现了通识教育的魅力。

明治维新期间，日本政府一方面为了尽快完成近代化和工业化，大力推广实用性的职业教育，为国家培养大量的科学、军事人才；另一方面为防止西方思想对日本社会的过度冲击，避免日本君主政体受到动摇，积极推行以神化天皇制为主要形式的"德育"——由明治天皇亲自下达《教育敕语》，明确日本国民需遵守的"十二条德目"，至此确定了日本教养教育主导教育第一线的国家正统地位。学生从小开始，不论学人文还是学理工，都必须学习"修身"、历史、伦理、哲学等人文课程，特别值得注意的是，日本大学生无论文理都必须接受"汉文"教育，学生需熟读《史记》《孟子集注》《大学中庸章句》等儒学经典著作。日本的通识教育在这样一种略带愚民和强制的特殊环境下，虽然不可避免地形成了对天皇愚忠、献身国家的盲目集体主义，但同时竟然也形成了一种截然相反的理念——即所谓"大正教养主义"的个人主义思潮（强调知识分子应注重个人修养），而且还一度成为了教育思想的主流。这也再次证明，即便是以旧制学校为中心、服务政治为旨归的旧式日本教养教育中，通识教育所特有的对人的作用也不可低估。

第二次世界大战结束后，日本作为战败国，在美国严令其去军国主义、天皇去神话的压力下，不得已地重新搭建了自身的教育体系。由于改革者的政治惰性和抵触情绪，日本

① 大卫·帕尔菲曼.高等教育高在何处?.高等教育何以为高：牛津大学导师制反思.北京：北京大学出版社，2011：63，64.

建立起了一套完全模仿美国自由教育而发展起来的教育体系。这种新的教育体系没有对日本的政治与文化特点进行分析,也没有对已有的教养教育的成就加以重视,而是大量直接套用和照搬了美国自由教育的理念和做法。此外,日本教育领域内主持改革的主要力量是仍然秉承着集体主义教育理念的学术精英,并没有西方民主主义所倡导的"一般教育"思想,因而推行和拥护的实际上还是精英教育,这就使得日本战后确立的教养教育,从理念到举措各环节都充满了错位式矛盾。再加上第二次世界大战后日本产业的迅猛发展,客观上使得学生从中学到大学,没有足够的时间来学习专业课程之外的教养教育内容,也就迫使日本的各个教育阶段都优先安排对学生就业有更直接帮助的技术类、职业类课程。

因此,日本的通识教育从 20 世纪 70 年代开始,逐渐暴露出以下几个问题。

第一,各大学中,基本都缺少能支持实施通识教育的条件,这主要表现在担任通识教育课程的教师在数量和质量上均存在不足,教学设施也不配套。实际的教学往往不能实现通识教育的理念和目标。

第二,从机构设置来讲,通识教育由大学的"教养部"提供,它在层次、地位上均低于专业院系,而且由于制度上的割裂,两者之间的沟通合作非常缺乏,导致通识教育的内容形骸化。

第三,从 1956 年开始,文部省对大学通识教育课程中的人文科学、社会科学、自然科学、外语、体育保健等科目的划分以及学分要求都有统一的规定,这种单一性已经不能适应由于升学率提高所带来的大学多样化的局面。

这些问题引起了日本政府和教育界的重视,日本开始从高等教育阶段起重新开设教养教育的课程。到了 20 世纪 90 年代,"小政府、大市场"为根本理念的日本政府改革,放宽了对高校及其他层次学校教养教育课程等的要求。日本政府教育部门主持的教改,又回调成了对教养教育的放权。

1991 年,日本政府颁布了《大学设置基准大纲化》,其主要内容是废除通识教育和专业教育之间,以及通识教育内部各学科之间的划分,各大学可以根据实际情况自由地调整大学教育课程。政府的意图是通过放宽大学的办学自主权,改变过去通识教育一刀切的做法,吸取经验、摒弃问题,积极探求通识教育课程本土化模式,努力提高通识教育课程教学质量,推动更加灵活、更加适应时代发展的通识教育。

以此为契机,全日本大学都开始广泛展开了在教学组织、课程和教学方法上的改革。其中一个最明显的结果是,绝大多数的大学都对"教养部"进行了整编。五年中,几乎所有的国立大学都废除了"教养部",取消了过去所谓的"一般教育课程"。取而代之的是建立一个校级统筹机构专门负责通识教育的管理,以全校之力发展通识教育。对此次日本通识教育改革的情况简要介绍如下。

1. 日本通识教育课程结构

日本各大学的通识教育课程基本上由三部分构成:基础课程、综合课程、面向新生的大学入门课程。基础课程一般包括外语、信息收集与处理、保健体育等技能性科目和专业基础科目。综合课程主要是由知识性科目组成,一般设置为核心课程模式、分类必修模式,也有按主题讲座或研讨的形式开设。大学入门科目或教养研讨课主要为新生开设,目的在于帮助新生尽快适应大学生活，了解大学开设的课程，学会如何选课，培养学习兴趣、科学的思考方法以及正确的表达方法等。这种课程一般是以讨论的形式进行，每班 20 人左右。

2. 日本通识教育课程内容

日本大学比较重视外语运用能力的培养，综合性大学一般都要求学生掌握两种外语，把外语作为进一步学习专业知识的基础。要求学生在理解外国文化的基础上，既能阅读外文教材和学术性文章，又能够用外语交流，为学生将来作为一个国际人才打好良好的语言基础。

信息科目的目的是锻炼学生收集和处理信息的能力，适应信息化社会。作为与专业教育有机关联的专业基础科目，主要是向学生开设学习各类专业课程前需要掌握的基础知识课程。通过学习，了解基础学科的逻辑框架或体系，并掌握学习高深学问所需的基本知识、技能与思考方法等。

保健体育主要包括两方面的内容。首先是根据对自身体力等测定所得的数据，了解自我身体的资源现状，基于科学的认识，培养健康的体魄；其次，根据自身特点或运动技能标准，选择适合自己的运动项目，养成终身喜爱运动的态度以及培养遵守公共秩序或培养协调性等社会公德。

综合科目一般都是各大学通识教育课程的核心，目的在于拓宽学生的视野，让他们了解知识的广泛性、文化的多元性，以及不同知识之间的联系，培养学生具有丰富的人性、综合的判断力和批判性思维。

主题讲座或研讨主要涉及学术前沿话题或当今世界人类面临的问题，由来自不同学科领域的教师，从不同立场出发，对现代社会面临的各种问题进行多视角的分析。学生通过此类课程的学习，可以加深了解现代社会，掌握发现问题和解决问题的能力。

3. 日本大学通识教育课程设置特点

(1) 目的明确，目标具体。

(2) 通识教育课程与专业教育课程趋于融合，通识教育课程融入大学本科课程体系之中。

(3) 通识教育课程的学分占毕业学分的比例较高。各大学对通识教育课程学分的规定不一样，同一学校各学部也不一样，但从整体上来看，通识教育课程学分比例比 20 世纪 90 年代以前有很大的提高。

(4) 结构合理，内容比较全面。各大学在通识教育课程设置的基本原则指导下，精选通识教育课程内容。在基础理论指导下，合理安排通识教育课程结构。选修课和必修课比例适当，技能类和知识类课程根据各校特色合理安排。

(5) 核心课程设置模式多样化，既有模仿美国的模式，又有自我创新的模式。

(6) 根据文、理科性质的不同，向文、理科学生提供不一样的通识教育。

4. 日本大学通识教育课程设置的启示

通识教育的根本，首先在于能体现通识教育理念的相关课程和教学方式。日本大学通识教育课程设置与管理的经验，实质上就是通识教育本土化的经验。我们应该借鉴日本大学通识教育课程设置与管理的经验，避免在引进通识教育课程后出现的问题。联系中国的传统、文化、社会、思想等因素，结合各大学的教育理念、特色和传统，合理设置、科学管理中国大学通识教育课程，把外来的（美国的）通识教育变成“我们的通识教育”，对提高中国大学的人才培养质量、全面落实党和国家提出的素质教育具有极其重要的现实意义。日本大学通识教育课程设置的经验可以给我们如下启示：

第一，明确通识教育目的和目标，是通识教育课程设置的第一步。只有根植于大学理念，在目的和目标指导下设置的通识教育课程，才能真正融入大学本科课程体系之中，才能为学校师生认同。

第二，遵循一定的课程设置原则和通识教育课程理论指导，完善通识教育课程结构。通识教育课程要成为一个有机的整体，就必须在内容上遵循一定的基本原则，在结构上遵循一定的通识教育课程理论指导。日本各大学的通识教育课程都是在遵循一定的基本原则和理论指导下设置的，各大学通识教育课程结构和内容成为了一个相互联系的有机整体，基本上不会出现课程结构失衡、内容狭窄等问题。中国专业划分过细过窄，学生的知识结构不均衡，理工科学生缺乏人文社会科学素质，文科学生缺乏自然科学素质，因而中国大学更应该注重文理平衡。

第三，围绕一个“核心”构建核心课程，使其成为大学的特色核心课程。围绕一个“核心”的目的很明确，但如何组合有利于学生形成系统的知识点则很费心思。因此，在设置核心课程时，如果只注重分类而忽视了核心精神，就会本末倒置，必须结合本校传统和教育特色，在通识教育目标指导下，首先确定一个“核心”，围绕“核心”精选课程内容，构建核心课程，使其成为特色课程。

但在这个过程中，为数众多的大学却借着机构调整、课程整编，大大强化了本科教学中的专业教育，对通识教育反而较以前忽视了。改革之前，日本大学一般有36～48个学分的通识教育课程，现在这个数值范围下降到30～35个学分。

不仅通识教育的总量“缩水”，它的实质内容也出现了很大的变化。总体看来，日本大学的通识教育课程，外语、信息处理等一些技术性课程占据极高的开课率（达到9成以上）；另一方面，文章的理解/写作/口头发表、适应大学教育的“导航性课程”，以及高中补习性课程的开课率开始出现递增的现象，这个增长趋势在入学门槛偏低的大学中表现得尤为显著。从中我们不难理解为什么日本大学生会普遍认为大学通识教育只是“高中教育的延伸”，一些日本学者甚至还提出了大学第一年教育为“高四教育”的观点。

可以说，这些结果并不符合政府对通识教育的预期。日本政府在其1998年出台的《关于21世纪的大学形象和今后的改革策略》文件中，就重点指出了改革后大学轻视通识教育的倾向，强调了“重视通识教育以及确保通识教育和专业教育融合”的重要性。同时，该文件也明确了通识教育的目的是“开阔学生的学术视野，培养多角度看待事物以及综合思考和正确判断事物的能力，丰富学生人性，并指导学生把自己的知识和人生置于与国家和社会关系之中”。其核心就是培养学生能把握自己未来发展方向和任务的“课题探索能力”。

之所以存在理想与现实相悖的问题，首先日本政府难辞其咎，其通识教育政策缺少明确的、能指导大学改革的指针性内容，各大学各行其是，简单照搬国外经验，导致大学的实际改革偏离了政府期望的方向。其次，在通识教育认识上大学对教师的意识改革进展缓慢,能够发挥通识教育课程教师积极性的制度还不够健全,许多教师并不能正确理解通识教育的意义和目的,认为它只是一项“麻烦的义务”。

日本大学通识教育尽管一再重复出现问题,但是其课程的设置经验,尤其是通识教育本土化的经验是值得中国大学通识教育改革学习的。中国大学通识教育本土化必须从课程设置入手,结合中国的教育、文化传统和社会、政治、经济、思想等因素,首先实现通识教育课程设置的本土化,进而实现中国通识教育本土化,让通识教育真正成为“具有中国特色的通识教育”,力求实在效果。

第四部分
通识课程

通识教育课程模式的探讨①

内容提要

陈小红②

通识教育课程的模式主要是指通识教育课程的内容选择和组织。当然,不同模式也有相应的教学方式。通识教育课程的三种主要模式:分布必修型、核心课程型和自由选修型。[1]在实践中,分布必修型、核心课程型两种模式是最常见的。本文以美国的通识教育课程为例,对这两种通识教育课程模式进行讨论,试图总结出"合理的"通识教育课程模式。

一、分布必修(distribution requirements)③模式

分布必修课是针对自由"选修制"(elective)导致的课程支离破碎和学生所学知识过分专业化而提出的。早期,大学所有学生都上相同的课程和科目,这是课程史上最先的单一模式,称为"共同课程"(common curriculum)或"共同科目"(common courses)。从19世纪第二个25年起,形成了一股强烈反对僵化的必修课程(prescribed curriculum)的力量,选修课程(elective curriculum)代替必修课程开始得到赞成。到19世纪末,这股力量变得特别强大。1869年开始担任哈佛大学校长的艾略特(Eliot)是选修原则的著名拥护者。艾略特在就职演说中开宗明义地要求结束对古典课程的必修,实行全面自由选修。在哈佛那样的大学里,选修的原则达到了极其高度的认同。选修制是针对英国式教育体制提出的,旨在鼓励学生在学习中发挥主动性和自主性,它的产生直接推动了"学分制"的建立。

随着时间的推移,到20世纪,人们对某些必修的核心科目的兴趣开始复燃起来了。这些核心科目由于能与选修的原则调和,而初步显示出了它的力量。有些科目在课程中居于优越的地位,就好像是受到了教育的"关税壁垒"的保护一样;还有一些科目被列为选修课程,于是在吸引学生的竞争中,教师对课程做了安排,使之既有"集中"(concentration)又有"分散"(distribution)。在某些课程中,采用一套主修科目与兼修科目相配合的方式;在另一些课程中,则采用规定几类必修科目的方式,而在每类必修科目中又给学生有选择的余地。[2]因此,1909年洛厄尔(Lowell)继任哈佛校长后,对选修制进行了改革,

---

① 本研究为全国教育科学"十一五"规划国家青年基金项目"大学通识教育实践的比较研究"(CIA070200)成果之一。

② 陈小红,汕头大学高教所副研究员,教育学博士,研究方向为高等教育理论、比较高等教育、通识教育课程。

③ "分布必修"是大陆对 distribution requirements 的译法,台湾译为"均衡选修"。该词原意为"分布要求",但由于它是针对自由"选修制"(elective)导致的课程支离破碎和学生所学知识过分专业化而提出的,因此强调其"必修"的意思。

推出限制学生选修自由的“主攻(即‘集中’concentration)与基础(contribution)”课程制度,即将课程分为主攻/专业课程和可以在自然科学、社会科学和人文科学三个领域中选课的基础课。这就是所谓“分布必修课”的方法,它可以减轻古典核心课程的刻板性又解决自由选修课的随意性,目的在于让学生既掌握必要的基础知识,又满足个人爱好和掌握实际本领。这就解决了学生学习知识的专与博的关系问题,克服了自由选修制度过分放任自流和过早专业化的弊端。

自分布必修课程模式出现后,20 世纪的大学课程可以说是“求博”(breadth)的通识教育+“求深”(depth)的专业教育模式。[3]目前,“分布必修”课程是最广泛采用的模式。[4]在美国,95%的大学通识教育课程采用此模式。因为对多数大学来说,实施分布必修课不需要改变学校的组织结构。大学已有的不同的院系专业和课程都是按专业划分的,而分布必修即是将大学中所有的学科都看作是通识教育同等重要的部分,然后通通划归在“分布必修”课中。这样的方式对学校来说是最简单易行的。此外,分布必修课程还有目标比较明确、内容多元、形式多样的特点,这些可算是分布必修课模式的优点。

但是,分布必修课程模式在美国引起了各界对通识教育长期的争论和批判。

其一,对广博的质疑。“广博”是最常用于描述分布必修课的词。分布必修课程设计所面临的首要问题就是,在各种学科之间,如何选择“必修”部分,如何求得平衡,以便获得完整的知识。在美国,“分布必修”一般就是指学生有自由在专业外选择其他课程。这种课程没有指定必修的科目,也没有提供一定的选择顺序。

其二,在实践上,各大学对分布必修课程的要求,在程度上有从严格到宽松的极大弹性。这是因为各大学的教育目标和所依的教育哲学不同,课程的要求也不同;分布必修制考虑到学生的需求,学生可以根据自己的喜好进行选择,这就使选课人数不定、学生水平参差不齐,教学的深浅难以把握,给教学带来困难。而且,大部分学生愿意选修低层次的简单课程以挣学分,使通识教育的目的难以达到。

其三,在内容上,分布必修到各系往往变成该系的入门初级课程,内容是介绍性的、概论性的,也就是浅尝辄止的纲要式的。因为教师喜欢开他们喜欢的课程,学生们愿意选他们喜欢的课,所以课越开越多。美国的一项调查指出,有些学校为一年级学生开出的课多达 2000 门,很多学生不得不在选修和必修、专深和宽泛、传统学科和新领域间作出抉择。[5]如密西根大学仅社会科学一个领域就开了 150 门课。这样的课程可能是追随潮流的或深奥的或不确定的,有的课甚至跟所谓的分布科目不相干,如爱荷华大学在“历史研究”领域中开设了如“亚洲文化艺术”和“欧洲政治和社会问题”“东方的宗教”等课程。分布课中有些课非常狭窄,因此学生也只能学到偏颇的和扭曲的部分内容,如印地安娜大学在人文课程中开设了“漫画艺术的历史”“1970 到现在的摇滚乐”等课程。这些课作为选修课是不错,但是这些课能让学生接受多少人文知识呢?没有指导地让学生自由选课只会使通识教育变得很琐碎,众多的选修课虽然花样很多,但是缺乏内在的连贯性,这类课程对于整合学生的知识、能力、经验是远远不够的,更达不到通识教育的目的。

其四,在教学上,因为分布必修型的通识教育不属于哪一个科,也不属于哪一个系,对由谁来教通识课程,不同的大学有不同的做法。但大多数学校是由来自各院系的教师开设分科性质的课程,因此,就带来了“不同学术团体的文化造成了跨学科教学的难题。一是这些学科不属于哪一个院系，没有谁来负责设计和管理；二是没有开好这些课程所需要的资源、时间和教职员；三是没有对跨学科教学人员的奖励系统。”[6]而且，分布必修课多数是采用讲授式的教学。也就是说，分布必修型通识课程无法达到通识所要求的“通”，也不可能达到培养学生的“识”。

二、核心课程(core curriculum)模式

核心这一概念起源于20世纪初，用以反对破碎形式和“从不同科目累积起来的零碎学习”。20世纪20年代末期，进步主义运动发展了完全不同的核心理论。依据课程应当培养个人发展和民主的社会能力这一信条，进步主义者提出学习的核心是个人和社会共同需要的中心。核心设计的基本特征，首先是为了提供必需的但又是缺乏的普通教育；其次是核心“体系”，即它的管理框架和分块上课制[7]。

事实上，19世纪以前，大学课程主要是以核心课程的模式出现。因为早期的大学所有学生都上相同的课程和科目，称为“共同核心课程”(common core curriculum)。

核心课程设计模式用于大学通识教育课程，是由哈佛大学第23届校长康南特提出的。康南特1933年担任哈佛大学校长后，于1943年任命了一个13人组成的专门委员会开展研究“通识教育”问题，并于1945年发表了《自由社会中的通识教育》。康南特的课程认为人类知识是有系统的、统一的，并且将其用于推进社会的民主和繁荣。其课程的理论基础是要素主义哲学，它建议学生必须修读的通识教育课程应该包括①人文学科：文学名著、哲学、美术、音乐；② 社会科学：西方思想与制度、自由社会的演进、历史、政治、社会、经济、人类学、心理学，美国民主，人类关系；③ 科学和数学：导论课、数学课、科学课、物理、生物，教学包括讲授和实验、物理基本原理、生物基本原理[8]等。这个“共同必修课”就使得学生的知识结构相对系统和合理，解决“主攻与基础”课程制度存在的基础课程缺乏联系，学生选课缺乏明确的目的性和系统性的问题。

博克1971年担任哈佛校长后，提出课程改革计划，并于1978年提出了在专业课和选修课之外建立一个“核心课程”体系。根据哈佛大学对核心课程的定义，“核心课程”是“一种综合传统学科中的基本内容、以向所有学生提供共同知识背景为目的的课程设置。”[9]110核心课程最初被分为五大类：外国文化、文学艺术、历史、社会分析和道德观、科学等，按规定，本科生在校期间必须修读32门课程，其中16门为专业课，8门为选修课，8门为“核心课程”。8门核心课程必须在所提供的五大类9个领域中的8个领域各选一门课。[10]

根据核心课程的要求，哈佛的本科生必须完成三个方面的要求：①他们必须接受目的在于培养学生写作能力的课程，学会写文理通顺的文章(一个有教养的人一定能够清晰而有效地写作)；②掌握一门外语(这是不忽视他国文化的一个方面)；③有数量推理能力，诸如要学习计算机导论、数据处理以及某些基本统计方法(这是在自然科学和社会科学中运用数字和定量方法获得信息的另一个方面)。[9]99

核心课程认为通识教育有一个共同的总目标，有一个“核心”，通识教育就是要为学生提供一些基础的知识，这些知识既是人文教育的标志又是学生进行学习的基础，这些基本的知识通过名著代代相传，因此核心课程选择某些优秀的内容。同时，核心课程的理论基

础又有进步主义的成分,它的指导原则并不是注重记住一些人名、时间和一些名著,而是在于通过“学习方法”和“探索模式”来培养学生的“批判思维”。它注重向学生传授获取知识的方法和正确的判断思考方式,使学生善于学习、创造,有助于使学生符合当今和未来社会的要求。

20世纪60年代以前,有不少美国大学学习哈佛大学的核心课程形式。各个大学在仿效哈佛大学课程的同时,也对核心课程进行研究和修整,使其更加完善。

核心课程曾被认为是迄今为止在理念上最完满体现通识教育精神的一种实施方式。[11]但现在,只有为数不多的几所大学,如波士顿大学、芝加哥大学、圣约翰大学、哥伦比亚大学还维持核心课程这种模式,其他学校都已在学生“消费者”的需要和教师要求教专业课的压力下改用分布课程形式,即使是核心课程的创始者——哈佛大学也提出对核心课程进行改革。

核心课程的实施有一定的条件限制和特定的要求,因此,核心课程模式并不适合所有的学校。因为开设这类课程要求有能胜任的教师,成本较高,对学生也有一定的要求。多项调查都指出,核心课程比较适合于学生知识背景同质性高,以及智力水准较高的学校。[12]

核心课程受到的批评主要有:

其一,对何为“核心”的质疑。“核心”本来是要为学生提供一些基础的知识,因而只选择某些优秀内容而忽略另一些知识。甚至有的学者怀疑核心课程对学习某种知识与形成人的相应能力之间的关系。如布卢姆就指出“有教养的人”所必须具备的“批评精神”“艺术和习惯”“判断与鉴别的能力”等与课程的具体内容之间未必有如哈佛所深信的那种密切的关系。[13]因此,对核心课程批评最多的是核心课程并没有真正的“核心”。美国信托和校友委员会(The American Council of Trustees and Alumni,ACTA)对50所大学的调查显示,多数学校的核心课程存在着问题。ACTA的报告用“空心”(“The Hollow Core”)来比喻核心课程没有核心,用“空心”来批判现在很多学校的核心课程也没有达到通识教育的目的。报告认为美国大学没有实施真正的通识教育核心课程。[14]

其二,核心课程迫使学生即使没有兴趣也必须修读那些指定的课程。

其三,在实践上,核心课程在理论上虽然以多学科的框架建立,但在实践上却得不到多少支持,核心课程模式开设的课多数是跨学科的,如哈佛的“文学功能和批评”、哥伦比亚大学的“现代文明”等,这些的课的目的是使学生能有完整统一的概念,但是开设这类课程的要求较高,成本也高,目前绝大多数的大学都没能开此类课程。ACTA对美国50所大学的调查,结果是,耶鲁和哈佛得了D,哥伦比亚大学勉强得了C,纽约州立大学的亨特大学和布鲁克林大学得了B,这是得分最高的了。[5]

其四,在教学上,由于核心课程是跨学科课程,教材覆盖面较广,对任课教师有非常高的要求,教师们不仅要跟上某一学科的发展,而且要熟悉多学科的发展。虽然跨学科课程没有唯一的教学方法,但是必须能促进对话和合作、提高批判思维能力、培养问题解决的能力。尤其重要的是教学倾向于以学生为中心。

三、"分布必修课"模式与"核心课程"模式的融合

近年来，分布必修课程的弊端越来越明显，而核心课程则被认为是最能体现通识教育宗旨的课程模式，以至于有不少人在争论"通识教育课程"是否要用"核心课程"来代替。①[15]因为首先，核心课程的"核心"知识是历经时间考验的，它们是以后学习的基础；其次，这些课程有连贯性。最重要的是，核心课程提出了关于道德观、价值观和对心灵、理性的培养的要求，注重全面发展的人文素养。

比较而言，选修课比较适应知识的增加、教师越来越专业化和满足学生自由选择的要求。在20世纪60年代采用选修制的潮流达到顶峰，如布朗大学采用"公开课程"的形式，完全废除了必修要求，布朗大学是要"将教育的事交回教育"。但多数学校采用比较折中的方式，即开出分布课程以提供多样化选择。也有的大学采用界于分布课程和有固定必修课程要求的"硬核心"之间的课程，如纽约大学的核心课程已实施了10年，它们就要求学生在四个基本领域里选择课程。

毫无疑问，通识教育的"分布必修课"和"核心课程"模式，是当今最常用的，它们各有其妙，但是各自也有弊端。比如芝加哥大学的重读经典著作课程，有些当初列为经典的科技著作，今天已不过是科技历史的里程碑；同样，当初列为经典的文史哲著作，也因时代推移，其实也不过是思想史的史料了。再如其他学校的分布必修课程，开列了许多可选的科目，无所不有，却彼此无关联，只是更加彰显知识的零碎散漫。因此，我们也许必须改变一个思考角度，来考虑通识教育课程的模式。

从20世纪90年代开始，美国通识教育的改革主要体现在：明确了目标、减少了学生的选修、课程内容方面从注重传授某科目的入门知识转向以主题、模块、学习小组等为基础的跨学科学习。总之，改革朝减少零散、更加连贯和主动学习方向发展。[16]在21世纪，一些新的发展使我们对通识课程模式的改革有比较明确的方向。其一，大学和公众都对以分布必修作为通识教育的唯一模式这点有很多不满；其二，许多大学都注重通过课程培养学生的技能，开设更多跨学科课程和校外实践活动。21世纪的本科教育课程将更加具有一致性和更加综合化，大学通识教育更多地采用将自由教育和专业学习联结起来(connecting liberal and professional learning)的模式，通识教育课程更多地以跨学科的主题联结式课形式出现。

现在已很难以一种模式概括通识教育，也就是说难于以分布课程或核心课程的模式来涵盖现在的通识教育。因为以前有些内容和认知技能可以根据分类划归为分布课程，现在这些内容都综合在跨学科模块和主题式课程里。调查分析显示54%的主要学术负责人(CAO)认为通识教育课程改革的最大目标的使其具有一致性。在取得更大的一致性方面，CAO提出了很多不同的方式。有一些CAO认为减少分布课程设立核心课程或者加强现有的核心课程有助于提高一致性。[17]也就是说，对课程的零碎性这个通识教育

① 争论在于用"通识教育课程"的名称已是约定成俗的，且是美国教育部认定的叫法，用"核心课程"取其直指组成课程的核心，用"人文核心课程"则取其明确指课程重点关注人文学科。

课程一直讨论的问题,通识教育的改革就是要通过减少学生的选修增加必修以及以主题和模块方式,来提高课程的一致性。

实际上,“分布必修”和“核心课程”两种模式的哲学基础是基本一致的,两者都试图兼顾个人的兴趣和社会的要求,试图将人类文化中不可缺少的知识技能、态度与价值通过精心设计的课程传递给下一代。因此,从某种意义上说,分布必修课程与核心课程是同一类型的。[18]两者在课程设置上也有相似之处,那就是它们都把学生必须修习的课程分成若干个领域,每个领域下面又有很多课程。不同的是分布必修是以传统的按学科划分设课的模式,而核心课程没有专业划分。分布必修课是按学科设课的,其目的在于让学生掌握某一学科的入门性知识,其改革主要是要引导学生在广泛的领域中进行选择,提高课程的一致性;而核心课程的改革则是加强其核心,同时给予学生更灵活的选择。

在目前的大学通识课程改革中,这两者有渐趋融合的趋势。在核心课程改革方面,有在核心课程里部分实施分布必修的趋势。如 2004 年哈佛课程检查报告(A Report on the Havard College Curricular Review in spring 2004)就在旧的核心课程里面修改要求,提出转向设四个模块的分布必修课的诉求。哈佛实施部分的分布必修课并不是说原来的课程是失败的,而是意识到特殊的通识教育已经融入大学的理想中,也成为各院系的行动。改革后的哈佛大学核心课程改称“哈佛大学课程”的“全校的共同课程”,由各院系各领域的教师围绕特定主题开出的课,全校新生都必须修读。[19]新的哈佛核心课程改革,意在保持哈佛大学培养学生基本知识的传统,又将不断更新的内容和技术融入其中。新的本科课程仍然以培养批判思维为根本。

在分布必修课程改革方面,从 20 世纪 90 年代以来,很多大学都认为它们的分布必修课给学生多样化的选择但是也引起了课程的分裂和零散,因而目标不明确。因此,不少大学采用第三种方法,即由主题联结的课程模块,而不是从分布必修走向核心必修。

分布必修课程的改革与核心课程的改革有聚合的趋势。这种混合模式或许是通识课程目前最合理的模式。

在教学方式上,对应不同的课程模式通识课程的教学也产生了变化。根据调查,从 1989 年到 2000 年,美国通识教育课程增加最多的是跨学科学习。这与课程形式的变化一致,因为综合化的课程是跨学科的和以主题组织的,教学上常采用团队教学的方式,教学多为研讨式。

根据美国大学院校联合会(AAC&U)的调查,分布必修课与核心课程的融合表现在某些课程模式比较受欢迎:新生研修班(freshman seminars)(55%)、跨学科课程(interdisciplinary courses)(55%)、学生共同学习(common learning experiences for students)(49%),等[20]。

参考文献

[1] Levin A. A Handbook on Undergraduate Curriculum. San Francisco:Jossey-Bass Publishers,1978:9.

[2] 布鲁巴克. 西方课程的历史发展(下)//瞿葆奎. 教育学文集·课程与教材. 北京:人民教育出版社,1988:97.

[3] Carol Geary Schneider. Contemporary Goals for Undergraduate Learning. AAC&U,2002-06-10.

[4] Miller R I. Major American higher education issues and challenges in the 1990s. London: Jessica Kingsley Publishers Ltd. 1990:121.

[5] RebeccaTuhus-Dubrow. Aeschylus Or Swahili?. The Village Voice, 2004, 49:48.

[6] Gordon Arnold, Janet T Civian. The ecology of general education reform. Change, 1997, 29(4):18.

[7] 蔡斯. 课程设计:有代表性的模式//瞿葆奎. 教育学文集 · 课程与教材. 北京:人民教育出版社, 1988:315-317.

[8] Report of the Harvard Committee. General Education in a Free Society. Cambridge, Massachusetts: Harvard University Press, 1945:204-220.

[9] 亨利 · 罗索夫斯基,谢宗仙,周灵芝,等. 美国校园文化——学生 · 教授 · 管理. 济南:山东人民出版社, 1996.

[10] 朱国宏. 哈佛帝国. 上海:上海人民出版社, 2002:125.

[11] 德里克 · 博克. 乔佳义. 美国高等教育. 北京:北京师范大学出版社, 1991:34.

[12] 黄坤锦. 美国大学的通识教育——美国心灵的攀登. 北京:北京大学出版社, 2006.

[13] 艾伦 · 布卢姆. 艾缪青. 走向封闭的美国精神. 北京:中国社会科学出版社, 1994:365.

[14] Barry Latzer. Common Knowledge: the Purpose of General Education. The Chronicle of Higher Education, 2004, 51(7):B. 20.

[15] Bowen S H. What's in a name? The Persistence of "General Education". Peer Review, 2004, 7(1):30.

[16] Raccliff J L. Re-envisioning the Change Process in General Education. New Directions For Higher Education, 2004, 125:99.

[17] Johnson D K, Raccliff J L, Gaff J G. A Decade of Change in General Education. New Directions for Higher Education, 2004, 125:20-22, 24.

[18] 张寿松. 大学通识教育课程论稿. 北京:北京大学出版社, 2005:184.

[19] Dominguez J I. Liberal education at Harvard in this new century. [2010-05-01]. www.fas.harvard.edu/curriculum-review.

[20] Raccliff J L, Johnson D K, LaNasa S M, Gaff J G. The Status of General Education in the Year 2000: Summary of a National Survey. AAC&U.

哈佛大学核心课程述评[①]

哈佛委员会

核心课程(Core Curriculum)是哈佛本科课程的三大组成部分(核心课程、专业课程、自由选修课程)之一[②],是一种通识教育课程,体现着哈佛一贯的教育宗旨和理想,在美国也极具典型意义。当前,在我国高等教育改革中,加强通识教育、祛除片面强调专业教育的弊端,已成为高等教育思想和课程改革中广泛受到重视的问题,研究哈佛的核心课程对我国当前的高等教育改革具有一定的借鉴意义。

一、哈佛核心课程的建立与发展

(1)《哈佛通识教育红皮书》提出了高等教育应由通识教育和专业教育两部分组成的观点,构建了通识教育课程的基本框架。

第二次世界大战期间,詹姆士·B. 科南特(James B. Conant)任哈佛大学校长。他认为哈佛当时的通识教育课程不能达到向学生提供他们所必需的共同教育的目的。为此,他在1943年组织了"自由社会中通识教育的目标"(Objectives of General Education in a Free Society)教师委员会。该委员会发表了颇具影响的《自由社会中的通识教育》(*General Education in a Free Society*),又称《哈佛通识教育红皮书》。该书提出:通识教育和专业教育是高等教育的两个组成部分,通识教育的目的在于培养有社会责任感的人和公民,专业教育在于培养学生具备从事一定职业的能力,二者有区别但不可分割或对立。在它提出的课程计划中,要求每个学生毕业时修满16门课程(学年课程),其中应有6门是与通识教育有关的。这6门课程应涵盖人文、社会科学、自然科学三个方面。学生必须在人文课程中的"文学名篇选读"、社会科学中的"西方制度和思想"及自然科学中的生物学和物理学中选修一门(或选一门两者结合的课程),再从这三个领域中各选一门较高深的或跨学科的课程,如"人类关系""科学史"等。《哈佛通识教育红皮书》所提出的观点和课程方案构建了通识教育课程的基本框架,奠定了哈佛大学以实施通识教育为目的的核心课程的基础。

(2) 20世纪五六十年代通识教育的滑坡与70年代"核心课程"的开始设置及其后的发展。

《哈佛通识教育红皮书》所提出的方案在哈佛并没有得到很好的实施。1949年,虽然哈佛正式通过了以"红皮书为基础"的通识教育课程,但该项课程事实上与"红皮书上所说

---

① 哈佛委员会. 哈佛通识教育红皮书. 李曼丽,译. 北京:北京大学出版社,2010.

② Introduction To the Core Curriculum, Harvard University, 1994:10.

的大相径庭”[①]，并没有提供较高深的通识教育。大多数学生都以系里的某些课程来替代通识课程中的必修部分，已开设的通识课程在内容以及质量上也因教师的不同而参差不齐。因此，学生连所需的最低层次的共同教育也不可能受到。1975—1976 年的一项调查表明，学生认为大多数的通识课程和系里的专业课程没有多大区别。这种滑坡使通识教育的倡导者们十分不安。1976 年，哈佛文理学院院长亨利·罗索夫斯基(Henry Rosovsky)组织了一个研究开设通识教育“核心课程”之可能性的教师小组。1977 年，该小组提出了关于“核心课程方案”的报告，建议针对本科生实施的通识教育，专门设置一组独立于系的课程，称为“核心课程”。该课程为新生入学后第一年所必修，其内容包括：写作、数学、非西方文明、政治和道德哲学、现代社会分析 5 个领域。该报告一经提出就被立即通过，并设立了相应的委会员，研究各个领域所需要的课程及学分。这样，哈佛历史上的第一个“核心课程”方案就正式出台并开始实施了。此后，哈佛对其核心课程进行了多次反省和改革，几次反省的焦点均集中在课程内容的更新和有关教学规定的完善两方面，但核心课程这种基本形式未曾改动，一直沿用至今。

二、哈佛现行核心课程简介

什么是核心课程？康奈尔大学前校长 H. T. 罗德思(H. T. Rhodes)说：“核心课程不是以名著为基础的课程，而是用一种方式把人文科学、社会科学直接与人类休戚相关的事物联系起来。”[②]曾任美国全国人文科学中心主席的查尔斯·弗兰克(Charles Frankel)认为，受过核心课程教育可以使你“对生活有多维度的理解，你不会对事件仅仅作出被动的反应，也不会仅仅只从个人的角度去关心它们，至少你可以把自己的命运看做是人类环境和人类命运的反映”。这就是核心课程的愿望。具体地说，核心课程是一种通识教育课程，其目的不仅在于使学生掌握基础知识，而且还要使学生掌握学科间的联系，最后能将知识应用于生活。核心课程注重阐明所有人应具有的共同经验，注重那些可以加强人类关系和改善生活质量的共同活动。

哈佛《1994—1995 学生手册》对在校学生的修课规定是：每个申请学士学位的学生必须修 32 门学期课程(half-course)，其中 16 门是有关专业的，8 门是通识教育的，其余 8 门则可依据个人兴趣自由选修。8 门通识教育课程必须从哈佛核心课程中选学。下面对哈佛的核心课程做一简要介绍[③]：

哈佛核心课程包括 6 个领域内的若干课程。这六个领域是：外国文化、历史研究、文学艺术、自然科学、道德和社会分析。

(1) 外国文化：该领域课程的目的是扩大学生的文化修养，并为其提供一种看待本土文化现象和传统的广阔视角。首选内容是当代文化，尤其是当今亚、欧、非、美州主要文化

① Arthur Levine. Handbook on Undergraduate Curriculum. Jossy Bass，1978：360，861.

② Fridrick Rodolph. Curriculum. SanFrancisco：Jossy-Bass Publishers，1997：269.

③ 本文中关于核心课程的举例来源于：Harvard University，Introduction To the Core Curriculum：A Guide For Freshmen，1991—1992；1994—1995。

传统的代表。有些课程也讨论已不存在的文化或对几种文化进行比较。课程的内容大致包括各种文化体系的宗教伦理观、社会经济政治体制、各种思潮，另外，文学艺术及其他文化成就也在其考虑之列。

外国文化领域开设了三种形式的课程供学生选择：①一学期的外国文化课，这门课程所介绍的文化须与美国迥然不同，用英语讲授；②一学期的外国文化课，这门课程所介绍的文化与美国文化一样同源于西欧文化但又不尽相同，用非英语讲授；③两学期的外国文化课，用非英语讲授，适合于二年级的学生选修。现就该领域的课程举例如下："印第安文明的起源"课，介绍印第安文化的思想、传统及其对现代印第安人的重要影响；"当代中东"课，介绍 19 世纪以来中东各国社会政治的演变。

(2) 历史研究：该领域课程的目的在于通过历史研究使学生获得历史知识，并能以历史的眼光认识世界。其课程分为 A、B 两类，各有自己的侧重点。A 类：重点介绍现代世界中全球性或者接近于全球性的重大问题和观点的发展状况及其渊源，包括当代各国不平等的历史背景、现代政治意识形态的演变、美国作为超级大国的历史作用、现代社会科学技术的巨大作用，等等。通过这些课程的学习，学生可以获得有关世界若干重大问题的重要历史知识，如"发达与欠发达：各民族不平等的起源"课，用各种史料说明世界范围内的经济发展和不平等的历史根源及现在所面临的问题。B 类：侧重于一些重大事件的具体细节介绍，目的是培养学生对人类事务复杂性的理解——政治、经济、文化、宗教以及重要历史人物等诸多因素如何综合作用形成各种事件。它要求学生对一些重大历史事件进行深入的思考，使学生认识到历史演进是一个具体而复杂的过程，是人类的努力和现实世界中各个因素交互作用的结果。这类课程涉及社会史、政治史、文化史以至科学史等内容。例如，宗教改革、达尔文进化论、美国内战等重大历史事件一直都被列入这类课程。上述两类课程都是跨学科的，涉及社会学、人类学、政治学、神学、自然科学等多种学科，但本质上都属于历史研究。

(3) 文学艺术：该领域课程的基本目的是培养学生的高尚审美情趣，以及对文学艺术作品的批判性理解能力。分为 A(文学)、B(美术和音乐)、C(文化背景)三类。所有学生必须在每类中各选修一门。

A 类：主要进行文学作品和文学分析方法的学习。该类课程为学生提供一系列文学批评和分析方法以及一些理论问题的讨论结果，如文学的功能、文学分类、文学传统的演变以及作者、作品、背景与读者之间的关系。有小说、戏剧、诗歌、民间文学等课程，如"戏剧和小说"课，通过欣赏大量著名作家的作品来介绍戏剧和小说的基本理论、创作风格、文学成就，以期达到提高学生文学素养的目的。

B 类：主要进行美术手法、视觉艺术、音乐风格等方面的介绍，目的在于培养学生理解和欣赏艺术作品的能力，如"浪漫主义和视觉艺术"课，通过回顾法国大革命之后的两种截然不同的艺术表达方式及各自的艺术成就，不仅能使学生了解不同艺术流派的不同表达方式，而且还能使他们欣赏到历史上知名画家的作品。

C 类：主要探讨文化史上特定时期及艺术作品在特定社会中的作用，如"希腊文明中的英雄主义"课，介绍的是希腊历史上英雄主义对其文学、艺术、祭祀仪式的影响等。

(4) 自然科学：此类课程的基本目的是加强学生对科学的总体理解，增长他们的科学知识和培养他们获取科学资料的能力，从而形成一种看待人类自身和世界的科学态度。科学类核心课程所要介绍的相关重大理论和发现，不仅包括科学家已发现的原理和规律，而且包括这些原理和规律是如何被发现的，特别是在科学发现过程中观察和实验的重要作用。自然科学领域的课程分为A、B两类。

A类：这些课程主要是通过定量方法处理和研究自然现象与自然规律。为此开设的课程有“相对论和量子物理学”“大气”“太阳和众星”等14门课程。以“太阳和众星”课为例，它介绍了各大星系和星际物质的性质、规模、能量等，并根据太阳黑子的运动对星际运动做了一些理论上的预测。

B类：这类课程涉及那些难于做定量处理的自然现象，对其提供描述性的、历史的、动态的定性说明，如“地球和生命的历史”课，从地质特征和化石的角度介绍地球和生命史。

(5) 道德：这类课程讨论人们生活中不断出现的有关选择和价值观方面的重要问题，其目的在于探索作出道德和政治的理性选择的方法。为了实现这个目的，这些课程努力使学生熟悉已往关于如何做选择的重要思想传统，拓宽学生对高尚生活的理解，帮助学生正确理解正义、义务、公民、忠诚、勇气和个人责任等观念。课程内容大多选自西方思想传统，不过也包含一些非西方的思想传统。该类课程不全面论述哲学、法学、伦理学或宗教的所有原则，只介绍那些与个人进行道德与行为的选择有关的内容，如“伦理学和国际关系”课，意在对哲学家和思想家在某些问题上的观点进行比较，阐明缺乏统一的道德认识将对人类命运造成威胁，揭示人权、正义、道德责任感的含义。

(6) 社会分析：这类课程的目的是使学生了解社会科学的主要理论、观点和方法，从而加深对现代社会中人类行为的理解，如“经济学”课，解释在资源紧缺的情况下如何作出合理的选择；“人类学”课，论述文化的本质及其对人们认识和处理问题的方式的影响；“心理学”课，论述人格、动机和智力等关键概念的含义；“社会学”课，论述社会分层的性质、原因和含义；关于政府的课则探讨政府决策中的问题等。

上述6个领域中的每一个都由若干课程组成。在《哈佛1994—1995年核心课程目录》中，外国文化课有27门，历史研究课有29门(A类11门，B类18门)，文化艺术课有48门(A类17门，B类17门，C类14门)，道德课有12门，科学课有26门(A类14门，B类12门)，社会分析课有11门。要求学生用本科学习时间的1/4左右来学习上述6个领域的8至10门课程，每个领域至少应选修一门。否则，学生将不能获得学位。

三、对哈佛核心课程的几点初步看法

(1) 哈佛核心课程反映该校非常重视通识教育。哈佛委员会的教授们认为，学校不能仅仅把学生培养成为律师、商人或工程师，强调“哈佛学生所受到的广泛教养应和他们所受到的专业训练一样好”。同时教授们还坚信，不管毕业生将来从事何种职业，他们从大学教育中应得到的首先不是专业知识，而是指导专业知识如何运用的知识，即能使专业知识充分发挥作用的一般文化。1945年哈佛委员会提出的把学生培养成“有责任心的公民”，1978年提出的毕业生应该是一个“有教养的人”都是这种教育思想的体现。1992年报告中关于培养目标的表述更具体地阐述了哈佛委员会的通识教育观点。该报告认为，现代人应该:①掌握获取关于社会、自然和自我的各种知识的方法;②了解别国和本国不同历史阶段的文化以使自己更好地理解现代世界生活;③具有一定的伦理道德判断能力;④熟悉各种获取知识的必要手段和工具;⑤具有解决不同领域不同问题的能力;⑥掌握定量分析和语言、写作的基本技能。这种通识教育显然有助于促使学生全面发展,避免使他们因专业局限性而成为完全专业化的、片面发展的人。

(2) 哈佛核心课程方案是一个以培养能力为出发点的方案。《哈佛 1991—1992 年核心课程选课手册》写道:"核心课程与其他通识教育方案不同,它没有像有的方案那样确定知识宽度的范围,或要求消化特定数量的知识信息,而是努力把获取知识的主要方法介绍给学生。每个领域内的课程无论在内容上多么不同,其着重点——思维训练则是相同的。"在现代社会中,科学技术飞速发展,知识信息量猛增,让学生全面掌握纷至沓来的知识已不可能,重要的是教给他们学习和掌握知识的方法。哈佛核心课程摆脱了把学生看做"知识容器"的传统观点,重视培养学生的理性,重视培养具有深刻思维力和明智判断力的人,这是值得思考和借鉴的。

(3) 哈佛核心课程在一定程度上与发展的需求相适应,因而有一定的合理性。第一,它提出了关于道德观、价值观和对心灵、理性的培养要求,这有助于克服目前高等教育中普遍存在的唯智主义倾向,有助于培养符合社会道德、品格标准的人;第二,它提供了关于自然、社会和人文的广泛知识,这有助于克服目前高等教育过分专业化的弊端,使学生有可能打破专业限制,以跨学科的、文理综合的广阔视角观察世界、认识世界,而这正是处理和解决当今世界各种实际问题所需要的;第三,它着力于能力的培养,这有助于使学生善于学习,善于创造,符合终身学习的思想和"学习社会"的发展趋势,有助于使学生符合当今和未来社会关于个体应能适应岗位更动和职业转变的要求;第四,它重视国际知识和国际问题的学习,这符合高等教育的国际发展趋势,符合培养面向世界的人才的要求。

哈佛大学的通识教育课程改革透视

李会春

通识教育是美国本科生教育的重要特征，而课程改革是通识教育改革的重要环节。自20世纪70年代以来，哈佛大学共进行了两次大的课程改革。第一次是1978年开始的，最终结果是在哈佛大学建立了核心课程制度。第二次是在2007年，以《通识教育工作组报告》发布为标志的通识教育改革。通过两次课改中课程结构、修读方式、改革目标和课程设计的思路比较，我们能从更深层次了解哈佛大学在课程改革中的脉络和其内容精髓。

一、两次课改的简要回顾

1978年，哈佛大学进行了首次课程改革，这是对20世纪50～70年代美国高等教育界通识教育危机的回应。从1967年到1974年，美国大学自由选修的课程从24%增加到33%，而同期通识教育课程则从43%下降到34%。在哈佛校园内，通过1945年红皮书建立的通识教育制度也受到了冲击，通识课程越来越多地被自由选修课程所代替，为学生提供统一知识背景和共同要求的通识教育事实上已名存实亡。当20世纪70年代后期校园秩序逐步走向正常时，人们纷纷对业已支离破碎的通识教育课程提出严厉的批评，并思考如何能使课程内容更加具有整体性，从而为学生提供共同的生活经验。1973年，罗索夫斯基(Rosovsky)担任哈佛文理学院院长，开始主持哈佛大学通识教育改革，并组成由教授和学生为主体的七个工作组，分别负责核心课程、主修、教学改进、学生辅导、大学生活、入学政策、教育资源分配等七个主题的讨论和研究。1978年，罗索夫斯基完成了对哈佛通识教育的改革计划，提出了一整套标准，并以核心课程取代原有的通识教育课程，提出以“培养有教养的人”作为大学通识教育的目标。核心课程计划将通识课程分为五大类：文学和艺术，历史，社会与哲学分析，科学和数学，外国语与文化。它打破了按学科分类进行课程设置的传统模式，而强调把“获取知识的方法”作为课程分类的基础，要求学生应当通过学习掌握相应课程的基本概念、理论模型和思维方法。

核心课程取得了巨大的成功，但随着时代的发展也出现了不少问题。课程越来越零碎，背离了为学生提供共同学习经验的目标；核心课程所设想的学习某种知识以提高某种能力的学习效果在实践中并没有得到很好的体现；个别学科之间界限不够分明；学生抱怨自己选择课程的权力受到了限制，同时也在怀疑通识教育所提倡的“思考方法”是否也能通过专业教育获得。为了适应激烈的时代变革，提升学生的竞争力，弥补核心课程的不足，哈佛大学必须做出新的回应。2002年，哈佛文理学院院长科比(Kirby)宣布启动自1978年以来哈佛最全面、最综合的，以“学生将成为怎样的人，他们离开学院后要过怎样的生活”为主题的通识教育改革。经过几年的集思广益和不断论证，哈佛大学于2007年2月7日公布了《通识教育工作组报告》，并在同年5月通过该方案，并以新的通识教育计划取代原有的核心课程，实施的目标是让学生为未来社会的公共生活做准备；培养学生的文化认知和态度；使学生对身边变化做批判性和建设性的回应；使学生更好地理解他们所说和所做的伦理、道德的含义。这些目标相互渗透，但又都具有共同点，就是使“哈佛学生毕业时，有跟上时代步伐的技能。”为了完成这些目标，新计划将课程重组为八个领域。它还要求学院成立专门委员会开展活动学习项目，以加强学生课程所学和实际生活的联系。

二、两次改革的比较分析

（一）课程结构

从课程结构来看，与1978年核心课程相比，2007年的课改中最显著的变化在于课程修读领域的调整。在以往的核心课程中，课程被分为五大类：文学与艺术（含3个子类），历史，社会与哲学分析，科学和数学（各含2个子类），外国语言和文化。在每一个大类中，又分为若干个子类。这一模式后来经过多次调整，形成了当下的七领域核心课程模式：道德推理，定量推理，科学，历史（含2个子类），社会分析，外国文化，文学艺术（含3个子类）。2007年的改革则对7个领域进行了重新调整，将其重组为8个领域：艺术和诠释，文化和信仰，经验推理，伦理推理，生命系统科学，物理世界科学，世界诸社会，世界中的美国。从课程的门类上看，2007年的新方案将核心课程的5个大类扩充为8个，同时取消了核心课程的二级分类，共计10个子类。两相比较，新方案将学生需要修读的领域从10个压缩为8个，这无疑大大增加了学生选课的自由度。从各类课程的结构上看，2007年的方案压缩了原先的人文课程规模，同时扩充了自然科学的数量，平衡了课程结构。完全新加的是只有一个“世界中的美国”。

在对两个方案进行比较时，我们不难发现它们的相同之处：1978年的方案中的“文学和艺术”与2007年的方案中的“艺术和诠释”内容大致相同；而2007年的“文化和信仰”则与1978年的“文学和艺术”的子类3“文化背景”“历史”和“外国语言和文化”中的部分内容相同；2007年的“经验推理”来自于1978年的“物理和数学”中的一部分，“道德推理”来自于1978年的“社会和哲学分析”（这两部分1997年后已经实行）；2007年的“科学”部分基本上与1978“科学和数学”对应，只是把后者的两个子类扩充为两个大的领域，以此来加大自然科学在整个通识教育中的分量；2007年的“世界诸社会”来自于1978年的“外国语言与文化”。从课程的学科属性上看，可以说1978年核心课程与2007年新课程方案存在巨大相似。甚至可以说，新方案中的主体内容都来自于核心课程。

（二）修读方式

从修读方式来看，两个方案采用的都是分布必修制，即学生必须在给定的领域中选择规定数量的课程。1978年核心课程规定，学生必须在五大类十个领域中每个领域选择一门half-course修读。而在2007年新的通识教育计划中则规定，学生必须在8个领域中的每个领域选择一门 half-course 修读。可见，两个方案中关于学生的修读要求模式完全一致，仅仅在数量上做了调整。这里需要注意的一点：在通识教育领域内部讨论核心课程时，事实上具有两个完全不同的含义：一个是小写的核心课程（core curriculum），一个是大写的核心（Core）。小写的 core 指的是这样一种课程修读模式：学生需要从给定的修读领域中选择规定的课程修读；课程是强行指定的，学生没有选择的自由。它具有完全必修制和分布必修制的特点。大写的 Core 通常指以哈佛大学为代表的通识课程模式。事实上属于分布必修制的一种。学生需要从给定的课程领域中选择相应课程修读；选择什么由学生决定，学生只需要满足学校规定的数量即可。两者之间最显著的区别就在于：小写的核心中，学生没有选择课程的自由；而大写的核心中，学生有一定的选择空间。从这一点来看，2007 年课程改革中，哈佛大学虽然用通识教育项目取代了核心课程；但从课程的修读模式上看，改革并无实质性的变化，2007 年改革依然保留了以往的分布必修模式。

（三）通识教育目标

1978 年核心课程改革时，曾经把培养"受过良好教育的人"作为通识教育的目标。罗索夫斯基认为，它至少包括五方面的要求：能清晰而有效地进行思考和写作；在某个领域学有所长；对我们获取和应用知识的方式，对宇宙，社会和自身都有批判性的认识和理解；对道德和伦理问题进行过思考；免于对其他文化和其他时代的无知。除第二项要求属于专业教育外，其他四项实际上都是通识教育要达到的效果。2007 年课程改革中，通识教育的目标被细化为四项：让学生为未来社会的公共生活做准备；培养学生的文化认知和态度；使学生对身边变化做批判性和建设性的回应；使学生更好地理解他们所说和所做的伦理、道德的含义。以上的四个目标中，第一个目标是通识教育的核心和归宿点，其他三项分别指向学生需要培养的三项能力："广博的视野""批判思考的能力"和"道德伦理的认知"。就此而言，2007 年课改与 30 年前领导核心课程改革的罗索夫斯基的改革思路是一致的。罗索夫斯基提出的"表达能力""避免认知狭隘""批判性思考""道德伦理认知和思考"中，除了表达能力外，其他三个要求在 2007 改革方案中都有体现。可以说，尽管改革不再以"核心课程"命名，但其基本精神却是核心课程的延续。从个体层面来讲，两个方案都致力于培养受过良好教育的人，他们具有广阔的视野，不轻易盲从，具有批判和反思的能力和对别种文化的认知和宽容态度的人。他们能够适应激烈的时代变革，并在未来社会竞争立于不败之地。从社会层面上讲，通识教育也是培养负责任的社会公民，维护民主传统的重要手段。

（四）课程设计的思路

通识教育把所有的知识都视为密不可分的整体，因此极为重视知识的整合性和贯通性。这种整合论包含两层含义：一是拓宽学生所学的知识领域，使学生免于狭隘；二是在不同知识领域之间建立联系，使学生能运用多学科的视角和方法思考和解决问题。那么如何对课程进行整合呢？到目前为止，共有三种方法：一是依靠学科进行整合，以哈佛红皮书为代表；二是以获取知识的方式为基础，以哈佛的核心课程为典型；三是依靠学生的生活经验进行整合，以实用主义思想为代表，它反对将"知识从经验中剥离出来，也反对将知识进行分门别类”,要求把学生所学的内容和实际生活经验结合起来。我们重点讨论后两种方式。

以获取知识的方式进行课程设计的假设是:某些课程比其他课程更为“基础”,更能提供关于该学科的基本理论和研究方法的训练。这事实上也反映了 20 世纪 70 年代末在学界的一种乐观的共识:认为按照学科进行课程内容的规划能实现知识的整合。这个模式摒弃了传统的以学科为基础的课程设计思想,有利于学生习得基本的概念和思维方式,有利于更多教师进入通识教育从教。然而,它的弊端也是明显的,表现在:其一,理论上,某一领域的课程应当为学生提供共同的思考问题和获取知识的方式,但随着时间的推移,在核心课程的某些领域堆积了大量的互不相关的课程。例如,社会分析领域提供的三门课程“经济学原理”“心理创伤”“城市革命:早期国家的考古和探索”,其基本概念、理论框架和学科视角相差甚远,学生很难从该学科获取相同的学习经验。其二,课程门数的不断增加,最终撕裂了课程的整体性,导致学生学习经验的支离破碎。其三,核心课程倡导获取“知识的方法和思考方式”,但标准含糊不清甚至被忽视。其四,核心课程过高估计了学习某种知识与形成某种相应能力的关系;所谓“批判精神”“艺术和习惯”“判断和鉴别能力”是否具有哈佛所深信的密切联系值得怀疑。其五,学生们则抱怨自己选择课程的权力受到了限制,同时也在怀疑通识教育所提倡的“思考方法”是否也能通过专业教育获得。

依靠个体经验来进行知识整合的思想来源于实用主义哲学。实用主义反对过分地把知识按照学科分门别类呈现给学生,认为这样会导致学生过分关注学科知识而不注意知识与实际生活的联系。它强调知识的实践性,强调知识与实际生活经验的结合。而这一思想对历史上的进步主义运动产生了巨大的影响。在 2007 年课程改革中,改革者们并没有单纯采用以学生的生活经验为主来进行课程内容的设计,而是兼用学科和学生经验来安排课程。从某种程度上,新方案的课程分类法有向传统的学科分类法——即把人类的知识领域分为人文、社会、科学三大类回归的倾向。而事实上这种思路在哈佛大学稍早发表的课程报告中体现得更为明显:采用传统的学科分类法,首先能体现不同学科研究主题和研究方法的差异;其次课程划分的领域越少,设计课程时操作起来便更为简单,学生在每一领域内部选择的自由度也越大;再次,它也符合跨学科知识领域逐渐兴起的现实。在对学科整合和经验整合进行折中的基础上,哈佛大学发展了独特的用知识领域主题(比学科的含义更为宽泛)和学生生活经验进行课程整合的思路:每一类课程都与知识王国中的某一类知识对应,具有相似的研究方法和视角;同时这一类课程又恰好可以与学生的某些生活经验联系起来,使学生为 21 世纪过上反思性和更有意义的生活做准备。课程的设计建立在对时代的洞察和对学生未来生活所需能力和经验的预测之上。

对照 1978 年和 2007 年的两个改革方案,不难发现,它们在改革目标和课程设置上都存在许多共同点。可以说,二者的改革理念是基本一致的,培养目标都是要培养有教养的人,能够适应未来民主生活,积极参与社会事务的公民。而改革的核心在于解决一个问题:即什么样的课程能够实现既定的通识教育目标。两方案之间最大的不同点在于:前者以获取知识的方法作为课程编排的基本原则,后者则把人类知识领域的主题和学生的实际生活经验作为课程整合的基础。尽管 2007 方案相比于 1978 方案有着巨大进步,如改变课程整合的逻辑,平衡课程结构,增加美国公民教育,但通识教育最终的实施要落实到课堂上，落实到每一个老师和学生身上。但在如何促进不同知识内容的联系，如何进行教学上，新方案提到的跨学科学习、重视师生之间的讨论、倡导学生把所学应用于实践等，并无太多新意。同时，新的以学科主题和生活经验为基础的通识教育课程模式同样也建立在这样的假设基础之上：某些学科主题和某些生活经验比其他的主题和经验更“基础”，而且也更适合作为学生学习的材料。随着时间推移，新方案会不会像核心课程一样导致大量支离破碎的零散生活经验和课程的堆积，会不会导致提供“共同学习经验”的通识教育的解体，都是值得警惕的问题。所以，依靠转变课程整合的逻辑来提升通识教育的品质，能不能收到预期的效果，还有待进一步检验。也许更重要的并不是改革的成败，而是改革本身。改革表明了哈佛不断追求变革和进步的决心，这也正是哈佛大学保持活力的所在：不是故步自封，而是主动变革以适应这个时代。

台湾大学通识核心课程领域的改革、挑战及其展望①

黄俊杰

一

通识教育是现代大学师生的乡愁，正如曾任哈佛学院（Harvard College）院长的路易斯（Harry R. Lewis）所说，在现代大学中，很少学生、家长或教授仍将通识教育视为：在这段时间，年轻人可以暂时抛开生活环境造成的成见与偏见，自由地运用思想的力量去追求自己的生命道路。为了克服通识教育在功利主义的社会与教育氛围中所面对的困境，国内外大学采取各种不同的推动通识教育的模式，其中以“核心课程领域”模式被认为较易实施而且成效可期，故为许多大学所采取。一般简称的“核心课程”，并非指单一课程，实际上是在特定“核心课程领域”之下，开授多门课程，或同一课程名称之下开授多班课程，故仍应称为“核心课程领域”较符合实际状况。

台湾大学规模较大，在 2014 年秋到 2015 年秋期间，学生有三万三千余人，专任教师二千余人，兼任及专案约聘教师千余人，每年开授各种课程万余门。在校园民主的氛围之下，系所本位主义心态甚强，通识教育之改革极为艰辛。台湾大学的改革经验虽然未必具有代表性，但在通识“核心课程领域”选修新制实施 6 年半之后的今日，回顾过去并展望前景，仍是一项有意义的工作。

二

台湾大学通识教育的改革虽然酝酿已久，但正式启动起于 2004 年。当年台湾教育事务主管部门的“大学通识教育先导计划”针对台湾大学提出评鉴报告，其中较为重要的有以下几点：①台湾大学通识教育理念甚佳，主事者对通识教育之经验与管理亦有深入之了解，但获得之资源与行政支持与他校相形之下似乎有所不足，因此理念与实践之间显然有所落差。不但通识教育之架构有改善空间（如医学院通识教育独立一组，通识与共同科如何区隔或整合等），必须严肃面对、认真检讨，而学生对通识教育的认识似乎也不尽清晰，该校亟应加强宣导。②校方与各学院显然必须更加积极参与通识课程之规划、执行与评鉴，并投入更多之人力与物力。③台湾大学通识教育似乎太过于依赖共同教育委员会主任委员个人的努力，各系个别对通识理念有所认同之教师，以及各单位对外申请之计划款项。相形之下，校方投入之资源及重视，与他校相较显然不足，而校方对通识教育之参与

---

① 黄俊杰. 大学之理念. 传统与现代. 台北：台湾大学出版中心，2015. 本文曾刊于《通识在线》，第 50 期，2014 年，9-12 页。

亦有所不足。

以上问题深获当时台湾大学通识教育相关同仁之同意与重视，遂于 2004 年 8 月 1 日至 2005 年 7 月 31 日，由共同教育委员会执行一年期之“台湾大学共同与通识教育改革之研究”计划，决定采取“核心课程领域”模式，规划通识课程改革事宜，改革草案自 2005 年起办理，在校内举行无数次公听会，在各方意见纷纭、风狂雨骤中坚定挺进。经过两年沟通与筹备开课事宜，最终于 2007 年起正式实施。改革重点为通识课程由原有四大领域调整为八大领域（“文学与艺术”“历史思维”“世界文明”“哲学与道德思考”“公民意识与社会分析”“量化分析与数学素养”“物质科学”“生命科学”），学生需修习通识学分由 12 学分调整为 18 学分，共同必修学分则由 18 学分调整为 12 学分，只保留“国文”与“外文”两科，各 6 学分，定位为基础语文能力与人文素养，其余科目（原“历史领域”“本国宪法”与“公民教育”）则融入通识课程。

上述“八大核心课程领域”的设计反映了各领域知识之发展，使得通识课程仍具有“均衡原则”的精神，同时，以八大领域作为课程主题，可使学生避免产生知识上的“隧道效应”，而从多元的学科观点与方法掌握到完整的知识，并使各学院打破专业本位的教学思维，重新考虑不同学术领域之间对话、沟通与融合的可能性。

为推动新制，共同教育中心经组织改造成为非属学院之教学单位，负责台湾大学通识教育课程之规划、审核，共同必修课程之审核及体育教学等相关事项。2007 年台湾大学通过审查的 234 门通识课程中，由共同教育中心主动规划之课程占了 196 门，而为了开设符合八大领域的课程，主动邀请校外学有专精的教师开课，开设台湾大学所需且无适合之专任师资可开课之课程，例如为充实“世界文明”领域课程，新聘兼任教师开设北亚草原文化概论、近代基督教思想与文化、西藏文化与思想等，因此，台湾大学通识课程兼任教师人数逐渐增加（兼任教师人数：2006 年第 1 学期共 9 人，2006 年第 2 学期共 11 人，2007 年第 1 学期共 28 人，2007 年第 2 学期共 40 人）。另外，台湾大学与台北教育大学合作，由各校优秀艺术类师资开授通识课程，加强文学与艺术领域课程，如认识艺术大师、钢琴作品与演奏欣赏、电影艺术与当代议题等课程。共同教育中心在新制度下积极参与课程规划及执行。除了上述强化行政团队的功能与执行效率外，台湾大学也积极协助教师提升通识课程品质、制定奖励制度及改造校园环境与文化，其中包括下列重点：

（1）投入大量经费，建立教学助理制度，协助教师教学工作，带领学生小组讨论，并善用本校 Ceiba 系统建立教师、教学助理与学生间互动与交流的网络平台。

（2）制订通识教育及共同科教育教学优良教师奖励制度，鼓励表现优异的教师持续开课，并增加其他优秀师资开设通识及共同科课程之意愿。

（3）透过学校各单位提供的服务与举办之活动，如“我的学思历程”通识教育讲座、艺文中心举办之艺文活动、教学发展中心举办之教学及学习活动、台湾大学博物馆群等，营造与通识教育相呼应的校园环境，并广为宣传通识教育之内涵与重要性，如制作通识教育宣传品等。

三

经过这次改革，台湾大学的通识教育可谓脱胎换骨，当时的教务长蒋丙煌教授与共同教育中心通识教育组组长罗竹芳院长贡献最大。2007 年台湾教育事务主管部门所实施之通识教育评鉴中，台湾大学获得最高评价，除“课程规划”获 B 之外，“目标与愿景”“组织与制度”“教学与行政资源”“教学品质”“师资”及“自我评鉴机制”均为 A 或 A+。

台湾教育事务主管部门的评鉴小组对改革后的台湾大学通识教育的整体状况提出“总评”意见说：“台湾大学就资源充沛与科系完整而言，居台湾所有大学之首。因此，经过组织改造，将通识教育行政事权统一，并重新规划八大领域之通识课程后，较之第一期评鉴有长足进步，应予高度肯定。惟若干通识教育之通病，如学生普遍以营养学分心态看待通识课程、不清楚通识教育之目标愿景以及部分共同必修之组织架构与师资未能做根本改变，致使教学品质尚无法全面提升。主事者应采取更积极作为寻求改善，以带动通识教育之新气象。尤其在获得五年五百亿计划经费挹注后，台湾大学之通识教育实有必要精益求精，一方面增加课程之学术承载度，另一方面创造通识化之优质校园环境，方能符合社会期待。”这一段总评意见可谓公允。

在新制实施一年后，台湾大学在 2008 年 10 月 15 日至 2008 年 10 月 30 日，检讨新制之实施成效，从课程、师资、学生选课及制度等不同面向逐一剖析，撰写评估报告，期待能够提供全面性的资讯，作为通识教育持续改善的参考依据之一。

四

从台湾大学经验来看，通识教育“核心课程领域”选修制度所面对的挑战不一而足，其中较为重大者包括：

(1) 课程数量不足与领域课程需求量不均的问题：台湾大学通识课程实施办法规定，各院系依其需求在 8 大领域中指定 5 或 6 大领域之课程，学生应于每一指定领域至少修习一门课程。课程如兼跨两个领域者，得分选择计入其中任一领域，共须选修 18 学分。以 2013 年为例，学士班学生总数前三名依序为生农学院、管理学院、工学院。依回避各院专业领域之原则，需修习人文社会科学等核心领域课程之学生较多，因此，多年来人文及社会科学教师(尤其是文学院教师)必须开授较多的通识课程，负担远较其他学院教师沉重。

而且，随着通识课程审查机制之日益严格与教师承受研究压力之与日俱增，从 2009 年至今，4 年来八大领域所通过开授之通识课程教育逐年降低。虽然提升了开课之严谨度，但课程数量不敷需求，都是一项挑战。

(2) 校园氛围与师生对待通识教育的态度问题：通识教育在华人社会的大学校园里，所面对最大的困难就是华人社会源远流长的实用主义与功利主义心态，在这种心态所塑造的大学校园氛围里，师生自然重专业而轻通识。正如我应邀在 2013 年台湾大学教师节庆祝茶会致词中所说的，台湾大学和世界若干顶尖大学一样，也不能免于知识的“数量化”“标准化”和“商品化”的趋势，近年来强调“产学合作”“技术移转”“业界捐款”等考评指标，大学争排名，教授计点数，对大学之精神其实伤害甚大。大学教育与研究商品化流弊之所及，使得大学陷入“精神资源的贫困”，师生难以远离痛苦，获得快乐。随着台湾教育事务主管部门“迈向顶尖大学计划”的执行，老师们好像坐在一艘大船上的旅客，被迫必须紧盯船上的甲板或船舷两侧的波浪，因此很容易晕船或呕吐，师生很难从容地在船上体验在智慧之海中航行的乐趣，也很难有时间远眺海岸的地平线或岸上渔家灯火之美，更没有时间在大船的甲板上闲庭信步，仰望北斗七星，校正研究与教学的新方向。

在这种氛围之下，大学师生很难有余裕给予通识教育应有的教与学的空间，许多学生对待系必修课程与对待通识课程的态度不同，部分学生仍将通识课程视为营养学分，认为通识课程是工具性、休闲性的课程。

以上所说以"核心课程领域"推动通识教育所面临的两大挑战，第一个问题较易通过行政作为而有所改善，但第二个问题则涉及看不见的社会价值观与校园氛围，很难短期内完全改变。

五

如何使通识"核心课程"教育效果更进一步提升？也许以下两个方法值得尝试：

第一，加强核心课程的知识承载度，一门课程授予较多学分。这就是曾获台湾杰出通识教育教师奖，现任台湾大学教务长的庄荣辉教授所推动的"深碗课程"理念。庄教务长构想在核心课程原有的学分之上，加授2学分进行非讲习之学习（如讨论课），预期可以造成以下的效应：①当某课程大幅增加学分时，学生须投入更多时间；②所增加学分之内容，可加强新的学习方式与成效；③某些课程学分增加，导致每学期修课数目降低；④学系得重新检讨整体课程架构，以浮现核心课程；⑤将会排挤一些非主流课程，可能降低学习多样性；⑥学分看似贬值，实乃重新分配学生整体学习时数；⑦不必修改任何法令，不改动总学分数，影响极小；⑧必须投入更多资源：教师时间、教学助理、空间等。

第二，运用网络教学资源，配合课堂教学，以提升核心课程的学习效果。在全球化时代，世界各国大学的课程品质面临更激烈的竞争，但也获得前所未有的教学资源。

当美国麻省理工学院（MIT）将全校课程的授课大纲译成中文传到网络上后，就不免对海峡两岸的大学相关科系教学与研究的竞争带来无形的压力，但也提供给我们更多的教学参考数据。近年来台湾的"台湾通识网优质课程资料库"以及"台湾大学开放式课程"，也发挥着类似的作用。近年来，通信科技的发达，改变了大学授课方式与规模，例如教育科技公司Coursera所开授的"广泛开放式线上课程"（Massive Open Online Courses，简称MOOC），可以经由网路授课而接受大量学生修课，更加强了全球化时代大学教育"市场占有率"的竞争性。

展望未来，通识核心课程的教学，如果能够鼓励学生善用网络上的教学影音资源，课前进行自我学习，则上课时就可以有较多的时间进行师生的对话与互动，对学习效果提升必有帮助。

总之，通识教育的改革是一个永无终止的过程，我们必须衡量校内外状况而与时俱进。

新学制下香港高校通识课程设置与启示

内容提要

张春莹①，平章起②

近年来，由大学教育日益专业化、职业化、商业化所造成的弊端已成为有目共睹的事实，香港各大学越来越重视对通识教育的规划。目前，香港的大学都已设置通识教育或相关课程，将修读通识教育课程纳入本科教育的必修范围。

内地高等教育界为应对这一趋势，从20世纪90年代开始在高校中启动了文化素质教育工作，认识到人才培养在传授知识、培养能力的同时，更要注重素质的提高。面对知识爆炸、经济社会迅猛发展的新形势以及内地高等教育由精英型教育迅速转变为大众化教育，“培养什么样的人，如何培养人”的问题已经成为教育界不停追问和探索的时代课题。

实际上，不论是我国的教育工作者还是国外学者，对通识教育、自由教育、博雅教育、全人教育等概念还没有形成统一的认识，而且对文化素质教育与通识教育的区别也不是很清晰。本文试图从教育实践的角度做一些分析，以期从我国香港高校通识课程的设置中汲取经验和启示。

一、通识课程一般类型

（一）分布必修模式

分布必修，指“对学生必须修习的学科领域（一般为自然科学、社会科学和人文学科）以及在各领域内至少应修习的课程门数（或最低学分数）作出规定的通识教育课程计划”[1]。此类课程主要是希望扩展学生的知识视野，使学生对各学科领域的知识都能有所了解。

无论学校的规模还是类型，国内外高校利用现有的师资和资源都可以实行这样的通识课程。然而，分布必修制的通识课程既然强调知识和学科的“广”度，那么在“深”度方面必然有所欠缺，整体课程结构松散而且缺少整体性，使得学生在各方面都懂一点，但是哪个都是浅尝辄止、泛泛而论，老师和学生均难以清晰掌握通识教育的目标和理念，科目质量的管理亦比较困难。

（二）核心课程模式

此类课程打破了按传统学科开课的模式，重点不在于让学生掌握某一学科系统的入门知识，而是按照各学校认定的教育目标确定知识范畴继而开设课程，目的在于传授跨学科知识，并有系统地传授该大学认为最重要的教育理念和知识，以培养学生全面、多角度

---

① 张春莹，天津农学院人文系讲师，从事高校教育管理研究。

② 平章起，南开大学马克思主义教育学院教授、博士生导师，从事思想政治教育理论与方法研究。

看问题的能力，并理解不同学科认识事物方式的差异。

核心课程模式虽然深受各国高等教育人士的推崇，但实际施行比较困难，因为要对核心课程应包含的内容达成共识，这并不容易；再有对师资力量、资金的要求都比较高，这就使“核心课程”成为各个通识教育计划中的“贵族”，小型学院或科系单一的学院很难实施。然而，在现实操作中，一所大学的通识课程可能同时采用分布必修和核心课程这两种模式。

（三）住宿学院模式

住宿学院源于英国牛津大学、剑桥大学，是不分专业的学生在一起学习、生活的地方，具有不同兴趣、专长、天赋及学科背景的学生与教师朝夕相处，在一起互相切磋琢磨，这在英美是一种颇受推崇的通识教育途径。目前，内地一些知名高校也在进行这方面的尝试，并积累了相关经验。

（四）自由任选模式

自由任选是指院校本身没有任何特别规定的通识教育计划，学生可以根据自己的兴趣自行制定一个属于自己的通识教育计划。自由选修是风险最大的一种形式，它意味着通识教育可以被忽视，对于一个旨在推行通识教育的院校来说，一般不容轻易尝试[2]。

（五）经典名著模式

这种模式最早是在第一次世界大战期间，由哥伦比亚大学教授厄斯金（John Erskine）提出的。比较典型的是芝加哥大学实行的“伟大的经典名著”计划和现在仍在坚持实施的圣约翰学院的名著计划。

受到名著种类、数量和教师素质的限制，学生得到的信息必定出现不同程度的偏差，而且很难满足现实社会对大学毕业生专业知识和技能的需求，因此，目前采取这种通识课程形式的学校很少，推广起来难度很大。当然，对于古今中外经典的研读是当代大学生必要的知识储备，只不过不能把它当做通识教育的全部。

二、香港高校通识教育课程设置新特点

香港高等教育最大的转变是从 2012 年开始的，学制由三年制改为四年制，各学校在课程设置、教学计划方面都有一些变动，通识课程相应也会有所调整。值得一提的是多个高校增设了针对一年级学生的通识基础课程，这也是新学制转变之后香港高校通识课程的改革重点。为了详细了解香港八所大学通识课程的模式及特点，可以大致将它们分为三类：第一类是综合型大学，主要指香港中文大学、香港大学、香港浸会大学；第二类是专业类大学，培养工商科技等方面的人才，主要指香港科技大学、香港城市大学和香港理工大学；第三类主要指岭南大学和香港教育学院，学校规模小却自成体系[3]。

（一）综合型大学的通识课程设置

1. 香港中文大学的通识课程

香港中文大学自 1963 年成立以来，因受中国传统人文精神与西方博雅教育的共同影

响,即有通识教育之设置。至今,通识教育课程几经变革,已经发展得较全面而系统,注重通识科目的学术内容,但课程体系不按传统学科划分,而着眼于学科所涉及的普遍意义和价值关怀。这种规划理念凸显了香港中文大学重视通识教育对跨学科知识的追求,成为香港高校通识教育的典范,也形成了独具特色的"中大模式",主要包括以下几部分:

(1) 大学通识课程以正规的学习活动为主,通过开设为数众多的通识科目供学生选修,培育学生广阔的学术视野和智性关怀。大学通识教育由大学通识教育部统筹,由大学各学系共同开办。在课程规划方面,从人的智性关怀出发,定出 4 个知识范畴,分别为:"中华文化传承""自然、科学与科技""社会与文化""自我与人文";并规定所有本科生(法学学生除外)必须在每个范围内最少选修一科,总共须完成 9 学分①。为保证教学质量,特设专责委员会全面审视通识教育课程,并对所有大学通识教育科目作每 3 年一次的检讨。另外,学校邀请校外专家每 3 年到访一次,整体评审通识教育课程。对收集资料作检讨,大学通识教育部负责收集并储存大学通识教育科目有关资料,例如科目大纲、成绩评核方法及参考书目等。

(2) 书院通识课程主要从各书院特有的精神及传统出发,通过开办少量科目(学生须按所属书院之规定修读至少 6 学分书院通识教育科目)和举办大量不同的课外活动,对学生作心智上的熏陶。书院通识教育课程形式多样,包括书院通识必修及选修科目、专题讨论、书院周会及月会、海外学习团以及不同类型的舍堂活动。活动强调学生的参与、分享及交流,一方面扩阔他们的视野、胸襟,另一方面促进同学间跨学系的沟通和合作[4]。

(3) 香港中文大学在 2012 年新学制开设了一门 6 学分的基础课程,所有一年级同学都需要修读。课程以阅读和讨论经典为主,分为两部分:探索科学与知识世界的"与自然对话"、反省理想社会与美好人生的"与人文对话"。教学以小班研讨方式为主,网上学习为辅,引导学生阅读和讨论世界上重要文明的经典,认识和理解它们所包含的智能以及这些智能对现代人所关心问题的启示。课程亦会加入文化活动、大师讲座等元素,务求培育学生成为有深度、有见识的知识分子。

2. 香港大学的通识课程

1911 年香港大学正式成立,创校之初即效仿英国大学的 3 年学制,因学制太短,无法设置通识课程,直到 1995 年成立了通识教育部和通识教育委员会,才开始致力于向所有学生提供全人教育(whole—person education)。

香港大学 2012 年转为 4 年学制后,本科毕业需修满 240 学分,分别为专业课程占 45%~60%,必修课程占 22.5%,选修课程占 17.5%~32.5%。必修课程包括核心课程 36 学分、英语 12 学分、中文 6 学分。核心课程分为 4 个范畴,分别为:"科学与技术素养""人文""全球问题""中国:文化、国家与社会"。学生要在前 3 年修完 6 门核心课程,每门课程 6 学分,每个范畴里至少选择一门至多选择两门课程②。

3. 香港浸会大学的通识课程

香港浸会大学是一所有教会背景的学校,创校伊始便强调以基督教传统为基础的博

① 见香港中文大学网站。

② 见香港大学网站。

雅(Liberal Arts)教育理想[5],其后在此基础上又确立了博雅和专业均衡并重的全人教育理念。教育目标是要使学生能够在事业上成为学有所用的人,在学问、思想、专业技能以及人格修养各方面均衡发展。通识教育课程(共38学分)划分为两部分:

(1) 占26学分的核心必修课。目的是让学生掌握可转移技能,培养适当的生活态度及价值观,从而帮助他们在大学期间以至日后人生取得均衡、丰盛的发展。学生除了必须修读大学英文(占6学分)及大学中文(占3学分)全部科目外,还须从"演说技巧""资讯科技""数理思维""历史与文明""价值与人生"等5个类别中各选修一科(占3学分),体育中选读两个科目(各占1学分)。

(2) 占12学分的分类选修课。目的是扩阔学生的知识领域,让他们接触本科范畴以外的知识。分类选修课有五大学习范畴:"文学""商学""传理/视觉艺术""理学/中医学""社会科学"。每个学生的大学本科归属于其中一个学习范畴,他们只需于所属学习范畴以外的4个学习范畴中各选修一个科目,即合共修读12学分。

(二) 专业型大学的通识课程设置

1. 香港科技大学的通识课程

香港科技大学在筹备之初即对通识教育问题有较为周详的设想,在成立时便设有人文社会科学学院,负责为学校其他学院的本科生提供人文社科通识教育课程。

2012年实行新学制后,学校规定取得学士学位要修毕120～126个学分,其中通识课程要修读36个学分,如表1所示。

表1 香港科技大学通识课程修读计划

课程	全称	学分
学校指定课程	School-Sponsored Courses(分别从学校指定的科学与技术、社会分析、人文学科中各修3学分)	9
科学与技术	Science & Technology	3
社会分析	Social Analysis	3
人文学科	Humanities	3
定量推理	Quantitative Reasoning	3
英语交流	English Communication(必须在一年级完成)	6
中文交流	Chinese Communication	3
健康生活方式	Healthy Lifestyle	0
选修课	Core Electives(从科学与技术、社会分析、人文学科、定量推理、艺术科目中任选)	6
总计		36

2. 香港城市大学的通识课程

香港城市大学的通识教育(也称作 Gateway Education,即精进教育)由教育发展及精进教育处负责,不仅如此,教育发展及精进教育处的使命是提升整个大学的教学(包括通识教学)水平,并且采取协作模式,支持大学各学系的发展。

2012 年以后入学的四年制学生要完成 30 学分的通识教育课程,由学校要求课程(9 学分)和分布课程(21 学分)这两部分组成,如表 2 所示。

表 2 香港城市大学通识课程修读计划

学校要求课程	学分	分布课程(每一个范畴内至少要修读 3 学分)	学分
大学英语	3	艺术与人文学科	3
专业英语	3	社会、社会组织与商业组织研究	3
中华文明-历史和哲学	3	科学与技术	3
总计	9	总计	21

3. 香港理工大学的通识课程

香港理工大学于 1998 年成立通识教育中心,负责推行通识教育课程,目的是希望借此扩阔同学的视野,训练他们的独立思考能力,使他们能有敏锐的社会触觉,能对国家和社会有最基本的认识。香港理工大学的通识教育课程具有本身的特色,一方面与主修课程相辅相成,另一方面强调应用与兴趣兼重。

学生完成四年学业至少要修读 120 学分,其中包括至少 30 学分的通识课程,如表 3 所示。

表 3 香港理工大学通识课程修读计划

学校要求课程	学分	拓展课程(至少要有 3 学分是与中国相关)	学分
语言和交流	9	人的本质、交往和发展	3
新生研讨课	3	团体、组织和全球化	3
领导力和个人内在能力发展服务学习	3	历史、文化和世界观	3
健康生活方式	0	科学、技术和环境	3
总计	8	总计	12

(三) 小型院校的通识课程设置

1. 岭南大学的通识课程

岭南大学的通识课程提供的不是瞬间过时的技术训练,而是让学生养成自我探索的习惯,以面对多变且难以预见的未来。为此,通识课程提供的科目综合了其他学科的技能与识见,为学生灌注对知识的无休止的渴求,以掌握终身学习的窍门。一般学科教导学生在专门的行业中发挥所长，通识教育则探讨生命的基本问题——生命何为，工作何为，如何求心之所安？

岭南大学四年学制总共120学分，其中通识课程33学分，是由共同核心和5大范畴组成。所有学生都需要修读共同核心的4门课程，以及5大范畴中的7门课程(每个范畴至少修读一门课程)，每门课程3学分，如表4所示。5大范畴分别是："创意与创新""人文与艺术""管理与社会""科学、科技与社会""价值、文化与社会"。5大范畴中修读的7门课程要在一年级完成两门，接下来的3年中每年至少完成一门。

表4　岭南大学通识课程修读计划

年级	学分
大一	完成12学分通识课程(包括两门共同核心课程："逻辑与批判性思维"和"香港社会")
大二	完成9—12学分通识课程(包括两门共同核心课程："认识道德"和"世界历史与文明")
大三	完成3—6学分通识课程
大四	完成3—6学分通识课程
总计	33

2. 香港教育学院的通识课程

香港教育学院的通识课程在2012年全面推行，主要由三个部分组成：

(1) 基础范畴。学生须在入学第一年修读基础课程，课程内容主要探讨不同知识范畴的思考方法。在基础范畴中，学生会接触到3个主要知识领域：人文学科、自然科学、社会科学的概念、原则以及基本的认知方式。

(2) 拓宽范畴。通识课程的目的是希望学生透过探索不同知识范畴中的主题，扩展他们对不同知识的认知。拓宽范畴涵盖了现有通识教育课程(2006—2012)的4个领域，并将之浓缩成3个主要组别："人性、诠释及观点""群体、社会及文化""自然、科学及技术"。学生必须在每个领域中最少选修一个单元。

(3) 巩固范畴。巩固范畴单元为学生和导师提供了一个独特的学习机会。学生可以在小组协作的过程中，实践在工作上和生活上适用的协作解决问题的能力。而导师则可在指导学生小组协作的过程中，体会一个摆脱标准的课堂模式的学习经验。

三、香港通识课程设置启示

(一) 构建符合本校教育目标的通识教育课程体系

尽管香港各大学都很重视通识教育，提出了明确的目标与理念，并按各自的理解及所拥有的资源设置了通识教育课程。但是在实施过程中，各大学的通识教育还不可避免地浮现出很多问题，如资源不足、目标不清、课程散漫等，这些困局影响了大学通识教育的发展。究其原因，还是在于通识教育自身曲高和寡的尴尬地位，通识教育拥有多重目标，而且都是在现代社会、经济、知识、科技发展的条件下，被视为大学教育应该具备、但难以实现的理想性成分。因此，一般而言，通识教育的理想是崇高的，但在整个大学的课程系统中，它即使是必须，也只能是次要。金耀基先生早在十几年前已敏锐地注意到通识教育所面临的困境："我们不难发现通识教育在当代大学教育中正出现一种矛盾和困境，一方面，在理念上，通识教育的重要性被不断地肯定，另一方面，在实行中，通识教育的重要性又不断地被淡化，甚至忽视。"[6]

再有，具体通识课程的设计总是在扩大知识面与建构一个现代知识人的核心要素之间摆动，不容易取得平衡，这也是通识教育难以达到预期目标，通识课程难以取得理想教学效果的重要原因之一。实际上，由于各大学对通识教育理念有不同的阐释和理解，因此他们实行的通识教育模式亦有差异。

可以注意到，无论在华人地区的大学抑或是开展通识教育广泛而成功的美国大学，一直都在积极地改进、革新通识教育。可见，通识教育没有放之四海而皆准的模式，也不可能一成不变。这就需要学界的深入研讨、相关部门的投入与支持以及全社会的力量参与其中，为通识教育的全面开展和当代大学生综合素质的提高添砖加瓦。

（二）改革教学管理制度，建立新型通识教育模式

内地高校尝试通识教育的方式目前有两种，一种是使用 1999 年教育部在 32 所大学中引入的"文化素质教育课程"或者俗称"全校通选课"的一套新学分，通过开设新课程探索通识教育的可能性，内地大部分高校都采取这种方式。另一种是北京大学"元培计划"的方式。从 2001 年开始，北京大学设立元培计划实验班，开展人才培养模式的探索与实践；2007 年成立了非专业类本科学院——元培学院，按文理两大类招生，学生入学不分专业——取法于哈佛、耶鲁的文理学院，整体改变了本科的教学管理模式。

笔者建议有机整合几种通识课程模式，发挥各自的优势，设计出适合内地高校的通识课程。"复旦学院"以及北京大学的"元培学院"就是很好的试点，这种非专业类本科学院的设立，标志着内地高校"创新人才培养之改革计划"逐步展开。

学校按院系或学科大类招生，不分专业。一、二年级主要学习通识课程和学科大类平台课，三、四年级实行宽口径的专业教育。有条件的学校还可以把文理科学生混合分班，混合住宿，为不同专业同学之间的交流和学习提供条件。

低年级的通识和基础课程主要有：①公共基础课（思想政治理论课、大学英语、计算机、体育、军事）；②通识核心课（为一年级学生开设的通识基础课，具体科目由教育部组织专家统一制订）；③分布必修课（即人文学科、社会科学和自然科学三大领域）。

学生根据自己的志趣于第二学期末提出专业选择意向，一般在第三学期末最后确定专业。当然，每个学生修读专业的最后确定还必须考虑相关专业的教育资源及学生本人的综合条件[7]。高年级宽口径专业教育内容为：学生在所属院系选课，进行专业学习，修学各专业教学计划规定的专业必修课和专业选修课。

（三）更新教学方法，多角度实现通识教育

有些大学以研读经典名著作为核心课程的阅读文本，有学者提出建立“助教制度”来发展“小班讨论”的教学方式[8]，也都值得我们借鉴。此外，通识教育的实践除了体现在显性的通识课程外，还需要通过第二课堂和隐性的生活养成教育共同完成。当然，也不能一味地强调通识教育而忽略专业教育，最好的做法是结合本校特色的基础上寻求通识与专业教育的平衡，最终目的是培养高素质的创新型人才。

2010年颁布的《国家中长期教育改革和发展规划纲要(2010—2020年)》，对我国教育事业科学发展做出了全面部署，首次把素质教育上升到了教育改革发展战略主题的高度。全面推进素质教育，加强文化素质教育，对大学践行文化育人，培养高素质创新人才，必将产生积极的影响。在中国的现代化进程中，以素质教育理念为出发点，以通识教育为基础的大学本科教育将担负起弘扬民族文化、传承人类优秀文明遗产、重建精神价值体系和文化认同体系的历史使命[9]。

参考文献

[1] Arthur L. Handbook on Undergraduate Curriculum. San Francisco:Jossy-Bass,1978 :9.
[2] 李曼丽. 美国大学通识教育实践研究. 高等工程教育研究,2000(1):54-58.
[3] 梁美仪,才清华. 香港各大学通识教育现状概览. 大学通识报(香港中文大学),2006(1):63-90.
[4] 香港中文大学通识教育部. 书院通识教育课程简介. 香港:香港中文大学通识教育概览,2005:11.
[5] 黄嫣梨. 香港浸会大学校史. 香港:香港浸会大学出版社,1996:317.
[6] 金耀基. 大学之理念. 香港:牛津大学出版社,2000:140.
[7] 胡显章. 十年探索十年发展. 大学通识报(香港中文大学),2006(1):10-20.
[8] 甘阳. 大学通识教育的两个中心环节. 读书,2006(4):3-12.
[9] 曹莉. 中国大学通识教育:理念与现实. 大学通识报(香港中文大学),2008(4):84-85.

共修课程:人文精神与博雅教育的融合

——香港大学 2010—2012 年共修课程建设计划述评①

刘隽,孟永红,林勋②

内容提要

"共修课程"(Common Core Curriculum,CCC)又称共同核心课程或共同必修课程,它体现了香港大学在一定社会历史背景条件下对人才培养本质及其价值观的基本看法[1]。特殊的历史造就了香港海纳百川、中西文化合璧的多元文化特色[2]。2010 年香港大学为适应回归十多年来社会的变化与发展制订并实施了《2010—2012 共修课程建设计划》。

一、课程观:"人文精神"与"博雅教育"的融合统一

共修课程秉承"人文精神"与"博雅教育"相统一的课程观,课程目标倡导正确价值观、引领学术探究、灌输学习智慧[3][4],强调课程必须引导学生去认识、领会人类共同特质和共同经验,从而拓展学生视野,使他们有机会站在更高位置去探讨 21 世纪的问题。因而,香港大学共修课程目标是:"扩宽视野,让学生深入了解日常生活中所面对问题的复杂性和关联性;欣赏各种文化的关联性和多样化,让学生深入了解自己和他人的文化;积极成为负责任的公民,让学生明白自己是本地和地球村的一分子;通过体验训练,让学生发展思考与认知能力"[4]。与此同时,各院系也都在"人文精神"与"博雅教育"相统一的课程观指导下确定了具体课程目标,以期应对现阶段高等教育重职业轻学术,本科课程欠缺道德伦理教育等挑战与问题。

二、课程设计:体现"明德格物"之校训

"大学之道,在明明德,在亲民,在止于至善"。港大认为,新的课程在于培养学生的四种能力:有效思考能力、沟通能力、适当判断能力和价值认知能力,课程应为学生提供全人教育,实现致知而格物[5]。共修课程的设计主要是基于上述四种能力的再分解。一是追求卓越学术成就,培养批判性思考和终身学习的理念[3]。在保持最高标准的学术严谨性前提下拓展前沿和一定广度的学科知识,帮助学生多角度地、批判地接受知识,保持求知

---

① 刘隽,孟永红,林勋.共修课程:人文精神与博雅教育的融合——香港大学 2010—2012 年共修课程建设计划述评.教育探索,2013,3:150-152.

② 刘隽(1983—),男,江苏扬州人,上海中医药大学讲师,硕士,从事高等教育研究。孟永红(1967—),男,河南长葛人,华东师范大学助理研究员,硕士,从事高等教育管理研究。林勋(1975—),男,南京人,上海中医药大学副教授,博士,从事高等医学教育研究。

欲。二是沟通与协作[3]。有利于学生认识到个人与团队关系以及两者之间的作用,且能有效地获得学术沟通、专业和社会环境的体验,在与团队合作中作出建设性贡献。三是领导能力与改善社会环境[3]。港大坚持人权、正义、平等和言论自由等价值观,鼓励学生积极参与和促进当地及全球社会、经济、环境的可持续发展,在提高同胞和人们福祉中起主导作用。四是文化理解和全球化的视野[3]。文化理解和全球化意味着通过课程学习,学生须明白作为全球社会成员应履行的社会责任,提高对于其他文化的认识,提高与不同文化背景人士交往的文化敏感性和人际关系技巧。五是个人及专业道德和了解别人[3]。通过课程实施使学生在学术、社交和职业环境中保持最高个人诚信和道德实践的标准,认识到每个人的长处和短处以及学会尊重个体的差异和喜好。六是应对新形势和新问题[3]。课程的内容应在发生突发情况和问题时,帮助学生识别和定义问题,生成、评估和创新解决方案。

在课程调整管理方面,香港大学将原教学发展中心改组为教学和学习强化中心,全面负责共修课程的改革和建设,以便采用以学生为中心的方法进行课程设计和组织教学。同时,在全校范围内收集和分析学生的学习经验以对课程进行验证。在此过程中将原属于院系的"拓展课程"、全校性跨学科课程、学习体验活动三大部分统筹后按共修课程设置理念逐一甄别,以国际化视角围绕港大教育目标将道德、沟通、科技、美学艺术、经济、信念、社会政治和发展度等固定文化因素内容设计构建到共修课程中并辅之以多元化教学手段和合理的考核方式[4]—[6]。原有人文和社会学、科学和科技、文人与价值观研究、资讯科技四大模块的课程经统筹、剔除、新增后被拓展为科学与技术素养,人文,中国文化、国家和社会,全球议题 4 大领域 18 个主题,每一领域有相关对应主题 4—5 个,如表 1 所示[5][7]。

表 1 课程模块表

领域	主题
科学与技术素养	科学的方法与本质 科学、科技与社会 科学、科技和全球议题 日常生活的科学和科技
人文	创意艺术 认识历史:过去与现在 语文、沟通和社会 思想、身体与精神 批判思考:伦理与社会
中国文化、国家与社会	中国文化:思想、价值和生活方式 中国文明:国家、社会和经济 改变中的中国环境 中国对现代化的探求 21 世纪中国崛起:挑战与前景
全球议题	全球议题和地区生活 全球管治的挑战 全球化和经济发展 全球伦理和公民权

资料来源:香港大学共修课程专题网站。

2010年香港大学先行开设了67门共修课程，其中科学与技术素养18门，人文15门，中国文化、国家与社会16门，全球议题18门。按照建设计划，2011年将开设87门，到2012年最终将提供超过150门的共修课程供学生选择[6][7]。2010年作为共修课程实行的第一年，当年入校学生共修课程必须完成12学分，占必修21学分的11.7%；到2012年完全实行新四年制本科课程时入校学生须完成共修学分36分，占必修54学分的22.5%[1]—[3]。规定2010级学生第一学年每学期必须在一个领域中选择一组6学分的课程，五年制医学生则必须在两个领域选择两组不同的课程。每个领域的课程至少选择一门，最多2门。

三、课程形式：体验式课程为主

香港大学共修课程由以学生为中心的体验式课程和传统意义上的传授式课程两种形式构成，但课程形式结构偏重于体验式课程。2010年开设的四大领域67门课程中体验式学习课程占近90%，其中科学与技术素养15门，人文13门，中国文化、国家与社会14门，全球议题17门[8]。体验式学习作为新课程的基本元素，打破了传统意义上教室界限，学习的范围更广，学生与被研究现象直接接触并在对现象问题进行综合和全面理解的基础上发展知识和技能。就整个共修课程体系而言，虽然体验式课程成为主体，但讲授依旧与课程相互联系是课程的一部分。一般情况下，一门体验式课程通常有36个课时，其中有一个2小时的讲座和每周一次1小时的导师与学生互动，其余时间以团队小组形式为主进行其他有关的学习活动，包括阅读、自学、实地考察、参观、小组项目、研究和考试准备等。现阶段，为了保证每个学生都能获得相应领域的实际体验，香港大学各院系将共修课程中的体验课程学习纳入修习方案，不仅有学分要求，而且和毕业挂钩。以理学院为例，学生需要至少参与2～3个体验式课程学习才能毕业[5]—[9]。

由于讲授的信息传递功能的无法替代性，随着体验和“走出课堂”式学习纳入到正式课程成为通行的标准做法，在课程中穿插的讲座或讨论等形式的体验式课程在不远的将来将被正式确定为香港大学共修课程的教学标准[5]。

四、课程实施：教与学的多样化

共修课程采用多元教学方法，聚焦教案、查问、解决问题三个焦点，强调通过教学方法的组合运用培养学生合作学习、批判分析、多角度思考问题的能力，提倡行动为本和小组学习，鼓励学生参与体验学习并在团队中挖掘自身的领导才能。一般每门体验式课程均包含以团队方式进行的基于问题的学习、以成果为基础的学生学习、辅助课程学习、学习体验和导师制等教与学形式的多种组合。[9]以科学与技术素养领域的“日常计算和互联网”课程为例，基本形式有讲座、师生研讨、团队讨论、学生简单项目调查、自行完成简单的批判计算方法、个人和团队作业完成项目计算、团队论文等7种基本形式，它涵盖了体验式课程的教与学方式，其中以下教学手段在95%以上的共修课程中获得运用。

1. 基于问题的学习

围绕问题,教师作为一个引导者引导、激发学生批判性地思考,主动发现和探索关键概念和学科技能,以自己的方式找到学习问题的成因,并在学习过程中学习如何成为自我导向的终身学习者。

2. 以成果为基础的学习

设立阶段性的嵌入式课程目标,每门课程都有一个最终学习成果或有两个以上的相关计划学习成果,鼓励学生通过进阶性思考和学习,而不是停留在事物的表面,以此获得更为清晰的认识和良好的学习效果[4]。

3. 辅助课程学习

由学生发展中心和通识教育部提供一些与相关课程有关但不计入学分的辅助性课程[4]。学生们可选择性地参与一些考察、服务和宣传等培训,诸如社区服务等,以期更好地完成共修课程。

4. 学习体验

该项目包括经验分享论坛、理工科体验学习、人文社会科学 MOEI 计划、明德项目、社区或社团项目工作坊,以及近年来紧贴社会突发事件的项目等诸多体验项目,学校可根据学生需要进行安排[9]。

5. 共修课程实行导师制

导师是共修课程学习的基本和必备元素,通常每周以小组形式指导不超过 12 名的学生[8][9],目的是在一个互动的环境中通过对话为学生提供一个语境,以澄清认识过程中产生的问题并加深理解,帮助学生改进沟通技巧和建立自信。

五、学习评价:多元化与形成性

共修课程的学习评价注重多元化与形成性,除了较传统的考试和测验外,还应用其他多种方式考查学生知识和技能的掌握情况。比如,考查讲座和阅读的反思日记、拍摄影片、田野调查报告、承担的研究或小组项目和演示[8]等,一般在以下主要 7 种形式的评价中至少选用 3 种。

一是学习与工作量的计算。港大将学习、研究、调查等活动的工作量包括参与时间、提交作业的难度、调查或研究的范围大小等完成情况均视为衡量学习态度和研究探索精神的外在行为表现,从花费的时间和精力角度评价学生课程学习完成的深度与广度,这些评价一般不大于总体评价的 20%[8]。

二是团队项目成果评价。团队活动成果主要有小组论文、小组调查或合作研究项目、团队设计、团队辩论等形式。通过团队项目总体完成水平、团队成员承担角色任务、完成质量及其难易度的综合考核促进学生参与团队协作,并以小组形式进行文化交流和互相学习[8]。该项目基本是每门体验式共修课程的必备考核项目,占总评的 20%~30%。

三是研讨发言质量评价。研讨发言质量涵盖发言表现、研讨会个人研讨质量、导师交流、团队经验分享、个人演讲等项目的评价,并作为基于问题学习教学形式的主要评价手段[8]。通过研讨发言评价可以了解学生的批判性学习思考以及学习拓展程度。该项目也是每门体验式共修课程的必备考核项目，占总评的 20%～30%。

四是研究调查或项目。根据课程的要求评价学生以个人形式完成的相应研究或调查成果，成果形式由教师指定或允许学生自由选择，可以是论文、报告、影片和海报等各种可以清晰表达项目结论的形式[8]。一般在评价时，会综合考核项目完成、书面表达、口头表达、回答问题和工作态度等情况进行评价。

五是学习表现。部分课程会有网络作业，以论坛、在线答题和在线学习[8]为主。通过港大专门的网络学习平台，以定性与定量相结合的方式考查学生参与论坛研讨的学习质量、网上学习完成情况、利用网络学习平台状况、网络阶段学习成果等。

六是测验考试。评价形式有课堂小测验、标准化考试、课程结业考试等，以开放题和标准化试题为主，考查学生查阅文献资料、学术基本表达、知识概念、解决和分析问题能力的运用等[8]。

七是作业、论文和报告。要求学生完成一定的课程作业，作业形式可以是小论文、短调查报告和文献综述，也可以是听课反思笔记[8]。当该项权重比值达到 30%时，一般要求学生完成正式的学习论文或报告。

此外，香港大学十分重视学生的专业学术道德的养成。学校明文规定禁止抄袭、剽窃、欺骗和伪造等学术不端行为和在体验课程中的不道德行为。要求学生作业必须独立完成且按要求参与活动，对作业内容所包含的他人思想、观点以及引用有着极其严格的认定标准。一般重合 8%即认定为学术无效行为，重复 20%以上则认定为剽窃。对于没有参加体验学习活动或讨论而完成的作业则视为学术不端行为。

六、结　　语

《国家中长期教育改革和发展纲要(2010—2010 年)》强调，高等教育要提高人才培养质量，加强课程等教学基本建设，促进文理交融[10]，因此，我们借鉴香港大学的共修课程建设经验十分必要。应特别重视在“人文精神”与“博雅教育”相融合的课程观下合理设计课程体系。课程设置要体现广泛性，通过不同领域课程的学习让学生了解、知道这些领域的基本问题、基本观点和方法[11]。在内容结构方面，要着重体现中国文化和全球视角，让学生了解人类共同特质所涵盖的跨种族、跨文化和跨地区所共有的时间观念、团体及群体生活、共同价值观和信念、人类活动与人自然的关系以及生产与消费的关系等。同时，要强化课程的体验性，体验性课程的开发有助于学生的整体经验积累以及后续发展，能够引导学生促进学术性和适应性能力的提升[10]。

参考文献

[1] Curriculum Reform. The University of Hong Kong，4-Year Undergraduate Curriculum. (2011-12-11)[2011-12-02]http://tl. hku. hk/wp-content/resources/docs/ccreform. pdf.

[2] 庞海芍，王瑞珍. 通识教育在香港. 北京理工大学学报：社会科学版，2007，9(S1)：85-88.

[3] Undergraduate Curriculum Reform. (2011-12-01)[2011-12-03]http://tl. hku. hk/reform/ # anchor-1. 2010-12-1.

[4] The University of Hong Kong. Teaching and Learning(Educational Aims Distinctive Features etc). (2010-12-31)[2011-12-03]http://tl. hku. hk/tl/index. asp.
[5] The University of Hong Kong. Common Core. (2011-12-01)[2011-12-02]http://commoncore. hkuhk/.
[6] The University of Hong Kong. Exploring issues of Profound Sig nificance to Humankind. (2011-01-10)[2011-12-03] http://tl. hku. hk/wp-content/resources/docs/cc-web. pdf.
[7] The University of Hong Kong. Exploring Areas of lnquiry and Key Themes(four Aols). (2010-12-01)[2011-12-02]http://tl. hku. hk/common-co-re-curriculum/aois/indexasp.
[8] The University of HongKong. Common Core 2010-2011 Student Handbook. (2011-01-05)[2011-12-03]http://commoncore. hku. hk/files/cc-stu-denthandbook-2010. pdf.
[9] Promoting Experiential Learning, A Fundamental Element of the New Undergraduate Curriculum. (2010-12-01)[2011-12-03]http://tl. hku. hk. /reform/experiential-learning/idex. dsp.
[10] 李丽结. 美国营利性大学的职业性课程——以德夫里教育公司为例. 比较教育研究，2011，33(1)：50-53.
[11] 复旦大学. 蔡达峰副校长在复旦大学通识教育大讨论动员大会上的辅导报告. (2007-05-10)[2012-11 12]http:// www. fudan. edu. cn/tsjy/artide. php? id=74.

经典文本导读在大学人文学科教学中的地位

尤西林①

内容提要

一

人文学科(教育学、艺术学、哲学、历史学等)不仅区别于自然科学,也有别于社会科学(经济学、法学、社会学、政治学等)。这一区别自 19 世纪末叶被提出,而至 20 世纪 80 年代末才进入汉语学术思想界视域。[1]

与上述状况对应的是,从 16 世纪开始,以经典力学为范型的自然科学,同时也成为各类知识学科的范型。自然科学范型对现代教育,特别是专业系科的高等教育的影响之一,乃是还原论与本质主义的知识观的主导性地位。

本质主义(essentialism)把事物定性为扬弃特殊性、个性、偶然性、多样性之后的普遍共性,还原论(reductiorism)则将动态、多样性事物约简为单一纯粹的要素或结构。从而,自然科学及其影响下的社会科学,将自身的学科内容主要归结为抽象化的概念及其关系系统,并往往以更加抽象化的数学模式或结构为目标。围绕某一学科的教学,本质上是对该学科核心概念及结构的抽象化(本质化)提取,进而又将此种概念结构向不同经验情境"迁移"而反复运用训练。[2]掌握知识,即掌握原理,是将知识原理浓缩为基本概念及其逻辑关系网络的结构模式。

由于大学专业教育以知识的系统化与原理化为基点,因而,上述本质化与抽象化的追求在近现代高等教育中更显突出。在自然科学范型的影响下,这一追求同时成为普遍的学术方向定位。它也影响了传统人文学科的学术定位与教学方式。传统人文学科的文史哲诸科,从小学到大学,在教育的各个阶段上本来都保留着一种基础性教学方式,那就是作品原著研读。但既然关于人文学科的概念体系性理论成为人文学科现代知识学的资格代表,文史哲学科"原理"课(如"史学原理""文学原理""哲学原理"等)势必成为从本科到研究生教学的主干课程,并且扩展形成为原理概论科目群(如"文化学""比较文学方法论"之类的"××学""××论"系列课程)。相形之下,以经典作品文本(text)阅读为重心的传统人文学科教学方式则趋式微。

人文学科教学方式的上述演变有其现代历史必然性与合理性一面。古代教育由于以权威文化为背景,主导教学方法是孔子"述而不作"式的原典阅读,以经典文本为中心的经学记诵注疏,既是学术传承,也是教育学习。西方大学(university)人文—神学传统的教学核心环节"授课"(拉丁文 lectio),并非教师讲授,而是指"阅读",即阅读经典。教师的讲

① 尤西林(1947—),男,四川成都人,陕西师范大学文科资深教授,通识教育研究中心主任,主要从事人文科学原理、美学、信仰论研究。

解，则是围绕经典阅读的注释。中古经学，无论基督教神学或儒学，均限制读者僭越经学权威擅用个人理性独立展开解释。从而，经学中理论概括无由凸显。现代性启蒙推举理性，由此导致现代学术的代表性形态从经典注疏向理论体系的转变，现代教学重心遂亦从经典文本阅读偏向理论讲授。理论的学理性，依托的不是文本与权威，而是理性思维，它通过将文本客观化与形式化而转化为普遍的教学对象。现代教学尊称这个对象为“知识”。

二

近现代知识是以反映事物客观规律的科学为范型的思维体系。诸如牛顿力学三定律或社会必要劳动时间概念，是对繁复多样的物理现象与经济现象约简还原之后的本质性表述。因而，这类科学知识独立于原始现象以及知识创建者的个体知识发生—发现背景，传授或教学这类科学知识的中心是对知识原理本身的掌握，而一般不必研读牛顿和马克思的经典文本。

但当我们面对《庄子》、柏拉图对话或一首唐诗时，如何可能从这类对象中抽象还原出某种本质规定呢？上述类型继自然科学与社会科学之后，在19世纪被划归为人文科学。人文科学（The Human Sciences）成为从哲学高度概括思想史范畴的人文主义（Humanism）与教育学科目分类的人文学科（The Humanities）的系统理论。自然科学与社会科学分别从自然客体（石、木、水等）与社会客体（行为、制度等）中抽象出自然科学与社会科学的本质规律。人文科学则以作为主体性的人为对象，并由此形成人文科学研究的以下诸种问题及特性。

(1) 古代本体论向近现代学术转变，如康德哲学所典范分梳的，形成了两个不同的方向：它一方面放弃了把握绝对完整的客体对象的企图，有限相对性的感知觉在与理性逻辑的统一中产生了经验科学知识；另一方面，本体论的终极大全追求又将其绝对无限性意念落实为体现至善的主体性的人。无限性不仅指人类活动所呈现的无限可能（自由）的趋势和潜能，而且指人凭藉至善而获得的终极绝对价值立场。

(2) 经验科学以客观有效的知识为目的，禁止科学研究者的主观好恶评价介入知识，故有M.韦伯所强调的科学“价值中立”（Value-freedom）原则。人文科学则面对作为终极价值的主体性的人，研究主体与研究对象处于相互主体性的认同评价关系中。这种评价关系同时规定了人文研究主体超出单纯认知的科学态度而以认知、意志、情感完整体验为对象。

(3) 人文价值的无限性与绝对性并非指既成的人文实体属性，而是指人可能不断开放自我、打破现状的超越性过程。超越自我的每一时刻、每一事件都具有同样的人文性质，但却是不可重复的个性系列。人文价值由此既保持着历史流变中的同质性，同时又未凝固于单一性质的重复，而不息生长着丰富的形态。因而，人文个性系列不具有自然科学知识从低级向高级进步的等级性，它既敞开吸收每一位后代个性的新鲜超越样态，又不将前代人文个性形态视为过时的历史。人文个性形态超越于进步主义的历史之上，它所凝聚体现的人文价值意义是既永恒又常新的课题：每一时代不同的人都须面对主体自我的生存意义这一根本自我意识问题;但各个时代各个人的生存处境及其回应样态却不可能重复雷同(尽管有类似)。这样,不同时代不同个性差异万态的人文对话交流,构成了人文科学研究特有的方式形态:诠释(interpretation)。“诠释”以忠实于文本原意为基本原则;但诠释者同时要将“彼”文本移置于“此”生活—文化语境中,以沟通“彼”与“此”。所谓“沟通”,是指诠释者重新体验到历史文本所指趋的人文意义境界,或者说,是把此时此地的人文意义感受融汇入彼时彼地文本所保存的人文意义境界中。这样,彼时彼地与此时此地不同个性的人文意义诠释与沟通,既是同一性质真善美意义境界的继承流传,又是真善美意义境界经由不同个性历史形态的诠释而丰富发展的过程。

总之,作为人文对象的人文意义境界,它不仅具有无限性扩展的趋势,因而不是边缘确定的实在客体,从而也无从形式化,无从完整纳入逻辑概念,而且它高度的价值性也要求超出逻辑概念认知的评价态度。同时,不仅体现人文意义境界的文本形态是高度个性化的,而且人文文本也要求个性化的诠释,人文意义境界依托个性化诠释的承传—发展而生生不息地存在。因此,人文意义境界及其诠释文本无法简约为逻辑概念所定义的单一本质。

三

从而,人文意义的表达式成为古今持存的难题。古代中国思想强调概念化语言的限定性:有限性概念只是指趋意义境界的桥与梯,最根本的不是走上桥梯,而是谨记“言不尽意”,凭此语言桥梯领悟体会意境,乃至“得意忘言”。但是,人的精神思想活动所能凭藉的唯有语言。从而,中肯的字词语句不可能是登楼撤梯意义上的梯子:意义境界不是脱离语言语境凌空自在的实体世界,而就存在于语言语境中。意义境界不等同于任何语言文字,但却如无形之影,栖息于中肯的字词语句语境中。进入此字词语句语境的人才可能体验到意义境界。就此而言,意义境界与字词语句语境不能分开。作为意义境界栖息场所的字词语句构成人文科学的文本。

文本对于人文科学的特殊重大意义在于,它不仅是作者凝聚意念、呈现意境的场地,也是读者最大可能贴近作者个性意念并体验意境的唯一凭藉基础,同时它还是作者与读者不同个性意向视域得以交流融渗的唯一依托体。质而言之,人文科学及其人文学科的思想研究、交流承传与教育不可能脱离文本进行。在文本与人文意境之间存在着拓扑学意义的保存与变形关系。那些保存最多、变形最少的文本被称作“经典”,它们往往是:

(1) 其作者生存于本民族乃至人类某种基本生产—生活方式深远变动阶段,而且围绕这种生产—生活方式的回顾、反省与瞻望已形成思潮意识。

(2) 置身于上述生产—生活方式及其思潮意识中,承载着时代困境思考,同时又将这种时代困境思考超越升华到人类普遍性水平,对构成人文意境基本课题的生死意义、终极价值等作出了回应。

(3) 这种思想回应的字词语句形态不是既有思想形态的重复,而是新颖独创的。但其首创性同时又是典型的代表性,亦即它为人们进入人文意境提供了普遍适宜的意象(如唐诗“此情可待成追忆,只是当时已惘然”对意境的朦胧与非认知对象性的真切描述),对根本性的人文问题作出了精当肯綮的表述(如柏拉图《大希庇阿斯篇》关于具体的美的东西与普遍的美的本质的区分辨析),示范了富有启发性的思路(如康德区分现象界与本体界而确立科学与人文科学)等。经典文本的时代代表性甚至是超时代的,它所提出的人文问题的根本性,以及它诠释、回应问题的方式样态的典范性,都使这些经典文本不仅成为本时代人文精神生活的典型表达,而且成为跨时代、跨民族人文精神交流对话的文本对象。经典文本持存而普遍的人文对话生命力,表明经典文本包含着人文精神深层核心结构,其跨越时空的广泛共鸣影响区别于喧闹一时却瞬即逝去的流行文化品。"经典"与"古典"相邻,表明经典之首创性的"先在"性,同时,对应于变动不居的现代性(modernity),古典性支持了经典的持存永恒性一面。经典的终极意义题旨及其提问表述的典范方式超时代地吸引着后人与之对话。人文文本优越于科学理论的一点是,科学知识的频繁更新使哥白尼的地动说或哈维血液理论被更精确的理论所取代,而人文性的《庄子》《老子》、柏拉图对话、荷马史诗、宋词却似乎永不过时地与后人保持着同时代精神对话的生命力,人文经典文本始终拥有感应现时代的潜能。

经典文本对人文意义的诠释表达,不能简约归结为逻辑定义的名词宾语,即"某某是什么"的"什么",而在于"如何""是"之状态。因而,描述性的形容词、副词与动词在人文文本中占据着重要地位。这种特性使人文文本与艺术作品深刻相通。维科(G. Vico)因而以"诗意思维"作为人文科学的"新科学"原型,海德格尔也以"诗"为"语言"母体。这不限于纯粹的文学艺术品,而且包括理论思维的哲学等人文学科。即使是理论人文学科的文本,也不能像牛顿三定律那样为若干逻辑概念命题所概括,其人文价值重心仍然是"如何"达致结论方向的运思思路,其目标指向先于主谓宾逻辑判断的更源初的精神状况。逻辑结论之先的运思包含着丰富多样的创造探索,同时显示着艺术技巧般的思维模态。正是这些,才是人文科学最重要的内容,它们同时也是作为自然科学与社会科学知识根基的素质能力与方法演示。上述境况,便保存在运思创意的血肉之躯——文本之中。

无论是人文意义境界的领略或是科学知识原创发生根基思路的温习体会,都非静观认识所能达到。深入阅读与诠释文本,是一个浸入文本思路、与作者共同思想的活动。前述人文诠释所要求的知意情整体介入态度,也正基于人文文本的实践性:阅读诠释人文文本,无论是激活并发展文本语境思路,或是在此跟随经典文本思路中真实生长发展自己的思想能力,都是精神行动与思维操作的实践。

四

人文教育的基本目标,是人文意境的感染与创造性思路的摹习启示。阅读经典文本,是人文学科教学不可绕过的必经之途与教学的基本方式,也是文科大学生最重要的基本功训练。不仅体验艺术文本(从沉睡的乐谱、文学作品书籍到无言等待的绘画)所收藏的意境必须经历完整的文本践行——一个音符、一个字词、一笔线条也不可或缺,而且哲学类理论人文学科也必须通过文本研读才可能真实传授。那种架空文本的概论——"关于"艺术品或哲学原典的概论,一旦被误认为是学习掌握的最终目标,就成为柏拉图所说的真实理式(idea)的"影子",乃至"影子的影子",或佛家所警戒的以手指示月亮而误导的"认指为月"。

20 世纪 90 年代中叶以来,中国教育部在一批大学所建立的文科教学基地,不约而同地开设了文史哲名著经典导读课程。但如何"导读",却事实上仍然存在着不同的教学思想方向。例如,"《诗经》导读"可能以大大扩展了的社会背景、文化象征、手法归类乃至中外比较诸理论研究压倒作品阅读,对原著的研读被"关于"原著的概论取代。"马克思《1844 年经济学—哲学手稿》导读",也可能变成"关于"这部手稿的研究理论介绍,如手稿的背景及思想界争论、手稿的结构与问题线索、手稿的若干专题剖析、手稿的现代意义等。与此不同的则是以原典文本阅读为中心的导读教学。

这两种不同的教学方式背后存在着科学例证观念与人文科学个案观念的方法论区别。现代人文科学奠基人之一的文德尔班(W. Windelband)强调:"自然研究与历史的分别,首先开始于利用事实来构成知识的时候。这时候我们就看到,前者追求的是规律,后者追求的是形态。在自然研究中,思维是从确认特殊关系进而掌握一般关系;在历史中,思维则始终是对特殊事物进行亲切的摹写。"[3] 自然科学以一般性规律为中心,个别性事物仅作为一般性规律(法则)的例证才有其地位、意义。但人文"历史科学"却否认一般性规律可能穷尽个别性事物,认为个别性事物可以关涉与引伸出多种普遍法则,然而个别性事物自身是无法用一般性规律(法则)完整把握的。因而,人文历史科学着眼于对象的个性、特殊性与偶然性,使用单称的判断与描摹的方法。这种方法特别适合于历史性对象,因为历史是无数个别人物事件不可重复的发生与消逝,它不同于自然科学匀质化的原子规律。

人文科学并不放弃对人文个性"事实"的理论研究,但警戒对"事实"片面化的概括,而力求全面完整的把握;它尤其清醒地意识到全面完整性不可能绝对达到,因而"事实"本身不仅是观点抽象的基础,而且是观点永不枯竭的源泉——我们总会不断地在"事实"中发现新的意义。因而,对"事实"尽可能真切周详的描述,构成人文科学研究的前提基础。这种对"事实"本身的尊重与表述,即不同于为某一普遍规律、观点充当例证的个案观。典型的个案文本即经典。

经典文本阅读实质是人文科学个案观运用于人文学科教学的一种传统悠久的形态。不仅在经学时代,而且在现代初等与中等教育中它都有其传统地位,只是在高等教育中它才受到理论课的某种贬抑。但与概论教学相比,在一定程度上可说,经典文本阅读是在水中(而非在岸上)学习游泳。经典导读教学的基本原则即是引导学生尽可能直接地接触与深入文本,而不是用二手的理论概括取代文本。对经典原著文本的熟读乃至背诵,是在语感、语用上实践地理解文本。在反复吟咏体味中,对文本的熟悉便会深入到对语境的直觉领域。上述过程对于语言艺术作品的文学文本的理解具有基础的意义。对于理论经典文本来说,文本阅读则是对作者运思思路脉络的亲切体会,这对于思路艰深的哲学文本(如《老子》《庄子》以及德国哲学)来说,尤其必要。

传统经学的记诵与复述,在现代人文科学的自由理性背景下已不是膜拜权威,而演变为激活经典文本与亲历大师思想道路的实践过程。诚如黑格尔所概括的:"意义在于全部运动。……构成理念的内容和意义的,乃是整个展开的过程。……内容即是理念的活生生的发展。……这种全体的开展,我们就称之为方法。"[4] 因此,末尾的结论并不是最重要的，重演获得结论的过程，才是教育传授的重心所在："康德有一种独到的阐述和定义形而上学概念的巧妙方法，这种方法，……就是在听众面前进行他的思想探索，仿佛他本人刚开始考虑这个问题。然后，逐渐补充新鲜的决定性概念，一点一点地完善先前确立的解释，最后得出他对这个题目的研究的明确结论。对这个结论，他已经从各个角度作了全面考察，使聚精会神的听众不仅获得关于这个题目的知识，而且无意中受到思想、方法上的教益……"[5]德国哲学源初探索的语言同时也就是思考完成后表述结论的语言，不存在孤立于思索过程之外的形而上学结论表述方式。如同柏拉图对话录中苏格拉底著名的分娩引产术，说者与听者共同走上思索之路，结论是双方共同获得的，听众成为主动的发现者。对于记录这种思路的文本来说，"说"不是"想"毕之后的另外一种表述话语，而就是"想"之思路尽可能真切的描述与忠实记录。阅读这种经典文本，如同演奏乐谱，读者无捷径抵达什么结论，而是每次阅读都被邀请与作者共同从头经历全部思索过程。我们在聆听卓越的教授恳谈式讲座时，往往会更真切细致地目睹原创源初的心路历程，能直观到思想者敏锐、忖度、犹豫、决断的目光，感受远眺精神地平线的优雅、高贵气质；而在那些平庸的宣讲报告或文章中，人们听到的则是无个性的结论与独断判语。后者的文本犹如穿上了一件铁壳外衣，思想的诞生过程已被封死。

任何经典文本的个案性研读，都包含着两个基本的教学目标：①对特定经典文本的研读，是对该经典文本思想内容与学术史地位的知识学掌握。这一方向的研读指向客观性的经典学术研究目标。②对特定经典文本的研读，是人文科学个案方法的训练依托。这一方向下的研读不仅以特定经典文本学术知识为目标，而且是凭藉特定经典文本个案研读的实践经历，学习掌握更为普遍的人文科学方法并培育文科学生基本素质的过程。研读经典文本对于文科生来说，是相当于理工科实验课一样的基本功训练。更具体地说，在经典导读这一教学方式中，学生较之一般课堂听讲更为主动。学生是导读课的真正主体，教师只是引导者与适时提问者。学生亲自阅读经典文本，逐行逐节地阅读，通过提问与讨论，使每一个学生都检验了自己的语文学能力、敏感发现与提出问题的能力、上下文对照与不同文本对照的比较思维能力、抽象与提取结构的能力、重点段落仔细分析与深层挖掘的深度思维能力，……这诸种能力，既是人文科学基础能力——阅读原典的训练，又是作为人文主体的学生践习培养所获得的各项素质。经典文本阅读的个案法训练在此指向着人文主体自身素质的培养目标。

上述人文素质还主要着眼于学术研究能力，但一切人文学科文本不仅是知识学的，而且是人文价值意义性的。在人文学科文本中必定蕴含着人文意义的境界——这不仅指那些文学艺术作品的意境，而且包括文史哲学术类著作那些枯燥的事实材料和抽象的思辨逻辑所透露出来的人文境界。从而，浸淫于人文学科文本的个案性琢磨体味，不仅是对文本知识理论的透彻认知，而且是与作者—作品深层精神意向、信念立场及情趣气质的贴近融合。后一方面对于读者的感染、激励进入到了读者人文主体深层的素质。作为人类文化精华代表形态之一的经典文本，通过个案性研读，所能学习的不仅是知识与观点，而且是支撑知识、观点的思想框架与运思方法，以及在最深层面上人文主体的个性创造、意志决断与情感态度。

因而，研读经典文本的能力是考核文科生的基本指标，而是否拥有成熟的经典文本导读课程体系，则是评估大学文科教学水准的基本指标之一。

参 考 文 献

[1] 尤西林. 人文学科与 20 世纪中国学术. 上海：学术月刊，1998，(7).
[2] J · S · 布鲁纳. 教育过程. 上海：上海人民出版社，1997.
[3] 文德尔班. 历史与自然科学//洪谦. 西方现代资产阶级哲学论著选辑. 北京：商务印书馆，1982.
[4] 黑格尔. 小逻辑. 北京：商务印书馆，1980.
[5] 斯克拉顿. 康德. 北京：中国社会科学出版社，1989.

基于经典阅读的通识教育

——以东西方两所推行核心文本课程的高校为例①

内容提要

徐岚②

“通识教育”是西方高等教育史上的一个经典概念，在中国大陆则是20世纪90年代中期才出现在关于大学教育的讨论与课程实践中（多使用“文化素质教育”一词），它究竟以何种模式推行一直是我们向国外借鉴的焦点。分布选修和核心课程是通识教育的两种主要实施模式。曾任哈佛校长的博克曾总结道：在通识教育的几种模式中，名著课程的呼声最高，拥护者的热情也最高，然而近一百年来选择该课程模式的大学寥寥无几；相反，分布选修课程的呼声最小，使用却最为广泛。[1]尽管当前分布选修课程依然处于上风，但是仍有一批精英文理学院和研究型大学一直是经典名著阅读的忠实拥护者。我国大学的通识教育改革亦多借鉴分布选修制，但近年来对分布选修的不足的反思日益增加，一些高校开始探索具有中国特色的经典名著课程模式。在弘扬中华传统文化、提倡阅读东方文明经典的浪潮中，我们有必要认识核心文本课程这种通识教育实施方式，以及其背后的教育理念和哲学基础。

核心文本课程（Core Text Curricula），即我们一般所说的名著课程或经典阅读课程。它是指以阅读名著为主要教学素材、以小班讨论为主要授课方式的课程，主动、反思与合作学习是其主要特征。究竟是不是所有学生都要学习经典是有争议的。经典阅读可能以选修课的形式出现在分布选修体系中，也可能以定向课程的方式只对少部分学生开放，但也有以一种特别的“核心文本”方式被运用在核心课程体系中，作为一种所有学生必修的基础课，或作为核心课程体系的一个向度。本文以西方的哥伦比亚大学和东方的香港中文大学作为案例，着重探讨核心课程中作为共同必修课的核心文本课程。选择这两所学校的原因是，哥伦比亚大学是美国现代组织化经典教育的发端，香港中文大学较早探索核心文本课程并将其系统化，两者具有典型性。研究者分别前往这两所学校做田野调查研究，进行课堂观课，并访谈了两校核心文本课程主任及任课教师、美国核心文本课程协会主任等。本文是基于这些质性资料的总结。

一、核心文本课程在两所学校的历史发展

哥伦比亚大学（以下简称“哥大”）是美国通识教育最早的实践者，从1919年起开设第

---

① 该文发表在《复旦教育论坛》2016年第1期，第31-37页。教育部人文社科重点研究基地资助项目“创造性人才培养与大学教学文化研究”(14JJD880002)。

② 徐岚，女，浙江宁波人，高等教育质量建设协同创新中心、厦门大学高等教育发展研究中心副教授，教育学博士，硕士生导师，研究方向为高等教育政策、大学通识教育、教师学术职业。

一门核心课程“当代文明”(也是全美最古老的核心课程),其课程委员会每隔几年就会对核心课程进行反思和调整,在长期探索中形成了以核心文本课程为特色的通识教育模式。其核心课程体系主要包括三门基础课程,即“当代文明”①“人文”②和“科学前沿”,通过在社会科学、人文、自然科学三方面开设必修课程的形式,赋予所有将要进入不同学科专业的学生一个共同的知识基础。[2]哥大之所以会选择核心文本课程为主的必修课制度,是基于其对博雅教育理念的坚守,即纽曼(John H. Newman)所说的:博雅教育是心智、理性和反思的训练活动;大学教育真正且充分的目的不是学问的习得,而是建立在知识基础上的思想或理智,是训练良好的社会公民,提升社会格调;大学迫切要做的是教会人们如何精确地进行思考、合理地做出判断以及对社会产生适度的影响。[3]核心文本课程是发展个人理性、训练社会公民的最佳媒介,通识教育不应是辅助课程而应当是基础课程,其目标是提高个人素养,以达致整个社会的可持续发展。因此,通识教育的关键是要让所有学生具备一些必不可少的共通能力,比如:“当代文明”课程培养学生的批判思维能力,“人文”课程培养学生的历史分析和审美能力。让一些经典著作和重要的社会思想被学生所知,有利于在价值观上达成共识,增强社会凝聚力。

哥伦比亚大学出于一种内生需要和非功利性目的推动核心课程,提出之时正逢专业主义当道,在这样的背景中不屈不挠地坚持博雅理念实属不易,对美国其他许多高校的通识教育产生了重要影响。例如达特茅斯学院和瑞德学院引入了“当代文明”课程,至少有30所学校模仿了哥大的通识教育模式[4]。艾德勒(Mortimer J. Adler)把哥大的名著阅读计划带到了芝加哥大学,并发起了20世纪30—50年代一场重要的教育运动,即名著运动(The Great Books Movement)。时任芝加哥大学校长的赫钦斯(Robert M. Hutchins)是这场运动的组织者和领导者,他进一步将来自哥大的核心文本课程论证成一种方法、理论和模式。根据美国核心文本课程协会(The Association for Core Texts and Courses, ACTC)的统计,其合作伙伴学校从1995年度最初的12所增长到2014年度的71所,其中既包括一些有深厚自由教育传统的研究型大学,如耶鲁大学、哥伦比亚大学、芝加哥大学、波士顿学院等,也包括一些以经典教育为特色的小型文理学院,如深泉学院和提供四年全名著课程的圣约翰学院、托马斯·阿奎那学院等[5]。

香港中文大学(以下简称“港中大”)的通识课程体系是一种混合模式,包括书院通识、“四范围”分布选修和共同必修的基础通识三个部分。其中,共同必修的基础通识课程采用核心文本课程的方式,是从2006年开始策划引入的。这一变革的原因是港中大在长期实施分布选修制的过程中看到不足:“随着选修课数量日增,看似琳琅满目,但由各学系提

---

① “当代文明”课程旨在进行公民教育,使学生了解当下迫切性的议题,树立对所在群体的责任感,能够运用知识智慧与决断力更好地参与国家事务。这门课程分两年进行,第一年旨在回顾西方文明史,侧重从历史、哲学的角度分析,第二年着眼于当代社会的现实问题,侧重从政治、经济的角度分析。

② “人文”课程的前身可以追溯到1920年厄斯金(John Erskine)教授推出的两年期选修课“通识荣誉课程”,要求每周阅读一本原著并进行一次讨论,开课对象为高年级本科生(只有在一、二年级表现出色的学生才有资格选修,因而被看成是一种荣誉)。此后于1937年推出针对新生的必修课“人文”,分两年进行,一年级“人文基础课程”的内容涉及从古代到18世纪的西方文学与哲学经典著作(后更名为“文学人文”),二年级“人文进阶课程”的内容着重于西方的绘画、雕塑和音乐艺术(后更名为“音乐人文”和“艺术人文”)。

供的通识课程多为导论课，主要是为主修该学科的学生提供再深入的基础而非具有通识的目标”（“与人文对话”主任）；“因为学生选修的科目各不相同，实际上没有获得共同的学习经验，也没有机会通过通识教育互相影响，共同思考人类面对的重要问题”（通识教育部主任）。利用香港的大学学制从 2012 年起“三改四”、通识课程增加 6 个学分的契机，港中大决定推出新的构思严谨的通识基础课程，其通识教育部也从统筹与评估课程的行政单位转变为兼有行政管理、通识课程教学和通识教育研究功能的基础教学单位。在考察了美国六所实施核心课程的院校之后，港中大尤为青睐哥大的核心文本课程，决定以经典名著研讨班的形式推出两门共同必修课：“与人文对话”和“与自然对话”，共占 6 学分，课程目标是使学生了解现代科技社会、关怀人文社会、成为合格的社会公民。这两门课程于 2009 年推出先导课程，放在分布选修课中进行试验，然后在资优学生中进行小范围的必修课试验，最后才于 2012 年起正式作为全校的必修基础课全面推行。港中大目前已取得不少实践经验，在核心文本课程教学和小班讨论课教学等方面的改革做了一个榜样。

二、核心文本的选择标准

相对于为何要阅读经典，如何选择经典是争议更大的问题，其理论基础实际上反映了不同价值观和政治哲学背后立场选择的斗争[6]。研究者将访谈中课程设计者提及的文本选择标准概括为三个方面。

第一，跨时代。在启蒙运动开启的古今之争中，虽然没有形成统一的结论，但人们逐渐意识到以理性进步为核心的现代性容易在实证主义、价值中立的影响下陷人一种“现代性困境”，因而需要从现实出发、向过去求解，通过经典置身于古人的理解、视域和方法中，成为反思现代社会的源泉。极为强调经典阅读的施特劳斯学派就是一个典型，其认为对古典的研究不是为古典而古典，而恰是出于对当代政治的强烈关怀，经典阅读的根本目的是为了更深刻地理解“现代性危机”。相对主义认为所谓“真理”是基于历史情境的，是基于经验的价值多元主义。而永恒主义则认为，人类社会的一些问题是永恒和普遍的诉求，存在着绝对的真理和价值，应以不变应万变。永恒主义者信奉经典思想具有永恒的价值，对于自由教育和民主的实现是不可或缺的，因此，一种基于全人类共通本性的普遍课程（核心文本课程）是可取的。在访谈中这一标准被反复强调。“经典的跨时代性使我们可以怀着敬畏和谦卑的态度向先哲学习，用前人的智慧帮助解决当代的问题”（哥大核心课程主任）；“世界经典是跨时代的文本，因为人类关心的那些具有深刻意涵和基础性的事物是跨时代的，教经典不是简单地重现过去，更多的是让学生思考现在、想象未来”（ACTC 主席）。哥大在实践中总结了人选名著书单至少需满足的两个条件：一是文本的重要性在时间的恒久性中历久弥新，对时代来说意味着新的开端或传统的重新定位。不过越到晚近，对经典著作的选择就越难取得共识，因为作品还没有经过时间的检验，很难说是“众所周知”或“最有名的”。例如“当代文明”课程挑选当代著作的准则是其观点和思想的建设性和挑战性，不过现在看来当时据此挑选出的许多思想家例如弗洛伊德、杜威、韦伯和托洛茨基等的确是十分关键的。二是文本的可重读性，其内在的丰富性和模糊性对不同人而言都有意义。名著被广泛接受往往不是因为能够轻易被读懂和认同，而恰恰是因其没有简单、唯一的答案，导致人们从不同的角度去思考和解读。

第二，跨学科。核心文本所选名著包含哲学、宗教、文学、艺术、历史、政治学、社会学、自然科学等，围绕几个有层次的问题展开，即“人们如何生活？什么是善恶？”“人们如何共处？什么是良好的社会组织机构？”“人们如何理解生活的世界？”“什么是知识、科学和艺术？”这一系列问题无法从单一学科去判定，因而需要一种能够实现跨界对话的普遍课程来帮助完成这一诉求。但由于自然科学属于累积性知识，其哲学基础是理性主义，依赖事实和经验的积累，今人被认为更有优势，它的选择标准就不是历久弥新。“‘经过时间的洗礼依然散发着光彩’这个标准对人文没有问题，但对自然科学就有问题了。比如我们选沃森(James D. Watson)的《DNA：生命的奥秘》，DNA 结构的发现只有 60 多年，时间久不是选择的标准，而是考虑到这个研究发现的重要性。他因此获得诺贝尔奖，对人类的影响很大，可以帮助学生思考人生的重大问题”(港中大“与自然对话”主任)；“沃森提到生命不过是更为精妙的物理、化学而已，我就问同学，你觉得生命的本质是什么呢？这样的问题往往会带来很大的思想碰撞。另外，《寂静的春天》作者卡森(Rachel Carson)不是科学家，但她对世界的影响非常大，让我们有了环境保护的概念，明白科学不是一味带来好处，并思考人与自然要如何相处”(港中大“与自然对话”教师)。可见，核心文本中自然科学探讨的最重要的问题仍是人的发展，更关注的是科学推理的能力及其人文意义，而不是技术知识之类的事实变化。进一步说，核心文本课程的目标是塑造自由人而不是与职业有关的劳动工具(这是专业教育的任务)，即是“育人”而不是“制器”。学科是有差异的，但不是孤立的，其目的不是肤浅了解或浅薄涉猎，而是要塑造人，培养一种思维能力，构成终身学习的重要基础。“在哥大，教核心文本课程的教师来自不同学系，经由各种各样的活动如课程检讨和共同备课，实际上促进了不同学科教师的合作和知识的整合运用，在一定程度上跨越了不同院系和学科间的鸿沟”(哥大核心课程主任)。而港中大采取另一种师资模式应对核心文本课程跨学科的挑战。“这两门课我们请学系的老师去教是比较困难的，因为这两门课要求老师知识基础很宽，且在教之前要先受一个训练，熟悉所有这些文本。如果请学系的老师来教，他们其实不太愿意受这样的训练，所以我们专门请了一批老师，尽管他们也有学科背景，但他们是教学系列的，不是教授系列的，就可以有时间去研读跨学科教学”(港中大通识教育部主任)。任课教师也反映其对文本的理解会受到自身学术背景的影响，但当文本涉及自己的专业范畴，反而会讲解得过分专业而忽略学生的需要，实际上跨学科文本如何教学的问题是可以通过同侪分享的专业发展活动来解决的。

第三，跨文化。除了古今之争，中西之争也是核心文本选择中的焦点问题。哥大在第二次世界大战后成立了全美国第一个东方研究计划，于 1947 年正式开设“东方文明”课程，这门课程在 20 世纪 80 年代通过“核心扩展计划”进入到必修课程行列。注重研读东方经典，是曾任核心课程委员会主席、对哥大核心课程有重要影响的德巴里教授(William Theodore de Bary)早就提倡的[7]，“不过出于多种因素考虑，目前仍以西方文明为主，东方经典是边缘化的，但我们的确日益注重多元文化”(哥大核心课程主任)。中国的情况则更为复杂，因为在近现代救亡图存的背景中，我们通过“西学中用”嫁接了西方的现代性道路，“现代性道路及其反思在此有了更多的资源，也有了更多的歧路”[8]。重视东方经典教育，可以帮助我们对在一定程度上断裂的中国传统文化进行重解和重续。港中大的名著阅读计划是一个跨文化尝试，在西方经典之外加入了一些与中国传统文化和现代性道路有关的文本。“与人文对话”课程包括三条主线：在“自我与人的潜能”部分，以孔子和庄子的思想与荷马、柏拉图和亚里士多德的思想做比较；在“信仰与人的限制”部分，以东方佛教的文本和基督教、伊斯兰教的经典做比较；在“社会建制中的自我”部分，以黄宗羲的《明夷待访录》和西方的政治学、政治经济学经典做比较。“通过跨文化比较，我们看到不同文本对一些人类社会普适性问题的看法，例如爱情、友谊、公义的概念，学生对什么是有意义的人生，什么是好的社会体制和民主制度等也有更加多样化的思考”（“与人文对话”主任）。“与自然对话”课程也包含三条主线：在“对物理世界的感知”和“对生命世界的探索”部分没有东方文本，只有在“对人类认知自然的反思”部分选择了沈括的《梦溪笔谈》，以及西方李约瑟（Jpseph Needham）的《中国科学技术史》和席文（Nathan Sivin）的《为什么科学革命没有在中国发生》。“东西方融合还谈不上，只能说是比较。没有选很多东方文本和我们自身传统知识体系的特点有关，古文本身缺乏结构性使得中国古代的文本比英文更加艰涩难懂，如果把它翻译成现代文，本身已经是一种解读。我们想过用《黄帝内经》，但是中医的科学观有些东西是不能解释的，不好讨论。所以我们现在还是注重科学方法和价值观的比较，比如西方的范式是实证主义，看自然世界是往小的方向走；但中国人擅长联想，把不同东西连起来，天人合一，往大的方向走。跨文化的研读就是要让学生明白这两个方向都重要，知识发展是一个循环，从小的方面去理解大的，大的方面的把握又帮助加深对小的理解”（港中大“与自然对话”主任）。

综上所述，核心文本课程由一个个文本组成，看似散乱不够系统化，然而文本之间实际上是由跨时代、跨学科、跨文化这三条主线串联的。文本选择实际上是不同文化背后价值观的斗争，当我们选择核心文本课程这种通识教育方式的时候，这是我们首先需要认真思索的问题。

三、核心文本课程的实施

相对于如何选择经典，核心文本课程如何实施则又是现实中争议更大的问题，主要涉及三个方面：课程目标是什么，怎么教，谁来教。

1. 课程目标

哥大的核心文本课程目标受到杜威（John Dewey）民主主义教育目的论的影响。[2]杜威认为教育包含道德维度，教育是“持续的经验建构，其过程和目标应该是合一的”，学生必须积极投入学习过程才会有所收获，“最深入的道德训练是在与他人一起工作、共同思索的适当关系中得来的”。[9]教育必须回应社会问题。核心课程是将政治和社会议题传递给学生的承载工具，是教育在分享社会意识的过程中发挥调节作用的体现。根据何种标准选择核心文本实际上不可避免地包含有国家的政治意图和倡导的核心价值观，从而有助于增强个人的社会责任感，维护秩序稳定并促进社会成长。“教育的角色乃是在民主社会中平衡个人和社会的需要”[10]。“教育是社会进步和改革的基石，对以社会意识为基础的个人活动的调节是教育建构社会唯一可靠的方法。”[9]

从这个意义上说，核心文本课程的目的不仅是为了扩大学生视野和文化浸润，更重要的是为了潜移默化地植入某种价值观，从道德上服务社会目标的实现，同时锻炼思维能力，因为在批判思考中接受某种价值观会加深对价值观的认同。曾任卡内基教学促进基金会主席和美国教育研究协会主席的舒尔曼(Lee S. Shulman)作为杜威和赫钦斯的忠实拥护者，认为自由教育和专业教育表面上看不可兼容，但事实上具有共性，例如知识须有服务社会的目标和责任(专业教育从技术上而自由教育从道德上实现这一目标)、理论和实践相结合，沟通知识和应用之间的管道是判断力和从经验中学习的能力[11]。他认为目前最迫切要做的是使自由教育专业化，途径是通过合作学习促进理论知识的反思实践，核心文本课程的小班讨论教学恰是能够达到这一目标的适当方法。从课程目标上看，无论是哥大还是港中大都十分重视价值观教育和培养学生的社会责任感。

2. 教学形式

核心文本课程最重要的特征是小班讨论。小班讨论是学习型实践社群的表现形式，通过调查探究、共享信息、质疑对话、讨论写作等活动，可以避免陷入唯我论和虚假理解的陷阱；同时，通过激发对文本的热情和社群文化氛围的营造，让学习者从情感上认同理念，活动才能达成目标，群体功能愈完善也愈有凝聚力。在 1988 年的德巴里报告(de Bary Report)中，哥大的课程委员会总结到："在我们看来，(核心文本课程的)教学形式胜于其他一切……必须坚持小班教学和讨论，鼓励学生充分参与"[12]。但这种教学方式的成本是很高的，甚至可谓奢侈。传统的讲座授课方式投入小，大班教学有规模效益，无须聘请专门师资或对兼任通识课教学的教师进行培训；教师可以从自身专业出发选择感兴趣的题目，无需花时间和精力开发新课程。在目前的情况下，我国大学通识课程以大规模讲座为主的授课方式还难以动摇，但可以通过一些方式来弥补，以多样化途径使有限的资源发挥出最大效用。例如港中大结合大班授课、课前辅导、小班讨论和网上自学的做法值得借鉴。首先安排周五大班讲座，教师介绍文本背景和思考框架，学生在周末自行阅读，接下去分三组(每组不超过 25 人)，周一晚上安排学生助教组织课前讨论①，周二至周四每组再进行两次正式讨论课，此外学生在任何时候都可以通过网上平台和专门开发的手机应用来自学和测试学习成果。

核心文本的阅读方式不尽然是统一的。例如哥大的"人文"课程强调让学生"直接"接触经典文本，还原到古典背景下系统化地研读，以发挥文本本身的文学艺术熏陶作用；而在"当代文明"课程中，学生则是被问题组织起来的，为寻找答案"间接"接触核心文本，把文本看作思考当代社会议题的资料来源和脉络背景，经典阅读以汇整成教科书的专题文选的方式呈现。在港中大，经典阅读是以阅读选段加补充材料的方式进行的，"这跟语言有关，非以英文为母语的学生在阅读英文经典著作时确实存在困难，而中文经典由于古文的关系，也是十分不易读懂，没法做到像哥大一样一个礼拜读一本原著。而且一些经典文本从可读性上看不一定最好，比如牛顿的著作，他说得不清楚，为了帮助学生理解，我们另

---

① 称为 PASS 计划，即 Peerassisted study sessions，是一种非强制参与的同伴学习方式，学生助教由经过特别培训的、完成该两门课程并成绩优异的高年级本科生担任。实践发现，这种方式的效果突出，学生借此机会进行预演，帮助他们在正式讨论课上有更好的表现，或学生觉得有些问题不好意思问老师，而询问同为学生身份的助教让他们觉得自在无拘束。

外选了一位专门研究牛顿的历史学家的文本配合它。”（港中大“与自然对话”主任）

另外，不同内容的课程可能需要不同的教学形式，不一定固化为讨论课。例如，哥大的“科学前沿”授课方式是请著名科学家分别就四个不同领域的最新研究发现做系列讲座，每个领域有三次讲座，然后配合以阅读、讨论或其他活动进行；“音乐人文”和“艺术人文”如果用讨论课形式来教授难度亦较大，因为艺术语言对于没有受过专业训练的本科生来说就像掌握一门新的外语，文字文本说明只能是辅助的，所以这两门课程强调直接接触艺术作品，受到艺术氛围熏陶，上课的形式包括参观博物馆、聆听音乐会等。无论采用何种教学方式实际上都是为了适应核心文本课程的教学目的，即发展学生的批判思维和表达能力，重点是对文本的理解、启发和感悟，而非为了得出一致性的结论，教师不必要针对每个文本“升华”出唯一的标准答案。这种培养有利于锻炼学生的创新思维。

3. 师资建设

目前高质量师资的稀缺是推行核心文本课程最大的困难，表现在三个方面。

第一，教师来源。两所案例学校在核心文本课程的师资来源上采取了不同模式。哥大模式是全校有一个核心课程委员会来负责统筹协调各院系的通识课程，从各相关学系聘请教师，鼓励教师自愿加入核心课程教学。在 20 世纪 50 年代以前，其核心课程拥有极为优秀的师资，最有名望的教授给学生开设通识课。但随着专业教育势头的突飞猛进，所谓“通才”的大师级教授越来越稀缺，60 年代开始要找到愿意从事核心课程教学的全职教师越来越困难，助理教授成为主力；在评价强调科研的背景下教师对教学投入不够，流动率也很高。为鼓励年轻教师持续投入，学校成立了专门的奖金，规定助理教授每教六个学期的核心课程即可获得一个学期的学术假。另外，为弥补师资不足和降低成本，学校把核心课程教学的重担转移到博士研究生或博士后身上，让他们成为兼职讲师（有一个特殊的学术职衔为“preceptor”），同时也会返聘乐于投入通识教学的退休教师来兼职。为避免“重科研轻教学”对通识教育的冲击，并应对“跨学科”的挑战，港中大的模式是以通识教育部的名义聘请专门师资从事核心文本课程教学。这部分教师在职称系列上属于纯教学人员，而非终身制轨道的教学科研人员。这种模式虽然解决了师资不足的难题，但由于教学系列人员的待遇和职业发展机会存在限制，“始终觉得低人一等”是从事核心课程教学的教师面临的很现实的问题。“比选择文本更头疼的问题是：why these courses taught by these people（为什么这些课程要由这些人来教）？请 instructor（讲师）来教是不是因为他们是廉价劳工？如果学校真的觉得它那么重要，是不是应该找最好的人，给他们最高的工资，由最高职务的 professor 来教这个课呢？”（港中大通识教育课程委员会前委员）。

第二，教师能力。教师除了有良好的性格、对教学富有热情，还要具备一定的跨学科视野，更重要的是要有灵活应变、引导讨论的能力。对于习惯大班授课和教师中心的中国高校教师而言，以学生为主体、没有标准答案的讨论打破了教师权威，是其在情感和行为上都较难接受的。通识课教师不一定要是学科领域的专家，但须具备组织课堂讨论的能力，以主线贯穿文本阅读，提供多样化思考的角度，让学生自己去思考判断。我们在教师教育中就应强调这些能力的培育，而实践中教师具备了什么样的能力则需要通过一套专门针对核心课程的课程审查和教学评价制度来考察。

第三，教师发展。两所学校都实施了一些教师发展活动策略，例如，新教师有一个学期的听课观摩机会；在正式任教的前两年，每周或每两周都会由课程主任召集聚会，称为“实习课”(practicum)，资深教师自愿参与，共同讨论教学大纲、课程进度、教学方法等，每个人都把自己遇到的问题提出来讨论；组织老带新的帮扶小组；组织午餐会讲座来跟踪通识教育的最新进展或请获奖教师分享经验。这种社群学习(community learning)符合专业社群“分部式专业技能”(distributed expertise)的特征[13]，是教师发展的有效方式，非常值得我们学习。因此，我们需完善作为保障条件的教师发展制度，在高校中逐渐形成这种反思教学的氛围。

四、核心文本课程对我国大学通识教育改革的启示

以核心文本课程为主的核心课程制度可以避免分布选修制所伴随的知识杂乱无序现象，有助于实现从重知识到重能力、重核心价值观的转变。分布选修制强调通过自由选择达至广泛性，目标是培养通才，但在观念和制度上依托学科专门化，学生难以在不同类型的知识之间建立关联，对问题缺乏整全思考和共同的学习经验。目前的通识选修课主要是各大学科的概论课程，旨在灌输事实性知识，看似面面俱到，实则浅尝辄止，容易使知识零碎化、浅薄化，对能力培养和价值观形成的关注较少。中国大学通识教育需要关注中国社会发展对“统一性”因素的广泛需求。为更好地帮助个体健康参与社会发展，我们不仅需要建构一些共同知识和能力，也应给予学生共同的信念，包括历史上具有经典意义的价值观。[14]

因此，形成“培养共通能力和核心价值观是通识教育之重要目标”的共识，是核心文本课程推行的必要条件。作为价值教育之重要组成部分的道德教育和思想政治教育不应仅仅是某几门课程的内容，因为这些素养的培育不太可能通过说教来实现。大班讲座的灌输式不适合道德教育，要实现教育的道德目标，教师需要通过阐发知识的意义来培养学生的态度和行为习惯，让学生自己通过反思形塑价值观并付诸实践。通识教育的最终目的不是个人知识导向的，而是由培养合格公民的动机推动的。意识形态的政治正确性(political correctness)也是西方通识教育的评价标准之一。美国的经典教育在内容上强调对西方文明遗产的继承，潜移默化地塑造了“主流”价值观。从这个意义上说，“当代文明”和“人文”课程就是西方大学的一种“两课”形式，以非灌输的方式让学生在思辨中接受了西方社会的主流价值观，培养了文化自豪感。

反观我们的价值教育，可以说是目标正确但手段不甚合适。通过宣扬东方经典的核心文本课程来强调价值观这一维度，重解、重续传统文化，是我们在世界文化多样性中取得一席之地的基础，是对抗西方中心主义、避免“去中国化”的有效途径。因此，核心文本课程在大学通识教育中的地位应是重要的，作为共同基础课来实现比作为选修课来实现更有效。在不增加必修通识学分的前提下，转变现有两课的内容和授课方式可能是一个捷径，既能够以共同基础课程增强学校教育理念的凝聚力，又能通过经典阅读了解多方观点冲突及社会主义核心价值取向，通过问题为本的讨论教学锻炼反思、合作和选择自身立场的能力，将历史与现实、理论与实践相结合，培养学生对中华文化的信仰，发展作为社会公民的责任感和道德关怀。

无论“哥大模式”或“港中大模式”都是结合学校类型、历史传统和学科背景的特色化策略，与其大学理念和人才培养目标有关(两校均是以人文社科见长的大学，通识教育的主要目标都是传承文化、培养政界领袖人才)。并非所有大学都要采用一种通识模式，美国高校推行经典阅读的方式也是多种多样的。事实上，通识教育对学生的影响无法用客观量化的方式去测量，因为有些改变是外显的，比如阅读习惯的养成，有些改变是内隐的，比如审美情趣和人文素养。然而，无用之用为大用，通过潜移默化方式形成的价值观可能对未来社会产生重大影响。通识教育必须在课程质量上不断提升，注重通识课教师的专业发展问题，而不是一味开设更多的选修课程。就实现道德教育的目标而言，以经典阅读为载体、以小班讨论为特色的核心文本课程是一种有效途径。

参考文献

[1] Bok D. Our underachieving colleges: A candid look at how much students learn and why they should be learning more. Princeton: Princeton University Press, 2006.

[2] Cross T P. An oasis of order: The core curriculum at Columbia college. New York: Columbia University, 1995.

[3] Newman J H. The Idea of a University. Washington, D. C. : Regnery Publishing, 1999.

[4] Boyer E L. College: The undergraduate experience in America. New York: Harper & Row, 1987.

[5] Actc. History. [2015-07-01]. http://www. coretexts. org.

[6] Casement W. The great canon controversy: The battle of the books in higher education. New Brunswick: Transaction Publishers, 1996.

[7] De Bary W T. Oriental classics in general education. The Journal of General Education, 1959, 12(1): 3-8.

[8] 王晨. 西方经典教育的历史、模式与经验——以美国为中心的考察. 教育学报, 2012(1): 19-27.

[9] Dewey J. My pedagogic creed. Hong Kong: Progressive Education Publishers, 1959.

[10] Bell D. The reforming of general education: The Columbia College experience in its national setting. New York and London: Columbia University Press, 1966.

[11] Shulman L S. Teaching as community property: Essays on Higher Education. San Francisco: Jossey Bass, 2004.

[12] Columbia College. Report of the Commission on the Core Curriculum. New York: Columbia College, 1988.

[13] Brint S. In an age of experts: The changing role of professionals in politics and public life. Princeton: Princeton University Press, 1994.

[14] 李曼丽. 中国大学通识教育理念及制度的构建反思：1995～2005. 北京大学教育评论, 2006, 4(3): 86-99.

关于"Seminar"方式的意义①

——兼谈德国大学文科教学中解释学与辩证法的传统

何卫平②

内容提要

当今的中国正作为一个世界大国在崛起，虽然还远远谈不上是一个真正意义上的世界强国，但目前已在西方引起了不小的恐慌。扼制者有之，打压者有之，但也有人说，中国并不可怕，因为中国没有思想。[1]这大概反映了相当一部分西方人的看法。听到这话，如果我们只是出于一种本能的民族主义情结和爱国主义义愤是无济于事的。无论对方居心何在，我们都需要冷静地想一想这种说法有没有道理。作为学者，我们不能用一种冷战思维去看待西方人的批评③。

反观一下自身，我们原创性思想的输出的确大大落后于西方，这是一个不争的事实。我们所能输出的多是一些西方人自己不愿做或不屑于做的，以牺牲环境、资源为代价的低廉的劳动产品，而且在这方面他们一直用很挑剔的眼光来对待我们。从这个意义上讲，"中国是世界的工场"并不是一件值得夸耀的事情。只有努力实现由"中国制造"向"中国创造"转化，才能彻底改变这种局面。"中国导弹之父"钱学森临终前曾向温家宝总理提出过一个十分尖锐而又发人深省的问题：为什么新中国成立后我们培养不出一流的创新型人才？这个问题在中国知识界、教育界引起了强烈的反响、共鸣和热议。如果说钱先生主要针对的是科技界，那么在人文社会科学领域则更糟。可以说，中国人今天最缺乏的就是思想，造成这种缺乏的原因固然很多，但有一个重要的原因，那就是我们的大学教育出了问题。④ 仅仅就教学问题而言，我们的学生求知不是主动探索型，而是被动接受型，他们一开始就被某种表面的、固定的东西束缚住了，如何从这里面走出来，我觉得德国有许多东西值得我们认真学习和借鉴⑤。

2008 年 9 月受国家留学基金委的选派，笔者到德国海德堡大学哲学系做访问学者，为期一年，在这方面感受良多。海德堡大学是德国最古老的大学，在西方中世纪就存在了，从 1386 年建校至今已有 625 年，在整个欧洲最古老的大学中排行老三⑥，历史悠久、传统深厚。这里曾出现过歌德、荷尔德林、黑格尔、赫尔姆霍茨、韦伯、文德尔班、李凯尔特、狄尔泰、雅斯贝尔斯、伽达默尔、哈贝马斯、勒维特等一流的思想大师和伟大诗人，迄今为止已有 10 位诺贝尔奖的获得者，最近的一次是 2009 年的医学奖，刚好是笔者去的那一年。

---

① 该文刊在《高等教育研究》2011 年第 4 期，第 76-85 页。

② 何卫平(1958—)男，湖北武汉人，武汉大学哲学学院教授，博士生导师，从事德国现代哲学研究。

③ 冷战思维的时代已经去了，现在还这样做是有悖于世界发展的潮流和趋势的，如当今的美国。

④ 中国目前的教育状况只能培养规格性的人才，培养不出真正的思想大师、大家。

⑤ 我们过去学习和借鉴英美较多，而学习与借鉴德法较少，其实有些是无法替代的。

⑥ 排在第一位的是法国的巴黎大学，第二位的是捷克的布拉格大学。

过去我们只知道德国人有思想，却不知道他们的思想怎么来的，所以这次到德国如何将他们的方法或内在的精神学到手，而不是表面的东西，是笔者一开始就很明确的目的。在访学期间，笔者除了主要从事自己的专业课题的研究外，还利用这个机会和条件对海德堡大学的哲学教学情况作了考察和调研。第一学期笔者泛听了全系50余门课，精听了3门课，第二学期泛听了30余门课，精听了2门课，并找到这里来自北京大学、复旦大学、南京大学、武汉大学、吉林大学、南开大学、东北师范大学、国防科技大学、香港中文大学的留学生了解情况，作了印证，现将笔者所知道的东西和反思的结果写下来，向关心中国高等教育改革的人们作一个书面交流。

一

众所周知，德意志是一个哲学民族，它以富于思想而著称于世。在这个只相当于中国江苏省那么大的国度里，人才济济，哲学家、思想家辈出。不过德国的崛起其实也只是近代的事情，在16世纪宗教改革以前，这个地处欧洲心脏的国家乏善可陈，历史很苍白，除了有一个叫库萨的尼古拉之外，基本上没有世界一流的哲学家、思想家，然而自宗教改革以后，尤其是17世纪德国哲学之父莱布尼兹以及他的学生沃尔夫出现以后，德国哲学家如雨后春笋般不断涌现出来，老的一辈凋谢了，新的一辈涌现出来，新的一辈凋谢了，更新的一辈又涌现出来[①]，它仿佛一股积蓄已久的地下岩浆开始向上喷发：在老一代衰减的地方，新的一代接着喷发上去，在新的一代衰减的地方，更新的一代接着喷发上去，生生不息、绵延不止，直到现在。虽然德国目前除了哈贝马斯外，我们似乎再也找不出哲学大师，但德国的学术土壤、深厚的文化积淀依然存在。虽然大哲学家或天才思想家是由特定的历史文化孕育出来的，可遇而不可求，但不可否认人才的学术生态环境是极为重要的条件，有了这样的环境就不怕没有思想家出现。

德国大学的课堂，总让人感到它们所重视的不是知识的占有，而是思想的训练，它的整个体制所导向的是学习如何思想，哲学专业更是如此。何谓思想训练？思想训练就是要培养学生发现问题和提出问题的能力以及探索问题和解决问题的能力，这在德国大学决不是挂在口头上，而是具体落实到教学活动中，尤其是"Seminar"中。"Seminar"（研讨班/研讨课）是德国高校的一种普遍的教学形式，它与我国高校课堂教学通常所采用的方式有很大不同。

以海德堡大学哲学系为例，它有五种类型的课程，分别是："Vorlesung"（导论课）、"Proseminar"（初级研讨课）、"Hauptseminar"（高级研讨课）、"Interpretationskurse"（原著解读课）和"Kolloquien"/"Oberseminare"（专业高级研讨课）。这五种类型，从专业化程度来看，是一个逐步向上收的金字塔；从教学方式的差别来看，实际上可以分为两大类："Vorlesung"和"Seminar"。而上面所提到的"Proseminar""Hauptseminar""Interpretationskurse"和"Kolloquien"/"Oberseminare"都只是"Seminar"的不同形式，它们的区别只在于初、高级之分。"Vorlesung"以教授宣读讲稿为主，一般不进行课堂讨论，而"Semi-

① 在这方面，同英美分析哲学的情况相似。

nar”始终以经典解读和问题为中心，以讨论为主。“Interpretationskurse”相当于“Hauptseminar”。前四类课程主要针对本科生和硕士生，第五类课（“Kolloquien”/“Oberseminare”）主要针对博士生。后者是以教授的精、尖、深的课题为中心或以他所带的研究生（主要是博士生、博士后），以及他所指导的要撰写教学资格论文的青年教师的研究课题或正在撰写的论文内容为中心进行讨论，德国教授主要是通过这种方式来指导研究生（或者说，他的团队）的。这种课程规模很小，成员主要是他的博士生，其他有兴趣的老师也可以参加，而这个圈子以外的人没有得到教授的许可是不能随便上这种课的，否则教授会“清场”。因为能达到这种讨论水平的人不多，而且达不到专业水平要求的学生上这种课没有收获：一个是提不出什么问题，即使提出来了也多是低水平的，耽误大家的时间；二是人多往往会不利于其专业、自由讨论的气氛。所以它的范围不可能很大。

据统计，2008—2009 年冬季学期，海德堡大学哲学系共开设了 56 门课，其中，“Vorlesung”（导论课）8 门，“Seminar”（讨论课，包括 Proseminare、Hauptseminare、Interpretationskurse、Kolloquien）共有 48 门，导论课和讨论课的比例为 1∶6。海德堡大学 2009 年夏季学期和 2009—2010 冬季学期的课程安排与之相似，而且有的教授用“Seminar”的方式来上“Vorlesung”。可见，德国大学的教学以研讨班为主，它是最基本、最重要的课，导论课只是入门，不仅其比重远远低于研讨班，而且往往没有学分，只有研讨课才有学分。这足以表明“Seminar”在德国高校课程中的重要地位。另外，在这里，学生们选课是相当自由的，除了极少几门必修课（例如逻辑学）之外，几乎没有像我们国内大学那样按年级硬性规定要上的科目，一学期的整个课程表，面向所有不同年级的学生，包括研究生，他们都可以根据上述五种类型（主要是前四种类型），按照自己的需要和兴趣自行选课。

德国大学的哲学教学首当其冲的是经典原著，而不是二手材料，基本形式是“Seminar”。初级的“Seminar”侧重于文本引路，高级的“Seminar”侧重于问题或专题的研究性探讨，但都以经典文本的解读为中心。他们没有我们国内的所谓“西方哲学史”这样的通课，而是对一个个哲学家的经典原著的解读，或围绕着一个个问题来选读，并辅之以课堂讨论。大学新生一进校没有任何过渡，就直接学习经典原著，这使得他们的起点很高。虽然对于初学者来说，这是很大的挑战，但两三年后他们跌跌撞撞都适应了，而且过了这个阶段其思想就会产生质的飞跃，进入一个新台阶。上“Seminar”，教师的课堂板书很少，除了给出几个关键词或有助于理清经典文本的基本线索的思维导图外，不需要学生抄笔记，去死记硬背很多东西，这种课主要是针对经典进行提问和讨论，思想就是在这种基于经典文本的论辩中锤炼和摔打出来的。

“Seminar”体现了 19 世纪初德国柏林大学创建者、普鲁士王国教育大臣威廉·冯·洪堡率先提出来的现代高等教育的两个基本原则：①学术自由；②教学与研究相结合。它们成了现代大学办学的指导方针，并对世界高校的模式产生了重大影响。由于“Seminar”所侧重的是思想训练，而不是单纯的知识积累，所以它更适合于哲学教学。哲学本身谈不上什么知识，或者说主要不是知识，它所要面对的基本问题是思想，这是它不同于一般学科之处，正如康德所说，“人们无法学习哲学，而只能学习哲思（Philosophien）”[2]。正因为如此，它的最好和最恰当的教学方式就是“Seminar”（研讨班）。在德国，“Vorlesung”（导论课）并不多，即使有，也主要是教授讲自己的思想，以此来引导和启发学生，而且只有具备了教授资格的人，尤其是资深教授才可以教这种课。他不会在课堂上去讲别人的东西或综合、转述别人的观点，即使讲，也是将别人的东西纳入自己的思想框架或体系，从属于他个人理论创造的一部分，否则，会被学生瞧不起，也不会有人听下去。

思想训练要求贴近原典工作，它使思想得到规范、陶冶，而不能信马由缰。"Seminar"作为一种研究性学习的要求：当你理解和叙述别人的思想时，一定要尽可能原原本本，尽量不要走样或夹杂个人的成分；当你批判或评论别人的观点时一定要尽可能有根有据，而不能随随便便，不能是独断的、偏激的或情绪化的。其实，这两个方面的要求，也就是学生写论文的要求，这种研究型学习、探索式学习的模式可以转换或牵移到学术研究和论文写作上来，这两者有一种内在的联系。在正规的学术论文中，不能是谈感受、讲体会、下断语，而是要以坚实的材料为依据，并辅之以严密的逻辑论证，也就是要给出根据。西方人最不认可中国人所写的学术论文的地方主要有两点：一是缺乏充分的文献依据；二是缺乏严格的逻辑论证，因为少了这两点，论文就失去了起码的学术性、科学性。因此"Seminar"训练的不仅是学习的品格，也是研究的品格，换言之，它既是一种思想能力的锻造，也是一种学术素养的培养。

对于德国学生来说，上"Seminar"绝不只是"听讲"，更重要的是"参与"。而要积极地参与，课下的认真准备必不可少：预习经典原著，查阅相关参考书，理清思路，发现并记下问题。因此，对于德国学生来说，一学期也不可能选很多课，通常是三到四门，一门"Vorlesung"和两至三门"Seminar"，可以说这已是极限了，母语不是德语的学生（包括中国留学生）还选不了这么多。而在中国的大学里，学生一学期选七八门课，甚至十几门。笔者曾听到不止一个学生说，他们一学期选了近 20 门课，每天疲于奔命，基本上是从一个教室到另一个教室，根本没有时间去图书馆[①]。他们的学习追求的只是一种外延式的扩大，而不是内涵式的扩大，这种学生好像什么都懂，但都是一些表面的东西，再加上中国的课堂多是老师讲，学生听，缺少互动，学生上课记笔记、复习背笔记、考试移植笔记，整个学习过程是机械被动的、功利化的，他们的积极主动性和创造性从一开始就被磨灭、扼杀掉了，这样被"教化"出来的学生，何以言思想？

二

德国的"Seminar"教学往往是和教师的研究紧密联系在一起的。就海德堡大学而言，那里的教师普遍重科研，轻教学。在课堂上，德国老师上"Seminar"比较"随便"，不拘一格，教学形式也不像国内那样"严谨"，那么一板一眼，但这决不意味着教学水平低，因为大学有两种：一种是研究型大学，一种是教学型大学。研究型大学[②]不同于一般教学型大

① 武汉大学图书馆的工作人员曾告诉笔者，近年来，大学生的书籍借阅量呈明显下降趋势，出于生存、就业压力，他们选课多，应付考试多，如拿双学位等，根本没时间读书，他们知道的新信息不少（许多来自互联网），但往往思想很浅薄。这一点从研究生的考试中也看得出来，他们原著读得很少，多半是背教科书。

② 也就是我们通常所说的重点大学、一类大学。

学，它主要是出思想、出成果、出精英的地方。它更需要思想自由、人格独立，它的教学必须以研究为主。研究型大学的这种性质决定了教学必须围绕着研究，而不能把两者对立起来。将科研放在第一位，教学放在第二位，对于研究型大学而言是必然的，而且也是有道理的，因为只有一流的科研，才会产生真正一流的教学、一流的人才，进而产生一流的大学。没有研究，如何能真正搞好教学？尤其是研究型大学的教学必须要进入学科的前沿，反映研究的最新成果和发展动向。如果所有的教师都在某方面处于他自己研究领域的最前沿，那么他们所教出来的学生也是一流的，而且一定会青出于蓝而胜于蓝，因为每一个老师只有讲他正在研究的东西，讲他“看家”的一亩三分地，而不是“客串”，才能讲得最深入，最投入，最扎实，最精彩，最具学术性、创新性和前瞻性，而且也是他最有兴趣的，对学生最具有指导性、引导性和启发性，从而达到真正的双赢。因此，研究型大学的课程设置必须围绕着教授的研究方向和课题，而不是一种外在的按照某种学科的大而全的要求来设置。在这方面必须要给教师以充分的自主权，教学一定要充分利用科研、体现科研并促进科研，对于研究型大学来说，这才是真正最好的教学，德国大学就充分体现了这一点。这里不仅没有我们国内的教研室的划分，难以形成门户之见，而且教师完全可以根据自己的研究方向和研究课题来决定教学的内容和形式，通常一个教授上什么课，你就会知道他现在正在研究什么，这既是学术自由的一种体现，也是教学与研究相结合的具体表现。德国现代大学之父——威廉·冯·洪堡早就明确主张：“只有教师在创造性的活动中所取得的研究成果，才能成为知识加以传授，只有这种‘教学’才真正称得上大学教学或大学学习。”[3]

对于研究型大学来说，真正反映教师水平的不是他的口才、机敏或机智，而是他的教学内容中的科研含量，这种含量只有将研究和教学相结合才能真正表现出来。否则，口头表达再好，现代化课件做得再完善，也只是一种传达，并不等于思想本身，不是一流的创新，也不能体现研究型大学应有的教学水平①。总之，一流的科研才是一流教学的基础和根本保证，为教学而教学是不可能真正做好教学的，也不应当是研究型大学所追求的那种教学水平和教学质量。据说当年黑格尔的口才并不好，而且还带有很浓的地方音，但他的教学却是一流的，现在留下来的许多讲演录可以为证。我们并不反对教师为了讲好一门课在修辞和课件上花时间和功夫，这是必要的，但不是主要的，尤其是对于哲学教师来讲，必须始终将学生的思想训练放在首位。

德国教师的教学不仅紧紧围绕着他的研究，而且每学期的课不重复。据说，德国老师在5年内教学内容是不能重复的，在美国大概是3年。笔者曾读过伽达默尔的学生J·格朗丹写的《伽达默尔传》[4]，其附录中提供了这位海德堡大学引以为荣的哲学大师一生所上的课程表。伽达默尔在退休前大概讲过50多门课，很少重复。他将教学看成是学者“自己的思考和研究工作的直接体现”，甚至说，“总是转向新的研究对象和新的题目，就像一个人总是尝试新的东西那样在教学中也不断尝试新的视角，那是多么富有冒险的刺激

① 这让笔者想起休谟曾批评他那个时代的风气时所说的一段颇有讽刺意味的话：“获得胜利者不是理性而是辩才。任何人只要具有辩才，把他荒谬不经的假设，说得天花乱坠，就用不着怕得不到新的信徒。获得胜利者不是持矛执剑的武士，而是军中的号手、鼓手和乐队”，引自休谟. 人性论(上册). 关运文，译. 北京：商务印书馆，1983：6.

啊”[5]。笔者又翻看了他的老师海德格尔的课程表，所上的课更多，仅关于尼采就讲了不下5次，而且每一次都不同。哥廷根的现象学家里普斯短短的一生上了78门课，同样绝少重复，胡塞尔也是如此。而我们国内老师的开课一般要比这少得多，有的老师一辈子就上几门课，出了一、两本教材，然后坐到教授的位置上直到退休，他们的知识没有得到不断更新，也没有很好地将教学和研究结合起来，并不断地加以推进，所以一生很平庸，没有什么创新，这样教出来的学生要想有创新岂非咄咄怪事。在德国，有创新的教授很多，著作等身的学者也很多，这显然与这种教学模式分不开。

如果以科研来主导教学，那么就不仅仅是学生需要老师，而且老师也需要学生，老师需要与学生共同营造一个特有的、具有创造性的学术氛围，通过讨论将思想激发出来、引导出来。德国的大学就是这么做的，他们的教授就是这么当的，他们的学生就是这么学的。在这种学术氛围中，老师与学生共同成长，即“教学相长”，而且一流的老师产生一流的学生，同样，一流的学生产生一流的老师，这是一个相互促进的过程。对于一个教师来讲，脱离科研，教学未必做得好，同样，脱离教学，科研也未必做得好。对于一个学生来讲，自学只是借助一个人的力量，而讨论则是借助多个人的力量，集思广益，二者的效果有着天壤之别(这尤其反映在经典原著的解读上)。自学是一辈子的事，但“Seminar”这种形式只有大学才能够持久、集中地提供，学生一旦离开了学校就很难再有这样好的条件和氛围了，所以大学生、研究生应当充分珍惜和利用在校的这种机会，而老师则应当营造这种机会并充分发挥它的创造性功能，这对学生和老师都有无尽的好处，也是学术发展的重要途径之一。早在两百年前的洪堡就意识到了这一点，他所理解的大学(主要指研究型大学)不再是一般意义上的学校，这里不再有传统意义上的教师和学生，只有“受到指导的研究者”(大学生)和“独立的研究者”(教授)。“听大学讲座本身其实只是非常偶然的；真正所需要的是，年轻人在学校(指中学——引者按)和进入社会生活之间有几年能专心致志地在一个地方进行科学的思考，那个地方汇集了许多教师和学生”。[6]今天德国大学教授通常并不把自己的研究生尤其是博士生看成是传统意义上的学生，而更多地将他们看成是事业上的同道者与合作者。

由于与理工科不同，文科研究具有一种“回顾性”，其基础是经典的诠释与阐发，创新总是一种推陈出新，所以，不仅哲学，西方大学整个文科教学基本上都是读经、解经的传统，以文本分析为中心的传统，这在德国恐怕表现得最典型、最突出、最充分。它们的方式类似于中国传统的书院，这对于国人来说并不陌生，只是后来我们自己中断了、遗忘了。据说，德国的“Seminar”以文本为主，英美以问题为主，其实这种说法是相对的，但它们都是围绕着经典来展开。正如列奥·施特劳斯所说，任何教科书哪怕是最优秀的教科书其作用都是很有限的，它们属于二手文献，而任何二手文献充其量只是一种“意见”，好的二手文献无非是好的“意见”或较准确的“意见”而已，它们还不是某种学说的真正“知识”，真正的知识是超越于意见的[7]。言下之意，要获得真正的知识除了读经典原著之外，别无他途，首先必须建立起对经典原著的第一感觉(如哲学的语感)。我们以往的精神科学或人文科学中的教学往往只是向学生灌输了一大堆“意见”而已，离真正的“思想”和“知识”(柏拉图意义上的)还差得很远。

与之相关，德国大学没有像国内大学那样鼓励教师去编大量的教材，并将其作为提升学校教学水平和知名度的一种手段，他们的教材就是经典原著，如柏拉图、亚里士多德、笛卡尔、洛克、休谟、莱布尼兹、卢梭、维柯、哈曼、康德、黑格尔、胡塞尔、海德格尔、罗素、维特根斯坦、伽达默尔等大师的代表作或专题文选汇编，其他研究性的著作只能作参考书，在课堂上从不讲这些东西，以免喧宾夺主。与许多美国教授不一样，德国教授一般向学生指定的参考书并不多，他们鼓励学生努力建立起自己对原典的理解，不要过于依赖教科书、参考书去代替自己的理解。他们上课除了经典还是经典，读参考书完全是学生课下的事，而且只有在经典读不懂时才去参考一下第二手材料，因为学生的判断力只能通过经典原著的解读来提高，这是任何参考书都无法替代的（正如一个人读了许多关于巴赫、舒曼、贝多芬的乐评，却从来没有听过他们的乐曲而不能提高对其音乐的判断力和鉴赏力一样），否则，他们永远只能被"意见"牵着走。

笔者并不反对文科编教材，但好的教材是水到渠成、瓜熟蒂落，而不能采取一种揠苗助长的做法，否则纯粹是浪费资源、浪费生命。另外，我们所谓的教材实际上应当说是参考书，而人文科学真正的教材是具有原汁原味的经典原著，要让学生直接与思想大师交流、交谈、零距离接触，只有经典原著才能建立起我们思想的鉴赏力和判断力。因此，唯有进入经典范围的作品才有资格作教材，其他的都不行、都不配①。只有坚持做到这一点，才是对学生最好的教学、最好的培育。西方且不说哲学大师（如海德格尔、伽达默尔、德里达等人），许多哲学教授无不对经典非常熟悉，他们引用时信手拈来，非常自如，这是他们的大学教学方式长期训练、熏陶出来的结果，德国学生的思想也是这么磨炼、培养出来的。笔者认为，在国内的哲学教学（甚至整个文科教学）方面应当进行一场类似于当年马丁·路德的宗教改革，其口号就是："唯有经典"②。文科学生的思想和语言的训练必须围绕着经典原著展开，不要过多依赖间接或中介性的东西。我们这种提法，也许有点矫枉过正，但它是值得的，因为只有原创性的经典才能浇灌、培育原创性的思想。现在回想自己的学术成长道路，感到真正学到的东西主要还是来自于对经典原著的解读。

此外，还要加强讨论。尽管最近10年来国内重点高校对原典教学重要性的认识有了提高，而且也实际地做了，收效明显，但同德国相比，我们在讨论方面还有很大的差距，课堂几乎多是一言堂：老师独白，学生倾听，对话精神还远远不够，没有将教学变成解释学和辩证法的亲历和实践。许多学生还不习惯这种教学模式，课堂讨论还没有形成风气。在德国，除了极少数的导论课外，所有的课都是"讨论课"（Seminar），没有"讨论"就不叫"讨论课"（Seminar），即便是非常抽象的数理逻辑课以老师讲授为主，最后也要留下部分时间给学生提问和讨论。通过讨论可以锻炼、提高学生对问题的敏感意识、反应能力和口头表达能力，在这些方面德国学生普遍强于中国学生。

另外，就教学内容来看，古典哲学始终在德国大学课堂上占据主导地位，有时让你感到现代哲学反而显得有些薄弱③（如从海德堡大学、柏林洪堡大学、慕尼黑大学以及其他

① 在人文科学领域尤其是哲学领域，所谓的统编教材、统一教材更是无稽之谈。

② 当年马丁·路德的口号是："唯有圣经"（sola scriptura）。

③ 至于现代哲学，现象学、存在哲学和解释学无疑仍然是德国的主流，在课堂上讨论得比较多的经典是胡塞尔、海德格尔和伽达默尔等人的著作，尤以海德格尔为最。

大学的课程表中就可以看出)①。其实这多少表明了古典哲学的基础性地位，缺少这个，一切都是无根的。即使像伽达默尔这样的思想大师，一生在大学里也主要讲授古典哲学，他在海德堡大学讲席教授的职位上设有三个方向：古希腊哲学、德国唯心论和解释学，但他一生上的几十门课中，很少直接讲解释学，直到他退休以后在北美才开始比较多地讲解释学方面的课。伽达默尔甚至开玩笑地说，他只读两千年以前的书，只不过他始终将自己的全部教学都当一种解释学的实践，一如海德格尔的整个教学生涯所做的那样。他们所从事的工作是推陈出新，这正是精神科学或人文科学发展的特点。②

围绕经典原著展开的研讨班，往往一学期读不了多少页，例如，海德堡大学著名的古典哲学教授 J. Halfwassen 在笔者去的那个学期上柏拉图的第一堂课时，就读了一段话，然后与学生讨论了一堂课，这往往会让初学者感到没有学到什么东西，缺乏一种成就感。但这里面有一个"多"与"少"的辩证思想。由于这种解读面对的是具有原创性的经典文本，它抓的是重点，因此，少就是多。其实一个思想家一生关注的往往主要是一个问题，所有的方面无非是围绕着这个主题展开的(就像我们听交响乐一样，它的主题是单纯的，其他的只不过是其呈示部、展开部和发展部)，在这个方面黑格尔、胡塞尔和海德格尔是典型，伽达默尔同样如此。所以研讨班看起来讲的内容很少，但它教的却是精神性的、方法性的东西，是本质侧显的东西，如果抓住了"侧显"后面的本质，就能举一反三，少也就是多；如果抓不住这个东西，一味贪多，生吞活剥、食而不化、浮光掠影，多也就是少。因此，将经典原著的重点、难点和基本思路及方法教给学生就足矣，不可能也没有必要面面俱到、事无巨细，大学应当重在培养学生的自学能力和探索能力，也就是我们今天常讲的不是"授人以鱼"，而是"授人以渔"。

三

任何问题归根结底都是一个哲学问题，"Seminar"也不例外，它真正体现了哲学的本义——爱智慧，追求智慧。笔者之所以关注大学的教学，除了与自己的职业有关外，也与自己的专业有关。很早以前我在读到德国海德堡大学杰出的哲学家伽达默尔的《自述》时，就对他讲的这样一句话留下了深刻的印象，他说，他的解释学理论也是对自己教学实践的总结[8]。的确，在德国高校中到处充满着"Seminar"的氛围和精神，除了哲学外，其他文科和理工科也无不主要采取这种教学形式，因为所有的学科和专业都需要培养思想创新人才。据不少中国留学生反映，他们的基础知识往往强于德国学生，但他们的"Seminar"的能力要远远弱于德国学生，这不只是一个语言问题，也是一个习惯问题。中国留学生由于在国内缺了这一课，所以在德国要花大量的时间来补修才能适应。因为在中国他们是被"抱"大的，没有受过这方面的训练。现在在中国高校中推广这种教学方式很难，因为中国没有这种土壤，缺乏这种文化传统和机制。老师讲，学生听，老师主动，学生被动已

① 有一位青年学者告诉我，他在法国访学时也感觉到那里的大学普遍重视古典哲学，如他所在的索邦大学(巴黎第四大)——其哲学系现在被誉为法国最好的哲学系——就是典型。

② 中国素有"述而不作""温故而知新"的传统，这实际上包含一种深刻的解释学精神在里面。

成了一股强大的惰力，要想根本改变谈何容易。学生不习惯，老师也不习惯。中国人在这方面与西方人的差异归根结底是文化上的差异，我们只有从学理上弄清楚这个问题，才有望从根本上扭转或改变中国现有的教学模式。

"Seminar"这种教学方式在西方具有深厚的哲学传统和依据，在笔者看来，这就是解释学和辩证法。据了解，这种教学方式不只是普遍存在于大学的教学中，而且在中学阶段（尤其是文理中学）就已出现了，所以德国大学新生刚进校时对这一套教学模式并不陌生，它就是一种活生生的解释学和辩证法的实践。伽达默尔的解释学理论实际上就是从这个里面自发产生出来的，当你进入这块土壤，这一切就不奇怪了，以往难以理解的变得容易了，而且是那么的自然。

哲学界过去比较多地关注伽达默尔的解释学理论是对施莱尔马赫、狄尔泰和海德格尔这条线索的继承和发展，这当然是对的，但不应忽略德国大学教学传统这个线索。笔者的博士论文研究的就是伽达默尔的解释学与辩证法的关系[9]，其实，这种关系就体现在他们的教学实践中，它在西方源远流长，可以追溯到古希腊，具体来说，这种课堂教学所体现的就是柏拉图的对话所呈现的那种形式和逍遥学派在散步中讨论学问的那种方式，它在德国近代唯心主义——浪漫主义（如费希特、谢林、施莱尔马赫、威廉·冯·洪堡等人）那里得到了弘扬，他们都主张大学教学要从"独白"转向"对话"，要由"一言堂"变为"群言堂"[10]，这和自由之思想、独立之人格的培养是一致的。在这方面，德国人不愧为古希腊的传人。他们的"Seminar"教学既是对经典文本的理解和解释的过程，也是一个思想辩证的过程。在这里，没有权威，只有求真务实，亚里士多德所倡导的"我爱我师，我更爱真理"的精神被传承了下来，主导着今天德国大学的教学，所以从根本上讲它是对话式的，而不是独白式的，重在对真理本身的探索，真理就在这种探索中被引发出来，"逻各斯"就在讨论和对话中自己"说"出来。如果看一看德国高校的教学，尤其是哲学教学，你会感到它同解释学和辩证法的精神完全吻合，这就是一个不断去蔽的过程，一个不断接近事情本身的过程，也是让真理逐步显现的过程。可以说，解释学和辩证法的传统在德国的教学传统中一直没有中断。

中德教学方式的差异涉及对真理与权威关系的理解。西方人看重的不是权威，而是真理，在探讨真理方面，师生是平等的。反观中国，强调师道尊严，老师教，学生听，缺乏批判、讨论和互动，我们可以拿东西方所谓"轴心时代"（雅斯贝尔斯语）出现的两部经典为例：一个是柏拉图的《对话集》，另一个是孔子的《论语》。尽管它们形式上接近，但前者（主要是早期的苏格拉底——柏拉图对话）是真正意义上的对话，而后者是形式上的对话而实质上的独白。《论语》中所体现出来的就是后来韩愈对中国传统教育理念所作的经典概括：师者乃"传道、授业、解惑也"。这里所突出的是一种授受关系，而非是一起去发现的那种关系。这让笔者想起了黑格尔《精神现象学》中的名言："真理不是已铸成的硬币，可以现成地拿来就用"。只有通过平等的讨论去还原真理发生和发展的环节，把握思想家的问题意识和运思过程，我们才能真正掌握真理，同时发展自己的思想。

还有一点也需要指出来，"思想"与"学术"是不可分的，但在中国总有人喜欢将两者对立起来，例如，10多年前学界就出现过"思想淡出，学术凸现"之类的说法，圈内也不乏人自诩："某某是搞学问的，我是搞思想的"，似乎思想高于学术。其实，这两者是分不开的。

思想是靠学术孕育出来的，没有学术之“根”，哪有思想之“花”。例如，当海德格尔还是一个青年教师的时候，他对西方哲学史的熟悉程度就令其学生感到惊叹。在德文中“Meister”既是“工匠”的意思，也是“大师”的意思，说明这两者之间是有联系的，工匠中的极致就是大师了。据一位留德近十年的青年朋友所说，德国的高校体制实际上培养的就是“工匠”。而在中国，“工匠”和“大师”是两个词，它们放到一起，前者往往带有贬义，人们更愿意做“大师”，不愿做“工匠”。然而没有工匠哪来的大师？工匠永远是多数，大师永远是少数——凤毛麟角，况且“大师”是可遇而不可求的。笔者认为，大师起码要具备这样几个条件：有很高的天赋，受过良好的学术训练，有深厚的学术积累和个人的机遇。具备了这些，茨威格所谓的真正“伟大的创造性时刻”[11]才有可能出现。而这些条件并不能完全由大学来提供（如一个人的天分和机遇），大学只能提供学术训练和思想培养，它必须立足于“工匠”，从基础做起，并通过它的最好的形式——“Seminar”来具体实施，这是任何其他教学形式所无法比拟的。

四

最后我们再来谈谈德国的哲学教师是如何具体组织“Seminar”的教学和考试的。前面提到，德国大学课程主要有导论课和研讨课两种形式，这两种形式也体现在教室上，导论课通常是大课，教室是“Hörsaal”，研讨课通常是小课，教室是“Raum”。前者是老师与学生分立的形式，后者是圆桌会议的形式，以营造一种讨论的氛围，他们将讨论的议题也称为“Sitzungsplan”。关于“Seminar”，老师对学生的唯一要求就是“Lesen und Fragen!”（阅读与提问！），然后是写读书报告。但要真正做到这一点并不容易。上“Semmnar”学生课下必须花时间准备，否则这种课是没有效果的。如果有充分准备，收获就会很大，长此以往，思维能力和表达能力就会有质的飞跃，他们中的精英进入博士阶段，就打好了基础，为顺利过渡到学位论文的写作准备了条件，而且只有经过这种经典文本解读的扎实训练，写出来的东西才会有底气，否则底气不足，白纸黑字在行家眼里一看便能知道。

在“Seminar”教学的具体方式上，主要有这样几种：老师将原著分章节，让不同的学生在下面准备，然后每次课由一两个学生作报告，实际上也就是作引导发言（一般为20分钟左右），接着，由老师和学生提问，发言的学生回答，老师中间可以作补充，然后学生提问老师回答，或老师提问学生回答，或学生提问学生回答，最后老师点评和总结。老师根据经典文本的重点、难点和基本思路设置问题，引导、启发学生积极开动脑筋，学生始终处于主动而不是被动的状态。有的教授组织学生逐字逐句地读，然后讨论；有的教授组织学生逐章逐节地概述，然后讨论。两者各有优势，前者可以以点带面，以小观大；后者能统览全局，以大观小，章节与章节之间的关系，论点与论点之间的联系，都可以清晰地把握。逐字逐句的解读是德国大学哲学教学的传统之一，也是伽达默尔本人极力倡导和应用的，它是一种典型的解释学路子。此外，在德国大学的课堂上，“Seminar”是非常灵活的，不拘一格，它可以围绕任何一个专题展开，以此来达成教学与科研相结合的目的。教师有时给人的感觉仿佛是媒体访谈节目的主持人，研讨班的收放由老师掌控，他注意对学生思维的“发散”与“聚敛”之间的张力的把握。德国学生在课堂上发言相当积极踊跃，许多课简直就是思想者的盛宴、探索者的乐园，这在中国的课堂上是很难见到的。

德国还有一种交叉式的教学，即由两位(或两位以上的)教师同时开一门课，共同主持一个研讨班。它的好处是可以打破教师的专业限制，取长补短，活跃思想，开阔学生的眼界。老师可以是同系同专业的，例如海德堡大学哲学系的两位老师共同上一门古代印度哲学的课；也可以是不同专业的、跨系的，例如一门叫做“哈曼与浪漫主义”的课，由哲学系的一位男教授和日耳曼学系的一位女教授共同主持，他们从不同的专业角度进入哈曼(Johann Georg Hamann)这位近代杰出的德国唯心主义和浪漫主义的思想家、哲学家。参加这个研讨班的学生主要来自两个专业：哲学和日尔曼学。两位不同知识背景的教授共同回答和点评不同专业学生提出的问题。这种教学形式我在国内尚未见到，值得借鉴和尝试。

这里的不少留学生说，在德国只要经过了“Magiser”这个阶段(实际上相当于我们的本硕连读)[①]，进入到博士阶段后学习就变得相对容易了，因为通过“Magiser”阶段的大量“Seminar”的训练，包括以写论文为主的考试，他们已知道了学习和做学问的基本方法和学术规范。根据笔者个人的教学经验，如果一个研究生没有很好地经过“Seminar”这个阶段的训练，他的专业基础和能力会受到很大的局限，他写论文还是有困难的。所以说，“Seminar”不仅是思想方面的训练，也是学术素养的培养。其实这个方面的工作在中国不能只是在研究生阶段，在本科生阶段就应当铺开，导论课的比重必须减少，尤其是那些泛泛而谈、没有教师自己东西的导论课。

德国大学的硕士论文不要求有什么创新，只要求学生掌握学术论文写作的基本规范、技巧和格式[②]，知道如何研究的方法，对一个小问题能综合别人的观点，纳入到自己的思路，作出自己的表达和判断，并能分析清楚就行了，这属于学术的基本功，在此之前学生已经上了许多“Seminar”，写了不少“Paper”(至少六七篇)，硕士论文只是这方面能力的一次集中检验和展示。创新主要在博士阶段，博士论文一定要有作者自己的东西，必须与众不同，要在一个领域有较大的突破和建树。但博士毕业在学术上也还只是刚刚起步，在德国，这方面的真正成熟一般要到完成教授资格论文的阶段(如海德格尔、伽达默尔、勒维特、列奥·施特劳斯等都经历过)，这差不多又要三至五年，相当于又拿了一个博士学位。这一点说明，与自然科学不同，精神科学尤其是哲学的创新需要更长时间的学识积累和思想磨砺。由于经过这样长期、严格、扎实的训练，德国的学历、德国的教授在世界上普遍含金量较高。

德国大学的考试很少是我们国内的那种闭卷考试，而是以写论文为主，换言之，主要是论文考试。闭卷考试只能测试人的记忆力，而论文考试则能测试人的综合能力。后一种考试更适合于“Seminar”这种类型课程的特点。论文考试一定要与所选的这门课程有关，不能写其他内容。学位考试包括口试，口试的题目可以由师生双方共同商量来定，同样与经典原著的内容相关，其目的不是出偏题、难题去考倒学生，而是要测评出他们的真实水平，这种口试只不过是“Seminar”的一种变体。

① 现在德国也开始学习、推行英美的高校教育体制，大学分为本科、硕士和博士三个阶段。

② 德国高校对学生的学术论文的写作有明确的形式要求，导论、本论和结论是必须有的，带点八股的味道。

另外，德国大学中的“Seminar”虽然没有明确提双语教学，但研究一个哲学家必须从他的母语出发是不言而喻的，这是学术研究的基本要求，也是西方的学术传统，但它决不排斥学习者的母语。在海德堡大学，当哲学系师生在解读古代哲学家如柏拉图、亚里士多德的著作时，通常使用的是希腊文和德文的对照本，解读奥古斯丁、托马斯·阿奎那的哲学时都是用拉丁文和德文对照本，英语国家的哲学家著作使用的是英——德对照本，法国哲学家的著作当然是法——德对照本，甚至莱布尼兹的著作，他们也采用的是法文和德文的对照本或拉丁文——德文的对照本。鉴于此，笔者对国内“双语教学”的提法是赞成的，它本身就含有中西比较的内涵，但笔者并不认同忽略我们母语的所谓全英语教学，这也许在理工科方面可以，但文科行不通。实际上任何民族的思想创造都必须立足于它们自己的文化传统和承载这种传统的母语，我们学习西方的东西最终是为了发展我们自身。对这一点，德意志的崛起就是很好的证明。马丁·路德教圣经说德语，沃尔夫教哲学说德语，对于德国思想文化的发展和进步起了巨大的推动作用，曾得到过黑格尔的高度评价。所以摆正两者的关系十分重要，我们变不成西方人，变成了也没有意义。

10年前，笔者曾在美国作过访问学者，在那里一点也不觉得单个的美国人有多么的了不起，8年后笔者在德国也待了一年，同样也感觉不到单个的德国人有多么了不起，中国人在聪明、才智和勤奋方面一点也不输于他们。差别只在于好多东西我们用到了刀背上，而他们却用到了刀刃上。他们主要是方法好、制度好和公共的部分做得比我们好，这些都属于软实力。访学一年，德国大学制度之完善令人印象至深，在这种体制下，你要么出不来①，一旦出来大都非平庸、等闲之辈。笛卡尔早就说过，一个方向对头行走得很慢比那个快步如飞但方向不对的人走得快。[12]这在今天虽然早已是常识，但一回到现实，我们就不那么自觉了。笔者以为，中国人如果在这个方面不有所作为，我们将很难真正赶上西方。现在我们要学习西方最根本、最核心的东西，也就是深层而不只是表层的东西。表层的东西容易学，深层的东西不容易学。此外，我们过去学习西方是粗放型的，而现在还应提倡学细节。在所有这些方面，我们要充分利用自己今天所处的后发优势。

西方人批评中国人没有思想，这击中了我们的痛处，同时也提醒我们，今天中国作为大国的崛起应当是全方位的，而不应当是片面的，仅仅体现在经济上、科技上是不成的，我们还要做思想大国、文化大国，这首先应落实到教育上。我们必须对我国目前的大学教学模式作深入的反省，不找到病根是难以对症下药的。如果我们在这方面不进行根本的改革，那么我们的未来就不容乐观。作为重要的改革措施之一，笔者认为，“Seminar”应当在中国高校的教学中普及开来、推广开来，成为大学最基本的教学模式，而不只是在研究生这个层次才开始，必须从本科抓起，这样到研究生阶段便可自然衔接上去了，如果在研究生阶段才起步就晚了②。笔者坚信，如果中国大学的课堂，尤其是文科课堂，80%以上都采取“Seminar”这种教学方式，并且以一种制度的方式加以保证，坚持下来，长此以往，我们民族的思想就一定有希望，潜在的创造力一定会得到呈几何级数的增长和发挥。

为了解决“钱学森世纪之问”，为了真正实现中国自鸦片战争以来一代又一代知识分

① 指被淘汰，那主要是学生自己的问题。

② 更何况今天中国高校的硕士阶段一般只有两年的时间。

子的强国梦和中华民族的伟大复兴，让我们从教学做起吧！

参考文献

[1] 汪堂家. 我们需要什么样的哲学教育——哲学教育与危机. 探索与争鸣，2009，(8).
[2] 胡塞尔. 哲学作为严格的科学. 倪梁康，译. 北京：商务印书馆，1999：2
[3] [6][10]彼得·贝格拉. 威廉·玛·洪堡传. 袁杰，译. 北京：商务印书馆，1994：81，73，76，77.
[4] Grondin J. Hans Georg Gadamer. New Ha ven：Yale University Presh，2003.
[5] 伽达默尔. 哲学生涯. 陈春文，译. 北京：商务印书馆，2003：39-41.
[7] 列奥·斯特劳斯. 政治哲学史. 李天然等，译. 石家庄：河北人民出版社，1998：3.
[8] 伽达默尔. 诠释学 II：真理与方法. 洪汉鼎，译. 北京：商务印书馆，2007：601.
[9] 何卫平. 通向解释学辩证法之途——伽达默尔哲学研究. 上海：上海三联书店，2001.
[11] 茨威格. 人类命运攸关的时辰. 潘子立，译. 天津：南开大学出版社，2006：24.
[12] 笛卡尔. 谈谈方法. 王太庆，译. 北京：商务印书馆，2000：3.

通过观点交流会和一年级跨学科讨论课改变通识教育观念①

布莱恩 A. 范德・希

将通识教育课程引入一年级必修讨论课确实面临很多挑战，但这是改变学生观念的良好契机。本研究显示，这一做法会增加学生对通识教育的好感，使学生未来更有信心选修通识教育课程。学生对通识教育课程抱有的更大兴趣和更强的理解力，会整体改善课堂学习环境。

以巴斯蒂杜为代表的教育者们坚信，通识教育课程应当教给学生生活知识。[1]更具体地说，通识教育会提升学生的技能，培养学生在学术研究以及学术以外的各个方面取得成就，这与格林、奥尔特曼、欧文斯的看法一致。[2]从广义上说，伯南德、丹顿、佩奇和斯金纳认为通识教育课程会给学生传授不同的学习经验，教育学生如何培养责任感和社会公民意识。[3]格林等人也认同学生接受通识教育后，能以客观而多样的视角，更好地领略不同的文化，见识不同的生活方式，了解多样的背景信息。因此，当许多学院和大学坚持把通识教育课程的开设看作其完成教学使命的一种方式时，也就不足为奇了。[4]

沃纳和从克佩尔提出，广义上讲，通识教育包括人文学科中的一系列课程，具体来说有艺术与人文学科、社会科学、自然科学、定量推理等门类的课程，有时也涉及外语专业。[5]在一些高校，通识教育的一系列既定课程安排更多关注学生技能的培养。在另一些高校，通识教育系列课程从旨在拓宽视野的每个领域中选择选修课进行组合。必修与选修相结合也是常见的课程设置方法。各校对学生为获得学士学位而必须选修的通识教育学分课时数要求不同；在 120 个学分课时数里，下限要求为 20 个学分课时，上限要求为 60 个学分课时。莱曼认为，尽管许多通识教育课程会设在三、四年级，但大部分通识教育课程在一、二年级开设。通识教育的目标就是让学生更好地理解与鉴赏人类文明，而不仅仅局限于特定学科的精进与钻研。[6]

可是，冈普在论文中指出，学生经常认为通识教育课程是毫无必要的，或者认为它与自己的专业兴趣毫不相关。[7]他们看不到这类学科与其他学科之间的关联性，有时几乎不想花精力去理解相关材料，很少将它与其他知识领域——甚至包括他们自己的专业领域——建立联系。因此，通识教育课堂上就会出现对话肤浅、上课心不在焉，甚至迟到、早退、旷课等现象。为了解决这一问题，许多参与通识教育课程开发的专家学者，包括韦斯曼和博宁希望开设能够激发学生积极性、吸引学生的课程。[8]这一方案可行，因为只要学生对课程感兴趣，他们在课上的表现就会更好[9]。

---

① 本文选自 Brian A. Vander Schee. Changing General Education Perceptions through Perspectives and the Interdisciplinary First-Year Seminar. International Journal of Teaching and Learning in Higher Education, 2011, 23(3): 382-387. 本文由西安电子科技大学刘建树、王小婷译.

提早给学生介绍通识教育课程以及能够符合通识教育要求的科目,给他们传授知识,帮助他们了解相关院系,将会提高学生学习的积极性。当学生在追求学识渊博时,就会从本学科的自主知识练习中获得主人翁意识。爱仕拉尔同意一年级讨论课是帮助学生树立学术理想的绝佳时机,因为在积极完成本课程各项任务的过程中,能够培养出学生自我管理学术追求的主人翁精神。[10]在他们大学生涯中必须面对的选专业、选课等涉及选择的相关课内活动中,这一点尤其表现得突出。

格里芬和罗姆提出一年级讨论课一般是导学课的延伸,或是一门学习技能传授课,或是一门完整的大学普通课,或是这三者的结合体。[11]尽管各地一年级讨论课在授课内容、授课形式以及传授方式上存在差异,但其在美国社区学院、文科学院,以及研究型综合大学中都十分常见。对于开设一年级讨论课课程的高校来说,该课程可能是门必修课或不一定给成绩的选修课,其所占学分为 1 到 3 个学分不等,有的或者干脆不算学分。托波罗斯基认为因为每个学校各自的侧重点不同,所以差异性在所难免。[12]例如有的学校关注学生在学率,有的关注学生投入度,有的关注学生智力发展,有的则关注学生未来的职业发展,不一而足。

据报道,在参与全国性调查的学院和大学中,85%的院校开设某种形式的一年级讨论课[13]。尽管许多院校越来越重视学生的社会阅历与学术知识共同发展,可是廷托依旧认为最终大部分一年级讨论课的目标都要落实到学生在学率上。社会接触可通过校园赛事、学生活动和团体关系来实现。[14]老师通过内容授课培养学生的学术系统性。在开设一年级讨论课的院校中,大部分院校(64.2%)把学术技能提升作为最高目标[15]。

因为培养学生学术技能的部分内涵就是传播、分析与整合信息,所以许多一年级讨论课的材料都来源于人文学科。事实上,大约一半(50.4%)给自己开设的一年级讨论课分配学分的高校,允许该课程学分划归为通识教育类型[16]。可是,在一年级讨论课体系内落实通识教育的程度以及修习讨论课的学生认知、理解和接受通识教育课程的程度都是有限的。

本研究旨在考察:在一年级讨论课上引入新的元素后,学生对通识教育的认可度是否会提高。新增加的元素牵涉人文学科通识教育核心必修课程各个学科的教师。这一创新性举措需要以下几个方面的通力合作:各个学科的教学与教辅人员、科研辅助人员、课程规划处人员,还要动用校园设施。这一倡议得到众多教师的支持以及院校管理机构的认同。同时,希望该院校的倡议也能够增强学生选修通识教育课程的信心。更多的学生出于个人意愿而非迫不得已选修通识教育课程这一现象就会鼓励学生学习感兴趣的课程,从而进一步提升课堂学习氛围。

1. 一年级讨论课和头脑风暴环节

本研究是在美国东北部一所人文科学艺术性公立学院进行的,该校约有 1400 名学生。一年级讨论课只对未修满 18 个学分的大学新生是必修课,因此许多转校生不需修习。研究展开调查的那年正是大学首次将修习 3 个学分课时的一年级讨论课规定为必修课的第一年。以往这个课程略作调整,被当作选修课程开设。

一年级讨论课的目标包括:①帮助建设新生团体和确立新生身份认同;②向学生介绍学校的学习环境和社会活动;③培养学生对人文通识教育课程的认可度。该课程有望将学生对一年级讨论课的积极满意度转化为未来通识教育课程中更积极有效的动力。

该课程包含17个章节，每个章节的主题都与学校开设的某一专业相关联。比如，有关《外出探险》的两个章节是为与商务相关的专业开设的；《甲壳虫乐队》一章是为将来选交际专业的学生设置的；《场所意识》一章是为将来选环境科学专业的学生安排的。学校安排学生学习与他们未来专业相关的章节。可能选择相同专业的学生在第一学年还被指定在一起修习作文、数学，以及通识教育核心课程体系中的一门课程。这种区段排课的方式利于学生形成兴趣相近、规模不大的学习团体。

专业倾向不明确的学生则要学习一个如《职业探索》等通用章节，大龄生等非传统学制学生则修习特地保留的一些附加章节。因为大部分大龄生等非传统学制学生要么工作，要么照顾家庭，因此白天无法到校学习，所以集体学习时间只能定在晚上。这就帮助了那些在生活中与平常的一年级学生疏离的学生，让他们有机会相互建立联系。适用于所有章节的课程要求包括：参加各种学校活动；经由任课老师推荐，利用学校多个资源区。

最常见的一个重要的新引入元素是每周一次的观点交流会议。在这个会议上，其他教师会向学生介绍通识教育课程体系下人文科学系的不同学科。一年级讨论课的许多独立章节同时安排在一个报告厅上课。这与考尔和普拉特提倡的本科生研究课或贾汉季的跨文化研究课等其他团体学习情景中多门类频繁交织的情形没有什么不同。[17][18]这样人文科学的老师只需召开三次会议，而不是针对该课程的每个独立章节都要开会。在这些会议中，老师会抛给学生一些难题，让他们结合社会现实从多个角度思考。交流会议也特别要求教员准备一些调动学生积极主动性的课堂练习，而不是被动地进行填鸭式讲授。

该理念认为，每个人文学科都对考察当今社会提出了有意义且多样化的视角。表达观点的方式多样化，显隐程度有异，有时必须做到含而不露。将多样化视角视作整体将有助于提供一个更具批评视野的、更见多识广的、更均衡的知识体系，从而进一步认清当今社会和每个人在其中所起的作用。这其中包括个人对社会的作用以及社会对个人的影响。

比如，某一周戏剧教授、音乐教授和艺术教授三人围绕创造性艺术、美术与表演艺术共同主持观点交流会。交流会内容包括聆听各类古典音乐作品，从而更强烈地感受：仅凭借音乐而不配上歌词，艺术家如何表达愤怒、悲伤、幽默等各种不同情感。这就相当于为作曲家生活的时代背景做批注。在另一周的观点交流会上，教英语和教创新性写作的教授讨论的是文学与语言，内容包括集体诗歌创作（每个学生添加用词）以及分析合作成果，还要求学生从歌曲所反映的艺术家的社会批评观这一视角，对某一首当代歌曲的歌词发表批评性意见。

其他观点交流会的内容包括自然科学的教师探讨大脑的物质构成和功能，人类学教授借用霍拉斯·迈纳1956年发表的有关美国人类学家反观自身的文章①处理课堂练习，以及心理学和社会学教授探讨大学生反常行为。[19]一年级学生能在这个会上见到一些教师：他们虽然不是讨论课负责老师，但是在之后的大学生涯中，这些老师会教授通识教育的其他课程。学生每周要以当周观点交流会的经历为写作基础提交一份学习报告。该学习报告的成绩占一年级讨论课成绩的30%。

---

① 原文中只有“NACERIMA”一词，实为“AMERICAN”（美国人）一词的倒序写法。

2. 课程调整和学校传统

教师们针对通识教育或全院范围内课程要求变化的讨论至少是复杂的。这一过程因保护学生参与特定课程或者不愿考虑不同的教育方法等相互冲突的学科利益而变数迭起。冲突中的各方观点都不无道理,因以上每种变化必然带来对特定专业教员的调整。可是,变化并非不可能。正如本文讨论部分所述,如果交流集中在学生的权益上,如果教师整体激励机制明确清晰,那么这一举措就具有积极的意义且与大学生的利益息息相关。当行政机构支持力度显著时,教师能明显感觉到这种变化对学生、教师和整个学校都有益处,这样积极效果就会更明显。将一年级讨论课加入观点交流会的元素后列为通识教育课程体系必修课这一提议面临的正是这样的情况。

3. 方法

研究采用的是混合性方法,对学生接受调查时的反应进行定量分析并就学生的写作内容进行定性分析。调查时间选择的是课程的最后一周,调查内容分别为第二学年到第四学年不同级别课程的 29 节(次)课以及一年级讨论课的 17 节(次)课。调查包括多选题,集中在人口学变量和行为变量,也包括一个是否完成一年级讨论课的问题。跟踪问题采用了李克特量表(Likert-scale),通过询问学生(尤其是那些已经完成课程的)针对一年级讨论课的各种问题,调查他们针对课程相关评判的认可度。调查数据将输入统计分析软件(ANOVA),设置方差值为 0.5,运用该方差进行分析。同时也要分析随机抽取的学生反馈试卷以确定每周观点交流会的主题,评估该交流会的效果。

4. 结果

这项调查在 617 名学生中进行,结果 445 名学生给出了完整的答复。其实,调查反响率可能略高于实际统计的 72.1%,因为有些学生选修了不止一门受调查课程,而调查时他们没有机会同时完成几份问卷。调查中性别与年级分布相对均衡:受试者女性占比 52.1%;一年级学生占比 46.1%,二年级学生占比 14.2%,三年级 16.3%,四年级 23.4%。调研要求二年级及以上学生(没有一人是转学生)在调研反响中对自己第一学期的到课情况做出反馈。

在学生第一学期期末的课堂上,研究者完成了针对学生对通识教育课程态度的调查。调查采用了 5 分制的李克特量表来测试学生对课程的认可度(5 分代表非常同意,1 分代表非常反对),调查结果如表 1 所示。修完带有观点交流环节的"一年级讨论课"这门必修课的学生,对通识教育的要求非常熟悉,对该课程价值的认同度更高,因此在选修通识教育课程时,似乎更加自如。

表 1 通识教育课程学生观点交流会

调查项目	一年级 (n=205)	二年级及以上年级 (n=240)	差距
我对通识教育课程理解透彻	3.85	3.41	+0.44*
我认识到通识教育课程的重要性	3.71	3.05	+0.66*
我有信心选择感兴趣的通识教育课程	3.83	3.25	+0.58*

注意:平均认可度中 5=非常同意,1=强烈反对;* 表示 $p<.001$

学生反馈试卷上集中反映的主题各异。有些学生认为，因为之前他们参加过观点交流会，因此对不同的通识教育科目内容有更好的认识。以下所引学生的回答就是这一主题的典型例子："它让我明白自己能做什么，还帮助我决定将英语或写作确定为辅修课。"

学生们表达出这些观点交流环节是如何帮助他们开阔不同的思考视角，以及如何帮助他们理解通识教育中的各个学科的相互关联，并如何与他们各自的专业关联。以下所引两位学生的回答能说明这个主题：

"通常创新过程是培养认知能力不可或缺的一部分。如果我们不理解一行诗或者文章中的一句话，不会用不同的方式解读，那么当我们在商业领域中处理问题时，遇到解决问题的某种方案已经回天无力的情况，我们又将如何应对？批判性思维，开阔的视野以及考虑问题的多样化视角，将会使我们在未来的工作和事业中成为全能型人才。"

"尽管我的专业是心理学，但我认为在通识教育课上接触到的信息对我未来的生活是有价值的。我可能会修写作或诗歌作为我的选修课，不过我发现尽可能地选修多种不同的课程是非常重要的，这样我就能了解不同专业的知识。'一年级讨论课'的观点交流环节对我在这方面很有启发。"

也有学生对他们为达到通识教育的要求，在课程选择上表现出更大的自信和更高的热情。以下学生的回答代表了这个主题："由于参加过这些观点交流环节，我正考虑选修一些不同的课程。""如果不是观点交流环节，我将永远不可能学到这类知识。若没有此类信息，再次面临课程选修问题时，我不知道自己会胡乱选择些什么出来。"

5. 讨论

最新的包含了观点交流环节的一年级讨论课的目标之一，就是提高选课者对人文科学通识教育课程的鉴赏力。调查结果和学生书面反馈都表明，讨论课实现了该目标。观点交流环节不仅培养了学生的意识，还提高了学生对人文学科通识教育课程的鉴赏力。这种鉴赏力不仅体现在学生对这些特定的通识教育课程内容的了解，也体现在他们对自己与当今社会密切关系的认知中。比如，学生会联想到文学作品是如何让有能力发动变革运动的社会精英产生共鸣。就如同当今的互联网一样，在掌握技术优势的人群中间，它作为一种传播媒介，正在促动新的变革。

学生也会思考：在可选课程当中选择自己更感兴趣的课程将会如何丰富自己的学习经验。这样学生选课时就少了焦虑和困惑，增强了学习动机，提高了学习热情。他们将学习通识教育课程看成是能学习的机会而不是要遵守的要求。深入研究将有助于确定，这种态度的改变是否会延伸到课堂情境中，从而提升老师和学生学习的质量；深入分析还将有助于确定，学生对课程选修的更多了解是否会帮助学生面对未来做好更充实的准备，从而降低学生缺勤率。

也许让学生熟悉课程选修很容易完成，只需通过一次讨论课上的讲义学习就能解决问题，因为讲义会清楚地解释通识教育的各项要求。这可能会起到一些成效，不过这不利于学生亲身体会特定学科内的课程关系。例如，中学生可能会在社会科学课堂上接触到地理或历史，但认识考古学和文化人类学之间的差异可能并不那么简单。因此，贝尔福特认为课程排序不仅仅是影响学生在学率的一个关键因素，它同时也是学生高等教育体验中宝贵的一部分。[20]

对通识教育课程进行大刀阔斧的改革是一项艰巨的任务。有时教师认为在此过程中他们无能为力，但与此同时，林德曼和塔哈蒙特提倡需要行政支持来落实课程修订。[21]如果规划周详，而且与大学教师进行良好的沟通，变革就有可能。坎特建议刚开始最好确定一个课程改革的小目标，逐步推进。[22]藉此，从一开始目标就要清晰，并知会老师。观点交流环节旨在增强通识教育经验，并有望借此营造更优质的、适合所有老师的课堂学习环境。允许学生自己获取信息也多少会改变填鸭式教学，减轻教师的负担。这样学生可以主动掌握通识教育课程的相关知识，了解每门课程之间的细微差别。

鼓励教师以主导讨论会的形式参与活动，并非像相关管理人员想象得那么困难。教师会很快意识到，学生有机会通过整个一年级课程来探索自己特定学科带来的收获(即，因学生感兴趣并选课而可能增加的选课学生数)将足以补偿他们备课加讲授时付出的精力。最后，在某一时刻他们最终会享受这种脱离传统教学模式的做法，并借此机会积极推动通识教育课程建设。

教学管理部门将一年级讨论课纳入通识教育必修课课程体系也不像起初设想的那么困难。这门带有讨论环节的课程已经试行了一年。选修过一年级讨论课课程的一、二年级学生的在学率为 84.6%，而未修习该课程的学生的在学率仅为 67.9%。学校行政管理部门有理由相信，新的教学模式是值得在全校范围内大规模推广的。教师投票表决，支持将该课程作为通识教育核心课程的必修课，与此同时，他们取消了长期存在的、学生和老师都曾为此怨声载道的高级专题座谈会。环境确实在影响教职人员方面起着重要的作用；可是，很多教师在某种程度上——要么是作为课程的教授者，要么是作为讨论会的主导者——参与了这一实验性课程的建设，因此他们能够跟自己那些尚未参与课程建设的同事谈谈它的益处。

6. 研究的局限性和对未来研究的建议

与大多数初步研究一样，本研究的结果是有意义的，但在将其应用于其他情境中时须小心从事。本研究中的抽样调查人群仅限于一所院校。行政机构与教师之间的合作效果会因学校规模、教学预期效果、学校的领导团队等因素的变化而不同。同时，全国范围内的一年级讨论课涵盖的内容太多、差异太大，但是本研究只考察了研究者自己所在院校的改革措施。

后续研究可把重点集中在教师视角上，探索本研究一年级讨论课中所采用的方法，从长远来看是否会影响学生在通识教育课程中的学习动机；还有，在第一学期开设通识教育课程后，选修某特定通识教育课程的人数是否会增加？这一探索也会很有趣味。研究可以历时性考察收尾，考察学生评判观念的历时变化，从而决定他们是否真的基于本人兴趣，还是斟酌授课时间、教室位置、教师的知名度等其他选择标准，最终决定了自己的通识教育课程。

参 考 文 献

[1] Bastedo M. General education//Forest, K. Kinser. Higher education in the United States: An encyclopedia, 2002: 273-276.

[2] [4]Glynn, Aultman, Owens. Motivation to learn in general education programs. Journal of General

Education,2005,54(2):150-170.

[3] Benander,Denton,Page,et al.. Primary trait analysis:Anchoring assessment in the classroom. Journal of General Education,2002,49(4):279-302.

[5] Warner,Koeppel. General education requirements:A comparative analysis. Journal of General Education,2009,58(4):241-258.

[6] Lemann. Liberal education & professionals. Liberal Education,2004,90:12-17.

[7] Gump. Classroom research in a general education course:Exploring implications through an investigation of the sophomore slump. Journal of General Education,2007,56(2):105-125.

[8] Weissman,Boning. Five features of effective core courses. Journal of General Education,2003,52(2):150-174.

[9] Keller. Using problem-based and active learning in an interdisciplinary science course for non-science majors. Journal of General Education,2002,51(4),272:281.

[10] Ishler. Laying the foundation for general education:The role of first-year and short seminars. Journal of General Education,2003,52(2):71-83.

[11] Griffin,Romm. Exploring the evidence,Vol. IV:Reporting research on firstyear seminars. Columbia,SC:University of South Carolina,National Resource Center for The First-Year Experience and Students in Transition,2008.

[12] Tobolowsky. Foreward//A. M. Griffin,J. Romm (Eds.). Exploring the evidence,Vol. IV:Reporting research on first-year seminars. Columbia,SC:University of South Carolina,National Resource Center for The First-Year Experience and Students in Transition,2008.

[13] [15][16] Tobolowsky. National survey of firstyear seminars:Continuing innovations in the collegiate curriculum. Columbia,SC:University of South Carolina Press,2006.

[14] Tinto. Leaving college:Rethinking the causes and cures of student attrition(2nd ed.). Chicago:University of Chicago Press,1993.

[17] Kaul,Pratt. Undergraduate research learning communities for first-year and lowerdivision students. Peer Review,2010,12(2):20,21.

[18] Jehangir. Cultivating voice:Firstgeneration students seek full academic citizenship in multicultural learning communities. Innovative Higher Education,2009,34(1):33-49.

[19] Miner. Body ritual among the nacirema,The American Anthropologist,1956,58:503-507.

[20] Barefoot. Higher education's revolving door:Confronting the problem of student drop out in US colleges and universities. Open Learning,2004,19(1):9-18.

[21] Lindman,Tahamont. Transforming selves,transforming courses:Faculty and staff development and the construction of interdisciplinary diversity courses. Innovative Higher Education,2006,30(4):289-304.

[22] Kanter. Reflections on reform. Peer Review,2000,2:4-8.

心理学发展史及其体系：构建核心课程体系的一门课①

约书亚·威廉姆斯，南希·麦卡利，约翰·卡夫

美国高等院校协会(The American Association of Colleges and Universities)是倡导在高等教育中引入通识教育的主导力量，它强调发展跨学科本科教育的重要性。为了实现这一目标，高等教育机构制定了通识教育要求，换句话说，即规范了核心课程体系。博耶委员会(Boyer Commission)规定核心课程体系通常由一般学习领域组成，辅以通识教育的关键元素，其中包含各种文科和科学学科的课程，学生可以从中任选。[1]哈特研究协会(Hart Research Associates)的调查表明，多数美国高等院校协会的成员机构都开设一些核心课程或共同知识体验课程。[2]然而，这些调查也显示，大部分学校正在试图修改他们的通识教育要求，包括对核心课程的改动。初见之下，这种折中式课程的实施看起来是艰巨的，具体来说，就大学管理者和教师而言，这是一项艰巨的任务，因为简单地为本科生提供了多种供选择课程，从而开始构建跨学科的学位课程体系只不过是为学生奔向遥远的毕业目的地之旅中出发较早的一步而已。

的确，帕克等人认为，对一些学生来说完成核心课程要花好几年时间。[3]此外，学生对知识的长期记忆能力也会因人而异，个体差异性很大。道尔、赫尔曼、雷贝克、古特曼提到，当代记忆研究表明，长期记忆能力可以通过对之前的编码信息的重新激活进行提高。[4][5]此外，克雷克、洛克哈特与芬克的研究显示，将信息设想为一个与其他概念的函数关系这种思维可以促进长期记忆。[6][7]从教学研究的学术视角来考察，博耶委员会和布鲁、吉恩、哈钦思、舒尔曼、特里格维尔、夏尔将教学研究的有关成果与日益兴起的、强调学生长期学习效果的时兴论调结合起来的目标正广受吹捧；成功完成核心课程体系建构进程中最后但也是核心的一步，应该是给学生提供选修那些将核心领域结合为一体的、所谓的支柱性课程的机会。[8][9][10]具体而言，学生不仅需要重新激活之前已经编码处理的信息，同时还要在语境中积极回忆该信息，因为该语境突出了核心知识的相互关联性。以下是我们的论点：修习这样一门课程将增强修习者对核心领域知识的长期记忆力。

那么，什么样的课程有资格作为核心课程体系的支柱性课程呢？可以说，这样的课程应该是涵盖了所有大众领域的核心内容，并强调他们之间的联系。《博耶报告》中提议，应开展以研究型教师导引、以研究课题结课的核心课程建设。该提议具有巨大潜力，然而，根据我们的经验，学生研究的课题多由指导老师依据个人兴趣，而非根据是否具有跨学科性的标准来决定。迪克森提议“高级研修班”课程作为另一种选择，但该课程通常针对特定专业以帮助学生回顾自己相关专业的内容。[11]如果将其设计为真正意义上的跨学科性课程，上述两个提议作为支柱性课程可能都是合理的；但是，可供选择的、合适的课程通常

---

① 本文选自 Joshua L. Williams, Nancy McCarley, John Kraft. History and systems of psychology: A course to unite a core curriculum. College Quarterly, 2013, 16(2). 本文由西安电子科技大学刘建树、王小婷译.

是很少的。通过我们个人对课程科目的了解和反思,我们认为涵盖多学科信息的心理学课程在支柱性课程建设方面大有可为。具体而言,关于心理学发展史及其体系性质的课程,倘若设计得当,又强调了学科关联性,则该课程将很可能会满足甚至优于对完美支柱性课程的所有要求。最终,本着哈钦斯和舒尔曼精神,我们将设法证明:在我们学科领域内的一个核心课程是如何对致力于改善学生长期学习效果的各个学科领域产生积极影响的。具体而言,我们借助美国高等院校协会机构的大部分成员关注的一般核心研究领域(表 1)以及该机构的成员之一已经建成的一门核心课程所提供的支持,将心理学发展史及其体系课程作为基础核心课程体系中的支柱性课程予以施行。

表 1 一般核心研究领域列表

核心领域标题	主题
沟通和定量研究技巧	英文作文 数学技能和推理
伦理与文化视野	社会伦理和价值观 全球视角下的性别观、种族观、宗教观和政治观 人类学相关知识
人文与艺术	哲学立场 文学 美术
物理与生命科学	生物学 化学 物理 天文学
社会科学	历史观念与文明 经济学与社会 社会学 心理学

注:哈特研究协会 2009 年年度报告采用的核心区域题目是"通识教育的趋势和新兴实践"。①

1. 沟通和定量研究技巧

核心课程体系的这一部分旨在确保所有学生具备必要的沟通和定量研究技巧。在心理学发展史及其体系课程中,沟通技巧可以通过口头和书面形式的批判性思维练习来提升。学生可能会不止一次得到提示,要求他们在选题中偏离自己的智力舒适区以便于更好地理解不同的历史视角,这可能与他们在大学生涯所学到的知识相符或相悖。举例来说,在学生们辩论两面性问题时,他们可能会被要求援引历史观点:"心理学的主题能否通过科学手段研究?"马龙提到有些学生的兴趣在物理,可能不自觉地就被伽利略的观点吸

① Hart Research Associates. Trends and emerging practices in general education. Washington, DC: Association of American Colleges and Universities, 2009.

引，从而认为科学调查容不得经验知识或次要性质，然而，同样是这批学生会被要求讨论同一主题的相反论点。[12]具体来说，他们可能会被要求通过运用洛克的水盆悖论反驳自己原来的论点，从而可以理解将次要性质纳入科学调查这一议案的合理性。[13]在这样一个无论是口头还是书面形式的练习中，学生都有机会回顾许多观点，并将其纳入一个连贯的论证链。

这个核心领域的交流重点尤其突出语言的有效利用。英语作文课上教师通过奖励佳作、纠正错误以及修正作文来教授学生如何运用文从字顺、语法正确的书面表达去有效地传达他们的思想。语言习得的心理学研究在现代心理学中的行为主义与认知主义学派之间的斗争中发挥了关键作用。心理学史传统观念认为，20 世纪上半叶的行为主义流派让位给了 20 世纪 60 年代和 70 年代站稳脚跟的认知模式。黎黑指出，这种所谓的认知派革命有一些库恩范式转变的元素，但历史学家正疑惑："革命"一词描述得是否合适。[14]斯金纳倡导对操作性行为进行实验分析。他将语言纳入言语行为范畴并在自己《言语行为》一书中将其定义为："通过其他人的调解而得到强化的行为"[15]。从斯金纳的观点来看，对沟通有效性的判断主要依据功能主义的标准（即通过信息接收者的视角）。1959 年，诺姆 · 乔姆斯基发表了对斯金纳之作《言语行为》的蔑视式评论，当时许多人开始认为那是行为主义行将谢幕、行为学认知阐释即将登场的讯号[16]。乔姆斯基主要批判的是：语言不像其他操作行为，发言也并不需要发声强化序列表。乔姆斯基的提议催生了一种观念，即孩子们拥有一些先天的语言规则或深层语法。在接触到更高级的文化发音者之后，深层语法就被用来生成"文化正确"的言语表达[17][18]。正是在斯金纳和乔姆斯基围绕语言展开辩论的语境下，学习写作的学生才可以理解自己用语言表达观点这一能力的重要性和语言对他人的影响力。

学生们也可以获得重新激活并批判性应用基本量化分析技能的机会。一个结合了基础数学的完美例子中，古斯塔夫 · 费克纳的心理物理学方法被运用于理解并测定物理和心理体验之间的关系。费克纳自己也对此闪烁其词："心理物理学，顾名思义与心理学和物理学都有关，因此必须一方面以心理学为基础，另一方面又宣示心理学一定以数学为基础"①。具体而言，学生必须能运用和解读对数等基本数学原理才可了解费希纳运用历史方法解释大脑与身体之间联系的问题。

数学原理可能与心理学发展史及其系统相结合的另一种方式是讨论大多数本科生所接触的基础统计学。首先，由于概率论是统计学和统计推理的基础，因此奥尔、索恩和亨利认为如"统计之父"布莱士 · 帕斯卡提出的骰子问题和分裂问题等经典性概率问题可涵盖其中。[19][20]其次，赫根汉认为弗朗西斯 · 高尔顿爵士在他的人体测量实验室为探索相关性和中位数概念而进行的工作，也可以作为讨论对象。[21]此处，学生可以利用他们对相关性和集中趋势的量度的理解来解读高尔顿的测量及其对个人差异的讨论。[22]

2. 伦理视角与文化视角

该领域旨在引导学生了解具体文化背景下伦理学的许多方面及其应用。伦理学概念广泛存在于心理学发展史及其体系类课程中，因为该学科是经历多次文化变革后才得以

---

① 参见 Fechner. Elements of psychophysics. New York：Holt，Rinehart & Winston，1996：10.

成型与发展的。从史学视角考察,心理学研究为许多领域的变革提供了动力。与这一核心领域关系密切的心理学研究实例主要关涉种族与性别平等。

种族隔离是心理学发展史及其体系课程中涵盖的一个伦理主题。关于该主题的心理学研究在推动社会变革方面出现过前沿性研究成果,主要体现在两位非裔美国心理学家肯尼思和玛米·克拉克所开展的多项开创性工作中,具体来说,他们证实了种族隔离对非裔美国儿童,尤其是对他们种族身份发展方面的负面影响。[23]随后,这项研究成果在1954年最高法院布朗诉教育委员会案例中得到引用;在这一案例中种族隔离的法律要求被推翻。然而,值得注意的是,在谋求将克拉克案例引入讨论课的过程中,学生了解到另外两条重要信息:①接受非裔美国人进入研究生课程在20世纪初的文化中并不典型;②没有G.斯坦利·霍尔入读曾指导肯尼思·克拉克的非裔美国人弗朗西斯·萨姆纳创办的研究生院,克拉克研究的意义可能永远都不会实现[24]。

尽管有许多有洞察力的研究为推翻种族隔离提供了支持和推动力,但在大多数学生的记忆里,那场社会变革来得十分缓慢。在讨论变革过程的背景下,戈登·奥尔波特关于团体间联系的观点可能会是被讨论的对象。[25]具体来说,他的"联系假设(contact hypothesis)"指出,相互冲突的群体通过直接接触的机会可能会缓解彼此间的偏见与刻板的成见。为了将奥尔波特的假设与缓慢的变化联系起来,就要考虑"联系假设"所要生效的必要社会条件和环境要素,这些已被奥尔波特、卡辛、费恩和马库斯提到,因为这种情况在种族隔离不再存在时也就消失了。[26]

第二个伦理主题涉及男女平等。有关心理学研究生课程招收女生的讨论中可能会强调这一特定主题。男女统招在其他院系和专业与在心理学相差无几。例如,在大多数心理学发展史及其体系课程中都被广泛讨论的爱德华·铁钦纳,可能被认为是心理学领域强调为给予女性福利而推动变革的主要人物之一,尽管他本人拒绝女性参与自己的"实验家(Experimentalists)"组织[27]。19世纪末至20世纪初,蒂钦奈指导了21名女博士生,几乎相当于自己博士生总数中的一半。另外值得注意的是,他的第一位博士生玛格丽特·弗洛伊·沃什伯恩是名女性,也是全美第一位获得心理学博士学位的女性[28]。此处与性别平等伦理思想密切相关的是丽塔·斯泰特尔·霍林沃斯。希尔兹指出这不仅因为她的传记代表了20世纪初期女性在学术界面临的许多障碍,而且因为她在自己独特的研究中打破了关于变异性假说(sexist myths of the variability hypothesis)和功能周期性(functional periodicity)之类的性别歧视谬论。她在性别差异方面的开创性工作有助于破除男性优越这样的"科学"观念。[29]

心理学研究除了种族和性别问题之外,还会涉及科学研究中的其他关键性伦理问题。对心理学专业以及许多其他专业的本科生而言,部分培训内容就是掌握如何恰当对待研究参与者的原则。强调与回顾众多伦理观念的办法之一是展开对斯坦利·米尔格拉姆顺从研究的讨论,这也是心理学入门课程中颇受欢迎的研究内容之一。[30]详细讨论米尔格拉姆的研究将为学生提供更好理解如何进行科学研究过程利害分析的机会。具体来说,许多人包括布拉斯指出,尽管米尔格拉姆的研究有潜在的伦理问题,但社会心理学家从中了解了很多有关符合性和顺从性观念的内容。此外,还可以给学生机会,展开关于原始服从研究的"道德灰线"(ethical gray lines)的辩论,并结合自身当下科研经验谈谈"道德灰线”的当下影响。

3. 人文与艺术

这个核心领域是为了培养学生对哲学、文学和艺术的探索而建构的，很多可讨论的话题可将这三个关键性科目联接起来。首先，哲学与生理学一道，也构成心理学的重要思想源泉之一。因此，心理学发展史及其体系课程自然涵盖了诸如经验主义(empiricism)、存在主义(existentialism)、本土主义(nativism)、理性主义(rationalism)、现实主义(realism)以及怀疑论(skepticism)等重要哲学传统，此处不能一一列举。此外，通过关于心理学作为独立学科的出现和心理学从哲学中分离的相关讨论，可突出心理学与哲学的密切联系。

文学和心理学之间的传统联系是相当强大的，从而出现了众多关于文学中存在心理原则的讨论。例如，在学习高尔和斯普尔茨海姆有关骨相学与观相术相关传统的同时，学生们也接触到这些观念对著名作家的文学作品甚至他们的个人生活的影响。[31][32]没有哪部作品比赫尔曼·梅尔维尔的《白鲸》(*Moby Dick*)更清楚地表现这一点了：他在作品中批判性地讨论、几乎贬斥通过外貌来决定鲸鱼的性格，西尔维与梅尔维尔都提到过。此外，通过突出赫尔曼·梅尔维尔和福勒兄弟之间的联系也可确立这些早期的伪科学视角与开创精神之间的联系。[33][34]

文学和心理学之间的最后联系可以在讨论著名心理学家的文学作品中梳理出来，此处最好的范例也许是心理学家斯金纳。他最初的抱负是做一名小说家，但最后竟成了心理学大师。[35]最终，斯金纳的确发表了文学作品《桃源二村》(*Walden Two*)，心理学发展史及其体系课程的学生尤其有机会接触这本书。斯金纳在《桃源二村》中以科幻的笔法，试图运用操作学习论改善人类的状况，创造乌托邦式社会。因此，尽管作品内容是虚构性的，但在课程中接触到它会使学生领略到斯金纳实证主义务实性的重点。

为了将艺术融入心理学发展史及其体系课程，我们可将最著名的心理学人物之一威廉·詹姆斯列为讨论对象。与斯金纳类似，詹姆斯在成为心理学巨头之前曾心有旁骛。他想效仿他的哥哥亨利·詹姆斯成为一名艺术家。詹姆斯作为一名艺术家的才能是显而易见的，通过向学生展示一些他未经润色的草图即可轻松力证。的确，比约克在自己的文章中提到，詹姆斯可谓天赋异禀，因为18岁时，他成了威廉·莫里斯·亨特的学徒。[36]学者们认为，他接受的训练虽然短暂，却已经为詹姆斯的科学哲学和心理学研究打下基础。例如，利里曾优雅地指出了詹姆斯著作中许多艺术味十足的隐喻的例子。[37]此外，经作者詹姆斯运用这样的艺术隐喻，读者们借助它们再联系个人经历，就会更好地理解一些费解的话题。艺术隐喻不仅成为詹姆斯意识目的性和实用性观念的核心，而且使得他关于心理学的各种见解得以在不可避免的文化变迁中保持彼此相关性。[38]

4. 物理学与生命科学

这个核心领域的目标是为学生通过修习物理学和生命科学相关课程建立科学的背景。可归入这一领域的专题也许在心理学发展史及其体系课程中极为普遍。在梳理科学心理学发展史中，哥白尼、伽利略、开普勒等物理学和天文学领域的关键人物就可作为讨论对象。例如，在涉及一级和二级质量的相关性以及科学研究对象的确定方面，即可讨论伽利略的贡献。[39]具体来说，他认为，由二级质量构成的意识不可作为科学研究的对象。

学生通过讨论他的观点,将有机会把当下课程所涵盖的科学新思想与科学中的旧理念相统一。[40]

此外,心理学最初源于生理学。可以详细回顾和讨论生命科学中的一些关键进程。心理学意义上的刺激——反应联系,实际上源于生理心理学的一个隐喻。生理学家在调查物理刺激内生性地产生物理反应这一反射作用过程中,注意到习得手段也能产生相似反应,从而跨界转向心理学,最著名的例子就是伊万·巴甫洛夫的成果。当他在生理实验中注意到他的狗看到食物就会产生唾液这种"精神分泌物"(psychic secretions)的情形时,便展开对经典条件反射理论(classical conditioning)的广泛研究。[41]

心理学发展史及其体系课程通常讨论的其他主题包括神经系统和色觉的基本思想。例如,神经系统基本结构的相关内容,包括在物理学以及生命科学等各学科的核心区域的许多课程中。这些内容可以通过回顾亚历山大·拜恩、查尔斯·贝尔、约翰内斯·穆勒和赫尔曼·冯·赫尔姆霍兹等的解剖学和功能结构的早期发现的内容中得到。另外,在涉及我们的色觉知识时,可以讨论眼睛功能解剖的具体方面。戈尔茨坦提到,色觉知识的研究源于托马斯·杨、赫尔曼·冯·赫尔姆霍兹和厄渥德·赫里等人的研究。[42]最后,许多核心课程中关于神经系统的重点是大脑及其如何在复杂世界中作用以满足多种生物需求。我们现在所了解的关于脑功能的大部分知识通常在心理学发展史及其体系课程中得到详细的描述。关于感觉、感知和理解的传统哲学与新近对神经系统的理解可能结合的例证,即是多感觉大脑测绘概念的提出。阿姆斯特朗提到其源头可追溯到经验主义哲学家,特别是乔治·伯克利那里。[43]另一个例子可能是弗里奇和希齐西发现运动皮质的位置和功能,[44]芬格也曾提到,[45]以及由费里尔提出的跨皮层区域地形图概念,[46]格罗斯也在文章中提到这一概念。[47]当然,如果教师设计的心理学发展史及其体系课程旨在突显心理学学科的科学起源及其发展,则可以强调的各种跨学科联系还很多。

5. 社会科学

学习社会科学核心区域类课程可以让学生有机会探索社会科学各领域,从而增强他们对人类行为,特别是社会环境中的人类行为的理解。从历史的角度来看,心理学史上著名人物的许多建议对领导的行为和社会的发展都产生过重大影响,当然结果不总是积极的。例子之一是弗朗西斯·高尔顿爵士和他关于通过选择性育种如何优化人类进而改善人类状况、阻碍社会退化的言论。[48][49]世界历史上优生学概念得到积极落实的最明显例证就是第二次世界大战期间希特勒统治的纳粹德国的人口政策。

心理学发展史及其体系课程通常讨论的第二个人物是赫伯特·斯宾塞,他创造了"社会达尔文主义"(Social Darwinism)一词。[50]斯宾塞应用这一观念来反对政府对无法"自力更生"(fend for themselves)的社会成员的支持,因为这将违反适者生存的自然进化机制。[51]

社会科学核心领域的另一个重要部分是社会学,这可能追溯到心理学史上的早期实证主义者之一奥古斯特·孔德。在心理学发展史及其体系课程中,内容通常涵盖了从非理性主义向科学主义,或者仅仅使用科学来解释现象方面的逐渐演变。具体来说,孔德认为科学知识与自然直接观察之间并行论证的实证主义观点为他的社会发展建议奠定了基础。例如,当社会已经脱离了通过宗教或形而上学的窠臼而采取科学方法来解释现象时,则它已经达到其最高发展形式。[52]此外,还需特别关注,孔德讨论社会对个人的影响时,主要考察个人接受与遵从社会理念的程度。这不仅是社会心理学课程通常所讲的大部分内容,社会学课程就此也难脱俗。[53]

6. 讨论

邓恩等人提出了本科心理学课程的理想要素,其中主要是学科历史与课程体系。[54]我们同意邓恩等人的建议,因为学科历史与课程体系为心理学专业学生提供了助益,帮助他们通过接触心理学的历史传统来了解他们所选择的学科。对于心理学专业学生,我们认为,学科历史与课程体系课程作为支柱性课程是有益的,因为学生借此可重新激活关键信息,并将心理学中看似松散的各个方面联系起来。然而,布鲁、吉恩斯、哈钦斯、舒尔曼、特里格维尔和夏尔认为,教学传统方面的学术研究理念又促使教学实践要诱发来自各个学科的不同学生的有意义的学习经历。[55][56][57]因此,我们进一步认为,学科历史与课程体系课程也有潜力成为非心理学专业,特别是对要求学生完成核心课程的院校的有益的支柱性课程。由于许多院校面临预算缩减和课程缩减的问题,开设同时适用于专业和非专业学生的单一支柱性课程不失为有效的解决方案。

为了使支柱性课程发挥实效,它必须为学生提供机会,去重新激活和发现以前涵盖的主题之间的相互关联。[58][59][60]在低倍率放大镜下查看核心课程时,似乎各主题之间的游离度较之于一般心理学课程中涵盖的各主题之间更大。然而,当放在高倍率放大镜下查看时,通识核心区域间则相互兼容性很好。我们认为,心理学发展史及其体系课程就如同给了学生一个适合的放大镜,让他有能力整合各门核心课程。而对于已经顺利修完一门心理学入门课的任何学生,他就有机会修习心理学发展史及其体系课程。蒙西提到,保守地说,每年修完一门心理学课程的学生人数估计约为 100 万人次。[61]

心理学专业的研究课题与其他学科相适应的概念并非横空出世。例如,邓恩曾提出将心理学话题嵌入多个核心课程的可能性,当然如定量推理、全球视角、科学等核心课程通常并没有以心理学为核心参照来开设。[62]我们认为,邓恩的提议是对我们案例的有力支持:心理学发展史及其体系课程可作为许多专业有效的支柱性课程,从而将核心课程体系的不同部类联系起来,并进一步整合学生知识。

使用美国高等院校协会成员机构的说明性核心课程,并借助教学研究中的新成果、新原则,我们规划出心理学发展史及其体系课程系统所涵盖主题的广度,这与构成核心课程体系每个领域的不同学科间有直接的重叠。当然,心理学发展史及其体系课程所覆盖的很多主题与大多数核心课程体系的大多数共享因素相关联,其中包括人文科学、自然科学、社会科学、全球文化和数学等。[63]虽然例证有限,但是我们相信我们已经实现了目标:突出了心理学发展史及其体系课程作为支柱性课程在各个专业学生的基础课程教学中所发挥的作用。此外,虽然我们强调安排心理学发展史及其体系课程作为非心理学专业学生的支柱性课程,但也可以设计其他课程来整合学习的核心领域。例如,我们可以设想,生物学、化学、数学、哲学和艺术等专业的支柱性课程可以设计得更突出跨学科性,并对非专业学生开放。总之,我们坚信,鼓励学生修习跨学科课程以帮助他们顺利完成大学学业,将有助于他们重新建构浑然一体的核心学习领域,促进他们智力的全面发展,增强他们的好奇心,这是当代大学教育的核心。

参考文献

[1] Boyer Commission. Reinventing undergraduate education: A blueprint for Am erica's research univrsities. Stony Brook, NY: The Carnegie Foundation for the Advancement of Teaching, 2010.

[2] [63]Hart Research Associates. Trends and emerging practices in general education. Washington, DC: Association of American Colleges and Universities, 2009.

[3] Park, Smith, Lautenschlager, et al.. Mediators of long-term memory performance across the life span, 1996, 11: 621-637.

[4] [58]Doyle. Learner-centered teaching: Putting the research on learning into practice. Sterling, VA: Stylus Publishing, 2012.

[5] [60]Herrmann, Raybeck, Gutman. Improving student memory. Seattle, WA: Hogrefe & Huber, 1993.

[6] Craik, Lockhart. Levels of processing: A framework for memory research. Journal of Verbal Learning and Verbal Behavior, 1972, 11: 671-684.

[7] [59]Fink. Creating significant learning experiences: An integrated approach to designing college courses. San Francisco, CA Jossey-Bass, 2003.

[8] [55]Brew, Ginns. The relationship between engagement in the scholarship of teaching and learning and students' course experiences. Assessment & Evaluation in Higher Education, 2008, 33(5): 535-545.

[9] [56]Hutchings, Shulman. The scholarship of teaching: New elaborations, new developments, 1999, 31(5): 10-15.

[10] [57]Trigwell, Shale. Student learning and the scholarship of university teaching. Studies in Higher Education, 2004, 29(4): 523-536.

[11] Dickson. The senior seminar at Rider College. Teaching Sociology, 1993, 21(3): 215-218.

[12] [28][39] Malone. Psychology: Pythagoras to present. Cam bridge, MA: The MIT Press, 2009.

[13] Locke. An essay concerning human understanding(P. Nidditch, Ed.). Oxford, England: Oxford University Press, 1975.

[14] [38]Leary. William James and the art of human understanding. American Psychologist, 1992, 47(2): 152-160.

[15] Skinner. Verbal Behavior. New York: Appleton-Century-Crofts, 1957.

[16] Leahey. The history of modern psychology (3rd ed.). Upper Saddle River, NJ: Prentice Hall, 2001.

[17] Chomsky. Syntactic structures(2nd ed.). Berlin: Mouton de Gruyter, 1957.

[18] Chomsky. A review of B. F. Skinner's Verbal Behavior. Language, 1959, 35: 26-58.

[19] Ore. Pascal and the invention of probability theory. The American Mathematical Monthly, 1960, 67(5): 409-419.

[20] Thorne, Henley. Connections in the history and systems of psychology(3rd ed.). Boston, MA: Houghton Mifflin Com pany, 2005.

[21] [24][27][40][51] [52]Hergenhahn. An Introduction to the History of Psychology. Belmont, CA: Wadsworth, 2009.

[22] Galton. Co-relations and their measurement, chiefly from anthropological data. Proceedings of the Royal Society, 1888, 45: 135-145.

[23] Kenneth, Clark. Skin color as a factor in the racial identification of Negro pre-school children//New-

comb, Harley (Eds.). Readings in social psychology. New York: Holt, 1947: 169-178.

[25] Allport. The nature of prejudice. Reading, MA: Addison-Wesley, 1954.

[26] Kassin, Fein, Markus. Social Psychology(8th ed.). Belmont, CA: Wadsworth, 2011.

[29] Shields. Functionalism, Darwinism, and the psychology of women: Astudy in social myth, 1975, 30: 739-754.

[30] Milgram. Behavioral study of obedience. Journal of Abnormal and Social Psychology, 1963, 67: 371-378.

[31] Gall. Organology. Boston, MA: Marsh, Capen & Lyon, 1835.

[32] Spurzheim. A view of the philosophical principles of phrenology(3rd ed.). London: Treuttel, Wurtz, & Richter, 1825.

[33] Hillway. Melville's use of two pseudo-sciences. Modern Language Notes, 1949, 64(3): 145-150.

[34] Melville. Moby Dick. New York: Random House, 1930.

[35] Malone. Theories of learning: A historical approach. Belmont, CA: Wadsworth, 1991.

[36] Bjork. William James: The center of his vision. New York: Harper & Row, 1988.

[37] Leahey. The mythical revolutions in Am erican psychology. American Psychologist, 1992, 47: 308-318.

[41] Pavlov. Conditioned Reflexes. Mineola, NY: Dover, 1960.

[42] Goldstein. Sensation and Perception (6th ed.). Pacific Grove, CA: Wadsworth, 2002.

[43] Armstrong. Berkeley's philosophical writings. New York: Macmillan, 1965.

[44] Fritsch, Hitzig. On the electrical excitability of the cerebrum//G. von Bonin(Ed.). Some papers on the cerebral cortex. Springfield, IL: Charles C. Thomas, 1960: 73-96.

[45] Finger. Origins of neuroscience: A history of explorations in to brain functions. New York: Oxford University Press, 1994.

[46] Ferrier. The functions of the brain. London: Smith, Elder, & Company, 1876.

[47] Gross. The discovery of the motor cortex and its background. Journal of the History of the Neurosciences, 2007, 16, 320: 331.

[48] Galton. Hereditary genius: An inquiry into its laws and consequences. Cleveland, OH: The World Publishing Company, 1892.

[49] Galton. Essays in Eugenics. London: The Eugenics Education Society, 1909.

[50] Spencer. Social Statistics. New York: Appleton, 1864.

[53] Martineau. The positive philosophy of Auguste Comte(Vol. 1). London: Kegan Paul, Trench, Trubner, 1893.

[54] Dunn, Brewer, Cautin, et al. . The undergraduate psychology curriculum: Call for a core//Halpern (Ed.). Undergraduate education in psychology: A blueprint for the future of the discipline. Washington, DC: American Psychological Association, 2009: 47-61.

[61] Munsey. Charting the future of undergraduate psychology, 2008, 39(8): 54.

[62] Dunn. Integrating psychology into the interdisciplinary core curriculum. Teaching of Psychology, 1993, 20(4): 213-218.

后　记

这套选辑是陕西师范大学通识教育改革的一项成果，其更大背景是2015年中国大学通识教育联盟成立空前推动的通识教育变革。2016年发布的《中华人民共和国国民经济和社会发展第十三个五年规划纲要》中首次做出“通识教育和专业教育相结合的培养制度”规划。2016年由陕西师范大学原党委书记甘晖提议并主持，我向全校领导干部做了长达四个小时的“通识教育与高等教育变革”报告。时任校长程光旭结合他在西安交通大学的工作实践与对美国通识教育的考察，高度肯定了报告。时任副校长游旭群作为中国心理学会理事长，对我将学习心理学的“迁移”(transfer)用于通识教育内在机制的探索给予了高度的肯定和鼓励。随后我校成立了校通识教育研究中心与通识教育委员会，由甘晖书记与党怀兴副校长牵头，教务处领导，正式启动我校的通识教育改革。在与校内相关教师的数次交流会议中，特别是在解释通识核心课程的设计根据时，我痛切感受到国际通识教育界一个共识的重要性，那就是，作为对19世纪以来根深蒂固的专业化教育的深刻变革，通识教育必须以观念讨论为前提。它不仅包括专业课与公共课内涵及其关系的全新定位、规划核心课程的内在根据等理论认识，也包括围绕核心课程团队建设、小班研讨课(seminar)与导师制所带来的新的师资组织形态诸多实践课题。这些课题无疑需要在实践中探索与推进，但在缺少对通识教育兴起背景及其特定教育思想与教学模式认识的状态下，似乎天然正当且旷日持久地进行原典研读、开拓知识视野却缺少统一教学目标的跨专业系列讲座、文理渗透却无从凝聚的所谓“通才”教育，由于教育特有的长时段(至少一学期)与大规模(上千学生)，无学理根据的盲目实践，势必造成巨量的浪费。鉴于此，党怀兴副校长提出编辑系统的通识教育文献，以供教师学习与讨论。

我以病体受命主编，面对所披阅的浩瀚文献，收集与分类成为艰巨工作。张俊教授毅然替我承担了大部分的前期工作。2016年在中德哲学对话会议甚至在贺麟哲学小镇参观期间，他目睹我白发苍苍仍逢人便谈通识教育，不禁感慨，决心帮我完成此事。在张俊教授带领下，一批青年教师与研究生辛勤工作数月，编选出这部三卷本文选。

这里要致敬近年来致力于通识教育研究与推广的众多学界同道，没有他们的工作，汉语学界不会有如此丰富的通识教育理论资源与实践经验。鉴于本套文选收录学者文章众多，恕不一一致谢。诸位专家的理论探索、译介和教育实践，不仅是本套文选的来源，也是中国通识教育改革的基础。学界有识之士，为通识教育的普及群策群力，中国文教的现代转型指日可待。

这里也要特别感谢刘建树等专家协助我们团队翻译相关外文文献，将国外通识教育的学术成果与教育经验介绍给国内读者。本套文选新译的文献兹录于此：

第一卷：《通过观点交流会和一年级跨学科讨论课改变通识教育观念》(刘建树 王小婷译)、《心理学发展史及其体系：构建核心课程体系的一门课》(刘建树 王小婷译)、《通识教育简史》(梁蓓 译)；

第三卷:《重视通识教育:结构与战略方案》(刘建树 王小婷译)。

这部三卷本文选想必应该已可供起步探索阶段的中国通识教育敷用。我们期待未来有反映通识教育新的理论与实践的更完备的文选问世。

感谢于海冰老师带领一批青年教师和学生冒着酷暑对全书进行了四遍精细校对,感谢王文博老师对本书出版所付出的组织、联络和沟通努力,感谢科学出版社的任俊红女士,她承担了这套分量沉重的文献的出版编辑工作。

尤西林

2019 年 2 月于西安